CONSEIL DE GUERRE DE R

LE

PROCÈS DREYFUS

DEVANT LE CONSEIL DE GUERRE DE RENNES

(7 août — 9 septembre 1899)

Compte rendu sténographique « in-extenso »

TOME DEUXIÈME

PARIS

P.-V. STOCK, Éditeur

8, 9, 10, 11, galerie du Théâtre-Français, 8, 9, 10, 11

—

1900

LE PROCÈS DREYFUS

DEVANT

LE CONSEIL DE GUERRE DE RENNES

II

A LA MÊME LIBRAIRIE

Sceaux. — Imprimerie E. Charaire.

CONSEIL DE GUERRE DE RENNES

LE

PROCÈS DREYFUS

DEVANT LE CONSEIL DE GUERRE DE RENNES

(7 août — 9 septembre 1899)

Compte rendu sténographique
“ in extenso ”

TOME DEUXIÈME

PARIS
P.-V. STOCK, ÉDITEUR
8 A 11, GALERIE DU THÉATRE-FRANÇAIS, 8 A 11

1900

CONSEIL DE GUERRE DE RENNES

LE

PROCÈS DREYFUS

NEUVIÈME AUDIENCE

Mardi 22 août 1899.

Me Labori entrant dans la salle, des applaudissements éclatent dans l'auditoire et se prolongent pendant plusieurs minutes.

Le président déclare l'audience ouverte à 6 heures 30 m.

Le Président. — Maître Labori, permettez-moi de vous exprimer ici publiquement les sentiments unanimes du Conseil au sujet de l'odieux attentat dont vous avez failli être victime.

Cet acte inqualifiable a provoqué partout, et chez les membres du Conseil en particulier, une profonde indignation et une vive réprobation.

Nous sommes heureux qu'il n'ait pas eu pour vous les suites graves qu'on pouvait craindre au premier moment, et que des soins intelligents et dévoués vous permettent de reprendre aujourd'hui votre place au banc de la défense. Nous y eussions regretté votre absence.

Me Labori se lève pour prononcer quelques paroles.

Le Président. — Je vous en prie, ne vous fatiguez pas.

Me Labori. — Voulez-vous cependant me permettre, monsieur le président, malgré ma très vive émotion, de répondre un mot aux paroles que vous venez de prononcer et dont je me sens touché profondément?

Ce fut pour moi, dans cette affaire où nous avons traversé tant d'orages, un coup particulièrement douloureux que d'être frappé à l'heure où je commençais à réaliser mon rêve, qui depuis deux années est de plaider ce procès, dans toute son ampleur, devant un tribunal de soldats; c'est à cela que j'aspirais, et c'est à cela que nous touchons enfin.

C'est vous dire, messieurs, quelle a été mon émotion, ma tristesse, et quelle est aujourd'hui ma joie.

Je ne veux pas revenir à cette barre sans remercier tous ceux, connus ou inconnus, amis, indifférents ou adversaires, qui m'ont fait l'honneur de me donner des témoignages de sympathie auxquels j'ai été profondément sensible.

Je remercie d'abord M. le président, MM. les membres titulaires et suppléants du conseil de Guerre; je remercie ensuite tant d'hommes éminents qui sont venus à moi sans que j'eusse l'honneur de les connaître autrement que par ces luttes déjà si longues, à l'occasion desquelles nous nous rencontrons quelquefois, si bien qu'à la longue, les visages d'adversaires finissent par sourire un peu comme des visages d'amis, tout au moins comme des visages de vieilles connaissances. (*Mouvement.*) Je remercie mes amis, mes confrères, les autres, les plus humbles, ceux qui m'ont fait l'honneur de m'écrire sans même m'envoyer leur adresse.

Et après cela, je vous demande la permission de reprendre tranquillement ma place à côté de vous, au milieu de ces débats, moins pour y prendre part peut-être que pour les suivre. Mais soyez sûrs que si j'apporte à vos audiences moins d'activité, je n'y apporterai ni moins de confiance ni moins de bonne humeur. La tâche est ici difficile pour tous; pour vous qui êtes les arbitres et qui allez dire la justice; et pour nous, les auxiliaires plus modestes de cette œuvre; mais le fardeau se porte avec allégresse, parce qu'il est rendu léger par la conscience du devoir accompli.

Vous sentez bien, messieurs, qu'il n'y a que le sentiment du devoir accompli qui fasse des résolutions inébranlables comme les nôtres.

Poursuivons maintenant ces débats, où nous connaîtrons encore sans doute bien des vicissitudes, mais d'où jailliront, puisqu'ils vont avoir l'ampleur qu'on peut désirer, la vérité absolue et la justice complète; d'où elles jailliront pour l'apaisement, que j'ai le droit de souhaiter, aujourd'hui. Ce n'est pas moi, au lendemain du succès — car j'y crois avec une ferveur absolue — de l'œuvre de justice que nous avons entreprise, ce n'est pas moi qui m'attarderai aux récriminations ni aux colères. Au surplus, il faut bien qu'on le sache, et peut-être encore une fois ai-je aujourd'hui quelque crédit pour le dire, la part de l'erreur dans les choses humaines est toujours plus grande que celle de la mauvaise foi. (*Sensation.*)

J'aurai évidemment, monsieur le président, quelques questions à poser à des témoins qui ont été déjà entendus, mais je me mets pour cela, bien entendu, à la disposition du conseil.

Le Président. — Vous pourrez poser des questions à ces témoins et les faire entendre s'il y a moyen ; vous pourriez faire connaître les témoins auxquels vous voulez poser des questions et nous verrons à arranger la chose.

Me Labori. — C'est entendu.

Le Président. — Faites entrer le témoin Grenier.

Le témoin Grenier ayant manifesté le désir d'être entendu le plus tôt possible pour des raisons de famille, j'ai interverti l'ordre des dépositions pour accéder à son désir.

VINGT-QUATRIÈME TÉMOIN

M. GRENIER

M. Grenier, René-Gaston-François, 44 ans, préfet en disponibilité.

Le Président. — Connaissiez-vous l'accusé avant les faits qui lui sont reprochés ?

M. Grenier. — Je le vois pour la première fois.

Le Président. — Vous avez déposé devant la chambre criminelle au sujet du commandant Esterhazy ; voulez-vous refaire votre déposition.

M. Grenier. — Je dois d'abord remercier le conseil de la bienveillance qu'il m'a témoignée. Je demande en outre au conseil de vouloir bien me permettre de revenir sur certaines appréciations que j'ai formulées au cours de ma déposition au mois de janvier dernier. A ce moment je concevais le rôle du témoin conformément aux principes qui ont été si magistralement exposés devant vous par M. Casimir-Perier. J'ai répondu aux questions qui m'étaient posées. A ce moment, il semblait en effet utile, il semblait qu'il y avait intérêt de préciser les caractères très distinctifs de la physionomie d'Esterhazy ; depuis, elle a été fort connue ; des renseignements se sont produits très complets et très nombreux. D'autre part, peut-être ces renseignements très nombreux sont-ils venus modifier mon impression personnelle. Mais qu'importe mon opinion ! elle n'a rien à voir dans l'affaire. D'autre part, il me serait particulièrement pénible de paraître aggraver les charges qui pèsent sur un homme déjà abattu, pour lequel par erreur, je le reconnais, — erreur excusable, et en tous cas partagée, — j'ai eu pendant de très longues années une très réelle affection et que je considère comme inconscient pour une très lourde part. Malgré cela, il est militaire, je suis persuadé que ce sentiment sera compris.

A côté de cela, il y a l'intérêt de la vérité et je dirai tout ce que je sais pour la manifestation de la vérité.

Quant aux faits que j'ai à dire dans ma déposition, ils sont peu nombreux.

Je tiens cependant, avant tout, à faire une petite rectification. Ce n'est pas une appréciation; c'est une question de rédaction.

Dans une des phrases de ma déposition devant la Cour de cassation, j'ai dit que le commandant Esterhazy m'apparaissait comme un condottiere dont il avait les défauts et les qualités; mais que je ne croyais pas qu'il avait trahi sa bande. Venant de moi, je crois qu'il ne peut pas y avoir de doute au sujet de l'interprétation de ces mots. Cependant certaines personnes n'ont pas compris. J'avais toujours cru qu'un condottiere avait des sentiments professionnels, des qualités professionnelles et non pas des sentiments patriotiques. J'avais toujours cru qu'il y avait une bande et non pas un régiment. Ce que j'avais dit ne pouvait donc signifier autre chose. Je le maintiens avec cette interprétation que je tenais à préciser publiquement.

D'autre part, je viens d'avoir l'honneur de voir M. le général Billot, mais il avait déjà protesté contre l'inexactitude de la sténographie, celle publiée du moins dans les journaux. J'avoue qu'en fait, j'avais été assez troublé de la déposition telle qu'elle avait été reproduite; il y avait une confusion entre ce qu'il m'avait dit et ce qu'il avait dit au colonel Picquart, et par conséquent cette confusion ne pouvait pas exister. D'autre part, il me semble que le respect de la majesté de la justice consiste à dire toute la vérité et que rien de ce qui provenait d'une personnalité aussi haute et aussi universellement respectée ne pouvait être négligé de la part d'un témoin qui, cette fois comme aujourd'hui, avait juré de dire toute la vérité.

J'ai une autre observation à faire. J'ai dit, devant la Cour, et l'expression n'est pas exacte, que M. le commandant Esterhazy avait été recommandé à M. Lagrange de Langres qui l'aurait présenté à M. de Freycinet, ministre de la Guerre; M. de Freycinet ne se souvient nullement avoir reçu le commandant Esterhazy. Je me souviens parfaitement avoir présenté M. Esterhazy à M. Lagrange de Langres. Je m'en souviens parce que M. Esterhazy m'a dit avoir été présenté à M. de Freycinet par M. Lagrange de Langres. Je me souviens d'une entrevue orageuse qu'il aurait eue avec M. Esterhazy et la seule chose que je puisse dire, c'est que M. Esterhazy m'a dit avoir été présenté et reçu par M. de Freycinet.

Enfin, messieurs, il y a un dernier ordre d'observations que j'ai à présenter. Au mois de janvier, sur interrogation précise, j'avais dit que je n'avais plus entre les mains de lettres du commandant Esterhazy; c'était vrai à ce moment-là, je croyais les avoir détruites. Sur une autre question, j'avais dit que je ne savais rien des rapports qui avaient pu exister entre M. Esterhazy et le lieutenant-colonel Henry au point de vue de l'argent; c'était également vrai. Dernièrement à la campagne, tout récemment, après avoir reçu la citation à comparaître devant votre conseil, j'ai retrouvé quelques lettres du commandant Esterhazy. Je crois que, pour les motifs que j'ai indiqués tout à l'heure, la plupart sont à laisser de côté, sauf une. La physionomie de ces lettres n'est pas à faire connaître. Elles traitent d'une manière parfois inconvenante d'un tas de sujets tout à fait étrangers à l'affaire dont s'agit. Une seule doit être retenue, car elle a un rapport direct avec l'affaire Dreyfus, je la dépose sur le bureau du Conseil.

Le témoin donne lecture de cette lettre qui est ainsi conçue :

10 février 1897.

« Cher ami,

« Je possède 23 lettres ou protestations de généraux et de colonels sous les ordres desquels j'ai servi depuis 27 ans, attestant que j'ai les plus honorables services de guerre et les plus excellentes notes du temps de paix. Je viens de les réunir ; elles sont toutes plus qu'élogieuses, elles ressemblent toutes à celles que je vous ai remises hier. Mes notes depuis 27 ans à mon dossier au ministère se suivent parfaites. Quant à mes notes de guerre, elles sont toutes les mêmes : officier de la plus rare bravoure, d'une remarquable intrépidité, d'un sang-froid au-dessus de toute éloge, toujours prêt au plus grand dévouement.

« De toutes ces notes, il résulte que je n'ai eu guère à me louer de la façon dont j'ai été traité au point de vue de l'avancement, et nombreux sont les chefs vivants et au service encore aujourd'hui qui me plaignent et déplorent que justice ne soit pas rendue à un *officier de votre valeur, de votre mérite* (général Paquié, présentement commandant la subdivision de Chaumont).

« *Vous avez été indignement traité et c'est une des nombreuses infamies que je connaisse à l'actif de cette bonne armée.* (Général Choppin en retraite à Marseille.)

« *Vous êtes la preuve vivante que les qualités militaires, la bravoure, l'énergie, l'intelligence du métier sont de peu de poids aujourd'hui pour l'avancement d'un officier.* (Général Forget, commandant aujourd'hui à Nancy, etc... etc...)

« *Vous êtes un caractère et dans ce temps de veulerie et de lâcheté les gens comme vous ont trop d'ennemis.* (Colonel Saglio.)

« C'est très bien et j'ai accepté sans me plaindre la manière dont j'ai été traité ; mais quand, pour me perdre et m'achever, le ministre de la Guerre abandonne l'officier, pour chercher dans ma vie privée, et écoute les calomnies intéressées d'un drôle quelconque en épaulettes, et vraisemblablement du sieur Henry, mon débiteur et mon obligé, j'avoue qu'il est hors de mes forces de supporter ce traitement. Si le ministre se refuse à m'entendre et à me mettre à même de lui prouver qu'il a été trompé et qu'il me cause en acceptant toutes ces calomnies un préjudice énorme, je vais faire quelque chose, et me servir de tous ces documents si élogieux, dire quelles accusations ont été portées contre moi, que j'ai demandé à être entendu et que je n'ai pu l'être. Je me demande sous quelle forme présenter cela, par la presse ou le livre ? Je voudrais vous soumettre mes projets.

« Votre : Esterhazy.

« J'ai une lettre de votre père me disant tout le regret qu'il éprouve de partir en retraite sans avoir rien pu faire pour moi, qui fera bien aussi dans mon dossier. »

Naturellement, en 1875, au moment où mon père a été mis à la retraite, il pouvait avoir pour le commandant Esterhazy de l'affection et du dévouement, et je reconnais que cette affection ne s'est jamais démentie.

Pour le surplus, pour les autres lettres, je crois faire œuvre de bon témoin en ne les remettant pas au Conseil. Ce n'est pas pour les dissimuler, mais il semble que cette affaire est déjà si développée qu'il n'y a pas intérêt à la développer encore.

J'en ai fini, messieurs, je me tiens à votre disposition...

Cependant peut-être que, pour préciser mieux l'époque où se place cette lettre, pourrai-je vous dire que c'est au moment où le commandant Esterhazy faisait flèche de tout bois, où il s'adressait à toutes les personnes avec lesquelles il pouvait être en relations pour leur demander de faire leur effort près du ministre de la Guerre de ce moment, le général Billot, afin qu'il veuille bien le prendre à un titre quelconque au ministère de la Guerre. Le général Billot me le rappelait à l'instant : j'ai été fort mal reçu lorsque, me présentant le dixième, j'étais intervenu en faveur du commandant Esterhazy.

Le Président. — N'est-ce pas vous qui avez présenté M. Esterhazy à M. Jules Roche, député ?

M. Grenier. — Oui, monsieur le Président.

Le Président. — Dans quelles conditions ?

M. Grenier. — M. Jules Roche, rapporteur du Budget de la Guerre, m'a demandé un jour si je n'avais pas de camarade qui pourrait le renseigner utilement au point de vue technique. — « Ne pourriez-vous pas, m'a-t-il dit, me donner un garçon qui ait des notions complètes sur l'organisation des armées françaises et étrangères ? »

Le commandant Esterhazy est d'une d'intelligence hors ligne et il avait pu, au point de vue des armées étrangères, faire des comparaisons utiles; en outre, il avait une nature d'esprit qui facilitait ces renseignements donnés à un ami, et m'assurait qu'il serait compris. Il est fort intelligent et s'exprime avec facilité. Tout ceci était de nature à faciliter son rôle... J'ai reconnu qu'il pourrait donner des renseignements utiles, assez complets sur certaines questions.

Le Président. — Croyez-vous que M. Esterhazy avait des renseignements, sur l'organisation générale de l'armée et l'administration, suffisants pour guider M. Jules Roche dans une pareille tâche?

M. Grenier. — En tout cas, M. Jules Roche en a été satisfait.

Le Président. — Je vous demande s'il avait des connaissances générales.

M. Grenier. — Il avait des connaissances générales, mais peut-être pas assez profondes pour gêner un laïque. (*Rires.*)

Le Président. — Le commandant Esterhazy n'a-t-il pas dit, dans une circonstance quelconque, qu'il croyait à l'innocence de Dreyfus?

M. Grenier. — Il m'est absolument impossible de répondre sous la foi du serment que je l'ai entendu, mais c'est bien possible.

Le Président. — Vous l'avez dit quelque part?

M. Grenier. — Au contraire, j'ai fait cette réserve très formelle que je ne pouvais pas le dire sous la foi du serment. Il me semblait me souvenir; mais je ne l'affirmais pas. J'ai dit que mon beau-frère et un autre monsieur étaient parfaitement certains de le lui avoir entendu dire. On m'a demandé leurs adresses ; on a voulu les faire citer, j'avais même indiqué leurs adresses. Quant à moi personnellement, il me semble que j'ai entendu ce propos, mais je ne le jure pas.

Le lieutenant-colonel Brongniart. — Vous n'avez jamais entendu dire qu'Esterhazy ait connu Dreyfus?

M. Grenier. — Jamais.

Le Président. — Monsieur le commissaire du Gouvernement, avez-vous des questions à poser au témoin ?

Le Commissaire du Gouvernement. — Non, monsieur le Président.

Me Demange. — Monsieur le Président, pour compléter la question que vous posiez tout à l'heure à M. Grenier, voulez-vous bien lui demander s'il maintient cette formule, qu'il avait employée à la cour de Cassation sur les connaissances du commandant Esterhazy : « Nul ne pouvait être plus utile à feuilleter que le commandant Esterhazy dont l'instruction générale et spéciale est absolument hors ligne. Il parle toutes les langues de l'Europe; il est au courant de toutes les inventions, de toute la science moderne, et nul mieux que lui ne sait l'histoire générale et l'histoire militaire de l'Europe; c'est un laborieux, et il a, au point de vue du travail, des facilités exceptionnelles. »

Voilà la formule de M. Grenier.

Le Président. — Maintenez-vous cette déposition?

M. Grenier. — En tant que ce dont il parle s'adressait à moi, qui ai quitté l'armée depuis une vingtaine d'années, il en savait assez pour m'étonner et m'intéresser vivement. Voilà ce que je puis dire; c'est pour cela que je m'imaginais qu'il pouvait être d'une collaboration utile à M. Jules Roche. Si je me mettais au contraire à la place d'un technicien militaire comme messieurs du Conseil, je ferais toutes réserves au point de vue de son intelligence et de son instruction techniques.

Je ne sais pas à quoi m'en tenir à ce point de vue, mais en ce qui me concerne, moi, et en ce qui concerne les civils, certainement je maintiens mon affirmation et je la maintiens complètement. Esterhazy était très lettré.

Me Demange. — Et au point de vue des langues?

M. Grenier. — Au point de vue des langues, je sais qu'il parle couramment l'anglais, — non, il ne le parle pas, il le lit, mais il ne le parle pas, — l'allemand, l'italien, le latin...

Me Demange. — Voici une autre question : Dans la lettre que M. Grenier a lue tout à l'heure, Esterhazy faisait allusion aux résistances que le commandant Henry apporterait à l'entrée de M. Esterhazy au ministère de la Guerre.

M. Grenier. — Oui.

Me Demange. — Oui, parfaitement. Eh bien, est-ce que M. Grenier voudrait bien nous répéter ce qu'il a dit à la Cour de cassation, au sujet précisément de cette résistance? M. Grenier n'a-t-il pas rencontré un jour Henry à la Sûreté générale, n'en a-t-il pas fait part à Esterhazy, et que lui a répondu M. Esterhazy? C'est à la page 718.

Le Président. — Que s'est-il passé à la Préfecture de police?

M. Grenier. — Pardon, c'était à la Sûreté générale. Je crois que c'est la seule fois que j'ai parlé en dehors du service au colonel Henry. Ce jour-là, j'étais allé pour affaire de mon service à moi à la Sûreté générale; là, je rencontrai le colonel Henry dans le tambour entre le cabinet du Directeur de la Sûreté générale qui était à cette époque le prédécesseur de M. Viguié, M. Blanc, et le poste des huissiers. Dans cet entre-bâillement de portes, je lui ai dit : « Pourquoi diable est-ce que vous empêchez Esterhazy d'entrer au Ministère? Aidez-le donc, voyons! Il n'est pas heureux, vous savez qu'il est guignard, aidez-le donc à entrer. — Avec grand plaisir, je l'aiderai ; mais vous pouvez lui dire que je l'aiderai et de tout cœur. »

Je suis passé, je suis entré chez le Directeur de la Sûreté générale, il en est sorti.

Le soir, j'ai rencontré Esterhazy. A ce moment-là, je ne sais pas si j'avais fait ou si je devais faire les démarches auprès du général Billot. Mais j'ai rencontré Esterhazy et je lui ai dit : « Voyez comme vous avez l'esprit chagrin, hier vous m'avez dit qu'Henry était un de ceux qui vous empêchaient d'entrer au Ministère. Et voilà ce qu'il m'a répondu ce matin. » Et, avec cette inconscience maladive dont je parlais tout à l'heure, ne se souvenant plus de ce qu'il m'avait dit la veille, il me dit : « Eh bien, il ne manquerait plus que cela, par exemple, qu'Henry ne fût pas gentil pour moi! »

Le Président. — C'est toutes les observations que vous avez à faire?

Me Demange. — Oui, monsieur le Président.

Le Président, *au témoin*. — C'est bien de l'accusé ici présent que vous avez entendu parler dans votre déposition?

M. Grenier. — Oui, monsieur le Président.

Le Président. — Accusé, levez-vous. Avez-vous des observations à faire à la déposition du témoin?

Le capitaine Dreyfus. — Aucune.

Le Président. — Introduisez le témoin suivant.

Le Commissaire du Gouvernement. — M. Grenier, dans un intérêt de famille, qui touche à une question d'humanité, demande au Conseil l'autorisation de se retirer.

Le Président. — Vous n'y voyez pas d'inconvénient, monsieur le Commissaire du Gouvernement?

Le Commissaire du Gouvernement. — Aucun.

Le Président, *à la défense*. — Vous non plus?

Me Demange. — Non, monsieur le Président.

Le Président, *au témoin*. — Vous pouvez vous retirer à la condition de laisser votre adresse au greffe et de vous présenter à une nouvelle convocation.

VINGT-CINQUIÈME TÉMOIN

LE COMMANDANT ROLLIN

Le Président. — Quel est le témoin que vous désirez faire entendre ?

Le Commissaire du Gouvernement. — C'est M. le commandant Rollin.

(*Le commandant Rollin est introduit.*)

Le Président. — En vertu du pouvoir discrétionnaire du Président du Conseil de guerre, vous avez été appelé pour nous donner des renseignements sur un agent du service des renseignements nommé Lajoux. Comme vous n'avez pas été cité dans les délais réglementaires, je ne peux pas vous faire prêter serment. Vous serez donc entendu à titre de simple renseignement.

Quels sont vos nom et prénoms ?

Le commandant Rollin. — Rollin, Philippe.

Le Président. — Votre âge?

Le commandant Rollin. — 47 ans.

Le Président. — Vous ne connaissiez pas l'accusé avant les faits qui lui sont reprochés ?

Le commandant Rollin. — Non.

Le Président. — Veuillez nous dire ce que vous savez au sujet de l'agent Lajoux.

Le commandant Rollin. — Je connais l'agent Lajoux depuis 1888. J'étais à cette époque au service des renseignements sous les ordres du colonel Sandherr, et j'y suis resté encore de 1892 à 1893. Le sieur Lajoux, étant en Belgique, avait été embauché par le chef de service de l'espionnage allemand, nommé Richard Cuers. Il fit part au Gouvernement français de cet embauchage et nous offrit ses services comme agent double. Comme j'avais parmi mes travaux à m'occuper spécialement de la question de l'espionnage, j'avais forcément des rapports fréquents, constants avec le nommé Lajoux. C'était un agent intelligent, audacieux, un peu difficile à manier, susceptible, mais qui nous a rendu de très grands services. Pendant le temps que j'étais au service des renseignements, parmi les quinze affaires d'espionnage et de trahison qui ont été suivies d'arrestations, nous en devons quatre au sieur Lajoux. Grâce à ses indications, on a pu arrêter les espions militaires Schneider, Theisen, Cunche et le lieutenant Bonnet. Il nous rendit encore d'autres services et remplit différentes missions toujours à notre satisfaction. Je quittai le service en avec 1893, l'impression que si Lajoux avait des défauts, il n'avait jamais jusque-là donné lieu à de graves plaintes. Ce n'est qu'après mon départ que j'ai su qu'il avait mal tourné, qu'à Bruxelles il compromettait le service par son attitude, son langage et même par ses relations suspectes. Je n'avais plus entendu parler de lui jusqu'au mois de mars 1899. A cette époque, j'étais officier d'ordonnance de M. de Freycinet qui m'avait confié en même temps la direction du service que je dirige en ce moment. Je reçus alors de Turin une lettre absolument éplorée du sieur Lajoux qui criait la misère, qui se représentait comme réduit aux abois et qui demandait au ministère de le secourir. Je rendis compte au chef d'État-major qui me conseilla d'en parler au ministre. Je proposai alors, étant donnée la situation critique de Lajoux en Italie, craignant de voir un de nos agents arrêté sur le territoire étranger, de lui accorder un secours et je proposai à M. de Freycinet de lui envoyer une mensualité de deux cents francs.

Le Président. — Ne pourriez-vous élever un peu la voix? Je crois que l'on ne vous entend pas.

Le commandant Rollin. — J'avais conservé de Lajoux un bon souvenir. Il m'avait rendu de bons services et peut-être, en somme, étais-je un peu plus influencé par mes souvenirs et par un sentiment d'humanité que par ma situation de chef de service, car un chef de service aurait peut-être refusé en toute autre circonstance ce que les sentiments d'humanité et le souvenir des services rendus m'ont amené à lui accorder.

Je n'ai d'ailleurs rien fait en dehors de mes chefs, je leur en ai rendu compte et le ministre de la Guerre a écrit au ministre des Affaires étrangères une lettre pour le prier de servir d'intermédiaire au paiement de cette mensualité.

J'avais du reste examiné les dossiers et j'avais vu que les autres agents similaires qui avaient quitté le service avaient obtenu des indemnités de fin de service très supérieures à celle qui avait été attribuée à Lajoux; lorsqu'il avait quitté le service, il n'avait reçu que trois mois d'indemnité. C'est encore une considération qui m'avait influencé dans ma décision. Voilà ce qui s'est passé à ce moment; tout a été fait à ciel ouvert, par l'intermédiaire des Affaires étrangères, et si j'avais vu quelque compromission dans les services de cet agent, je n'aurais pas agi de la sorte et averti le ministère des Affaires étrangères, qui l'a recommandé aux consuls de San-Paulo et de Gènes; il était appuyé par le consul de Gênes et par d'autres personnalités.

Voilà les conditions dans lesquelles cette indemnité lui a été allouée. Depuis, le sieur Lajoux a continué à écrire et je ne me rappelle plus les dates exactes, je crois que c'est le 22 avril, le 9 juin, le 15 juin et le 11 juillet; à cette dernière date, il a même écrit une lettre au Président de la République, qui nous a demandé des renseignements sur le nommé Lajoux, et j'ai rédigé une note pour le Président de la République, note qui a été envoyée par le ministre, dans laquelle je faisais ressortir les renseignements que j'avais sur cet ancien agent, sur ce qui avait été fait à son égard autrefois, sur les services qu'il avait rendus, en exprimant l'opinion qu'il n'y avait plus de raison de s'occuper de lui, qu'il y avait lieu de s'en tenir à la mesure de bienveillance qui avait été prise au mois de mars par M. de Freycinet à son égard.

Je ne voulais avoir aucun rapport avec lui et j'ai prescrit qu'on ne lui réponde plus. Il n'est pas revenu en France, il est toujours au Brésil, je crois.

Le Président. — Il est revenu en France une fois ?... N'est-il pas revenu à Gênes ?

Le commandant Rollin. — J'ai dit tout à l'heure que nous avions reçu de lui une lettre d'Italie.

Le Président. — Ne lui a-t-on pas accordé un secours ?

Le commandant Rollin. — Il m'avait demandé de le rapatrier, de lui donner une somme pour lui permettre de se tirer d'embarras. On a décidé de lui donner une mensualité de deux cents francs jusqu'à la fin de l'année.

Le lieutenant-colonel Brongniart. — Vous avez connu l'agent Guénée. Quelle confiance faisiez-vous aux renseignements qu'il procurait ?

Le commandant Rollin. — Je n'ai pas eu beaucoup de renseignements sur cet agent, mais j'avais confiance en ses indications ; je ne les ai jamais vérifiées ; j'avais confiance en lui. (*Hilarité.*)

Le lieutenant-colonel Brongniart. — Vous étiez au service des renseignements quand on a su que l'agent A se procurait des renseignements sur la défense du pays et des plans directeurs. Avez-vous quelque chose à dire à ce sujet ?

Le commandant Carrière, commissaire du gouvernement. — Je prie le témoin de vouloir bien élever la voix un peu plus.

Le commandant Rollin. — Vers 1893, on a commencé à s'apercevoir qu'il y avait une fissure quelque part, et que des renseignements concernant les plans directeurs parvenaient à l'agent A. On a fait à cette époque des recherches au service géographique, à la direction du génie, mais elles n'ont pas abouti. Lorsque j'ai quitté le service, on avait trouvé des fissures.

Le lieutenant-colonel Brongniart. — Lorsqu'on a fait une perquisition chez l'accusé, on a trouvé des cours non reliés qui se rapportaient précisément à la défense de la France. N'y avez-vous pas pris part ?

Le commandant Rollin. — Ce n'était pas une perquisition, mon colonel, c'était des cours qui étaient dans le cabinet du ministre et qu'on avait apportés là après la perquisition ; avec le commandant Cuignet nous avons examiné ces cours et constaté notamment qu'il manquait un certain nombre de pages à un cours de fortifications.

Le lieutenant-colonel Brongniart. — Vous n'avez pas d'indications nouvelles à fournir sur ce point ?

Le commandant Rollin. — Non.

Un membre du Conseil de guerre. — Avez-vous jamais entendu parler d'Esterhazy antérieurement au procès de 1894 ?

Le commandant Rollin. — Jamais, mon colonel.

Me Demange. — Voudriez-vous demander à M. le commandant Rollin si on n'avait pas envoyé un officier du bureau des renseignements à Gênes pour voir Lajoux, et pourquoi on avait envoyé cet officier ?

Le commandant Rollin. — J'avais en effet envoyé un officier à Gênes au consulat, pour s'entendre avec le consul, pour s'entendre verbalement au sujet de la façon de donner le secours à Lajoux, et de s'assurer de son départ, et de ne lui faire remettre la somme qu'une fois embarqué sur le paquebot. Au lieu de faire écrire, j'ai préféré envoyer un officier pour en parler verbalement au consul.

Me Demange. — Le commandant Rollin ne pense-t-il pas qu'au lieu d'envoyer un secours par un officier, cela pouvait être fait par l'intermédiaire du consulat, ou bien est-ce que le service des renseignements n'a pas à sa disposition des agents spéciaux, des inspecteurs, sans déranger un officier ?

Le commandant Rollin. — C'est une mesure de service intérieur, j'ai préféré envoyer un officier.

Me Labori. — Voudriez-vous être assez bon pour demander à M. le commandant Rollin s'il n'a pas eu connaissance que le sieur Lajoux eût offert de faire des révélations sur l'affaire Dreyfus ?

Le Président. — Avez-vous connaissance que le sieur Lajoux ait offert de faire des révélations sur l'affaire Dreyfus ?

Le Commandant Rollin. — Dans une lettre que je vais verser au dossier, vous trouverez à la date du 9 juin que Lajoux raconte une prétendue entrevue qu'il a eue à Luxembourg avec Richard Cuers. Richard Cuers lui aurait dit qu'on ne connaissait pas Dreyfus à Berlin, à l'État-major, et lui aurait donné au contraire, comme piste, un monsieur décoré ayant à peu près 45 ans, ayant des rapports constants avec Schwartzkop... (*se reprenant*) l'agent A et fournissant des renseignements.

Le sieur Lajoux avait l'air d'insinuer en outre que cette communication qu'il avait faite au colonel Henry, n'avait pas été communiquée par lui à ses chefs. Vous trouverez dans le dossier cette communication de la main du colonel Henry, avec la date de communication au ministre et au chef d'État-major, en même temps que la communication écrite du sieur Lajoux qui y est absolument conforme. Elle est au dossier.

Me Labori. — Je vous prie, monsieur le président, de vouloir bien ordonner la lecture des pièces dont parle M. le commandant Rollin, notamment de la lettre du 9 juin 1899; je crois qu'il est intéressant de suivre de près cet incident.

Le commandant Rollin. — Ce qui est contenu dans cette lettre du 9 juin 1899 a d'ailleurs été reproduit par le sieur Lajoux dans la lettre qu'il a adressée au Président de la République à la date du 11 juillet.

Le greffier Coupois *donne lecture de la lettre suivante* :

« Monsieur le Ministre de la Guerre, Paris.

« Il y a trois mois, votre prédécesseur, M. de Freycinet, a bien voulu m'accorder une allocation provisoire et mensuelle de 200 francs. J'étais à cette époque venu en Europe pour solliciter de l'État-major général qui, pendant un long temps, me confia les missions les plus délicates, quelques subsides. Je demandai à l'autorité militaire de me constituer un petit capital avec lequel il me serait possible de me créer enfin une situation moins précaire. On préféra m'allouer pendant neuf mois cette rente mensuelle de 200 francs. Il me reste 1,200 francs à toucher. J'ignore, monsieur le ministre, si vous êtes au courant des incidents qui ont amené ma ruine, des événements qui ont précipité mon départ pour l'Amérique du Sud.

« Permettez-moi, monsieur le ministre, de vous les exposer aussi clairement et le moins longuement possible. En 1890, M. de Freycinet étant ministre de la Guerre, et le général de Miribel chef de l'État-major de l'armée, j'entrai au service des renseignements. Pendant les cinq premières années, mes services furent fructueux; c'est à moi, à moi seul, que sont dues les arrestations des espions avérés Bonnet, lieutenant d'infanterie; Schneider; Theisen; Cunche, sous-lieutenant d'infanterie de marine, etc.; tous condamnés au maximum, cinq ans de prison et cinq mille francs d'amende. Ce fut à moi seul également, et personne ne me démentira, que l'Etat-major dut la connaissance parfaite du fonctionnement du service secret allemand sur la frontière (Bruxelles, Genève, Lausanne, Ouchy).

« Je ne parlerai que pour mémoire des innombrables rapports préparés par les officiers du 2e bureau, que je transmettais aux agents de Berlin et que je discutais avec eux. Je ne ferai également que rappeler les paquets de cartouches vendus par moi à ces derniers. Ces cartouches, préalablement préparées par les soins du 2e bureau, quels doutes ne jetèrent-elles point dans l'esprit du grand État-major berlinois?

« Par mes indications, on connut tôt au boulevard Saint-Germain les noms des agents allemands en Belgique et en Suisse, et quand le général baron de Freedericks, attaché militaire russe à Paris, vint demander au colonel Sandherr un agent sûr, intelligent et dévoué, pour être mis à la disposition de l'État-major du général Gourko à Varsovie, ce fut moi qu'on choisit. Peu de temps après, le colonel Sandherr recevait la croix de commandeur de l'ordre de Saint-Stanislas, je crois. Je ne craignis point, monsieur le Ministre, de séjourner quelque deux semaines dans le bureau même des renseignements de Berlin (Thiergarten).

« J'avais su me concilier les bonnes grâces des officiers qui y sont employés — de tous les officiers qui y travaillent. Mais quelles n'étaient point mes transes et la mortelle inquiétude de ma femme qui, précisément à cette époque, allaitait notre fils aîné, aujourd'hui paralysé d'une jambe, affection que les médecins ont été unanimes à attribuer au défectueux allaitement auquel il était soumis. Mme Lajoux n'avait que vingt ans et elle habitait Genève, selon les instructions que m'avait données le colonel Sandherr pendant que, personnellement, je risquais ma liberté, ma vie peut-être, en Allemagne, car, fréquemment, pendant mon séjour à Varsovie, je venais à Paris et il me fallait traverser Berlin ou Vienne.

« Je quittai la Russie, je me rendis d'abord à Paris, où l'accueil que me firent les officiers attachés alors au 2e bureau, MM. Sandherr, Rollin, Burckhardt, etc., fut plutôt enthousiaste.

« Je fus ensuite présenté au commandant Henry et c'est sous cet officier supérieur, le colonel Sandherr étant encore boulevard Saint-Germain, que j'obtins de l'agent allemand Richard Cuers, secrétaire du bureau des renseignements de Berlin, une déclaration *écrite* par laquelle ce précieux et éminemment intelligent agent allemand se donnait *entièrement* à l'État-major français. Je n'hésite pas, et je n'ai jamais hésité à affirmer, que ce sont les prétentions exagérées et le plus souvent intempestives du commandant Henry qui, d'un allié, nous firent bientôt un ennemi plus que dangereux. Cependant, nos rendez-vous avec R. Cuers se multiplièrent; c'est à la dernière de ces entrevues à Luxembourg-ville, hôtel Brasseur, que la conversation incidemment tomba sur l'affaire Dreyfus. Richard Cuers, qui, quelque temps avant, m'avait remis une lettre de sa main pour le colonel Sandherr (l'enveloppe étant également de sa main), me déclara que « jamais à Berlin, dans les bureaux du grand « Etat-major, on n'avait entendu parler de Dreyfus; qu'à la nou- « velle de l'arrestation de cet officier d'artillerie, le comte de Wal- « dersée avait mandé à Berlin tous les attachés militaires que l'Alle- « magne entretient auprès des divers gouvernements européens; « qu'interrogés individuellement, ces officiers avaient été unanimes à « déclarer sur l'honneur qu'aucun d'eux n'avait jamais entretenu de « relations suivies ou non avec Dreyfus ». R. Cuers ajoutait que personnellement il ignorait ce dernier et que jamais il n'en avait entendu parler, chose d'autant plus étonnante que tous les rapports des agents à la solde de l'État-major berlinois lui passaient par les mains en sa qualité de secrétaire du service des informations du Thiergarten. R. Cuers affirmait que le *Hauptmann* Dame et que le *Hauptmann* Brœse, attachés à ce service, n'avaient *aucune* connaissance des rapports de Dreyfus avec Berlin et que si Dreyfus était vraiment coupable, il fallait qu'il correspondît directement avec l'Empereur (*sic*). « Mais, ajoutait Cuers, *il y a actuellement au minis- « tère de la Guerre à Paris* un monsieur (*sic*) qui *voit tout*, qui *sait « tout*, qui envoie au Thiergarten rapports sur rapports, fort goû- « tés ma foi, et qui, tout récemment, a expédié à Berlin une « longue note, sur le matériel, *sur le nouveau matériel d'artillerie « français*, note qui a fait *sensation* (textuel). Ce monsieur est « décoré, il va, le ruban rouge à la boutonnière, en plein jour, voir « le major Schwartzkoppen, rue de Lille; on dirait qu'il est sûr « de l'impunité, c'est peut-être un agent provocateur, disait ironi- « quement Richard, mais je ne le crois pas, car ses travaux sont « de haute valeur (*sic*). Dans tous les cas, disait en terminant « Cuers, cet homme est dangereux, il sait tout, il écrit tout ce qui « se passe au ministère, à Paris, et un jour prochain, il apprendra « mes relations avec vous et je serai perdu! »

« A mon retour de Luxembourg, je vins boulevard Saint-Germain et, comme d'habitude, M. Henry me fit le meilleur des accueils. Je lui rendis compte de ma mission et, au moment du départ, je lui racontai, incidemment, ma conversation au sujet de l'affaire Dreyfus. Le commandant Henry change immédiatement de ton : j'étais perdu...

« Alors commença une série d'odieuses persécutions. On dépêcha à Bruxelles, où j'habitais, un agent de la Sûreté générale, Duberne, qui fractura mes meubles et me vola mes papiers. Le misérable tenta même de circonvenir ma femme! Je demandai une audience au Ministère, un jeune officier en civil me reçut et me conseilla, pour toute réponse, de « ne pas m'attarder à Paris ». On me ruina, on m'affama; on me calomnia; on sut adroitement me mettre à l'index dans la colonie française de Bruxelles. Je résolus de partir en Amérique; je m'en ouvris à l'État-major général, qui me dépêcha l'archiviste Gribelin, et un autre officier. Je donnai à ces messieurs tous les renseignements que je possédais et que j'avais pu recueillir depuis quelques mois. M. Gribelin arrêta mon passage sur un vapeur allemand qui devait partir environ quinze jours après notre entrevue; cela se passait fin septembre 1897. J'étais à bout de forces; j'étais seul, ma femme et mes enfants étaient en France, ma santé était sérieusement altérée. Après de tels événements, de telles persécutions, en aurait-il pu être autrement?

« Mon départ au Brésil étant résolu, un irrésistible désir de revoir ma mère s'empara de moi. Je quittai Anvers, et je me rendis à Paris. Mes idées en voyage s'étaient quelque peu modifiées et, qui pourrait m'en blâmer ? Mon intention formelle était, avant de quitter définitivement l'Europe, d'entretenir particulièrement le général de Boisdeffre de ce qu'on lui cachait peut-être, de mes entrevues avec Richard Cuers et surtout de la très grave conversation précitée de cet agent allemand avec moi à Luxembourg. Certain de n'être point reçu *directement* par le chef du 2e bureau et de ne pas être, par cet officier supérieur, présenté au chef de l'État-major général, je me rendis au commissariat de Vincennes où je demandai qu'on voulût bien téléphoner ou télégraphier que « j'avais de graves révélations » (*sic*) à faire au général de Boisdeffre lui-même. La réponse ne se fit point attendre. Quelques instants après mon arrivée au commissariat, un fiacre s'arrêtait devant la porte de ce commissariat, deux sergents de ville m'y faisaient monter, y montaient eux-mêmes, et, sous le fallacieux prétexte de me conduire auprès du général de Boisdeffre me déposaient.... à l'infirmerie spéciale du dépôt !!!!! 36 heures après j'étais transféré... à Sainte-Anne... à *Sainte-Anne*...

« Une note perfide insérée dans quelques journaux (note dont le style m'était connu) expliquait sans me nommer l'arrestation d'un « pauvre insensé !!! »

« Que pensez-vous, Monsieur le Ministre, d'une telle infamie? Le colonel Henry ou les siens sont seuls responsables de ce crime odieux!...

« Ma femme était en Gironde auprès de sa sœur; elle accourt, et cette jeune et malheureuse femme que déjà un lâche émissaire du 2e bureau avait assayé de circonvenir à Bruxelles, l'agent Duberne, eut l'énergie, le courage de démontrer que son mari était — sain d'esprit — revêtu de l'uniforme des pensionnaires de Sainte-Anne, de cet exécrable établissement où infirmiers et médecins ne sont que d'immondes bourreaux; c'est ainsi que j'apparus à ma femme qui, depuis, est atteinte d'une affection nerveuse. Au bout de 6 à 8 jours, on me remit mon exeat. Les autorités médicales de Sainte-Anne reconnaissant ainsi l'infamie de ceux qui m'y avaient envoyé !!

« Ma femme, mon fils paralysé et moi, nous partîmes aussitôt pour Anvers où nous nous embarquâmes au bord du *Maine;* quelques instants avant le départ, le chancelier du Consulat général de France m'apportait quelque argent — deux cents francs — et s'informait... de l'état de ma santé, de la part de ces messieurs du boulevard Saint-Germain ! (*sic.*)

« En Italie, à Gênes, j'ai, sous la pression de la misère et... *surtout*... parce que je me trouvais sur un territoire dangereux pour moi..., *vu mes anciennes fonctions*, ... j'ai attesté chez le Consul que le 2e bureau s'était acquitté à mon égard ; l'horrible appréhension d'être pris pour un fou, d'être dénoncé comme tel aux autorités italiennes, m'avait même engagé à ne point faire part à votre prédécesseur — pendant mon séjour à Gênes — de l'abominable attentat dont s'était rendu coupable à mon égard le bureau des renseignements de Paris. Ah! monsieur le ministre, j'ai cruellement expié les... services dont jadis me félicitaient, avec une exagération dithyrambique, *tous* les officiers du 2e bureau. Pour le colonel Sandherr je valais « au moins deux corps d'armée » (*sic*) !!! ; le commandant Rollin m'accordait « une part dans l'obtention anticipée de son 4e galon et de sa croix » (*sic*) !! etc... etc..

« Les colonels Sandherr et Henry m'avaient devant des témoins, qui, eux vivent encore, *promis, juré*, de ne m'abandonner *jamais* » ni moralement ni matériellement (*textuel*), je prends à témoin de ces formelles déclarations les officiers Rollin, Burckhardt, Cordier, Gribelin, etc... ; or, on me jette à la porte sans raisons plausibles, sans motif aucun, si ce n'est celui que je vous ai plus haut exposé; on me ruine, on me vole, on me calomnie; ma famille *indirectement* et *perfidement* avertie, se détourne de moi avec horreur. Petit-fils d'un général de division apparenté à deux amiraux, je suis pour les miens un objet de dégoût, d'exécration ! Seule, ma femme me reste dévouée; un émissaire du 2e bureau vient à Bruxelles, le coquin, non content de fracturer mes meubles et de me voler, comme je l'ai expliqué plus haut, cherche à circonvenir Mme Lajoux, il lui offre une somme relativement importante si elle veut fuir avec lui à Paris — là elle publiera que je suis un traître !! — et, par cela même, empêchera à tout jamais mon retour en France...

« La malheureuse et courageuse femme refuse. La persécution continue — elle n'a pas encore cessé ! — Ces jours-ci, je lisais encore, à trois semaines de date, une sorte d'interview dans certains journaux de Paris, inspirée par un mouchard, jadis employé par le 2e bureau, le nommé C. Deneuvillers, l'âme damnée de Rochefort, correspondant de l'*Intransigeant* à Bruxelles. — Ici même, à plus de 3,000 lieues de l'Europe, j'ai trouvé des consuls acharnés à parfaire ma ruine, glissant à l'oreille de qui voulait les entendre « que j'étais un traître à la Patrie » (*textuel*) et, par leurs insinuations lâches et perfides, m'empêchant de gagner ma vie, celle des miens! D'où les consuls Ritt et Hoff tiraient-ils leurs renseignements?...

« Je demande réparation ; je la veux complète et, enfin, définitive !

« Qu'on me tienne compte de ma discrète conduite depuis qu'on me chassa, comme le dernier des laquais, du service des renseignements ! Qu'on se rappelle les promesses formelles — faites solennellement *sur l'honneur* — par MM. Sandherr et Henry ; qu'on n'oublie pas les persécutions de tous genres dont on m'a accablé ; ma santé, celle des miens gravement compromise; la diffamation et la calomnie qui m'ont tué moralement — et qu'on se souvienne si on veut des services rendus.

« Monsieur le Ministre, que votre administration me fasse obtenir une place convenable en France ou aux colonies, sous cette réserve que j'ai maintenant 44 ans ! cette place, dix ans de service militaire, la campagne de Tunisie, plus de six ans passés au service de l'État-major général, n'y ai-je pas un peu droit ?

« Ou bien que *définitivement*, vous donniez des ordres, Monsieur le Ministre, pour que je puisse, enfin, m'établir définitivement ici, sans espoir de retour, sinon dans quelque 10 ans, dans ma patrie !

« Bien modestes du reste sont mes prétentions eu égard au mal qu'on m'a fait et aux services que j'ai rendus : comme j'ai eu l'honneur de vous le dire en commençant, il me restera à la date du 1er juillet prochain douze cents francs à recevoir sur la rente provisoire de 200 francs mensuels. Je demande — à défaut de place en France ou aux colonies — que l'on m'alloue pendant deux ans, à partir du 1er juillet prochain, la somme mensuelle *fixe* que je recevais du 2e bureau, soit 350 francs, mais avec l'autorisation formelle de pouvoir négocier anticipativement des réceptions, les traites qui me seront remises par le consul de France à San-Paolo. Je me constituerai de cette façon un capital d'environ 7,500 à 8,000 francs que j'emploierai, sous la surveillance immédiate du consul actuel, à l'achat ou à la création d'une librairie, commerce qui donne ici de féconds résultats, et en harmonie avec mes propres aptitudes. Si votre administration, au lieu de fractionner cette somme, pouvait me la servir en bloc, sous la surveillance précitée, cela vaudrait encore mieux et serait moins onéreux pour moi.

« Est-ce trop demander, Monsieur le Ministre ?

« Après les souffrances et les dangers courus... et pour ne pas succomber à la misère, pour ne pas voir ma femme — à la veille de devenir encore mère — manquer de tout, dois-je me rendre en France et demander à un tribunal de me juger et de me rendre enfin la justice qui m'est due ?

« Que l'on veuille bien me tenir compte de la dignité de ma vie au Brésil, du certificat que je joins à cette lettre, certificat qui prouve que, dès mon renvoi du 2e bureau, je sus m'employer et travailler à la satisfaction de mes chefs. Je serais encore à la « Métallurgique », si les agents du colonel Henry ne m'avaient pas rendu, par ordre, la vie impossible en Belgique !

« C'est quelques semaines après mon départ spontané de cette grande compagnie qu'on m'internait comme... fou ! quelle infamie !!

« Je remets mon sort, celui des miens, entre vos mains, Monsieur le Ministre de la Guerre ; j'attends avec confiance le résultat de ma démarche, je suis convaincu que votre décision me sera favorable, — dès qu'elle me sera parvenue, je m'installerai ici d'une façon définitive, et j'emploierai l'allocation accordée à cette installation, sous la surveillance consulaire.

« Votre très respectueux et très dévoué serviteur,

« EDMOND LAJOUX,

« à San Paolo (Brésil). »

« *P.-S.* — J'ose espérer qu'on a donné suite à ma demande relative à l'obtention de la médaille coloniale (Tunisie).

« On voudra bien me faire retour du certificat inclus. C'est respectueusement et en priant d'excuser la forme de cette lettre que j'adresse ce pli à Monsieur le ministre de la Guerre. »

Me Labori. — Nous voyons que les réclamations du sieur Lajoux s'étaient produites au mois de juin 1899, mais M. le commandant Rollin vient de dire, je crois, que ces réclamations s'étaient produites déjà antérieurement, notamment avant le départ de Lajoux en septembre 1897. M. le commandant Rollin peut-il confirmer ce fait et le préciser ?

Le Président. — Veuillez préciser votre question, maître Labori.

Me Labori. — Il y a un point que j'ai signalé, à savoir que les réclamations et explications du sieur Lajoux auraient été présentées par lui depuis longtemps au bureau des renseignements, notamment avant son départ pour le Brésil le 24 septembre 1897. A cette époque M. Gribelin s'est rendu à Anvers et a remis une somme à M. Lajoux, l'a expédié pour le Brésil.

Ces faits sont-ils exacts ?

Le Président. — C'est exact, il en a été déposé hier.

Me Labori. — Et monsieur le commandant Rollin les confirme ?

Le commandant Rollin. — Je n'étais pas au service des renseignements à cette époque.

Me Labori. — Le commandant Rollin connaît la réponse antérieure faite par le ministre de la Guerre à M. Lajoux.

Le commandant Rollin. — Depuis qu'il a été licencié en 1895, on n'a plus eu aucun rapport avec lui.

Me Labori. — Voulez-vous me permettre, monsieur le président, en vertu de votre pouvoir discrétionnaire, de donner lecture de la lettre adressée le 8 janvier 1898 au ministre des Affaires étrangères, par le ministre de la Guerre. Voici cette lettre en réponse à une lettre du ministre des Affaires étrangères que M. le président pourra faire lire s'il le croit utile.

Paris, 8 janvier 1898.

Le ministre de la Guerre au ministre des Affaires étrangères,

« Monsieur le Ministre et cher collègue,

« Par dépêche du 3 janvier courant, vous avez bien voulu m'envoyer une copie du rapport de notre Consul de San-Paolo (Brésil) relatif à Lajoux.

« J'ai l'honneur de vous remercier de cette communication et de vous faire connaître que le nommé Lajoux a été employé au service des renseignements de 1890 à 1895. Il a dû être renvoyé en raison de ses nombreuses escroqueries au préjudice dudit service et de ses relations nettement établies à plusieurs reprises avec les agents d'espionnage en Belgique. C'est un individu des plus dangereux, absolument taré et dont il y a lieu de se méfier en toute circonstance.

« Veuillez agréer, etc... »

Suit une seconde lettre du 10 mars 1898, écrite après que le ministre des Affaires étrangères avait porté à la connaissance de M. le ministre de la Guerre qu'une certaine somme avait été donnée au sieur Lajoux pour le faire partir.

Voici cette lettre :

Paris, 10 mars 1898.

M. le ministre de la Guerre à M. le ministre des Affaires étrangères :

« Monsieur le Ministre et cher collègue,

« Par dépêche du 5 mars courant vous avez bien voulu me communiquer le rapport de notre consul de San-Paolo (Brésil). J'ai l'honneur de vous remercier de cette communication. Il faut en informer M. Ritt que le sieur Lajoux n'a reçu du département de la guerre, au moment où il s'est embarqué, que la somme strictement nécessaire à son voyage en troisième classe.

« Cette somme lui a été remise alors dans un but humanitaire et nullement, comme il le prétend, pour éviter ses révélations. Cet individu n'a d'ailleurs en sa possession aucun renseignement pouvant présenter de l'intérêt. »

Et maintenant je demande à M. le commandant Rollin comment il peut expliquer que, alors qu'on considère un homme comme un homme taré et un escroc, on lui donne aujourd'hui une pension de deux cents francs.

M. Rollin. — J'ai répondu tout à l'heure, mon colonel.

Le Président. — Veuillez préciser votre réponse.

M. Rollin. — J'ai dit qu'une décision avait été prise, dont je revendiquais la responsabilité, en souvenir des services qu'il avait rendus. Cette mesure avait été prise à son égard, dans un sentiment d'humanité.

J'avais connu Lajoux au moment où il nous servait bien ; et c'était en récompense de ses services passés, et surtout en l'état de misère où il se trouvait en Italie qu'on a pu prendre à son égard cette mesure de bienveillance, mais rien ne forçait à le faire, et l'on pourrait la lui supprimer si l'on voulait.

Me Labori. — Le conseil appréciera la situation et jugera ce qui s'est produit, en même temps que les mérites de Lajoux.

Je passe à un autre incident dont je vous demande la permission de dire un mot; puisque M. le commandant Rollin se trouve ici puisqu'il est chef du service des renseignements, peut-être pourra-t-il répondre à une question que je vais avoir l'honneur de lui poser.

Il a certainement entendu parler du rapport attribué à un attaché militaire étranger qui vient d'être d'ailleurs l'objet d'un démenti bruyant, et qui date du 30 novembre 1897; M. le commandant Rollin pourrait-il nous dire s'il prend la responsabilité de la traduction qui a été présentée de ce rapport?

Le Président. — Est-ce vous qui avez fait faire cette traduction?

Le commandant Rollin. — Ce n'est pas moi, elle a été faite antérieurement à mon arrivée.

Le commissaire du Gouvernement. — Pardon, mais je crois que nous sommes sur un terrain que nous ne pouvons traiter publiquement. Si vous voulez, monsieur le défenseur, traiter cette question, nous prendrons un temps pour la traiter à huis clos. C'est un intérêt d'État.

Me Labori. — Je me permettrai de faire une réponse très respectueuse. Je dirai d'abord que M. le commissaire du Gouvernement pourra prendre toutes les réquisitions qu'il croira devoir prendre; la défense, en présence de ces réquisitions, fournira ses explications au Conseil qui appréciera. J'ajoute que ce n'est pas nous qui avons provoqué l'incident dont je parle: c'est M. le général Mercier qui a apporté à la barre, contrairement d'ailleurs aux engagements que nous avions pris (nous, pas lui, bien entendu) le nom de l'attaché militaire en question; et à cette occasion je ferai remarquer que nous devons être autorisés à marcher sur le même terrain qui n'a pas été interdit à M. le général Mercier.

Le Président. — Je vous ferai remarquer que nous avons pris l'engagement de ne pas parler de ces choses-là.

Me Labori. — Aussi n'ai-je pas prononcé un seul nom. Il a été entendu que nous aurions le droit de parler de toutes les pièces du dossier secret en employant des initiales pour les noms. Aussi n'ai-je pas prononcé un nom.

Le Président. — Continuons sur ce terrain.

Me Labori.—J'ai parlé d'un rapport de 1897 écrit par un attaché militaire étranger; je n'ai pas dit autre chose. Ce n'est pas de ma faute si la pièce a été plus particulièrement désignée.

Je crois que sur ce terrain je suis autorisé à demander si M. le commandant Rollin prend la responsabilité de la traduction présentée par M. le général Mercier.

Le Président. — Prenez-vous la responsabilité de la traduction de cette pièce?

Le commandant Rollin. — Depuis que je suis au service des renseignements, je ne m'occupe en rien de l'affaire Dreyfus.

Le Président. — Vous êtes étranger à cette pièce?

Le commandant Rollin. — Je suis absolument étranger à cette affaire. J'ai eu l'occasion de voir la pièce dans son texte allemand, c'est tout.

Me Labori. — M. le commandant Rollin pourrait-il nous dire à qui je pourrais utilement poser la question que j'ai l'honneur de lui adresser?

Le commandant Rollin. — Je ne sais pas qui a fait faire la traduction.

Me Labori. — Alors, je demande au Conseil quelle peut être la valeur de pièces que nous ne pouvons discuter, et dont il est même impossible de savoir qui prend la responsabilité ?

Le Président, *à Me Labori*. — Vous avez vu la pièce elle-même, vous avez pu la traduire.

Me Labori. — Vous voyez, monsieur le Président, avec quelle prudence j'avance.

Je ne me préoccupe même pas de demander quelle est l'authenticité de la pièce.

Le Président. — Nous en avons parlé à huis clos.

Me Labori. — C'est entendu... Je demande qui prend la responsabilité, si on la prend, de la traduction de la pièce telle qu'elle a été connue.

Si M. le commandant Rollin ne veut pas répondre, le Conseil appréciera; quant à moi, je me réserve de prendre telles mesures qui me paraîtront indispensables.

Le commandant Rollin. — Je peux vous répondre, mon colonel, que j'ai reçu l'ordre, en prenant le service des renseignements, de ne pas avoir à m'occuper de l'affaire Dreyfus.

Le Président. — Le témoin n'est pas en mesure de répondre.

Me Labori. — Maintenant, je vous prierai, monsieur le Président, de vouloir bien demander à M. le général Mercier comment il a en sa possession une copie de cette pièce.

Le général Mercier. — Je ne crois pas avoir à répondre à cette question, monsieur le Président. (*Mouvement prolongé.*)

Me Labori. — Monsieur le Président, monsieur le général Mercier a juré de dire toute la vérité. Je me permets très respectueusement d'insister pour que les questions posées très respectueusement et avec une grande prudence par la défense soient ici l'objet de réponses. Le conseil de Guerre n'est pas, comme la cour de Cassation, saisi d'un point restreint de l'Affaire. Le conseil de Guerre est saisi de toute l'Affaire. Nous avons besoin ici d'une lumière complète. J'insiste pour que M. le général Mercier réponde; car j'ai le droit d'avoir une réponse. (*Sensation.*)

Le Président. — Monsieur le général Mercier, croyez-vous devoir répondre?

Le général Mercier. — Je ne veux pas répondre à la question de Me Labori. Mais je déclare que je prends sous ma responsabilité la traduction qui a été présentée au Conseil.

Me Labori. — Je n'ai pas pour habitude de ne pas insister très énergiquement sur les terrains où je me place. M. le général Mercier n'a qu'une responsabilité particulière à prendre. Il la prend, puisqu'il a présenté les pièces. Je me préoccupe, moi, d'une responsabilité officielle. Je n'ai pas eu de réponse, nous apprécierons. La question que je pose à M. le général Mercier est tout autre. Le rapport est du 30 novembre 1897.

Le Président. — Permettez, il y a là peut-être une erreur. Cette date du 30 novembre 1897 n'est pas celle du rapport. C'est celle de son entrée au Service des renseignements.

Me Labori. — C'est entendu, monsieur le Président. La pièce est entrée le 30 novembre 1897. A ce moment, M. le général Mercier n'était plus ministre de la Guerre. Il y a maintenant une loi sur l'espionnage qui interdit la communication de documents secrets.

Je demande à quel titre, car nous sommes ici en présence, jusqu'à ce qu'on se soit expliqué, d'un délit, à quel titre M. le général Mercier est détenteur de cette pièce. (*Sensation prolongée.*)

Je constate que M. le général Mercier refuse de répondre. Je reposerai alors ma question d'une manière plus large et je demanderai à quel titre M. le général Mercier est détenteur de toutes les pièces du dossier secret.

Je vois que lorsque nous touchons des points délicats, il est difficile d'obtenir des réponses. Je prierai monsieur le Président lorsque M. le commandant Rollin aura fini, de vouloir bien rappeler M. le général Mercier à la barre, j'aurai pas mal de questions à lui poser, et j'imagine que je rencontrerai beaucoup de refus de répondre. (*Mouvement.*)

Voici ma dernière question à M. le commandant Rollin.

Il vous a dit qu'il avait confiance dans l'agent Guénée. Est-ce que M. le commandant Rollin connaît les dépositions de l'agent Guénée devant la Cour de cassation?

LE COMMANDANT ROLLIN. — Je les ai lues dans les journaux.

Me LABORI. — Est-ce que M. le commandant Rollin sait, par exemple, que sur une foule de points et à propos d'une foule de racontars rapportés par lui, M. Guénée s'est complètement démenti le lendemain du jour où il les avait produits? Je dis cela pour éviter la lecture de la déposition.

LE COMMANDANT ROLLIN. — Cela ne m'a pas frappé.

Me LABORI. — Alors, monsieur le Président, voulez-vous me permettre de lire quelques passages de la déposition Guénée en date du 27 janvier.

Me Labori donne lecture du passage suivant de la déposition de M. Guénée devant la Cour de cassation :

LE PRÉSIDENT. — Dans votre déposition du 18 janvier, vous avez fait allusion à une scène qui se serait produite chez une femme entre Dreyfus et un commandant étranger. Ce commandant aurait reproché à Dreyfus de devenir trop exigeant, et aurait menacé de le perdre. Pouvez-vous nous faire connaître d'où vous vient cette information? Et comment il serait possible de la contrôler? Pouvez-vous nous citer des noms de personnes qui pourraient appuyer de leurs déclarations celles que vous avez faites?

M. GUÉNÉE. — Je ne puis citer aucun nom. J'ai été mis au courant de cette scène par des racontars, par les dires des personnes, soit françaises, soit étrangères, qui fréquentaient chez cette femme, c'est-à-dire la Bodson. Je ne saurais vous citer aucune personne pouvant étayer de sa déposition ma déclaration.

LE PRÉSIDENT. — Vous nous avez déclaré qu'après l'arrestation de Dreyfus, vous vous étiez rendu compte que certains renseignements, que vous aviez été mis à même de fournir au bureau des renseignements, se rapportaient à Dreyfus. Quels sont ces renseignements? Et quelle en est la source?

M. GUÉNÉE. — Ces renseignements pouvaient se rapporter aussi bien à Dreyfus qu'à un autre, mais, comme seul Dreyfus était inculpé, tout retombait sur lui, c'était « la tête de Turc ».

LE PRÉSIDENT. — Par quelle voie avez-vous su que Dreyfus fréquentait le Betting-Club, le cercle Washington, le New-Club et le Cercle des Capucines?

M. GUÉNÉE. — C'est un bruit qui courait parmi les habitués de tripots qui fréquentent les cafés des boulevards et les boulevards.

Le Président. — Avez-vous pu vérifier vous-même si Dreyfus fréquentait ces établissements?

M. Guénée. — Non, monsieur, mais je puis vous dire que, le jour de la première audience...

... Je ne veux pas lire toute la déposition pour épargner les instants du Conseil qui la connaît.

Le Président prie Me Labori de se ménager un peu.

Me Labori. — Je demande à la suite de cette lecture à M. le commandant Rollin si c'est ainsi que doivent procéder des agents dans lesquels on a de la confiance?

Le commandant Rollin. — Je n'ai pas à m'occuper de l'agent Guénée ni de ce qu'il a pu dire ou raconter alors que je n'étais pas au service des renseignements, je n'ai pas à m'occuper de l'affaire Dreyfus à laquelle je n'ai nullement été mêlé et pour laquelle j'ai reçu l'ordre de ne rien faire.

Le Président. — Vous êtes complètement étranger à la déposition de l'agent Guénée devant la cour de Cassation?

Le commandant Rollin. — Absolument.

Me Labori. — Donc, et c'est tout ce que je veux retenir, il n'y a rien à garder du témoignage de confiance que M. le commandant Rollin a donné tout à l'heure à l'agent Guénée.

Le commandant Rollin. — J'ai dit que j'avais confiance en ses indications, mais je n'ai parlé que des affaires de service.

Le Président. — Votre confiance a trait aux affaires que vous avez traitées ensemble.

Me Labori. — C'est l'affaire Dreyfus qui nous occupe.

J'ai une dernière question à poser au témoin.

Quel est le nom de l'officier qui est allé à Gênes au nom du service des renseignements?

Le commandant Rollin. — Je crois qu'il est inutile que le nom de cet officier soit publié; c'est déjà bien assez que je me sois brûlé moi-même.

Le Président. — Il y a un intérêt de service à ce que le nom de cet officier ne soit pas connu.

Me Demange. — Sans nommer de noms, à Anvers d'après la lettre que j'ai eue tout à l'heure sous les yeux, M. Gribelin aurait été accompagné par un officier du service des renseignements; pourrait-on dire par qui?

Le commandant Rollin. — Je n'étais pas au service à ce moment-là.

Le Président. — Le témoin ne pourra évidemment répondre

qu'au sujet des faits qui se sont passés pendant qu'il était au service.

Me Demange. — Peut-être M. Gribelin pourrait-il alors nous répondre de sa place?

Le Président pose la question à M. Gribelin.

M. Gribelin. — J'ai déclaré hier que j'avais été accompagné par le correspondant du service à Bruxelles, et non par un officier.

Le général Gonse, *de sa place.* — Monsieur le Président, je crois qu'il serait utile de lire une note qui me revient à la mémoire, et qui a été faite au ministère de la Guerre en 1895 au sujet de Lajoux. Cette note donnait au ministre des renseignements sur les communications que Lajoux avait eues avec Richard Cuers. C'était du temps du colonel Picquart. Cette note se trouve au dossier.

Le greffier Coupois *donne lecture de cette note.*

Note sur le nommé Lajoux.

— En 1890, le nommé Lajoux se fit embaucher comme agent par Richard Cuers, chef du service de l'espionnage allemand à Bruxelles. Il proposa en même temps au service français d'entrer à sa solde. Cette proposition fut acceptée et, jusqu'en novembre 1894, époque de son renvoi définitif par les Allemands, Lajoux joua à notre profit et sur nos indications le rôle d'agent double. Dans le début Lajoux rendit de bons services; ses indications permirent de faire arrêter les espions Bonnet, Schneider, Theisen, etc., etc., et ces arrestations excitèrent la méfiance des Allemands qui, après l'avoir envoyé en Suisse et en Russie, le remercièrent en 1892. Ils le reprirent toutefois peu après, mais il est à remarquer, qu'à partir de ce moment, Lajoux ne leur rendit plus aucun service. Ivrogne, menteur, il inventait constamment des affaires qui n'existaient que dans son imagination et lui servaient de prétexte pour leur extorquer de l'argent. C'est ainsi qu'il se fit fort d'acheter l'agent allemand Richard Cuers moyennant une mensualité de 600 marks, qu'il s'engageait à lui faire parvenir. La première mensualité fut payée, l'on crut devoir s'en tenir là, la mauvaise foi de Lajoux étant par trop évidente. En juillet 1895, on résolut d'en finir avec Lajoux, dont les demandes d'argent étaient incessantes et dont l'attitude était des plus douteuses. A la suite d'une entrevue avec Richard Cuers à Luxembourg, sous le couvert de laquelle Lajoux est encore parvenu à extorquer de l'argent au service, on fit surveiller cet individu de près, et on acquit bientôt la conviction qu'il compromettait le service à Bruxelles et qu'il se donnait partout ouvertement comme agent du ministère de la Guerre français. On recueillit d'autre part des dires qui prouvaient que Lajoux entretenait secrètement des relations avec les agents allemands. On fit connaître alors à Lajoux qu'on lui paierait encore ses appointements pendant trois mois et qu'il eût après à se procurer un autre emploi. Lajoux demanda immédiatement alors le paiement intégral des trois mois, ce qui lui fut accordé, en plus du mois en cours. Depuis lors, il ne fit que réclamer, passant successivement de l'obséquiosité la plus complète à l'insulte. Il a menacé d'écrire à l'*Intransigeant*, de se plaindre à la justice belge, etc.; ces menaces sont restées sans effet. On a acquis ensuite la certitude qu'il a dénoncé à un gouvernement étranger un agent double qu'il avait autrefois fourni. Le nommé Lajoux ne recule devant aucun moyen pour se procurer de l'argent; plus on lui en donnera, plus il en demandera. On propose de garder vis-à-vis de lui l'attitude qu'on observe depuis six mois, savoir un silence absolu.

Ci-dessous sont les indications des sommes touchées par Lajoux. Il y a lieu d'observer qu'il n'a rendu de réels services que pendant la première année, et, jusqu'en 1894, il était payé par le service français et par le service allemand. Rien ne dit du reste qu'il ne lui ait pas été payé en même temps par ce dernier.

Sommes remises à Lajoux. — 1890 : 1,830 fr.; — 1891 : 8,748 fr.; — 1892 : 7,350 fr.; — 1893 : 11,208 fr.; — 1894 : 11,330 fr.; — 1895 : 5,530 fr.; — Total : 45,896 fr.

Le rapport est du 27 décembre 1895.

LE PRÉSIDENT. — Accusé, levez-vous. Dreyfus, avez-vous une observation à faire?

LE CAPITAINE DREYFUS. — On a parlé tout à l'heure des cours de l'École de guerre. En 1894, on a fait une perquisition chez moi, on a saisi tous les cours, on a pu vérifier et il n'a été fait aucune observation.

LE PRÉSIDENT. — Il y avait des pages qui manquaient à ces cours?

LE CAPITAINE DREYFUS. — Non, mon colonel, lors des perquisitions de 1894 on n'en a pas parlé, j'entends le fait pour la première fois ici; c'est en 1897 ou 1898 que ce fait a été soulevé, c'est un fait nouveau, tout récent. Au procès de 1894, je le répète, lors de la perquisition, on n'a rien remarqué à cet égard et trois ans après on vient prétendre, je ne sais pour quelle raison, qu'il y a des pages qui manquent à des cours de l'École de guerre? (*Mouvement.*)

LE COMMANDANT ROLLIN. — Voici, monsieur le Président, une demande de renseignements du colonel Sandherr au commandant Henry, au sujet des prétentions de Lajoux.

LE PRÉSIDENT. — Il eût peut-être été préférable, mon commandant, de l'indiquer il y a un instant.

Monsieur le greffier, veuillez donner lecture de cette lettre.

LE GREFFIER COUPOIS, *lisant :*

« Les Loges, 22 août 1895.

« Mon cher Henry,

« Lajoux affirme un tas de choses, l'affirmation, c'est du reste son fort. Combien de fois ne nous a-t-il pas affirmé qu'il obtiendrait des résultats avec R. C., résultats qu'il n'a jamais été question d'obtenir que dans son imagination qui est trop particulièrement ivre. Lajoux était animé des meilleures intentions, il voulait obtenir des résultats extraordinaires, il voulait se distinguer, il l'a fait en plusieurs occasions, et chaque fois nous l'en avons largement indemnisé. Mais nous ne pouvions pas nous prêter indéfiniment à des expériences problématiques, qui demandent des sacrifices considérables d'argent. Cela, nous l'avons signifié à maintes reprises à Lajoux. Jamais nous ne lui avons promis une place ferme. Alors qu'il semblait marcher à souhait, nous l'avons encouragé certainement et lui avons peut-être dit que s'il avait jamais des ennuis avec les Allemands, nous ne l'abandonnerions pas ni lui, ni sa famille, qu'il pouvait y compter. Voilà toutes les promesses verbales qu'en mon âme et conscience je puis avoir jamais faites à Lajoux. Quant à des promesses écrites, je ne pense pas qu'il y en ait jamais eu d'aucune sorte, j'en suis même sûr. »

Le Président. — De qui est-ce, cela?

Le greffier Coupois. — Il n'y a pas de signature.

Le commandant Rollin. — Du colonel Sandherr.

Le greffier Coupois. — La lettre est du 22 août 1895, ce n'est pas signé.

VINGT-SIXIÈME TÉMOIN

M. AUGUSTE FERRET

Le Président. — Vous avez été signalé par plusieurs témoins et notamment M. le général Mercier comme pouvant donner des renseignements au sujet de la présence de Dreyfus dans un bureau du ministère qui n'était pas le sien, à une heure où les officiers sont généralement absents, et où il compulsait des documents. Je vous ai fait venir pour que vous donniez ce renseignement au Conseil; mais ayant été convoqué moins de trois jours avant l'ouverture des débats, vous êtes cité à titre de renseignement, et je ne vous ferai pas prêter le serment. Veuillez nous donner vos nom, prénoms, votre âge.

M. Ferret. — Ferret, Auguste, 44 ans.

Le Président. — Avez-vous connu Dreyfus?

M. Ferret. — Oui, comme stagiaire au 4e bureau.

Le Président. — Voulez-vous nous faire connaître les faits que vous connaissez?

M. Ferret. — C'était vers la fin de 1893. — M. le rédacteur employé principal au 1er bureau me remit une lettre de service pour le capitaine Dreyfus, je la lui remis. Le lendemain ou le surlendemain, je ne me rappelle pas très bien, je vins au bureau, comme d'habitude, à 9 heures, et je trouvai le capitaine Besse; je lui demandai du travail, il me dit que je faisais bien. Mon travail terminé, il était environ 11 heures, je suis allé déjeuner. En revenant de déjeuner, à 1 heure environ, j'aperçois un civil qui était assis à droite du bureau du commandant Bertin, qui faisait face au capitaine Dreyfus, lequel était debout devant l'armoire où sont renfermés les documents. Je montai à l'étage supérieur remettre mon travail, et en descendant il n'y avait plus personne.

Le Président. — Le capitaine Dreyfus était-il employé au 4e bureau à ce moment-là?

M. Ferret. — Je crois qu'il y était encore.

Le Président. — A quelle époque?

M. Ferret. — Fin 1893, depuis si longtemps, je ne puis pas préciser.

Le Président. — Quelles étaient les pièces qu'il consultait?

M. Ferret. — J'ai cru reconnaître le graphique des transports de couverture.

Le Président. — Qu'est-ce qui vous fait croire cela?

M. Ferret. — J'ai entendu souvent parler de ces graphiques.

Le Président. — Avaient-ils une apparence extérieure permettant de les reconnaître facilement?

M. Ferret. — Oui, mon colonel.

Le Président. — Aviez-vous assez d'expérience pour les distinguer des autres?

M. Ferret. — Oui, par des gros traits qu'ils portent. Le capitaine Bretaud a travaillé sur ces graphiques.

Le Président. — Connaissiez-vous le civil qui était là?

M. Ferret. — Non.

Le Président. — Vous ne l'aviez jamais vu au ministère?

M. Ferret. — Non.

Le Président. — Ce n'était pas un ingénieur de la Cie de l'Est ?

M. Ferret. — Je ne le crois pas. J'ai été pendant huit ans au 4e bureau; j'allais porter constamment des plis au réseau de l'Est et je connaissais généralement ces messieurs.

Le Président. — Dans quel bureau étiez-vous ?

M. Ferret. — Au 4e bureau.

Le Président. — Quel en était le chef?

M. Ferret. — Le colonel Bertin.

Le Président. — Le capitaine Dreyfus ne travaillait pas dans ce bureau?

M. Ferret. — Si.

Le Président. — A ce moment-là?

M. Ferret. — Oui, mon colonel, il y travaillait à ce moment-là.

Un membre du Conseil de guerre. — Ce civil, dont vous parliez, vous l'aviez vu avant?

M. Ferret. — Non.

Le même membre du Conseil de guerre. — Vous l'avez vu après?

M. Ferret. — Du tout, mon commandant. C'est la seule fois que je l'ai vu.

Le même membre du Conseil de guerre. — Quand il vous a vu, il ne vous a rien dit?

M. Ferret. — Non, il était assis.

Le même membre du Conseil de guerre. — Vous n'avez rien remarqué?

M. Ferret. — Rien du tout.

Me Demange. — Voici la question, monsieur le Président, que je vous prierais de poser au témoin : Le témoin n'était-il pas secrétaire du commandant Bertin?

M. Ferret. — Je faisais les enveloppes et quelques copies de lettres dont le commandant Bertin voulait conserver trace dans le bureau, mais c'était tout.

Le Président. — Étiez-vous attaché comme secrétaire au 4e bureau?

M. Ferret. — Certains gardes étaient employés à faire des écritures.

Le Président. — A faire des écritures? Alors ce n'était pas permanent?

M. Ferret. — Nous étions cinq gardes qui étaient permanents; généralement nous étions là pour faire l'autographie.

Le Président. — Vous étiez attaché en permanence à ce service-là?

M. Ferret. — Nous étions là pour faire de l'autographie et quelques écritures dans le bureau.

Le Président. — Vous étiez secrétaire, employé comme secrétaire permanent au 4e bureau, section du réseau de l'Est?

M. Ferret. — Oui.

Me DEMANGE. — Eh bien, monsieur le Président, voulez-vous demander au témoin ceci : M. le commandant Bertin était témoin important en 1894 ; une enquête sérieuse a été faite en 1894 à l'État-major, on a recueilli toutes les indications qui pouvaient être trouvées à la charge du capitaine Dreyfus ; eh bien ! voulez-vous demander au témoin comment un fait de la nature de celui qu'il signale n'a pas été indiqué par lui lors de l'enquête de 1894. (*Mouvement.*)

LE PRÉSIDENT, *au témoin.* — Voulez-vous indiquer au Conseil pourquoi, en 1894, vous n'avez pas cru devoir faire connaître ce que vous saviez ?

M. FERRET. — Mon colonel, je regrette, bien entendu, de ne pas l'avoir signalé, mais je n'avais pas à soupçonner mes chefs ; je pensais, à mon point de vue, que ce n'était pas mon devoir, je ne croyais pas qu'il y avait lieu de porter une plainte contre mes chefs.

Me DEMANGE. — Voulez-vous me permettre de faire une remarque au témoin : je ne m'étonne pas qu'il n'ait pas signalé le fait immédiatement au commandant Bertin, si anormal que cela paraisse, mais je demande au témoin pourquoi, quand le capitaine Dreyfus a été arrêté, devant le Conseil de guerre, quand on a fait une enquête au ministère sur les agissements du capitaine Dreyfus, il n'a pas fait cette révélation au commandant Bertin, près duquel il était tous les jours.

LE PRÉSIDENT, *au témoin.* — Avez-vous eu connaissance des poursuites dirigées en 1894, contre le capitaine Dreyfus ?

M. FERRET. — Je n'en ai eu connaissance que quand le procès s'est déclaré.

LE PRÉSIDENT. — Vous saviez qu'une instruction était ouverte au Conseil de guerre contre le capitaine Dreyfus ; pourquoi n'avez-vous rien dit à ce moment ?

M. FERRET. — Je n'avais pas à accuser mes chefs.

LE PRÉSIDENT. — En justice, il n'y a plus ni inférieurs, ni supérieurs.

UN MEMBRE DU CONSEIL DE GUERRE. — Les armoires étaient-elles ouvertes dans le bureau ?

M. FERRET. — Elles étaient ouvertes.

LE MÊME MEMBRE DU CONSEIL DE GUERRE. — Toutes ?

M. FERRET. — Toutes, plus un placard qui se trouvait derrière.

Me DEMANGE. — Le Conseil appréciera ce silence gardé pendant cinq ans ! (*Mouvement.*)

Me LABORI. — A qui M. Ferret a-t-il révélé ce fait pour la première fois ?

M. Ferret. — J'en ai parlé au bureau à un employé du réseau de l'Est.

Le Président. — A quelle époque ?

M. Ferret. — Je ne peux pas indiquer d'époque précise. Oh! il y a bien longtemps.

Le Président. — Vous ne pouvez pas préciser l'époque ?

M. Ferret. — Je ne puis pas préciser.

Me Labori. — Cependant ce serait intéressant, monsieur le Président.

Le Président, *au témoin.* — Faites appel à vos s uvenirs, tâchez de vous rappeler en quelle année au moins vous en avez parlé à un employé du réseau de l'Est.

M. Ferret. — Peut-être l'année dernière, après le procès, depuis qu'on a fait l'ouverture du procès.

Me Labori. — Comment le témoin a-t-il su que la personne qui était dans le bureau était un civil?

M. Ferret. — Elle était en civil.

Le Président. — Elle n'avait pas l'allure d'un officier?

M. Ferret. — Absolument pas.

Le Président. — Par la coupe de la barbe?

M. Ferret. — La personne paraissait assez jeune, elle avait une petite moustache naissante, et sa physionomie était très pâle.

Le Président, *au capitaine Dreyfus.* — Avez-vous des observations à présenter ?

Le capitaine Dreyfus. — L'insinuation odieuse relevée par un ancien ministre de la Guerre et relevée de cette façon-là, vous la jugerez ! (*Sensation.*) Je n'ai qu'un mot à répondre...

Le Président. — Vous n'avez pas d'autres observations à faire ?

Le capitaine Dreyfus. — Pardon, mon colonel. Lorsque cet homme dit qu'il m'a vu à une heure de l'après-midi dans le bureau, c'est faux, attendu que jamais je ne suis allé au 4e bureau à une autre heure que l'heure réglementaire, c'est-à-dire à 2 heures. Quant à avoir introduit une personne étrangère à l'armée dans ce bureau, j'affirme que c'est faux ; j'ai dit déjà d'ailleurs hier pourquoi c'est une impossibilité, c'est en tout cas une difficulté. Je ne vois pas comment moi, officier, j'aurais introduit un étranger dans le bureau, où tout le monde pouvait passer à chaque instant. C'était le bureau du commandant Bertin où tous les officiers passaient à chaque instant, cela montre l'invraisemblance de cette déposition. Il venait à chaque instant dans cette section des ingénieurs du réseau de l'Est qui étaient en civil et qui venaient attendre le commandant Bertin ; il arrivait très souvent qu'il y eût, aux heures où un ou deux officiers se trouvaient là, des personnes étrangères au bureau, ingénieurs ou membres du bureau militaire du réseau de l'Est venant s'asseoir sur la chaise qui était à côté du bureau du commandant Bertin, pour l'attendre. Il y avait des personnes que je ne connaissais pas moi-même personnellement. Je n'ai plus rien à répondre.

LE PRÉSIDENT. — Aviez-vous des heures de bureau bien régulières ?

LE CAPITAINE DREYFUS. — Oui, mon colonel.

LE PRÉSIDENT. — Aviez-vous adopté les heures de bureau réglementaires ? Vous prétendez à certains moments ne pas avoir les heures de tout le monde.

LE CAPITAINE DREYFUS. — Mon colonel, cela ne s'est produit qu'à une période, en 1894, du 16 août jusqu'à environ le 22 septembre, avec l'autorisation de mon chef de bureau, le colonel Boucher ; je n'arrivais au bureau le lundi qu'à midi. J'avais l'autorisation de partir le samedi soir pour Houlgate où se trouvait Mme Dreyfus, et de ne rentrer que le lundi à midi par le train qui arrive à la gare Saint-Lazare à 11 heures et demie. Je n'arrivais donc à mon bureau qu'à midi le lundi.

LE PRÉSIDENT. — Et les autres jours, aviez-vous les mêmes heures du bureau ?

LE CAPITAINE DREYFUS. — Absolument.

LE PRÉSIDENT. — Il semblerait résulter des dépositions de certains témoins que vous aviez des heures différentes de celles des autres officiers.

LE CAPITAINE DREYFUS. — Il y a un seul témoin, le commandant Dervieu, qui a prétendu, en 1894, que moi-même, personnellement, je lui aurais raconté, à cheval, que j'arrivais au bureau à des heures quelconques ; au Conseil, en 1894, j'ai rappelé ses souvenirs, je lui ai rappelé que montant à cheval avec lui en août ou septembre 1894, je lui avais signalé le fait que je viens de vous signaler, c'est-à-dire que, tous les lundis, j'arrivais à mon bureau entre midi ou midi et demi, ou une heure, à l'arrivée du train d'Houlgate. Ce fait s'est produit avec l'autorisation du colonel Boucher, je le répète, du 16 août 1894 jusqu'au 21 ou 22 septembre 1894, époque à laquelle Mme Dreyfus est rentrée à Paris.

LE PRÉSIDENT. — C'est du commandant Dervieu que vous voulez parler ?

LE CAPITAINE DREYFUS. — Oui, mon colonel.

Le Président. — Il n'a pas encore déposé.

Le capitaine Dreyfus. — C'est tout ce que j'avais à dire.

Le général Gonse. — Voulez-vous me permettre d'ajouter un mot pour compléter ma déposition ?

Le Président. — Veuillez approcher, mon général.

Le général Gonse. — A la suite de la publication des dépositions dans le *Figaro*, où il a été dit qu'il était difficile d'entrer au ministère de la Guerre sans se soumettre à certaines conditions particulières, j'ai reçu une lettre de M. Lechatelier, ingénieur des ponts et chaussées, qui a été longtemps représentant du ministère des Travaux publics près le ministre de la Guerre. Si vous me le permettez, je déposerai cette lettre au dossier, elle est intéressante à lire.

Le Président. — Elle n'est pas bien longue ? Veuillez en donner vous-même lecture.

Le général Gonse. — J'en ai une autre qui est arrivée dans les mêmes conditions et qui émane d'un ingénieur des constructions navales. Voici la première lettre que j'ai reçue hier.

Villers-sur-Mer, 20 août 1899.

« Mon Général,

« Comme suite à votre déposition d'hier, j'ai l'honneur de vous adresser les déclarations suivantes dont vous pouvez faire tel usage que vous jugerez utile :

« 1° Pendant les six ou sept années que j'ai eu des laissez-passer en qualité soit d'ingénieur du contrôle de l'Est, soit du commissaire technique de la navigation, je suis entré au ministère plus de cent fois et je n'ai pas dix fois eu à présenter ce laissez-passer ;

« 2° Il m'est arrivé plusieurs fois d'emmener avec moi au ministère de la Guerre un ami, sans autre formalités que de lui ouvrir moi-même la barrière, de le faire passer devant moi et de répondre au salut du planton.

« Veuillez agréer, etc.

« Lechatelier,
« Ingénieur en chef des ponts et chaussées. »

Voici une deuxième lettre écrite au général Mercier et qu'il m'a remise hier parce qu'il croyait ne pas pouvoir venir à l'audience de ce matin. Elle est de M. Revoil, ingénieur de première classe de la marine, au Creusot ; elle est datée du 20 août 1899 :

« Mon Général,

« Je viens de lire dans le compte rendu de la séance du conseil de Guerre d'hier l'affirmation de l'accusé qu'il était impossible d'introduire une personne étrangère dans les bureaux de l'État-major sans un laissez-passer signé du chef de service.

« Je crois devoir vous signaler qu'au début de mon service à la section de Madagascar, en novembre 1894, ignorant la consigne de la Guerre et venant du ministère de la Marine où l'entrée est libre au ministère, j'ai reçu à mon bureau sans difficultés plusieurs personnes venant traiter avec moi de la mission dont j'étais chargée.

« Veuillez agréer, etc.

« Signé : Revoil,
« Ingénieur de 1re classe de la Marine. »

Le capitaine Dreyfus. — Les règlements étaient formels, cela ne prouve qu'une chose, c'est qu'il y a des personnes qui n'observent pas les règlements. Moi, je les ai toujours respectés. (*Mouvement.*)

Le général Gonse. — Je dois ajouter un mot. J'ai reçu beaucoup de députés et de sénateurs au ministère de la Guerre, et jamais ces messieurs n'ont demandé de laissez-passer ; ils entraient en montrant simplement leur médaille.

La capitaine Dreyfus. — Peut-être, pour le sous-chef d'État-major aux heures de réception officielle !... Si je me souviens bien, le règlement permettait aux personnes officielles de voir le chef ou le sous-chef d'État-major sans demander de laissez-passer ; mais, pour nous, les règlements étaient formels, il nous était interdit d'introduire qui que ce soit au ministère, et les camarades ou les autres personnes qui venaient nous demander au ministère étaient obligés de s'inscrire sur un registre placé dans une salle publique.

Quant à moi, j'affirme que j'ai toujours respecté le règlement : s'il y en a qui ne l'ont pas respecté, je laisse leur acte à l'appréciation du conseil de Guerre.

Me Demange. — Il résulterait de ce que vient de dire M. le général Gonse que l'on peut pénétrer bien facilement au ministère de la Guerre et qu'il y a des documents secrets sur lesquels on peut être renseigné sans être officier. (*Mouvement prolongé.*)

VINGT-SEPTIÈME TÉMOIN

M. LE LIEUTENANT-COLONEL BERTIN-MOUROT

Bertin-Mourot, Albert-Léon. — Quarante-six ans et demi, lieutenant-colonel au 74e de ligne, à Paris, prête serment.

Le Président. — Connaissiez-vous l'accusé avant les faits que lui sont reprochés ?

Le lieutenant-colonel Bertin-Mourot. — Je l'ai eu sous mes ordres au ministère de la Guerre.

Le Président. — Vous n'êtes ni son parent ni son allié? Vous n'êtes pas à son service et il n'est pas au vôtre?

Le lieutenant-colonel Bertin-Mourot. — Non, monsieur le président.

Le Président. — Vous avez déposé à l'instruction de 1894 sur l'attitude de Dreyfus pendant que vous l'aviez sous vos ordres au 4e bureau. Je vous prierai de vouloir bien faire votre déposition à ce sujet, et d'y joindre les autres faits qui ont pu venir à votre connaissance.

Me Labori. — Monsieur le président, voulez-vous prier les témoins d'élever un peu la voix. Nous les entendons très difficilement.

Le Président. — Je vous prierai de parler un peu plus haut, de manière que la défense vous entende bien nettement.

Le lieutenant-colonel Bertin-Mourot. — J'exposerai d'abord au Conseil les conditions dans lesquelles le capitaine Dreyfus est entré dans mon service, et les raisons pour lesquelles je l'ai mal noté à son départ.

Vers la fin du premier semestre de 1893, rentrant de mission — mes missions étaient fréquentes, — j'appris que, pendant mon absence, la répartition des stagiaires faite au quatrième bureau m'avait attribué le capitaine Dreyfus, lequel m'était complètement inconnu en bien ou en mal. Le colonel Gonse, chef du quatrième bureau, m'en parla comme d'un officier très bon. Le travail des officiers de la commission du réseau de l'Est se faisait en commun dans une même salle. Toute question traitée par l'un d'entre nous était communiquée aux autres, de façon que, pendant l'absence de l'un quelconque d'entre nous, le service restât assuré.

Lorsque le capitaine Dreyfus arriva parmi nous, je lui traçai les mêmes méthodes de travail qu'à ses nombreux prédécesseurs, c'est-à-dire d'une part la collaboration immédiate, directe, à tous les travaux de la Commission du réseau, et d'autre part l'étude méthodique, forcément progressive de tous les dossiers renfermés dans les armoires. Je donnai au capitaine Dreyfus la clef et le secret de toutes nos armoires.

Au bout de quelque temps je remarquai chez le capitaine Dreyfus une tendance à s'affranchir de cette collaboration directe que tous ses camarades, ses nombreux prédécesseurs, avaient fournie, et dont ils se trouvaient récompensés par l'intérêt de plus en plus grand des questions que je leur confiais à traiter.

Bien différent de ses devanciers, le capitaine Dreyfus parlait haut, interrogeait beaucoup, s'attachant plus au résultat de nos études qu'à nos procédés de travail ; et il se complaisait dans l'étude de nos dossiers les plus secrets, journal de mobilisation, transports de concentration, transports de couverture, au point que je finis par en faire la remarque. Je fus mécontent de voir cet officier exploiter ainsi la situation que lui créait son entrée à la commission du réseau de l'Est, où beaucoup de secrets aboutissent, et où sa curiosité pouvait en toute liberté se satisfaire, sans qu'il fournît à nos travaux la collaboration sur laquelle je comptais. Vers le milieu du semestre, tous les stagiaires furent réunis pour exécuter en commun un travail d'ensemble, sous la direction du sous-chef de bureau, et je n'eus plus à m'occuper du capitaine Dreyfus, jusqu'au jour où, à son départ du quatrième bureau, fin décembre 1893, j'eus à le noter.

Mes notes, que je n'ai plus — il y a cinq années que je n'ai pas remis les pieds au 4e bureau — et que je remettais à mes chefs, ces notes, je les complétais verbalement. Elles signalaient la vive intelligence du capitaine Dreyfus, sa facilité d'assimilation, mais en même temps l'impression nettement défavorable que me laissait son caractère et sa manière de servir.

Pour compléter ce qui est relatif à cette période, j'arrive à la déposition de M. le général Mercier en ce qui me concerne. M. le général Mercier a rapporté devant vous une conversation qui jette peut-être un jour singulier sur la conception de l'idée de patrie chez le capitaine Dreyfus. Je n'ai pas rapporté cette conversation au procès de 1894 parce que je n'ai pas voulu charger systématiquement un accusé et parce que j'ai préféré admettre l'hypothèse d'un malentendu, d'une soudure incohérente entre deux pensées dont la première, celle que j'avais émise, pouvait avoir été mal comprise par l'accusé. Mais depuis, cette conversation est revenue dans ma mémoire ; j'en ai parlé autour de moi, puis, lorsque dans l'éloignement où je vivais de ce qui se passait à l'État-major de l'armée, j'ai appris la conversation sur les Alsaciens tenue à l'École de guerre, ce qui avait été dit devant moi en 1893 m'a paru avoir peut-être de l'importance et je me suis décidé à rapporter cette conversation devant vous. La voici. Je rentrais de mission sur les lignes des Vosges ; je racontais que j'avais même poussé jusqu'à la frontière, que je le regrettais, n'ayant trouvé là que des impressions pénibles, si près de cette ligne frontière tracée sur mon sol natal avec, de chaque côté, un Dieu des armées différent. Je fus interrompu brusquement par le capitaine Dreyfus : « Mais cela ne pourrait pas être pour nous autres juifs ; partout où nous sommes, notre

Dieu est avec nous. » J'éprouvai un profond malaise, ce n'est pas ainsi que j'avais entendu commencer la conversation. Je ne m'attendais pas à cette interruption, je brisai là et me remis au travail.

L'année suivante, 1894, je rentrais encore d'une absence; je venais de reprendre mon service au 4e bureau, lorsque je fus appelé chez le colonel Fabre. Le colonel tenait en mains des documents photographiés; il me demanda de lui apporter le registre de copies de lettres sur lequel il croyait trouver l'écriture du capitaine Dreyfus. Je compris à la figure du colonel que quelque chose de grave se passait. Je tiens à dire tout de suite que c'est seulement plusieurs années après et, je précise, l'an dernier, me retrouvant comme témoin du procès Henry-Reinach avec mes camarades du ministère, c'est seulement à ce moment que j'ai appris que pendant mon absence le colonel Fabre avait fait demander ce registre de copies de lettres à mon premier adjoint et avait déjà fait des comparaisons d'écritures qui l'avaient fixé. J'apportai donc au colonel Fabre mon registre de copies de lettres et après quelques recherches je lui présentai quelques pages d'écriture du capitaine Dreyfus.

Le colonel découpa ces feuilles, les conserva et, me congédiant, m'invita à garder le secret le plus absolu sur ce que je venais de voir et d'entendre. C'est ainsi que j'ai appris ce qu'allait devenir l'affaire Dreyfus.

J'arrive maintenant à mes relations avec M. Scheurer-Kestner... Mais si vous le permettez, pour conserver l'ordre chronologique, je parlerai d'abord de la déposition de M. le général Mercier, en ce qui concerne la mission qu'il m'a donnée auprès du Président de la République. Le dernier jour du procès de 1894, l'audition des témoins étant terminée, nous fûmes congédiés. Je sortis du conseil de Guerre impressionné par l'attitude générale de l'accusé, par l'altération de ses traits au moment où la déposition de M. Bertillon faisait la démonstration d'un système dans lequel entrait un mot clef : la culpabilité de l'accusé ne me parut plus douteuse.

Mais s'il était coupable, mon service se trouvait gravement touché, l'angoisse que j'éprouvai alors fut tellement vive que, rentré au Ministère, je cherchai à voir mes chefs; ils étaient absents, ils n'étaient pas encore rentrés. J'allai alors trouver le général de Boisdeffre qui, après m'avoir entendu, m'adressa au ministre. Le général Mercier me reçut immédiatement. Je dis au ministre mes impressions d'audience, mes angoisses, la gravité de la déclaration de culpabilité de l'accusé, gravité bien plus grande si c'était lui que si c'était un autre, et depuis, j'ai toujours eu cette pensée, la pensée de cette gravité plus grande si c'était lui que si c'était un autre.

Je rappelai au ministre les précautions minutieuses prises autour de tous les documents de la couverture, les procédés employés pour la faire exécuter sur mon réseau par ce personnel admirable de la Cie de l'Est à la charge duquel jamais la moindre indiscrétion n'a été relevée. Mais si le coupable est un officier de la Commission, si le conseil de Guerre déclare coupable l'officier qui se trouvait au centre même de la Commission, qui possède tout le mécanisme de la couverture, alors, les documents livrés sont importants, le dommage est grand, il faut immédiatement y parer.

Le ministre me prescrivit d'aller trouver immédiatement le Président de la République. Je fus reçu à l'Élysée par le général Berruyer; le Président était à la chasse, il allait rentrer bientôt. Après environ une demi-heure d'attente, je fus introduit auprès de M. Casimir-Perier, dans son cabinet. « Sera-t-il condamné? me dit le Président, quand j'ai eu terminé. — J'ignore s'il sera condamné, répondis-je, mais s'il est condamné, une calamité plus grande encore peut tomber sur nous, c'est qu'il s'échappe, c'est qu'il se commette une évasion. S'il est condamné, les mesures les plus énergiques doivent être prises pour que le dommage ne continue pas. »

Le Président m'écouta avec une attention qui me frappa. Je puis même dire au Conseil qu'en sortant de l'Élysée, ému par cette conversation, j'eus l'impression très nette qui m'est restée, que moi, soldat, j'avais parlé à un soldat! L'entretien fut long; il est encore dans mes souvenirs qu'à deux reprises, pendant cette audience, la porte du cabinet de M. Casimir-Perier s'ouvrit et je vis entrer un personnage que je crus être M. Lafargue, secrétaire général de la Présidence. Le Président, d'un geste de la main, lui indiqua qu'il n'eût pas à entrer.

Quand je sortis de l'Élysée, il faisait nuit; je rentrai directement à mon domicile, où j'appris le soir que la condamnation avait été prononcée.

J'arrive maintenant à mes entrevues avec M. Scheurer-Kestner, vice-président du Sénat, alors que j'étais lieutenant-colonel d'infanterie à Belfort.

Le récit de ces entrevues vous a été fait par M. le général Billot. Je n'aurais rien à y ajouter si, dans la déposition faite ensuite devant vous par M. Picquart, déposition que j'ai lue dans un compte rendu du *Figaro* (j'ignore s'il est exact et m'en méfie), si dans cette déposition, dis-je, je ne trouvais, sous les facettes multiples qu'elle présente, peut-être deux insinuations, l'une qui me vise, l'autre qui vise M. Scheurer-Kestner.

Je regrette vivement la maladie et l'absence de M. Scheurer-Kestner. Avec sa loyauté habituelle, il aurait déclaré ici que l'appel est venu de lui, non de moi.

Depuis le début de 1895, j'avais quitté le service d'État-major et j'ignorais absolument comme il a pu s'en apercevoir tout de suite, tout ce qui s'était passé, tout ce qui se passait à l'État-major de l'armée depuis mon départ.

Les relations d'amitié que j'ai nouées à Belfort avec sa famille ne sont plus qu'un souvenir, mais ce souvenir doit rester intact.

Je verse donc au dossier bien malgré moi une lettre du 24 mai 1897 qui m'a été adressée par M. Scheurer-Kestner.

Cette lettre établit nettement que l'appel est venu de lui.

LE GREFFIER COUPOIS donne lecture de la lettre :

Le 24 mai 1897.

« Mon cher colonel,

« Désirant vous entretenir d'une affaire qui m'intéresse et au sujet de laquelle je crois que vous êtes à même de me donner des indications précises, je viens vous prier d'avoir l'obligeance de me donner un rendez-vous.

« Je me propose d'aller jeudi à notre établissement de Bellevue et d'en repartir vendredi matin pour aller prendre à Belfort le train de Paris. Si vous pouviez me donner rendez-vous vendredi matin, avant mon départ, par exemple à dix heures et demie, je pourrais aller vous trouver.

« Comme j'ai à vous parler d'une affaire confidentielle, il faut que nous nous arrangions de manière à ne pas être entendus et si votre bureau ne s'y prête pas facilement, nous pourrions nous rencontrer chez mon neveu à qui j'en ai touché un mot. Je vous serre cordialement la main.

« Signé : SCHEURER-KESTNER. »

LE LIEUTENANT-COLONEL BERTIN-MOUROT. — Le neveu dont il est question dans cette lettre était mon ami Jean.

Je passe maintenant à la deuxième insinuation.

J'ai toujours parlé de M. Scheurer-Kestner comme d'un honnête homme qui a suivi la voix de sa conscience.

Laisser croire que M. Scheurer-Kestner m'a alors tendu un traquenard ne me paraît pas possible. C'est tout ce que j'avais à dire sur cet incident.

J'ai encore à parler de deux dépositions que j'ai apprises par les comptes rendus dits sténographiques.

La première de ces dépositions est celle du général Gonse sur un fait qui, paraît-il (car je l'ignore absolument), s'est passé dans mon bureau.

J'ai été frappé alors de la réponse faite par l'accusé.

Il disait qu'il n'avait pu faire entrer au bureau un étranger puisqu'il n'avait même pu faire entrer un de ses amis qui était député. Cette réponse m'a frappé ; car il est resté dans mes souvenirs que des députés et des sénateurs pouvaient librement entrer au ministère. Mes souvenirs étaient si exacts que, du temps où j'étais au ministère, par conséquent jusqu'à la fin de 1894, il existait près de la porte d'entrée une pancarte faisant connaître que MM. les députés et MM. les sénateurs n'étaient pas soumis à la formalité du laissez-passer

Nous sommes ici pour chercher la vérité. J'apporte ces arguments. J'ai appris ensuite par un autre compte rendu sténographique, dans la déposition du commandant Cuignet, qu'un autre fait s'est passé à propos de mon service ; cependant je suis en mesure de faire connaître au conseil, toujours pour la recherche de la vérité, que lorsque le capitaine Dreyfus est arrivé dans mon service, un des premiers travaux que je lui ai confiés était une étude sur les ouvrages minés, question touffue, difficile, à propos de laquelle un règlement venait d'être publié ou allait être publié. Je n'ai donc pas trouvé étonnant que le capitaine Dreyfus, chargé de cette étude sur les ouvrages minés, ait été en relations avec le capitaine Cuignet qui était chargé de la première section; mais ce que j'ai trouvé étonnant, et c'est sur ce point que j'appelle l'attention du Conseil pour la recherche de la vérité, c'est qu'une conférence complète, totale, sur l'ensemble de nos dispositions de mines ait été faite sur ma demande au capitaine Dreyfus par le capitaine Cuignet.

Je sais aussi, je puis le dire au conseil, que le capitaine Dreyfus n'a pas été chargé tout le temps de cette question d'ouvrages minés, questions touffues qui sont difficiles, je le répète.

Lorsque le capitaine Boullenger, adjoint titulaire de la commission de l'Est, est arrivé, je me souviens que je lui donnai des questions d'ouvrages minés ; je me souviens aussi qu'avant son arrivée ce n'était pas le capitaine Dreyfus qui en était encore chargé, c'était mon premier adjoint, le commandant du génie Bretaud ; il est d'ailleurs facile dans le dossier d'ouvrages minés qui existe à la commission du réseau, dans mes armoires, que je n'ai pas vues depuis cinq ans, de retrouver la trace des études faites soit par Dreyfus, soit par Bretaud, soit par Boullenger.

Ce qu'a dit devant vous le commandant Cuignet, je l'ignore ; mais, je le répète, s'il s'agit simplement de renseignements sur le service spécial à l'Est, donnés par le capitaine Cuignet à Dreyfus, rien n'est plus facile, rien n'est plus normal, mais s'il s'agit d'une étude d'ensemble général, n'intéressant plus le réseau de l'Est, non, je n'ai pas envoyé le capitaine Dreyfus demander ces renseignements à Cuignet ; le débat est entre eux, non avec moi, je n'y figure que pour renseigner le conseil.

Monsieur le président, c'est tout ce que j'avais à dire sur les faits où j'ai été mêlé soit directement, soit indirectement.

Le Président. — Faites avancer à la barre M. Ferret.

M. Ferret s'avance à la barre des témoins.

Le Président. — Vous avez vu le capitaine Dreyfus dans les bureaux vers une heure?

M. Ferret. — Oui, vers une heure.

Le Président. — C'était le bureau même du commandant Bertin?

M. Ferret. — Oui, mon colonel, dans ce bureau même.

M. Ferret se retire.

Le Président. — Quelles étaient les heures de bureau?

Le lieutenant-colonel Bertin-Mourot. — Monsieur le Président, j'ai réfléchi, toujours pour chercher la vérité, depuis que j'ai lu le compte rendu sténographique des dépositions de M. le général Gonse. Il y a une explication : les heures de bureau à la commission du réseau de l'Est n'étaient pas très régulières. Nous partions à onze heures et demie pour aller déjeuner et nous revenions à deux heures après déjeuner. Mais que de fois il nous est arrivé de partir à midi, à midi et demi ! Cependant nous étions toujours rentrés à deux heures et je puis presque dire qu'il était extrêmement rare que nous fussions rentrés avant une heure et demie. Aucun des officiers en effet n'avait aucune espèce de raison pour se trouver au bureau avant une heure et demie. Je crois même me rappeler que l'heure officielle, qui devait remonter au temps où M. le général Haillot était chef de l'État-major, je crois que l'heure officielle était une heure et demie. C'est un point qu'il est facile de vérifier.

Le Président. — M. le capitaine Dreyfus travaillait-il dans vos bureaux?

Le lieutenant-colonel Bertin-Mourot. — J'ai exposé que le travail des officiers de la commission de l'Est se faisait en commun dans la salle. Ce travail ne pouvait pas se faire autrement, parce que nos études avaient des points de contact permanent et que constamment l'un ou l'autre d'entre nous avait à parler au voisin.

Le Président. — Était-ce dans cette pièce que se trouvaient déposés les graphiques de transports? Le capitaine Dreyfus avait-il la clef des armoires ou le moyen de se procurer ces pièces lorsque vous n'y étiez pas ?

Le lieutenant-colonel Bertin-Mourot. — A la première question, les graphiques étaient-ils dans cette pièce? Je répondrai d'une façon affirmative. Il vaut peut-être mieux que je ne dise pas comment étaient les armoires et ce qui s'y trouve; mais ce qui est certain et ce que j'affirme, c'est que dans une de ces armoires se trouvait une pièce secrète, mon journal de mobilisation, dans le haut de l'armoire, et en bas alors, sur des casiers longs qui se tiraient d'une seule pièce, se trouvaient étalés mes graphiques. Ces graphiques étaient tout aussi secrets que les autres pièces et toute personne sachant lire les graphiques pouvait s'en servir. Je ne me rappelle pas très bien la seconde question.

Le Président. — Le capitaine Dreyfus avait-il le moyen d'ouvrir le meuble où se trouvaient ces pièces?

Le lieutenant-colonel Bertin-Mourot. — Oui; j'ai dit dans ma déposition que la première chose que j'avais faite avec le capitaine Dreyfus avait été de lui donner le mot de toutes nos armoires.

Un membre du Conseil de guerre. — Pourriez-vous nous donner votre appréciation sur les doutes dont vous a fait part M. Scheurer-Kestner, au sujet de la culpabilité du capitaine Dreyfus?

Le lieutenant-colonel Bertin-Mourot. — Je tiens à bien préciser les faits : je n'avais plus vu M. Scheurer-Kestner depuis vingt ou vingt-deux ans, ou plus exactement je n'avais plus entretenu avec lui de relations, ni même de conversation depuis près de vingt à vingt-deux ans. J'avais été reçu jadis dans la maison de M. Scheurer-Kestner; en arrivant à Belfort, j'ai trouvé là sa famille, une de ces admirables familles d'Alsace, avec laquelle j'ai noué des liens d'amitié. Lorsque M. Scheurer-Kestner m'a écrit cette lettre dont je viens de donner lecture, M. Scheurer-Kestner, vice-président du Sénat, ayant une haute situation en Alsace, je n'ai eu qu'une pensée, me rendre à son appel immédiatement, je soupçonnais qu'il serait question de l'affaire Dreyfus au milieu de cette vie saine que je menais dans les corps de troupe.

En effet, M. Scheurer-Kestner, dès les premiers mots, me dit qu'il voulait m'entretenir de l'affaire Dreyfus. Il me fit part de ses doutes. Il me dit pourquoi il s'en occupait, et je retrouve très fidèlement dans un article du *Figaro* qui a dû paraître vers la fin de 1897, je retrouve très fidèlement reproduits les arguments que m'a présentés M. Scheurer-Kestner.

Je ne sais, monsieur le Président, si le Conseil voit bien cet article, un long article qui a paru dans le *Figaro*, exposant comment M. Scheurer-Kestner avait dîné à Sainte-Marie-aux-Mines; comment il s'était trouvé avec un officier du ministère qui a affirmé une chose inexacte : qu'il connaissait la maison achetée par le capitaine Dreyfus clandestinement. Il a raconté ensuite ses doutes, comment il a cherché à droite et à gauche et toujours, me disait-il, chaque fois que je creusais, je ne trouvais rien.

Ce qui m'a beaucoup frappé depuis la déposition de M. Picquart, c'est que jamais M. Scheurer-Kestner n'a prononcé devant moi le nom de M. Leblois et le nom de M. Picquart; lorsque M. Scheurer-Kestner m'a exposé ses doutes, très vagues, très flottants, très indéfinis, me disant que chaque fois qu'il cherchait à creuser, soit pour, soit contre, il ne trouvait rien.

Au bout de quelque temps, je dis à M. Scheurer-Kestner : «Pourquoi me dites-vous tout cela à moi? Si vous avez des doutes, si votre conscience est angoissée, allez le dire à ceux qui ont qualité pour le savoir et pour réparer l'erreur si une erreur a été commise. Connaissez-vous le ministre? — Comment, si je connais le ministre! C'est un vieil ami, je le tutoie! — Allez le trouver. — Non, je suis encore en Alsace pour quelque temps. — Voulez-vous que je lui dise votre conversation? Je le connais beaucoup. — Oui, je vous autorise à lui répéter ce que je viens de vous dire. »

J'ai attendu une occasion qui s'est présentée quelques jours après : un mariage. A ce mariage, j'ai trouvé le ministre que je n'avais pas vu depuis fort longtemps, je lui ai demandé s'il pouvait me recevoir et c'est ainsi que j'ai rapporté, avec l'autorisation de M. Scheurer-Kestner, je dirais même avec l'invitation de M. Scheurer-Kestner, la première conversation que nous avions eue ensemble.

La deuxième conversation, qui se place exactement au 2 juillet, est du même ordre : doute, résultat négatif des enquêtes. Dans l'intervalle, M. Scheurer-Kestner m'a même envoyé un article d'un cryptographe suisse que je n'ai pas lu, qui ne m'intéressait pas : je n'avais pas à intervenir dans ce débat, il y avait eu une condamnation, cela me suffisait.

La troisième conversation que j'ai eue avec M. Scheurer-Kestner se place avant les grandes manœuvres, le 2 septembre. Je trouvai M. Scheurer-Kestner résolu, décidé et traitant avec grand dédain (ce qu'il n'avait pas encore fait) un argument que je lui présentais. Je fus très frappé de la décision, de la conviction que je voyais dans ses yeux et lorsqu'une dizaine de jours après, à Champlite, pendant les manœuvres de la division, je vis le ministre, je le rejoignis à cheval et je lui dis que j'avais quelque chose d'urgent à lui dire. C'est ce jour-là que je dis au ministre que M. Scheurer-Kestner paraissait avoir pris une décision irrévocable. C'était exactement le 9 septembre.

Un membre du Conseil de guerre. — Vous avez bien dit que le capitaine Dreyfus pouvait ouvrir les armoires. En est-il de même des tiroirs particuliers pour lesquels il y avait un mot et dans lesquels se trouvent les graphiques?

Le lieutenant-colonel Bertin-Mourot. — Je suis ici obligé d'entrer dans certains détails.

Le capitaine Dreyfus. — Le colonel Bertin m'a fait connaître le mot des cadenas et la clef, par conséquent je pouvais les ouvrir.

Me Demange. — M. Scheurer-Kestner a adressé à M. le Président une lettre dans laquelle il s'excuse de ne pouvoir venir, il a dû en adresser depuis une autre dont il serait intéressant de donner lecture.

Le greffier Coupois donne lecture de la pièce suivante :

« Bagnères de Luchon, le 5 août 1899.

« Monsieur le Président du Conseil de guerre,

« L'état de ma santé, que constate le certificat ci-joint, m'empêche non seulement de me rendre à Rennes, mais encore d'écrire moi-même ma déposition; je la dicte donc à un membre de ma famille.

« J'affirme sous la foi du serment la déclaration suivante :

« Je n'ai jamais connu le capitaine Dreyfus. Sa condamnation m'a particulièrement ému comme Alsacien, car j'ai été député du Haut-Rhin à l'Assemblée nationale de 1871, et je suis le dernier représentant de cette députation française dans le Parlement. Comme tout le monde alors, je n'ai pas mis en doute le bien-fondé de l'arrêt du Conseil de guerre de 1894.

« Je m'en réfère pour ce qui suit à la déposition que j'ai faite dans l'affaire Esterhazy, devant le Conseil de Guerre de Paris le 10 janvier 1898.

« La première fois qu'il s'est produit non pas un doute, mais, une hésitation dans mon esprit, c'était au commencement de 1895 quand j'ai reçu la visite de M. Mathieu Dreyfus. Je ne le connaissais pas, je ne l'avais jamais vu, car ni moi ni ma famille n'avions eu de relations ni avec lui ni avec aucun membre de la sienne. Je tiens à le déclarer aujourd'hui, après tout ce qui a été dit.

« M. Mathieu Dreyfus est venu me trouver à titre de compatriote. Il pensait qu'un ancien député de son département, Alsacien comme lui, se trouvant encore au Parlement, l'aiderait peut-être à établir l'innocence de son frère à laquelle il croyait fermement. Il vint donc me trouver au commencement de 1895 pour me demander conseil et protection.

« A la vérité, je ne m'étais pas beaucoup occupé de cette affaire; cependant, devant l'émotion du frère du condamné, je n'ai pu rester absolument insensible, mais je lui dis que je ne pouvais pas lui donner une réponse immédiate, qu'il était nécessaire que je réunisse les renseignements qui me faisaient absolument défaut, et sans lesquels il ne me convenait pas de prendre un parti quelconque.

« Je m'adressai alors à deux de mes amis, anciens ministres de la Guerre tous les deux, le général Billot et M. de Freycinet, et je leur demandai conseil : « Puis-je, leur ai-je dit, aider M. Mathieu « Dreyfus à poursuivre la réhabilitation de son frère? »

« Ces messieurs eurent l'obligeance de prendre eux-mêmes les renseignements qu'ils ne possédaient pas et au bout de quelques jours leurs réponses furent identiques : « Nous pensons que vous « ferez mieux de ne pas vous occuper de cette affaire. Cependant « nous n'avons pas appris grand'chose, nous ne sommes pas en état « de donner des renseignements positifs; mais dans le doute nous « vous conseillons de ne rien faire. » Je les avais consultés séparément tous les deux.

« Je priai alors M. Mathieu Dreyfus de revenir chez moi, et lui dis que je ne pouvais consentir à m'occuper de la réhabilitation de son frère. J'eus le ménagement de ne pas lui dire pourquoi. La vérité est que je n'avais pas changé d'opinion.

« A partir de ce jour, je restai longtemps sans voir M. Mathieu Dreyfus; il ne vint plus chez moi, quoique je lui eusse dit que s'il avait besoin de conseils, je serais toujours à sa disposition; je ne le vis plus jusqu'à la date du 12 novembre 1897.

« Voilà comment, pour la première fois, mon attention a été attirée sur le cas du capitaine Alfred Dreyfus, et je n'y pensais plus guère, lorsque dans ma conversation avec plusieurs desmes compatriotes d'Alsace, je les entendais, de temps en temps, pousser cette exclamation : « Ah! que nous voudrions savoir ce qu'il en est « au juste! Est-il coupable? Est-il innocent? » Je finis par être pénétré moi-même de ce doute, et je pris la ferme résolution de le dissiper d'une manière définitive par une enquête personnelle, me disant qu'en me livrant à des recherches conduites avec persistance et avec méthode, je finirais par découvrir la vérité.

« A partir de ce moment, les contradictions, les récits les plus erronés, soit en faveur, soit en défaveur du condamné, me mirent dans l'obligation de faire une enquête approfondie sur chacun des faits portés à ma connaissance. Ces enquêtes aboutirent presque toujours à néant. Je vous ferai grâce du récit des nombreuses déceptions que j'eus à subir; mais vous me permettrez de citer le cas d'un officier supérieur, qui est de nature à éclaircir singulièrement l'état des esprits.

« Je l'avais rencontré, sans le connaître, à la table de l'un de mes amis, Alsacien comme moi; au milieu de ses convives, pendant le repas, l'inquiétude au sujet de la culpabilité d'Alfred Dreyfus ne tarda pas à se manifester : « Si nous savions! disait-on, quel apaisement! S'il était innocent! On n'ose vraiment envisager cette terrible hypothèse. »

« Or, l'officier supérieur : « J'ai pris une certaine part à l'instruc-« tion, et je peux vous rasssurer. M. Alfred Dreyfus possède à Paris « une maison qui a coûté plus de deux cent mille francs et on n'en a « trouvé aucune trace sur ses livres. » Et quelque temps après, ayant raconté ce fait, il me fut affirmé et démontré que c'était une erreur. Alors, je demandai le numéro et l'adresse de cet officier supérieur que je ne connaissais pas. J'allai le trouver, pour lui demander s'il était bien sûr du fait qu'il avait avancé, attendu que je me croyais certain du contraire. L'officier me répondit qu'il n'avait parlé que par ouï-dire.

« J'ai traversé trente ou quarante fois de pareilles incertitudes; elles étaient devenues pour moi une véritable obsession. Je me procurai de l'écriture de M. Alfred Dreyfus, et la comparai avec celle du bordereau. Je fis ce travail avec beaucoup de soin, et quand je l'eus terminé, j'acquis la conviction que ce bordereau ne pouvait pas avoir été écrit par M. Alfred Dreyfus. Mes doutes devinrent alors plus terribles. Je crois pouvoir passer ici sur mes rapports avec l'expert Teyssonnières, dont les démonstrations ne m'ont pas convaincu. On peut se reporter aux incidents qui se sont produits à ce sujet au cours du procès Zola.

« Le 13 juillet 1897, j'ai reçu la visite d'un de mes compatriotes d'Alsace dont le père était mon ami et avait été mon maître autrefois. M. Leblois me dit qu'il avait à me faire une confidence dela plus haute importance, et qu'il me demandait de prendre l'engagement de ne pas user des renseignements qu'il me donnerait, sans y être ultérieurement autorisé.

« M. Leblois me raconta que l'année précédente, en 1896, son ami, le lieutenant-colonel Picquart, alors chef du bureau des renseignements, avait découvert que les experts en écriture de 1894 avaient fait erreur en attribuant le bordereau à M. Alfred Dreyfus, et que ce bordereau devait être attribué à un autre officier, le commandant Esterhazy. C'est la première fois que j'entendais prononcer le nom de M. Esterhazy. C'est la première fois également que j'entendais prononcer celui du colonel Picquart. C'est au procès Esterhazy que j'ai vu pour la première fois de ma vie le lieutenant-colonel Picquart. Pendant toute cette période du 13 juillet 1897 au procès Esterhazy (10 janvier 1898), je n'ai jamais reçu un seule lettre du colonel Picquart, il ne m'a écrit ni de France, ni de Tunis, ni d'ailleurs. Ce qui a été dit de contraire à ce sujet est un mensonge.

« Je vous prie, monsieur le président, de vouloir bien donner communication, s'il y a lieu, au Conseil de Guerre, de la déposition que j'ai faite à ce sujet l'année dernière à Belfort, à la suite d'une commission rogatoire, et sous la foi du serment.

« Ce jour-là, 13 juillet 1897, j'appris par M. Leblois que le colonel Picquart, qui avait appris l'innocence de Dreyfus, avait été écarté de son service pour des motifs inconnus, qu'il avait été éloigné de son bureau, et qu'on n'avait pas donné suite à ses révélations. Le récit de M. Leblois me troubla profondément. — Je reprends ici la déposition faite par moi devant le Conseil de Guerre au procès Esterhazy :

« J'insistai beaucoup pour avoir des renseignements plus complets. M. Leblois me montra alors la correspondance autographe échangée entre le général Gonse et le lieutenant-colonel Picquart. Ses lettres, je les ai lues. La preuve était évidente, mais je ne fus pas autorisé à en faire usage. Aujourd'hui, je suis libéré par le serment que je viens de prêter et j'affirme que ces lettres établissent de la manière la plus certaine et la plus indiscutable que le général Gonse a partagé l'opinion du lieutenant-colonel Picquart. C'était la confirmation matérielle du récit qui m'avait été fait.

« J'étais très angoissé, cette affaire devenant fort grave, il était donc nécessaire d'accumuler les motifs de conviction. Il ne me manquait plus qu'une dernière épreuve, car il s'agissait de savoir si tout ce qu'on venait de me dire se trouverait ou non corroboré par la comparaison des écritures. Je devais chercher dans cette comparaison la vérité du récit qu'on venait de me faire. Cette comparaison s'imposait donc et si elle pouvait confirmer l'opinion qui n'avait été exprimée, il ne m'était plus possible alors de douter de la sincérité du récit.

« Je me procurai donc de l'écriture de l'officier qui m'avait été signalé, le commandant Esterhazy. Je fus frappé non pas seulement d'une similitude mais de l'identité de l'écriture du bordereau et de celle des nouvelles pièces qui venaient de m'être remises, pièces d'une authenticité indiscutable du reste. Je crois aujourd'hui qu'un très grand nombre de personnes sont frappées comme je l'ai été de cette identité. »

« J'ai tenu à mettre sous vos yeux cette déposition où je parlai pour la première fois en public des lettres du général Gonse et du lieutenant-colonel Picquart. Ces lettres ont été établies depuis lors et connues de tous. Quant à l'identité dont j'avais été frappé, entre l'écriture du bordereau et celle d'Esterhazy, elle a été depuis, reconnue par les experts les plus autorisés, par les savants les plus éminents, par la Cour de cassation elle-même. Enfin, M. Esterhazy a avoué lui-même être l'auteur du bordereau dans une déclaration dont il a fait reproduire le fac-similé par plusieurs journaux.

« A la suite de la visite de M. Leblois, je déclarai à mes collègues du bureau du Sénat et à plusieurs de mes amis qu'une révélation très importante m'avait été faite qui tendait à établir l'innocence du capitaine Dreyfus. Mais je n'en dis pas davantage, fidèle à la parole donnée à M. Leblois. Je passai mes vacances aux bains d'Allevard et à ma maison de Thann en Alsace. J'avais eu l'occasion antérieurement à la visite de M. Leblois, d'entretenir le colonel Bertin-Mourot de l'affaire Dreyfus. Je connaissais M. Bertin de longue date; je savais qu'il avait été à l'État-major en 1894. Dans les conversations que j'ai eues avec lui à cette époque il chercha, sans y parvenir, à me démontrer la culpabilité du condamné.

« Le 2 septembre 1897, j'eus, à la demande personnelle du colonel Bertin, une seconde entrevue avec lui. Il me dit qu'il avait entretenu le ministre de la Guerre de notre conversation.

« Le 12 septembre, je dis au colonel Bertin que mon opinion était faite et que je savais Dreyfus innocent, je ne prononçais pas le nom du commandant Esterhazy. Le colonel Bertin me répondit qu'il allait partir pour les manœuvres, qu'il y verrait le général Billot, ministre de la Guerre, et qu'il lui raconterait nos conversations. Il ajouta qu'il serait désireux de me voir dès son retour des manœuvres, puisqu'il aurait peut-être une communication à me faire de la part du ministre de la Guerre.

« Le 26 septembre, à son retour des manœuvres, le colonel Bertin m'envoya un télégramme m'avisant qu'il avait mission de me voir. Cette nouvelle entrevue ne put avoir lieu que le 16 octobre, à Belfort; le colonel Bertin me demanda de ne rien faire sans avoir vu le général Billot. Il me dit qu'il était chargé par le ministre de m'adresser cette demande. Je le lui promis, d'autant plus volontiers, que c'était dans mes intentions. Il me sembla que mon devoir était de m'adresser avant tout au gouvernement, au général Billot, qui était mon ami de vingt-cinq ans, à M. Méline, au garde des Sceaux. C'est ce que je fis, dès mon retour à Paris. Ici encore, je demande à citer textuellement ma déposition devant le conseil de Guerre, lors du procès Esterhazy.

J'allai trouver le général Billot et, après lui avoir montré l'identité des écritures du bordereau et des lettres du commandant Esterhazy, je lui demandai de me donner la preuve qu'Alfred Dreyfus avait été reconnu coupable sur d'autres preuves que celles du bordereau. Si vous ne me le prouvez pas, ajoutai-je, si vous ne faites pas votre devoir, je ferai le mien.

« Le général Billot, retenu par je ne sais quels scrupules, se borna à répondre : je ne le peux pas. Après quatre heures de conversation, au moment où je quittais le ministre de la Guerre, il me demanda de ne pas ébruiter notre conversation. Vous avez une enquête à faire, lui répondis-je, promettez-moi de la faire, loyale, complète, personnelle surtout, et je ne dirai rien. Si vous ne la faites pas, je serais obligé de parler, car il m'est impossible de supporter plus longtemps l'angoisse qu'une pièce sur laquelle Dreyfus a été condamné, a été attribuée par erreur à ce malheureux.

« J'allai trouver le président du Conseil, j'eus de longues conversations avec lui; il s'en remettait probablement au ministre de la Guerre, qui s'en remettait à d'autres. Le président du Conseil m'avait dit : « Vous avez la voie légale, demandez la revision ». J'étais en train de faire préparer cette demande et j'avais déjà choisi un avocat de la Cour de cassation, lorsqu'un fait nouveau se produisit : je reçus la visite de M. Mathieu Dreyfus, que je n'avais plus revu depuis le commencement de l'année 1895. Cette visite de M. Mathieu Dreyfus eut lieu le 12 novembre 1897, ainsi que je l'ai dit au procès Zola, je puis me tromper d'un jour, mais je crois bien que c'est le 12 novembre. M. Mathieu Dreyfus me fit passer un mot, me priant de le recevoir pour une communication importante; il était 9 heures ou 9 heures et demie du soir. Voici le récit qu'il me fit, tel que je l'ai déjà donné au procès Zola.

« M. de Castro, qu'il ne connaissait pas du reste, se promenait sur le boulevard au moment où l'on vendait des placards sur lesquels se trouvait la preuve de la trahison avec des portraits et au milieu de la feuille le fac-simile du bordereau. M. de Castro qui est un étranger et que la question Dreyfus n'avait pas intéressé jusque-là acheta par désœuvrement ce numéro et, dès qu'il l'eut entre les mains — je ne me sers pas du mot dont il s'est servi quand il m'a raconté l'histoire plus tard — « j'ai eu un éblouissement, dit-il, je suis « rentré chez moi, j'ai pris une liasse des lettres d'Esterhazy que « j'avais dans mon bureau, une trentaine ou une quarantaine, et j'ai « constaté que je ne m'étais pas trompé, le bordereau était bien de lui. »

« M. de Castro courut chez M. Mathieu Dreyfus, et c'est après « cette conversation de M. de Castro que M. Mathieu Dreyfus est venu « me trouver le soir pour me dire ceci : « Vous devez connaître l'auteur « du bordereau; on m'a dit que vous vous occupiez de cette affaire « depuis très longtemps, vous cherchez partout des renseignements, « eh bien! vous devez savoir quels sont ceux auxquels on a substitué « ou cherché de substituer Alfred Dreyfus pour la confection du « bordereau, puisque je sais que vous êtes convaincu qu'il n'est pas « d'Alfred Dreyfus d'après l'examen des écritures. » D'abord je refusai de lui donner ce nom. Il me dit : « Si je vous le dis, moi, et si « ce nom a passé sous vos yeux dans vos recherches, me le direz-« vous? » Je répondis : « Dans ce cas, je me regarderai comme « délié et je dirai : oui. »

« C'est alors que M. Mathieu Dreyfus me cita le nom du commandant Esterhazy et que je lui dis : « Dans les conditions où vous vous « trouvez, votre devoir est de l'indiquer immédiatement au ministre « de la Guerre. » Car à ce moment, grâce aux indiscrétions des journaux, on avait exposé aux soupçons un certain nombre d'officiers supérieurs et j'étais très heureux que, dans les conditions où ce fait se produisait, ces officiers fussent mis hors du débat.

« C'est ainsi que M. Mathieu Dreyfus a signalé à M. le ministre de la Guerre le commandant Esterhazy comme étant l'auteur du bordereau.

« J'ajoute que depuis le mois de juillet 1897, à la suite de la visite de M. Leblois, j'avais fait prévenir M. Mathieu Dreyfus par un de mes amis de la conviction qui s'était faite dans mon esprit au sujet de son frère, mais je ne lui avais pas fait donner le nom d'Esterhazy, je n'avais dit ce nom à aucun de mes amis; je ne nommai le nom d'Esterhazy qu'au général Billot, ministre de la Guerre, et à M. Méline, président du Conseil, dans les visites que je leur ai faites.

« Les événements qui suivirent la dénonciation adressée par

M. Mathieu Dreyfus au ministre de la Guerre sont connus de tous.

« Le Conseil de guerre a certainement à sa disposition les diverses dépositions que je fus appelé à faire dans les diverses enquêtes et aux divers procès auxquels cette affaire a donné lieu, je m'y réfère purement et simplement.

« Vous permettrez, monsieur le président, à un vieil Alsacien d'exprimer le vœu que l'heure de la justice sonne bientôt, dans l'intérêt supérieur de l'armée et de la patrie.

« Agréez, monsieur le président, l'assurance de ma haute considération.

« A. Scheurer-Kestner. »

Me Demange. — Il y en a une autre.

Le Greffier. — Je n'en connais pas.

Le Président. — Je n'en connais pas.

Me Demange. — Il y a une autre lettre. Alors, c'est une confusion de ma part, j'avais reçu une dépêche de M. Scheurer-Kestner me disant qu'il écrivait à M. le président, et je croyais qu'il en avait écrit une seconde.

Eh bien, voici ce que je voudrais bien fixer avec M. le colonel Bertin. Il a lu une lettre de M. Scheurer-Kestner du mois de mai 1897 dans laquelle M. Scheurer-Kestner provoquait une visite.

D'après la déposition de M. le colonel Bertin, il y a eu deux entrevues entre M. Scheurer et lui, qui se placent au mois de mai et de juillet 1897, entrevues dans lesquelles M. Scheurer-Kestner sollicitait le colonel Bertin de s'entretenir s'il était possible avec le ministre de la Guerre; et le colonel Bertin a profité d'une rencontre à un mariage pour parler au général Billot.

C'était, si j'ai bien compris, le 2 juillet, avant la communication que M. Leblois a faite à M. Scheurer, et alors au mois de septembre M. Bertin a eu une conversation avec M. Scheurer dans laquelle, nous a-t-il été dit tout à l'heure, la conviction de M. Scheurer était ferme à ce point que le colonel Bertin aurait pris la résolution d'en entretenir le général Billot aux manœuvres.

Eh bien, est-ce que cette seconde entrevue du mois de septembre a été provoquée par M. Scheurer-Kestner, ou l'a-t-elle été par le colonel Bertin?

Se sont-ils rencontrés au contraire par une occasion née du hasard, est-ce par hasard aussi qu'ils ont parlé de l'affaire Dreyfus?

M. le président pose la question à M. le colonel Bertin-Mourot.

Le lieutenant-colonel Bertin-Mourot. — Ma première entrevue a eu lieu un soir à l'usine de Bellevue; mon souvenir est très net, c'est deux jours après le 24 mai, c'est-à-dire le 27.

La seconde entrevue a eu lieu le 2 juillet...

Le Président — Parlez-nous de l'entrevue de septembre.

Me Demange. — C'est en effet sur l'entrevue de septembre que je désirerais être fixé.

Le lieutenant-colonel Bertin-Mourot. — Ma troisième entrevue a eu lieu à l'usine de Bellevue où j'avais dîné avec Ferdinand Scheurer, le neveu de M. Scheurer-Kestner. Pour celle-ci je n'ai pas de lettre de M. Scheurer-Kestner. Je crois me rappeler et je crois pouvoir affirmer que c'est Ferdinand Scheurer qui, avisé par son oncle, pour lequel il avait une profonde vénération, me dit : « Il faut dîner un de ces jours avec mon oncle », je répondis : « Très volontiers. »

Je tiens à établir aussi que depuis le début je n'ai jamais cherché autre chose que la vérité.

M. Scheurer-Kestner ne m'a pas convaincu, mais je n'ai pas convaincu M. Scheurer-Kestner.

Je veux ajouter encore qu'au dernier déjeuner qui se place (c'est une erreur insignifiante) au 16 octobre, je dis à M. Scheurer-Kestner, après avoir fait la commission du ministre « Ne faites rien sans m'avoir vu », je lui dis : « Et maintenant j'ai quelque chose à vous demander. Je suis parti du ministère, je ne sais pas ce qui s'y passe, je vous demande de ne jamais prononcer mon nom. » M. Scheurer-Kestner a parfaitement tenu sa parole.

Me Demange. — Entre cette entrevue du commencement de septembre à dîner et la dernière entrevue du 16 octobre, avait-il été convenu entre M. Scheurer-Kestner et le colonel Bertin que ce dernier lui rapporterait la réponse de M. le ministre de la Guerre ? Cette réponse a-t-elle été en effet transmise par M. le colonel Bertin à M. Scheurer-Kestner avant le 16 octobre ?

Le lieutenant-colonel Bertin-Mourot. — Je vais répondre à toutes les questions de M. le défenseur.

Première question. A la suite de notre dîner du 2 septembre avant les grandes manœuvres, M. Scheurer-Kestner m'avait-il chargé de répéter cette conversation, de rapporter sa conviction au ministère ? Je réponds : non.

Mais j'ai été très inquiet de voir chez un homme tel que M. Scheurer-Kestner une conviction si fortement assise.

Nous savions que les ministres viendraient nous voir aux manœuvres, c'étaient des manœuvres importantes de cavalerie, les manœuvres du général de Négrier.

J'ai pensé, et je l'ai peut-être dit à M. Scheurer-Kestner mais je n'en suis pas certain ; mais je me suis dit à coup sûr : je verrai le ministre, je lui dirai que M. Scheurer-Kestner paraît très résolu.

Et, en effet, j'ai vu le ministre. Il y a même là un souvenir très net et très précis. La manœuvre terminée, au moment où le ministre passait sur le front des troupes, lorsque nous lui rendions les honneurs, il était suivi du général de Négrier : déjà à ce moment je galopais à côté du ministre et je lui dis en galopant : « Monsieur le Ministre, j'ai quelque chose d'urgent à vous dire. — Ne me quittez pas, » me dit le ministre.

Je fus même très gêné, car à un moment je me trouvais entre le ministre et le général de Négrier au moment où nous passions devant mon régiment qui lui rendait les honneurs. Je suivis le ministre à déjeuner dans un village qui s'appelait Champlitte; tous les officiers qui ont été présents à ce déjeuner se souviendront que le déjeuner fut retardé, que le général de Négrier dut attendre, que les officiers d'État-major et d'autres vinrent dire au ministre à plusieurs reprises : « L'omelette est prête. » (*Rires.*) Et nous attendions toujours. C'est à ce moment, en pleines manœuvres, que j'ai renseigné le ministre.

Ensuite j'ai reçu les instructions du ministre; j'avais opéré en me souvenant que j'avais été officier d'État-major.

Le ministre me dit : « Répondez à Scheurer de ne rien faire. Je m'adresse au vieil ami, qu'il ne fasse rien sans m'avoir vu. » J'écrivis alors à M. Scheurer, mais je crois que je lui ai télégraphié, en lui demandant quand il viendrait en France, car je ne pouvais pas aller en Alsace, les Allemands m'ayant interdit brutalement d'y entrer.

M. Scheurer me répondit ce qui est dit dans sa déclaration qui est absolument exacte, qu'il ne viendrait que dans quelque temps, — j'ai d'ailleurs sa lettre sur moi, est-il nécessaire que je la lise ? — (*Le Président fait un geste négatif.*)

LE LIEUTENANT-COLONEL BERTIN-MOUROT. — Je répondis au ministre que M. Scheurer ne reviendrait en France que dans quelque temps et nous attendîmes sa rentrée, et le 16 octobre nous eûmes ce déjeuner, et c'est à ce déjeuner que pour la dernière fois j'ai vu M. Scheurer-Kestner.

Me DEMANGE. — Et c'est à ce déjeuner que M. Scheurer-Kestner aurait dit qu'en effet il verrait le général Billot?

LE LIEUTENANT-COLONEL BERTIN-MOUROT. — A ce déjeuner, je dis à M. Scheurer très au long la mission dont m'avait chargé le ministre, et c'est devant Scheurer, devant lui, sous ses yeux, sous les yeux de son neveu Ferdinand, qu'à la gare, où je l'avais accompagné, au moment où il allait monter dans le train, j'ai rédigé le télégramme que j'envoyai, autant que je m'en souviens, au colonel Thévenet, qui était au cabinet du ministre. M. Scheurer-Kestner et M. Ferdinand Scheurer ont eu sous les yeux le télégramme que j'envoyais au cabinet du ministre et qui était conçu à peu près dans les termes suivants : « Déjeuner terminé, il sera fait comme vous l'avez demandé. »

Me Demange. — A ce moment-là le colonel Bertin ne savait pas le nom du commandant Esterhazy.

Le lieutenant-colonel Bertin-Mourot. — Jamais ! Ni M. Scheurer-Kestner, ni personne du ministère, dont je vivais très éloigné, ne l'avait nommé.

J'ai dit tout à l'heure dans ma déposition l'ennui que j'ai eu lorsque M. Scheurer-Kestner est venu me parler de l'affaire Dreyfus, cet ennui je l'ai eu tout le temps et je l'ai eu d'une façon tellement nette que ma dernière parole à M. Scheurer-Kestner a été celle-ci : « Je ne vous demande qu'une chose maintenant, c'est que mon nom ne soit pas prononcé. »

Me Demange. — Voilà un point bien acquis, le colonel Bertin a télégraphié : « Il sera fait comme vous le désirez. »

Le lieutenant-colonel Bertin-Mourot. — Le ministre de la Guerre ne m'avait pas chargé de m'entretenir avec M. Scheurer-Kestner, il m'avait chargé de le prier de ne rien faire sans l'avoir vu.

Me Demange. — Par conséquent il résultait de la dépêche que la visite de M. Scheurer-Kestner au ministre était annoncée implicitement ?

Le lieutenant-colonel Bertin-Mourot. — Bien entendu. Il est évident que ma mission ayant réussi, M. Scheurer-Kestner devait aller voir le ministre avant de rien faire.

Me Demange. — La dépêche est du 16 octobre également ?

Le Lieutenant-colonel Bertin-Mourot. — Si ce point a une importance, il est facile de le contrôler : j'ai télégraphié à la gare de Belfort.

Me Demange. — Je veux simplement prier M. le président de retenir cette coïncidence : la dépêche annonçant implicitement que M. Scheurer-Kestner verrait le ministre est du 16 ou du 17 octobre, et c'est le 18 octobre que le commandant Esterhazy était prévenu dans les conditions que vous savez par la lettre *Speranza !*

Maintenant, le témoin se rappelle-t-il la conversation qu'il aurait eue avec M. Ferdinand Scheurer en décembre 1897, et pourrait-il nous rapporter les termes de cette conversation, à propos de l'affaire Dreyfus bien entendu ?

LE LIEUTENANT-COLONEL BERTIN-MOUROT. — Comment puis-je répondre à une pareille question : Si M. le défenseur veut bien me dire sur quel point...

Me DEMANGE. — Dans la conversation, le colonel Bertin se souvient-il avoir dit à M. Ferdinand Scheurer : « Nous ne sommes que cinq, — parlant de l'affaire Dreyfus, — à connaître ce terrible secret et il faudrait qu'un des cinq l'eût trahi pour que vous puissiez savoir quelque chose. »

LE LIEUTENANT-COLONEL BERTIN-MOUROT. — Les souvenirs de M. Ferdinand Scheurer ne sont pas tout à fait inexacts. J'ai indiqué dans ma déposition, au début, que j'avais vécu jusqu'à l'an dernier, lorsque j'ai rencontré les témoins du procès Henry-Reinach, dans la croyance que c'était moi qui, en apportant mon copie de lettres au colonel Fabre, avais mis sur la trace ; j'ai indiqué dans ma déposition que c'est seulement l'an dernier que j'ai appris que, pendant mon absence, déjà le colonel Fabre avait fait des comparaisons d'écriture et qu'il se trouvait parfaitement fixé. Il n'est donc pas étonnant qu'à l'époque où j'ai causé avec M. Ferdinand Scheurer, à Belfort, je me sois considéré comme un des rares officiers ayant été mêlés à la recherche et à la découverte du coupable. C'est sans doute au sujet de cette conversation que les souvenirs de M. Ferdinand Scheurer sont consignés ici.

Me DEMANGE. — Cette conversation n'aurait pas roulé sur les preuves de la culpabilité de Dreyfus mais sur la découverte de l'innocence de Dreyfus ?

LE LIEUTENANT-COLONEL BERTIN-MOUROT. — Ah ! non, non, non... et je vais dire pourquoi. Jamais je n'ai laissé ignorer à personne dans la famille Scheurer, — avec laquelle j'étais étroitement lié, — jamais je n'ai laissé ignorer deux choses : d'abord que M. Scheurer-Kestner rendrait un immense service si, de ses démarches, il pouvait jaillir l'innocence d'un homme qui porte l'uniforme d'officier. Le second point est celui-ci :

Je n'ai jamais laissé ignorer à aucun membre de la famille Scheurer que ma conviction n'a jamais été ébranlée. J'en citerai un exemple : un jour où M. Ferdinand Scheurer m'a accompagné chez son oncle, à Bellevue, pour l'entrevue du 2 novembre, nous passions en voiture sur la route de Belfort à Bellevue, où se trouve l'usine de la famille Dreyfus.

Je connaissais cette usine et je ne passais jamais le long de ses murs sans une émotion. C'est une usine très particulière, un immense rectangle, au centre une grande cheminée, à gauche tous les bâtiments, à droite rien. Le désert entouré de murs. En passant je dis à M. Ferdinand Scheurer : « Voilà le champ de Tropmann, le champ du crime. » Ferdinand Scheurer me dit : « Mais vous êtes donc convaincu qu'il est coupable ? » Je lui répondis : « Oui. »

Me Demange. — Je voudrais bien faire préciser à M. le lieutenant-colonel Bertin les propos que lui prêterait M. Ferdinand Scheurer : « Nous ne sommes que cinq à connaître ce terrible secret et il faudrait que l'un des cinq l'eût trahi pour que vous puissiez savoir quelque chose. »

Le Président. — Connaissez-vous ce propos ?

Le Lieutenant-colonel Bertin-Mourot. — Il est indiqué, le propos... je viens de vous expliquer, tout à l'heure, comment je me considérais comme un des cinq (pourquoi cinq ? je ne m'en souviens plus) mêlés à la découverte de la culpabilité.

Maintenant, terrible secret ?... permettez ! je me souviens : mon principal argument contre M. Scheurer-Kestner était celui-ci : « Pour que vous sachiez quelque chose, il faut qu'un des officiers qui ont été mêlés à la chose l'ait dite... » je soupçonnais quelque chose au ministère ; je soupçonnais que quelqu'un n'était plus dans le rang, n'était plus derrière ses chefs ; je ne savais pas qui c'était, je l'ai su après...

Et, à ce sujet, les souvenirs de Belfort me reviennent. Il y avait à Belfort une autre famille alsacienne (je vais prononcer des noms), la famille Jundt (M. Jundt, ingénieur en chef des ponts et chaussées en retraite), dont la maison était ouverte aux officiers.

Un jour Mme Jundt me dit : « Que se passe-t-il donc au ministère ? Notre pauvre ami Picquart qui vient d'être envoyé en Tunisie ? Qu'a-t-il fait ? Que se passe-t-il ? Je n'en sais rien... » Je dis : « Le colonel Picquart est un de mes anciens camarades du ministère ; cela me suffit pour affirmer qu'il est homme d'honneur. » (*Mouvement.*)

Je montre par cet exemple que ma conviction à ce moment-là, ignorant tout, était qu'il y avait, quelque part, quelqu'un qui n'était pas derrière nos chefs. Je ne me suis pas trompé.

Me Demange. — J'ai simplement prié M. le colonel Bertin de préciser le propos. Nous ferons venir M. Ferdinand Scheurer et nous verrons comment il l'interprète.

M. le colonel Bertin se rappelle-t-il avoir ajouté en parlant de Dreyfus et en s'adressant à M. Ferdinand Scheurer : « On nous avait imposé ce juif à l'État-major; il fallait bien s'en débarrasser! »

Le Président. — Avez-vous tenu ce propos?

M. le lieutenant-colonel Bertin-Mourot. — « On nous avait imposé ce juif à l'État-major, il fallait bien s'en débarrasser! »...

Eh bien, ce n'est pas la première fois qu'un officier israélite entrait au ministère. Quant au propos, je le nie de la façon la plus formelle.

Me Demange se prépare à poser une autre question.

Le lieutenant-colonel Bertin-Mourot, *continuant.* — Permettez! je vais traiter la question.

Il y a eu beaucoup d'officiers israélites au ministère qui étaient nos camarades, qui avaient toute notre estime. Je comptais parmi eux un ami que j'ai encore.

Jamais la question juive, de mon temps, n'a existé au ministère; je ne puis en donner une meilleure preuve que celle-ci : c'est que le capitaine Dreyfus, stagiaire, arrivant avec six ou sept de ses camarades, est placé où? au réseau le plus important, le plus secret, lui, officier juif, puisque vous parlez d'officier juif. Et, comme j'en ai déposé tout à l'heure, dès que Dreyfus est arrivé parmi nous, il a été un camarade à qui j'ai donné tous mes travaux, tous mes secrets, les secrets de toutes mes armoires.

Me Demange. — Ma question portait sur le propos : il est nié.

J'en ai fini pour mes questions à M. le colonel Bertin. Seulement, monsieur le Président, comme le colonel Bertin a indiqué les notes données au capitaine Dreyfus et la cause de ces notes, je voudrais vous demander — je crois que c'est le moment — de vouloir bien faire connaître les notes données au capitaine Dreyfus depuis qu'il est entré au service.

Le Président. — Monsieur le greffier, veuillez faire connaître les notes.

Lisez les dates et puis les notes.

Le greffier Coupois, *lisant :*

« Octobre 1882. Note de l'École d'application : Constitution et santé bonnes, légèrement myope; physique bien; pourra faire un bon officier; il n'y a rien qui le signale d'une manière particulière. Sorti 32e sur 97 élèves.

« Janvier 1883. — M. Dreyfus vient d'arriver au régiment; il n'est pas encore assez connu pour pouvoir être noté.

« Signé : Bressonnet. »

Le Président. — Oh! cela n'a pas d'importance.

Le Greffier. — « Juillet 1883. M. Dreyfus est un officier intelligent et rempli de bonne volonté; il a, depuis son arrivée au corps, montré du zèle dans le service, et de l'application dans les manœuvres, mais il a encore beaucoup à faire pour compléter son instruction militaire. Son intonation est surtout très mauvaise; néanmoins, en continuant de servir comme il le fait, il pourra devenir un bon officier.

« Janvier 1884. — Le lieutenant Dreyfus a été placé à la 11e batterie détachée à Paris. Il pourra faire un bon officier, mais il a encore beaucoup à faire pour être à hauteur. Il est zélé et consciencieux.

« Juillet 1884. — Officier instruit et intelligent, a beaucoup d'entrain, convient très bien au service des batteries à cheval.

« Janvier 1885. — Même note.

« Juillet 1885. — Officier très actif, cavalier hardi, bon lieutenant de section. A besoin de perfectionner son instruction.

« Janvier 1886. — Officier plein d'entrain, très hardi cavalier, instruit, intelligent, dirige l'instruction à cheval des recrues de la batterie avec infiniment d'habileté. A malheureusement une déplorable intonation.

« Juillet 1886. — Le lieutenant Dreyfus a convenablement dirigé l'instruction des batteries de l'École militaire.

« Janvier 1887. — Excellent lieutenant de batterie à cheval. A montré du zèle et de l'intelligence pendant les manœuvres.

« Juillet 1887. — Très intelligent, très adroit, commande bien malgré sa mauvaise intonation. Bon lieutenant de batterie malgré quelques manques d'exactitude.

« Janvier 1888. — Le meilleur lieutenant du groupe des batteries, sait beaucoup et apprend toujours. Servi par une excellente mémoire et une intelligence très vive. A de grandes qualités d'instruction et de commandement, s'est montré plus exact, dirige bien l'instruction à pied et l'artillerie.

« Juillet 1888. — Continue à mériter les meilleures notes.

« Janvier 1889. — Toujours excellent lieutenant de batterie. Très bon instructeur; s'est bien montré aux manœuvres, a gagné un peu pour l'intonation.

« Juillet 1889. — Excellent lieutenant. Commande sans bruit et conduit très bien son personnel. Sait à fond ses manœuvres, sert très bien quoique préparant ses examens d'admission à l'École supérieure de guerre.

« Le 3 octobre 1889. — M. Dreyfus a été nommé capitaine au 21e régiment d'artillerie par decret du 12 septembre 1889, et détaché à l'Ecole centrale de pyrotechnie militaire par décision ministérielle du même jour.

« Janvier 1890. — Chargé du cours de mathématiques et de dessin aux élèves; prépare ses examens à l'École supérieure de guerre.

« Juillet 1890. — S'acquitte très bien de ses fonctions. A été admis à l'École de guerre.

« 5 novembre 1890. — Admis par décision ministérielle du

26 avril 1890, à suivre les cours de l'École supérieure de guerre. Rayé du contrôle.

« 1891, 1892. — NOTES DE L'ÉCOLE SUPÉRIEURE DE GUERRE.

« Physique assez bien. — Santé assez bonne; myope. Caractère facile; éducation bonne; intelligence très ouverte; conduite très bonne; tenue très bonne; instruction générale très étendue; instruction militaire théorique très bonne; pratique, très bonne; administrative, très bonne; connaît très bien l'allemand; monte très bien à cheval; sert bien. Admis à l'École n° 67 sur 81; sorti n° 9 sur 81. A obtenu le brevet d'État-major avec la mention : « très bien ». Très bon officier, esprit vif, saisissant rapidement les questions, ayant le travail facile et l'habitude du travail. Très apte au service de l'État-major. »

Me DEMANGE. — A partir d'ici, je désirerais que les signatures fussent lues.

LE PRÉSIDENT. — Lisez les signatures.

LE GREFFIER COUPOIS. — « Le colonel commandant en second,
« Signé : THIROU. »

Me DEMANGE. — Et l'autre, à côté de la signature? Lebelin de Dionne?

LE GREFFIER COUPOIS. — « Le général commandant l'École,
« Signé : DE DIONNE. »

« 1893, premier semestre. — Officier très intelligent, rédige très bien, a déjà des connaissances fort étendues, est en mesure de traiter bien des questions avec des idées personnelles, peut et doit arriver.

« Le colonel chef du premier bureau d'Etat-major de l'armée;
« Signé : DE GERMINY. »

« 1893, deuxième semestre. — Officier incomplet, très intelligent et très bien doué, mais prétentieux et ne remplissant pas, au point de vue du caractère, de la conscience et de la manière de servir, les conditions nécessaires pour être employé à l'État-major de l'armée.

« Le colonel chef du quatrième bureau.
« Signé : FABRE. »

« 1894, premier semestre. — Officier très intelligent, saisissant vite les affaires, travaillant facilement, et peut-être un peu trop sûr de lui, sait très bien l'allemand et a utilisé consciencieusement son stage au deuxième bureau.

« Le colonel chef du deuxième bureau,
« Signé : DE SANCY. »

« 1894, deuxième semestre. — Est l'objet d'une plainte en conseil de guerre pour crime de haute trahison. »

Me LABORI. — Je n'ai qu'une question à poser à M. le colonel Bertin, et elle est un peu délicate parce qu'elle est personnelle;

aussi bien je ne la lui poserai d'abord que s'il m'y autorise, et ensuite que si ses souvenirs lui permettent de me répondre. Voulez-vous être assez bon, monsieur le président, pour demander à M. le colonel Bertin qui apprendra, ce qui le surprendra sans doute, qu'il a été un des premiers initiateurs de ma conviction de l'innocence de Dreyfus, s'il se rappelle que j'ai eu l'honneur de dîner avec lui 15 jours ou 3 semaines après la dégradation de Dreyfus chez un ami commun.

LE LIEUTENANT-COLONEL BERTIN-MOUROT. — Le nom?

Me Labori prononce un nom qui ne parvient qu'au colonel Bertin.

LE LIEUTENANT-COLONEL BERTIN-MOUROT. — Parfaitement.

LE PRÉSIDENT. — Vous êtes d'accord?

Me LABORI. — Le colonel Bertin se rappelle-t-il qu'à table, devant une douzaine de personnes, — ce qui me permet de faire allusion au fait, — nous avons dit un mot de l'affaire Dreyfus?

LE LIEUTENANT-COLONEL BERTIN-MOUROT. — On a beaucoup parlé de l'affaire Dreyfus depuis quelque temps. En quelle année cela se passait-il?

Me LABORI. — C'était 15 jours ou 3 semaines après la dégradation; nous avons dîné ensemble, j'ai eu cet honneur une seule fois.

LE LIEUTENANT-COLONEL BERTIN-MOUROT. — C'est probable, c'est possible.

Me LABORI. — C'est la déposition même du colonel Bertin aujourd'hui qui a ranimé mes souvenirs, et m'a amené à poser une question que je n'aurais peut-être pas posée sans cela : M. le colonel Bertin se rappelle-t-il qu'il m'a dit qu'il se considérait comme un des principaux artisans de la condamnation de Dreyfus, qu'il en tirait honneur.

LE LIEUTENANT-COLONEL BERTIN-MOUROT. — Artisan, non! Permettez, le mot est important.

Me LABORI. — Que M. le colonel Bertin soit assez bon pour répéter lui-même ce qu'il a dit.

LE LIEUTENANT-COLONEL BERTIN-MOUROT. — Je vous arrête immédiatement sur ce mot artisan, s'il m'est permis, mon colonel, d'interrompre la défense.

Me LABORI. — Je vous en prie; il s'agit ici d'un souvenir des plus courtois et qui n'a rien de gênant ni pour vous ni pour moi.

LE LIEUTENANT-COLONEL BERTIN-MOUROT. — Sur ce mot « artisan », je vais donner une explication qui rendra peut-être inutile la suite de ce qu'allait dire M. le défenseur. Déjà deux fois, je viens de le dire devant le Conseil de guerre, deux fois j'ai répété que je me suis cru mêlé à la découverte du nom du capitaine Dreyfus, vivant dans une illusion complète. Je l'ai dit dans ma première déposition; j'ai rappelé que c'est seulement l'an dernier que j'ai été détrompé et si vous voulez je vais encore préciser. Au procès Henry-Reinach, retrouvant tous mes camarades que, je le répète, je n'avais pas retrouvés depuis cinq ans, je me rencontrai avec mon ancien chef au réseau d'Orléans, M. le colonel d'Aboville, qui est ici. Je lui dis, si mes souvenirs sont exacts : « Qu'est-ce qui aurait pensé, qui est-ce qui aurait dit, quand je suis entré dans le bureau du colonel Fabre avec ces documents énormes, qu'il allait se greffer là-dessus cette immense Affaire? — Mais, me répondit le colonel d'Aboville, vous n'y êtes pour rien, ce n'est pas vous du tout, il y a longtemps que nous étions fixés. Pendant votre absence, le colonel Fabre avait pris votre copie-lettres au capitaine Bretaud. » Et moi qui étais persuadé, convaincu qu'à l'origine de cette affaire j'avais joué un certain rôle! Aujourd'hui je viens exposer que je n'y ai joué aucun rôle.

Me Labori. — En tout cas, M. le colonel Bertin ne sera pas étonné de m'entendre rappeler l'émotion avec laquelle il parlait de la culpabilité de Dreyfus.

Le lieutenant-colonel Bertin-Mourot. — Il y avait de quoi! Trouver un ancien officier du réseau de l'Est, à qui j'avais livré tous mes secrets, convaincu de haute trahison, il y avait de quoi être ému.

Me Labori. — M. le colonel Bertin se rappelle-t-il alors que je lui fis certaines objections tirées de l'impression que m'avait causée la scène de la dégradation, rapportée par les journaux les plus hostiles, aussi bien que la conviction de Me Demange. (*Sur un geste du colonel Bertin.*) Permettez : le propos a son importance et comme j'ai la plus entière confiance dans votre loyauté, tout en sachant combien vous êtes hostile à la cause que je représente, je n'hésite pas à vous poser des questions. J'ai donc parlé à M. le colonel Bertin de l'émotion que me causait la profonde conviction de Me Demange; ne se rappelle-t-il pas avoir tenu un propos assez vif sur Me Demange?

Le lieutenant-colonel Bertin-Mourot. — Lorsqu'on rapporte une conversation, il y a un point très important qu'il ne faut pas oublier : c'est l'atmosphère dans laquelle se tient la conversation.

Me Labori. — C'est entendu.

Le lieutenant-colonel Bertin-Mourot. — Nous étions dans une maison amie.

Me Labori me permettra de rappeler ici qu'il était à cette époque, comme il est peut-être encore aujourd'hui, je n'en sais rien, l'homme qui est venu me prendre les deux mains avec émotion et me dit : « Jamais je n'oublierai ce que vous avez fait pour mon père », et je m'honore aujourd'hui d'avoir été pour quelque chose peut-être dans cette croix si bien gagnée qui a été donnée à M. Labori, inspecteur principal des chemins de fer de l'Est.

Je retrouvai donc, à ce dîner, le fils de ce brave M. Labori, qui s'était si bien conduit en 1870, ce fils dont je sentais l'émotion lorsqu'il me remerciait, émotion vibrante, et j'ai très certainement, — je n'en sais rien, je ne me rappelle absolument pas, si je m'en souvenais, je vous le dirais, — retrouvant M. Labori dans cette maison amie, le fils de mon vieil ami M. Labori, que j'avais contribué à faire décorer, j'ai évidemment causé avec plaisir avec Me Labori. Ce que je lui ai dit, je n'en sais rien... ; voulez-vous continuer votre récit, maître Labori, si je m'en souviens, je vous dirai : oui, c'est vrai, je m'en souviens.

Me Labori. — Je voudrais bien qu'il n'y eût pas de confusion dans l'esprit du colonel Bertin : je ne lui tends pas un piège et je vais lui dire exactement quelle émotion j'ai ressentie à ce moment et la portée qu'a eue notre conversation et les conséquences que j'en veux tirer aujourd'hui.

D'abord, M. le colonel Bertin me permettra de le remercier du fond du cœur des paroles qu'il vient de prononcer et que je n'avais pas sollicitées.

Le lieutenant-colonel Bertin-Mourot. — Je suis ici pour dire la vérité, je n'ai rien à cacher : tout ce que j'ai dit, si je m'en souviens, je le dirai.

Me Labori. — Voici le fait. J'ai dit à M. le colonel Bertin : « Mais enfin, commandant, — il était alors commandant, — j'ai, moi, des doutes, et ils viennent principalement d'une chose : il y a un homme que je respecte profondément, c'est mon confrère Demange ; il est convaincu de l'innocence de Dreyfus, il me l'a dit. » Et alors, M. Bertin s'écria, — je veux simplement montrer combien la chose était invraisemblable, ce n'est pas du tout un incident entre Me Demange et M. Bertin que je crée, c'est une impression que je veux indiquer, la portée d'une réflexion de M. Bertin qui est la suivante : « Me Demange, ne m'en parlez pas, c'est l'avocat de l'ambassade d'Allemagne ! » (*Mouvement.*) Tout cela est très net dans mon esprit, et quelle que soit la joie que l'on trouve à entendre mal parler d'un confrère, je fus bouleversé, je voulus avoir une explication et je demandai : « Qu'est-ce qui vous autorise à dire cela ? » M. Bertin me répondit : « Je ne peux pas vous le dire à table, mais je vous le dirai à part, après le dîner. » En effet, après le dîner, il me prit à part dans un petit coin et très courtoisement, très loyalement, il me dit : « La preuve, la voici : Demange en plaidant pour Dreyfus n'a pas plaidé pour la première fois pour un espion; il avait déjà été commis d'office pour un autre et on ne commet pas d'office un avocat comme Me Demange sans qu'il y ait quelque chose là-dessous... ». Et moi, je ne pus m'empêcher de rire. Je suis sorti en disant à ma jeune femme, qui avait assisté à l'entretien et qui était encore peu initiée à l'Affaire : « Mais enfin ! quelle sécurité présentent l'appréciation et le jugement d'hommes qui peuvent si facilement croire à des fables aussi ridicules !... » Le conseil comprend ma pensée maintenant — et M. le colonel Bertin, encore une fois, sera peut-être étonné de l'apprendre, ma conviction de l'innocence de Dreyfus a commencé à naître ce jour-là ; je lui en donne ma parole d'honneur !

Le lieutenant-colonel Bertin-Mourot. — Je ne suis pas étonné du tout, et dans le récit que vient de faire Me Labori, qui dans son ensemble est très exact, il y a un point qui ne l'est pas et dont je me souviens nettement, c'est ce mot « d'office »; car, dans ma pensée, Me Demange n'avait pas été commis d'office, non; je rectifie ce petit mot. Mais j'en voulais à Me Demange et pourquoi ? c'est qu'il avait mal défendu cet officier; nous avions tous l'impression, en sortant de l'audience, qu'il avait été mal défendu : ces perpétuelles dénégations à des choses certainement insignifiantes nous ont mal impressionnés. C'est ainsi que j'ai eu la conviction qu'il devait être coupable et que j'ai dit au ministre cette conviction sans la baser sur autre chose que sur des impressions d'audience : pourquoi nier en effet les choses les plus simples ?

Il n'est donc pas étonnant qu'en causant avec Me Labori, je ne lui aie pas caché que j'en voulais à Me Demange, et j'avais entendu le point spécial et exact dont il parle, sauf « commis d'office ».

Le Président. — L'incident est clos.

Me Demange. — Pardon, monsieur le Président, je ne m'attendais pas à entrer en scène, voulez-vous me permettre de dire un mot ?

M. le colonel Bertin a trouvé que j'avais mal défendu Dreyfus, il ne m'a pas entendu, nous étions dans le plus strict huis clos. (*Mouvement prolongé.*)

Le Président, *au témoin*. — Avez-vous entendu parler du procès de 1894 ?

Le lieutenant-colonel Bertin-Mourot. — Je parle du procès de 1894. J'ai dit dans ma déposition que l'audition des témoins terminée, nous avons été obligés de quitter la salle, et que personne n'a entendu la plaidoirie de Me Demange; mais on en a parlé. D'ailleurs quel est ce débat, je ne le vois pas?

Me Demange. — M. le colonel Bertin s'est étonné également des dénégations qui ont été faites. C'était Dreyfus qui répondait, ce n'était pas moi; qui l'a interrogé? ce n'était pas moi. (*Rires.*) Maintenant je tiens à vous dire que je n'ai jamais été l'avocat de l'ambassade d'Allemagne et que j'ai été commis d'office. J'ai en effet défendu deux espions, ce que j'ai considéré comme un honneur. Savez-vous pourquoi (et à ce moment-là, je pense que le ministre de la Guerre devait juger comme moi), c'est parce qu'on avait confiance dans ma discrétion. C'est pour cela qu'on m'a commis d'office pour deux espions que j'ai défendus, qui ont été condamnés d'ailleurs, et je vous prie de croire qu'à l'innocence de ceux-là je n'ai jamais cru. Je les ai défendus comme je devais les défendre.

Le capitaine Dreyfus. — On a beaucoup parlé des dénégations et je tiens à y répondre. Je n'ai jamais rien nié de ce que je savais; on m'a posé des questions sur des points que je ne connaissais pas, j'ai répondu que je ne les connaissais pas; mais, pour tout ce que je savais, j'ai répondu.

Je dois maintenant citer un petit fait. M. le général Fabre est venu apporter hier comme une trouvaille extraordinaire que j'avais tenu à jour le dossier des gares régulatrices; j'ai reconnu hier que c'était exact. Il ne devait donc pas apporter cela ici en ayant l'air de le présenter comme une trouvaille. J'ai relu avec curiosité les interrogatoires de 1894, qu'y ai-je trouvé? On m'a interrogé sur ce dossier des gares régulatrices et j'ai dit dans l'interrogatoire de 1894 que j'avais tenu à jour ce dossier, par conséquent il n'était pas nécessaire d'apporter ici une trouvaille sans valeur.

Le colonel Bertin me prête un propos qui est contraire à mes sentiments et à tout ce que j'ai écrit depuis cette iniquité qu'on a commise à mon égard, depuis cinq ans, et que je n'ai pas besoin de relever autrement. Vous avez en votre possession, mon colonel, tout ce que j'ai écrit pendant ces cinq ans, tout ce que j'ai écrit aux chefs de l'armée dans lesquels j'ai une confiance absolue, parce que je comprends l'honneur de l'armée et peut-être autrement qu'eux, car je le comprends dans la loyauté et dans la recherche de la justice et de la vérité. Oui, j'aime l'armée, la France et la Patrie vous n'avez qu'à voir ce que j'ai jeté sur le papier dans mes nuits de fièvre et de douleur à l'île du Diable! (*Sensation.*) Vous avez certainement des monceaux de papier contenant tout ce que j'ai écrit dans mes nuits de fièvre et de douleur, c'est-à-dire des lettres que je reconnais pour miennes, et non les propos que tout le monde ici me prête avec une passion inexcusable.

M. le Président. — L'audience est suspendue pour quelques minutes.

L'audience est suspendue à 10 heures.

La séance est reprise à 10 h. 20.

VINGT-HUITIÈME TÉMOIN

LE LIEUTENANT-COLONEL GENDRON

M. Gendron (Jean-Gaston), 45 ans, lieutenant-colonel au 1er régiment de cuirassiers.

Le Président. — Connaissiez-vous l'accusé avant les faits qui lui sont reprochés?

Le lieutenant-colonel Gendron. — J'ai vu l'accusé pour la première fois en 1894 quand j'ai été appelé à déposer, sachant alors seulement que c'était le capitaine Dreyfus.

Le Président. — Vous avez été appelé à l'enquête de la Cour de cassation et vous avez déposé à l'instruction de 1894 sur un fait particulier à l'accusé. Veulez-vous nous donner des explications sur ce point?

Le lieutenant-colonel Gendron. — J'ai déposé pour la première fois en 1894; je savais à cette époque pour la première fois que l'accusé s'appelait Dreyfus, mais je me suis rappelé alors l'avoir rencontré bien des fois au Bois ne sachant pas son nom. J'ai été appelé à déposer en 1894 dans les conditions suivantes: Dreyfus interrogé sur ses relations avec une dame Derry, demeurant 1, rue Bizet, dit que beaucoup d'autres personnes fréquentaient dans cette maison. Appelé à donner des noms, il donna le mien. Je connaissais en effet Mme Derry et voici dans quelles conditions: dans le courant de l'année 1892, à une époque que je ne pourrais déterminer d'une façon absolue, mais je crois que cela n'a pas grande importance, un de mes amis, ancien officier démissionnaire, riche industriel, dans un voyage qu'il fit à Lyon, fit connaissance au grand hôtel Collet d'une dame Derry qui lui laissa l'impression d'une femme excessivement intelligente, très instruite, et dans la société de laquelle je pourrais peut-être puiser des renseignements intéressants pour des conférences que je préparais alors comme professeur à l'École de guerre sur l'Autriche-Hongrie, Mme Derry étant Austro-Hongroise. Mon ami me faisant observer que je recevais l'hospitalité chez lui parce qu'à ce moment il était le protecteur de cette dame, je me laissai aller à prendre une tasse de thé chez elle. Je m'aperçus bien vite que j'avais en effet affaire à une femme d'une intelligence supérieure, parlant plusieurs langues, ayant une connaissance approfondie de bien des choses dont les femmes sont généralement incapables de parler. De mon côté je lui parlai par courtoisie de son pays, l'Autriche-Hongrie, je me laissai aller à lui demander des renseignements sur le compromis austro-hongrois, sur les partis tchèques; nous conversâmes sur l'organisation de l'armée austro-hongroise au point qu'à un moment donné, étonnée de me voir fixé sur les mœurs politiques et sur l'organisation militaire de son pays, elle me dit très galamment : « Ce n'est pas possible, monsieur, vous êtes un espion. » Je pris la chose comme un compliment en lui disant : « Madame, vous me faites grand honneur, mais soyez convaincue que, dans l'armée française, beaucoup d'officiers portent assez de sympathie à l'armée austro-hongroise et à votre pays pour les connaître aussi bien que moi-même. »

Je partis sous une fâcheuse impression, après deux heures ou deux heures et demie d'entretien, et je dis à mon ami : « Vous vous êtes engagé là-dedans dans une aventure qui pourrait être désagréable pour vous, cette femme est une intrigante. »

Elle n'était ni jeune ni jolie, elle avait la charge d'un enfant, son intérieur n'était pas des plus sérieux, ce n'était pas celui d'une courtisane complète. (*Rires.*) Ce n'était pas non plus celui d'une très honnête femme; c'était en somme un milieu tout à fait équivoque. Je clos la conversation en disant à mon ami : « Cette femme doit trouver autre part que dans la galanterie l'argent nécessaire à son train de maison, elle m'a traité d'espion, eh bien, de mon côté, je ne serais pas surpris qu'elle soit une espionne. »

C'est la seule fois que je suis allé chez cette personne. Mon ami, suivant mon conseil, et faisant un sacrifice d'argent, a fini par abandonner entièrement cette relation au bout de très peu de jours.

Néanmoins, un jour il insista de nouveau pour que je retourne chez elle, me disant : « Après tout, je ne comprends pas vos scrupules, car d'autres officiers, brevetés comme vous, ou à l'école de guerre, fréquentent cette personne, et entre autres Dreyfus. »

Je l'ai dit au procès de 1894, je crois que mes souvenirs sont très précis. Quand j'entendis ce nom de Dreyfus, je fus frappé et impressionné d'une façon désagréable; mais je ne pouvais pas prévoir à ce moment là qu'une accusation si grave que celle qui pèse sur l'accusé pèserait sur un officier français.

J'eus peur de légèretés, d'indiscrétions inconscientes auxquelles les jeunes officiers peuvent être amenés surtout dans des milieux équivoques comme ceux dans lesquels on est trop souvent amené à Paris. J'avais de ces choses une expérience personnelle, car j'étais depuis longtemps sous les ordres du colonel Sandherr dont j'avais reçu les conseils et qui, sachant que j'étais jeune, célibataire, libre de mes actes, m'avait recommandé à plusieurs reprises d'être excessivement scrupuleux dans le choix de mes relations.

Je crois avoir reproduit à peu près exactement ma déposition de 1894. J'ajouterai que le capitaine Dreyfus s'excusa de m'avoir dérangé pour si peu de chose.

J'avais proposé de donner le nom de l'ami ancien officier qui m'avait conduit dans cette maison. La défense voulut bien me permettre de ne pas dévoiler ce nom, cet ancien officier est en effet aujourd'hui marié.

Le Président. — Vous n'avez plus rien à dire?

Le lieutenant-colonel Gendron. — J'ai autre chose à ajouter. Je me suis borné à cette déposition en 1894 parce que j'avais été interrogé exclusivement sur le point de savoir quelle était la nature de mes relations avec Mme Derry. Mais il y a une chose qui pendant les quatre ans que je viens de passer en Algérie, où j'ai suivi tous ces débats dans les journaux, où j'ai reçu des lettres, demeure avec une véritable angoisse dans mon esprit, et que ma conscience m'inspire le devoir de dire aujourd'hui.

C'est que je n'ai jamais compris pourquoi le capitaine Dreyfus, ne me connaissant pas plus que je le connaissais moi-même, puisque je me trouvais en présence de lui, portant l'uniforme et portant le nom de Dreyfus, pour la première fois en 1894, — je ne me suis jamais expliqué pourquoi il a donné mon nom, d'une façon aussi légère.

On lui demande des explications sur une relation avec une femme galante. Il me semble qu'en pareil cas j'aurais dit : « Que celui qui n'a jamais péché lui jette la première pierre. »

Or, je venais de quitter le service des renseignements où j'avais été, je puis le dire, le confident absolument intime du colonel Sandherr.

Je laisse au tribunal le soin de tirer de ce fait, maintenant que ma conscience est soulagée, telle conclusion qu'il voudra, mais je ne pouvais pas le cacher. (*Rumeurs.*)

J'ai lu également les rapports de l'agent Guénée. Sur ce point il y a une chose que je reconnais parfaitement exacte, ce sont les relations de Dreyfus avec Mme Bodson et un monsieur qui passait pour le propriétaire des magasins de la « Redingote grise ». Ceci pour l'avoir rencontré et vu de mes yeux bien des fois au Bois le matin.

LE CAPITAINE PARFAIT, MEMBRE DU CONSEIL DE GUERRE. — N'avez-vous pas voyagé en Italie sous le nom de Romani?

LE LIEUTENANT-COLONEL GENDRON. — Je n'ai jamais voyagé en Italie sous le nom de capitaine Romani, car je savais que ce nom était vendu.

Mais voici ce que je puis dire à ce sujet :

On a parlé l'autre jour des mystifications auxquelles on peut être en butte au service des renseignements. Eh bien ! j'ai été mystifié par une dame italienne, ou plutôt c'est le colonel Sandherr qui, par le fait, a été mystifié. S'il était là, il prendrait certainement avec son cœur élevé la responsabilité de cette mystification.

J'avoue que c'est moi qui ai été mystifié par Mme Mallebranche. Puisqu'on fait tomber pierre par pierre l'édifice construit par Sandherr, peu m'importe de démolir une pierre de plus. Un agent me proposa un jour, au moment où l'armée italienne venait d'adopter un fusil à petit calibre, de nous procurer ce fusil; on lui demanda ses références; comme références, il nous fit un véritable cours sur l'espionnage qui doit encore être aux archives du bureau des renseignements; il résulta de nos investigations cette certitude que ce Français avait fait de l'espionnage à Barcelone avec le consul allemand. Il paraissait détenir des aptitudes spéciales pour le service, nous donnant des moyens de correspondre avec des personnages suspects; mais il ne connaissait pas l'italien; il finit par trouver à Marseille, dans ses relations louches, une femme qui pourrait le suppléer dans sa méconnaissance de l'italien. Je fis le voyage à Marseille sur les ordres du colonel Sandherr; on finit par embaucher cet individu et cette femme, et tous deux partirent pour Rome avec mission particulière de nous procurer le nouveau fusil. Je me présentai sous le nom de Romani qui fut le premier nom qui me vint à l'idée et, à la deuxième entrevue, cet individu me dit : « Je sais qui vous êtes, vous vous êtes présenté comme un inspecteur du ministère de la Guerre, mais vous êtes le capitaine Romani. Je lui dis : « Vous avez fait une infamie, je ne vous ai vu qu'une fois, je vous ai dit que votre premier devoir était d'ignorer et de tâcher d'ignorer toujours la personnalité véritable des personnes qui se mettent en relations avec vous et à la deuxième rencontre, vous connaissez mon nom et ma personnalité? » La mystification dont nous fûmes l'objet n'a pas duré longtemps, car je savais très bien que cet individu allait vendre mon nom et, lorsque le capitaine Romani a été arrêté, c'est moi qu'on croyait arrêter. Donc les officiers du service des renseignements ne sont pas des inactifs; ce sont des gens qui se battent tous les jours, le jour, la nuit, qui ne dorment pas; en proie à la préoccupation constante des questions qu'ils agitent et c'est avec une angoisse douloureuse que je vois démolir ici tout ce que nous avons fait. Il ne reste plus rien de l'édifice construit par Sandherr : ni argent, ni procédés, ni méthode, et il avait construit, cet homme, ce grand patriote, un instrument de défense merveilleux. (*Émotion générale.*)

Monsieur le Président, je n'ai plus rien à dire.

Me Demange. — Monsieur le Président, une seule question. Naturellement, je n'ai rien à dire à la dernière observation, en faisant remarquer toutefois que ce n'est pas notre faute à nous.

M. le lieutenant-colonel Gendron nous a dit que, pendant quatre ans, il s'était demandé pourquoi Dreyfus avait livré son nom à l'instruction. Je prie M. le lieutenant-colonel Gendron de rappeler ses souvenirs. Il a déjà dit cela en 1894.

Le lieutenant-colonel Gendron. — Je croyais ne pas l'avoir dit.

Me Demange. — Le colonel l'a dit et Dreyfus a même ajouté : « Mais cette dame a dit qu'elle connaissait un commandant d'État-major, qui était le commandant Gendron, alors je ne pouvais pas supposer que c'était un milieu suspect. »

M. le Président. — Accusé, avez-vous quelque chose à dire?

Le capitaine Dreyfus. — Me Demange vient de donner la réponse que je voulais faire moi-même au colonel Gendron.

Le Président, *au témoin*. — Vous pouvez vous retirer.

VINGT-NEUVIÈME TÉMOIN

M. LE CAPITAINE BESSE

Besse, Pierre-Joseph, 42 ans, capitaine breveté, au 32e régiment d'artillerie.

LE PRÉSIDENT. — Connaissiez-vous l'accusé avant les faits qui lui sont reprochés ?

LE CAPITAINE BESSE. — Il a été un de mes camarades d'école à l'École polytechnique et à l'École d'application.

LE PRÉSIDENT. — Vous avez été appelé en 1894 et vous avez déposé sur la communication à l'accusé de divers documents. Que savez-vous à ce sujet?

LE CAPITAINE BESSE. — Un jour de septembre 1894, j'étais à ce moment au 4e bureau, Dreyfus est venu dans mon bureau me demander communication de la liste des quais militaires des différentes lignes des réseaux français. J'étais chargé de la tenue de ces documents. Je lui ai demandé alors la raison de cette démarche. Il m'a dit qu'il était envoyé par un officier supérieur, M. Mercier-Milon, qui était chargé de la tenue à jour de la mobilisation de l'une de nos armées. J'ai communiqué ce document vers 4 h. 1/2. En effet, j'étais obligé de partir le soir même pour rejoindre l'État-major du général de Galliffet qui se formait le lendemain matin à Artenay. C'était au moment des manœuvres de 1894. Je laissai seul Dreyfus dans mon bureau avec le document entre les mains et je le priai de vouloir bien remettre ce document au capitaine Bretaud.

J'ai prévenu ce dernier que ce document lui serait remis par le capitaine Dreyfus. Ce dernier resta donc seul dans mon bureau avec ce document après cinq heures. Je ne sais pas à quelle heure il l'a remis. Dreyfus s'est présenté dans mon bureau avec une feuille de papier blanc. Je lui fis l'observation qu'il serait plus commode de prendre le document qu'il avait à mettre à jour et qui devait figurer au dossier du journal de mobilisation de l'armée et de se servir de la carte schématique des réseaux de l'Est, et y prendre note des quais de débarquement assignés à telle année. C'est ainsi du reste que nous procédions. Je ne me rappelle pas bien la réponse qu'il m'a faite. Je n'ajoutai du reste qu'une importance très minime à la réflexion que je lui ai faite à ce moment. Nous ne pouvions pas soupçonner en effet qu'un de nos camarades fût capable d'une infamie pareille.

Me DEMANGE. — J'avais demandé, je crois, que tous les témoins de 1894 fussent assignés. Or, je viens de voir que M. le colonel Mercier-Milon n'a pas été assigné. Je demanderai qu'on le fît venir à propos de cet incident. M. le capitaine Besse a dit à Dreyfus qu'il lui serait plus commode de travailler sur une carte que sur le papier blanc qu'il avait apporté. On a entendu à ce propos M. Mercier-Milon.

Il a dit que c'était lui qui avait donné le papier blanc à Dreyfus et qu'il le lui avait rapporté.

Le Président. — Je crois qu'il est tout à fait inutile de faire venir M. Mercier-Milon pour cela. Il suffirait de relire sa déposition.

Me Demange. — Il n'a pas déposé sur ce fait. Ceci est venu à la suite de la déposition du capitaine Besse.

Le capitaine Dreyfus. — Au procès de 1894, j'ai rappelé à M. le commandant Mercier-Milon, qui était mon chef de section au troisième bureau, qu'il m'avait envoyé vers le capitaine Besse pour mettre à jour la carte dont il s'agit, les faits que rapporte le capitaine Besse sont exacts. J'ai fait en effet le travail que m'avait demandé le commandant Mercier-Milon sur la carte qu'il m'avait donnée, qui ne ressemblait pas au papier que possédait le capitaine Besse. Les différents papiers sur lesquels je travaillais m'avaient été remis par le commandant Mercier-Milon. Le papier qu'il m'avait remis était une carte sur laquelle on écrivait au moyen d'un trait le nom de chaque ligne de chemin de fer et l'emplacement des gares; tandis que le tableau que m'a donné le capitaine Besse est un tableau sur lequel se trouvaient les unes après les autres les lignes de chemin de fer dans un ordre déterminé. Ce n'était donc pas une carte.

Quand j'ai eu fini le travail, j'ai remis la pièce comme l'avait demandé le capitaine Besse, au capitaine Bretaud. Celui-ci, qui a assisté également aux débats de 1894, a reconnu que je lui ai remis, aussitôt que j'ai eu fini le travail, le document que m'avait confié le capitaine Besse. Dans la même journée, aussitôt que j'ai eu fini, j'ai remis au commandant Mercier-Milon la carte qu'il m'avait demandé de mettre à jour.

Me Demange. — Les dépositions de M. Mercier-Milon se trouvent aux pages 575 et 586.

Le Président. — La simple lecture de ces dépositions suffira.

Me Demange. — En ce qui concerne le capitaine Bretaud, vous trouverez dans le document imprimé les dépositions qu'il a faites en 1894.

Le greffier Coupois donne lecture de cette déposition, qui est ainsi conçue :

« Le 8 septembre, quand le capitaine Dreyfus est venu vous demander la liste des quais militaires des réseaux français, vous a-t-il remis ces documents en vous les recommandant spécialement et à quelle heure a eu lieu cette remise?

R. — Je crois pouvoir dire que le 8 septembre dernier, entre 5 et 6 heures du soir, j'étais seul lorsque le capitaine Dreyfus, du moins il me semble que j'étais seul sans pouvoir l'affirmer, est venu dans mon bureau, et j'affirme qu'il m'a remis l'état des quais militaires des réseaux français que le capitaine Besse lui avait donné à consulter. Je ne me souviens pas qu'il m'ait fait des recommandations spéciales à cet égard. »

Me DEMANGE. — Puis vient la déposition du colonel Mercier-Milon, à la page 577.

LE GREFFIER COUPOIS donne lecture de cette déposition qui est ainsi conçue :

« Veuillez nous dire ce que vous savez au sujet de l'affaire du capitaine Dreyfus et particulièrement au sujet d'une carte que vous lui auriez remise pour aller la compléter au 4e bureau.

« R. — Dans la première quinzaine de septembre dernier, j'ai envoyé Dreyfus, alors sous mes ordres, au 4e bureau pour y mettre à jour un document secret établi en 1889. Je me souviens également que le capitaine Dreyfus en recevant ce document m'a dit, après y avoir jeté un coup d'œil, que cette mise à jour ne lui paraissait pas nécessaire. Cette observation n'avait rien de surprenant, le capitaine Dreyfus ayant pu, pendant qu'il faisait son stage au 4e bureau, prendre probablement connaissance du document. J'insistai néanmoins, voulant être sûr que le document en question était réellement à jour.

« Quand il est revenu du 4e bureau me rapportant le document, il m'a fait voir les corrections qu'il y avait apportées. Il avait écrit de sa main la mention « Mis à jour au mois de septembre 1894 ». Je ne saurais évaluer le temps qu'il a pu passer au 4e bureau pour ce travail, je ne saurais non plus apprécier, même d'une manière approximative, le temps qui pouvait lui être nécessaire pour son exécution ; cela dépend en effet de la nature des documents qui ont dû être mis à sa disposition par les officiers intéressés et par suite des recherches plus ou moins longues qu'il a pu avoir à effectuer. »

LE PRÉSIDENT, *à Me Demange*. — Cela vous suffit?

Me DEMANGE. — Oui, monsieur le Président.

LE CAPITAINE DREYFUS. — Je voulais simplement établir, d'une part, que j'avais rendu le document que le commandant Mercier-Milon m'avait demandé de mettre à jour, et d'autre part que j'avais remis au capitaine Bretaud le document sur lequel j'avais travaillé.

TRENTIÈME TÉMOIN

LE COMMANDANT BOULLENGER

BOULLENGER (Jean-Marie-Paul), 43 ans, commandant d'artillerie attaché à l'État-major de l'armée, prête serment.

Le Président. — Connaissiez-vous l'accusé avant les faits qui lui sont reprochés?

Le commandant Boullenger. — Oui, mon colonel.

Le Président. — Dans quelles conditions l'avez-vous connu?

Le commandant Boullenger. — Je suis arrivé au 4e bureau vers le commencement de novembre.

Le Président. — Je ne vous demande pas de faire votre déposition, je vous demande dans quelles conditions vous l'avez connu.

Le commandant Boullenger. — Comme relations de service.

Le Président. — En 1894, vous avez déposé au sujet de faits qui se sont passés dans votre service comme commissaire de lignes, et concernant l'accusé. Veuillez les faire connaître au Conseil.

Le commandant Boullenger. — Je suis arrivé au 4e bureau au mois de novembre 1893. Dreyfus était à ce bureau depuis 4 mois, déjà, puisqu'il y était arrivé au mois de juillet comme stagiaire.

Je fus amené à demander au capitaine Dreyfus différents renseignements pour les détails du service. Je pus me convaincre qu'il connaissait parfaitement les documents secrets déposés dans les archives de la commission du réseau de l'Est. Un jour notamment, en me montrant le journal de mobilisation, il appela mon attention sur les cartes qui figuraient la concentration des armées. Ces cartes étaient du commandant Bertin, et représentaient, à l'aide de crayons de couleurs différentes, les différentes zones de concentration, et par des traits conventionnels, les quais attribués au débarquement de chaque corps d'armée. Dreyfus me fit remarquer la différence qui existait entre ce document, d'exécution réelle, et les notions sur le même sujet qui nous avaient été enseignées à l'École de guerre.

Plus tard, dans le courant de décembre en particulier, il me pria d'intervenir en sa faveur près du commandant Bertin, afin qu'on lui confiât certaines missions sur le réseau de l'Est, missions qui entraînaient la tenue à jour de documents secrets et obligeaient par conséquent les officiers qui en étaient chargés à faire des visites périodiques à la commission du réseau de l'Est, et même des tournées périodiques sur le réseau.

J'ai dit enfin, en 1894, que le capitaine Dreyfus posait parfois des questions indiscrètes. Voici une conversation qu'il y eut entre nous vers le commencement de mai 1894 et qui me revient.

Nous arrivions ensemble au bureau, et Dreyfus me demanda si nous étions très occupés en ce moment à la commission du réseau. Je lui répondis que nous étions très occupés effectivement, et que nous avions encore à faire des changements au débarquement de cavalerie des troupes de couverture. Il me demanda alors quelles étaient les unités touchées par ces changements. Je lui indiquai que c'était telle division, qui débarquait sur la Meuse, par exemple.

Nous avions déjà eu l'occasion de parler de ces débarquements des troupes de couverture en 1893, parce que cette même unité avait reçu des modifications, lorsque nous étions ensemble au bureau, en 1893.

Alors Dreyfus me dit : « Cette division ne débarque plus à tel et tel point? » Je lui répondis que non, qu'elle était changée. Il me dit alors : « Quels sont les nouveaux points sur lesquels elle débarque? » Je pensai alors que la demande de renseignements était trop indiscrète et je rompis la conversation.

Le Président. — C'est tout ce que vous avez à faire savoir au Conseil?

Le commandant Boullenger. — C'est tout ce que j'ai à dire, mon colonel.

Le Président. — Monsieur le Commissaire du Gouvernement, vous n'avez aucune observation?

Le Commissaire du Gouvernement. — Non.

Le Président, *s'adressant au témoin*. — C'est bien de l'accusé ici présent que vous avez entendu parler?

Le commandant Boullenger. — Oui, mon colonel.

Le Président, *au capitaine Dreyfus*. — Vous avez quelque observation à faire à la déposition du témoin?

Le capitaine Dreyfus. — C'est une observation relative à la conversation que M. le commandant Boullenger prétend que j'aurais eue avec lui. Déjà, au procès de 1894, il a parlé de cette conversation. La seule question que j'aie posée au commandant Boullenger est la suivante : « Qu'est-ce qu'il y a de nouveau au quatrième bureau? »

Cette question, je la lui ai posée ; c'est une question toute naturelle entre deux officiers qui se rencontrent, ayant servi tous les deux dans le même bureau. Quant à la conversation qu'il prétend se rappeler aujourd'hui, je ne m'en suis même pas souvenu en 1894. Je savais très bien, en effet, qu'en 1893, quand j'étais au quatrième bureau, il y avait à ce moment des modifications au transport des divisions de cavalerie. Je me souviens que c'étaient des modifications de l'ancien plan qu'il y avait eu à ce moment, au moment où j'étais au quatrième bureau, c'est-à-dire dans les six mois du second semestre de 1893.

Ensuite, il a parlé des renseignements qu'il m'aurait demandés à son arrivée au bureau. En effet, j'étais au bureau depuis quatre mois; j'avais eu déjà l'occasion de me mettre au courant du service. Je me suis mis complètement, par devoir de camaraderie, à la disposition du commandant Boullenger, qui venait tout neuf dans ce service et qui, évidemment, ne pouvait pas le connaître. Je lui ai donné tous les renseignements qu'il pouvait avoir à me demander.

Comme je l'ai dit déjà en 1894, je connaissais évidemment les lignes de transport, je connaissais la concentration dans ses lignes générales; et comme points de débarquement, je connaissais, comme je l'ai dit l'autre jour, les points de débarquement des corps d'armée dont la section du réseau de l'Est était chargée. Quant à connaître dans tous ses détails le débarquement, c'est une autre question. Entre connaître la concentration dans ses lignes générales et connaître la concentration dans ses plus petits détails, il y a toute une échelle. Quant on veut déterminer un point précis, il faut préciser.

Me Demange. — Je voudrais que le capitaine Dreyfus s'expliquât au sujet de la demande qu'il aurait faite d'être employé à des fonctions spéciales en temps de guerre.

Le Président. — En 1894, vous avez parlé de la démarche faite par Dreyfus pour être nommé à la Commission de l'Est?

Le commandant Boullenger. — Pour être désigné en cas de mobilisation à une mission spéciale.

Le Président. — Commissaire adjoint à la ligne de l'Est?

Le commandant Boullenger. — Ce n'est pas cela, mon colonel ; il y a un certain nombre de dossiers qui sont entretenus à la Commission du réseau de l'Est, et qui sont confiés à des officiers qui auraient éventuellement à les mettre à exécution lors de la mobilisation.

Les officiers, en différente situation, sont titulaires de ces dossiers et doivent les tenir au courant. Ce sont ordinairement les officiers attachés à l'État-major de l'armée ; on les prend dans tous les bureaux, car le quatrième bureau n'a pas assez d'officiers pour entretenir tous ses dossiers. Les officiers titulaires doivent venir au quatrième bureau pour les tenir au courant. Il faut également qu'ils fassent des voyages périodiques sur les lignes.

Le Président. — Ce n'est pas une position de commissaire de lignes?

Le commandant Boullenger. — Non.

Le capitaine Dreyfus. — Mon colonel, je me souviens de cette question; si j'ai demandé en 1894 les fonctions de commissaire régulateur c'est que, comme on vous l'a rappelé précédemment, j'appartenais par ma lettre de mobilisation au service des étapes d'une armée de réserve. C'est précisément pour cela que j'ai fait partie du voyage technique d'Etat-major qui a été fait à l'État-major général de l'armée au moment du séjour du général Vanson. Ma lettre de mobilisation me désignait au secours des étapes d'une armée de réserve. Ces fonctions ne me plaisaient pas beaucoup, et j'eusse préféré de beaucoup être commissaire régulateur, ce qui me rapprochait beaucoup du théâtre des opérations. Et c'est pour cela que j'ai demandé à être affecté à ces fonctions, les préférant à celles que m'assignait ma lettre de service.

Le Président. — Introduisez le témoin suivant.

TRENTE ET UNIÈME TÉMOIN

M. LE LIEUTENANT-COLONEL JEANNEL

Jeannel, Charles-Gabriel-Salvin, 51 ans, lieutenant-colonel d'artillerie, directeur de l'école d'artillerie de Poitiers, prête serment.

Le Président. — Vous avez déposé à l'enquête de la Chambre criminelle au sujet de la communication à Dreyfus d'un manuel de tir. Voulez-vous nous dire ce que vous savez à ce sujet ?

Le lieutenant-colonel Jeannel. — Avant de faire ma déposition, je demande l'autorisation de verser aux débats la brochure de menaces que j'ai reçue et où l'on m'accuse d'être un faux témoin.

Je déclare répéter ce que j'ai dit en 1894, à l'instruction du premier procès, ce que j'ai répété au général Roget dans la lettre que j'ai eu l'honneur de lui écrire, ce que j'ai dit devant la Chambre criminelle, c'est qu'un certain jour de 1894, à une date que je ne peux pas préciser, Dreyfus est venu me trouver dans mon bureau, vers 11 heures ou 11 heures et demie et m'a demandé de lui communiquer un exemplaire du nouveau projet de manuel de tir que je venais de recevoir il y avait quelque temps. Je lui ai immédiatement prêté un de ces exemplaires; il me l'a rendu 48 heures peut-être ou trois jours après.

Le Président. — N'était-ce pas lui qui vous avait fait remarquer que les stagiaires se trouvaient dans des conditions défavorables pour l'instruction et ne pouvaient en demander?

Le lieutenant-colonel Jeannel. — Je ne me le rappelle pas. Le fait m'a été raconté par un de mes collègues de la 3e direction qui me l'a affirmé. Je ne me le rappelle pas personnellement.

Le Président. — Savez-vous à quelle époque vous lui avez prêté ce manuel?

Le lieutenant-colonel Jeannel. — Dans le courant du mois de juillet. Autant que je puis me rappeler.

Le Président. — Il me semble qu'il n'était plus sous vos ordres à ce moment?...

Le lieutenant-colonel Jeannel. — Il ne l'a jamais été; mais ce doit être au commencement du mois de juillet. J'étais au 2e bureau et au mois de juillet Dreyfus était au 3e; mais il se peut très bien que ce soit avant, je ne certifie pas la date. Je sais que j'ai reçu ces trois exemplaires dans le courant du mois de mai ou de juin; quant à vous dire quand Dreyfus est venu me trouver, je ne me le rappelle pas.

Le lieutenant-colonel conseiller. — Vous ne vous rappelez pas s'il était encore au 2e bureau?

Le lieutenant-colonel Jeannel. — Je crois que oui, ce n'est qu'une supposition.

Le Président. — S'il était au 2e bureau, ce serait avant le mois de juillet.

Le lieutenant-colonel Jeannel. — C'est parfaitement possible; je l'ai prêté à d'autres officiers à cette époque; mais quant à ce qui concerne Dreyfus, je n'ose pas l'affirmer.

Le lieutenant-colonel conseiller. — Auriez-vous fait des difficultés pour le prêter s'il n'avait plus été à votre bureau?

Le lieutenant-colonel Jeannel. — Aucune. J'avais été prévenu que ce document, qui avait un caractère confidentiel, était destiné à être prêté aux officiers de l'État-major. J'en avais pour ma part trois exemplaires; j'avais vu Dreyfus auparavant, puisqu'il avait été stagiaire au 2e bureau; j'avais eu quelques relations de service avec lui. Par conséquent, s'il était venu me faire cette demande, je n'aurais fait aucune difficulté à le lui prêter.

Le lieutenant-colonel conseiller. — Même s'il n'avait plus été au bureau?

Le lieutenant-colonel Jeannel. — Oui.

Le lieutenant-colonel conseiller. — Avez-vous eu souvent des conversations avec lui sur les questions techniques d'artillerie?

Le lieutenant-colonel Jeannel. — Une fois, à propos d'un travail exécuté au bureau, une comparaison sur les artilleries allemande et française. Je me rappelle encore une autre fois avoir participé avec lui à une partie de jeu de la guerre, organisée par le colonel Davignon. Voilà les deux seules fois que je me rappelle avoir eu des relations avec lui. J'ai dû lui parler à d'autres occasions, attendu que les stagiaires de l'État-major venaient souvent dans les bureaux voisins, et on causait de toutes les questions dont nous nous occupions. Cela ne m'a pas frappé davantage, mais je me rappelle parfaitement ces deux faits que je viens de relater.

Un membre du Conseil de guerre. — Vous avez eu trois exemplaires du manuel?

Le lieutenant-colonel Jeannel. — Oui.

Le même membre du Conseil de guerre. — Vous en avez donné un au capitaine Dreyfus?

Le lieutenant-colonel Jeannel. — Oui.

Le même membre du Conseil de guerre. — Vous rappelez-vous si vous en avez prêté dans le même temps à d'autres?

Le lieutenant-colonel Jeannel. — Non, au moment où le capitaine Dreyfus est venu me trouver, j'avais les autres exemplaires dans un bureau fermant à clef et dont j'avais la clef sur moi.

Le même membre du Conseil de guerre. — En avez-vous prêté après?

Le lieutenant-colonel Jeannel. — Non, j'en ai prêté avant, mais je n'en ai pas prêté après.

Me Demange. — Voici ma première question : Que sont devenus les trois exemplaires? Le capitaine Dreyfus a rendu le sien?

Le lieutenant-colonel Jeannel. — Parfaitement. Les trois exemplaires sont restés dans mon bureau tant que je suis resté à l'État-major de l'armée et ensuite je les ai passés à mon successeur.

Me Demange. — Il y a un autre point que je voudrais préciser. Le colonel Jeannel a dit qu'il avait été entendu à l'instruction et à la Cour de cassation; je ne doute pas quand il dit qu'il a été à l'instruction, mais il y a un fait certain, c'est qu'il n'y a pas de déposition du colonel Jeannel à l'instruction.

Le Président. — Il y a une déposition du colonel Jeannel à la Cour de cassation? Chambre criminelle?

Me Demange. — Oui, mais à l'instruction de 1894?

Le lieutenant-colonel Jeannel. — J'ai été appelé...

Le Président. — Mais vous n'avez pas été cité comme témoin.

Le lieutenant-colonel Jeannel. — Non, mon colonel.

Me Demange. — Je ne comprends pas cette procédure qui consiste à appeler un témoin, à l'entendre, et à ne pas dresser procès-verbal de sa déposition. Je fais remarquer ceci. En 1894, à l'audience, Dreyfus a insisté pour que le colonel Jeannel, alors commandant, fût appelé pour tirer au clair cette question du manuel de tir, on n'a pas appelé le colonel Jeannel, on ne l'a pas fait venir. Quand j'ai vu que le colonel Jeannel avait dit à la Cour de cassation qu'il avait été appelé à l'instruction de 1894, j'ai ouvert mon dossier et j'ai vu qu'il n'y avait pas été entendu. Je demande pourquoi on n'a pas entendu à ce moment la déposition du colonel Jeannel. Je fais remarquer une chose, monsieur le Président, c'est qu'à ce moment-là on fixait l'envoi des pièces du bordereau au mois d'avril; par conséquent il fallait avoir eu le manuel de tir pour en parler dans le bordereau avant la fin d'avril. Or, comme le colonel Jeannel disait qu'il l'avait eu ou remis au mois de juillet, cela ne pouvait plus concorder. Aujourd'hui, on place le bordereau au mois d'août, nous verrons dans la discussion si la déposition du colonel Jeannel peut avoir un intérêt, seulement je constate une chose : c'est qu'au cours de cette instruction de 1894 ce qui pouvait être favorable à l'accusé a été rapporté en somme par le colonel Jeannel mais n'a pas été reçu sous la foi du serment.

Le Président. — Nous n'y pouvons rien.

Le lieutenant-colonel Jeannel. — Je demande à faire une observation. Lorsque j'ai fait ma déposition devant le commandant Besson d'Ormescheville, je l'entends encore me dire : « Nous avons d'autres preuves de culpabilité suffisantes pour obtenir la condamnation, nous ne retiendrons pas la question du manuel de tir. »

Me Demange. — Mais il se trouvait que la déposition du colonel Jeannel était favorable à l'accusé Dreyfus.

Le lieutenant-colonel Jeannel. — Ma déposition n'a pas été enregistrée, je ne l'ai pas signée.

Le commissaire du Gouvernement. — Il n'y a pas de procès-verbal de cette déposition.

Me Demange. — Eh bien, je ne sais pas si M. le commissaire du Gouvernement et M. le rapporteur d'ici trouvent ce procédé régulier; j'espère qu'à Rennes on procède autrement qu'à Paris.

Le commissaire du Gouvernement. — Nous faisons de notre mieux.

Me Labori. — Est-ce bien au mois de juillet qu'on a demandé au colonel Jeannel le manuel de tir? Qu'est-ce qui le lui fait croire?

Le lieutenant-colonel Jeannel. — Oui, ce sont mes souvenirs personnels.

Me Labori. — Est-ce que M. le colonel Jeannel a donné cette réponse à M. le rapporteur d'Ormescheville en 1894?

Le Président, *au témoin*. — Avez-vous dit au commandant d'Ormescheville que c'était en juillet?

Le lieutenant-colonel Jeannel. — Oui, parfaitement.

Me Labori. — C'est très important. Est-ce que non seulement le rapporteur n'a pas omis de consigner la déposition de M. le colonel Jeannel — ce qui paraît incroyable parce qu'en réalité, s'il ne l'a pas fait, c'est sans doute parce que la date de juillet ne lui convenait pas — mais encore, est-ce, que de plus, le capitaine Dreyfus n'a pas demandé à l'audience que le colonel Jeannel fût interrogé, et est-ce qu'on ne le lui a pas refusé?

Le Président, *au capitaine Dreyfus* — Avez-vous demandé qu'on interrogeât le colonel Jeannel?

Le capitaine Dreyfus. — Oui mon colonel. Je dis tout de suite que je ne doute pas de la bonne foi du colonel Jeannel, ce sont ses souvenirs qui ne sont pas exacts. J'ai beaucoup insisté à l'instruction de 1894, pour que le commandant Jeannel fût entendu; à l'audience j'ai insisté encore une fois auprès du président du Conseil pour que le commandant Jeannel fût entendu et pour que le point fût précisé, eh bien, il n'a pas été entendu à l'audience.

Le Président, *au témoin*. — Avez-vous prêté serment à l'instruction, ou tout s'est-il passé dans une conversation entre vous et le rapporteur?

Le lieutenant-colonel Jeannel. — Il n'y a rien eu d'écrit.

Le Président. — Vous n'avez pas prêté serment?

Le lieutenant-colonel Jeannel. — Non, mon colonel.

Me Labori. — Il reste que le rapporteur ne faisait entendre que les témoins qui n'étaient pas favorables à Dreyfus.

Le Président. — Il entendait les témoins utiles et renvoyait les autres.

Me Demange. — Permettez-moi de vous dire que dans l'intérêt de la vérité, tout ce qui a été dit d'utile à la défense, doit être aussi mis en relief; nous constatons ici que tout ceci était utile à la défense et qu'en réalité cela a été supprimé.

Le commandant Carrière, *commissaire du Gouvernement*. — Il me semble cependant qu'il y a là une explication bien simple. Le rapporteur procède à une information; une personne se présente pour temoigner, il juge qu'il est inutile de l'entendre, le procédé de faire n'est peut-être pas très régulier, mais enfin il considère que c'est une quantité négligeable, la défense est d'un avis contraire. Elle peut faire appeler le témoin. Pourquoi ne l'a-t-elle pas fait puisqu'elle le jugeait nécessaire, puisque son client demandait ce témoin? Pourquoi la défense ne l'a-t-elle pas appelé en vertu de son pouvoir imprescriptif?

Me Demange. — Je ne pouvais pas connaître le commandant Jeannel par une instruction qui ne le nommait pas.

Le commandant Carrière. — Mais votre client le connaissait et demandait son audition.

Me Demange. — Je l'ai réclamé à l'audience quand, à l'audience, on a insisté sur ce fait.

Me Labori. — Il y a un autre fait, monsieur le président, que je vous demande la permission de signaler, il m'a montré que des témoins, parfois importants, n'avaient pas été convoqués; je demande très respectueusement la permission de le signaler au Conseil, parce que nous aurons à y revenir souvent et qu'il est pour moi la clé de la vérité dans cette affaire.

En 1894, le bordereau a été placé à une date qu'on ne peut pas fixer exactement; tout à l'heure Me Demange disait avril, mais qui, tout au moins, était antérieure au mois de juin puisqu'on disait que la phrase: « Je pars en manœuvres », s'appliquait à un voyage d'État-major que Dreyfus aurait fait à la fin du mois de juin ou au mois de juillet. A ce moment la déposition du colonel Jeannel était inutile.

Aujourd'hui, par un pur caprice, et pour la commodité de l'accusation, on place la date du bordereau au mois d'août et le colonel Jeannel devient un excellent témoin.

Je crois qu'il est utile pour le Conseil de bien préciser tous les points. Je rappelle le mot que j'ai entendu tout à l'heure, mot qui m'a frappé, de la déposition du colonel Bertin, qui parlait des « facettes diverses que la réalité peut avoir dans cette affaire. » En voilà un exemple.

Le Président, *à Dreyfus*. — Avez-vous quelques observations à présenter sur la déposition du témoin ?

Le capitaine Dreyfus. — Mon colonel, je veux revenir sur cette déposition parce qu'il faut bien éclairer un point.

Je suis encore une fois convaincu de la bonne foi du colonel Jeannel; mais il est pour moi certain, que ses souvenirs doivent le tromper. Il a rappelé qu'au mois de février ou mars 1894, alors que j'étais au deuxième bureau et que je m'occupais d'une étude sur l'artillerie allemande, nous avons parlé de cette étude, je lui ai même soumis mon travail, car j'estimais que le commandant Jeannel avait une compétence plus grande que la mienne. Je lui ai demandé, à ce moment-là, le manuel de tir de l'artillerie allemande et c'est peut-être là la cause de la confusion qui s'est faite dans son esprit.

Le Président, *au colonel Jeannel*. — Vous souvenez-vous que l'accusé ici présent vous ait demandé le manuel de tir de l'artillerie allemande?

Le lieutenant-colonel Jeannel. — Non, je ne me souviens pas.

Le Président. — L'aviez-vous lorsque vous étiez au ministère de la Guerre; auriez-vous été en état de le lui donner s'il vous l'avait demandé?

Le lieutenant-colonel Jeannel. — Oui.

Le capitaine Dreyfus. — Le travail dont je parlais doit exister au ministère de la Guerre, et doit, si mes souvenirs (qui datent de six ans) ne me trompent pas, exister également en minute dans les pièces qui ont été saisies chez moi.

Il serait très intéressant de voir ce qu'il y a dans ce travail.

Le Président. — Nous n'avons pas le temps de faire une recherche. Votre défenseur pourra le voir si c'est nécessaire.

Me Demange. — Il est au dossier.

Le capitaine Dreyfus. — Il y aurait peut-être quelque chose à en tirer.

Me Demange. — Nous verrons le dossier.

Le capitaine Dreyfus. — En 1894, le rapporteur du Conseil de guerre avait prétendu que c'est dans ces conversations que j'avais eues avec le lieutenant-colonel Jeannel que j'avais pris connaissance du projet de manuel de tir de l'artillerie française. Le rapport est très explicite à ce point de vue ; le rapport de M. d'Ormescheville prétend que j'aurais pris connaissance de ce manuel de tir dans des conversations que j'avais eues en février ou mars 1894 avec M. le lieutenant-colonel Jeannel au sujet du travail que j'ai fait sur l'artillerie allemande. Or, il est impossible qu'à ce moment-là nous ayons pu parler de ce projet de manuel, qui ne date que du mois de mars, et que M. Jeannel n'a reçu lui-même qu'en mai 1894. Par conséquent, vous voyez que dans l'esprit de M. le rapporteur du procès de 1894, il n'a pas pensé du tout à la déposition que M. le colonel Jeannel prétend lui avoir faite (et qu'il a dû lui faire), dans laquelle il lui aurait déclaré qu'il m'aurait communiqué ce manuel en juillet, puisque le rapporteur, dans son rapport, rappelle dans ses conversations que j'aurais eues avec le lieutenant-colonel Jeannel en février ou mars 94, à propos du travail que j'ai fait sur l'artillerie allemande.

Il y a là, mon colonel, une contradiction que je ne m'explique pas.

Le Président. — Enfin, la déposition orale reste acquise.

Le capitaine Dreyfus. — En tous cas, dans toute cette période, je me suis occupé de cette étude sur l'artillerie allemande. Je suis allé le 1er juillet 1894 au troisième bureau et je n'ai plus eu du tout à m'occuper de l'artillerie.

On a rappelé dans une déposition que le projet de manuel de tir était nécessaire aux manœuvres. Il ne faut pas jouer sur les mots. Nous sommes ici en présence d'artilleurs et nous savons qu'un manuel de tir est inutile à des officiers pendant les manœuvres; il n'est utile que pour des écoles à feu. Or, aucun stagiaire ne devait assister, ni en 1893, ni en 1894, à des écoles à feu. Jamais il n'a été question d'envoyer des stagiaires à des écoles à feu, et par conséquent, *à priori*, il n'y avait aucune utilité pour les stagiaires d'avoir le manuel de tir.

Le Président. — *A priori ?*

Le capitaine Dreyfus. — Je dis *à priori* tout simplement, mon colonel, je ne fais que cette observation.

TRENTE-DEUXIÈME TÉMOIN

M. LE COMMANDANT MAISTRE

Maistre, Paul-André-Marie, 41 ans, chef de bataillon hors cadre, professeur-adjoint au cours de tactique générale à l'école supérieure de guerre.

Le Président. — Avez-vous connu l'accusé?

Le commandant Maistre. — Oui, mon colonel.

Le Président. — Dans quelles conditions le connaissiez-vous ?

Le commandant Maistre. — Le capitaine Dreyfus pendant le premier semestre de 94 a été attaché comme stagiaire au 2e bureau de l'État-major de l'armée.

Le Président. — Vous l'avez connu comme étant sous vos ordres?

Le commandant Maistre. — Oui, mon colonel.

Le Président. — Veuillez nous faire connaître ce que vous savez de l'affaire Dreyfus.

Le commandant Maistre. — Ainsi que je viens de le dire, le capitaine Dreyfus a servi comme stagiaire pendant le 1er semestre de 1894, au 2e bureau d'État-major; il a été attaché à la section allemande à laquelle j'appartenais comme titulaire. Il occupait avec le capitaine Junck, son camarade à cette époque, une pièce attenant à la mienne; les portes de communication restaient presque toujours ouvertes de sorte que j'ai eu pendant 6 mois avec le capitaine Dreyfus des relations de service et de bureau presque journalières.

J'ai remarqué qu'il possédait au sujet des plans de mobilisation et de concentration des connaissances très étendues et très précises. Il en causait très volontiers et aimait à attirer la discussion sur cette question, en me donnant ainsi l'occasion de constater qu'au cours de ses stages antérieurs aux 1er et 4e bureaux il s'était particulièrement bien documenté. Il me paraît nécessaire de dire à ce sujet que, bien qu'ayant appartenu pendant six mois à l'État-major de l'armée, je ne possédais sur ces questions mêmes qu'une connaissance purement générale et théorique. J'avais dans ces bureaux, qui s'occupaient de ces questions, de nombreux camarades et amis, eh bien! il ne m'aurait pas été possible d'obtenir d'eux des renseignements précis visant les dispositions définitivement arrêtées en vue de la guerre. Les stagiaires en raison des travaux auxquels ils avaient à prendre part dans ces bureaux, se trouvaient à ce point de vue dans une situation toute différente. Le capitaine Dreyfus venait fréquemment à mon bureau, de sorte que rien de ce que je faisais ne pouvait lui échapper. Il m'est arrivé, un jour que j'étais occupé à dépouiller des interrogatoires de déserteurs allemands; je lui faisais remarquer que ces renseignements avaient un caractère très vague, que souvent les renseignements des interrogatoires se contredisaient; il me dit alors qu'on pourrait se procurer des renseignements plus exacts en questionnant les ouvriers et contremaîtres de l'usine Dreyfus, à Mulhouse, qui avaient servi dans l'armée allemande, quelquefois avec le grade de sous-officiers ou même de secrétaires dans les bureaux. Je n'attachai guère une grande importance à cette proposition, pensant d'ailleurs que si elle présentait un caractère sérieux, il appartenait au capitaine Dreyfus d'aller la soumettre au chef du bureau des renseignements. La dernière fois que Dreyfus vint à mon bureau, c'était quelques jours avant son arrestation, je ne puis pas préciser de date exacte. A ce moment il faisait un stage d'infanterie à la caserne de Babylone ou à celle de la Pépinière, mes souvenirs ne sont pas exacts à ce point de vue, et il avait conservé, comme ses camarades, ses entrées libres au ministère; il me trouva occupé à un travail sur une question dont nous avions parlé ensemble avant son départ. Il me demanda de vouloir bien lui communiquer mon travail quand je l'aurais terminé. Je lui répondis évasivement que je ne demandais pas mieux, mais que je le lui communiquerais à l'occasion, mais seulement quand il viendrait à mon bureau. Je dois dire que ce travail, bien que fait à l'aide des documents confidentiels, ne présentait pas un caractère secret, dans le sens que nous attribuons à ce terme.

C'est de cet incident auquel il est fait allusion dans l'instruction de 1894, il paraît justifier la conclusion que j'avais tirée, à savoir que je tenais Dreyfus en suspicion. Mais, mon colonel, je désirerais sur ce point m'expliquer clairement. Je n'ai pas, avant 1894, soupçonné Dreyfus d'être un traître, car si j'avais eu des raisons de concevoir un pareil soupçon et que je n'en eusse pas rendu compte à mes chefs, j'aurais pu me considérer comme un complice de cette trahison. On m'a demandé, en 1894, mon opinion sur le caractère du capitaine Dreyfus. Il m'est difficile, ai-je déclaré textuellement, de répondre à cette question. Tout ce que je puis dire c'est que le capitaine Dreyfus avait une certaine tendance à la flatterie, je remarquai en outre, dans certaines occasions, qu'il faisait preuve d'une assurance et d'une confiance en lui-même peut-être exagérées. Je ne préciserai pas aujourd'hui autrement ma déposition, que pour faire remarquer que, conçue dans les termes que je viens de rappeler, elle est manifestement atténuée. En effet, il n'entre pas dans nos habitudes à nous autres officiers, même d'État-major, de charger un camarade dont l'indignité ne nous est pas encore démontrée. Bien que certaines des appréciations émises sur ce point me paraissent un peu entachées d'exagération, je considérais le capitaine Dreyfus comme un officier intelligent, à l'esprit souple, possédant en particulier une grande facilité d'assimilation, mais je ne le tenais point pour un officier sérieux et consciencieux. Je crois que le travail qu'il a fait pendant ses six mois de stage au 2e bureau n'a point dû le surmener. Il ne brillait du reste, ni par l'assiduité ni par l'exactitude. Il m'est même arrivé de le surprendre plusieurs fois dans les couloirs guettant les allées et venues afin de pouvoir s'esquiver avant l'heure. Cette attitude, chez un officier de l'État-major, ne m'a pas paru être l'indice de sentiments élevés, surtout vis-à-vis de ses camarades ayant une situation plus modeste ou ayant d'autres goûts. Dreyfus faisait étalage, d'une façon choquante, de sa fortune et des agréments et des plaisirs que cette fortune lui permettait de se procurer à Paris. Un de ses camarades, le capitaine Junck, garçon très modeste, très sérieux, qui compte parmi les meilleurs d'entre nous, doit se le rappeler. Le capitaine Junck avait en effet sa famille à faire vivre et sa sœur à préparer à l'examen de l'agrégation. Il cumulait cette tâche avec les travaux les plus sérieux qu'il avait à faire au ministère de la Guerre et à l'État-major de l'armée. Évidemment, vis-à-vis de lui, Dreyfus avait beau jeu.

M. le colonel Picquart a laissé entendre que des préjugés antisémites régnaient à l'État-major. A le croire, nous aurions été un foyer d'antisémitisme. C'est une assertion contre laquelle je m'élève de toutes mes forces. En ce qui me concerne, en particulier, j'ai connu dans une des promotions qui a précédé celle de Dreyfus, un autre officier, israélite et stagiaire, vis-à-vis duquel je professais une opinion toute différente. Et si le tribunal veut me permettre de dire quelque chose de personnel, j'ai accepté d'être officier d'ordonnance d'un officier général israélite, et je m'honore d'avoir rempli ces fonctions pendant trois ans.

Cet officier a été ensuite témoin à mon mariage; je n'ai pas le droit de formuler, à son sujet, une appréciation même élogieuse, mais je dois dire que je le tiens pour un très vigoureux soldat, pour un homme très honorable, à tous les points de vue, et je dois déclarer que je conserve pour lui les sentiments les plus profonds de vénération, de respect et de reconnaissance. Bref, pendant son séjour au 2e bureau de l'armée, Dreyfus n'était pas parvenu à se faire apprécier comme officier ni à se faire aimer comme camarade.

Je pourrais citer encore d'autres détails; je pense que mon affirmation suffira au tribunal.

Ce que je viens de dire n'a évidemment que des rapports indirects avec le fond de l'affaire; mais j'ai reçu ce matin du capitaine Lemonnier, officier d'ordonnance du général commandant le 11e corps, une lettre visant un fait qu'il me paraît important de faire connaître au tribunal. J'ai l'honneur, en conséquence, de vous prier, mon colonel, de vouloir bien m'autoriser à donner lecture de cette lettre. J'étais absent hier, elle m'a été remise ce matin.

Le Président. — Je vous y autorise, mais à condition qu'elle soit versée au dossier.

M. le commandant Maistre donne lecture de la pièce suivante :

« Nantes, le 19 août 1899.

« Mon commandant,

« Stagiaire en 1894 à l'État-major de l'armée, j'y ai occupé quelques mois au 2e bureau, entre la section allemande et la section autrichienne, une petite salle contiguë à la vôtre. Un après-midi d'août, Dreyfus y vînt; on causa. La discussion s'engagea sur le rôle des troupes de couverture à la frontière des Vosges, et sur le projet que l'on prêtait au général de Négrier de pénétrer brusquement en Haute-Alsace au jour de la déclaration de guerre. Dreyfus avança qu'il connaissait une position sur laquelle l'État-major allemand avait compté. On comptait arrêter les forces françaises débouchant de Belfort. Amené à définir cette position, il l'indiqua dans la région ouest de Mulhouse, et ajouta lui-même qu'il avait suivi à cheval des manœuvres allemandes exécutées dans le but d'étudier cette position défensive. Il est possible, mon commandant, que vous ayez pris part à cette conversation, qui avait lieu à quelques pas de votre bureau ; mais je me rappelle avec une netteté absolue le propos tenu. Je n'avais alors aucune méfiance à l'égard de Dreyfus, quoique, en l'entendant, je ne pusse m'empêcher de penser que ce camarade était bien habile pour avoir suivi, de près et à cheval, des manœuvres allemandes en Alsace-Lorraine.

Le 31 juillet dernier, la lecture de la déposition du 36e témoin de l'enquête de M. Quesnay de Beaurepaire relatant les circonstances dans lesquelles Dreyfus avait assisté à des manœuvres allemandes m'a vivement troublé. Instinctivement j'ai rapproché ce fait de la conversation de 1894, et lorsqu'à la première audience de Rennes Dreyfus a affirmé qu'il n'avait jamais assisté à des manœuvres dans les environs de Mulhouse, je vous avoue que j'ai été sur le point d'écrire au colonel Jouaust pour lui signaler cette flagrante contradiction. Ce procédé de correspondance directe avec un président de Conseil de guerre n'était sans doute pas très régulier.

D'autre part, je sentais que le témoignage complet d'un homme loyal comme le général Mercier allait être d'un effet prépondérant sur l'issue du procès. Cette dernière raison surtout fit que je ne relevai pas ce passage de la conversation de Dreyfus.

« Mais hier, un compte rendu d'audience rapportait encore que Dreyfus proteste de sa loyauté de soldat. Or, quand on est un soldat loyal, on ne ment pas, et Dreyfus, le 7 août 1899, n'a pas dit la vérité.

« C'est pourquoi, mon commandant, avant votre prochaine déposition, dont j'ignore les éléments et même le sens, je prends la liberté de vous écrire cette lettre, qui pourra peut-être venir en aide à votre mémoire.

« Veuillez agréer, etc...

« Signé : Lemonnier. »

A ce sujet, je me rappelle parfaitement la conversation au sujet d'un projet prêté au général de Négrier d'une invasion rapide dans la Haute-Alsace en cas de guerre.

Je me rappelle fort bien que le capitaine Dreyfus disait connaître une position que les Allemands, sans doute, exploiteraient pour s'opposer à une tentative de cette nature. Quant au fait particulier cité par le capitaine Lemonnier, savoir que le capitaine Dreyfus aurait assisté à cheval à ces manœuvres, ma mémoire ne me permet pas de l'affirmer.

Le Président. — A quelle époque?

Le commandant Maistre. — Dans le premier trimestre 1894.

Me Demange. — A quelle époque l'incident des manœuvres?

Le commandant Maistre. — Au mois d'août, je pense, la lettre l'indique, je crois.

Le capitaine Dreyfus — De quelle année ?

Le commandant Maistre. — Je ne puis pas vous le dire, la lettre ne précise pas ; mais la conversation de laquelle seule je parle ici, était évidemment du premier semestre 1894.

Le Président. — La lettre ne dit pas à quelle époque aurait eu lieu cette assistance aux manœuvres ?

Le commandant Maistre. — Non, mon colonel ; je n'ai pas eu le temps de prendre des informations plus complètes auprès du capitaine Lemonnier.

Je n'ai pas de renseignements plus précis à fournir au Conseil.

Le Président. — Un officier stagiaire, employé au 2e bureau, avait-il de grandes facilités pour mettre la main sur des documents secrets, se les procurer ou en prendre connaissance ?

Le commandant Maistre. — Non, mon colonel ; les documents portant le caractère secret étaient enfermées dans des armoires à clef avec des cadenas à lettres dont seuls les chefs de bureau possédaient le secret.

Le Président. — Était-on bien discret sous ce rapport ? N'avait-on pas l'habitude de laisser connaître aux stagiaires le secret des cadenas ?

Le commandant Maistre. — Non, non, mon colonel. Et je vous dirai même, mon colonel, que, le secret du cadenas de l'armoire de ma section, la section allemande, je ne le connaissais pas et comme je n'étais pas dans la même pièce que les autres officiers, je ne le connaissais pas. J'étais obligé de le leur demander.

Le Président. — Alors il n'était pas facile de prendre des documents et de les lire ?

Le commandant Maistre. — Non, mon colonel. D'ailleurs les documents présentant le caractère secret sont assez rares au 2e bureau ; les documents portant le caractère secret dans le sens que nous appliquons au mot secret sont assez rares ; ils présentent plutôt le caractère confidentiel.

Le capitaine Beauvais, conseiller. — Tout à l'heure vous avez dit que les arrivées au bureau du capitaine Dreyfus et ses sorties étaient irrégulières.

Le commandant Maistre. — Il arrivait particulièrement en retard, et s'en allait avant l'heure.

Le capitaine Beauvais. — Mais le matin, à quelle heure arrivait-il ?

Le commandant Maistre. — Vers 10 heures, entre 9 h. 1/2 et 10 heures.

Le capitaine Beauvais. — Mais, quand vous partiez à 11 h. 1/2 ?

Le commandant Maistre. — Il partait habituellement à 11 h. 1/2, pas avant les camarades. C'est surtout le soir, la séance du bureau se terminant à 5 h. 1/2, il arrivait fréquemment que le capitaine Dreyfus n'était plus à son bureau à 4 h. 1/2.

Le capitaine Beauvais. — Mais, le matin ?

Le commandant Maistre. — Le matin, il partait à peu près à l'heure ordinaire, pour aller déjeuner.

Le Président. — M. le commissaire du gouvernement, avez-vous des observations à présenter ?

Le commissaire du Gouvernement. — Non.

Le Président. — MM. les défenseurs, avez-vous des observations à faire ?

Me Labori. — Je vous serais reconnaissant, monsieur le Président, de demander au capitaine Dreyfus ce qu'il a à dire non pas seulement sur les conversations que rapporte le capitaine Lemonnier, nous verrons s'il y a lieu de faire venir cet officier, mais encore sur son assistance possible aux manœuvres allemandes.

Le Président, *à l'accusé*. — Avez-vous des observations à faire sur la déposition du témoin ?

Le capitaine Dreyfus. — Je n'ai heureusement pas l'état d'esprit du témoin et j'en suis heureux. Je répondrai à quelques-unes de ses affirmations.

Il parle de connaissances que je possédais et que je montrais. Par conséquent, je ne les cachais pas.

Le jour où je suis revenu, au mois d'octobre 1894, à l'État-major, c'était pour toucher ma solde, je suis venu trouver le témoin, je suis venu lui demander communication de ses travaux sur « le jeu de la guerre » ; j'avais fait moi-même des travaux du même genre. Ces travaux n'ont absolument aucun caractère confidentiel ; d'ailleurs les travaux qui avaient été faits à l'État-major avaient été copiés sur ceux des états-majors étrangers, attendu que, malheureusement, « le jeu de la guerre » avait été employé auparavant ailleurs que chez nous. Nous étions très enclins et tous décidés à aider à l'emploi de ce « jeu de la guerre » chez nous, car il est fort intéressant et les travaux que je voyais autour de moi m'intéressaient au même titre que ceux que je faisais moi-même. Mais ils n'avaient aucun caractère confidentiel.

On a relevé tout à l'heure le fait du propos, il est certain que j'avais remarqué une position que tout le monde connaît, d'ailleurs puisqu'elle est classique ; c'est la position de résistance qu'on peut opposer à des troupes faisant une incursion au sud de l'Alsace : la position d'Altkirch; elle est classique dans l'histoire de la guerre. Par conséquent, quand j'ai causé devant mes camarades de cette position j'ai certainement dû développer des considérations tactiques et géographiques qui concernent cette position classique d'Altkirch; j'ai montré qu'on pouvait opposer une résistance mais qu'on pouvait la briser (je n'ai pas la prétention de faire ici un cours de tactique), en la tournant par les cols sud des Vosges. Je me rappelle très bien cette discussion.

Quant au reste du propos qui est venu dans l'imagination du capitaine Lemonnier après qu'il avait lu... je ne veux pas le définir. Je ne veux pas parler de ce qu'a dit M. Quesnay de Beaurepaire, parce que cela n'a pas de nom, mais nous verrons ici les témoins et nous connaîtrons la véracité de ces témoins. Je ne veux pas donner le même démenti à un officier, mais je suis navré de voir un officier s'emparer des propos tenus par un témoin dont la moralité sera montrée ici devant le Conseil de Guerre. (*Mouvement prolongé.*)

Le Président. — L'audience est levée, elle sera reprise demain matin à 6 heures 1/2.

DIXIÈME AUDIENCE

Mercredi 23 août 1899.

L'audience est ouverte à 6 h. 30.

LE PRÉSIDENT. — Faites entrer le témoin suivant, le commandant Roy.

TRENTE-TROISIÈME TÉMOIN

LE COMMANDANT ROY

LE PRÉSIDENT. — Vos nom et prénoms?

LE COMMANDANT ROY. — Roy, Paul-René.

LE PRÉSIDENT. — Votre grade, votre situation militaire?

LE COMMANDANT ROY. — Contrôleur de 2e classe de l'administration de l'armée.

LE PRÉSIDENT. — Votre âge?

LE COMMANDANT ROY. — 45 ans.

LE PRÉSIDENT. — Vous étiez employé au 2e bureau de l'Etat-major en même temps que le capitaine Dreyfus y faisait son stage. Vous avez eu certainement des renseignements sur sa manière d'être, sur ses habitudes, veuillez les faire connaître au conseil.

LE COMMANDANT ROY. — Pendant son stage au 2e bureau de l'Etat-major de l'armée, le capitaine Dreyfus était installé dans une pièce contiguë à mon bureau; mais j'étais à ce moment chargé de travaux budgétaires administratifs qui n'avaient pas de caractère confidentiel. Je n'ai d'ailleurs eu aucune conversation suivie avec lui ni dans le service ni en dehors du service. Je n'ai donc aucun fait précis à citer. Il me reste seulement de son passage au 2e bureau une impression générale comme celle que nous, officiers du cadre, nous pouvions avoir sur les stagiaires qui passaient à notre bureau.

Cette impression, j'ai été appelé à la formuler au procès de 1894, je ne puis que la répéter aujourd'hui.

J'avais remarqué l'insistance avec laquelle Dreyfus amenait toujours la conversation sur des sujets de mobilisation, de concentration, questions souvent étrangères aux travaux du 2e bureau. Cette attitude formait un contraste frappant avec celle des autres officiers, avec leur assiduité silencieuse, et avec le caractère nettement déterminé des questions qu'ils avaient à nous poser pour se documenter et se renseigner sur les travaux qui leur étaient confiés.

Pendant dix ans consécutifs que j'ai passé à l'Etat-major de l'armée comme capitaine puis comme commandant, j'ai pu remarquer ce contraste et je dois dire qu'il m'en est resté une impression défavorable au capitaine Dreyfus.

Mais je n'ai aucun fait précis à citer et je crois n'avoir rien à ajouter.

Le Président. — Voulez-vous nous donner des renseignements sur la facilité plus ou moins grande qu'on pouvait avoir pour consulter les documents secrets déposés au 2e bureau.

Le commandant Roy. — Nous avions une armoire soi-disant confidentielle qui se trouvait dans mon bureau, dans laquelle étaient renfermés des documents qui ne devaient pas être laissés entre les mains des stagiaires; la clef était placée dans un endroit connu seulement des titulaires; quand nous avions besoin d'un document, nous allions chercher la clef et c'était nous qui leur remettions les documents. Cette clef n'était pas si bien cachée que l'on ne sût où elle se trouvait.

Le Président. — Si les stagiaires avaient voulu s'en servir, ils l'auraient pu?

Le commandant Roy. — Ils l'auraient pu.

Le Président. — Y avait-il un mot?

Le commandant Roy. — Pas encore.

Le Président. — Il était donc par conséquent possible qu'un stagiaire pût ouvrir cette armoire.

Le commandant Roy. — Oui.

Le Président. — Au point de vue de la destruction des minutes faites par les officiers, quelles étaient les précautions?

Le commandant Roy. — C'était radical, toute minute devait être détruite; c'était une faute de les conserver; aucun de nous ne se serait permis de les conserver ou d'en laisser trace.

Le Président. — C'est bien de l'accusé ici présent que vous avez voulu parler?

Le commandant Roy. — Oui, mon colonel.

Le Président, *à Dreyfus*. — Avez-vous quelques observations à faire?

Le capitaine Dreyfus. — Je n'ai aucune observation à faire, le témoin n'a cité aucun fait.

TRENTE-QUATRIÈME TÉMOIN

LE COMMANDANT DERVIEU

On introduit M. le commandant Dervieu, Marie-Claude-Pierre-Robert-Ferdinand, 43 ans, chef de bataillon breveté, au 134e régiment d'infanterie.

Le Président. — Connaissiez-vous l'accusé avant les faits qui lui sont reprochés.

Le commandant Dervieu. — Je ne l'ai connu qu'à l'Etat-major de l'armée.

Le Président. — Vous étiez employé au 2e bureau de l'Etat-major quand le capitaine Dreyfus y a fait son stage.

Le commandant Dervieu. — Oui, mon colonel.

Le Président. — Vous avez été par conséquent à même de voir sa manière d'être, ses allures, voulez-vous renseigner le Conseil à cet égard?

Le commandant Dervieu. — J'ai connu Dreyfus pendant six mois comme stagiaire au 2e bureau de l'Etat-major de l'armée. Nous étions dans deux pièces voisines; les travaux parfois pénibles, fatigants et délicats auxquels nous nous livrions nous obligeaient souvent à nous interrompre et à nous livrer à quelques conversations qui roulaient souvent sur des ordres d'idées assez intimes. Dans ces conversations, Dreyfus aimait à me parler de ses affaires financières de Mulhouse et des bénéfices qu'il retirait de ses capitaux ainsi engagés. Par une pente insensible, la conversation roulait ensuite sur l'Alsace, sur la frontière de l'est et sur notre défense nationale. Toutes ces questions, d'ordre secret ou confidentiel, Dreyfus les connaissait à merveille, il les connaissait dans leurs grandes lignes et je puis le dire, dans leur moindre détail; il mettait même un certain amour-propre à paraître sur ces questions beaucoup mieux informé que nous ne l'étions tous nous-mêmes et il l'était en effet.

Sa mémoire m'a toujours paru très grande et sa curiosité extrême. J'avais l'impression qu'il nous interrogeait tous successivement sur une même question de façon à pouvoir reconstituer la même question dans sa totalité. Un fait qui m'a particulièrement frappé est le suivant : nous descendions ensemble l'avenue du Trocadéro à cheval lorsque Dreyfus me dit un jour : « Vous qui êtes titulaire vous ne pourriez pas faire d'absence du bureau sans que cela fut immédiatement remarqué. Quant à moi je puis le faire. Ainsi il m'est arrivé de ne venir au bureau qu'à 9 heures 9 h. 1/2 10 heures 10 h. 1/2 et personne ne s'en est jamais aperçu. Il m'est même arrivé un jour — qu'il m'a fixé, mais la date, je ne me la rappelle pas — de ne pas y aller du tout et personne n'en a jamais rien su. » Ce qui m'a paru assez singulier dans cette conversation c'est que, sous prétexte d'arriver parfois en retard et de rattraper le temps perdu, Dreyfus arrivait quelquefois à onze heures et demie au bureau et il y restait jusqu'à deux heures. Or, à ce moment, il n'y avait au deuxième bureau de l'Etat-major aucun officier de service qui fût présent entre 11 heures 1/2 et 2 heures. Il n'y avait donc personne et l'officier qui restait seul pendant ces deux heures et demie pouvait compulser tous les dossiers qui se trouvaient sur les tables des officiers ou dans les tiroirs, ou s'ils étaient d'ordre confidentiel, il pouvait regarder dans les armoires.

Dreyfus est à ma connaissance le seul officier stagiaire qui soit venu travailler entre 11 heures 1/2 et 2 heures, heures pendant lesquelles nous étions, nous, régulièrement absents.

Le Président. — Pendant ces absences pouvait-il se procurer d'autres documents que ceux qui traînaient sur les tables? Etait-il possible d'aller en chercher dans les armoires où ils étaient renfermés?

Le commandant Dervieu. — Cela devait être possible, mon colonel. Certaines pièces étaient dans des armoires et d'autres dans des armoires fermées avec une clef; celles qui étaient dans des armoires étaient simplement sous une clef qui était déposée dans un endroit et que nous connaissions seuls, cet endroit n'était pas révélé aux stagiaires, il n'y avait que les titulaires qui le connaissaient, mais il est évident que lorsqu'un stagiaire et un titulaire se trouvent dans le même bureau, on ne peut avoir la moindre méfiance envers le stagiaire, et certainement Dreyfus, bien que je ne puisse pas affirmer le fait, devait connaître l'endroit où se trouvait la clef de notre armoire. Par conséquent, s'il l'avait voulu, rien ne lui était plus facile de prendre les documents qu'il désirait.

Me Demange. — Auriez-vous la bonté, monsieur le Président, de demander à M. le commandant Dervieu, pourquoi en 1894 il n'a signalé ni à l'instruction, ni devant le conseil de Guerre, ce fait qu'il indiquait tout à l'heure, à savoir qu'il arrivait à Dreyfus de rester seul au ministère entre 11 heures et demie et 2 heures.

Le Président, *au témoin*. — Vous n'en avez pas parlé à l'instruction de 1894?

Le commandant Dervieu. — Si, mon colonel, je me rappelle parfaitement en avoir parlé à M. le rapporteur.

Me Demange. — Voulez-vous, monsieur le Président, en vertu de votre pouvoir discrétionnaire, ordonner la lecture de ce passage de la déposition de M. le commandant Dervieu, c'est à la page 593.

Le Président, *à M. le greffier*. — Veuillez lire ce passage de la déposition.

M. le greffier Coupois, *lisant* :

« D. Que savez-vous de plus sur le capitaine Dreyfus et pouvez-vous nous donner des renseignements sur son caractère, ses allures et enfin sur tout ce qui est à votre connaissance à ce sujet?

« R. J'estime que Dreyfus est fort intelligent et doué d'une mémoire remarquable aussi bien pour les détails que pour les grandes lignes; il aimait à faire parade des connaissances qu'il avait au sujet des questions de mobilisation et de concentration, et en général de tout ce qui était secret. Il prenait beaucoup de notes et, en consultant chacun individuellement, devait arriver à connaître des questions entières. Il n'était pas très recherché de ses camarades, mais recherchait beaucoup leur société et savait au besoin être flatteur. Il aimait se vanter de sa fortune et de sa facilité de travail; sa présence au bureau n'était pas très régulière; il arrivait tard le matin. Dans les premiers jours de juillet, je crois, nous descendions à cheval l'avenue du Trocadéro. Dreyfus se vanta devant moi d'arriver tard au bureau, sans que ses absences fussent aperçues : « Le lundi surtout, me dit-il, j'arrive tard au bureau, c'est ainsi qu'un de ces lundis je ne suis arrivé qu'à 11 heures du matin et personne ne s'en est aperçu. »

Me Demange. — Voilà ce qu'a dit le commandant Dervieu en 1894. Quant au fait spécial que Dreyfus restait seul au bureau de 11 heures et demie à 2 heures, alors que les autres officiers en étaient absents, il n'en a pas parlé.

Le Président. — Était-ce une habitude ou est-ce arrivé quelquefois?

Le commandant Dervieu. — Cela est arrivé quelquefois.

Me Demange. — A l'audience il n'en a pas été question, j'ai encore mes notes.

Le capitaine Dreyfus. — La conversation que j'aurais eue avec le commandant Dervieu au mois d'août 1894 est exacte dans ses grandes lignes; seulement je vais la lui rappeler.

Je l'ai rencontré en effet au mois d'août 1894, à une époque où il n'appartenait plus au 2e bureau; je l'ai rencontré à cheval et je me suis promené avec lui. C'était dans la période du 16 août au

22 septembre, où Mme Dreyfus était à Houlgate. Je lui racontai que je venais tous les lundis au bureau entre 11 heures et demie et midi, que par conséquent j'y arrivais tard et que j'y étais depuis onze heures et demie ou midi jusqu'à 2 heures; mais cela, je le répète, dans la période du 16 août au 21 ou au 22 septembre.

Le Président. — Faites entrer le témoin suivant, le capitaine Duchatelet.

TRENTE-CINQUIÈME TÉMOIN

LE CAPITAINE DUCHATELET

Le capitaine Duchatelet, Henri-Victor, 39 ans, capitaine breveté au 79e régiment d'infanterie, à Nancy.

Le Président. — Connaissiez-vous l'accusé avant les faits qui lui sont reprochés?

Le capitaine Duchatelet. — Je l'ai connu à l'État-major en 1893 et 1894.

Le Président. — Vous avez déposé devant la Chambre criminelle au sujet d'une conversation qui a eu lieu entre vous et le capitaine Dreyfus quand vous rameniez à Paris la colonne des ordonnances et des chevaux ayant pris part à un voyage d'État-major.

Le capitaine Duchatelet. — Je n'ai pas déposé devant la Chambre criminelle; c'est le général Roget qui a parlé devant cette chambre de ce fait. Pour mon compte personnel, je n'ai pas été cité comme témoin.

Le Président. — Avez-vous déposé en 1894?

Le capitaine Duchatelet. — Non.

Le Président. — C'est la première fois que vous déposez?

Le capitaine Duchatelet. — Oui.

Le Président. — Veuillez nous faire connaître ce que vous savez.

Le capitaine Duchatelet. — Au mois de juillet 1894, au retour d'un voyage d'État-major, je fus chargé, avec le capitaine Dreyfus, de ramener de Charmes à Paris le détachement des ordonnances et des chevaux ayant pris part au voyage.

Ce voyage se passa sans incident. Le détachement fut débarqué à la gare de La Villette entre cinq et six heures du matin. Je n'avais eu jusque-là avec Dreyfus que des rapports excessivement vagues, n'étant ni son camarade de promotion à l'école de Guerre, ni ne m'étant trouvé dans le même bureau de l'État-major de l'armée. La conversation s'engagea de la façon la plus banale sur nos heures de bureau et sur la différence d'existence que nous allions trouver entre la vie de bureau et celle que nous venions d'avoir en manœuvres. Le capitaine Dreyfus me demanda jusqu'à quelle heure je restais au bureau ; je lui répondis : « Jusqu'à sept heures et demie et huit heures du soir. — Et que pouvez-vous y faire?» Je répondis qu'en plus de la correspondance particulière du chef d'État-major, j'avais chaque jour à ouvrir la valise du « timbre rouge ». On appelle ainsi la valise qui est portée chaque jour du cabinet du ministre au cabinet du chef d'État-major, et qui contient les documents les plus confidentiels, notamment la correspondance des attachés militaires et quelques papiers peu importants du service des renseignements.

Dreyfus me demanda quelques détails sur la correspondance des attachés militaires et sur ces papiers du service des renseignements. Je lui dis que pour le service des renseignements, je ne voyais pas les documents importants qui étaient portés directement du bureau de ce service au cabinet du chef. Si je suis entré dans ces détails, mon colonel, c'est pour prouver que j'ai bien la mémoire présente de ces faits.

La conversation passa sur les garnisons allemandes en Alsace, et Dreyfus me dit qu'il les connaissait, qu'il avait des détails sur ces garnisons, ayant ses parents fixés en Alsace. C'est ainsi que je l'appris par lui, ne le connaissant pas auparavant.

L'heure s'avançait et le détachement avait suivi l'itinéraire suivant : les boulevards extérieurs, — nous n'avions pas voulu engager le détachement dans Paris, — la rue Miromesnil, l'avenue Marigny, le pont des Invalides, le boulevard de la Tour-Maubourg.

Dans la rue Miromesnil, près de l'Élysée, nous étions arrivés dans les quartiers plus élégants ; l'heure s'avançait, les fenêtres s'ouvraient, Dreyfus me dit sur le ton de la plaisanterie, n'ayant nullement l'intention évidemment de quitter le détachement qui lui était confié : « Si nous allions chez une telle (je ne me rappelle pas le nom) et si nous lui demandions une tasse de chocolat ? »

Je lui dis que je ne la connaissais pas. Alors il me dit sérieusement cette fois : « Voulez-vous y venir avec moi un de ces soirs? On y voit du monde amusant, des femmes connues. Si vous voulez, je vous y présenterai. » Je le remerciai, et il ajouta : « D'ailleurs, pour mon compte, je ne tiens pas à y retourner de si tôt, car la dernière fois que j'y suis allé, j'ai perdu la forte somme ; et il me dit la somme, six mille ou quinze mille francs, je ne peux pas préciser quelle était celle de ces deux sommes.

Je quittai Dreyfus quelques instants après, ramenant les chevaux qui étaient destinés au quai d'Orsay.

Le Président. — Vous avez une observation à présenter, maître Demange?

Me Demange. — Un petit renseignement seulement. M. Duchatelet était, je crois, officier d'ordonnance de M. le général de Boisdeffre. Comment se fait-il qu'en 1894, au cours de l'enquête à laquelle il a été procédé par le général de Boisdeffre, M. Duchatelet n'ait pas signalé ce propos, auquel il n'y a lieu d'attacher d'ailleurs aucune importance? M. le général de Boisdeffre a dit dans sa déposition qu'il avait trouvé l'enquête insuffisante et que c'était pour cela qu'après la condamnation il avait fait faire de nouvelles recherches. Je voudrais savoir comment il se fait que l'officier d'ordonnance du général de Boisdeffre, qui s'occupait de savoir si Dreyfus avait joué ou connaissait des femmes, n'ait pas donné ce renseignement en 1894.

Le capitaine Duchatelet. — Je vous dirai d'abord, pour répondre à ces mots « après la condamnation », que je suis parti immédiatement après la condamnation de Dreyfus, deux mois après, pour Madagascar. En 1895 et au commencement de 1896, j'étais à Madagascar et je ne m'occupais nullement de ce fait, bien entendu; en 1894, l'affaire fut conduite dans le plus grand secret par le service des renseignements et par le commandant du Paty de Clam; pour moi, j'ai joué là-dedans un rôle très subalterne. Je devais rester à ma place; j'y suis resté.

Et enfin, je dirai franchement, au risque même de détruire ma déposition d'aujourd'hui : Comment! voilà un officier qui est accusé du plus grand des crimes, et moi j'irais dire : « Il m'a dit qu'il est allé chez telle femme et y a perdu de l'argent! » (*Mouvement.*) Non, je n'ai rien dit.

Me Demange. — Le capitaine précise lui-même la valeur du propos qu'il prête au capitaine Dreyfus.

Le Président. — C'est bien de l'accusé ici présent que vous avez entendu parler?

Le capitaine Duchatelet. — Oui.

Le Président. — Accusé, levez-vous. Avez-vous quelque observation à faire?

Le capitaine Dreyfus. — Oui, mon colonel.

Vous me permettrez de rafraîchir un peu plus exactement les souvenirs de M. le capitaine Duchatelet. La valise, je lui en ai parlé effectivement, mais dans des conditions toutes différentes. Il a dit, dans sa déposition, qu'il ne m'avait jamais revu après ce voyage que nous avons fait ensemble, en effet, en ramenant les chevaux. Or, c'est une erreur de mémoire de sa part. Au mois d'août, deux mois après le retour de ce voyage, j'étais de service un dimanche au cabinet du chef d'État-major général, et c'est ce dimanche matin que je reçus la valise et que je fis pour la première fois la connaissance de la valise. C'est moi qui l'ouvris. Il y a une consigne dans le cabinet du chef d'État-major qui indiquait que ce soin incombait à l'officier de service le dimanche. Le général Gonse, sous chef d'État-major, était de service le dimanche matin, et je suis convaincu que le général Gonse ne me démentira pas quand je lui rappellerai que le dimanche matin je lui ai remis les pièces de cette valise.

Dans cette même journée du dimanche, le capitaine Duchâtelet est venu à son bureau. Je ne sais plus si c'est le matin ou l'après-midi, mais c'était au mois d'août. Nous avons causé ; je lui ai dit que j'avais reçu la valise, que je l'avais ouverte et que j'avais remis les pièces à M. le général Gonse. Nous avons causé de cette valise pendant quelques instants. Quels sont les termes de cette conversation ? j'avoue très simplement que je ne m'en souviens plus ; mais ce dont je suis sûr, c'est que ce dimanche-là j'étais de service et cela doit pouvoir se retrouver à l'État-major général, car le tableau de roulement des officiers de service le dimanche doit exister encore. J'étais donc de service, j'ai remis les pièces à M. le général Gonse et j'ai causé de la valise avec le capitaine Duchatelet.

Le capitaine Duchatelet. — C'est exact ; seulement je dirai que cette conversation n'a duré qu'un instant et elle m'était absolument sortie de la mémoire.

Le capitaine Dreyfus. — Je suis très heureux de voir que nous sommes d'accord sur ce point.

Pour le second propos, il est possible qu'en descendant la rue de Miromesnil, j'aie dit une plaisanterie au capitaine Duchâtelet sur les volets qui s'ouvraient. Je ne crois pas qu'il ne soit pas permis à des officiers qui se rencontrent ou qui rentrent ensemble de voyage d'échanger quelques plaisanteries. Mais ce dont je suis sûr, c'est que je n'ai pas parlé de jeu ; je l'affirme et je défie qui que ce soit de me prouver le contraire ; je n'ai jamais joué et par conséquent je n'ai pas pu parler de perte. Que j'aie fait une plaisanterie quelconque sur les volets qui s'ouvraient, c'est fort possible : nous en sommes tous là.

Le capitaine Duchatelet. — Je demande au Conseil l'autorisation de me retirer.

(*M. le capitaine Duchatelet est autorisé à se retirer aux conditions ordinaires.*)

LE PRÉSIDENT. — Introduisez le témoin suivant.

TRENTE-SIXIÈME TÉMOIN

M. DU BREUIL

M. du Breuil, Charles-Louis, 46 ans, propriétaire à Berville (Manche).

LE PRÉSIDENT. — Je vous ai fait citer en vertu de mon pouvoir discrétionnaire pour donner au Conseil les renseignements que vous m'avez dit être à même de lui fournir.

Connaissiez-vous l'accusé avant les faits qui lui sont reprochés?

M. DU BREUIL. — Oui.

LE PRÉSIDENT. — Comment l'avez-vous connu?

M. DU BREUIL. — J'ai été en relations avec lui dans une maison amie.

Me LABORI. — Voulez-vous, monsieur le Président, prier le témoin d'élever un peu la voix.

LE PRÉSIDENT. — La défense vous prie d'élever un peu la voix, l'acoustisque de la salle n'est pas très bon.

Vous n'êtes ni parent ni allié de l'accusé ?

Vous n'êtes pas à son service, ni lui au vôtre?

M. DU BREUIL. — Non, monsieur le président.

LE PRÉSIDENT. — Veuillez faire connaître les faits que vous m'avez dit être à votre connaissance.

M. DU BREUIL. — Monsieur le président, en 1885 et 1886, j'habitais Paris, j'avais l'habitude chaque matin de faire une promenade à cheval au Bois. Un matin, à quelques pas devant moi dans une allée voisine de la Cascade, je vis un cheval glisser sur le sol qui était ce matin-là couvert de neige, s'abattre et entraîner son cavalier dans sa chute. Je fis ce que tout autre eût fait à ma place ; je mis pied à terre le plus rapidement possible et me portai au secours du cavalier tombé. Je lui demandai s'il était blessé. Il me répondit qu'il ne l'était pas, mais il était très ému et il me demanda la permission de rentrer à cheval à Paris en ma compagnie.

Lorsque nous arrivâmes avenue du Bois-de-Boulogne, ce monsieur m'indiqua de la main un hôtel en me disant que c'était le sien. Il me remercia de ce que j'avais pu faire pour lui et me donna sa carte.

Je lui donnai également la mienne.

Dans l'après-midi, il vint me remercier chez moi. Dans les jours qui suivirent cet incident, je rencontrai le même cavalier au Bois, et je m'aperçus très vite qu'il cherchait à entrer en relations avec moi. Vous savez qu'à Paris ces relations accidentelles sont quelquefois délicates à nouer, et qu'il faut prendre certains renseignements auparavant.

Je priai donc immédiatement un de mes parents de m'informer afin de savoir qui était ce monsieur : c'était M. Bodson; j'appris que c'était un très honorable commerçant qui habitait un hôtel particulier 17, avenue du Bois-de-Boulogne, et qui était propriétaire d'un magasin se trouvant rue de Rivoli : « A la redingote grise ». Après avoir pris ces renseignements qui étaient favorables, dans les jours qui suivirent je rencontrai de nouveau M. Bodson, et au lieu de l'éconduire, comme je l'aurais fait si les renseignements avaient été défavorables, je laissai se produire la conversation et plusieurs fois nous nous promenâmes ensemble.

Petit à petit, ces relations devinrent plus fréquentes. Je fus invité par M. Bodson à aller un jour aux environs de Paris, auprès de Mantes, à Saint-Martin, si mes souvenirs sont exacts, assister à une chasse dont il était le président; c'était une chasse par actions.

Un jour, M. Bodson me dit : « Voulez-vous demain matin, si cela ne vous dérange pas, entrer en passant chez moi ? Mme Bodson nous accompagnera dans notre promenade. » Le lendemain, à l'heure indiquée, je m'arrêtai 17, avenue du Bois, et là je fus présenté à Mme Bodson ; et Mme Bodson me présenta le lieutenant Dreyfus.

Nous partîmes tous les quatre ensemble pour le Bois, et quand je dis ensemble, j'accompagnais M. Bodson, et le lieutenant Dreyfus accompagnait Mme Bodson. Je ne revis le capitaine Dreyfus que lorsque nous descendîmes de cheval au Bois.

J'ai fait ainsi dans le courant de l'année, deux, trois, peut-être quatre promenades à cheval avec le lieutenant Dreyfus, M. et Mme Bodson, mais presque chaque jour je rencontrais M. Bodson au Bois.

Enfin, un jour, je fus invité — et c'est là le point important de ma déposition, monsieur le Président, — je fus invité par M. Bodson à dîner; cela devait se passer, si mes souvenirs sont exacts, dans le commencement de 1886. Je me rendis donc à l'invitation qui m'était adressée, et ce soir-là, en arrivant, je trouvai deux convives; je trouvai le lieutenant Dreyfus et un étranger que je n'avais jamais vu dans la maison, et qui me fut présenté par Mme Bodson elle-même comme étant attaché à l'ambassade d'Allemagne. Quel était le nom de cet attaché? Je ne saurais vous le dire; voilà treize ans que ces choses se sont passées, je ne parle pas l'allemand, et je ne pourrais donner aucun renseignement exact à ce sujet. Un de mes amis m'a bien fait cette observation qu'on aurait pu me présenter la liste des attachés de 1886.

Je suis intimement convaincu que si on me présentait cette liste, il me serait impossible de dire le nom, je n'en ai gardé aucun souvenir; mais ce dont j'ai gardé un souvenir très précis, ce fut de l'intimité et de la camaraderie très suspecte de cet officier français avec cet Allemand.

Je m'aperçus au bout de peu de temps que j'étais dans cette maison l'invité de M. Bodson et que Mme Bodson, le lieutenant Dreyfus et cet Allemand me voyaient d'un très mauvais œil. Je me retirai le plus tôt possible en me promettant bien de cesser mes relations dans cette maison. En effet, monsieur le Président, dès le lendemain, au lieu de m'arrêter en passant 17, avenue du Bois-de-Boulogne, comme j'avais l'habitude de le faire presque chaque jour, je continuai ma route.

Fut-ce ce jour-là ou quelques jours plus tard que je rencontrai M. Bodson? Je ne le sais; mais voici la conversation qui eut lieu entre nous quelques jours après. M. Bodson, en me voyant, me demanda pourquoi je n'étais pas venu le prendre en passant comme d'habitude et me demanda si j'étais indisposé; je lui répondis que non, que j'étais très bien portant, et je tâchai pendant un moment d'éluder la réponse; je ne voulais pas lui dire quelque chose qui pût le froisser ni quelque chose de désagréable, et je ne voulais pas répondre; mais il insista tellement que je finis par lui dire à peu près ceci : Je n'aime pas les Allemands, il m'est désagréable de me rencontrer avec ces gens-là, je suis très libre, je suis indépendant, je ne suis pas un fonctionnaire obligé de leur serrer la main, par conséquent vous ne trouverez pas mauvais que je cesse mes relations, non pas mes relations avec vous que je considère comme un homme fort aimable, mais mes relations chez vous.

Voilà ce que je dis à M. Bodson, et alors il s'écria immédiatement : « Mais je suis très heureux de ce que vous me dites ! ne croyez pas que ces gens-là soient mes amis; ce ne sont pas mes amis, ce sont les amis de ma femme et, vous avez dû vous en apercevoir, Dreyfus est son amant[1]. » (*Rires dans l'auditoire.*)

1. Le *Figaro*, qui, comme nous l'avons déjà dit, publiait au jour le jour un

Voilà, monsieur le Président, ce que me dit M. Bodson. Profitant de la même occasion, il me dit que depuis longtemps il avait l'intention de me demander, en ma qualité d'ancien magistrat, un avis; qu'il était impossible que la situation dans laquelle il se trouvait continuât, qu'il n'était plus maître chez lui, qu'on y recevait des gens qu'il ne voulait pas voir, et qu'il fallait absolument que cette situation cessât le plus tôt possible.

Je lui répondis que je n'étais inscrit à aucun barreau, que je ne pouvais dans la circonstance lui rendre aucun service utile, mais qu'étant dans les affaires, il avait un avocat, qu'il avait un avoué qui lui donneraient tous les renseignements nécessaires.

Je lui dis que dans de pareilles affaires la justice exigeait des preuves certaines, probantes, concluantes. Alors M. Bodson me répondit : « Des preuves? mais des preuves j'en ai, j'en aurais même pour faire chasser Dreyfus de l'armée française, je le ferais chasser demain. »

J'attribuai, monsieur le Président, je le dis très franchement, cette exclamation de M. Bodson tout d'abord à son mécontentement de mari trompé et je lui répondis que si l'on chassait de l'armée française tous les officiers qui ont pris la femme de leur voisin, peut-être pourrait-on éclaircir beaucoup les cadres. (*Rires.*)

M. Bodson protesta immédiatement et me dit que je ne devais pas me méprendre sur le sens de ses paroles, et il me donna alors des détails sur les relations qui existaient entre lui et sa femme ; il me dit que depuis longtemps elle était devenue une étrangère pour lui, qu'il avait fait pour elle tout ce qu'il était possible de faire, qu'il lui avait donné tout le luxe possible, qu'elle avait son coupé, sa victoria, ses deux chevaux, qu'il lui donnait cinquante ou

compte rendu sténographique in-extenso des débats, a inséré dans son numéro du 26 août la lettre suivante :

« Hennequeville, 24 août 1899.

« Monsieur,

« Le témoin Dubreuil ment :

« M. Bodson, mon frère, avait trop le sentiment de sa dignité, pour initier un étranger à ses soucis de ménage.

« Mon frère est mort l'année dernière ;

« Confidente de mon frère, je proteste de la façon la plus formelle ;

« Ma belle-sœur a apporté en dot un million. A la mort de son père, elle a hérité de dix-huit cent mille francs. Elle a actuellement deux propriétés dans Paris.

« Lors des relations du capitaine Dreyfus, elle était en instance de divorce.

« Je suis tellement émue que je ne me sens pas le courage d'en dire davantage, mais je me mets à votre disposition pour plus amples renseignements.

« Agréez mes salutations distinguées.

« C. Bodson. »

soixante mille francs par an, mais qu'elle était insatiable, et que si elle eût eu à sa disposition la clef du coffre-fort du ministère des Finances, elle l'eût mis à sec.

Il ajouta que ce n'était pas une femme honnête, qu'elle avait un tempérament de fille, et que depuis longtemps elle lui était absolument indifférente.

Ayant remarqué la veille, je ne puis savoir si c'était la veille ou deux ou trois jours auparavant, ces relations de camaraderie de Dreyfus avec cet attaché allemand, qui m'avaient froissé, j'avais toujours dans l'esprit la même pensée, et j'insistai auprès de M. Bodson en lui disant : « Vous accusez cet officier, M. Dreyfus, et vous dites que vous pourriez le faire chasser de l'armée française. Ce n'est donc pas à cause de ses relations avec Mme Bodson? »

Il me répondit : « Nous, ce n'est pas à cause de cela; je pourrais, si je le voulais, je vous le répète, le faire chasser, il est indigne de porter l'uniforme. » Je cherchai à pousser M. Bodson davantage en lui demandant si c'était à cause de la présence de cet Allemand chez lui. Mais je ne pus tirer aucun autre renseignement. Je terminai la conversation en lui disant ceci : « Vous m'avez demandé un avis. Ce n'est pas un avis d'avocat que j'ai à vous donner; l'avis que je dois vous donner, c'est d'aller tout droit au ministère de la Guerre et de dire à M. le ministre ce que vous savez, si véritablement vous connaissez des faits graves. Je pense que vous êtes un bon Français; c'est votre devoir et, si j'étais à votre place, j'irais trouver tout droit le ministre de la Guerre. » Je crois même me rappeler que je lui proposai de l'accompagner.

Il me dit alors : « Ces choses-là sont beaucoup plus faciles à dire qu'à faire, je suis dans les affaires, j'ai ma maison de commerce. » Je compris très bien que M. Bodson en était encore à la période de l'hésitation et qu'il ne savait pas ce qu'il devait faire, je crus qu'il était de ceux qui demandent un avis pour ne pas le suivre. Je le quittai sur ces entrefaites, et je ne l'ai jamais revu.

Voilà, monsieur le Président, ma déposition.

Le Président. — L'accusation a-t-elle une question à poser au témoin?

Le commandant Carrière. — Aucune.

Le Président. — Et la défense ?

Me Demange. — Oui, monsieur le Président.

C'est M. du Breuil qui a écrit directement à M. le Président du Conseil; mais est-ce qu'auparavant il n'avait pas fait ses confidences à M. de Beaurepaire ?

LE PRÉSIDENT, *au témoin qui s'est tourné vers le défenseur pour lui répondre.* — C'est à moi et non à Me Demange que vous devez répondre.

M. DU BREUIL. — J'ai demandé à être entendu par la cour de Cassation. Je n'ai pas été entendu. Lorsque j'ai vu dans les journaux que M. de Beaurepaire s'occupait de faire une enquête, je lui ai écrit ; M. de Beaurepaire est mon ancien procureur général ; j'ai eu l'honneur d'être procureur de la République à St-Brieuc alors que M. de Beaurepaire était procureur général à Rennes.

Me DEMANGE. — M. Dubreuil vient de nous dire qu'il a été magistrat, ce qui donne à sa déposition un caractère particulier. Est-ce qu'aujourd'hui il ne fait pas le commerce de chevaux ?

M. DU BREUIL. — Non, monsieur le Président, je ne fais aucun commerce, je suis propriétaire, et, comme beaucoup de propriétaires, obligé de faire valoir mes terres ; naturellement il m'arrive quelquefois de faire vendre des chevaux comme d'autres animaux.

Me DEMANGE. — Est-ce que M. Dubreuil n'a pas eu devant la Cour de Caen un procès avec M. de Morville, et M. Dubreuil serait-il disposé à faire connaître les termes de cet arrêt au Conseil de guerre ?

M. DU BREUIL. — Monsieur le Président, j'ai eu un procès à l'occasion de la vente d'un cheval avec M. de Morville ; j'ai gagné mon procès en première instance et je l'ai perdu en appel. Il s'agissait d'une contestation, je m'en étais rapporté à mon vétérinaire et j'ai été trompé par mon vétérinaire. J'ai gagné mon procès en première instance et je l'ai perdu en appel. Ce sont des affaires qui me sont personnelles. Je vois que l'on veut viser ma déposition parce qu'elle est à charge. C'est un incident qu'on cherche à créer.

Me DEMANGE. — Je ne cherche pas à créer d'incident. M. du Breuil sait à merveille qu'il est dit dans le code d'instruction criminelle qu'on est en droit d'examiner la valeur des témoignages. M. du Breuil nous a indiqué tout à l'heure qu'il avait été magistrat ; je lui ai posé une question ; je demande à M. du Breuil s'il veut faire parvenir au Conseil l'arrêt lui-même et les termes dans lesquels la Cour a apprécié la bonne foi de M. du Breuil.

M. DU BREUIL. — Je le ferai parvenir, maître Demange.

Me DEMANGE. — Très bien.

Me LABORI. — Voulez-vous me permettre, monsieur le Président, de demander à M. le Commissaire du Gouvernement de faire prendre sur M. du Breuil des renseignements par le parquet de Coutances. C'est un avis que l'on me donne, dont je ne connais pas la valeur, et je serais bien obligé à M. le Commissaire du Gouvernement de faire demander ces renseignements.

Le commandant Carrière. — Cela me paraît bien étrange, et ce n'est pas la déposition de M. du Breuil qui l'est le moins.

Me Labori. — Tout est étrange dans cette affaire, et notamment les dépositions qu'on ne peut contrôler sur aucun fait précis. Je demanderai même à M. du Breuil pourquoi il n'a pas fait connaître ces faits en 1894.

M. du Breuil. — Je n'ai pas fait connaître ces faits parce qu'en 1894, lorsque, monsieur le Président, un matin j'ai ouvert mon journal et lorsque j'ai vu que l'on accusait de trahison un officier israélite, un officier d'artillerie et officier israélite, ainsi que le désignait mon journal, je n'ai pas eu un moment d'hésitation, j'ai indiqué Dreyfus à beaucoup de mes amis, et dès cette époque, — il me serait très facile de les retrouver, — j'ai dit : C'est certainement cet officier avec lequel je me suis trouvé à Paris, et j'ai raconté cette histoire.

Dans les jours qui suivirent, j'appris qu'il y avait des preuves accumulées contre lui, on disait que la culpabilité n'était pas douteuse; je suis resté tranquille chez moi, estimant qu'il n'était pas nécessaire de venir.

Me Labori. — Voulez-vous être assez bon, monsieur le Président, pour demander au témoin comment il se fait qu'il n'ait pas demandé à M. Bodson le nom de l'attaché militaire en question?

M. du Breuil. — Monsieur le Président, cet attaché militaire m'a été présenté par M. et Mme Bodson le soir où j'ai dîné chez M. et Mme Bodson, naturellement. Cet attaché, je ne dis pas attaché militaire, je dis attaché à l'ambassade d'Allemagne...

Me Labori. — Je sais bien pourquoi M. du Breuil ne dit pas attaché militaire, c'est sans doute parce que l'attaché militaire, nous aurions pu avoir son nom. Il n'est pas possible d'accepter des témoignages semblables. Je prie monsieur le Président de vouloir bien demander à M. du Breuil quelle est la qualité de cet attaché, si c'était un officier et s'il était attaché à l'ambassade d'Allemagne, car il faut que nous sachions exactement les personnes qui peuvent être mises en cause et, pour ma part, je les ferai appeler ici.

Le Président. — Vous savez quelle était la qualité de cette personne?

M. du Breuil. — Je ne puis donner au Conseil aucun autre renseignement que celui que je lui ai donné. Je suis arrivé là, invité par M. Bodson. J'y ai trouvé un étranger que je ne connaissais pas et le lieutenant Dreyfus et, comme toujours cela se passe en pareille circonstance, on m'a présenté à ce monsieur en me disant qu'il était attaché à l'ambassade d'Allemagne. Je ne sais pas autre chose. On m'a dit son nom, mais je ne parle pas l'allemand et il y a de cela treize ans. Il m'est impossible de dire son nom. Si on me présentait tous les attachés de cette époque, il est très probable que je ne le reconnaîtrais pas. (*Rumeurs.*) Que Me Labori se mette à ma place et certainement il sera dans la même impossibilité que moi.

Me Labori. — Si je n'étais pas capable d'apporter le nom, je ne déposerais pas. Je voudrais bien savoir si c'était un militaire ou un civil.

Le Président. — Était-ce un militaire ou un civil ?

M. du Breuil. — J'ai déjà dit que je ne savais pas si c'était un militaire ou un civil.

Me Labori. — Il est absolument impossible de contrôler des témoignages de cette sorte, présentés d'ailleurs par l'intermédiaire de M. Quesnay de Beaurepaire, sans qu'on puisse opposer rien au témoin puisqu'il ne précise rien. Il ne sait pas le nom de l'attaché auquel il a été présenté, et il n'apporte pas la preuve de ce qu'il avance. Il se rappelle tous les détails en ce qui concerne Dreyfus et en ce qui concerne l'attaché il ne se rappelle rien. Je trouve ce témoignage suffisamment contredit et je laisse au Conseil le soin d'en apprecier la valeur.

M. du Breuil. — J'ai vu Dreyfus pendant un an et je n'ai vu l'attaché que pendant deux heures, par conséquent il n'est pas étonnant que je ne puisse pas le reconnaître.

Le capitaine Dreyfus, *s'adressant à M. du Breuil qui s'est tourné vers lui depuis quelques instants, et lui désignant la table du Conseil.* — Mais tournez-vous donc ! (*Mouvement.*)

Me Demange se lève pour prendre la parole.

Le Président. — La parole n'est pas à Me Demange, elle est au témoin. Vous l'aurez tout à l'heure. Ici chacun parle à son tour.

M. du Breuil. — Me Labori trouve étonnant que je connaisse Dreyfus et que je ne puisse pas reconnaître cet attaché. J'ai vu cet attaché pendant deux heures et, au contraire, je me suis promené une dizaine de fois avec M. et Mme Bodson et Dreyfus. Il n'est donc pas étonnant que je reconnaisse Dreyfus et que je ne puisse pas reconnaître un homme que j'ai vu pendant deux heures il y a treize ans.

Le Président. — Maître Demange, vous avez maintenant la parole, si vous le désirez.

Me Demange. — Je vous remercie, monsieur le Président; je voulais simplement vous signaler que le témoin se tournait vers Dreyfus avec un air provocateur. Comme vous ne vous en aperceviez pas, je voulais vous le faire remarquer.

M. du Breuil. — Si j'ai eu un air provocateur, je le regrette : il ne doit pas y avoir de provocation devant la justice.

Me Labori. — Je tiens à faire une observation, car il faut profiter du moment où les affirmations des témoins se produisent pour en faire ressortir tous les détails.

Le Président. — C'est votre devoir, mais soyez modéré.

Me Labori. — Je crois être extrêmement modéré. Je n'ai même pas eu pour M. du Breuil un mot qui puisse exprimer un sentiment quelconque. Monsieur le Président, M. du Breuil nous a dit tout à l'heure que M. Bodson lui avait dit, et je répète tout cela parce que si M. du Breuil veut le contredire, il le contredira, que M. Bodson lui avait dit qu'il serait en mesure de faire chasser Dreyfus de l'armée française; il nous a dit avoir été très ému de ces déclarations et avoir insisté pour obtenir de M. Bodson des explications parce que, en effet, il y avait là quelque chose qui était de nature à l'émouvoir profondément; voulez-vous être assez bon pour lui demander comment il se fait que, quand il pressait M. Bodson de questions, la première question qu'il lui a posée n'ait pas été : « Comment s'appelle l'attaché de l'ambassade d'Allemagne qui était chez vous tel jour ? »

M. du Breuil. — Le nom m'avait été dit la veille, je n'avais pas à demander ce nom le lendemain ni deux ou trois jours après. D'ailleurs il n'était pas question dans notre conversation de l'attaché d'ambassade d'Allemagne, il était question du lieutenant Dreyfus et surtout de Mme Bodson, puisque M. Bodson me demandait de quelle façon il fallait s'y prendre pour divorcer.

Le capitaine Parfait, membre du Conseil. — Vous avez dit tout à l'heure dans votre déposition que vous ne saviez pas l'allemand ; voulez-vous dire si le nom qu'on vous a cité avait dans vos oreilles un son étranger ou un son français.

M. du Breuil. — Oh ! il avait certainement un son étranger, mais je ne sais absolument pas quel est le nom.

Le capitaine Parfait. — Vous ne vous rappelez pas comment il a sonné à vos oreilles, ce nom ?

M. du Breuil. — Je ne puis vous donner aucun renseignement précis à ce sujet. Je dois dire toute la vérité, je la dis. Ce monsieur m'a été présenté il y a treize ans, comment voulez-vous que je me rappelle son nom ?

Le capitaine Parfait. — Vous ne vous rappelez même pas le son?

M. du Breuil. — Je rechercherai et je trouverai des amis auxquels dès le lendemain j'ai raconté l'impression que j'avais ressentie. Je ne m'attendais pas à être attaqué de cette façon à la barre ; puisqu'il faut faire une enquête, je la ferai moi-même.

Le Président, *au capitaine Dreyfus.* — Avez-vous des observations à présenter sur la déposition du témoin ?

Le Capitaine Dreyfus. — Mon colonel, vous comprenez bien par quel sentiment de discrétion je ne parlerai ici ni de M. ni de Mme Bodson ; je n'ai pas à parler des relations anciennes que j'ai eues avec une personne et vous comprendrez très facilement toute ma discrétion à cet égard. Les relations que j'ai eues avec Mme Bodson ont cessé vers 1886 ou 1887 ; à partir de cette époque, je n'ai revu ni M. ni Mme Bodson.

Je reviens simplement au fait précis que citait le témoin. Je n'ai jamais dîné chez Mme Bodson, ni avec un attaché civil ni avec un attaché militaire d'aucune ambassade étrangère. Or, mon colonel, comme on vous l'a dit tout à l'heure, il faut discuter ici des faits, apporter des témoignages précis, et non des racontars. Je m'associe donc aux paroles qu'on a prononcées tout à l'heure : que toute enquête et que toute information soient faites pour que l'on arrive à déterminer le nom de la personne en question, la qualité de la personne avec laquelle j'aurais dîné, pour qu'on sache enfin qui dit la vérité.

M. le Commissaire du Gouvernement. — Il est bien entendu, monsieur le Président, que je ne me charge pas de la commission que voulait me donner Me Labori. (*Rumeurs.*)

Me Labori. — Le mot commission m'oblige à me lever très respectueusement.

M. le Commissaire du Gouvernement. — Absolument !

Le Président. — Maître Labori, vous ne m'avez pas demandé la parole. Je vous prie de ne pas entrer en colloque avec M. le Commissaire du Gouvernement sans m'avoir demandé la parole. Il faut que les débats se passent avec ordre et méthode. (*Mouvement.*)

Me Labori. — Je vous la demande, monsieur le Président.

Le Président. — Je vous l'accorde.

Me Labori. — Il ne faut pas que M. le commissaire du Gouvernement puisse penser que quiconque ici lui manque d'égards, et par conséquent il faut vider cet incident.

J'ai reçu des informations desquelles il résulte que le parquet de

Coutances fournirait sur l'honorable M. du Breuil des renseignements intéressants. Il m'est impossible, quant à moi, de les demander. Tous les jours, devant les tribunaux où nous plaidons, nous nous adressons au Parquet pour obtenir, quand il y a un échange de correspondances entre deux parquets, que le parquet du tribunal devant lequel nous plaidons veuille bien s'adresser au Parquet de l'autre tribunal.

M. le Commissaire du Gouvernement. — Pour mettre en suspicion les témoins?

Le Président. — Monsieur le commissaire du Gouvernement, veuillez laisser la parole à Me Labori.

Me Labori. — Par conséquent, j'adressais à M. le Commissaire du Gouvernement une prière respectueuse, je la maintiens. Si j'écris au Parquet de Coutances, il est bien évident qu'il ne me fera aucune réponse.

Si M. le Commissaire du Gouvernement ne croit pas devoir accorder ce que je lui demande, je m'adresserai à M. le Président, qui n'a ici qu'un souci, celui de la manifestation complète de la vérité, pour le prier d'être entre M. le Commissaire du Gouvernement et moi-même l'intermédiaire de cette prière ; je demanderai à M. le Président d'obtenir de M. le Commissaire du Gouvernement qu'il fasse demander le renseignement que je sollicite. Voilà exactement la position de la question. Et en réalité, la demande que j'ai adressée à M. le Commissaire du Gouvernement est une demande respectueuse. Nous restons ici chacun à notre place, et personne ne sait mieux que moi à quel degré éminent au-dessus de moi est placé M. le Commissaire du Gouvernement. (*Rires ironiques dans l'auditoire.*)

M. du Breuil, qui a déjà pris place parmi les témoins assistant à l'audience, se lève et demande la parole.

Le Président. — Vous désirez dire quelque chose? Vous avez la parole.

M. du Breuil. — Je m'associe à la demande de Me Labori. Je vous prie de vouloir bien faire demander au parquet de Coutances des renseignements sur moi. (*Mouvement.*)

Le Président. — Je ne suis pas versé dans le Code, moi, je ne sais pas si je dois faire cette demande. Je m'en enquerrai, et si j'en ai le droit, je la ferai.

Me Labori. — Je vous remercie, monsieur le président.

TRENTE-SEPTIÈME TÉMOIN

LE CAPITAINE VALDANT

Le capitaine Valdant (Henri-Charles), 38 ans et demi, capitaine breveté au 20e bataillon de chasseurs à pied, prête serment.

Le Président. — Connaissiez-vous l'accusé avant les faits qui lui sont reprochés?

Le capitaine Valdant. — Il était stagiaire au ministère de la Guerre, alors que j'y étais comme titulaire.

Le Président. — Vous n'êtes ni son parent ni son allié? Vous n'êtes pas à son service ni lui au vôtre?

Le capitaine Valdant. — Non, mon colonel.

Le Président. — Vous avez déposé devant la Chambre criminelle au sujet d'un incident qui se serait passé au service des renseignements. Vous auriez entendu un propos tenu par le commandant Lauth sortant du bureau du colonel Picquart; voulez-vous nous dire ce que vous savez à ce sujet?

Le capitaine Valdant. — Je travaillais dans la pièce qui sépare celle du chef du bureau des renseignements de celle que j'occupais ordinairement avec mes collègues. A un moment donné, j'entendis le commandant Lauth sortant du bureau du chef de service en s'écriant : « Ah! cela, jamais de la vie ! » Je ne prêtai pas grande attention à cette exclamation; mais, sortant moi-même quelques instants après, j'allai trouver le commandant Lauth, alors capitaine, et lui demandai : « Qu'avez-vous à crier comme cela? » Il me répondit : « Il veut que je certifie que c'est l'écriture de Chose; je ne certifierai rien du tout. » Comme j'ignorais de quoi il s'agissait, je n'ai pas insisté sur la nature de l'incident et je suis rentré dans mon bureau.

Le Président. — Vous ne savez pas autre chose?

Le capitaine Valdant. — Mon colonel, je n'ai pas été interrogé à la Cour de cassation sur la présence de M. Leblois dans les bureaux du ministère. Comme j'ai été appelé à déposer de ce fait devant une autre juridiction, je crois devoir reproduire ici ce que j'ai dit.

Le Président. — Ne pourriez-vous pas nous donner d'abord quelques renseignements sur la question du *petit bleu*, sur son origine et sur le timbre qu'il a été question d'y apposer?

Le capitaine Valdant. — Non, mon colonel, j'ignorais cette

question ; la seule fois que j'en ai entendu parler, c'est lorsque j'ai entendu l'exclamation du commandant Lauth.

LE PRÉSIDENT. — Alors, continuez votre déposition.

LE CAPITAINE VALDANT. — Le téléphone se trouvait dans ma pièce et c'est moi qui répondais aux appels lorsque le concierge annonçait l'arrivée de quelqu'un.

C'est ainsi que j'ai pu constater un certain nombre de fois assez considérable que M. Leblois venait au ministère dans le bureau du colonel Picquart. J'ai constaté sa présence parce que, comme je l'ai fait remarquer au capitaine Junck, elle était quelquefois préjudiciable au service en ce sens qu'elle nous obligeait à attendre son départ pour expédier nos pièces. Je n'ai rien à ajouter.

LE PRÉSIDENT. — L'avez-vous vu souvent?

LE CAPITAINE VALDANT. — Assez souvent.

LE PRÉSIDENT. — Ne pourriez-vous pas préciser à quelle époque?

LE CAPITAINE VALDANT. — Je suis arrivé au service des renseignements en 1895 ; mais ce n'est guère que vers les mois de février, mars, avril, mai, que j'ai pu le voir ; je ne veux pas fixer autrement.

LE COMMANDANT CARRIÈRE. — Le témoin pourrait-il nous donner des renseignements plus précis sur le caractère des visites de M. Leblois?

LE PRÉSIDENT. — Il vient de dire qu'il ne pouvait préciser à ce sujet.

LE CAPITAINE VALDANT. — Oui, mon colonel, je ne peux pas préciser.

LE PRÉSIDENT. — Accusé, avez-vous une observation à faire au sujet de cette déposition ?

LE CAPITAINE DREYFUS. — Aucune, monsieur le Président.

LE CAPITAINE VALDANT. — J'ai une demande à formuler au Conseil ; je désirerais rejoindre mon corps le plus tôt possible.

LE PRÉSIDENT. — Vous êtes libre de vous retirer, à condition de laisser votre adresse exacte au greffe et de vous tenir à la disposition du Conseil.

TRENTE-HUITIÈME TÉMOIN

M. LE CAPITAINE LE ROND

Le Rond, Henry-Louis-Edouard, 34 ans. Capitaine d'artillerie détaché à l'École supérieure de guerre.

Le Président. — Vous avez déposé devant la Chambre criminelle au sujet de la visite d'officiers d'infanterie au camp de Châlons où vous étiez chargé de les piloter et de leur donner les explications nécessaires au sujet du tir. Voulez-vous éclairer le Conseil à ce sujet?

Le capitaine Le Rond. — Je ne sais rien de l'accusé, ni de l'Affaire de 1894. Les faits sur lesquels je déposerai ont fait l'objet de ma déposition à la Chambre criminelle de la Cour de cassation, devant laquelle j'ai eu à déposer sur l'indication du ministre de la Guerre, à raison de relations de service que j'ai eues en 1894 et 1895 avec le commandant en réforme Esterhazy, puis en 1896 avec le lieutenant-colonel en réforme Picquart au sujet d'Esterhazy.

Je déposerai successivement sur trois points : les relations avec Esterhazy, les relations avec le lieutenant-colonel Picquart à propos d'Esterhazy, et en troisième lieu les questions relatives au tir du canon de 120 court au camp de Châlons en 1894.

Les relations de service avec Esterhazy ont eu lieu dans les circonstances suivantes : en 1894, la 3e brigade d'artillerie, au camp de Châlons, a exécuté d'abord des écoles à feu, du 24 juillet au 9 août inclus, puis du 11 août au 22 août, elle a participé aux manœuvres de masse pendant lesquelles l'artillerie était placée sous le commandement de son chef, le général Piou. Pendant les écoles à feu, vingt-six officiers d'infanterie, de cavalerie et du génie, ayant été appelés officiellement pour assister aux tirs, je fus désigné, par ordre spécial du général Piou, pour les accompagner sur le champ de tir et leur donner les explications nécessaires. Ces officiers étaient logés à Mourmelon-le-Grand. Les voitures du service de l'artillerie venaient les prendre avant chaque séance pour les conduire sur le champ de tir ; après le tir, elles les ramenaient de la même façon à Mourmelon-le-Grand, sans que ces officiers aient d'autres relations avec les officiers de la 3e brigade qui était campée à Mourmelon-le-Petit. Ils ont assisté aux écoles à feu de campagne en août 1890, et à une seule école à feu de siège exécutée avec le matériel fixe du camp de Châlons.

Je tiens à la disposition du Conseil, au cas où ces documents pourraient l'intéresser, le programme des écoles à feu, l'ordre de la brigade fixant les relations de ces officiers avec la 3e brigade, qui les précise nettement, et enfin la liste de ces officiers.

Parmi ces officiers se trouvait le commandant Walsin-Esterhazy qui appartenait au 3e corps. J'ai remarqué son intelligence, son esprit alerte et curieux ; les questions qu'il me posa sur les détails de matériel et de service des pièces et qui ne me semblaient pas surprenantes de la part d'un officier qui venait pour son instruction, témoignèrent d'une compétence médiocre en artillerie, attendu que la connaissance des règlements de l'armée suffisait amplement pour y répondre.

L'année suivante, en 1895, fin juin, le 22e d'artillerie dont je faisais partie exécutait ses écoles à feu au camp d'Auvours. Je fus désigné dans les mêmes conditions pour accompagner les officiers supérieurs étrangers à l'arme, parmi lesquels se trouvait encore le commandant Esterhazy. Le tir exécuté ne présentait aucun intérêt très spécial. L'appréciation que je portais sur la compétence du commandant Esterhazy confirma pleinement celle que j'avais portée en 1894.

Quelques jours après la fin des écoles à feu, le 9 juillet, je recevais du commandant Esterhazy une lettre dans laquelle il me demandait des éclaircissements sur une question relative à l'action des obus allongés. Cette lettre, par l'interprétation erronée donnée à mes explications antérieures du champ de tir, témoigne nettement une absence de compétence notoire en artillerie. Je remets cette lettre à M. le greffier; elle a d'ailleurs été remise à la Cour de cassation où il en a été donné lecture.

Le Président. — Elle est déjà au dossier.

Le capitaine Le Rond. — J'arrive à l'enquête du colonel Picquart. Dans les premiers jours d'octobre 1896, rentrant de congé, je trouvai une lettre du lieutenant-colonel Picquart, alors chef du service des renseignements, me convoquant pour une affaire de service dont mon colonel était, paraît-il, informé. J'ai su en effet depuis que le lieutenant-colonel Picquart s'était rendu auprès de mon colonel, alors en permission à la campagne, pour commencer auprès de lui une enquête relative au séjour du commandant Esterhazy aux écoles à feu.

Lorsque je me présentai au bureau du colonel Picquart, il me reçut d'une façon solennelle, me disant qu'il me parlait au nom du ministre, qu'il s'agissait d'une question d'espionnage et de trahison dans laquelle était impliqué un officier supérieur français. Je lui répondis que du moment qu'il me parlait au nom du ministre dans de semblables circonstances, il suffisait qu'il me posât des questions précises et que je lui dirais tout ce que je savais. Il me fit alors connaître qu'il s'agissait du commandant Esterhazy; il s'enquit de son attitude aux écoles à feu, de ce qu'il avait pu voir, des questions qu'il posait, de la compétence qu'il semblait avoir.

Je lui répondis que le commandant Esterhazy m'avait semblé curieux des choses de l'artillerie et que ses questions, en même temps qu'elles faisaient voir son intelligence et sa vivacité d'esprit, témoignaient d'une compétence médiocre en matière de questions d'artillerie. Je précisai la nature des pièces qui avaient tiré devant lui et des tirs qui avaient été exécutés. Il me fut demandé si le commandant Esterhazy avait pu avoir entre les mains des documents secrets concernant des nouveautés ou des expériences, s'il avait pu avoir un projet de manuel de tir. Je répondis qu'aucun document confidentiel, qu'aucun projet de manuel de tir n'avaient été mis à la disposition des officiers supérieurs, que toutes les explications relatives à la technique ou à la tactique de l'arme leur avaient été données verbalement par moi-même, et qu'ils n'avaient été en relations de service avec aucun autre officier que moi; qu'en ce qui concernait le projet de manuel de tir, au cas où le commandant Esterhazy aurait voulu le connaître, il se serait sûrement adressé à moi, mais que ce fait, nullement irrégulier en soi, m'aurait certainement frappé, parce que je me donnais chaque jour la peine, sur le terrain, d'analyser les méthodes de tir, et de les exposer en les simplifiant, de façon à les rendre plus facilement accessibles à des officiers étrangers à l'arme.

Je portai à la connaissance du colonel Picquart les faits que j'avais reçus, la lettre qui a été versée au dossier. Il y ajouta de l'importance et me demanda de la rechercher et de la lui apporter. A la fin de cette entrevue, le colonel Picquart insista pour que je fisse appel à mes souvenirs en ce qui touchait l'attitude d'Esterhazy aux écoles à feu. Je lui répondis que mes souvenirs étaient très sûrs, très précis et définitifs, et que, si j'essayais de les compléter, c'était faire entrer l'imagination en concurrence avec la mémoire. J'eus le lendemain ou le surlendemain une seconde entrevue avec le colonel Picquart pour apporter la lettre en question. Je consentis à la lui laisser le temps nécessaire pour la faire photographier, mais je m'en réservai la propriété. Dans une troisième entrevue qui eut lieu à quelques jours de là, je repris la lettre en question.

Pendant la première entrevue que j'ai eue avec le colonel Picquart, la manière dont il me parla du commandant Esterhazy, me laissa si peu de doutes sur l'existence des preuves de sa culpabilité que je lui demandai si Esterhazy était arrêté et, sur sa réponse négative, s'il était sur le point de l'être.

Il me répondit alors qu'il ne possédait pas encore de preuves de sa culpabilité, mais qu'il avait les présomptions les plus graves.

Pendant ces diverses entrevues, il ne fut jamais question des connexités de cette affaire avec l'affaire Dreyfus et je ne la soupçonnai pas.

Ces renseignements, donnés par moi à un officier qui se disait mandataire du ministre, la communication de la lettre en question, constituaient les éléments d'une enquête qui, j'avais lieu de le supposer, devaient être transmis au chef hiérarchique du colonel Picquart.

Il me vint des doutes à l'égard de cette transmission au printemps dernier. Sur ma demande, mon ancien colonel, qui était à ce moment à l'École de guerre, en parla au sous-chef d'État-major, et ce n'est qu'en avril 1898 que ces faits ont été ainsi entièrement portés à la connaissance du commandant. J'arrive au troisième point de ma déposition, le tir du 120 court. En 1894, au camp de Châlons, la troisième brigade n'a jamais tiré le 120 court qui ne faisait pas partie de son armement, il n'a du reste jamais paru une pièce de cette nature sur le champ de tir pendant les écoles à feu de la troisième brigade, pendant sa présence, les autres unités présentes étant les batteries à cheval de Fontainebleau et de Lunéville.

Pendant les manœuvres de masses d'artillerie, au commencement desquelles je fus appelé à l'État-major en qualité d'ordonnance du général Piou, directeur des manœuvres, il fut constitué, outre l'artillerie d'un corps d'armée, une réserve d'artillerie de 120 court, appartenant au 29e d'artillerie, formée de deux batteries. Par suite du programme même, des manœuvres de masses faisaient entrer en action successivement une artillerie divisionnaire, une artillerie de corps, une artillerie de corps d'armée et enfin cette artillerie renforcée par une réserve d'artillerie des batteries de 120 court qui parurent sur le champ de manœuvre le 16 août ; elles ont tiré pour la première fois à cette date, puis elles ont tiré les 17, 21 et 22 août. Je tiens à la disposition du Conseil le programme succinct de ces manœuvres avec les dates des tirs. Pendant la manœuvre, il était impossible à qui que ce fût de pénétrer dans les batteries. Le général Piou tenait expressément à ce qu'on n'en approchât même pas ; à tel point qu'un jour je fus envoyé au galop de mon cheval auprès de trois colonels d'artillerie, cependant officiers appelés officiellement à suivre ces manœuvres, qui s'étaient approchés trop près des batteries, pour leur rappeler la volonté du général. J'ajoute que, malgré la situation que j'occupais auprès du général d'artillerie dans ces manœuvres, je n'ai jamais vu la pièce de 120 court, de plus près que du haut de mon cheval, malgré mon désir et l'intérêt que présentait pour nous tous un engin nouveau que je n'avais jamais vu.

Le lieutenant-colonel Brongniart. — En dehors de cette question, Esterhazy vous a-t-il paru être au courant des formations de l'artillerie par exemple. N'avez-vous pas eu l'occasion d'en causer avec lui? Je tiens à préciser le mot « formation », parce qu'on a discuté longuement sur cette question. J'entends par le mot « formation », l'attribution des batteries d'artillerie aux grandes unités. A-t-il été question de l'attribution des unités d'artillerie aux grandes unités par exemple ?

Le capitaine Le Rond. — Il n'en a jamais été question.

Me Demange. — Le capitaine Le Rond a dit à la Cour de cassation que lorsqu'il était au camp de Chalons il y avait sur le champ de tir des pièces de 120 long munies du frein hydraulique. Voulez-vous demander, monsieur le Président, à M. le capitaine Le Rond si on a tiré le 120 long devant les officiers supérieurs ?

Le Président. — A-t-on tiré au camp de Chalons des pièces de 120 long de siège ?

Le capitaine Le Rond. — J'ai répondu à la Cour de cassation sur la question d'un conseiller qui semblait confondre le 120 long avec le 120 court, et voici ma réponse :

Le 120 long existe en effet au camp de Chalons, ainsi que je l'ai dit à la Cour de cassation, comme d'ailleurs dans tous les champs de tir de l'artillerie puisqu'il fait partie de la dotation de tous les champs de tir de l'artillerie. Il a été fait une école à feu de siège devant les officiers supérieurs, et il est possible que le 120 long ait été tiré.

Il n'y a du reste aucune confusion possible entre ces deux pièces.

Me Demange. — Je demandais seulement si le 120 court a été tiré. C'est entendu, sur cette question nous sommes absolument d'accord.

Me Labori. — Monsieur le Président, je désirerais que vous voulussiez bien prier M. le capitaine Le Rond d'achever sa réponse à la question du lieutenant-colonel conseiller au sujet des formations de l'artillerie? Il a dit qu'il n'avait pas été question des formations de l'artillerie, le mot étant pris (si j'ai bien compris) dans le sens d'État-major; mais puisque le témoin distinguait, voudrait-il achever sa pensée et nous dire s'il a été question de ce qu'on appelle des formations de manœuvres?

Le capitaine Le Rond. — Ma pensée a été achevée entièrement, et je répondrai à une question précise.

Me Labori. — Mais pardon : le capitaine Le Rond a dit qu'il fallait faire une distinction; une distinction indique deux éléments entre lesquels on distingue; par conséquent je prierai le témoin qui avait commencé sa réponse dont le commencement a satisfait le lieutenant-colonel conseiller, d'achever son observation et de nous montrer l'autre élément objet de sa distinction. La question est précise.

Le Président, *au témoin.* — Le commandant Esterhazy vous a-t-il parlé des formations de manœuvres?

Le capitaine Le Rond. — Les batteries ont manœuvré devant les officiers supérieurs. Par conséquent elles ont passé de l'ordre en bataille à l'ordre en batterie; mais il n'a pas été question spécialement de manœuvres, les questions les plus intéressantes pour les officiers supérieurs étant l'emploi de l'artillerie au point de vue de ses attaques.

Me Labori. — Je prie monsieur le Président de vouloir bien demander au colonel Picquart s'il n'a aucune observation à faire sur ce point.

Le Président. — C'est à lui de le demander.

Me Labori. — Permettez, monsieur le Président, je vous ferai remarquer très respectueusement que je suis parfaitement autorisé à provoquer des confrontations lorsque je le juge utile.

Le Président. — Oui, mais vous m'avez dit de demander au témoin Picquart s'il avait des observations à faire. Et je vous fais remarquer que c'est lui qui doit me le demander et non moi.

Me Labori. — Ce n'est qu'une question de détail.

Le Président, *au colonel Picquart.* — Veuillez venir ici.

Le colonel Picquart se présente à la barre.

Le Président. — Vous avez des observations à présenter?

Le colonel Picquart. — Oui, mon colonel. Ce sont des observations peu importantes du reste, car ce sont de simples questions de nuances. Lorsque M. le capitaine Le Rond est venu à mon bureau, je lui ai fait sentir qu'en me parlant il parlait au délégué du ministre ; mais je doute fort que je lui aie dit : « Je vous fais appeler par ordre spécial du ministre » comme aurait l'air de vouloir le dire le capitaine Le Rond ou comme il a exposé la chose devant vous.

Le second point est celui-ci, et alors mes souvenirs sont très nets. Je n'ai pas dit au capitaine Le Rond qu'il s'agissait d'une affaire d'espionnage et de trahison. Vous savez quels étaient les termes dans lesquels le général Gonse m'avait chargé de faire l'enquête sur Esterhazy. Au point de vue des documents et des renseignements pris, j'ai suivi exactement ses indications. J'ai dit au capitaine Le Rond qu'il s'agissait d'une question d'indiscrétion. Je me souviens très bien qu'il m'a dit lui-même : « Mais alors, je ne puis plus voir cet officier. » Il a lui-même deviné qu'il s'agissait de quelque chose d'autre et je ne me suis pas cru autorisé à aller aussi loin. Vous voyez que, en ce moment, nous sommes à peu près d'accord.

LE CAPITAINE LE ROND. — Nullement.

LE LIEUTENANT-COLONEL PICQUART. — ...Et qu'il n'y a guère qu'une question de nuance.

Maintenant, je maintiens de la façon la plus formelle ce que j'ai dit; je parle ici sous la foi du serment.

LE PRÉSIDENT. — Avez-vous encore une observation à présenter?

LE LIEUTENANT-COLONEL PICQUART. — Oui, mon colonel. J'ai encore une observation à faire qui est la suivante. Le capitaine Le Rond dit que je n'ai pas rendu compte à mes chefs. Lorsque je suis parti en mission, j'ai remis au général Gonse absolument tout ce qui concernait l'enquête Esterhazy jusqu'au moindre petit bout de papier.

Vous avez vu ici que lorsqu'on raconte les faits on se perd dans une foule de détails qui n'ont rien à faire avec la question. Lorsque le capitaine Le Rond est venu à mon bureau, j'ai pris sur un bout de papier les notes essentielles et ce sont ces notes que le général Gonse a trouvées dans le dossier lorsque je le lui ai remis.

Le dernier point sur lequel je veux insister est le suivant : Sur le bordereau il y a : « Je vous envoie des renseignements sur le frein hydraulique du 120 et sur la manière dont s'est conduite cette pièce. Il ne s'agit pas du 120 court. Le mot n'y est pas. Quelle était la pièce qui était munie du frein hydraulique? C'était le 120 long. C'est pour cela qu'il serait intéressant que le témoin précisât et qu'il vous dise si le 120 a été tiré ou s'il n'a pas été tiré. Il y a au bordereau une rubrique : « Le 120 avec frein hydraulique». Il n'est pas question là de frein hydropneumatique. Je prends la rubrique telle qu'elle est.

LE CAPITAINE LE ROND. — Je réponds ceci et je serai certainement plus bref.

Le lieutenant-colonel Picquart a dit qu'il ne m'avait pas en commençant dit qu'il me parlait au nom du ministre. Les choses se sont passées de la façon suivante : « Il m'a fait asseoir, s'est levé et m'a dit : « Je vous parle au nom du ministre. » Voilà ses premières paroles. Il a ajouté : « Il s'agit d'une question d'espionnage, de trahison, dans laquelle est impliqué un officier supérieur. »

J'ai trouvé la forme tellement solennelle que j'ai arrêté immédiatement en priant le colonel Picquart de me poser des questions précises et en lui disant que je répondrais tout ce que je savais. Je n'ai rien à changer : ma déposition devant le conseil est identique à celle que j'ai faite devant la cour.

Quant à la déposition du lieutenant-colonel Picquart en ce qui me concerne, il est intéressant de rapprocher la déposition faite devant la cour de celle qui a été faite ici. Je cite de mémoire et je garantis l'exactitude des mots. Le lieutenant-colonel en réforme Picquart a dit devant la Cour en ce qui me concerne ces seuls mots : « Je fis une tentative auprès d'un capitaine d'artillerie, le capitaine Le Rond, je crois (il n'a pas affirmé), toute cette enquête est d'ailleurs restée confuse dans mon esprit. »

La mémoire du lieutenant-colonel Picquart ne l'a pas servi devant la Cour de cassation.

Depuis, j'ai fait une déposition qui a paru dans l'édition Tresse et Stock. J'ai vu, d'après le compte rendu du *Figaro*, ces jours-ci, que le lieutenant-colonel Picquart a repris sa déposition devant la Cour de cassation, mieux servi cette fois par sa mémoire, en la transposant, en présentant les choses d'une façon différente et inexacte. Je n'ai rien à ajouter.

LE PRÉSIDENT. — Pouvez-vous dire si la pièce de 120 a été tirée au camp de Châlons pendant les manœuvres ?

LE CAPITAINE LE ROND. — J'ai offert de remettre au Conseil le programme des écoles à feu.

LE PRÉSIDENT. — Parcourez-le, et dites-nous si la pièce de 120 long y figure.

LE CAPITAINE LE ROND. — Ce programme, pour les journées du 6, du 7, du 8 et du 9, ne comporte pas de tir de siège ; j'ai le souvenir qu'un tir de siège qui aurait dû être fait à une des séances précédentes a été reporté à une autre séance du 6, du 7, du 8 ou du 9. Ce tir a dû porter sur une des pièces de la dotation du camp de Chalons.

LE PRÉSIDENT. — Cette dotation comprenait du 120 long ?

LE CAPITAINE LE ROND. — Cette dotation comportait du 120 long.

LE LIEUTENANT-COLONEL PICQUART. — Je maintiens absolument ma déposition.

LE CAPITAINE LE ROND. — Je maintiens formellement ce que j'ai dit.

UN MEMBRE DU CONSEIL DE GUERRE. — Êtes-vous sûr que les officiers supérieurs étrangers aient assisté au tir des pièces de siège ? Ils assistent toujours au tir des pièces de campagne, mais assistent-ils au tir des pièces de siège ?

Le capitaine Le Rond. — J'ai le souvenir qu'ils ont assisté à une séance de tir de siège ; c'est moi qui les ai guidés. Je les ai accompagnés à toutes les séances auxquelles ils ont assisté.

Le Président. — Y compris la séance de tir des pièces de siège ?

Le capitaine Le Rond. — Je l'ai dit, mon colonel.

Le Président, *à l'accusé*. — Avez-vous quelque observation à faire ?

Le capitaine Dreyfus. — Aucune, mon colonel.

TRENTE-NEUVIÈME TÉMOIN

LE COMMANDANT WALSIN-ESTERHAZY

Le Président. — Nous devrions maintenant entendre le témoin Esterhazy. Il ne s'est pas présenté. Dans ces conditions, nous devons donner lecture de sa déposition devant la Cour de Cassation.

Monsieur le Greffier, veuillez donner lecture de cette déposition.

Le greffier Coupois *donne lecture de la déposition du commandant Esterhazy devant la Cour de cassation.*

DÉPOSITION ESTERHAZY

Du lundi 23 janvier 1899.

Cejourd'hui, lundi, vingt-trois janvier mil huit cent quatre-vingt-dix-neuf, a comparu devant la Chambre criminelle, constituée en Commission d'instruction, le témoin ci-après, lequel a été entendu séparément, après avoir prêté le serment de parler sans haine et sans crainte ; ledit témoin ayant déclaré qu'il n'est ni parent ni allié de Dreyfus, et qu'il n'est pas, avec lui, dans des relations de service.

WALSIN-ESTERHAZY (Marie-Charles-Ferdinand), 51 ans, chef de bataillon d'infanterie en réforme (pas de domicile) ;

Déclaration du commandant :

Je jure de dire toute la vérité sous les réserves exprimées en ma précédente lettre (13 janvier dernier) à M. le Premier Président, relativement aux faits jugés par le Conseil de guerre de 1898 et à ceux qui ont fait l'objet d'un arrêt de la Chambre des mises en accusation.

(Ici M. Esterhazy vise la lettre *ne varietur*.)

D. Vous avez dit, dans cette lettre, que vous aviez eu, avec un agent étranger, pendant dix-huit mois environ, de 1894 à 1895, à la demande du colonel Sandherr, des rapports, grâce auxquels vous avez pu fournir à cet officier des renseignements du plus haut intérêt et combattre utilement certains agissements. Voudriez-vous donner à la Cour des explications sur la portée de cette déclaration?

R. Avec tout le respect que je dois à la Cour, je tiens à faire observer que je ne suis pas dans la situation d'un témoin ordinaire. Je sais, je sens, tout le monde sait et sent avec moi que ce n'est pas seulement la revision du procès Dreyfus qui est poursuivie, mais ma condamnation. Personne ne s'y trompe, et, à l'étranger où je viens de passer cinq mois, dans les milieux comme la Belgique, la Hollande et l'Angleterre, où tout le monde applaudit avec fureur ce qui se passe en France, et où par conséquent ma personnalité n'est pas suspecte d'inspirer de la sympathie, tous ceux à qui j'en ai parlé ou qui m'en ont parlé ont constaté le fait avec étonnement, je puis le dire. Quelque lointaines que soient mes études de droit, j'ai toujours pensé qu'un accusé avait le droit de se défendre et d'être au courant de l'instruction ouverte contre lui. Cette situation d'accusé, je suis prêt à l'accepter, mais avec les garanties que me donne la loi nouvelle et que j'ai spécifiées dans ma lettre à M. le Premier Président de la Cour de Cassation.

Cité comme témoin, dans des conditions exceptionnelles, j'estime avoir le droit de faire mes déclarations comme je l'entends. C'est avec la plus profonde douleur que je me suis résolu à demander à la Cour de m'entendre. Tant que j'ai été ouvertement ou tacitement couvert par mes chefs, je n'ai rien dit. J'ai, conformément à leurs ordres, tout supporté et tout souffert, avec cette discipline de soldat d'il y a deux cents ans, que je suis. « Reître », « Lansquenet », « Condottiere » m'appellent les journaux dreyfusistes. C'est possible, et je m'en vante. Avec des soldats comme moi, on gagnait des batailles, et ils n'abandonnaient pas les leurs dans la mêlée. Le jour où j'ai été indignement abandonné et sacrifié avec autant de lâcheté que de bêtise, je persistai dans cette attitude. Mon conseil, Me Cabannes, a en mains les preuves écrites, et il a été témoin lui-même, l'autre jour, à Rotterdam, des offres d'argent qu'on m'a faites. Si je me décide, après toutes sortes de bien douloureuses hésitations, à venir dire à la Cour ce que je pensais qu'on aurait dit de moi, c'est que j'étais en droit de croire que mes chefs l'eussent dit et parce que j'ai pensé que je lui en devais le premier récit et les preuves avant d'en saisir l'opinion publique.

J'ai demandé à M. le ministre de la Guerre de me relever du secret professionnel. En effet, il est, dans ce que je vais dire, quelques choses qui intéressent d'autres officiers que moi, et je ne me croyais pas autorisé à les dire avant d'en avoir reçu la permission. A part Me Tézenas et Me Cabannes, personne ne connaît encore ce que je vais dire ici.

En octobre 1897, j'étais à la campagne quand j'ai reçu, le 18 octobre (on m'avait prescrit de dire que c'était le 20) une lettre; cette lettre était signée Espérance.

Au reçu de cette lettre, dont je ne connais pas l'écriture, je fus très surpris et je partis pour Paris. Je descendis rue de Douai; je ferai remarquer que, jusque-là, j'avais caché, de la façon la plus absolue, mes relations avec Mme Pays, et que je pensais que personne, à part un très petit nombre de gens au ministère de la Guerre et dans des conditions que j'expliquerai plus tard, ne pouvait les connaître.

J'avais télégraphié à Mme Pays (en Normandie) de revenir. Le lendemain de mon arrivée, j'étais très occupé de cette lettre ; et le soir, en rentrant vers l'heure du dîner, j'appris par la concierge (animée à cette époque d'autres sentiments que ceux qu'elle a manifestés depuis) qu'un monsieur était venu me demander. J'en fus très surpris, personne, en effet, ne connaissant cette adresse. La concierge me dit qu'elle avait déclaré à ce monsieur que j'étais inconnu ; celui-ci avait répondu qu'il savait très bien que j'étais dans la maison ; que, du reste, il venait dans mon plus grand intérêt et qu'il avait absolument besoin de me voir. Il avait annoncé qu'il reviendrait dans la soirée. Je me rendis alors à mon véritable domicile, rue de la Bienfaisance, 27, où je ne pouvais pas entrer, ayant laissé les clefs à Dommartin. Je demandai à la concierge si on était venu s'informer de ma présence ; je pensais, en effet, que quelqu'un qui eût eu à me voir se serait d'abord rendu à mon seul domicile connu.

La concierge me dit qu'elle n'avait vu personne. Je rentrai alors rue de Douai, et j'attendis toute la soirée. Personne ne vint.

Le lendemain matin, de très bonne heure (7 heures du matin), la concierge monta et me dit que le monsieur qui était venu la veille attendait dans la rue, près du square Vintimille. Je descendis et je trouvai quelqu'un avec des lunettes bleues et dont la tournure, malgré ses efforts, dénotait un militaire. Ce monsieur m'aborda et me dit : « Commandant, je suis chargé d'une très grave communication dans votre intérêt urgent. » La tournure de ce monsieur, la certitude que j'avais que personne, ailleurs qu'au ministère, ne pouvait savoir que je pouvais être rue de Douai, me fit tout de suite penser que j'étais en présence d'un envoyé du ministère de la Guerre. Je répondis à ce monsieur que je croyais savoir le motif de sa démarche et que j'avais reçu, à la campagne, une lettre contenant un avertissement très singulier.

Cette personne me dit alors : « Ne vous préoccupez pas, mon commandant, on sait ce qu'il y a sous tout cela; vous avez des défenseurs et des protecteurs très puissants et au courant de tout. Voulez-vous venir ce soir au rendez-vous que je vais vous indiquer? » Je lui répondis : « Très volontiers », et alors il me montra un bout de papier indiquant l'angle du réservoir des eaux de la Vanne, en face du parc Montsouris. Le rendez-vous était pour 5 heures. Je me rendis au lieu indiqué; et, à 5 heures précises, je vis s'arrêter, à une centaine de mètres du point où j'étais, une voiture dans laquelle il y avait trois personnes : deux de ces personnes descendirent, la troisième resta dans la voiture. Les deux autres vinrent à moi ; dans l'une je reconnus le monsieur que j'avais vu le matin; l'autre avait une fausse barbe et des lunettes; cette dernière personne m'adressa brusquement la parole et me dit : « Commandant, vous savez de quoi il s'agit », et très rapidement, avec beaucoup de volubilité, se mit à me raconter tout ce qui avait été fait depuis 1896, contre moi, par le colonel Picquart, entrant dans de très nombreux détails sur les manœuvres de beaucoup de personnages importants, toutes choses qui, à cette époque, étaient absolument nouvelles pour moi. Ce monsieur m'assura encore, devant la profonde surprise que je lui témoignais de toutes ces nouvelles, que toutes ces machinations étaient connues, prévues, me répéta que j'avais les défenseurs les plus puissants et que je devais seulement obéir strictement aux instructions qui me seraient données, que mon nom ne serait même pas prononcé.

Je cherchai, à diverses reprises, à faire dire à mon interlocuteur qui il était, sans y arriver. Je voyais bien que c'était un officier; j'aurais bien voulu savoir qui il était et de la part de qui il venait. Il me dit, au bout d'une conversation d'une-demi heure, de ne point me préoccuper, qu'on me tiendrait au courant et que j'eusse à me trouver tous les jours, à 5 heures, dans le salon d'attente du Cercle militaire, où le premier monsieur passerait si on avait quelque chose à me dire. Ils me quittèrent, me disant de m'en aller dans telle direction; eux repartirent du côté de leur voiture; de sorte que je ne pus voir la figure de la troisième personne restée dans la voiture. Le lendemain matin, à la même heure que la veille, la concierge me monta un mot au crayon me disant : « Dans le fiacre, devant tel numéro de la rue Vintimille. » J'y allai en toute hâte; je trouvai le monsieur à fausse barbe, qui me dit : « Montez vite », et de lui indiquer un endroit où l'on pourrait parler longtemps sans être dérangé. Je lui dis : « Je ne vois pas d'autre endroit, par ici, que le cimetière Montmartre, si vous voulez y aller. » Nous nous y rendîmes, et alors là, ce monsieur me dit : « Il faut demander tout de suite une audience au ministre de la Guerre, et nous allons établir ce que vous lui direz » (parce que je lui avais dit : « Demander une audience au ministre, pour quoi lui dire? pour lui montrer cette lettre que j'ai reçue? » Il m'avait répondu alors : « Non! nous allons établir ce que vous lui direz »). Alors je lui dis : « Mais tout cela est très bien; je vois que vous êtes officier. Je prévois que vous venez du ministère; je voudrais bien savoir qui vous êtes? »

Ce monsieur me dit: je suis le colonel du Paty de Clam, de l'État-major de l'armée. Et vous n'avez qu'à faire ce que je vous dirai. » Je ne connaissais pas le colonel du Paty de Clam. Je l'avais rencontré une fois, pendant une heure, il y a seize ou dix-sept ans, dans une rencontre de deux colonnes, en Afrique; devant son grade et sa qualité, je lui dis: « Ça suffit, mon colonel. Vous pouvez compter sur mon obéissance absolue. » Alors le colonel du Paty me dicta, dans le cimetière même, une demande d'audience au ministre, me laissa entendre qu'il avait besoin de rendre compte de ce qui venait de se passer, et me donna rendez-vous pour le même soir. Comme il ne m'avait pas parlé du rendez-vous du Cercle militaire, je m'y rendis néanmoins : je trouvai le premier monsieur qui me fit monter dans une voiture et m'emmena au pas jusqu'au Cirque d'Hiver. Il me raconta, avec beaucoup de détails, toutes les machinations que j'ignorais, et insista beaucoup sur ce que j'étais parfaitement connu et sur les très hautes protections dont il m'avait parlé la veille.

J'avais adressé ma lettre au ministre. Le soir, je revis au rendez-vous indiqué le colonel du Paty qui me fit écrire, sous sa dictée, des notes sur ce que je devais dire à M. le général Billot. Le même soir, je trouvai devant ma porte, dans une voiture, le colonel Henry. Le colonel Henry était un de mes camarades; j'avais été, avec lui, depuis près de vingt ans au service des renseignements, très peu de temps après la création du service; j'y étais comme lieutenant, et Henry y était également avec le même grade et le même emploi que moi; je l'avais revu très fréquemment depuis. (J'ai su, plus tard, que la troisième personne restée dans la voiture au parc de Montsouris était le colonel Henry). Henry me dit alors très brièvement de ne pas me tourmenter, que tout ce que m'avait dit le colonel du Paty était parfaitement exact, et que, en haut lieu, on savait très bien tout ce qu'il en était, et qu'on était résolu à me défendre à outrance contre ce qu'il appelait des abominables manœuvres.

Le lendemain, je fus averti que je serais reçu le surlendemain par M. le général Millet, directeur de l'infanterie, au nom du ministre. Je vis le colonel du Paty et je lui dis : « Pourquoi le général Millet? Un chef de direction d'arme n'a rien à voir en pareille matière. Si le ministre ne veut pas me recevoir, il aurait dû me faire recevoir par son chef de cabinet ou, plutôt, par le chef d'État-major de l'armée! » En effet, le texte même de ma demande d'audience expliquait que c'était une affaire qui relevait du chef d'État-major. Le colonel me répondit qu'il ne fallait pas engager M. le général de Boisdeffre; par conséquent, il fallait qu'il restât en réserve, indiquant ainsi que le général de Boisdeffre ne voulait pas prendre position pour pouvoir agir. Je me rendis chez le général Millet; je lui présentai la lettre et lui fis le récit que j'avais reçu l'instruction de faire. Le général m'écouta et me dit qu'il trouvait fort étrange ce que je venais de lui dire, que c'était la première nouvelle qu'il en avait, qu'il ne comprenait pas du tout cette histoire, que j'attachais, à son avis, bien de l'importance à une lettre anonyme, et qu'il n'avait qu'un conseil à me donner, c'était de faire par écrit le récit que je venais de lui faire, d'y joindre la lettre anonyme que j'avais reçue et d'adresser le tout au ministre. Je rendis compte, le soir même, à M. le colonel du Paty de la réponse de M. le général Millet, et il me dicta le texte de la lettre à adresser au ministre; cette lettre, ainsi que tout ce que j'ai écrit en 1897, a été donnée mot à mot et ordonnée.

Cette lettre m'a été dictée mot à mot; elle contient une série d'explications convenues, et on m'en a donné le texte pour que je l'apprenne, ainsi que me le prescrit une NOTE de la main du colonel du Paty. (Je vous dépose ce texte qui m'a été donné, et je vais vous déposer la note.)

En même temps, le colonel du Paty me disait : « Le ministre ne peut pas faire autrement que de saisir le général de Boisdeffre de cette lettre, et alors nous allons marcher. »

Le lendemain, au bureau de poste de la rue du Bac, en face le Bon Marché, le colonel Henry me prévint que le général de Boisdeffre n'avait pas encore reçu de M. le général Billot communication de ma lettre. J'insiste sur ce fait parce que, si le colonel Henry était informé que le général Boisdeffre n'avait pas été prévenu par le ministre de la lettre que j'avais écrite à ce dernier, il n'avait pu en être averti que par le général de Boisdeffre, attendant donc l'effet de ma lettre, et par conséquent en connaissant l'envoi; Henry me dit : « Le ministre va garder ça pendant cinq ou six jours avant de prendre une décision, suivant son habitude; on vous dira ce soir ce qu'il faut faire. » Le soir, je vis le colonel du Paty sur l'esplanade des Invalides et il me dit : « Il est décidé que vous allez écrire au général de Boisdeffre directement; votre lettre permettra alors au général de Boisdeffre d'intervenir personnellement et de parler au ministre de la lettre que vous avez adressée à ce dernier. » Autrement dit, pour provoquer la remise de ma lettre au général de Boisdeffre, cet officier général entrait en scène lui-même, grâce à la lettre que je lui écrivais.

A ce moment, le colonel du Paty me dit un soir : « Les grands chefs se préoccupent d'avoir avec vous des moyens de communication qui ne soient pas directs, parce qu'il est probable que vous êtes filé, étant donné tout ce qui se prépare, et il serait préférable d'avoir, au besoin, une transmission indirecte. Le général de Boisdeffre a pensé au marquis de Nettencourt, votre beau-frère. » Je lui dis : « Non. Mon beau-frère est à la campagne; je ne veux pas du tout lui demander de revenir pour pareil service. » Alors il me dit : « On a pensé aussi à un de vos camarades de régiment », et il me demanda de lui en indiquer un. Je dis : « Vraiment, on ne peut pas demander à un ami de courir, comme cela, à toute heure de jour et de nuit », et je pensais, inspiration malheureuse, du reste, à mon cousin Christian; mais, comme il était à Bordeaux et que je ne pouvais pas le faire venir, je dis : « Je vous proposerais bien quelqu'un du dévouement de qui je suis sûr, mais je n'ose vraiment vous faire cette proposition », et je nommai Mme Pays. Le colonel du Paty m'a dit qu'il rendrait compte, et le lendemain il me dit qu'on acceptait Mme Pays comme intermédiaire.

Au cours de ces différentes entrevues, le colonel du Paty me présenta, un soir, à une dame que je crois inutile de nommer et qui a également servi d'intermédiaire à diverses reprises.

A ce moment, je vis le colonel Henry qui me dit : « Tous ces gens-là ne marchent pas. Méline et Billot et tout le gouvernement sont pris par l'approche des élections et par les voix que représentent MM. Scheurer-Kestner, Reinach, etc. » Il fut même très violent; je ne répéterai pas ses termes militaires, avec lesquels je fis chorus; il termina en me disant : « Si on ne met pas la baïonnette dans le derrière de tous ces gens-là, ils sacrifieraient toute l'armée française à leur siège de sénateur ou de député. » Il me dit en me quittant : « Sabre à la main! Nous allons charger. » (Ceci se passait la veille de ma première lettre au Président de la République, c'est-à-dire le 28 octobre.)

M. le colonel du Paty me dicta le texte de la lettre au Président de la République; je lui fis même remarquer que le texte de cette première lettre était bien extraordinaire. (Tous les détails de cette lettre m'ont été dictés mot à mot; cette dictée a eu lieu sur l'esplanade des Invalides, et j'écrivais au crayon.) M. du Paty me répondit : « Tout le monde sait que vous êtes un emballé; de vous ça ne paraîtra pas extraordinaire. C'est dans votre note. » Je me souviens très bien que je lui dis : « Puisque c'est comme cela, je m'en f... Du moment que vous commandez, j'obéis. »

Le lendemain ou jours suivants, comme le Président de la République n'avait pas répondu à cette lettre, on me fit faire la lettre du *document libérateur*. Celle-là produisit son effet, et je fus informé que le Président de la République était intervenu personnellement pour demander ce que voulaient dire ces lettres si violentes, et on m'a même dit, à ce moment, que c'est à l'intervention du Président de la République qu'avait été dû un ordre relatif au colonel Picquart en Tunisie. Je fus informé, à ce moment, que le ministre avait donné l'ordre au général Saussier de me faire venir pour m'interroger.

Je vis le gouverneur de Paris qui me dit : « Qu'est-ce que c'est que toute cette histoire? » Et quand je la lui eus racontée, il ajouta que j'avais bien tort de me tourmenter ainsi pour une lettre anonyme et de mettre ainsi tout le monde à l'envers. Je dis au gouverneur que j'étais certain de ne pas me tourmenter à tort, que depuis de longs jours je m'adressais et au ministre de la Guerre et à la plus haute autorité de mon pays, pour les prévenir, qu'on ne se donnait même pas la peine de me répondre, et que, du moment que j'avais été reçu par lui, je resterais tranquille. Le gouverneur me dit même : « Le ministre a dit que je prenne contre vous des mesures de rigueur, si je le jugeais nécessaire. Je trouve que vous êtes très excusable de crier comme cela, quand on ne vous répond pas. »

J'avais été prévenu que je serais convoqué chez le général Saussier par le colonel Henry.

Quelques jours auparavant, vers le 12 ou 13 novembre, je crois, M. du Paty m'avait remis ce qu'on appelait la *plaquette*; c'était un article assez long, écrit sur feuilles de papier petit format, relatif à l'ensemble des manœuvres qui se tramaient depuis 1896. J'avais d'abord été invité à faire imprimer cette plaquette sous forme de brochure; puis on y avait renoncé. Le 13 novembre, le colonel du Paty me donne l'ordre d'écrire une lettre au ministre (lettre qu'il me dicte) pour lui remettre le document dit *libérateur*: « Ce canaille de D... », je n'avais pas matériellement ce document, mais je le connaissais; ma lettre a été écrite le 14 et remise le 14 au cabinet du ministre.

D. Comment connaissiez-vous ce document?

R. Je le connaissais.

DEMANDE PAR UN CONSEILLER

D. Qui vous l'avait communiqué?

R. Je ne veux pas le dire.

Le témoin continue :

Ce document m'est remis, pour être annexé à ma lettre, le 14, par le colonel Du Paty ; le tout est remis sous trois enveloppes, que j'ai cachetées de mon sceau, par moi, au cabinet du ministre. Le ministre de la Guerre m'accuse réception, en des termes contenus dans le document, en date du 16 novembre, que je vous dépose.

Le 31 octobre, j'annonce au Président de la République que je suis détenteur de ce document. Ce document, par sa nature même, appartient aux dossiers secrets existant au service des renseignements et dont sont responsables le sous-chef d'Etat-major, chef de service, et le chef d'Etat-major général. J'annonce que je vais être accusé du crime de haute trahison ; j'annonce que je suis détenteur de ce document, je m'en sers, ou plutôt on me fait m'en servir comme d'une arme, et, pendant quinze jours où je suis censé être en réalité possesseur de cette pièce, on ne m'inquiète pas ; on ne me demande aucune justification sérieuse ; on ne me demande même pas la production de cette pièce ; et quand je la remets, le cabinet du ministre de la Guerre lui-même m'en accuse réception, non pas en discutant mon affirmation qu'il m'a été remis par une femme inconnue, mais en admettant même, sans discussion, l'existence de cette femme.

Le seul point qui est au conditionnel, c'est de savoir s'il a été volé au ministère, oui ou non.

Le 13 novembre, c'est-à-dire en même temps que les opérations du document, j'étais invité à faire paraître dans la *Libre Parole* la plaquette modifiée, et qui m'était remise, écrite tout entière par une main que je ne veux pas désigner et que M. le colonel du Paty a reconnue au Conseil d'enquête.

Quelques jours avant, Henry m'avait demandé si je connaissais particulièrement un journal ; je lui ai répondu que j'avais des amis à la *Libre Parole*.

Le dimanche matin, 14, je vais trouver M. Drumont et je lui remets la plaquette qu'il a reproduite textuellement sous la forme de l'article signé « Dixi ».

Ici je ferai remarquer qu'à ces dates des 14 et 15 novembre, un officier de l'État-major de l'armée, après qu'on s'est assuré que je pouvais compter sur l'appui de la *Libre Parole*, me fait porter un article très documenté à ce journal. Quand le colonel Henry m'avait demandé si je connaissais un journal, il m'avait demandé si je connaissais M. Rochefort en ajoutant qu'il était un appui très puissant ; je lui avais répondu : « Pas du tout. » Trois ou quatre jours après la dénonciation de M. Mathieu Dreyfus, le commandant Pauffin de Saint-Morel (que je n'avais jamais vu, que je ne connaissais pas le moins du monde), chef du cabinet de M. le général chef d'Etat-major, se rendait chez M. Rochefort pour lui dire qu'il pouvait marcher à fond et l'assurer de ma complète innocence.

Dans les derniers jours d'octobre j'avais reçu du colodel du Paty une *grille* destinée à correspondre soit avec lui, soit avec le commandant Henry, en cas de besoin ; c'est celle qui a été saisie par M. Bertulus.

Le 16 novembre, je lis, le matin, la dénonciation de M. Mathieu Dreyfus. Je me rends chez le gouverneur de Paris; je lui rends compte que je vais réclamer une enquête du ministre. Je suis averti d'abord immédiatement que c'est le général de Pellieux qui sera chargé de l'enquête; cette enquête s'ouvre; mon cousin était arrivé subitement et j'ai eu la sottise de m'en servir comme intermédiaire; mais le véritable intermédiaire, pendant tout ce temps, a été Mme Pays.

Dès que l'enquête est commencée, je suis tous les soirs tenu au courant de ce qui a été fait dans la journée; je ferai remarquer que les résultats de l'enquête ne peuvent pas être communiqués à des officiers d'un grade aussi inférieur que celui du commandant Henry ou du colonel du Paty; ils ne peuvent être communiqués qu'à des officiers généraux, le général de Pellieux ne pouvant faire part de ses investigations à ces officiers d'un grade inférieur. Or les résultats de cette enquête ne sont régulièrement transmis qu'avec l'indication, sous forme de prescription, de ce que je dois dire lorsque je suis interrogé. Je reçois tous les jours des prescriptions écrites, souvent plusieurs fois par jour, et je transmets moi-même des observations et des remarques destinées à répondre aux communications qui me sont faites.

J'avais reçu l'ordre de brûler ces notes, au fur et à mesure de leur réception; j'en ai donc brûlé beaucoup. Fort heureusement, et sans rien m'en dire, Mme Pays en a mis de côté plusieurs. En voici une [1] qui était dans les dossiers remis au concierge; c'est une note que le colonel du Paty a reconnu venir de lui. A ce moment, j'avais écrit qu'il était nécessaire que tous les officiers, au moins les principaux, qui avaient été mêlés à l'affaire Dreyfus, vinssent témoigner devant le général de Pellieux. Le colonel du Paty avait reçu une citation, et avant de comparaître il m'écrivait la note en question.

Cette note établit que toutes les dépositions qui étaient faites devant M. le général de Pellieux étaient faites d'accord avec moi. Elle établit, en outre, les engagements qu'on m'avait fait prendre vis-à-vis de tierces personnes et auxquels je n'ai manqué que quand, contraint et forcé devant le Conseil d'enquête (où j'ai été l'objet de procédés iniques, dont je donnerai la preuve tout à l'heure), j'ai dû prouver au Conseil, alors qu'on le niait, que je n'avais agi que par ordre. J'ai fait cette preuve avec la plus grande modération, car je n'ai produit que cette pièce et je ne l'ai produite absolument qu'à la dernière minute. Cette note établit aussi que même devant le général de Pellieux, et malgré les engagements pris, le colonel du Paty était obligé de signaler que M. le général de Boisdeffre était au courant des relations des officiers placés sous ses ordres avec moi. La seule production de cette note indique suffisamment que la déclaration de M. le colonel du Paty à M. le général de Pellieux, que toute relation avait cessé entre les officiers de l'État-major et moi, à partir du moment où j'avais eu un avocat, est absolument

1. Déposée et jointe à la déposition.

inexacte, puisque je recevais des notes de ce genre. Tout ce qui est souligné dans la photographie représente ce qui était caché en rouge dans l'original.

Quand fut terminée l'enquête du général de Pellieux (il avait conclu qu'il n'y avait pas lieu d'informer), j'ai reçu l'ordre de demander à passer en Conseil de guerre. J'ai naturellement obéi et j'ai fait une demande, que j'ai soumise à cet officier général, qui l'a même corrigée.

A propos de la note du colonel du Paty, je voudrais faire une observation : lorsque les lettres au Président de la République et l'article « Dixi » étaient mis faussement à ma charge, au Conseil d'enquête, c'était considéré comme faute grave contre la discipline et méritait ma traduction devant un Conseil d'enquête et ma mise en réforme; lorsque j'ai établi que je n'en étais pas l'auteur, M. Cavaignac a trouvé que l'auteur n'en était plus punissable; et lorsque M. le général Zurlinden a succédé à M. Cavaignac, il a jugé que cela ne méritait que la mise en non-activité par retrait d'emploi, par décision ministérielle, et sans même faire passer l'auteur devant un Conseil d'enquête, non pas que j'entende récriminer contre la mesure moins sévère que celle qui m'a frappé, dont a été puni le colonel du Paty; j'estime qu'il a été aussi injustement et aussi arbitrairement puni que moi; et, pas plus que moi, il n'a mérité un pareil traitement; il n'a été, comme moi, qu'un instrument.

En tout cas, je tiens à bien faire remarquer qu'il y a eu deux poids et deux mesures dans la manière dont, l'un et l'autre, nous avons été traités.

Je viens maintenant à ma traduction devant le Conseil de guerre. Conformément à l'ordre que j'ai reçu, j'ai demandé à être traduit devant un Conseil de guerre, et l'instruction a commencé plus complète, plus longue, plus détaillée que l'enquête de M. le général de Pellieux, mais menée de la même manière, c'est-à-dire que je recevais journellement des instructions formelles sur ce que je devais dire.

Une fois, pour obéir à Me Tézenas (qui, à cette époque, ne savait pas ce qui se passait), j'avais fait une démarche de mon chef; je fus très vertement rappelé à l'ordre. Le commandant Ravary fut mandé à l'État-major de l'armée et on lui donna communication de certaines pièces; tous les jours également, j'étais prévenu et de la marche de l'instruction et de ce que je devais dire, toujours par les mêmes personnes, soit le colonel Henry, soit le commandant du Paty; mais il est bien évident que ces communications sur les détails journaliers de l'instruction n'étaient pas faites à ces officiers, qui n'étaient considérés absolument que comme des témoins; elles étaient faites au chef d'État-major, ou plus probablement au sous-chef d'État-major pour le chef d'État-major. Il est intéressant pour moi de constater que ces communications, faites beaucoup plus haut qu'aux officiers mes intermédiaires, me parvenaient dans la soirée même.

Quand vint la lettre de Zola, j'avais eu l'intention (j'avais même demandé au ministre l'autorisation) de poursuivre Mathieu

Dreyfus et le *Figaro*, et de provoquer Clémenceau et Reinach. Je fus invité à rester tranquille pour le moment; j'obéis.

Vint le procès Zola. Dès que ce procès fut annoncé, le ministre de la Guerre choisit un conseil, non pas officiellement, mais ce conseil fut le mien, de façon que tout ce qui serait fait le fût en communauté. C'est ainsi que M. Wattine, gendre de M. le général Billot, venait, avec le colonel Thévenet, travailler chez Tézenas, et que M. le général de Boisdeffre était en rapports directs et fréquents avec mon conseil. Au cours de ce procès, on s'inquiéta beaucoup de savoir ce que j'allais dire dans ma déposition; comme tout cela commençait à singulièrement m'ennuyer, j'avais eu le projet, non pas seulement de parler mais d'agir à l'audience; on m'avait indiqué ensuite dans quel sens je devais déposer; puis, au dernier moment, dans la salle des témoins, où il n'y avait que des officiers, le général de Pellieux me dit tout haut : « Vous allez être interrogé. Vous ne répondrez pas. » Je lui dis : « Mon général, si ces c. . . . . là m'eng. . . . . , je ne peux pas me taire ! — Si, vous vous tairez, dit le général de Pellieux, je vous en donne l'ordre ! » — Je répondis : « C'est bien, mon général ! » et voilà comment il se fit que je me tus. Quand, après cette déposition muette, je revins au milieu des témoins, tous les officiers m'accueillirent en me serrant les mains et en me donnant toutes sortes de témoignages de sympathie.

Après le procès Zola, je voulus, de nouveau, provoquer une des deux personnes dont j'ai parlé plus haut; à ce moment je fus invité à provoquer le colonel Picquart à qui je ne pensais pas du tout ; le général Gonse en a parlé à Tézenas ; le général de Pellieux me l'a dit à moi; et Henry, que j'avais été voir, m'a dit textuellement cette phrase : « Tous les cabots de la boîte (c'est-à-dire tous les généraux de l'État-major) attendent que vous marchiez sur Picquart. » Je répondis que ça m'était égal, et que, puisqu'il le désirait, j'allais me battre avec lui.

J'allai trouver mon camarade Feuillant (Xavier Feuillant, 12, avenue Bugeaud) qui pourrait témoigner de ce que je vais dire. Feuillant me dit : « Il me faut un officier supérieur comme second témoin. » Je m'adressai à un officier d'État-major; on me fit dire (toujours du ministère de la Guerre, plus haut que les autres) qu'on ne voulait pas d'un officier d'État-major, et qu'il fallait que je prenne un officier de troupe. J'objectai que je n'avais pas de camarade à Paris à qui demander de m'assister dans une rencontre aussi grave.

On me fit dire qu'on allait me procurer un témoin, et c'est alors que le colonel Parès, de l'État-major de l'armée, et un autre colonel dont j'ai oublié le nom, furent invités à se rendre chez le commandant de Sainte-Marie qui avait été juge suppléant au conseil de Guerre qui m'avait jugé.

Le commandant de Sainte-Marie accepta de grand cœur; mais fut très surpris de ces ambassadeurs; il demanda si c'était un ordre; ces officiers lui dirent de venir voir le général Gonse, qui lui renouvela cette invitation.

A ce propos, je dois dire que j'ai rencontré le commandant de Sainte-Marie (au moment de mon conseil d'enquête) qui m'a rappelé ce fait et a ajouté que le général Gonse lui avait dit : « Je vous demande de servir de témoin à Esterhazy; mais ne racontez pas cette démarche que j'ai fait faire. »

Les choses étaient arrangées ainsi quand le colonel Henry vint rue de Douai, très agité, m'attendit, et, ne me trouvant pas, laissa une note qui a été saisie par M. Bertulus et qui m'indiquait qu'un officier supérieur serait mon premier témoin, de m'assurer du concours du colonel Bergouignan, désigné comme « représentant l'armée nationale », comme deuxième témoin, et me prescrivant de me trouver le lendemain, à telle heure, à tel endroit, pour me rendre avec lui chez le Général (le Général, ici, était le général Gonse, chez lequel nous allâmes effectivement le lendemain matin).

L'État-major de l'armée me désignait donc, à ce moment, ceux avec qui il voulait que je me battisse, et me cherchait mes témoins.

On avait fait beaucoup d'articles, dans les journaux, au cours du procès Zola, et j'avais été chargé, très fréquemment, d'aller porter des renseignements soit dans un journal, soit dans un autre. Quand l'arrêt de la Cour d'assises fut cassé, et que le Conseil de guerre, après de nombreux pourparlers, décida de poursuivre de nouveau, le ministère de la Guerre résolut de faire faire une campagne active dans la presse. C'est moi qui fus chargé d'être l'intermédiaire, et la preuve de ce que j'avance se trouve dans le dossier du Conseil d'enquête (déposition de M. Boisandré); j'ai, du reste, amené chez M. le général de Pellieux de nombreux journalistes. parmi lesquels je cite ceux du *Soir*, de l'*Écho de Paris*, de la *Libre Parole*, de la *Patrie* de l'*Intransigeant*, du *Gaulois*, etc.

Jusqu'en juillet 1898, j'établis donc que j'ai été couvert par mes chefs de la façon la plus absolue. Je vis subitement se modifier leurs dispositions à mon égard, du jour où M. Cavaignac entra au ministère de la Guerre.

Lecture faite, le témoin a déclaré persister dans sa déposition, qu'il a dictée, et a signé avec nous.

Signé : ESTERHAZY, LOEW, COUTANT.

Du mardi 24 janvier 1899.

Et cejourd'hui, mardi 24 janvier 1899, M. le commandant Walsin-Esterhazy s'est présenté à nouveau devant la Commission et a continué sa déposition sous le serment ci-dessus indiqué.

Je crois avoir établi, par le récit d'hier, que j'ai été couvert par les hauts chefs de l'armée, que ce n'est pas moi qui ai été à eux, c'est eux qui sont venus à moi. Ce n'est pas moi qui ai demandé appui ou secours à M. le chef d'État-major de l'armée et aux officiers généraux placés sous ses ordres, pas plus que ce n'est moi qui les ai invités à choisir mon défenseur comme conseil, afin de se tenir avec moi en communauté constante de direction, et ce n'est pas moi, non plus, qui ai sollicité les ordres et la ligne de conduite, jusqu'en juillet 1898, qu'on m'a dictés en tous points et que j'ai fidèlement suivis.

Si j'ai jamais commis un acte coupable, même un acte illicite (ce contre quoi je proteste encore de toutes mes forces), ils sont mes complices, et s'il est besoin d'en faire d'autres preuves, si j'y suis contraint, ces preuves je les ferai.

Je vous ai juré, hier, au moment de prêter serment, de parler sans haine et sans crainte. Je dirai la vérité, puisque je n'avancerai aucun fait que je ne puisse prouver, je parlerai sans crainte, car je n'ai peur de personne au monde ; mais quand vous aurez connu les faits qui vont suivre, vous comprendrez que je ne peux pas, à l'égard de M. Cavaignac, dire, quels que soient mes efforts, que je parlerai sans haine.

J'ai été couvert, jusqu'en juillet 1898, par mes chefs d'une manière complète. Lorsqu'il fut question de la constitution du ministère Brisson, je fus prévenu qu'une des premières promesses qui avaient été faites était celle de ma peau. Les amis que j'avais, parmi les antidreyfusistes, attendaient M. Cavaignac comme un messie. Un de ses camarades de promotion à l'École polytechnique m'avait fait de lui une peinture moins que rassurante. Lors de son arrivée, sachant la terreur qu'il inspirait dans les bureaux de la Guerre, où on le considérait comme Robespierre ou Saint-Just, je pensai qu'on lui cacherait beaucoup de choses ; je lui demandai une audience ; j'estimais, en effet, que ce serait une chose utile et intéressante pour lui de me voir, de savoir qui j'étais et ce que je pouvais avoir dans le ventre. Je ne reçus pas de réponse. J'allai alors voir le général de Pellieux et je lui dis qu'il y avait beaucoup de choses très graves dont je ne lui avais jamais soufflé mot (fidèle en cela aux engagements que j'avais pris vis-à-vis des tierces personnes auxquelles fait allusion la note de M. le colonel du Paty que j'ai eu l'honneur de remettre hier à la Cour).

Je trouvai M. le général de Pellieux dans des dispositions telles qu'il me parut impossible d'entrer, avec lui, dans de grands détails ; cependant il me proposa d'en parler au général Boisdeffre. Je lui dis : « Certainement, il est nécessaire que la situation soit bien nette, j'en ai assez de cette situation. Je ne demande pas mieux que de voir le général de Boisdeffre. » Ceci se passait le 3 juillet.

Sur ces entrefaites, Me Tézenas me proposa de voir M. Cavaignac. Je le remerciai ; j'acceptai et Me Tézenas fut reçu par M. Cavaignac. Le 7 juillet, M. Cavaignac annonçait à la tribune de la Chambre que je serais puni des peines disciplinaires que j'avais méritées, préjugeant ainsi les décisions des juges, qui n'étaient même pas encore désignés.

M. le général de Boisdeffre et M. le général Roget, chef de cabinet du ministre, savaient cependant, et cela d'une façon certaine, que je n'étais pas l'auteur responsable des lettres au Président de la République, de l'article « *Dixi* », de la *Libre Parole*, des communications à la presse, tous faits pour lesquels on me traduisait devant un Conseil d'enquête. On a feint de croire que j'avais fait tout cela de mon initiative. On y a vu des fautes contre la discipline.

On pensait, sans doute, qu'avec l'obéissance passive dont j'avais fait preuve jusque-là, je ne dirais rien. J'ai établi la vérité sur ce point, et, à l'unanimité, le Conseil d'enquête a déclaré que je n'avais point commis de fautes contre la discipline.

A l'unanimité aussi, le Conseil a déclaré que je n'avais pas commis de faute contre l'honneur ; et, malgré des faits de pression que j'établirai plus tard devant le Conseil d'État, par trois voix contre deux, c'est-à-dire à la minorité de faveur qui eût entraîné mon acquittement devant le Conseil de guerre, et qui, suivant une jurisprudence constante, en aucun temps, n'a jamais donné lieu à une seule mise en réforme, le Conseil a déclaré que j'étais coupable d'inconduite. J'aurais dû bénéficier de la minorité de faveur; recours est formé par moi contre cette décision et contre les procédés employés pour y arriver. Quant à la question d'inconduite, ainsi que j'ai eu l'honneur de le faire observer au général Florentin, il y avait de longs mois que tout cela était connu ; non seulement mes chefs n'avaient rien trouvé à redire, ainsi que je puis l'établir, mais la façon dont on avait eu recours aux services de Mme Pays prouvait à quel point les autorités militaires les plus élevées étaient absolument au courant et admettaient cette situation.

Contre cette décision du ministre de la Guerre j'apporterai de nombreuses preuves. A la Cour je ne veux donner que la preuve de la manière dont on a opéré.

J'avais été convoqué par lettre où j'étais appelé « commandant ». Entre les deux séances du Conseil d'enquête (car ce Conseil dura quatre jours, ce qui ne s'est jamais vu), je reçus le 26 août une lettre du colonel rapporteur. Dans la séance du 24, j'avais demandé à ce que Me Tézenas fût entendu et j'avais dit que je produirais un document nommant M. le général de Boisdeffre et attestant la façon dont j'avais été mené par l'État-major de l'armée. Cette lettre la voici : je la dépose; je redeviens « Mon cher commandant ». C'est une déclaration que le témoin que j'ai cité (Me Tézenas) ne sera entendu qu'à la condition de remettre, avant sa déposition, le document au Président du Conseil. J'ai fait citer Me Tézenas, d'abord pour qu'il attestât les relations des officiers généraux de l'État-major de l'armée avec moi, ensuite pour qu'il attestât l'exactitude d'une phrase qui avait été dite relativement à une « PARTIE LIÉE » devant être gagnée ou perdue ensemble.

Je refusai de me dessaisir de ce document et je refusai de le remettre. Je consentis seulement à en donner lecture et j'en exhibai la photographie. Il était évident qu'on cherchait, en me désarmant, à dégager certaines responsabilités. C'est dans ces conditions que fut prononcée ma mise en réforme, par conséquent par des moyens iniques, illégaux, et par des manœuvres qui constituent plus qu'une pression.

Je dois dire que j'étais prévenu d'avance, car, au cours de ma détention à la Santé, M. Cavaignac avait dit à Me Tézenas qu'il était absolument résolu à me casser les reins.

Cette mise en réforme, faite dans de telles conditions, est d'autant plus abominable que non seulement elle m'a déshonoré, mais qu'elle m'a privé de la retraite, à laquelle me donnaient droit 29 ans de services.

J'aurai l'honneur de faire parvenir à la Cour des notes sur ces services, dont je tiens les originaux à sa disposition, et qui lui montreront le soldat que j'ai été pendant près de 30 ans.

Cet acte est d'autant plus abominable que M. Cavaignac savait, de source sûre, que moi, qu'on représente comme le dernier des misérables, je faisais tout seul, malgré ma séparation, vivre ma femme et mes enfants, monstrueusement abandonnés par la famille puissamment riche de Mme Esterhazy.

Me Robinet de Cléry, conseil de Mme Esterhazy, Me Tézenas et Me Cabanes, mes conseils, peuvent attester et sont prêts à attester à la Cour la scrupuleuse exactitude de ce que j'affirme.

Que serait-il arrivé si, cédant aux invites qui m'ont été faites entre les deux séances du Conseil d'enquête, je m'étais désarmé?

Je n'en sais rien. Mais, en tout cas, je n'aurais pu, hier, vous produire cette pièce et prouver par elle que les officiers de l'État-major de l'armée et le général de Boisdeffre, qui y est nommé, se considéraient comme tenus de me défendre contre les monstrueuses accusations de Picquart qui, comme je l'ai dit tout à l'heure, les constitueraient mes complices si j'étais coupable.

Après ma mise en réforme, comme je leur refusai les documents, il faut encore me perdre à tout prix et alors seulement s'ouvre contre moi l'information pour escroquerie sur la plainte de mon cousin Christian. Cette information est confiée à M. le juge d'instruction Bertulus, après une ordonnance de non-lieu de la Chambre des mises en accusation qui constate expressément, en termes formels, que les déclarations de mon cousin ne méritent aucune créance. Mais il y a mieux : une enquête faite au ministère de la Guerre sous le ministère de M. Cavaignac a établi et démontré que les délations de Christian ont été provoquées et amenées par des amis de Picquart, dont je ne prononcerai pas les noms pour le moment. Des avocats conseils du ministère de la Guerre pourraient au besoin, dès aujourd'hui, confirmer le fait.

J'aurai l'honneur d'envoyer à la Cour la copie de la lettre que j'ai adressée, le 4 septembre 1898, à M. le ministre de la Guerre, que je vous prierai de joindre à ma déposition, dont je vous donne lecture, et qui a paru tronquée dans le *Temps* du 14 janvier 1898.

J'ai oublié de dire que j'ai demandé à M. Cavaignac une seconde audience, vers le 15 août, et cela sans résultat.

D. L'exposé que vous venez de terminer me ramène à la question que je vous adressais au début de votre déposition et à laquelle vous n'avez pas répondu. Vous nous avez dit dans votre lettre du 13 janvier que vous aviez eu, en 1894 et 1895, des rapports avec le colonel Sandherr et que vous aviez été son intermédiaire auprès d'un agent militaire étranger. Veuillez vous expliquer à cet égard.

R. Je n'ai rien à ajouter à la déclaration faite par écrit et sous la foi du serment dans ma lettre du 13 courant. Je l'ai faite librement, de mon plein gré, rien ne m'y forçant. Je ne suis pas un imbécile et j'ai dit la vérité.

Que la Cour me croie ou ne me croie pas, elle est la maîtresse. J'espérais, cependant, que mes chefs auraient une autre attitude ; mais ils sont plus faits pour être capitaines-marchands de galiote sur les canaux de la Hollande que capitaines de gens de guerre ; et quand vient la tempête, ils jettent les petits pour sauver les gros : c'est leur affaire. Je ne veux encore rien dire. Je ferai cependant remarquer à la Cour que, dans l'interrogatoire que M. Cavaignac (peu susceptible de bienveillance à mon égard) fit subir au colonel Henry, le colonel Henry déclara que je connaissais Sandherr et qu'il m'avait vu, lui, Henry, apporter une fois au moins des documents au colonel Sandherr; ces documents, je ne les avais pas trouvés dans la rue. Henry aurait pû être beaucoup plus explicite, parce qu'il savait très bien les services considérables que j'ai rendus à Sandherr et à mon pays.

Quand je dis qu'Henry aurait dû être plus explicite, je crois qu'il l'a été. Cet interrogatoire est étrange. On n'a pas trouvé moyen de le lui faire signer. On a pu en retrancher tout ce qu'on a voulu, et je ferai simplement remarquer à la Cour, sans aucun autre commentaire, qu'au moment précis où le colonel Henry disparaissait, j'étais frappé et obligé de passer la frontière pour assurer ma liberté.

D. Pour que la Cour puisse apprécier le degré de confiance qu'elle doit, suivant vous, à votre déclaration, il faudrait tout au moins qu'elle entrât dans certains détails ou qu'elle fût appuyée de certaines preuves qui pussent lui faciliter une appréciation. Le vague dans lequel vous vous renfermez n'est guère compatible avec le serment que vous avez fait de dire toute la vérité?

R. Je me tais par cette raison, sur laquelle je suis peiné d'avoir à revenir aujourd'hui, que j'ai énoncée hier en commençant ma déposition. Je suis ici, comme l'a fort bien dit M. le Président, témoin exceptionnel, car je crois qu'il est unique qu'un homme soit témoin dans une affaire où, au fond, il est accusé dans les conditions où je le suis. M. le Président a bien voulu me dire hier que je n'encourais aucun risque de condamnation effective. Peu m'importe la condamnation effective.

La prison ne fait pas la honte. Et c'est la flétrissure qui, tout le monde le sait, doit sortir pour moi de ces débats. Accusé, je veux l'être tout entier, et avec toutes les garanties, pour ma défense, que la loi me donne.

Cette instruction se poursuit à huis clos. Les charges ou les prétendues charges recueillies contre moi, je les ignore, je ne les connaîtrai que par l'arrêt de la Cour, et des témoins à charge sont entendus sans que je puisse, moi, l'accusé véritable, faire entendre les témoins à décharge.

De ces témoins à charge, il y en a évidemment beaucoup que j'ignore ; il y en a quelques-uns que je connais ; je demanderai la permission d'en dire un mot.

C'est Weil, mon camarade d'enfance, à qui j'ai rendu tant

de services, celui qui, quand j'étais heureux et honoré, était trop fier de se montrer avec moi ;

Weil, qui a au ministère de la Guerre un dossier que je connais, contre lequel je l'ai toujours défendu ;

Weil, pour qui j'ai failli mettre deux fois l'épée à la main : Weil que, sur ses appels pressants, j'ai arraché, suant la peur, des mains de mon ami le marquis de Morès, qui n'en aurait fait qu'une bouchée, et après quoi il m'écrivait des lettres dithyrambiques de gratitude.

C'est le commandant Curé, l'ami de Picquart, comme le prouve la lettre de du Paty de Clam, qui caressait mes petites filles quand il aidait l'autre à manigancer ses histoires, que j'ai traité par écrit de lâche et de drôle, et qui a été demander protection à mon général contre moi, comme un enfant de quatre ans qui s'adresserait à sa bonne.

C'est M. le juge d'instruction Bertulus, qui, après m'avoir traité comme il l'a fait, oublie qu'un juge n'a pas le droit de témoigner contre un homme contre lequel il instruit.

C'est M. Jules Roche, qui ne m'a que des obligations. Je ne connaissais pas M. Jules Roche; je l'avais rencontré à dîner chez le général Grenier, dont j'ai été longtemps l'officier d'ordonnance. Un jour, M. Jules Roche demande à M. Grenier de lui faire connaître un officier capable de lui donner des renseignements (il était alors membre de la Commission de l'armée et rapporteur du budget de la Guerre); je vais le trouver, je me mets à sa disposition, je lui mâche toute sa besogne; tout ce qu'il a dit sur les habillements, sur les masses, sur les effectifs, tout est de moi. Il passe pour un écrivain militaire et, par un phénomène étrange, par parenthèse, quand je le revois après qu'il a expliqué tout cela si clairement à la tribune, je m'aperçois qu'il n'y comprend rien du tout. M. Roche, quand arrivent les affaires de Panama, est insulté par tout le monde. Moi, je ne le connais que par les services que je lui ai rendus, j'affecte d'aller le voir et je me fais dire des choses désagréables par ma famille pour de telles relations.

Voilà les gens qui viennent déposer contre moi, avec toute la lâcheté et la bassesse qu'on peut attendre d'eux.

Ce que j'avais à dire sur mes relations avec l'État-major de l'armée, pour la façon dont on avait agi avec moi, je ne voulais pas le publier aux quatre coins de l'Europe. J'ai trop vu, à l'étranger où je viens de vivre, la joie que tous les ennemis de la France éprouvent des événements qui se passent. Je tenais à les faire connaître à la plus haute magistratnre de mon pays. C'est pour cela que j'ai tant insisté pour venir et être entendu, lorsque la Cour ne me faisait pas l'honneur de me convoquer.

Ainsi que je l'ai dit à la Cour hier, cette déclaration faite, accusé, je ne répondrai que comme accusé.

D. Il est un point encore que je dois retenir de votre lettre. Vous dites que vous formulez, comme témoin, et sous la foi du serment, les déclarations suivantes dont vous auriez apporté les preuves écrites si on vous l'avait permis. Il me semble qu'aujourd'hui rien ne s'opposerait à la production de ces preuves, que vous avez, en quelque sorte, offertes. D'autre part, vous dites que vous n'avez agi que dans l'intérêt de la France et que vous avez pu fournir au colonel Sandherr des renseignements du plus haut intérêt et combattre utilement les agissements dont l'auteur était bien connu. Il serait donc de votre propre intérêt, même sur le terrain sur lequel vous vous placez, d'atténuer, par vos explications, le fait que vous reconnaissez dans votre lettre d'avoir été l'intermédiaire entre le colonel Sandherr et un agent étranger?

R. Je n'ai rien à ajouter.

DEMANDE PAR UN CONSEILLER

D. Dans votre lettre du 13 janvier, alors que vous ignoriez que toutes facilités vous seraient données de comparaître devant la Cour, vous avez déclaré ce qui suit : « Si on m'avait permis de me présenter, j'aurais fait les déclarations suivantes dont j'aurais apporté les preuves écrites. » Avez-vous des preuves écrites à l'appui de votre témoignage?

R. En Hollande, ma situation d'accusé apparaissait nettement. De toutes les conversations que j'ai eues, depuis que je suis arrivé à Paris, elle ressort plus nettement encore. En dehors de ce que j'ai dit et de ce que je voulais dire, je ne répondrai sur tous les points d'instruction que comme accusé, et avec les garanties auxquelles j'ai droit comme tel.

D. Vous avez clairement laissé entendre dans votre lettre que vous aviez de graves preuves contre Dreyfus de la trahison commise par lui. Pouvez-vous vous expliquer à cet égard?

R. J'ai fait la déclaration que je voulais faire en ma qualité de témoin. Je répète ce que j'ai dit tout à l'heure, à savoir la vérité des faits que j'ai déclarés sous serment. J'estime avoir, de ces faits, des preuves décisives; je les produirai quand je le voudrai; comme témoin, j'ai dit ce que j'avais à dire; comme accusé, je demande à consulter mes conseils sur les questions qui me sont posées.

D. Vous savez que la charge principale à raison de laquelle Dreyfus a été condamné est un bordereau énonciatif d'un certain nombre de documents qu'il aurait livrés à une puissance étrangère. Que pouvez-vous nous dire en ce qui concerne ce bordereau?

R. Le premier Conseil de guerre l'a attribué à Dreyfus; le deuxième Conseil de guerre ne me l'a pas attribué, et on a déclaré qu'il n'était pas de moi.

D. Cependant vous avez vous-même, dans certains documents qui ont été saisis chez Mlle Pays, paru reconnaître que l'écriture du bordereau avait été calquée par Dreyfus sur votre écriture? Que vouliez-vous dire par là?

R. La question du bordereau est une de celles qui ont été jugées par le Conseil de guerre de 1898; j'estime ne pas avoir à répondre à cette question.

D. Le bordereau est écrit sur un papier d'une nature particulière. Connaissez-vous ce papier? Vous a-t-il jamais été soumis? Je vous représente ici l'original de ce bordereau.

R. Je le reconnais, seulement il a changé de ton.

D. Aviez-vous, à l'époque où ce bordereau a été écrit, c'est-à-dire d'après la date qu'on lui assigne, au courant de l'été 1894, du papier semblable à celui du bordereau?

R. J'ai lu qu'on avait saisi des lettres de moi écrites sur du papier analogue à celui du bordereau. J'ignore si le fait est exact; j'ai toujours eu, et je cherche encore à avoir du papier très mince, et, comme militaire, j'avais toujours de ces papiers minces et quadrillés qu'on trouve à bon marché, qui sont très commodes parce qu'ils offrent un petit volume, et qui permettent, au besoin, avec leurs quadrillages qui tiennent lieu de graduation et leur transparence, de décalquer, aux manœuvres, un bout de carte, ou de faire un travail analogue. J'ai lu dans un journal anglais qu'on avait trouvé que le papier du bordereau et celui de lettres qu'on aurait saisies de moi étaient semblables. J'ai même lu qu'il était de la même cuvée. Je me suis renseigné chez un marchand de papier à Londres, et, étant donné ce que représente une cuvée, j'affirme que je n'ai eu de cette cuvée (si identité de cuvée il y a) qu'une partie infinitésimale. Je ferai remarquer seulement que j'écris presque toujours sur du papier mince, et si, par hasard, on avait eu l'idée de vouloir se servir du même papier que moi, il n'eût pas été difficile de s'en procurer.

D. Je vous représente une lettre datée de Courbevoie du 17 avril 1892, signée de votre nom et adressée par vous au sieur Rieu, tailleur, 21, rue Richelieu. La reconnaissez-vous?

R. Oui, je reconnais cette lettre.

D. Je vous en soumets une seconde, datée de Rouen du 17 août 1894, également signée de vous, et qui a été saisie chez Me Callé, huissier. La reconnaissez-vous?

R. Oui, je crois que cette lettre est de moi.

D. Ces deux lettres sont écrites sur du papier pelure quadrillé; elles ont été soumises à l'examen de trois experts, qui se sont expliqués dans un rapport, en date du 26 novembre 1898, des conclusions duquel je vous donne lecture, conclusions dont je consigne, ci-après, le résumé :

« La pièce dite du bordereau, la lettre du 17 août 1894 et la lettre du 17 avril 1892 nous présentent les caractères de la plus grande similitude. »

Avez-vous quelques observations à présenter sur ce rapport?

R. En ce qui concerne ce point, je m'en réfère aux déclarations de mes lettres, c'est-à-dire aux deux jugements des Conseils de guerre. Quand aux dires des experts, je n'y connais absolument rien; je puis dire seulement que le papier que vous m'avez présenté comme venant de moi était du papier très bon marché, très commun, et tel qu'on en trouve partout.

D. N'auriez-vous pas, à différentes reprises, reconnu que vous étiez l'auteur du bordereau? Notamment au cours du procès Zola, dans les couloirs mêmes du Palais de Justice, en disant, devant M. Chincholle, que vous étiez effectivement l'auteur de ce document?

R. Je ne connais pas M. Chincholle. J'ai lu cette histoire en

Angleterre. M. Chincholle a menti. Jamais je n'ai tenu un pareil propos. Je ne suis jamais sorti seul de la petite salle des témoins, où il y avait des officiers, que trois fois, une fois pour parler à M. Weil, une autre fois pour parler à M. Georges Thiébaud, et une fois pour m'entretenir avec M. Auffray. J'ai affecté, au contraire, de ne pas quitter la salle où se trouvaient des officiers, et on a affecté de ne pas me les faire quitter. Je ne suis descendu dans la salle des Pas-Perdus que deux fois, une fois sur l'ordre du général de Pellieux, m'attendant dans la galerie de la place Dauphine : il était avec son officier d'ordonnance et entouré, à quelque distance, par de nombreux avocats; il m'a dit que le préfet de police l'avait prévenu que je voulais me livrer, à des actes de violence, au cours de l'audience, et qu'il me donnait l'ordre de me tenir tranquille. La seconde fois, au cours d'une suspension, je me suis promené avec un de mes anciens camarades, qui est major de cuirassiers. Toutes les fois qu'on s'en allait, je ne partais jamais qu'encadré par des officiers.

D. Vous savez que les journaux vous prêtent également des déclarations pouvant être considérées comme des aveux quant à l'origine du bordereau, déclarations que vous auriez faites, à l'étranger, à un nommé Strong. Voudriez-vous vous expliquer à cet égard?

R. M. Strong, que je ne connaissais pas du tout, m'a été présenté par un Anglais de mes amis qui s'appelle M. Robert Sherard et qui est, en ce moment, à Paris. Je vous en donnerai l'adresse. M. Strong s'est mis à manifester pour moi, et contre les dreyfusistes, les sentiments les plus violents; il a prétendu que j'étais toujours pendu après lui; je puis faire entendre de nombreux témoins qui attesteront que c'est le contraire. Je dois dire que M. Strong a, comme amis intimes, avec lesquels il vit d'une façon constante, deux hommes de beaucoup d'esprit, lord Alfred Douglas et sir Oscar Wilde. Comme, malgré qu'on m'ait chargé de tous les crimes et les vices du monde, je n'ai pas encore celui qui pourrait me rendre ces relations extrêmement agréables, je voyais M. Strong avec intérêt parce qu'il était très bien renseigné, qu'il mettait le journal anglais auquel il était attaché à ma disposition et à celle de mes chefs; quand est venue l'affaire du Conseil d'enquête, Strong a bondi de colère et d'indignation; quand je suis sorti de prison, il a été un des premiers à venir me féliciter, et ce jour-là, il était parfaitement ivre du reste; suivant son habitude, il avait fait une grande consommation de wisky. Il me dit : « J'espère que vous voilà débarrassé de tous vos ennuis. » Je répondis : « Non, je vais passer devant un Conseil d'enquête. — C'est impossible; on ne peut pas vous traiter comme cela; ce Conseil d'enquête ne peut que vous acquitter! » Je répondis à Strong que M. Cavaignac n'avait pas caché ses intentions à mon égard et que j'étais sûr que cela finirait mal pour moi. Alors Strong me dit : « Qu'est-ce que vous allez faire? » A ce moment (fin août), on parlait d'un soulèvement carliste en Navarre et je dis à Strong que j'avais envie d'aller là ou aux Philippines. Il me répondit : « Si vous voulez aller dans l'armée carliste, si elle se constitue, je pourrai vous être très utile. Mais, en attendant, si le Conseil d'enquête vous condamne, il faut vous venger et faire à votre pays tout le mal possible. » Je lui objectai que ce n'était pas du tout mon intention, et qu'en attendant que je puisse prendre une orientation, je voudrais, le cas échéant, pouvoir me mettre à l'abri de ce que les menaces de M. Cavaignac me faisaient redouter en France et que j'étais très embarrassé pour savoir où aller. Strong me dit : « Venez en Angleterre. Il y a longtemps que je n'y ai été. J'ai besoin d'y aller, et, avec des articles à côté, sur votre affaire, je me charge de vous trouver le moyen de gagner largement votre existence pendant que vous serez à Londres. »

Le soir de la séance du Conseil d'enquête, il m'annonce qu'il part, et que, si j'ai quelque chose à lui faire dire, je le prévienne, 6, Saint-James Street Fielders. Je croyais que ce Fielders était un nom de Boarding-House.

Il était à peine arrivé à Londres que son secrétaire vient, rue de Douai, pour me presser de partir pour Londres ; il me remet, en même temps, une dépêche de Strong, me disant de presser mon départ. Je n'avais pas alors l'intention de partir, car je ne suis parti que le jour où Mme Pays a constaté, tout d'un coup, que la rue était pleine d'agents de la Sûreté.

Pendant tout le temps qui précéda mon départ, Strong n'a pas cessé journellement de me faire harceler de partir par son secrétaire.

Je me décide subitement à partir, devant cette invasion de ma rue, à deux heures de l'après-midi. Je vais trouver deux de mes amis et je leur demande conseil : ils me disent (je venais d'apprendre la mort d'Henry) : « Avec de pareils coquins, il n'y a que deux procédés : le revolver ou le départ. »

J'arrive à Bruxelles où j'allais pour être près de Paris et pouvoir y rentrer rapidement, suivant les événements.

Strong, qui avait appris par son secrétaire (lequel le tenait de Mme Pays) que j'étais parti, me fait accabler de lettres et de télégrammes par ledit secrétaire, et m'en adresse lui-même à Bruxelles, me pressant d'aller à Londres.

Je lui avais écrit que je voulais bien y venir, que je voulais être sûr de l'y trouver, et que, comme j'étais sans argent, je voulais être assuré qu'il me trouverait des articles « à côté » me permettant de vivre jusqu'à la publication de mon livre à Londres ; je lui demandai, en même temps, de m'y chercher un éditeur.

Comme il m'avait dit qu'il fallait débuter par quelque chose de bruyant, j'avais eu l'idée de publier, dans les journaux anglais, ma lettre à M. Cavaignac, ma lettre au Procureur général et une troisième lettre.

Je lui écrivis de Bruxelles pour lui annoncer que j'arrivais avec ce pétard. « Descendez chez moi », me télégraphia Strong. En arrivant à Londres, je trouvai Strong installé dans une très jolie maison particulière. Il fut extrêmement aimable, me dit qu'il avait trouvé un éditeur charmant pour mon livre et que tout allait bien.

J'allai chez l'éditeur avec lui et je lui dis : « En attendant que le livre paraisse, je veux écrire comme il est convenu. » Strong me répondit : « Vous écrirez tout ce que vous voudrez dans l'*Observer*. J'ai vu le directeur et vous allez m'écrire une lettre par laquelle vous me demanderez l'hospitalité du journal pour exposer vos idées. Mais il faut sortir quelque chose de sensationnel. » Il me dit : « Faites une croix sur la France et tapez dessus. »

Lecture faite, le témoin a déclaré persister dans sa déposition, qu'il a dictée et a signée avec nous.

Signé : ESTERHAZY, LOEW et COUTANT.

Du 30 janvier 1899.

Et cejourd'hui trente janvier mil huit cent quatre-vingt-dix-neuf, M. Esterhazy a comparu à nouveau devant la Commission et a continué sa déposition sous la foi du serment précédemment prêté :

Un jour Strong me parla du directeur de l'*Observer*. J'ignorais que ce directeur fût une femme et, *a fortiori*, que ce fût une juive. Strong m'expliqua que ce journal était prêt à prendre mes articles, mais qu'il fallait, avant tout, que je lui écrivisse à lui, Strong, une lettre — lettre qu'il m'apporta toute faite — pour bien montrer à ce directeur que j'étais prêt à commencer.

J'étais pressé de commencer, parce que, ainsi que je l'ai dit, j'étais parti de Paris très rapidement, ayant envoyé à ma femme et à mes enfants tout l'argent que j'avais; et j'en ai la charge absolue puisque la famille de Mme Esterhazy se refuse absolument à rien faire pour elle. (La famille de Mme Esterhazy, qui possède 800,000 francs de rente, trouve moyen de lui faire 75 francs par mois de rente.)

Strong me fit dater la lettre de Paris, prétendant que c'était préférable. Cette lettre, qu'il a dictée et qu'il a eu le singulier toupet de publier dans le *Matin*, est ainsi conçue : « Cher monsieur, je me rappelle nos rencontres et combien j'ai eu à me louer de vos procédés. Je sais aussi quelle attitude loyale le journal l'*Observer* a toujours gardée dans ses nombreux articles au cours de l'affaire Dreyfus et combien il a été impartial. Permettez-moi de m'adresser aujourd'hui à vous, dans les circonstances suivantes. Vous savez toutes les accusations portées contre moi depuis si longtemps. L'obéissance aux ordres de mes chefs, seul guide de ma conduite dans tout ce qui s'est passé, m'a seule empêché de ne rien dire et de ne rien faire pour ma défense. Je crois avoir poussé jusqu'aux plus extrêmes limites le respect de cette obéissance, qui a peut-être été trop ma seule règle pendant ces longs mois. On devait me protéger; on m'a abandonné. Tant que j'ai été militaire, je n'ai rien dit. Aujourd'hui je ne dois plus compte qu'à moi-même de ce que je crois devoir faire. J'ai tout subordonné, d'une manière absolue, aux instructions qui m'étaient données. J'étais, du moins, en droit de croire, tout me portait à penser qu'on m'aurait soutenu jusqu'à la fin : il n'en est rien, et on a cru plus habile de me sacrifier, comme on jette du lest. Lorsque j'ai, dans un intérêt supérieur, voulu prévenir, en haut lieu, de vérités qu'on ignorait, on m'a imposé silence et on m'a menacé, alors qu'on aurait, tout au moins, dû m'entendre. Je voudrais vous expliquer de vive voix toutes ces choses, et des moyens qu'on emploie contre moi.

« Dites-moi, je vous prie, le cas échéant, si je puis compter sur le concours de l'*Observer*.

« Recevez, cher monsieur, etc. »

Je prouve que cette lettre m'a été dictée par Strong; dans cette lettre, qui est du 9 septembre, j'appelle Strong « Cher monsieur »; dans la lettre du 4, je l'appelle « Cher ami ». La première phrase de la lettre du 9 septembre est la suivante :

« Je me rappèlle vos rencontres, et combien j'ai eu à me louer de vos procédés. »

A qui fera-t-on croire que je me suis exprimé de cette façon vis-à-vis d'un homme que je voyais continuellement, de son propre aveu, et qui n'avait cessé de m'accabler, pendant longtemps, de marques de sympathie et de dévouement? Je lui écris : « Je voudrais vous expliquer de vive voix toutes ces choses et les moyens qu'on emploie contre moi. » Comment admettre que je lui aurais exprimé le désir de lui expliquer quelque chose de vive voix, alors que j'étais descendu chez son ami Fielders, où il logeait lui-même, et où, dans les premiers jours, nous ne nous quittions pas d'une semelle. — Enfin cette lettre du 9 septembre est datée de Paris, tandis que la lettre du 4 septembre est datée de Bruxelles; or, en quittant Paris, j'étais allé tout d'abord à Bruxelles, que je n'ai quitté que pour aller à Londres viâ Ostende. Il est à remarquer que, dans cette lèttre du 9 septembre, écrite, qu'on ne l'oublie pas, uniquement pour être montrée au directeur de l'*Observer*, dans le but de l'engager à me prendre des articles, il n'est nullement question des soi-disant aveux que j'aurais faits relativement au bordereau, et qu'au contraire il y a des allusions les plus transparentes à ma lettre à M. Cavaignac : « On a cru plus habile de me sacrifier, comme on jette du lest. »

... « Lorsque j'ai, dans un intérêt supérieur, etc... »; à qui cela pouvait-il s'adresser, sinon à M. Cavaignac, ministre de la Guerre?

Je dépose copie de la lettre, non tronquée, adressée à M. Cavaignac; cette copie est signée de moi et paraphée *ne varietur*.

Je crois hors de doute que si cette lettre avait été publiée au mois de septembre, elle aurait produit un certain effet, et je ne crois pas exagérer en l'ayant appelée, à ce moment, un gros pétard, d'autant plus que je l'aurais appuyée par d'autres lettres, mais je n'avais alors l'intention de ne rien publier de tout cela. Mon désir était, comme je l'avais dit à Strong, de placer quelques articles « à côté » et de préparer mon livre anglais.

Toutefois, comme j'avais très grande confiance en Strong, je lui lus la lettre à Cavaignac; il déclara que c'était un document très intéressant et insista pour que je lui en laissasse prendre copie.

J'hésitai un peu; j'y consentis enfin, en lui disant que je ne voulais rien publier de cela tout de suite; que je voulais, en tout cas, attendre la rentrée des Chambres, et que j'entendais rester le seul juge du moment que je croirais opportun pour parler.

Strong n'eut pas plutôt cette copie qu'il courut la porter chez mistress Beer, directrice de l'*Observer*, et, un beau jour, je me trouvais tout seul fumant dans le petit salon que Fielders avait mis à ma disposition, et dans une tenue des plus débraillées, quand je vis, à ma grande confusion, entrer une jeune dame fort élégante, à laquelle Strong me présenta comme la directrice de l'*Observer*, et qui fut extraordinairement démonstrative : « Vous allez tout dire, n'est-ce pas? me dit-elle; cela va être une histoire très sensationnelle; il faut tout dire. Je vais publier votre lettre à Strong dans l'*Observer* (la lettre de Paris). » Je lui répondis qu'il n'y avait rien là de bien sensationnel, que j'étais décidé à ne rien publier pour le moment, que les événements qui se passaient dans mon pays étaient beaucoup trop graves pour que je me laissasse aller à agir dans un mouvement de colère. Cette dame recommença les mêmes antiennes que Strong sur la question de mes intérêts et, quand elle fut partie, je dis à Strong : « Qu'est-ce que c'est que cette dame? Elle est juive? Comment, vous, le féroce antisémite, me mettez-vous en rapport avec des juifs? »

Strong a menti de la façon la plus complète en disant que j'ai fait des aveux; il avait formé, ainsi que je vais le montrer, un syndicat pour m'exploiter : une dépêche Havas (Londres, 2 octobre) dit ceci : «*Sunday-Special* (journal appartenant à mistress Beer) raconte qu'un syndicat de journalistes s'était formé à Londres pour obtenir du commandant Esterhazy des révélations qui auraient été publiées par certains journaux anglais, mais que l'intervention d'un journaliste parisien fit échouer ce plan et qu'Esterhazy s'opposa alors à toute publication des renseignements qu'il avait déjà fournis. Le *Sunday-Special* raconte une longue histoire à propos du syndicat chargé d'exploiter les relations d'Esterhazy; ce syndicat aurait abouti à un fiasco complet, par suite de l'intervention pécuniaire de la *Libre Parole*, qui a acheté le silence d'Esterhazy. Ce dernier aurait eu un violent pugilat avec un des membres du syndicat, qui voulait publier ses conversations avec Esterhazy, malgré la défense formelle de celui-ci. »

Je dépose des journaux anglais (3 numéros de la *London Life*) et 4 numéros de la *Libre Parole* relatifs à ces incidents.

Strong prétend mensongèrement que ses sympathies pour moi avaient disparu du jour où je lui aurais fait de prétendus aveux, à Paris, dans un café. Or, la Cour trouvera, si elle veut en prendre la peine, dans ces documents des copies et des fac-similés de lettres de Strong, où, avec des protestations d'amitié non douteuses, il me fait des offres d'argent très transparentes. Il est à remarquer que l'une de ses lettres est datée du lendemain même du jour où, indigné de sa déloyauté, j'avais voulu le boxer. Au moment où j'ai menacé de le frapper, Strong venait de me dire : « Vous feriez bien d'accepter, dans votre intérêt, parce que vous ne nous empêcherez pas de dire ce que nous voulons vous faire dire. » Je lui dis : « Vous êtes un misérable. Mettez-vous en garde ! » Strong me répondit : « Je ne suis pas un misérable ; je suis un businessman et je ne suis pas venu ici pour que tout cela ne me rapporte rien. Si vous êtes assez fou pour refuser une très belle affaire, je ne veux pas en souffrir. »

Très embarrassé, furieux, sans argent, et sentant que j'étais absolument à la merci de ces gens, je ne savais que faire. Je me procurai une liste de sollicitors de la Haute-Cour de justice ; c'était le samedi ; j'allai infructueusement chez deux, dont les bureaux étaient fermés, et finalement je trouvai accueil près de M. Arthur Newson. En Angleterre, on donne toujours de très fortes provisions aux sollicitors ; je n'avais pas d'argent ; M. Newton accepta de prendre mes intérêts sans provisions, et, à la suite de différents incidents, il adressa un exploit à Mme Beer et à l'*Observer*.

Devant tous les mensonges répétés de M. Strong, j'ai écrit à M. Newton, qui m'a adressé la lettre suivante : « J'ai reçu votre lettre et je vous adresse la déclaration que vous me demandez. » Cette déclaration constate qu'à la suite d'un « WRIT » adressé à Mme Rachel Beer pour demander des dommages-intérêts à propos des articles calomnieux publiés par son correspondant Strong, Mme Beer a payé une somme de 500 livres sterlings, à titre de dommages-intérêts, et a payé, en outre, tous les frais de la procédure (50 livres, je crois).

Malgré cela, Mme Beer n'a pas cessé de faire des démarches pour me faire publier, dans son journal, des articles sensationnels, des révélations ou des publications de documents, et ce n'est pas vieux ; le 9 janvier courant, elle m'adressait la dépêche suivante à Rotterdam (il est bon de dire que, quand cette transaction était intervenue, je lui avais fait dire, à sa demande, que si je publiais quelque chose en Angleterre dans un journal, je m'adresserais volontiers à l'*Observer*) : « Moment n'est-il pas venu pour me remplir votre promesse quant aux déclarations formelles et documents surtout, comme vous n'allez pas en cassation ? Écrivez. » Signé : « Mistress Beer. » Cette dépêche était adressée réponse payée. Je n'ai pas répondu et j'ai encore le bulletin de réponse.

Des offres d'argent, j'en ai reçu en quantité ; je vous entretiens d'une offre de 4,000 livres qui m'a été faite par M. Platt, sollicitor, entre le 12 et le 26 décembre dernier. C'est tout ce que j'avais à dire sur les incidents Strong.

Je voudrais revenir à ma déposition relative à M. Chincholle. J'ai dit l'autre jour que M. Chincholle avait menti, je vais le prouver. M. Chincholle a dit qu'il m'avait vu furieux, de l'accueil que me faisaient les officiers. Qu'il m'ait vu furieux, je ne suis pas exubérant mais c'est possible. Mais qu'il en ait conclu les causes de ma fureur, c'est plus étrange, d'autant plus qu'ainsi que je l'ai dit, des officiers avaient au contraire été, j'ai tout lieu de le croire, priés d'avoir avec moi, et ont eu une attitude tout à fait différente que celle que prétend M. Chincholle. La scène se serait passée dans la grande salle qui donne sur la place Dauphine. Cette salle était complètement pleine de monde (mais il n'y entrait, et encore avec autorisation, que trois sortes de personnes : des avocats en robe, des officiers et des journalistes). Ce n'étaient pas des officiers, au dire même de M. Chincholle; ce n'étaient pas des avocats; c'étaient, d'après lui, quatre messieurs! ces messieurs étaient donc des journalistes. Il est fort singulier que M. Chincholle, qui est un des doyens de la presse, n'ait pas connu un seul des journalistes auxquels je parlais (en admettant sa théorie, car je n'ai parlé à personne). M. Chincholle se promène dans cette foule. Il passe à côté du groupe où je suis; il ne s'y arrête évidemment pas, car je n'aurais pas laissé quelqu'un venir, sous mon nez, écouter ce que je disais. Je devais donc parler très haut, d'autant plus que M. Chincholle est sourd, d'après ce que m'ont dit tous ses amis. M. Chincholle m'entend dire cette chose extraordinairement grave, et il ne prend personne à témoin, parmi tous ceux qui avaient pu entendre, de ce que je viens de dire, et il ne le dit à personne; il ne soulève aucun incident. Il continue sa promenade solitaire dans cet endroit où il y avait au moins 500 personnes de sa connaissance et il repasse près du groupe où je suis, juste à point pour m'entendre faire un nouvelle déclaration capitale (celles des 80,000 francs du général Billot), toujours évidemment à très haute voix et entendue uniquement par M. Chincholle, dur d'oreille.

M. Chincholle a beaucoup d'imagination. Ce n'est pas la première fois : lorsque le général Boulanger quitta précipitamment Paris, et au moment où tout le monde se demandait où il était, le lendemain du départ du général M. Chincholle affirmait, en donnant sa parole, qu'il venait de déjeuner avec lui le matin même. Non seulement il l'affirmait verbalement, mais il l'affirmait par écrit, dans un article signé de lui, paru dans *le Figaro*. Il n'était pas plus véridique quand il parlait du général Boulanger que quand il parlait de moi.

J'ai fini pour M. Chincholle.

J'ai lu dans les journaux (car je n'apprends ces choses que par les journaux, et c'est par des bribes seulement, recueillies au hasard, que je puis savoir vaguement les noms de quelques-uns des témoins qui viennent déposer contre moi), j'ai lu, dis-je, que M. le général Guerrier avait été entendu. Je sais quels sont les sentiments de M. le général Guerrier; je demanderai de dire deux mots à ce sujet: j'ai été sous les ordres de M. le général Guerrier, qui était mon général de brigade; cet officier général avait donc comme devoir de m'étudier et de me connaître; voici les dernières notes qu'il m'a données, quelques semaines avant que je quittasse le service actif (fin 1896) :

« Notes du général de brigade. — Inspection générale de 1896 : Excellent chef de bataillon, dont la manière d'être et de servir ne laisse rien à désirer. Il est distingué, remarquablement doué, a du calme et du sang-froid, tout ce qu'il faut pour bien commander, et de l'avenir. »

C'est en même temps, lui qui, avec mon colonel, mon général de division et mon général de corps d'armée me proposait, pour la quatrième fois, pour officier de la Légion d'honneur et pour lieutenant-colonel. Comment le général Guerrier, qui me notait en de tels termes alors que j'étais sous ses ordres, en est-il arrivé à venir dire faussement, aussi que je vais le prouver, que j'avais falsifié mes services? Au cours du procès Zola, le ministère de la Guerre, prévenu des dispositions malveillantes du général Guerrier, avait fait passer une note à M. l'avocat général Van Cassel, pour mettre les choses au point. Voici l'ordre du régiment où j'ai été cité. La Cour n'aura qu'à s'adresser au Conseil d'administration du 135e régiment d'infanterie, à Angers, pour avoir la certification de ce document : « Ordre du régiment n° 82 ; 1er septembre 1881 ; un bataillon, faisant partie d'une colonne commandée par le lieutenant-colonel Coréard, a été attaqué par des Arabes en nombre cinq fois supérieur ; ils étaient embusqués dans un bois et un défilé qu'il fallait enlever à tout prix. La colonne Esterhazy a abordé la position de front. Les Arabes ont été délogés par cette attaque, conduite vigoureusement. Je suis heureux de pouvoir citer particulièrement... et M. le capitaine Esterhazy, qui, avec sa ligne de tirailleurs, s'est précipité dans le bois, en enlevant ses hommes avec un élan et un entrain remarquables. »

Comme tout effet a une cause, j'explique la déposition du général Guerrier par des animosités personnelles.

J'aurai une dernière déclaration à faire à la Cour ; ainsi que je l'ai dit lors de ma première comparution, je suis dans une situation abominable, exceptionnelle, pour employer le mot de M. le Président. L'autre jour, emporté par la vérité de la situation, un de MM. les Conseillers a prononcé le mot d'inculpation. Inculpé, je le suis, c'est-à-dire que je suis sous le coup d'une sorte d'instruction faite à mon encontre, et sans que je puisse connaître ni les charges ni la procédure, sans que je puisse faire entendre des témoins pour ma défense, ni avoir, au cours des débats, un avocat qui défende ma cause. Je le dis avec tout le respect que, descendant par ma mère d'une famille de vieux parlementaires, j'ai pour la Cour suprême ; mais je m'étais, d'après les journaux gallophobes que je lisais à l'étranger, fait de la situation d'accusé, que je subis dans des conditions inouïes, une opinion que de récents événements viennent de confirmer tristement pour moi. Dans ces conditions, j'ai l'honneur de déclarer que j'attendrai la réunion des Chambres de la Cour, demandée par le Gouvernement, pour faire, devant elles, ou leur adresser toutes les explications nouvelles que je juge devoir produire.

En conséquence de cette déclaration, la Cour décide qu'elle clôt la déposition du témoin, et lui fait savoir qu'elle avisera de cette clôture M. le Garde des sceaux.

Lecture faite de sa déposition par lui dictée et de la décision de la Cour, le témoin a persisté et signé avec nous.

Signé : Esterhazy, Lœw et Coutant.

Me Labori — J'aurais personnellement quelques questions, très courtes d'ailleurs, à poser, à propos de cette déposition, à différents témoins qui ont déjà déposé devant le Conseil. Si le Conseil le veut ; cela prendra quelques instants, peut-être cela pourra-t-il avoir lieu après la suspension de l'audience?

LE PRÉSIDENT. — Nous pourrions y procéder après la reprise de l'audience, à moins que les questions que vous avez à poser ne prennent peu de temps.

Me LABORI. — Cela prendra un certain temps, d'autant plus que je demanderai à M. le Président de vouloir bien, en vertu de son pouvoir discrétionnaire, et s'il croit le moment venu pour cela, faire encore lire quelques documents qui me paraissent véritablement le complément de cette déposition. Je les indique tout de suite: c'est d'abord les lettres au Président de la République signées Esterhazy, et ensuite peut-être les trois articles signés « Dixi » ou tout au moins le premier article « Dixi » intitulé LE COMPLOT, qui a paru le 15 novembre 1897, et qui, je crois, a une très grande importance au point de vue de l'affaire et de l'ensemble des manœuvres qui ont été révélées par le commandant Esterhazy.

LE PRÉSIDENT. — Comme cela doit durer un certain temps, nous allons suspendre la séance pendant quelques minutes.

La séance est suspendue à 9 heures 30.

La séance est reprise à 9 heures 45.

LE PRÉSIDENT, *à Me Labori.* — Vous avez manifesté l'intention de poser des questions à certains témoins.

Me LABORI. — Oui, monsieur le président. J'ai aussi à exprimer au Conseil le désir qu'on lise les lettres du commandant Esterhazy au Président de la République, et au moins le premier des articles signés Dixi. Je suis aux ordres du Conseil pour procéder dans l'ordre qui lui conviendra.

LE PRÉSIDENT, *au greffier.* — Veuillez donner lecture des lettres au Président de la République.

LE GREFFIER COUPOIS. — J'envoie chercher le dossier Esterhazy que je n'ai pas ici; je ne l'ai pas apporté.

LE PRÉSIDENT, *à Me Labori.* — Avez-vous ces lettres?

Me LABORI. — Je les ai dans un memento : *Répertoire de l'affaire Dreyfus*; elles sont certainement authentiques, il y en a trois.

LE GREFFIER COUPOIS *donne lecture des trois lettres d'Esterhazy au Président de la République :*

PREMIÈRE LETTRE

Paris, le 29 octobre 1897.

Monsieur le Président de la République,

J'ai l'honneur de vous adresser le texte d'une lettre anonyme qui m'a été envoyée le 20 octobre 1897.

C'est moi qui suis visé dans cettre lettre comme étant la victime choisie. Je ne veux pas attendre que mon nom ait été livré à la publicité pour savoir quelle sera l'attitude de mes chefs. Je me suis donc adressé à mon chef et protecteur naturel, M. le ministre de la Guerre, pour savoir s'il me convoquerait au moment où mon nom serait prononcé.

M. le ministre n'a pas répondu. Or, ma maison est assez illustre dans les fastes de l'histoire de France et dans celles des grandes Cours européennes, pour que le gouvernement de mon pays ait le souci de ne pas laisser traîner mon nom dans la boue.

Je m'adresse donc au chef suprême de l'armée, au Président de la République. Je lui demande d'arrêter le scandale, comme il le peut et le doit.

Je lui demande justice contre l'infâme instigateur de ce complot, qui a livré aux auteurs de cette machination les secrets de son service pour me substituer à un misérable.

Si j'avais la douleur de ne pas être écouté du chef suprême de mon pays, mes précautions sont prises pour que mon appel parvienne à mon chef de blason, au suzerain de la famille Esterhazy, à l'empereur d'Allemagne. Lui est un soldat et saura mettre l'honneur d'un soldat, même ennemi, au-dessus des mesquines et louches intrigues de la politique.

Il osera parler haut et ferme, lui, pour défendre l'honneur de dix générations de soldats.

A vous, monsieur le Président de la République, de juger si vous devez me forcer à porter la question sur ce terrain. Un Esterhazy ne craint rien ni personne, sinon Dieu. Rien ni personne ne m'empêchera d'agir comme je le dis, si on me sacrifie à je ne sais quelles misérables combinaisons politiques.

Je suis, avec le plus profond respect, etc.

ESTERHAZY,
Chef de bataillon d'infanterie.

Esterhazy ajoute :

« Le lendemain, ou jours suivants, comme le Président de la République n'avait pas répondu, on me fit faire la lettre du *document libérateur* » (liasse 5, dossier 2, cote H.) :

DEUXIÈME LETTRE

31 octobre 1897.

Monsieur le Président de la République,

J'ai la douleur de constater que ni le chef de l'État ni le chef de l'armée n'ont eu un mot d'appui, d'encouragement ou de consolation à envoyer en réponse à un officier supérieur qui mettait entre leurs mains son honneur menacé. Je sais que des considérations de politique parlementaire empêchent le gouvernement de faire une déclaration franche et nette, me mettant hors de cause et arrêtant pour jamais les défenseurs de Dreyfus.

Je ne veux pas que les services rendus à la France pendant cent soixante ans par cinq officiers généraux dont je porte le nom, que le sang versé, que la mémoire des braves gens en face de l'ennemi, le dernier tout récemment encore, tout cela soit payé d'infamie, pour servir de pareilles combinaisons et sauver un misérable. Je suis acculé à user de tous les moyens en mon pouvoir.

Or, la généreuse femme qui m'a prévenu de l'horrible machination ourdie contre moi par les amis de Dreyfus, avec l'aide du colonel Picquart, a pu me procurer, depuis, entre autres documents, la photographie d'une pièce qu'elle a réussi à soutirer à cet officier. Cette pièce, volée dans une légation étrangère par le colonel Picquart, est des plus compromettantes pour certaines personnalités diplomatiques. Si je n'obtiens ni appui ni justice, et si mon nom vient à être prononcé, cette photographie, qui est aujourd'hui en lieu sûr à l'étranger, sera immédiatement publiée.

Excusez-moi, monsieur le Président, d'avoir recours à ces moyens si peu dans mon caractère, mais songez que je défends bien plus que ma vie, plus que mon honneur, l'honneur d'une famille sans tache, et dans cette lutte désespérée où tous les appuis me manquent, où ma cervelle éclate, je suis obligé de faire arme de tout.

Je suis, avec le plus profond respect, etc.

Esterhazy,
Chef de bataillon d'infanterie.

TROISIÈME LETTRE

Paris, 5 novembre 1897.

Monsieur le Président de la République,

Excusez-moi de vous importuner encore une fois, mais je crains que M. le ministre de la Guerre ne vous ait pas communiqué mes dernières lettres, et je tiens à ce que vous connaissiez bien la situation. C'est d'ailleurs la dernière fois que je m'adresse aux pouvoirs publics. La femme qui m'a mis au courant de l'odieuse machination ourdie contre moi m'a remis entre autres une pièce qui est une protection pour moi, puisqu'elle prouve la *canaillerie de Dreyfus*, et un danger pour mon pays, parce que sa publication avec le facsimilé de l'écriture forcera la France à s'humilier ou à faire la guerre.

Vous qui êtes au-dessus des vaines querelles de parti où mon honneur sert de rançon, ne me laissez pas dans l'obligation de choisir entre deux alternatives également horribles.

Forcez les Ponce Pilate de la politique à faire une déclaration nette et précise, au lieu de louvoyer pour conserver les voix des amis de Barrabas. Toutes les lettres que j'ai écrites vont arriver entre les mains d'un de mes parents qui a eu l'honneur, cet été, de recevoir deux empereurs.

Que pensera-t-on, dans le monde entier, quand on va connaître la lâche et froide cruauté avec laquelle on m'a laissé me débattre dans mon agonie, sans appui, sans un conseil! Mon sang va retomber sur vos têtes. Et lorsque sera publiée la lettre que le gouvernement connaît, et qui est une des preuves de la culpabilité de Dreyfus, que dira le monde entier de cette misérable tactique parlementaire qui a empêché d'imposer silence à la meute par quelques mots énergiques?

Je pousse le vieux cri français : « Haro à moi, mon prince, à ma rescousse! » Je vous l'adresse à vous, monsieur le Président, qui, avant d'être le chef de l'Etat, êtes un honnête homme et qui devez au fond de votre âme être profondément écœuré de la lâcheté que vous voyez.

Qu'on me défende, et je renverrai la pièce au ministre de la Guerre sans que personne au monde y ait jeté les yeux; mais qu'on me défende vite, car je ne puis plus attendre, et je ne reculerai devant rien pour la défense ou la vengeance de mon honneur indignement sacrifié.

Je suis, etc.

ESTERHAZY.

LE PRÉSIDENT, *à Me Labori.* — Avez-vous d'autres pièces à faire lire?

Me LABORI. — Je voudrais qu'on lût les articles *Dixi;* le premier article surtout, — les deux autres sont très courts, — c'est celui intitulé *Le Complot.* Je me permets de le signaler à MM. les membres du Conseil, il est d'ailleurs assez difficile à trouver dans ce volumineux dossier; c'est pour cela que je me permets d'en demander la lecture. Au moment de la dénonciation de M. Mathieu Dreyfus, a paru dans la *Libre Parole* l'article que M. le greffier va lire et dont, du reste, l'inspiration est aujourd'hui connue puisqu'il y a eu des révélations à ce sujet.

LE GREFFIER COUPOIS *donne lecture de l'article signé Dixi (paru dans la* Libre Parole *du* 16 *novembre* 1897) *et du post-scriptum qui l'accompagne :*

Le *Figaro* publiait hier matin un article renfermant les principaux éléments du dossier Scheurer-Kestner.

Cette publication nous décide à sortir de la réserve que nous nous étions imposée, à dévoiler les dessous du machiavélique complot ourdi par la juiverie pour sauver son Dreyfus.

Ce sont des documents et un témoignage irrécusables que nous apportons : les initiales cachent des noms que nous connaissons.

Le gouvernement était au courant de ces machinations; il aura donc sa large part de responsabilité dans l'infamie que nous dénonçons à l'opinion, — N. D. L. R.

Les journaux ont publié dans ces derniers temps les renseignements les plus divers et les plus inexacts sur l'affaire Dreyfus.

Une personne qui a été mêlée très intimement sinon à cette affaire, du moins aux tentatives faites pour réhabiliter Dreyfus, s'est décidée à livrer à la publicité des renseignements définitifs qu'on pourra contester dans certains détails, mais dont le fond est rigoureusement exact.

ORIGINE DU COMPLOT

L'âme du complot, celui qui a ourdi la machination dont M. Scheurer-Kestner a été la victime crédule, est une personne que nous désignerons provisoirement par X. Y. et qui est un haut fonctionnaire du ministère de la Guerre.

Dès le mois de décembre 1894, pendant le procès, X. Y. laissait entendre à une femme qu'il courtisait que certains de ses parents d'Alsace, Juifs, disait-il, lui avaient fait des ouvertures pour prendre la défense de Dreyfus.

Plus tard, X. Y., pressenti de nouveau, tenta, mais en vain, de faire tomber les soupçons sur un officier dont l'écriture avait quelque analogie avec celle du traître.

Enfin, lorsque Dreyfus eut pu révéler les moyens de lui chercher un remplaçant, c'est-à-dire à la fin de 1895, les partisans de Dreyfus firent des propositions définitives, et, en février 1896, le pacte fut conclu.

X. Y., muni d'avances considérables, entra alors en campagne.

Mais il convient de donner ici quelques explications sur les correspondances de Dreyfus.

CORRESPONDANCE DE DREYFUS

Malgré l'active surveillance du ministère des Colonies, surveillance très vigilante, il faut le reconnaître, Dreyfus n'a jamais cessé de correspondre occultement avec la France. Nous n'insisterons pas sur ce qu'il a pu faire à l'époque où il avait pour geôlier cet étrange *commandant* dont parlait l'*Intransigeant,* qui passait son temps à se *documenter* et qui s'est si bien *documenté* pendant toute sa vie qu'on n'osa pas le destituer malgré sa conduite extraordinaire.

Ce qui est certain, c'est que, pendant cette entrevue entre Dreyfus et sa famille, qu'on eut la stupidité de tolérer, il manigança un système de correspondance occulte dont le seul défaut était d'être très lent. Néanmoins, à la fin de 1894, il avait réussi à donner tous les détails nécessaires à l'exécution de la machination dont il espérait sortir réhabilité.

LE RÉPONDANT

Dreyfus, en effet, s'était alors décidé à révéler le procédé employé par lui, dans ses correspondances avec l'étranger, pour se protéger contre une surprise.

Voici ce procédé.

Il écrivait ses correspondances sur un papier transparent, de manière à décalquer telle ou telle écriture ressemblant à la sienne. Il se couvrait ainsi, il est facile de le comprendre, contre toutes les éventualités.

On conçoit donc l'attitude des experts au moment du procès : les uns se sont prononcés nettement et ont reconnu la main de Dreyfus ; les autres, moins habitués aux trucs des calqueurs, ont hésité.

Néanmoins, la main de Dreyfus, si habile qu'elle ait été, s'est trahie manifestement sur plusieurs points ; quelques-uns figurent dans une brochure récemment vendue sur les boulevards.

Quant aux experts franco-belgo-suisso-anglais et autres, qu'on nous sort maintenant, on nous permettra de dire qu'il y a un bruit métallique trop sonore dans l'air pour qu'on ait une foi absolue en leur indépendance.

Il n'en est pas de même de l'indépendance de MM. Charavay et autres, qui ignoraient le nom de la personne dont ils ont analysé l'écriture [1]. — Un hasard, dont on a retrouvé la trace, fit découvrir à Dreyfus une écriture ayant avec la sienne des similitudes assez sensibles.

Cette écriture appartenait à une personne que Dreyfus ne connaissait pas personnellement. Il était donc indispensable de se procurer habilement un échantillon d'écriture assez volumineux pour pouvoir y calquer des syllabes, même des mots entiers, dans des conditions particulières.

Par une manœuvre dont on connaît tous les détails, dont le gouvernement est instruit et qu'on divulguera en temps et lieux pour la confusion des défenseurs du traître, il réussit, en février 1893, à se procurer une notice de six pages environ de cette écriture renfermant un nombre notable de termes reproduits précisément dans le bordereau.

Désormais il pouvait opérer à son aise. Il était assuré, croyait-il, de l'impunité, il avait un répondant sur lequel il comptait bien, le cas échéant, égarer les soupçons.

LA MACHINATION

L'événement ne réalisa pas ses espérances. Par suite de circonstances restées jusqu'ici incomplètement expliquées et qui tenaient sans doute à ce qu'il ne connaissait pas personnellement son répondant, Dreyfus ne réussit pas à le mettre en cause au moment du procès. Ce n'est que plus tard qu'il se décida à donner le nom de ce répondant pour en faire la victime à lui substituer ; plus tard encore qu'il y ajouta les indications nécessaires.

X. Y. fut définitivement embauché en février 1896.

X. Y. entra en campagne, soudoya des subalternes, se procura de l'écriture de la victime, s'acharna pendant des mois entiers à le compromettre, comme on l'expliquera ailleurs, avec l'aide de copains immondes.

1. On s'explique ainsi pourquoi on insiste tant dans le syndicat Dreyfus pour soutenir que l'écriture du bordereau est de l'écriture courante.

L'homme visé était léger, insouciant, la main et le cœur ouverts, mais dans sa vie toute au grand jour, trop au grand jour, rien de suspect. On le poussa dans le désordre pour provoquer une défaillance, on n'obtint rien.

Il fallait autre chose. X. Y., s'en chargea.

Il ne s'attarda pas à ce fait que la victime n'avait même pas pu connaître les documents énumérés dans le bordereau, sauf un seul qu'un juif lui avait prêté postérieurement aux événements.

D'un prodigue, X. Y. voulut faire un traître; il lui attribua le bordereau.

Pour cela, il constitua un dossier dans lequel il introduisit :

1° Les spécimens d'écriture achetés à des subalternes;

2° Des pièces fausses provenant soi-disant d'une ambassade;

3° Une pièce compromettante, émanant soi-disant de la victime, adressée à un diplomate et fabriquée avec un art merveilleux, si merveilleux que X. Y. eut le tort sans doute d'en rêver tout haut. Il y a des oreilles si indiscrètes!

Est-ce tout, monsieur Scheurer-Kestner?

Ah! j'oubliais, il y avait encore quelques pièces, une, entre autres, compromettante pour Dreyfus; cette dernière a été retirée depuis; elle se retrouvera peut-être.

Ce dossier put heureusement être compulsé par quelqu'un qui s'était associé de bonne foi d'abord à cette œuvre, et qui, écœuré enfin de tant d'ignominie, prévint la victime.

PREMIÈRE CAMPAGNE

Au mois de septembre 1896, tout était prêt. On lança l'inévitable canard avant-coureur : l'évasion de Dreyfus. La brochure Bernard Lazare suivit. Cette brochure avait été faite en partie à l'aide des documents livrés par X. Y.

Bernard-Lazare niera sous sa rubrique familière :

« Y a-t-il eu des documents livrés? *Oui.* »

« Ont-ils été livrés par X. Y.? *Non.* »

Eh bien! *Si*, monsieur Bernard Lazare! ne vous en déplaise.

Néanmoins, la tentative avorta piteusement, à la suite du départ de X. Y., qui fut éloigné de Paris sous un prétexte qu'on n'a pas encore pu élucider.

Le syndicat Dreyfus fut dérouté par cette absence qui lui coupait ses moyens d'informations; on attendait une occasion plus favorable.

DEUXIÈME CAMPAGNE

Au mois de juin de 1897, X. Y. revint à Paris; il vit personnellement son syndicat et eut des conférences interminables avec M. Scheurer-Kestner, dont il réussit à surprendre la bonne foi. On sait le reste...

. . . .

Aujourd'hui, la mèche est éventée; on aura beau entasser Scheurer sur Kestner, Crépieux sur Jamin et Marneff sur Monod, on ne fera jamais gober, même en y mettant le prix, le coup du bordereau calqué sur soi-même par un simili-Dreyfus, ignorant comme une carpe des choses savantes qui s'y trouvent énumérées.

Ce bordereau, d'ailleurs, comme l'a fort bien dit l'*Intransigeant*, n'a qu'une très minime importance dans un ensemble de faits précis. On a beau ergoter sur le bordereau, Dreyfus est un traître. Le gouvernement le sait, et, pour ménager un groupe politique dont l'appui et l'argent lui sont nécessaires pour ses élections, il hésite à le proclamer hautement.

Ce n'est ni très crâne ni très honnête, car, en définitive, le général Billot sait tout cela depuis longtemps, mieux que personne. Il a pris des engagements à la tribune l'année dernière, et on pouvait l'enfermer dans ce dilemme :

« Ou le répondant de Dreyfus était le coupable, et vous auriez dû le poursuivre après vos longues enquêtes : ou il est innocent, et vous n'auriez pas dû vous contenter d'une disgrâce discrète pour son calomniateur traître et félon. Vous savez parfaitement que le répondant existe et qu'il est innocent. Ayez le courage de le dire au lieu de faire l'ignorant. Que le politicien ne prime pas le soldat. »

Quoi qu'il en soit, M. Scheurer-Kestner peut ouvrir ses cartons et les donner au garde des sceaux; la victime n'est ni morte ni en Suisse; elle fera voir qu'elle est en chair et en os et elle attend de pied ferme la stupide accusation du vieux pharisien, étayée sur d'immondes canailleries dont elle tient la clef.

A bon entendeur, salut.

DIXI.

P. S. — L'article du *Figaro* de ce matin parle d'un délai de quinze jours, nécessaire pour constituer le dossier par une personnalité juridique.

Le dossier est prêt depuis longtemps. Cette personnalité juridique étant de complicité avec X. Y., et tombant comme elle sous le coup de la loi sur l'espionnage, une perquisition chez cette personnalité aurait permis de s'en assurer depuis longtemps. Le véritable but que l'on cherche, c'est de gagner du temps pour préparer le public à accepter cette abominable machination et à cause de la difficulté des communications avec X. Y., que le gouvernement tient éloigné sans toutefois oser le frapper.

LE GÉNÉRAL GONSE. — J'aurais quelques observations à présenter sur la déposition du commandant Esterhazy. Je suis à la disposition du Conseil.

LE PRÉSIDENT. — Mon général, veuillez venir à la barre.

LE GÉNÉRAL GONSE. — J'ai déposé très longuement au sujet de cette déposition du commandant Esterhazy, attendu qu'elle se lie avec l'affaire du colonel du Paty de Clam ; devant le capitaine Tavernier, rapporteur à Paris, j'ai déposé pendant 7 jours de suite, répondant à toutes les questions qu'on m'a posées. Je ne dirai pas au Conseil, ou du moins je n'entrerai pas dans les mêmes détails devant le Conseil, parce qu'en définitive cela durerait beaucoup trop longtemps ; j'indiquerai seulement au Conseil les points principaux qui semblent devoir répondre à la déposition du commandant Esterhazy.

Le commandant Esterhazy prétend qu'il était l'homme de l'État-major. J'ai déjà dit, dans ma dernière déposition devant le Conseil, qu'il n'était pas l'homme du colonel Sandherr, et pas davantage l'homme de l'État-major. Ceci se passait en 1894.

Maintenant, nous allons passer aux relations qui ont eu lieu en 1897 ; à cette époque-là, il s'est passé en effet pas mal de choses assez intéressantes. Il s'est passé notamment l'entrevue de Montsouris, dont on a parlé tout à l'heure. Cette entrevue de Montsouis, je ne l'ai connue, moi, sous-chef d'État-major, chef du colonel Henry et du colonel du Paty de Clam, qu'au mois de juillet 1898. C'est vous dire que ces messieurs nous ont laissés, moi et le chef d'État-major, complètement en dehors de tout ce qu'ils faisaient ; et je ne l'ai su que d'une façon tout à fait accidentelle.

A ce moment-là, M. Cavaignac, qui était ministre de la Guerre, interrogeait très longuement le colonel du Paty de Clam pour savoir ce qui s'était passé, et, après l'avoir interrogé, comme le colonel du Paty de Clam avait probablement dit qu'il était accompagné à Montsouris par l'archiviste Gribelin, il convoqua ce dernier.

Ce jour-là, j'étais dans le bureau du colonel Henry ; l'archiviste Gribelin dit au colonel Henry : « Je m'en vais chez le ministre. » Je fus étonné, et je lui demandai : « Qu'est-ce que vous allez faire chez le ministre? » Gribelin dit : « Le ministre me demande ; il interroge le colonel du Paty de Clam, il me demande, je vais y aller. » Henry eut un moment d'étonnement ; il parut surpris et je dis à Gribelin : « Mais enfin qu'est-ce que vous allez faire chez le ministre? » Gribelin me dit : « Je vais tout naturellement chez le ministre, qui va m'interroger sur l'affaire de Montsouris. — Quelle affaire de Montsouris? » Gribelin dit, s'adressant au colonel Henry : « Le général ne sait donc rien? » Henry, très embarrassé, dit : « Non, il ne sait rien. »

Ils m'expliquèrent ce qui s'était passé, et je dis à ces messieurs qu'en réalité il était bien extraordinaire que ce soit au mois de juillet que j'apprenne ce qui s'était passé au mois d'octobre, les relations extraordinaires qui avaient été entamées avec Esterhazy. J'en fis l'observation très nette et très vive au colonel Henry. Enfin, c'est pour vous indiquer, n'est-ce pas, les conditions dans lesquelles cela s'était passé.

Le colonel du Paty avait été mon adjoint. En effet, au mois d'octobre, au moment où cette campagne commençait, si vive et si ardente, quand on recevait différentes lettres, des lettres anonymes, après cela des lettres d'Esterhazy, qu'il fallait écrire aux uns et aux autres, le ministre de la Guerre avait, avec juste raison, voulu que cela fût très secret, et il me prescrivit de prendre moi-même en main toute cette correspondance. Comme je ne pouvais pas faire cela moi-même, je voulus prendre un officier d'État-major. Je comptais sur la discrétion absolue de tous les officiers commissionnés et je pris le colonel du Paty de Clam. Ce fut une fâcheuse inspiration, je l'avoue, mais je le pris parce que le colonel du Paty, à ce moment, était au 3e bureau et était prêt à en sortir. Il allait passer comme chef au 2e bureau, par conséquent il allait passer sous mes ordres; il n'avait presque rien à faire au 3e bureau; il allait prendre le 2e ; il était donc pour ainsi dire haut le pied. Par conséquent, il m'a semblé naturel de le prendre avec moi, de le faire travailler dans mon bureau. Je le prévins peut-être le 15, ou le 16, ou le 17 octobre, à peu près dans ces environs-là, qu'il allait venir avec moi, et je l'ai pris quelques jours après.

Je lui expliquai ce que j'allais lui demander, je lui dis qu'il fallait faire un travail secret dans mon bureau et que je comptais naturellement sur sa discrétion. C'est à la suite de cette première entrevue ou de ce premier entretien avec moi qu'il prépara l'entrevue de Montsouris absolument à mon insu, comme je viens de le dire. Voilà comment nous avons commencé nos relations avec le colonel du Paty de Clam et j'en suis d'autant plus sûr qu'à ce moment je lui fis ouvrir un registre secret confidentiel en attirant son attention dessus, lui disant qu'il ne fallait pas le faire tenir par un secrétaire, mais le tenir lui-même. Souvent j'enregistrais les dépêches qui arrivaient, les lettres que nous préparions pour le ministre, soit moi, soit lui. Ceci est pour vous dire que ce registre avait un caractère absolument secret et que le travail que nous faisions ensemble l'était également. Personne au monde ne devait le savoir que lui et moi. Par conséquent, l'entrevue de Montsouris m'a échappé complètement.

Sur ces entrefaites, nous recevons, ou du moins c'est le général chef d'État-major qui les reçoit, deux lettres anonymes, qui existent au dossier de l'enquête Tavernier; l'une est du 21, la seconde doit être du 26 ou du 27 octobre. Elles expliquaient d'une façon très nette et très précise quelle était la campagne qui commençait. Cela nous surprit étrangement; d'où venaient-elles? Nous ne pouvions pas nous en douter. Mais au service des renseignements, le colonel Henry en fut très agité et très tourmenté. Je rendis compte au ministre qui, à ce moment, ne prit aucune décision ; c'était à moi de lui faire une proposition. Le service des renseignements étant très agité ou du moins son chef, — je veux dire celui qui était à la tête parce que c'était moi le chef, et le colonel Henry était mon bras droit, — le colonel Henry, dis-je, était très agité. Alors, j'avoue que le moyen n'était pas fameux, ils proposèrent — ou plutôt il proposait— de répondre par une lettre anonyme qu'on aurait envoyé à Esterhazy en lui disant : « Restez tranquille ; si vous n'avez rien à vous reprocher, cela va très bien. » (*Rumeurs*).

Je présentai cette lettre au ministre; ceci devait se passer à la fin d'octobre ou au commencement de novembre, mais je crois plutôt que c'était dans les derniers jours du mois d'octobre. Le ministre refusa d'employer ce moyen, et dans le fait, il avait parfaitement raison. Donc, je rapportai cette lettre; je l'ai retrouvée à l'instruction Tavernier, elle m'a été présentée, elle existe au dossier, je l'ai conservée, et j'y écrivis de ma main : « A conserver, à ne pas envoyer, ordre du ministre; » je l'ai remise ainsi à ces messieurs. Par conséquent c'était bien clair, on ne devait pas employer de moyens particuliers avec Esterhazy. Tout cela se passait toujours après l'entrevue de Montsouris que j'ignorais complètement.

J'ai alors dit à ces messieurs : « Le ministre ne veut pas que l'on envoie cette lettre, il est indispensable que vous n'ayez aucune espèce de relations ni directes ni indirectes avec Esterhazy; il va être évidemment l'objet de plaintes, de dénonciations peut-être... — Je ne sais pas si à ce moment-là la plainte de M. Mathieu Dreyfus était arrivée, mais c'était dans les environs et cela se sentait. — Il va être remis entre les mains de l'autorité militaire; c'est à l'autorité militaire à marcher. »

Eh bien, je dois le dire, ces messieurs en définitive nous ont suivi, ou tout au moins le colonel du Paty de Clam ; pour Henry, je ne sais pas ce qu'il a fait, il ne l'a jamais dit, nous ne savons pas ce qu'il a fait maintenant qu'il est mort ; mais, pour le colonel du Paty de Clam, nous devions savoir d'une façon très nette et très ferme qu'il ne devait avoir aucune relation avec le commandant Esterhazy.

C'est à peu près à ce moment-là que le colonel du Paty me dit : « Mais j'ai comme voisin de cercle M. de Nettancourt, beau-frère d'Esterhazy ; je le rencontre quelquefois à mon cercle, est-ce que je puis lui parler ? — Est-ce un homme honorable ? lui répondis-je. — Oui, c'est un homme honorable, il est membre du cercle. (*Rires.*) — S'il est honorable, on peut lui dire tout naturellement que si son beau-frère n'a rien à se reprocher, il n'y a rien à craindre. »

Voilà les seules relations que j'ai permises. C'était des relations d'homme du monde à homme du monde, il n'y avait pas besoin de lui en dire davantage.

A quelques jours de là, le colonel du Paty me dit que M. de Nettancourt était parti pour la campagne et qu'il ne pouvait s'occuper de rien. C'était très bien. L'affaire en resta là.

Nous reviendrons tout à l'heure à d'autres communications avec Esterhazy, qui dans sa longue déposition devant la Chambre criminelle, raconte beaucoup de choses. Je ne le suivrai pas sur ce terrain. Nous en aurions pour une journée entière pour lutter avec lui et le confondre.

Il a dit seulement que le général de Pellieux prenait ses inspirations à l'État-major pendant tout le temps qu'a duré son instruction, qu'on lui donnait des renseignements et des indications. Eh bien, ceci est absolument faux, c'est absolument contraire à la vérité et je puis le déclarer de la façon la plus nette au Conseil, parce que le général de Pellieux, tout le monde le sait, a demandé une enquête au Gouvernement il n'y a pas très longtemps ; cette enquête lui a été accordée, elle a été faite par le général Duchesne.

J'ai été appelé à répondre aux demandes de renseignements que m'a faites M. le général Duchesne et j'ai déclaré de la façon la plus ferme et la plus nette, et en cela je me suis trouvé d'accord avec le général de Pellieux, ce qui n'a rien d'extraordinaire, puisque nous étions tous les deux dans la vérité, j'ai déclaré que j'avais vu le général de Pellieux une fois au début de son enquête, lorsqu'il était venu me trouver par ordre du gouvernement de Paris. Il avait d'abord été annoncé par le gouvernement au chef d'État-major de l'armée.

C'était pour me demander certains renseignements et pour voir quelles étaient les pièces du dossier que j'avais entre les mains et qui pouvaient lui être utiles pour son enquête.

Je le reçus donc tout à fait à ciel ouvert et nos relations étaient des relations absolument de service.

Je montrai au général de Pellieux les pièces qui pouvaient lui être utiles ; il les examina, les choisit, et je les lui fis envoyer deux ou trois jours après par bordereau officiel signé du ministre. Le ministre exigea que sa signature fût mise sur le bordereau et envoyé au gouverneur de Paris.

Depuis lors, je n'ai plus vu et nous n'avons plus vu, le général de Pellieux à l'État-major jusqu'après son enquête, et bien au delà.

Je tenais à préciser ce point devant le Conseil pour indiquer quelle est la valeur des renseignements donnés par Esterhazy.

J'ai donné tous les renseignements à l'enquête du général Duchesne.

Esterhazy prétend aussi que nous avions comme avocat et comme conseil son propre avocat, Me Tézenas.

C'est absolument faux. J'ai vu Me Tézenas pour la première fois au procès Zola. Il y avait beaucoup de monde dans la salle des témoins à ce procès qui a duré près de 15 jours et par conséquent nous n'étions pas comme des emmurés cachés dans un coin, nous avons causé, et il n'y avait pas de mal, avec un grand nombre de personnes, et avec beaucoup d'avocats dont je pourrais citer les noms qui venaient nous témoigner leur sympathie, non seulement dans la salle d'audience, pendant les suspensions, mais même dans la salle des témoins.

Me Tézenas est venu me parler, lui aussi, et je n'ai fait aucune différence entre sa conversation et celle des autres avocats. (*Rires.*) on ne peut pas m'imputer cela à crime.

Mais Esterhazy qui a vu cela en fait des romans.

Je me suis bien gardé au procès Zola et beaucoup d'officiers également se sont gardés de causer familièrement avec Esterhazy. (*Mouvement.*) Dès cette époque je le considérais comme un personnage compromettant, et je n'avais pas tort.

J'arrive à son enquête.

Pendant qu'on faisait l'instruction au Conseil de guerre, j'ai autorisé, je dois le dire, le colonel du Paty de Clam à voir Me Tézenas une fois ou deux, et voici dans quelles circonstances.

Le ministre de la Guerre voulait avoir des renseignements sur Esterhazy, il voulait être fixé sur ce qu'il faisait. C'était encore une chose bien naturelle.

Le ministre voulait être renseigné ; moi, chef du service des renseignements, je devais prendre des renseignements à mon tour sur Esterhazy pour savoir ce qu'il faisait, qui il fréquentait. Esterhazy était un accusé qui n'était pas ordinaire ; il avait été laissé en liberté, — chose qui nous échappe encore complètement, — par ordre du gouverneur de Paris, le général Saussier. (*Mouvement prolongé.)* Or, je ne sache pas que le général Saussier, généralissime très haut placé au-dessus de nous, aurait accepté un conseil quelconque des officiers de l'État-major général ; je connais assez les allures de commandement du général Saussier, très élevé au-dessus de nous et qui n'aurait pas accepté — à très juste raison du reste — les observations ou les renseignements qu'on aurait pu lui donner. Donc, si Esterhazy a été laissé en liberté, c'est sur l'ordre du général Saussier et l'État-major de l'armée n'y était absolument pour rien, je tiens à le déclarer très nettement. Ainsi, le ministre voulait savoir ce que faisait Esterhazy, quels étaient ses sentiments. Je dis à du Paty : « Voyez donc M. Tézenas et causez avec lui d'une façon discrète. »

Je crois que le colonel du Paty le vit deux fois, et puis, comme en définitive je trouvais le colonel du Paty un peu ardent, et, je dois le dire, un peu léger dans sa manière d'être, je laissai tomber ces relations. Voilà la seule chose que j'ai autorisée avec du Paty, en dehors de M. de Nettancourt. Maintenant, au moment de l'interpellation de M. de Mun à la Chambre, je crois que c'était dans les premiers jours de décembre, le chef d'État-major fut indigné de ce qui se passait et voulut faire tout de suite une lettre de protestations; il la fit et me la montra, cela se passait vers 11 heures du matin, au moment où il allait chez le ministre de la Guerre; il voulait porter la lettre tout de suite, il me la montra.

J'ai eu cette idée : Mais enfin il faut, avant de l'envoyer, demander au colonel du Paty de Clam ; il est léger, ardent, un peu imprudent; n'aurait-il pas fait quelques démarches compromettantes? Nous entendions dans les journaux toutes ces histoires de femme voilée, etc...

Avant de partir pour déjeuner, je voulus prévenir le colonel du Paty, je lui dis : « Voilà la lettre que le chef d'État-major a envoyée au ministre ; nous sommes bien d'accord, il n'y a pas eu d'imprudence de votre part? » Il me répondit : « Oui, mon général. »

La lettre a été envoyée.

Voilà, messieurs, comment nous avons été compromis, — je puis le dire aujourd'hui, puisqu'en définitive le colonel du Paty de Clam a été l'objet d'une ordonnance de non-lieu. Par conséquent, je ne charge pas un accusé; mais enfin je dois dire très carrément au Conseil la vérité, sans m'arrêter aux conséquences, cela m'est absolument égal ; je suis en demi-solde, en disponibilité. Je ne réclame rien; mais il y a quelque chose qui domine tout cela, c'est mon honneur, et c'est lui que je défends devant le Conseil en lui donnant ces explications très franches et très nettes.

Je les ai données à M. le rapporteur Tavernier très longues. J'ai répondu à toutes ses questions et il m'en a posé de très nombreuses. J'en ai même provoqué et je lui ai dit : « Je veux la lumière, demandez-moi tout ce que vous voudrez, je répondrai. »

Je résume ma déposition devant le Conseil.

Le commandant Esterhazy jette la bave sur nous, sur moi, ça m'est égal ; d'autres en ont jeté aussi; mais enfin je tenais à dire cela au Conseil, quoique je n'aime pas à me mettre en avant.

Esterhazy a également parlé de son duel, et il a prétendu que je lui avais donné des témoins. C'est encore faux. Je vais expliquer au Conseil comment cela s'est passé. C'était quelque temps après le procès Zola, au moment où le colonel Henry devait avoir un duel avec le colonel Picquart. Il y avait eu échange de témoins, ou du moins Henry avait constitué ses témoins. Ce jour-là, Henry vint me trouver chez moi, le matin; à peu près vers huit heures, et il me dit : « Esterhazy est avec moi. » C'était la première fois que je voyais Esterhazy directement. Je dis à Henry : « Cela m'ennuie ; pourquoi me l'amenez-vous? » Il me répondit : « Mon général, je vous l'amène, parce qu'il y a une question de témoins à régler entre le duel d'Esterhazy et le mien : il est venu me voir pour me demander la priorité sur mon duel, et je voudrais régler immédiatement cette question-là. »

Henry était hésitant; il voulait régler cette question. Il me demandait un conseil, et je ne crus pas devoir le lui refuser. Esterhazy était absolument acquitté, mais enfin ce n'était pas une bête mauvaise, et par conséquent je n'avais pas de raison pour ne pas le recevoir avec un témoin, avec Henry. Enfin, je l'ai reçu. Il me raconta son affaire, m'expliqua qu'il voulait être le premier à se battre avec Picquart. Il avait demandé la priorité. Je lui répondis : « C'est une question à régler entre vous; cela ne me regarde pas. » Mais Esterhazy me demanda de lui constituer des témoins et de les prendre dans l'État-major. Je n'y vis aucune espèce de malice, comme on dit vulgairement. Je trouvai cependant la chose extraordinaire, je lui dis très franchement et très nettement : « Jamais je ne vous donnerai de témoins pris dans l'État-major. » J'eus l'idée en effet, à ce moment, que cela nous compromettrait et serait très mal vu. Le ministre ne voudrait pas et les officiers que j'aurais autorisés seraient compromis.

Je lui dis moi-même : « Prenez un officier de votre régiment ou parmi les membres du Conseil de guerre qui vous ont examiné et qui, par conséquent, sont en mesure, s'ils le jugent à propos, d'être vos témoins.

Il prit un commandant et un colonel dont je ne me rappelle plus les noms.

Henry était très hésitant et alors, voyant qu'Henry était hésitant et qu'il pouvait en résulter pour lui quelque chose de désagréable et de fâcheux dans l'esprit des camarades et du public, je lui dis : « Mais vous avez vos témoins, je vais voir votre premier témoin le colonel Parès et s'il veut se charger de la chose il ira demander à un de ces messieurs de vouloir bien assister le commandant Esterhazy.

Voilà comment les choses se sont passées. C'est moi qui intervins auprès du colonel Parès, premier témoin de Henry pour trouver le second témoin que cherchait Esterhazy. Vous voyez qu'il n'y a dans tout cela rien que de très naturel et de très simple.

Voilà, monsieur le Président, ce que j'avais à dire.

Je pourrais en dire indéfiniment et réfuter tous les mensonges d'Esterhazy, mais je ne veux pas retenir davantage l'attention du Conseil.

Me Demange. — Un seul mot : M. le général Gonse tout à l'heure a expliqué au Conseil que lorsque M. du Paty de Clam lui avait demandé s'il pouvait s'adresser à M. de Nettancourt, il lui avait répondu oui, si c'est un homme honorable et si Esterhazy est innocent, dites-lui qu'il n'a rien à craindre. Cette réponse est marquée au coin du bon sens, c'est évident. Et alors, voici pourquoi je pose ma question à M. le général Gonse. Si MM. les membres du Conseil veulent bien se reporter à la page 668 de l'enquête imprimée, ils y verront un procès-verbal de la séance du Conseil d'enquête dans laquelle a comparu le commandant Esterhazy et où, à la page 668, Esterhazy avait posé la question suivante à M. du Paty de Clam :

« Esterhazy ayant fait demander au témoin s'il le croyait capable d'avoir manqué à la discipline et à l'honneur, celui-ci s'explique ainsi : j'ai appris en octobre qu'on cherchait à compromettre Esterhazy, qu'on n'avait rien relevé contre lui, je n'ai pas cru pouvoir le laisser sans défense... »

Eh bien! je voudrais demander à M. le général Gonse s'il a eu connaissance en juillet 1898 de l'entrevue Montsouris et si en tout cas, lorsqu'il a eu connaissance plus tard de la déposition de M. du Paty, il s'est, lui personnellement, préoccupé de savoir quels étaien les officiers qu'avait consultés du Paty et avec le conseil desquels, paraît-il, il aurait organisé la machination que vous savez.

Le général Gonse. — Je répondrai que je suis persuadé que du Paty s'est entendu avec Henry, mais je ne crois pas qu'il en ait causé avec d'autres. En tout cas, ceci se passait avant le Conseil d'enquête du mois de septembre. Je n'ai pas revu du Paty depuis ce moment-là et j'ai tenu à ne plus le revoir. J'ai fait une protestation au général Renouard, vous devez l'avoir ici ; je lui ai répondu sur tous les points, par conséquent j'ai donné tous les renseignements, mais à cette époque-là je n'avais pas à faire d'enquête, j'avais quitté mes fonctions ou je les quittais le 10 octobre puisque j'ai été mis en disponibilité le 1er octobre, par conséquent je n'avais pas d'enquête à faire.

Me Demange. — Quand j'ai demandé au général Gonse s'il connaissait ces officiers, je pensais bien que cela pouvait être le colonel Henry ; mais je pensais aussi à M. Gribelin.

Le général Gonse. — M. Gribelin, je le couvre complètement, est un parfait honnête homme qui a été à Montsouris comme il aurait été au feu, comme il aurait été à Bruxelles si on l'avait envoyé en mission, comme il a été ailleurs d'après l'ordre de ses chefs. Le colonel Henry a eu le plus grand tort (je regrette d'être obligé de le dire parce qu'on ne doit pas charger un mort) de l'envoyer là sans lui dire que le sous-chef d'État-major n'était pas prévenu, car je suis convaincu que M. Gribelin n'y aurait pas été s'il avait su que je n'avais pas été mis au courant.

Me Demange. — Par conséquent c'est du Paty et Henry comme je le supposais, dont parle M. le général Gonse.

Le général Gonse. — Il y a encore une déclaration que je pourrai faire, c'est que le lieutenant-colonel du Paty de Clam a agi de sa propre autorité, mais en définitive il entendait ce que je disais et je ne lui ai pas caché que je trouvais cette campagne singulière, bizarre et même tout à fait fâcheuse, et que si le commandant Esterhazy était innocent, c'était un piège qu'on lui tendait. Je ne le lui ai pas caché ; par conséquent, il connaissait toute ma pensée, mais de là à aller lui dire : « Allez prévenir le commandant Esterhazy », il y a un monde, attendu qu'on peut causer, qu'on parle devant un officier dans lequel on a confiance, mais que si cet officier va faire des choses extraordinaires on n'est pas responsable.

Me Labori. — Je tiens personnellement à dire que ce n'est pas moi qui me plaindrai de ce que l'honneur d'officiers sorte intact d'ici et particulièrement l'honneur d'officiers généraux ; mais ce qui reste établi par la déposition de M. le général Gonse, c'est qu'il y a des faits acquis, notamment la responsabilité du lieutenant-colonel du Paty et du lieutenant-colonel Henry, comme Me Demange vient de le constater.

Et alors, à cette occasion, j'insisterai pour obtenir deux choses : pour obtenir d'abord que le dossier de l'enquête faite par M. Tavernier contre le lieutenant-colonel du Paty soit versé aux débats. Je considère qu'il y a là un document d'une importance considérable, et je ne vois pas ce qui dans une affaire aussi large et où la lumière doit être faite d'une manière complète peut s'y opposer. J'ai donc l'honneur — et je pense que Me Demange s'associera à ma demande — de prier le Conseil, ou mieux M. le président, d'ordonner que le dossier de l'enquête faite par M. Tavernier soit versé aux débats.

LE PRÉSIDENT. — N'est-il pas parvenu?

LE COMMISSAIRE DU GOUVERNEMENT. — Je l'ai demandé, on en a refusé la communication. (*Rumeurs prolongées.*)

Me DEMANGE. — Alors il faudrait que M. le président l'ordonnât. M. le commissaire du Gouvernement peut la demander, mais il n'y a que M. le président qui puisse l'ordonner.

Me LABORI. — Ensuite j'insisterai pour la comparution de M. du Paty de Clam. Monsieur le commisssaire du gouvernement en a-t-il des nouvelles?

LE COMMISSAIRE DU GOUVERNEMENT. — Il n'est pas probable qu'il puisse venir. J'ai reçu hier une lettre (je n'ai pas la lettre là) de Mme du Paty de Clam qui écrit pour son mari toujours alité et incapable d'écrire. Aujourd'hui même il y a réunion de médecins et nous aurons probablement demain la décision qui en résultera.

Me LABORI. — Quant à présent on nous fait espérer qu'il pourra venir?

LE PRÉSIDENT. — On le fait espérer.

Me LABORI. — Voulez-vous me permettre maintenant, monsieur le Président, de poser quelques questions à M. le général Gonse?

D'abord M. le général Gonse parle de la campagne dirigée contre le commandant Esterhazy et qui a paru blâmable à M. le général Gonse. De quelle campagne parle-t-il?

LE GÉNÉRAL GONSE. — Je parle de tout ce qui s'est passé depuis que M. Scheurer-Ketsner avait fait ses confidences au ministre de la Guerre. Nous savions très bien que l'on devait chercher à substituer le commandant Esterhazy au capitaine Dreyfus.

Me LABORI. — Comment savait-on cela?

Le général Gonse. — Par des comparaisons d'écritures qui avaient été faites et qui nous avaient été signalées.

Me Labori. — Comment pouvait-on savoir que c'était le commandant Esterhazy qui devait être substitué à Dreyfus?

Le Président. — Avait-on des indications permettant de penser qu'on voulait substituer le commandant Esterhazy à Dreyfus?

Le général Gonse. — En 1896 nous avions toutes les enquêtes que M. Picquart avait faites.

Le Président. — Et qui avaient porté sur Esterhazy?

Me Labori. — Comment le lieutenant-colonel du Paty de Clam pouvait-il avoir connaissance de ces enquêtes?

Le général Gonse — J'ai dit tout à l'heure au Conseil et je répète que, vers le 15 octobre, le lieutenant-colonel du Paty de Clam devait passer du 3e au 2e bureau. Je l'ai fait venir; je l'ai pris comme secrétaire intime chargé de travailler chez moi, dans mon bureau. Il a eu ainsi connaissance de tout ce que j'avais puisqu'il avait à préparer mes lettres.

J'ai ouvert mon registre confidentiel vers le 22 ou le 23... j'ai dit la date exacte à l'enquête Tavernier, parce que j'ai demandé à M. Tavernier de saisir ce registre où la première lettre qui y était enregistrée indiquait le moment où je l'avais ouvert : je crois que c'était le 22 ou le 23.

Me Labori. — Eh bien! qu'est-ce qui peut excuser, aux yeux de M. le général Gonse, des démarches aussi coupables à mon sentiment que celles de M. du Paty qui se servait de la confiance dont il était investi pour se procurer des pièces et prévenir M. le commandant Esterhazy ou le faire prévenir d'une manière ou d'une autre?

Le général Gonse. — Je ne crois pas qu'il ait pris des pièces pour prévenir Esterhazy. Qu'il l'ait fait prévenir, c'est autre chose, mais quant à lui donner des pièces, c'est différent.

Me Labori. — Je ne dis pas qu'il ait envoyé des pièces; je dis qu'il s'est servi de documents qui étaient à sa connaissance à raison de la confiance dont il était investi pour communiquer à Esterhazy des faits le concernant; cela est constant. Eh bien, je demande au général Gonse ce qu'il pense de la part d'un officier placé sous ses ordres de cette façon de remplir son devoir, et s'il en accepte la responsabilité, s'il le couvre?

Le général Gonse. — Le couvrir, ce serait bien difficile; mais enfin, dans une certaine mesure, j'ai expliqué et j'explique l'attitude de du Paty qui est un homme très emballé, qui était à cette époque très emballé; je l'explique par les conversations que je tenais devant lui. (*Rires.*)

Me Labori. — Et conversations dont il a abusé. Est-ce que M. le général Gonse aurait pris pour sa part une initiative du même ordre?

Le général Gonse. — Jamais de la vie, par exemple!

Me Labori. — Cependant, il a songé à en prendre une : n'a-t-il pas assisté à un conciliabule où étaient présents le commandant Lauth et le colonel Henry, et où on a agité la question de savoir ce qu'il fallait faire pour Esterhazy?

Le général Gonse. — C'est faux! Il n'y a pas eu de conciliabule; on répète toujours cela! Si ce sont des insinuations, je ne les accepte pas!

Me Labori. — Ce n'est pas une insinuation, c'est un fait dont a déposé M. du Paty.

Le général Gonse. — Ce n'est pas pour vous, monsieur le défenseur, que je dis cela; mais on a dit d'une façon générale que je venais voir ces messieurs et que je leur traçais leur ligne de conduite. Eh bien, je n'ai jamais cherché à tracer leur conduite à ces messieurs. Je leur donnais des indications pour le service; je recevais le colonel Henry et du Paty assistait à ces conversations; je causais avec eux, très franchement; on ne peut pas appeler cela des conciliabules. D'abord, le commandant Lauth n'y était pas.

Me Labori. — Cependant, M. le général Gonse a eu l'idée de soumettre une lettre anonyme à M. le ministre de la Guerre.

Le général Gonse. — Parfaitement, je l'ai dit.

Me Labori. — Eh bien, comment une pareille idée a-t-elle pu naître dans l'esprit de M. le général Gonse et croit-il véritablement que de tels procédés soient justifiables? (*Mouvements.*)

Le général Gonse. — J'ai dit tout à l'heure au Conseil que le colonel Henry et du Paty étaient très agités. Eh bien, le colonel Henry m'a proposé ce moyen d'une lettre anonyme, j'ai accepté, et je l'ai soumise au ministre de la Guerre. Je ne dis pas que ce soit un moyen merveilleux, cela c'est incontestable, et s'il y a quelqu'un de répréhensible là-dedans c'est moi, attendu que c'est moi qui l'ai soumise au ministre de la Guerre; j'accepte cette responsabilité, parfaitement! Je l'ai dit à Tavernier, je l'ai dit au général Renouard quand il a fait l'enquête et je l'ai dit au ministre puisque c'est à lui que j'ai soumis la lettre sur laquelle j'ai mis par ordre : « Défense d'envoyer la lettre. Ordre du ministre. » Je n'ai rien eu de caché.

Me Labori. — Est-ce que M. le général Gonse ne croit pas que par des procédés de ce genre il encourageait l'attitude de M. du Paty ?

Le général Gonse. — En aucune façon, en aucune façon.

Me Labori. — Le fait que lui-même a songé à employer ce procédé n'est-il pas de nature à le rendre plus indulgent qu'il ne le serait autrement à l'égard de M. du Paty ?

Le général Gonse. — Pas le moins du monde.

Me Labori. — Alors, je demande à M. le général Gonse ce qu'il pense de pareils procédés, et je précise bien ma pensée. Un homme allait être dénoncé, allait être livré à un Conseil de guerre qui croyait juger en toute conscience et en toute connaissance de cause. N'est-ce pas tromper la justice militaire que de procéder par des moyens louches et illicites pour prévenir cet homme. Qu'en pense M. le général Gonse ?

Le général Gonse. — Évidemment si on emploie des moyens illicites ; mais nous n'avons pas employé de moyens illicites.

Me Labori. — Pas vous, mon général ; nous allons préciser, chacun aura ici ses responsabilités. Mais je crois que nous entrons ici dans le nœud de l'Affaire, et ce n'est pas d'aujourd'hui que je dis qu'il y a sous cette Affaire un immense malentendu, que nous espérons bien dissiper, et, moins il y aura de personnes compromises, plus nous en serons heureux, parce que nous y avons tous comme Français un intérêt égal. (*Sensation.*) Mais il faut bien faire comprendre au Conseil de guerre devant qui nous sommes et en qui nous avons toute confiance, parce qu'il connaîtra toute la vérité, dans quelles conditions a jugé en 1898 le conseil de Guerre qui a jugé le commandant Esterhazy. L'article « Dixi » que je viens de faire lire, et qui est du 15 novembre 1897, présente tout le système de défense qu'on a employé alors, les prétendues machinations de Picquart, le syndicat, l'impossibilité pour Esterhazy de se procurer les documents du bordereau. M. le Général Gonse a-t-il eu connaissance de cet article ?

Le général Gonse. — Je l'ai lu dans les journaux.

Me Labori. — A ce moment ne s'est-il pas dit qu'il était singulier que les journaux eussent des renseignements aussi précis ?

Le général Gonse. — Bien entendu, mais comment chercher, comment trouver ? On a cherché de tous les côtés ; s'il y a eu des indiscrétions, faites à l'État-major, avec le journal, ceux qui les ont commises se sont bien gardés de venir me le dire, et je n'ai pas pu le savoir.

Me Labori. — Monsieur le général Gonse sait-il que cet article paraît devoir être attribué comme inspiration au colonel Henry?

LE GÉNÉRAL GONSE. — Je n'en sais absolument rien.

Me LABORI. — Voici cependant ce qu'a dit...

LE GÉNÉRAL GONSE. — Attendez... Devant le commandant Tavernier, la question m'a été posée ; j'ai répondu que je ne savais pas et que je ne pouvais l'attribuer à personne de mon entourage. Si j'avais pu trouver l'auteur, je l'aurais dit, parce qu'en définitive il y a toujours quelque chose qui rejaillit sur moi.

Me LABORI. — Le nombre des personnes qui ont pu détenir ces renseignements n'est-il pas extrêmement restreint?

LE GÉNÉRAL GONSE. — Bien entendu.

LE PRÉSIDENT *au témoin*. — Qui pouvait avoir ces renseignements?

LE GÉNÉRAL GONSE. — Il y avait ces messieurs qui étaient au service des renseignements, et enfin il y avait également le colonel Picquart et son entourage. Par conséquent, moi, je ne suis pas responsable de ce côté-là.

Me LABORI. — Est-ce que M. le général Gonse entend dire que l'article « Dixi » pourrait être dû à l'inspiration du colonel Picquart?

LE GÉNÉRAL GONSE. — Non, mais cela pouvait être dû aussi à quelque personne de son entourage, une personne avec laquelle il aurait fait des indiscrétions et qui les aurait lancées, ces indiscrétions, dans la presse. En définitive, cela pouvait venir de personnes absolument étrangères au ministère.

Me LABORI. — Mais quelles personnes? Monsieur le Président, il faut préciser. On a déjà parlé pendant longtemps d'une prétendue dame voilée dont il ne saurait plus être question. On ne peut plus voiler les dames! (*Rires.*)

Il a été question à un certain moment dans l'enquête de M. Bertulus d'une certaine personne dont, si je ne me trompe, l'initiale avait été indiquée par le général Gonse, mais on a été obligé de reculer sur ce terrain et de reconnaître que la personne ne pouvait être soupçonnée. Il ne faut pas, dans une pareille affaire où nous montrons des officiers comme le colonel Henry et le colonel du Paty de Clam se livrant aux pires manœuvres, se contenter d'insinuations. Il faut que le général Gonse nous dise qui il dénonce et alors nous saurons à qui faire remonter la responsabilité.

LE GÉNÉRAL GONSE. — Mais je n'ai personne à dénoncer, je ne dénonce personne ; puisque je n'ai fait aucune espèce d'enquête, je ne puis dénoncer qui que ce soit.

Me Labori. — Qu'est-ce que le général Gonse pense aussi des entrevues du colonel du Paty de Clam avec Me Tézenas, entrevues qu'il a conseillées ?

Le général Gonse. — J'ai dit au Conseil ce que j'avais fait à ce sujet, je puis le répéter si c'est nécessaire.

Le Président. — Je crois que ce n'est pas la peine. Vous l'avez dit tout à l'heure.

Me Labori. — Mais je demande à M. le général Gonse ce qu'il en pense, et je fais remarquer au Conseil de guerre quelle est la situation ; Esterhazy est poursuivi pour crime de haute trahison. Il a un avocat, Me Tézenas, et c'est l'État-major qui le met en rapport avec son avocat.

Je demande à M. le général Gonse pourquoi, et ce qu'il pense de pareils procédés judiciaires ou administratifs.

Le général Gonse. — Je dirai encore ceci au Conseil, Esterhazy était un accusé spécial puisqu'il était en liberté.

Me Labori. — Qu'est-ce que cela veut dire : un accusé spécial ? qu'entendez-vous par là ? (*Mouvements.*)

Le général Gonse. — Je veux dire qu'il était en liberté quoique accusé. Le ministre de la Guerre désirait savoir ce qu'il faisait, ce qu'il pensait, et comme il avait toujours des agissements bizarres, j'avais été chargé de le faire surveiller, de savoir ce qu'il faisait.

Un des moyens qui me sont venus à l'esprit, c'est d'en parler à son avocat, de façon à savoir un peu ce qu'il faisait. Je ne voulais pas faire intervenir des officiers directement avec Esterhazy, mais j'avais pensé à son avocat. Ce n'était peut-être pas très régulier, dame ! je n'en sais rien. Enfin, il y a eu deux entrevues tout au plus ; et, après ces deux entrevues, je les ai fait cesser. Je le dis très franchement au Conseil, je n'ai rien à cacher.

Me Labori. — Je crois que nous tournons dans un cercle vicieux ; car alors je vais poser à M. le général Gonse une nouvelle question : pourquoi Esterhazy était-il un accusé privilégié, n'est-ce précisément pas parce qu'on lui avait accordé dès le début une protection véritablement extraordinaire ?

Le général Gonse — Non, et je l'ai dit au Conseil, il était sous les ordres du gouverneur de Paris, le général Saussier, c'est le général Saussier qui était son chef. Lui, chef de la justice militaire, il avait ordonné d'instrumenter ou de faire instrumenter contre le commandant Esterhazy ; il a fait tout cela sous sa haute responsabilité ; et je l'ai dit tout à l'heure au Conseil, peut-être un peu vivement, mais l'État-major n'avait aucune action sur le général Saussier. Le général Saussier ne l'aurait pas permis, ne l'aurait pas accepté, par conséquent cette situation, si vous voulez l'appeler la situation privilégiée d'Esterhazy, était due au général Saussier. (*Mouvement prolongé.*)

Me Labori. — Est-ce que M. le général Saussier connaissait toutes les démarches de M. du Paty de Clam et tous les avertissements donnés à M. le commandant Esterhazy?

Le général Gonse. — Il ne les connaissait pas plus que nous.

Me Labori. — Donc, M. le général Saussier a été trompé; et par conséquent même les décisions de faveur qu'il prenait à l'égard du commandant Esterhazy étaient des décisions provoquées par les circonstances tout à fait particulières que le Conseil connaît et qu'il était nécessaire de lui signaler.

Le Président. — Vous n'avez plus de questions à poser?

Me Labori. — J'ai fini sur ce point, monsieur le Président.

Le lieutenant-colonel Brongniart, conseiller. — Le colonel Gendron, qui a connu le colonel Sandherr, pourrait peut-être nous renseigner sur certains rapports.

(*Le colonel Gendron est appelé à la barre.*)

Le lieutenant-colonel Brongniart. — Vous pourriez peut-être sans doute nous renseigner sur les rapports qu'Esterhazy aurait eus en 1894 et 1895 avec le colonel Sandherr et sur les services qu'il déclare lui avoir rendus?

Le lieutenant-colonel Gendron. — J'ai été au service des renseignements depuis le mois d'avril 1889 jusqu'au mois de décembre 1893, époque à laquelle je suis entré à l'École de guerre. J'ai continué à cette époque, étant à l'École de guerre, à avoir des relations avec le service des renseignements et j'ai été appelé même pour des traductions diverses, deux, trois mois, quatre mois après mon départ. Par conséquent, j'ai été tenu au courant, même n'appartenant plus officiellement au service des renseignements à partir du mois de décembre 1893, j'ai été tenu au courant des choses les plus importantes qui s'y passaient à peu près pendant deux ans, par conséquent jusqu'en 1895.

Eh bien! je n'ai jamais entendu dire que le colonel Sandherr ait eu la moindre relation avec Esterhazy. Bien plus, j'ai appartenu au service des renseignements d'une façon officieuse en 1882, j'étais officier d'ordonnance du général inspecteur des remontes, ayant beaucoup de loisirs dans l'après-midi. Le colonel Sandherr appartenait au service des renseignements comme capitaine, sous les ordres du colonel Vincent. Je passais toutes mes après-midi avec lui; il avait une connaissance assez vague de la langue italienne à l'époque et je l'aidais dans la traduction de documents italiens. Je faisais donc partie, je peux le dire, d'une façon officieuse, du service des renseignements. A cette époque encore, je n'ai jamais entendu dire qu'Esterhazy ait eu des rapports quelconques avec ce service.

Mais en remontant plus haut, à l'époque où le colonel Samuel dirigeait le service des renseignements, je crois fort bien me rappeler qu'Esterhazy et le commandant Weill étaient au service des renseignements; cela remonte bien haut dans l'organisation du service des renseignements.

En un mot, mon impression est que de tous les mensonges d'Esterhazy, celui qui serait le plus particulièrement odieux est celui qui consiste à dire qu'il aurait fait le bordereau sous l'inspiration du colonel Sandherr, ce qui est stupide. Voilà mon impression.

Le lieutenant-colonel conseiller. — Il ne peut pas lui avoir rendu le service considérable dont il parle?

Le lieutenant-colonel Gendron. — J'estime que c'est une chose stupide, tellement stupide qu'elle ne peut pas être odieuse.

Me Demange. — Le colonel Gendron vient de dire qu'à une époque éloignée, sous la direction de M. le colonel Samuel, M. Esterhazy avec M. Weil faisaient partie ensemble du bureau des renseignements. Ne serait-ce pas sous le ministère du général Grené?...

Le commandant Carrière. — En 1877 ou 1878?

Me Demange. — Je ne sais pas si c'est sous le ministère du général Grené, mais est-ce qu'à ce moment Henry ne s'est pas trouvé en même temps au bureau des renseignements?

Le lieutenant-colonel Gendron. — Comme lieutenant, je sais que Henry a été, à une époque très reculée également, au bureau des renseignements.

Me Demange. — Le commandant Esterhazy, Henry et Weil se seraient trouvés en même temps au bureau des renseignements...

Le général Gonse. — Oui, en 1877 ou 1878.

Le commandant Lauth. — Le commandant Henry s'est trouvé pendant six mois avec Weil et Esterhazy. Il m'a raconté alors que le général de Miribel avait quitté le ministère de la Guerre; en attendant sa nomination aux zouaves, on l'avait mis provisoirement au service des renseignements vers 1878 ou 1877 et qu'il s'y était trouvé avec ces deux messieurs.

Le général de Boisdeffre. — Je demande la permission de dire un mot. Je donne le démenti le plus formel aux allégations du commandant Esterhazy. S'il s'était présenté comme témoin, je le lui aurais dit, je repousse ces allégations avec le mépris qu'elles méritent. (*Sensation.*)

LE PRÉSIDENT. — Mme Pays est dans le même cas que le commandant Esterhazy, elle n'a pas été touchée par la citation. On donnera lecture de sa déposition.

QUARANTIÈME TÉMOIN

Mme PAYS

LE GREFFIER COUPOIS *donne lecture de la déposition de Mme Pays.*

DÉPOSITION PAYS
Du 29 décembre 1898.

PAYS, Marie, 28 ans, sans profession, rue de Douai, 49.

D. Nous avons entendu, comme témoin, Mme Gérard, concierge de la maison que vous habitez, et de son témoignage il résulte que, à diverses reprises, vous lui auriez fait des communications, même des confidences, touchant l'affaire Dreyfus-Esterhazy. C'est ainsi que le 12 août dernier, jour où vous avez été mise en liberté, vous lui auriez dit, chez vous, en dînant, qu'il n'y avait pas de justice, qu'on avait mis le commandant et vous en liberté, alors qu'on savait très bien que c'était vous qui aviez fait les faux, ou plutôt que c'était vous qui aviez écrit, sur l'ordre de du Paty de Clam, la dépêche signée *Speranza* et que c'était du Paty lui-même qui avait fait le faux signé *Blanche*.

Nous ajoutons que le propos rapporté par Mme Gérard serait conforme à la déclaration que vous avez faite à M. le juge d'instruction Bertulus?

R. Je proteste sur les deux points. Je n'ai personnellement rien dit de semblable à Mme Gérard. Lorsque nous dînions, le commandant et moi, Mme Gérard nous servait et M. Artigues, attaché à la rédaction du *Petit Journal*, était présent. Le commandant, dans un mouvement de colère, a dit : « Ce n'était pas la peine de nous garder trente jours pour aboutir à une ordonnance de non-lieu, alors que nous sommes étrangers aux choses qu'on nous reproche; on nous a fait payer pour d'autres qu'on a voulu ménager. » Quant à moi j'étais anéantie et je n'ai rien dit. Je n'ai jamais reconnu devant M. Bertulus avoir écrit le télégramme signé *Speranza*, il y a eu confusion à cet égard : ce que j'ai déclaré avoir écrit, c'est un télégramme qu'Esterhazy voulait adresser à mon frère, à Rouen, au sujet de deux chevaux volés; je l'ai également signé et c'est le commandant qui l'a lui-même porté au télégraphe. La raison de mon intervention est que le commandant ne voulait pas que son écriture et sa signature fussent en circulation dans les bureaux de poste ou ailleurs.

D. D'après Mme Gérard, vous auriez déclaré qu'il n'a jamais existé de dame voilée, et que c'est vous qui auriez eu avec du Paty des conciliabules au pont Alexandre III ou devant les Invalides, et que c'est à vous que des pièces auraient été par lui remises? Vous auriez même eu plusieurs entrevues avec le général de Boisdeffre, de même que vous auriez eu des entretiens avec les généraux Mercier et de Pellieux.

R. Je n'ai vu le colonel du Paty que deux fois : une première fois, quelques jours avant la réunion du Conseil de guerre qui a jugé Esterhazy; je suis allée lui demander de me faire dispenser de comparaître comme témoin au procès ; il m'a répondu que la chose n'était pas de sa compétence, et m'a remis un mot sous enveloppe fermée, pour Esterhazy. La seconde fois, c'était le 2 janvier, je suis allée demander au colonel du Paty de me rassurer sur l'issue du procès, à quoi il a répondu que je pouvais être tranquille, qu'il n'y avait aucune charge contre Esterhazy. En me congédiant, il m'a recommandé de ne plus venir le voir, tant à cause de ses domestiques qu'à cause des conséquences que pourraient avoir mes visites au point de vue de l'opinion. Après l'acquittement d'Esterhazy, je suis, malgré cette recommandation, allée le voir chez lui, avenue Bosquet, mais je n'ai pas été reçue ; j'ai laissé un petit mot de remerciement dans une enveloppe à son adresse. Quant aux généraux de Boisdeffre, Mercier et de Pellieux, je ne les connais pas ; je ne les ai jamais vus.

D. Un témoin, Mme Tournois, nous a déclaré qu'un soir, vous trouvant irritée de ce que du Paty avait déclaré devant le juge d'instruction qu'il ne vous connaissait pas et ne vous avait jamais vue, vous avez dit non seulement avoir vu M. du Paty chez lui, mais encore Mme du Paty, et que celle-ci, devant un de ses domestiques, vous accueillait comme une amie?

R. Cela est à peu près exact. Cependant ce n'est pas au cabinet d'instruction, mais au Conseil d'enquête que du Paty a déclaré ne m'avoir jamais vue. Chaque fois que j'ai vu M. du Paty, j'ai vu également Mme du Paty, qui venait à moi en me tendant la main et en me saluant, ou tout au moins en me rendant mon salut. J'imagine que cet accueil était fait pour donner le change à ses domestiques, car je ne connais pas Mme du Paty. Cette attitude avait sans doute une raison : je ne la connais pas.

D. Mme Gérard nous a déclaré que, lorsque, au mois d'octobre, vous êtes partie pour l'Angleterre, vous auriez emporté, avec certains papiers cousus dans le fond de votre chapeau, la lettre qu'Esterhazy a adressée à M. le Procureur général Manau, et dont la minute avait été écrite et vous avait été remise par M. de Boisandré?

R. Je n'ai jamais cousu aucun papier dans le fond de mon chapeau. A mon départ pour Londres, je n'avais sur moi aucun papier que j'aie considéré comme important. Quant à la lettre de M. Manau, ce n'est pas M. de Boisandré qui a écrit la minute, c'est une autre personne que je ne connais pas, mais qui, d'après ce qu'on m'a dit, appartient au monde du Palais et qui serait magistrat. C'est cependant M. de Boisandré qui m'a fait remettre cette minute, avec les épreuves de la brochure qui a été éditée par M. Fayard, M. de Boisandré a voulu garder copie de la lettre, et le concierge a dû attendre chez lui quelques minutes pour lui permettre de terminer ce travail; il m'a apporté le tout à la gare du Nord avec mes bagages.

D. Au moment de sa comparution devant le Conseil d'enquête, Esterhazy avait feint d'avoir un domicile rue Blanche, nº 73. Le fait est-il exact?

R. Au moment de notre arrestation, M. Esterhazy n'avait déjà plus son domicile rue de la Bienfaisance. Mme Esterhazy s'était retirée au château de Dommartin-la-Planchette, près de Sainte-Menehould, avec ses enfants. Il n'avait pas voulu que ses filles lui adressent des lettres à mon domicile, par un sentiment facile à comprendre, et c'est sur mes propres indications qu'il avait désigné ce domicile de la rue Blanche, dont je connaissais le concierge, qui est commissionnaire et qui avait fait quelques courses pour moi.

D. Est-il vrai que le lendemain de la démission de M. Cavaignac, le mari de la concierge soit allé porter une lettre au ministère de la Guerre?

R. Ce n'est pas le lendemain, mais la veille de la démission, que M. Esterhazy m'a envoyé une lettre fermée en me chargeant de la faire porter à M. Cavaignac.

D. Le commandant vous a-t-il jamais déclaré qu'il était l'instrument de l'Etat-major?

R. A ce sujet, il ne m'a jamais rien dit de bien précis; cependant je l'ai entendu souvent se plaindre *d'eux* (qu'il ne désignait pas autrement), en ajoutant qu'il fallait qu'ils fussent des misérables, après les services qu'il leur avait rendus, pour lui faire toutes les infamies qu'il a subies. Il me le dit encore dans une lettre qu'il vient de m'adresser, où il manifeste le désir d'être mis en mesure de se justifier.

D. Le jour de l'arrestation du colonel Henry, trois personnes seraient venues voir le commandant chez vous; le jour du suicide, ces mêmes personnes seraient revenues?

R. Effectivement, le jour de l'arrestation du colonel Henry, il est arrivé chez moi non pas trois personnes mais deux : ce n'étaient pas des officiers d'Etat-major ou autres; c'étaient deux journalistes, dont un était M. Chabrier, qui m'a dit être rédacteur à l'*Evénement;* ce sont ces deux mêmes personnes qui, le jour du suicide, sont revenues; mais, ce jour-là, elles étaient accompagnées d'une troisième, que M. Chabrier a dit être M. Dollfus, journaliste.

D. Vous auriez dit à Mme Gérard que le commandant aurait obtenu 10,000 francs du journal *L'Observer*, et 10 autres mille francs, à titre d'indemnité pour unechanson faite contre lui?

R. La concierge se trompe sur les chiffres: ce n'est pas 10,000, mais 12,500 francs que Mme Beer, directrice de l'*Observer,* a payés à M. Esterhazy. Quant à l'indemnité reçue pour une chanson faite contre lui, elle n'a pas été de 10,000 francs, mais seulement de 1,250 francs.

D. Vous avez déclaré à Mme Gérard que vous connaissiez les auteurs du bordereau et vous les lui auriez même nommés?

R. Je ne crois pas avoir fait jamais à Mme Gérard une déclaration semblable. En tout cas, si je connaissais les auteurs du bordereau, je vous en dirais les noms.

D. Mme Gérard dit avoir eu, entre les mains, une lettre du colonel Kainder, qui disait au commandant : « Soyez sans crainte, nous ferons notre possible pour vous tirer de là. »

D. La concierge a mal traduit le nom du colonel : c'est le colonel Kerdrain qui était, je crois, rapporteur au Conseil d'enquête et qui écrivait au commandant pour lui faire connaître la composition du Conseil en même temps qu'il lui renvoyait diverses pièces que celui-ci lui avait confiées. Cette lettre qui constituait un pli de service marqué d'un sceau et qui avait été apportée par un planton ne contenait nullement la phrase que Mme Gérard y a lue. Je crois, d'ailleurs, d'autant moins aux dispositions bienveillantes du colonel de Kerdrain, que le commandant, appelé par lui avant la réunion du Conseil d'enquête, a, sur une demande de ma part, tendant à connaître son appréciation sur les membres du Conseil, répondu : « Ces gens-là sont aussi des misérables, ils ont reçu l'ordre de me tuer; ils me tueront. »

D. Avez-vous vu plusieurs fois le colonel Henry?

R. Oui, deux fois; et, chaque fois, à l'occasion de son duel avec Picquart; mais jamais avant.

D. Le commandant Esterhazy aurait dit plusieurs fois, devant Mme Gérard et son mari, que le retour de Dreyfus en France ne vous dérangeait nullement, parce que vous saviez bien qu'il était innocent?

R. En ce qui me concerne, je n'ai jamais tenu un pareil propos. Mais j'ai entendu plusieurs fois le commandant s'expliquer sur l'affaire Dreyfus et dire notamment : « Je suis sûr qu'ils auront fait à Dreyfus des monstruosités comme à moi, et celui-ci rentrera triomphant, grâce aux efforts de ses vaillants défenseurs, tandis que moi, je serai, dans l'opinion publique, le moralement condamné : la voilà l'erreur judiciaire. »

D. Le commandant aurait affirmé qu'il avait été prévenu par l'État-major, au mois d'août, qu'il allait être dénoncé comme ayant écrit le bordereau?

R. Le commandant ne m'a jamais dit qu'il avait été prévenu par l'État-major; voici ce que je sais à cet égard : le 18 octobre, il m'est arrivé, de Dommartin, sans m'avoir prévenue, ce qui n'était pas dans ses habitudes. Il a dîné chez moi : il me paraissait soucieux; je l'ai questionné, croyant qu'il avait pu faire quelque perte d'argent; mais il m'a répondu d'une façon vague qu'une affaire l'avait appelé. — Quelques jours après, je lui ai fait part d'un rêve que j'avais eu la nuit précédente, et dans lequel Esterhazy m'était apparu se séparant de sa femme. « C'est une double vue, dit-il, car j'ai quitté Dommartin après une scène assez violente que j'ai eue avec Mme Esterhazy. Et j'en suis parti sans même prendre les clefs de mon appartement de la rue de la Bienfaisance. » A ce moment, il m'a fait connaître la raison qui justifiait son retour précipité : il m'a dit avoir reçu une lettre signée, non pas *Speranza*, comme on l'a dit, mais bien *Espérance*, dont je ne connais pas l'auteur et qui lui apprenait qu'il allait être dénoncé comme ayant écrit le bordereau. Je lui ai fait observer qu'une lettre anonyme pouvait n'avoir rien de sérieux et qu'il s'était bien rapidement décidé à partir, sur cette lettre. Sur le moment, il n'a jugé à propos de me donner aucun détail. Le lendemain ou le surlendemain de son arrivée chez moi, un monsieur, dont vous a parlé Mme Gérard, et sur le compte duquel Mme Choinet, ancienne concierge, pourra vous renseigner, s'est présenté à mon domicile, entre 6 et 7 heures du matin et m'a remis, dans l'entre-bâillement de la porte, un papier, dans une enveloppe fermée et sans adresse, en me disant de le donner au commandant. Ce monsieur aurait donné cinq francs à la concierge.

Vers la même époque (et dans la même semaine), la concierge est montée, vers 6 ou 7 heures du matin, me remettre, pour le commandant, un pli sans adresse et elle a ajouté : « Je voudrais bien être réveillée souvent dans les mêmes conditions ; on m'a encore donné cinq francs. »

J'ai tout lieu de croire que c'est après avoir pris connaissance de ces deux billets que le commandant est allé au ministère ; il m'a dit que le ministre ne l'avait pas reçu et qu'il avait chargé le général Millet de l'entendre : c'est après cet entretien que le commandant a écrit au ministre.

Lecture faite, etc.

PAYS, DUMAS, COUTANT.

QUARANTE ET UNIÈME TÉMOIN

LE GÉNÉRAL LEBELIN DE DIONNE

Le général Lebelin de Dionne, Louis, 71 ans, général de division en retraite.

LE PRÉSIDENT. — Avez-vous connu l'accusé avant les faits qui sont passés?

LE GÉNÉRAL LEBELIN DE DIONNE. — Je l'ai connu pendant le temps de son séjour à l'école de Guerre.

LE PRÉSIDENT. — Vous n'êtes ni parent ni allié de l'accusé?

LE GÉNÉRAL LEBELIN DE DIONNE. — Non.

LE PRÉSIDENT. — Voulez-vous nous dire votre appréciation sur les faits qui se sont passés à cette époque.

LE GÉNÉRAL LEBELIN DE DIONNE. — J'ai eu le capitaine Dreyfus sous mes ordres pendant deux ans, du 1er novembre 1890 au 1er novembre 1892, pendant tout le temps qu'il est resté à l'École de guerre. Dreyfus était entré avec un mauvais numéro à l'École de guerre, mais il était très intelligent et au bout de très peu de temps il est arrivé à être un des premiers de sa promotion. Ses notes d'examen étaient très bonnes; ses travaux étaient bien faits; je n'avais jamais reçu de plaintes contre lui, de sorte qu'à l'inspection générale de 1892 je n'avais que de bonnes notes à lui donner; ce sont ces notes, ou du moins la copie de ces notes qui figurent au dossier, auxquelles on a seulement ajouté le numéro de sortie, que j'avais eues. Je n'aurais pas changé le numéro de ces notes si un incident ne s'était pas présenté. A la fin de ces examens, le capitaine Dreyfus et un de ses camarades, un israélite comme lui, sont venus réclamer en me disant qu'un examinateur leur avait donné une très mauvaise note, la note 0, parce qu'ils étaient juifs; c'était la note d'aptitude au service d'état-major.

Le fait m'avait paru très extraordinaire; cependant, je dis à ces deux officiers que j'allais prendre des renseignements, et que si une injustice avait été commise, je la réparerais dans la mesure du possible, la réclamation étant fondée. Mais, avant de donner une réparation à ces deux officiers, j'ai voulu prendre des renseignements et savoir dans quelle mesure je devais le faire. Pour le premier de ces officiers, on ne m'en dit que du bien, la réparation était très facile grâce à la note du général de division commandant l'École; mais, pour le capitaine Dreyfus, les renseignements furent tout autres.

J'ai appris qu'il n'était pas aimé de ses camarades et de ses chefs à cause de son caractère cassant, de sa nature haineuse, de son ostentation, et de l'intempérance de son langage. Il disait notamment que les Alsaciens étaient bien plus heureux sous la domination allemande que sous la domination française. Je sais que M. Dreyfus a nié le propos, mais les renseignements que j'apporte au Conseil, sont des renseignements qui ont été contrôlés. Ils ne proviennent pas d'une source unique et présentent tous des garanties. Dreyfus connaissait un certain nombre de femmes galantes. Il s'en vantait, et il se vantait surtout des fortes sommes qu'elles lui coûtaient. Je ne sais pas s'il dépensait de fortes sommes, mais je sais que lui, marié, père de famille, se vantait de ses relations avec des femmes galantes.

Lorsqu'on me donna tous ces renseignements, je pensais que le capitaine Dreyfus ne devait pas rester à Paris ni figurer à l'État-major général. Cependant je me trouvais en présence d'une injustice à réparer et je ne voulais pas que l'École de guerre fût un lieu de persécution religieuse, je ne lui donnai donc pas une note très mauvaise; je lui donnai la note qu'il méritait et que j'avais donnée à tous ses camarades. Je laissai à la note donnée par l'examinateur tout son effet. L'effet de cette note était minime en effet, et le dommage presque nul; au lieu de sortir le 5e il est sorti le 8e ou le 9e et il a pu rester à l'État-major général. Par conséquent, je ne me suis jamais expliqué ses plaintes et ses récriminations contre le mal qui lui a été fait et qui était absolument illusoire. Je dois dire, monsieur le président, que j'ai rendu compte de tout cela au ministre de la Guerre...

En 1898, le ministre a fait demander une note sur le capitaine Dreyfus. J'ai parlé de ce que je viens de vous dire. Cette note paraît être en discordance avec la note de l'inspection. Cela provient de ce que je ne savais pas les faits que je viens d'exposer au Conseil.

Quant aux faits qui amènent Dreyfus ici, je ne les connais pas. Je n'en ai jamais rien su.

Me Demange. — Peut-être que par le rapprochement des notes...

Le Président. — Attendez. C'est bien de l'accusé ici présent que vous entendez parler?

Le général Lebelin de Dionne. — Oui, monsieur le président.

Le capitaine Dreyfus. — Je tiens à dire à M. le général Lebelin de Dionne que je suis convaincu de sa bonne foi, mais je crois que ses souvenirs le trompent. Il me permettra de lui rappeler quelques souvenirs.

Le fait que vient de rappeler M. le général Lebelin de Dionne s'est passé à la fin des examens de seconde année.

A la fin de la première année, comme l'a rappelé très aimablement le général Lebelin de Dionne, j'étais arrivé à être un des premiers, j'étais, je crois, le quatrième ou le cinquième quand se sont ouverts les examens de seconde année; j'étais également dans les premiers, j'avais conservé à peu de chose près mon rang, quand un jour, me trouvant chez moi après le déjeuner avec Mme Dreyfus dans mon cabinet, un de mes camarades dont le général n'a pas cité le nom et que je ne citerai pas non plus, vint très ému me rapporter ce fait qu'un des membres d'une sous-commission d'examen avait dit nettement, sans nous connaître personnellement, qu'il ne voulait pas de juifs à l'État-major et que par conséquent il nous mettrait cinq comme cote d'amour. Voilà le fait textuel. Mon camarade était très ému; j'étais fort ému également et je trouvai le fait indigne et il me demanda ce qu'il y avait à faire. Comme j'étais le plus ancien (il était lieutenant et moi capitaine), je lui dis que la seule chose que nous pouvions faire était de nous adresser à nos chefs hiérarchiques. Cet officier hésita, me dit qu'il allait voir d'autres amis. Je répétai que la seule chose que je puisse faire était de m'adresser à mes chefs et que je me refusais à faire toute autre démarche. Deux ou trois jours après il revint et il fut décidé qu'une démarche serait faite auprès de M. le général Lebelin de Dionne.

J'allai personnellement trouver le général; il me reçut d'une manière très bienveillante et me dit qu'il le regrettait beaucoup. Il constata, comme il l'a dit tout à l'heure, que mon camarade n'était pas rejeté très loin par cette note, que moi-même, au lieu de sortir quatrième ou cinquième, j'ignore quel eût été mon rang, j'étais rejeté seulement au rang de neuvième, que par conséquent je n'étais pas très atteint non plus et que j'entrerais tout de même à l'État-major de l'armée. Je remerciai M. le général Lebelin de Dionne, je sortis et l'incident finit là.

Quant aux propos que l'on me prête aujourd'hui, comme on m'en a prêté bien d'autres, j'affirme que je n'ai jamais tenu ce propos-là qui est contraire à tous mes sentiments (*Mouvement*). Je ferai remarquer simplement que les notes qui m'ont été données officiellement sont des notes postérieures de six semaines ou deux mois à cette conversation, les notes qu'on a lues ici sont des notes de sortie de l'École de guerre; par conséquent, si le général Lebelin de Dionne avait eu à ce moment-là des renseignements tels qu'il prétend les avoir reçus, il ne m'eût pas donné, deux mois plus tard, les notes officielles qui sont au dossier. Moi, je ne puis m'en rapporter qu'aux notes officielles qui m'ont été données à ma sortie de l'École de guerre. Quant à des observations, il ne m'en a jamais été fait. Je crois me souvenir que dans sa lettre qui est citée au dossier secret, et où on rappelle les paroles de M. le général Lebelin de Dionne, je crois qu'il est dit que M. le général Lebelin de Dionne m'a appelé pour me faire part de ses renseignements. Jamais M. le général Lebelin de Dionne ne m'a fait part de ce fait-là. C'est tout ce que j'avais à dire.

Le général Lebelin de Dionne. — J'ai appris l'incident par ces deux officiers. Les notes qui ont été données au mois de juin 1892 sont des notes d'Inspection générale. Ces notes sont données au moment où les officiers entrent dans les différents bureaux d'État-major; il en est fait une copie, qui est envoyée ensuite dans les différents bureaux.

Cette note, je ne pouvais pas, je ne voulais pas la changer, parce qu'on ne se serait pas expliqué qu'avec de mauvais renseignements j'eusse donné des notes de mérite excellentes.

Je répète que je n'ai pas remarqué que l'École de guerre fût un lieu de persécutions religieuses à l'égard des juifs : s'il s'était agi d'un chrétien il ne serait pas resté à l'École de guerre avec de mauvaises notes; il s'agissait d'un israélite, il y est resté. Voilà le sentiment qui m'animait.

Me Demange. — Je fais simplement remarquer la date des notes : 25 novembre 1892, notes adressées à M. le général commandant en second Giroux par M. le général Lebelin de Dionne.

Quant à la pièce du dossier secret, qui a amené tout à l'heure la réflexion de Dreyfus, disant : « Le général Lebelin de Dionne m'a fait des reproches », je ne crois pas que le général ait fait des reproches directs au capitaine Dreyfus. La phrase a été mal interprétée dans cette pièce, le général dit : « J'ai eu des reproches à lui faire à ce sujet ». Cela ne veut pas dire que le général les ait faits directement.

Le général Lebelin de Dionne. — C'est une chose absolument insignifiante.

Me Demange. — Ce sont des propos répétés.

Le général Lebelin de Dionne. — La date du 25 novembre est celle où l'on envoie les notes des officiers.

Le général Lebelin de Dionne ayant demandé la permission de se retirer, et M. le commissaire du Gouvernement ni la défense ne s'y opposant, M. le Président autorise le témoin à se retirer.

QUARANTE-DEUXIÈME TÉMOIN

M. LONQUETY

M. Lonquety Maurice, 40 ans, ingénieur civil à Paris, prête serment.

Le Président. — Connaissiez-vous l'accusé avant les faits qui lui sont reprochés.

M. Lonquety. — C'était mon ancien à Polytechnique.

Le Président. — Vous n'êtes ni son parent, ni son allié, vous n'êtes pas à son service et il n'est pas au vôtre ?

M. Lonquety. — Non, monsieur le président.

Le Président. — Vous avez déposé devant la Chambre criminelle au sujet d'un voyage que Dreyfus aurait fait à Bruxelles. Vous auriez constaté sa présence dans cette ville dans l'été de 1894. Dites ce que vous savez à ce sujet.

M. Lonquety. — J'ai souvenir d'avoir rencontré Dreyfus à une époque qu'il ne m'est pas possible de préciser exactement. C'était à

Bruxelles; je ne crois pas que nous nous soyons parlés, et il était seul. Je crois que c'est à ce moment-là, sans en être certain. D'ailleurs, le fait de nous rencontrer n'a absolument rien indiqué de particulier pour moi.

Le Président. — Vous ne vous rappelez pas en quelle année vous l'avez rencontré?

M. Lonquety. — C'est très difficile. M. Cavaignac et M. d'Ocagne ont insisté auprès de moi pour que je tâche de déterminer cette époque. (*Mouvement.*) Les voyages à Bruxelles, pour moi, se font continuellement, cela ne constitue pas une date; je reste quarante-huit heures et je rentre à Paris. J'ai cherché alors à trouver avec une personne qui m'accompagnait dans ces voyages-là une donnée précise. Un ingénieur qui m'accompagnait m'a donné la date de l'été 1894; mais actuellement, je ne peux rien dire de précis. Si on m'avait demandé cela en 1895, j'aurais peut-être pu répondre; peut-être la chose était-elle plus ancienne. Mais en 1898 et 1899, époque à laquelle on m'a demandé de préciser cette date, cela m'est impossible; je ne peux pas préciser la chose exactement.

Le Président. — Vous ne pourriez pas fixer l'époque? Vous ne vous souvenez pas d'une affaire particulière, d'un voyage qui pourrait fixer l'époque.

M. Lonquety. — Mes voyages étaient assez fréquents; il a pu se présenter ceci que de 1890 à 1894 j'ai pu me déplacer moins parce que j'étais surtout occupé à Boulogne-sur-Mer. C'est pourquoi j'ai pris la date de 1894, parce qu'on m'a parlé de cette époque-là. Je me serais mieux souvenu en 1895 de cette chose-là, puisque c'est en 1895 qu'a eu lieu la conversation qui a été rapportée à M. Cavaignac. Je ne peux pas préciser cette date-là.

Le lieutenant-colonel Brongniart, *conseiller*. — Pensez-vous que cette date puisse rémonter à l'année 1886, par exemple, à l'année de l'Exposition d'Amsterdam, à une époque aussi éloignée?

M. Lonquety. — Cela me paraît très loin; mais je ne peux franchement pas... (*Il rit.*)

Le Président. — Entre 1894 et 1886, il y a...

M. Lonquety.. — Oui, il y a une marge énorme. Seulement, il y a ceci que la conversation, qui était une conversation de camarade avec d'Ocagne en 1895, s'est transformée en une déposition de justice, et franchement, on me mettrait dans l'embarras en me demandant de préciser une chose pareille.

Le lieutenant-colonel Brongniart. — Pensez-vous que cela puisse être en 1886?

M. Lonquety — Cela me paraît très loin. Je ne crois pas.

Le lieutenant-colonel Brongniart. — Trop loin ?

M. Lonquety. — Cela me paraît très loin.

Le capitaine Dreyfus. — Voulez-vous me permettre, monsieur le président, de rafraîchir les souvenirs du témoin ; il se rappellera mieux.

Le Président. — Faites votre observation.

Le capitaine Dreyfus. — Les faits qu'a cités M. Lonquety sont très justes dans leur forme, il n'y a que la date qui le trompe. Je l'ai en effet rencontré, comme il le dit, sous les galeries Saint-Hubert à Bruxelles l'année de l'Exposition d'Amsterdam, la seule année où je suis allé à Bruxelles. Dans les débats de 1894, précisément, on m'avait demandé quel était le voyage que j'avais fait à l'étranger, vous trouverez ce voyage rappelé dans les dépositions de 1894.

J'étais allé à l'Exposition d'Amsterdam. Il y a deux choses qui fixent la date. C'était avant le moment des passeports pour rentrer en Alsace, et ensuite c'était au moment de l'Exposition d'Amsterdam, voilà deux points que vous trouverez dans les dépositions de 1894 et qui n'ont pas été faits pour les besoins de la cause puisque je ne pensais pas qu'à ce moment-là M. Lonquety se rappellerait la rencontre que nous avions faite à Bruxelles. Mais vous trouverez, dans les dépositions de 1894, la marque du voyage fait à Amsterdam avant le moment des passeports et au moment de l'Exposition d'Amsterdam. Je crois que cette date est 1885 ou 1886, je ne puis pas affirmer que ce soit la date exacte, mais il est facile de trouver la date par celle de l'Exposition d'Amsterdam. En revenant, j'ai passé par Bruxelles et j'ai rencontré M. Lonquety sous les galeries Saint-Hubert.

M. Lonquety. — Dans un restaurant.

Le capitaine Dreyfus. — A la Taverne royale, c'est exact. M. Lonquety est venu me trouver, il s'est rappelé à moi comme conscrit, je l'ai reconnu, nous nous sommes dit un ou deux mots, et voilà toute notre rencontre. Depuis, je l'ai rencontré quelquefois à Paris sur le boulevard, mais sans avoir jamais eu avec lui aucune rencontre sérieuse.

M. Lonquety. — Puis-je me retirer ?

Le Président. — Vous pouvez vous retirer sous la réserve de laisser votre adresse au greffe.

La séance est levée à 11 heures et demie.

ONZIÈME AUDIENCE

Jeudi 24 août 1899.

L'audience est ouverte à 6 h. 30.

Le premier témoin, M. Penot, malade, n'ayant pu se présenter à l'audience, LE GREFFIER COUPOIS *donne lecture de sa déposition devant la Cour de cassation.*

QUARANTE-TROISIÈME TÉMOIN

M. PENOT

L'an mil huit cent quatre-vingt-dix-sept, le treize décembre, à quatre heures de relevée ;

Devant nous, Ravary, rapporteur près le 1er Conseil de guerre du gouvernement militaire de Paris, assisté du sieur Vallecalle, officier d'administration, greffier dudit Conseil, en la salle du greffe, sise à Paris, est comparu, en vertu de notre cédule du onze du courant, le témoin, lequel, après avoir prêté serment.

A répondu se nommer Penot (Denis-Henri), âgé de cinquante-trois ans, célibataire, rentier, domicilié à Paris, 18, rue de la Faisanderie, déclare n'être ni parent, ni allié, ni domestique de l'accusé.

D. — Dans une lettre que vous nous avez écrite le 5 décembre courant, vous nous priez de vouloir bien vous recevoir afin d'entendre votre déposition au sujet de l'affaire du commandant Esterhazy ?

R. — J'ai été absolument stupéfait de voir qu'une accusation infamante était déposée contre un officier de l'armée françaisu par M. Mathieu Dreyfus. Or, M. Mathieu Dreyfus, à ma connaissance, était l'un des deux plus jeunes frères du condamné Dreyfus qui étaient venus offrir au colonel Sandherr, quelques jours après l'arrestation de leur frère, une somme importante pour acheter sa conscience, afin d'étouffer l'affaire Dreyfus.

D. — C'est une accusation grave que vous portez contre M. Mathieu Dreyfus. Veuillez préciser les faits en détail.

R, —Peu de temps après, un mois environ, que l'arrestation du capitaine Dreyfus m'a été révélée par les journaux, en allant voir un dimanche après-midi le colonel Sandherr chez lui, je le trouvai encore sous le coup de l'indignation que lui causait la visite reçue des frères Dreyfus chez lui, un ou deux jours auparavant, et de l'offre qu'ils lui avaient faite. Voyant que mon ami Sandherr n'était pas dans son état normal, je lui demandai ce qu'il avait et il me répondit : « Eh bien! voici ce qui vient de m'arriver. J'étais en train de déjeuner avec ma femme lorsque mon ordonnance entra dans la salle à manger, m'apportant une lettre et me disant qu'il y avait deux messieurs qui demandaient à me voir, mais sans avoir donné ni leurs noms ni leurs cartes.

« Avant que j'aie eu le temps de prendre connaissance de la lettre que mon ordonnance me remettait de leur part, ces messieurs ont fait irruption dans la salle où je me trouvais. Je me suis levé, fâché, et j'ai dit à ces messieurs qu'on n'entrait pas comme ça chez les gens sans savoir s'ils sont disposés à recevoir. Comme ils étaient là, j'ai dû les recevoir et les ai fait passer dans mon salon ; c'est alors qu'ils se sont nommés en me disant qu'ils étaient les frères du capitaine Dreyfus et que la lettre d'introduction qu'ils m'avaient fait remettre émanait du commandant Braun, ancien commandant de chasseurs à pied, un de mes amis, qui habite Mulhouse; ces messieurs Dreyfus venaient me dire qu'étant de Mulhouse comme leur frère ils avaient songé à venir me trouver, sachant par les journaux que j'avais été mêlé de près à cette affaire et que je m'intéressais sans doute à leur frère.

« Je ne leur en laissai pas dire davantage, en ajoutant « que cette affaire ne me regardait pas et qu'elle était entre les mains de la justice militaire ». C'est à ce moment qu'insistant auprès de moi, ils m'ont d'un qu'en raison de mon influence au ministère et de ce que j'avais eu à m'occuper de l'affaire, ils pensaient qu'un mot de moi suffirait pour étouffer l'affaire, et ils m'ont alors offert une somme de (autant que je me souvienne) cent cinquante mille francs, mais en tout cas pas inférieure à ce chiffre. Sur cette offre insultante, la colère me gagnant, ne voulant pas entendre davantage, je les bousculai en les reconduisant, ou plutôt en les mettant à la porte. »

Voilà les faits tels que me les a racontés le colonel Sandherr.

D. — Quand cette offre lui a été faite, était-il seul dans le salon avec ces messieurs Dreyfus?

R. — Oui.

D. — Pouvez-vous nous dire si ces faits ont été racontés à d'autres personnes que vous, par le colonel Sanherr? Si oui, énumérez-les?

D. — Oui. Je sais que le colonel Sandherr était tellement en colère qu'il en a parlé à ses supérieurs, à ses amis et à ses proches. Je sais qu'il en a parlé, parce que nous en avons parlé entre nous, en dehors des officiers de son service, au docteur Gentil, médecin principal à Paris, directeur du service de santé de la place, au docteur Stackler, son ami d'enfance, habitant 1, rue d'Édimbourg, à Paris, et à sa famille, surtout à sa femme, demeurant à Paris, habitant à ce moment-là, 10, rue Léonce-Raynauld, et, en dernier lieu, 95, avenue de Villiers.

La lecture faite au témoin de sa déposition, il a déclaré y persister et a signé avec nous et le greffier du Conseil.

Signé : Ravary, Penot, Vallecalle.

Me DEMANGE. — Le Conseil vient d'entendre la lecture d'une déclaration faite par M. Penot, qui ne s'est pas présenté aujourd'hui à l'audience je ne sais pourquoi.

LE COMMANDANT CARRIÈRE. — Il est malade.

Me DEMANGE. — Avec certificat à l'appui?

LE COMMANDANT CARRIÈRE. — Parfaitement.

Me DEMANGE. — Je vous demanderai, monsieur le président, de vouloir bien, en vertu de votre pouvoir discrétionnaire, faire ordonner la lecture de la note écrite le jour même de la visite de M. Mathieu Dreyfus, par M. le colonel Sandherr; elle est à la page 740.

LE GREFFIER COUPOIS *donne lecture de la note du colonel Sandherr.*

NOTE DU COLONEL SANDHERR

Aujourd'hui à une heure et demie après midi, M. Mathieu Dreyfus se présente à mon domicile et me fait passer sa carte; je le fais entrer. Ils entrent à deux, lui et son frère Léon Dreyfus.

Ils me présentent immédiatement deux lettres d'introduction de deux de mes amis : la première du commandant A. Braun (de Mulhouse), la deuxième de M. R. Kœchin (de Paris).

Ces messieurs (les frères Dreyfus) me demandent ce que, par ma situation, ayant eu les pièces entre les mains, je pense de la culpabilité de leur frère le capitaine. Ils s'adressent à moi en ma qualité d'Alsacien et de Mulhousien.

Je réponds que les journaux racontent beaucoup de choses, mais qu'à côté d'indications vraies ils en donnent beaucoup de fausses... que je ne suis pas mêlé directement à cette affaire et que je ne peux rien leur dire.

D. — Mais que pensez-vous de la culpabilité de notre frère?

R. — Puisqu'on l'a arrêté, c'est que, sans doute, on a pensé qu'il était coupable.

D. — Mon frère, un Mulhousien, un Alsacien, coupable de trahison, ce n'est pas possible! Il est innocent.

J'ai lu tout le dossier; il n'y a rien de sérieux dans ce dossier, rien, sauf un petit papier soi-disant écrit par mon frère.

M. Gobert, l'expert, est d'avis que ce n'est pas mon frère qui l'a écrit.

Le rapport de M. Bertillon est l'œuvre d'un fou, l'avez-vous lu?

R. — Je ne connais pas M. Bertillon. Vraiment, vous avez lu tout le dossier?

D. — En entier. Mais c'est une machination; ne croyez-vous pas que c'est une machination?

R. — Oui, votre frère est accusé de machinations.

D. — Non! ce n'est pas ce que nous voulons dire. C'est une machination contre notre frère, parce qu'il est officier juif et qu'on voulait le mettre hors de l'armée.

R. — Permettez! On n'a pas de pareilles idées dans l'armée, de monter une semblable affaire contre un officier, uniquement parce qu'il est juif.

D. — Mais le huis clos que l'on veut prononcer, ce n'est pas admissible, et les débats doivent être publics. Ne trouvez-vous pas?

R. — Cela ne me regarde pas, c'est l'affaire du Conseil de uerre.

Seulement, dans toutes les affaires d'espionnage, aussi bien en Allemagne et en Italie qu'en France, on a toujours prononcé le huis clos. (Rappelez-vous le procès des deux officiers de marine française arrêtés à Kiel et l'affaire toute récente du capitaine Romani.)

D. — Mais notre frère est innocent. Me Demange nous a dit qu'il n'avait jamais eu à défendre un accusé aussi innocent.

— Et pourquoi aurait-il trahi? Ce n'est pas pour de l'argent,... avec sa fortune; ce n'est pas le jeu qui l'y a poussé : il ne joue pas; ce ne sont pas les femmes.

R. — Je n'en sais rien.

D. (*Sur un ton irrité.*) — C'est le commandant du Paty qui a une attitude incroyable. Je ne voudrais pas être à sa place.

Il a été jusqu'à traiter notre frère de misérable dans un de ses interrogatoires à la prison.

R. — Permettez! Je vous arrête ici. Je ne connais pas d'officier plus honorable que le commandant du Paty.

D. — Mais cette pièce, où a-t-elle été trouvée? Comment se l'est-on procurée?

R. — Je n'en sais rien.

D. — Vous êtes tenu par le secret professionnel?

R. — C'est possible! Mais je ne puis rien vous dire à ce sujet.

D. — Notre frère est innocent; nous voulons le réhabiliter, quoi qu'il arrive; nous ferons tout pour cela.

R. Je comprends que vous n'admettiez pas que votre frère soit coupable; votre famille passe à Mulhouse pour avoir des sentiments très français. Je compatis à votre peine, mais il faut vous en rapporter à la justice. Il n'y a rien à faire en dehors d'elle, et tout ce que la presse peut dire ne peut bonifier le cas de votre frère en ce moment.

D. — Que notre frère soit acquitté ou condamné, nous ferons tout pour le réhabiliter.

Notre fortune est à votre disposition si vous pouvez nous y aider.

R. — Comment dites-vous? Je vous prie de faire attention.

D., *d'un air désolé.* — Mais, pardon, nous voulons dire qu'au besoin nous dépenserions toute notre fortune pour trouver le véritable traître, pour arriver à la découverte de la vérité. Car il y a bien un traître, n'est-ce pas? Mais ce n'est pas mon frère.

R. — Sans doute, il doit y avoir un traître, puisque l'on a arrêté votre frère pour cela.

D. — Eh bien! nous le trouverons, celui-là. Pouvez-vous nous y aider?

R. — Je n'y puis rien, et puis je ne vois pas comment vous trouveriez cet autre traître (d'après vous). Croyez bien que, si l'on a arrêté votre frère, c'est que l'on a dû faire des recherches longues et sérieuses avant de s'y décider. Et puis, pour faire vos recherches, il faudrait que vous vous installiez au ministère, que le ministre et tous les officiers soient à votre disposition, etc... Cela ne me paraît pas très pratique.

D. — Nous ferons tout.

Ces dernières questions reviennent ensuite plusieurs fois de suite à peu près dans les mêmes termes. J'y réponds toujours que je n'y puis rien ; qu'il faut s'en rapporter au Conseil de guerre.

NOTA. — Le précédent entretien est rapporté aussi fidèlement que ma mémoire me l'a permis.

En tout cas, c'en est le sens exact.

Le lieutenant-colonel,
Signé : SANDHERR.

Me DEMANGE, *s'adressant au Président.* — Voulez-vous simplement me permettre de vous faire remarquer, ainsi qu'au Conseil, qu'en entendant tout à l'heure la déposition de M. Penot il a bien remarqué, en entendant ceci, que M. Penot rapportait qu'il tenait du colonel Sandherr que M. Mathieu Dreyfus et son frère lui auraient offert 150,000 francs pour étouffer l'affaire.

Le Conseil vient d'entendre la lecture de la note du colonel Sandherr, rédigée le jour même, et c'est avec cette note du colonel Sandherr que je réponds à M. Penot et que j'affirme que la déclaration de M. Penot est évidemment inexacte.

LE PRÉSIDENT. — Voulez-vous faire entrer le témoin suivant.

Me LABORI. — Avant d'entendre, dans un nouvel ordre d'idées, un témoin, voulez-vous être assez bon, monsieur le président, pour ordonner l'audition de M. Linol, liquidateur judiciaire, qui m'a fait dire qu'il était en mesure de fournir des renseignements sur M. et Mme Bodson. M. Linol est à Rennes, je crois même qu'il est dans la salle.

LE PRÉSIDENT. — M. Linol est-il présent dans la salle?

M. Linol est présent.

LE PRÉSIDENT. — Monsieur Linol, voulez-vous avancer.

QUARANTE-QUATRIÈME TÉMOIN

M. LINOL

M. Linol (Louis-Armand), 43 ans, avocat liquidateur de sociétés, 28, boulevard Saint-Denis, Paris.

LE PRÉSIDENT. — Veuillez-nous faire part de ce que vous avez à dire au Conseil.

M. Linol. — Monsieur le Président, par hasard, grâce à votre bienveillance, j'assistais hier à l'audience; par un sentiment de respect pour la justice militaire et je dois dire de commisération pour ce malheureux que j'ai connu au début de sa carrière, j'ai demandé à être interrogé. Le hasard a voulu que ce jour-là, c'est-à-dire hier, j'aie entendu la déposition d'un témoin que je ne connais en aucune espèce de façon qui parlait de personnes que j'ai connues, en 1885, avec le capitaine Dreyfus. A cette époque, je montais à cheval, je connaissais M. Bodson qui était propriétaire de la « Redingote grise », je connaissais Mme Bodson, qui était la fille du Dr Flatet et qui avait une situation de fortune considérable. M. et Mme Bodson avaient l'habitude de réunir très souvent un certain nombre de relations ou d'amis chez eux, dans leur hôtel situé, 16, avenue du Bois. Parmi ces relations, je ne puis citer aucun nom, mais je peux citer, en dehors de M. Dreyfus, des députés, des fonctionnaires, des magistrats, d'autres officiers. Je dois donc dire que la société qui se réunissait chez M. et Mme Bodson était en réalité de la bonne compagnie. Je ne veux rien dire sur ce qui se passait dans ces réunions, mais j'affirme de la façon la plus nette que ce qui s'y passait est ce qui se passe dans les salons de Paris où l'on reçoit une société un peu mélangée peut-être, mais parfaitement correcte.

Il est très exact que nous montions quelquefois à cheval avec M. Bodson, Mme Bodson d'autre part et M. Dreyfus que j'avais rencontré. J'ai dîné quelquefois chez M. et Mme Bodson, non seulement avec M. Dreyfus, mais avec sa belle-sœur, je crois; par conséquent, la famille de M. Dreyfus fréquentait chez M. et Mme Bodson

J'ajoute, et ceci est le seul point important de la déposition que je peux fournir au Conseil, que j'ai perdu de vue M. Dreyfus à partir de 1886 ou 1887 je crois; mais j'ai connu M. Bodson, mort aujourd'hui, qui était devenu mon client pour ses affaires commerciales; je l'ai revu quelque temps après la condamnation et la dégradation de M. Dreyfus qui nous avaient vivement impressionnés. M. Bodson, qui pour des motifs particuliers n'aimait pas le capitaine Dreyfus, m'a déclaré de la façon la plus nette qu'il le considérait comme incapable de commettre le crime de trahison pour lequel il avait été condamné.

C'est le seul point qui m'a frappé hier, et c'est pour cela que j'ai demandé la parole au Conseil pour lui fournir ce renseignement.

Le Président. — Parmi les personnes qui fréquentaient chez M. Bodson, y avait-il des étrangers?

M. Linol. — Il pouvait y avoir des étrangers; mais toutes les personnes qui fréquentaient chez M. Bodson étaient des personnes honorables.

Le Président. — Y avait-il des personnes appartenant au monde diplomatique?

M. Linol. — Non, jamais je n'en ai vu. M. Bodson, quoique son nom soit un peu étranger, n'est ni juif ni étranger, c'était le fils d'un marchand de vinaigre d'Orléans.

Le Président. — C'est bien de l'accusé ici présent que vous avez entendu parler?

M. Linol. — Oui, monsieur le président.

Le Président *à l'accusé*. — Avez-vous des observations à présenter au sujet de cette déposition?

Dreyfus. — Aucune.

QUARANTE-CINQUIÈME TÉMOIN

M. LE COLONEL MAUREL

M. Maurel Émilien, 64 ans, colonel en retraite.

Le Président. — Connaissiez-vous l'accusé avant les faits qui lui sont reprochés?

Le colonel Maurel. — Non, monsieur le président.

Le Président. — C'est vous qui, en 1894, avez présidé le Conseil de guerre qui a été chargé de juger Dreyfus.

Le colonel Maurel. — Oui, monsieur le président.

Le Président. — En cette qualité, vous pouvez apporter au Conseil des renseignements utiles, en même temps votre situation vous impose des obligations sur les limites desquelles vous êtes seul juge. Je vous prie donc de dire au Conseil ce que vous savez sans manquer au secret professionnel.

Le colonel Maurel. — Avant de répondre à l'invitation qui m'est adressée par M. le président, je tiens à dire que, pendant toute la durée des débats de l'affaire Dreyfus, aucune communication verbale ni écrite n'a été faite ni au président ni aux membres du premier Conseil de guerre. Ils n'ont connu l'affaire que par le dossier communiqué à l'accusé et à ses défenseurs et par les dépositions des témoins.

Je prends l'affaire au 19 décembre, jour où elle a été appelée pour la première fois à l'audience. Les impressions que vous me demandez sont depuis cinq ans moins vives; afin de ne pas commettre d'erreurs je ne dirai donc que ce qui me paraît être absolument gravé dans ma mémoire.

Je n'ai rien à dire des expertises de MM. Charavay, Teyssonnières et Pelletier. L'expertise de M. Bertillon s'adressa à la fois à l'esprit et aux yeux des juges. On a dit qu'elle n'avait pas été comprise, c'est inexact.

Je passe aux témoignages. Presque tous les témoins à charge appartenaient à l'État-major de l'armée; vous les avez entendus. Je peux cependant dire un mot de deux témoignages : celui de M. du Paty de Clam et celui de M. Henry. Le témoignage de M. du Paty de Clam reproduisit d'une manière presque complète le rapport qu'il avait précédemment établi en qualité d'officier de police judiciaire ; de ce fait il embrassa presque toute la cause, il acquit une grande importance. — Je n'ai pas remarqué que dans sa déposition M. du Paty de Clam ait fait montre de parti pris ou de passion.

Le témoignage du commandant Henry eût gagné à être moins exagéré en gestes et en paroles; on l'a raconté ces jours derniers, vous le connaissez. Pour moi, je crois que le commandant Henry a parlé sans haine et sans passion.

L'attitude de l'accusé pendant tous les débats fut ferme et absolument correcte. Dans son interrogatoire, il répondit avec calme presque toujours, se bornant à repousser presque toujours également par des dénégations formelles les accusations portées contre lui. Après les dépositions des témoins, il protesta à plusieurs reprises et d'une manière véhémente, avec une indignation non contenue, contre les dépositions qui le chargeaient le plus.

En ce qui me concerne, j'affirme hautement que ma conviction sur la culpabilité de Dreyfus s'est formée au cours des débats contradictoires qui ont eu lieu, et auxquels ont pris part l'accusé et son défenseur. Cette conviction était faite, absolument faite, ferme et inébranlable, lorsque le Conseil s'est retiré pour délibérer. J'ajoute que j'ai la persuasion intime que tous les juges partageaient à ce sujet ma manière de voir et avaient la même conviction que moi.

M. le général Mercier vous a parlé dans sa déposition de pièces qu'il m'avait adressées pour être communiquées aux juges. Voici les explications que je peux donner en réservant toutefois d'une manière rigoureuse le secret de la salle des délibérations, me conformant en cela à l'exemple de la Cour de cassation qui procédait de cette manière le jour où elle a entendu M. Freystatter.

Le 21 décembre, l'audition des témoins était terminée et les plaidoiries allaient commencer. M. le général Mercier, alors ministre de la Guerre, me fit remettre un pli fermé et scellé portant l'adresse du 1er Conseil de guerre. Ce pli, le seul (j'insiste sur ce mot) que j'aie reçu pendant toute la durée du procès Dreyfus, ne m'a pas été remis par M. Picquart. Je reçus donc un pli et l'officier qui était chargé de me le remettre ne me fit pas connaître ce qu'il renfermait.

Mais il m'enjoignit, au nom du ministre, d'en donner connaissance aux juges, dans des conditions de temps et de lieu nettement déterminées. (*Mouvement prolongé.*)

Le pli fut rendu le lendemain soir en présence des juges, et sans aucune explication, au même officier qui me l'avait apporté la veille.

Je ne connaissais pas le général Mercier; je l'ai vu pour la première fois au procès Zola; je ne l'ai plus revu depuis que dans le courant du mois de juin dernier.

Je n'ai pas autre chose à dire.

Le Président. — Monsieur le Commissaire du Gouvernement, avez-vous des questions à poser au témoin?

Le Commissaire du Gouvernement. — Nullement.

Le Président. — La défense?

Me Labori. — M. le colonel Maurel voudrait-il nous dire à quoi il attribue la communication secrète qui lui a été faite à la dernière heure? Quelle est d'après lui la raison pour laquelle cette communication a été faite?

Le Président. — Pouvez-vous répondre à cette question!

Le colonel Maurel. — Je ne puis répondre à cette question.

Me Labori. — La communication avait-elle été provoquée par une communication quelconque émanant soit du président, soit des membres du Conseil de guerre?

Le colonel Maurel. — Je n'ai vu personne, absolument personne pendant toute la durée du procès ni avant.

Me Labori. — Le colonel Maurel voudrait-il être assez bon pour nous dire le nom de l'officier qui lui a remis le pli!

Le Président. — Pouvez-vous répondre à cette question?

Le colonel Maurel. — Parfaitement. Ce fut M. du Paty de Clam. (*Sensation.*)

Me Labori. — Enfin, — et, bien entendu, M. le colonel Maurel ne répondra que s'il croit pouvoir le faire, mais étant donné que le général Mercier a donné sur ce point des explications, je crois qu'il n'y aura dans la réponse du colonel Maurel rien qui viole le secret des délibérations, — M. le colonel Maurel voudrait-il être assez bon pour dire quelles sont les pièces qui ont été communiquées au Conseil?

Le Président. — Pouvez-vous répondre?

Le colonel Maurel. — Je ne les connais pas... J'ai lu une première pièce, je n'ai pas écouté les autres, parce que ma conviction était faite.

Me Labori. — Le colonel Maurel pourrait-il affirmer que tous les autres membres du Conseil de guerre étaient dans le même état d'esprit que lui?

Le colonel Maurel. — Oui, et j'ai plusieurs faits à l'appui de mon dire :

Deux officiers, parlant à ma personne, à moi, m'ont fait connaître que leur conviction était acquise au moment où le conseil s'est retiré pour délibérer.

Un troisième officier, dont j'ai lu la déposition dans le *Figaro*, du 31 juillet dernier, déposition qu'il a faite devant les Chambres réunies de la Cour de cassation, a dit que sa conviction s'était formée par la déposition Henry et ensuite par l'expertise de M. Bertillon. Afin qu'il n'y ait pas de doute, voici ce que j'ai lu (je ne garantis pas, bien entendu, ce qui a été publié par le *Figaro*); en parlant de la déposition Henry, ce témoin a dit :

« Cette déclaration a eu sur moi une influence considérable, en raison de l'attitude de M. Henry. »

Passant à l'expertise, il a dit : « Ma conviction de la culpabilité fut amenée par les affirmations des deux experts en écritures qui attribuèrent nettement le bordereau au capitaine Dreyfus. Deux autres experts trouvaient qu'il y avait de grandes ressemblances et des dissemblances. Les dissemblances furent expliquées par M. Bertillon au moyen de mots grossis par la photographie, de mots empruntés à une lettre de M. Mathieu Dreyfus. »

J'ai encore quelque chose à dire à ce sujet.

Quand le jugement de la Cour de cassation a été rendu, j'ai fait paraître une déclaration qui est celle que j'ai eu l'honneur de faire tout à l'heure devant vous, dans laquelle je disais que ma conviction et celle des autres juges était faite au moment où ils se sont retirés dans la salle des délibérations. Cette déclaration a été reproduite par les journaux. Aucun démenti, aucune protestation, aucune rectification ne m'est parvenue.

Autre chose encore, M. le Préfet de police Lépine, qui assistait uax séances du Conseil, a été interrogé comme témoin le 24 avril dernier par la Cour de cassation, toutes chambres réunies. Qu'a-t-il dit? Après avoir parlé du bordereau et de son examen par les experts, il a conclu ce paragraphe de sa déposition en disant : « Je le répète, sur la question du bordereau, mon siège était fait et celui des juges aussi. » Je n'ai pas autre chose à dire.

Me Labori. — Monsieur le Président, M. le colonel Maurel di qu'il n'a pas pris connaissance des pièces secrètes, parce que sa conviction était faite. Pensait-il donc qu'il ne pouvait y avoir dans le pli que des pièces à charge et que ceux qui le lui faisaient remettre étaient incapables d'y avoir mis des pièces retenues uniquement pour éclairer les juges, c'est-à-dire que ces pièces fussent à charge ou à décharge? et comment, en sa qualité de juge, a-t-il cru, du moment qu'on lui communiquait des pièces, qu'il recevait, et dont il devait par conséquent à ce moment, de bonne foi, considérer la communication comme licite, comment, dis-je, a-t-il pu considérer sa conviction comme faite avant d'avoir achevé complètement l'examen du dossier qui lui a été remis! (*Mouvement.*)

Le Président. — Pouvez-vous répondre à cette question?

Le colonel Maurel. — Je n'ai pas bien compris, monsieur le Président.

Me Labori. — Je vais reprendre, monsieur le Président. Je serai plus précis, pouvant, après mon premier développement, être plus bref.

Comment M. le colonel Maurel, recevant la communication d'un pli contenant des pièces se référant à l'affaire, et sachant comme juge qu'il devait s'éclairer en toute conscience et qu'il devait attendre du ministère public des communications sincères, c'est-à-dire contenant tous les éléments de l'affaire, qu'ils fussent à charge ou à décharge, comment le colonel Maurel a-t-il pu estimer que sa conviction était loyalement faite sans prendre connaissance complète du dossier qui lui était remis?

Le colonel Maurel. — Je n'ai pas à répondre à cette question, parce que je serais obligé, pour répondre, de parler de la première pièce que j'ai lue, et qui a suffi pour m'éclairer d'une manière complète.

Me Labori. — Voulez-vous me permettre, monsieur le Président. Puisque, avec une loyauté à laquelle je suis heureux de rendre hommage, M. le président du Conseil de guerre lui-même disait tout à l'heure à M. Maurel que, seul, il serait juge des limites dans lesquelles il devrait renfermer sa déposition, puisque M. Maurel estime qu'il lui est permis de venir ici apporter l'affirmation de sa conviction et des raisons de sa conviction, voulez-vous me permettre, monsieur le Président, d'insister auprès de lui pour qu'il nous dise quelle était cette première pièce et ce qu'elle contenait?

Le Président. — Je n'insisterai pas pour obtenir cette déclaration. Le colonel Maurel est seul juge de ce qu'il a à dire sur ce qui s'est passé dans la salle des délibérations.

Le colonel Maurel. — Je n'ai rien à ajouter à ce que j'ai dit : le secret de la salle des délibérations serait violé si je disais ce qui s'est passé.

Me Labori. — Le Conseil appréciera.

Je demande à monsieur le Président s'il ne croit pas qu'il serait utile de faire entendre maintenant M. le capitaine Freystätter qui déposera évidemment sur des faits du même ordre.

Le Président. — Il est cité par la défense et vous demandez qu'il soit entendu maintenant. Est-il présent?

Me Labori. — Il n'y a qu'à le faire demander par M. l'Audiencier.

Le Président. — C'est bien de l'accusé ici présent que vous avez entendu parler?

Le colonel Maurel. — Parfaitement.

Le Président. — Accusé, levez-vous.

Avez-vous des observations à faire?

Le capitaine Dreyfus. — Je n'ai rien à dire.

Le colonel Maurel. — Monsieur le Président, un de mes enfants vient d'être victime d'un accident, je vous demande la permission de me retirer.

Me Labori. — Il serait peut-être bon d'attendre la fin de la déposition du capitaine Freystätter.

Me Demange. — Je crains bien qu'il ne soit pas là!

Me Labori. — Je crois que nous pourrions le faire prévenir pour demain, et peut-être M. le colonel Maurel estimera-t-il qu'il peut attendre jusqu'à l'audience de demain.

(*M. le colonel Maurel fait un signe d'assentiment.*)

Me Labori. — Monsieur le Président, j'aurai d'autre part un certain nombre de questions à poser à M. le général Mercier, questions qui se rattachent dans une certaine mesure aux faits dont M. le colonel Maurel a déposé. Je vous demanderai, monsieur le Président, de me permettre de le faire avant que M. le colonel Maurel ne parte.

Le Président. — Voulez-vous le faire maintenant ou après la déposition du capitaine Freystätter?

Me Labori. — Je suis aux ordres du Conseil.

Le Président. — Puisque monsieur le général Mercier est présent, je le prie de vouloir bien venir.

(*M. le général Mercier se présente à la barre.*)

Le Président. — Quelles questions, maître Labori, désirez-vous poser?

Me Labori. — Je désirerais poser d'abord une petite question; je passerai ensuite à d'autres questions, qui se rattachent à la déposition de M. Maurel.

Est-ce que le général Mercier — peut-être peut-il le dire, quoique ces faits soient un peu lointains — est-ce que le général Mercier reconnaît bien avoir fait donner l'ordre à M. Maurel de donner lecture au Conseil de guerre, en chambre du Conseil, de pièces communiquées secrètement?

Le général Mercier. — Oui, j'en ai pris la responsabilité complète. Je n'avais pas le droit de donner un ordre absolu, vous le savez mieux que personne, j'ai donné l'ordre moral aussi complet que possible. (*Rumeurs prolongées.*)

Me Labori. — Je dois maintenant vous demander, monsieur le Président, de revenir sur l'ensemble de la déposition de M. Mercier, n'ayant pas pu l'interroger et je procéderai par ordre...

Le Président. — Je vous prierai d'être bref le plus possible, parce que les débats s'allongent un peu trop.

Le commandant Carrière. — Cela me semble en effet de la discussion, et si nous entrons dans cet ordre d'idées, les débats n'auront pas de fin.

Me Labori. — Vous sentez avec quel respect, monsieur le Président, je reçois votre observation. Vous me demandez d'être bref, rien n'est plus juste, et je vous le promets.

Le Président. — Je vous prierai de ne pas entrer dans la discussion. Faites seulement des questions et ne tirez pas de conclusions. C'est dans la discussion que vous pourrez le faire.

Me Labori. — J'entends dire par M. le commandant Carrière que c'est de la discussion avant que j'aie prononcé un mot!

Le commandant Carrière. — Mon observation ne surprend personne.

Me Labori. — Je demande à M. le Commissaire du Gouvernement de préciser ce qu'il entend par cette phrase : « Cela ne surprend personne. »

Le commandant Carrière. — Je veux dire que nous avons le droit de poser des questions aux témoins, mais que nous n'avons pas le droit de faire des déductions sur ces questions et sur les réponses qui sont faites. Je vous donne l'exemple.

Me Labori. — Je ne ferai sur les dernières paroles de M. le Commissaire du Gouvernement aucune observation, car depuis quarante-huit heures, je n'ai fait que poser des questions avec la plus grande courtoisie, je pense, je n'ai tiré aucune déduction. Si M. le commandant Carrière pose des règles sur lesquelles nous sommes d'accord, très bien, mais s'il entend me donner des leçons, e ne les accepte pas!

Le Président. — Je vous prie de ne pas entrer dans la discussion; posez la question sans discuter au fond.

Me Labori. — Vous serez assez bon, monsieur le Président, pour m'arrêter s'il y avait lieu; je me limiterai à cet égard dans les droits stricts de la défense.

Voulez-vous me permettre, monsieur le Président, de faire préciser d'abord très exactement un point par le général Mercier : au début, quand il a eu avec les ministres, et notamment avec M. Hanotaux, la conversation que le Conseil connaît, y avait-il contre le capitaine Dreyfus d'autres charges que le bordereau?

Le Président. — Général, quand vous avez discuté avec les ministres, non pas en Conseil des ministres, mais dans une réunion spéciale, y avait-il d'autres charges contre Dreyfus que le bordereau?

Le général Mercier. — Il y avait d'autres charges: les pièces dont j'ai donné la nomenclature, sur lesquelles j'ai donné des explications et qui ont constitué ce qui a été communiqué comme dossier secret au Conseil de guerre.

Me Labori. — Pourquoi alors, monsieur le Président, le général Mercier n'en a-t-il pas fait part aux ministres?

Le général Mercier. — Je ne crois pas avoir à répondre à cette question; c'est une question politique qui n'est pas du ressort de la défense. (*Rumeurs.*)

Me Labori. — Je savais et j'ai dit à monsieur le Président que pas mal de mes questions resteraient sans réponse, voici la première; je continue.

Comment se fait-il alors que M. le général Mercier, à une date où, d'après lui, sa conviction était faite, ait pris l'engagement vis-à-vis de M. Hanotaux de ne pas suivre sur les poursuites s'il n'y avait pas d'autre charge?

S'il connaissait d'autres charges, pourquoi n'en parlait-il pas? Et s'il n'en connaissait pas, il est en contradiction avec la réponse qu'il vient de faire.

Le général Mercier. — Je n'ai pas pris d'engagement vis-à-vis de M. Hanotaux.

Me Labori. — Alors, M. le général Mercier contredit — c'est le mot le plus modéré que je puis employer — M. le ministre Hanotaux sur ce point, car il y a au dossier une note qui a été lue et qui est précise sur ce point, M. Hanotaux — je regrette qu'il ne soit pas là — a dit que M. le général Mercier avait pris l'engagement de ne pas suivre s'il n'y avait pas d'autres charges que le bordereau.

Le général Mercier. — Permettez! l'engagement de ne pas produire dans le courant des débats de pièces pouvant mettre directement en cause une puissance étrangère. Voilà l'engagement que j'ai pris.

Me Labori. — Voilà la réponse. Je prie le Conseil de retenir qu'elle est en contradiction avec la déposition de M. Hanotaux.

S'il y avait d'autres charges, et des charges que le général Mercier continue à considérer comme sérieuses, pourquoi alors avoir procédé à l'opération de la dictée et avoir dit que si cette opération réussissait, le capitaine Dreyfus ne serait pas arrêté?

Le général Mercier. — Parce que l'opération de la dictée pouvait constituer une charge de plus si elle dénotait un trouble évident chez l'accusé.

Me Labori. — Les charges antérieures étaient donc insuffisantes? (*Sensation.*)

Le président répète la question au témoin.

Le général Mercier. — Je n'ai pas à apprécier si elles étaient insuffisantes ou non, j'avais à réunir toutes les charges possibles qui pouvaient éclairer la conscience des juges et la justice militaire.

Me Labori. — Mais le général Mercier sait-il que le colonel du Paty de Clam a dit que si Dreyfus était sorti victorieux de l'épreuve de la dictée, l'arrestation n'aurait pas eu lieu?

Le Président, *au général Mercier*. — Avez-vous eu connaissance que le colonel du Paty de Clam ait tenu ce propos?

Le général Mercier. — Je ne sais pas s'il l'a tenu, mais il n'y a rien d'impossible à ce qu'il l'ait tenu.

Me Labori. — Est-ce que ce propos correspondait au sentiment personnel de M. le général Mercier?

Le président répète sa question.

Le général Mercier. — J'avais encore une certaine indécision.

Me Labori. — Donc, et c'est la conclusion de cette seconde partie de mon questionnaire, M. le général Mercier n'était pas absolument convaincu et décidé sur les charges qu'il possédait antérieurement?

Le Président. — Les charges que vous possédiez à ce moment-là étaient-elles de nature à entraîner votre conviction?

Le général Mercier. — Non, puisqu'il n'y avait pas eu d'enquête faite; il n'y avait eu que des présomptions jusqu'alors.

Me Labori. — M. le général Mercier voudrait-il nous dire maintenant pourquoi il a pensé qu'il fallait précipiter l'arrestation et « agir vite », ce sont ses propres expressions à l'enquête de la Cour de cassation (page 5).

Le président répète la question à M. le général Mercier.

Le général Mercier. — Parce que, puisqu'il y avait trahison, il y avait intérêt majeur à arrêter le plus tôt possible cette trahison.

Me Labori. — Pourquoi le général Mercier n'a-t-il pas fait tout simplement procéder à une étroite surveillance, qui lui aurait permis en même temps d'éviter les effets d'une trahison, et d'avoir des preuves plus complètes de la culpabilité, si elle existait?

Le Président, *au général Mercier*. — Me Labori demande pourquoi vous n'avez pas fait procéder à une surveillance étroite.

Le général Mercier. — Parce qu'une surveillance étroite est impossible dans ces conditions-là.

Me Labori. — M. le général Mercier voudra-t-il nous dire s'il a connu l'attitude et l'esprit de la presse à son endroit au moment de l'affaire Dreyfus?

Le général Mercier. — Monsieur le Président, au ministère, il y a tous les jours un résumé des faits, des impressions de la presse et ce résumé est communiqué au cabinet du ministre. Quand le ministre a le temps, il en prend connaissance, quand il n'a pas le temps il ne le lit pas.

Me Labori. — Est-ce que M. le général Mercier connaît ou a connu les articles de la *Libre Parole* qui, au sujet de cette affaire, ont été à son égard de la dernière violence?

Le général Mercier. — J'ai été tellement habitué aux violences de la presse, que cela m'était totalement indifférent, je ne m'en occupais pas.

Me Labori. — Le Conseil me permet-il de donner, — je crois que c'est intéressant au point de vue de l'affaire, — de lui donner connaissance de quelques lignes d'un article qui était écrit le 6 novembre, à ce moment-là?

Le Président. — Oh! c'est inutile.

Me Labori. — Dans lequel le général Mercier était traité dans les termes les plus abominables; on l'appelait « le vieux coquin! ».

Le général Mercier. — Cela continue maintenant!

Me Labori. — Je ne veux pas dire que ce journal nous associe, même parfois dans ses injures, j'aurais trop peur de vous compromettre; mais, M. le général Mercier sait-il qu'à partir du moment où les poursuites contre Dreyfus ont été décidées, la *Libre Parole* a été pleine d'éloges et d'enthousiasme pour lui?

Le général Mercier. — Je ne faisais pas plus attention à la *Libre Parole* qu'aux autres journaux, je ne m'en occupais pas.

Me Labori. — M. le général Mercier sait-il que dans les derniers jours d'octobre, la presse a été avertie de l'arrestation du capitaine Dreyfus par une indiscrétion venue de l'État-major?

Le général Mercier. — J'ai connaissance d'une indiscrétion commise par la presse, mais je n'ai pas du tout connaissance qu'elle vienne de l'État-major.

Me Labori. — Voulez-vous me permettre de lire les entrefilets de la *Libre Parole.*

Le Président. — Non!

Me Labori. — Je rappelle cependant au Conseil qu'il s'agit de deux entrefilets, l'un dans lequel on pose une question, l'autre dans lequel on dit que l'officier arrêté, c'est Dreyfus. M. le général Mercier pourrait-il nous dire d'où l'indiscrétion pouvait venir, sinon de l'État-major?

Le général Mercier. — Mais elle pouvait venir de la famille Dreyfus, elle pouvait venir des experts qui, à ce moment, au moins un, connaissait le nom de l'officier arrêté.

Me Labori. — Il y a un document que je demande au Conseil la permission de lire ici ; c'est la lettre adressée à la *Libre Parole*, le 28 octobre, et qui a été signée Henry.

Cette lettre a une importance capitale. Voulez-vous me permettre d'en donner lecture?

Le Président. — Elle n'est pas trop longue ? (*Rires.*)

Me Labori. — Six lignes ! (*Nouveaux rires.*)

Le Président. — Lisez.

Me Labori. — Le 28 octobre, un rédacteur du journal *La Libre Parole*, M. Papillaud, recevait cette lettre :

« Mon cher ami,

« Je vous l'avais bien dit, c'est le capitaine Dreyfus, c'est lui qui habite 6, avenue du Trocadéro, qui a été arrêté le 15 pour espionnage et qui est en prison au Cherche-Midi. On dit qu'il est en voyage, mais c'est un mensonge, parce qu'on veut étouffer l'affaire. Tout Israël est en mouvement.

« A vous : HENRY.

« Faites compléter ma petite enquête au plus vite. »

M. le général Mercier croit-il que cette lettre émane de la famille Dreyfus ?

LE GÉNÉRAL MERCIER. — Je ne puis pas dire cela. Ce que j'ai entendu dire, c'est que cette lettre-là n'était pas du tout de l'écriture du colonel Henry.

Me LABORI. — Voulez-vous me permettre, monsieur le Président, de vous rappeler ce que j'ai eu l'honneur de solliciter de vous avant que les audiences ne commençassent: je vous ai demandé et je vous demande à nouveau de vouloir bien envoyer une commission rogatoire à M. Papillaud pour lui demander de remettre entre les mains du magistrat qui en sera chargé la lettre en question, afin qu'elle puisse être vue par le Conseil et expertisée.

LE PRÉSIDENT. — Cela allongerait beaucoup les débats, quel intérêt cela a-t-il ?

Me LABORI. — Cela a un intérêt énorme ; vous entendez des témoins qui, comme le colonel Maurel, viennent ici rendre hommage au colonel Henry. On a pu, à un moment donné, avec bonne foi, je le veux bien, faire une souscription en faveur de la veuve et de l'enfant du colonel Henry, mais il faut que nous montrions le rôle du colonel Henry, car si je crois à la bonne foi de tous ceux que j'interroge avec la plus grande énergie, je montre aussi mon désir d'arriver à une lumière complète, à une lumière qui dans ma pensée doit être une lumière d'apaisement.

Je cherche les responsabilités, là où en toute bonne foi elles ont vraiment : chez le colonel Henry et chez le colonel du Paty. ar conséquent je crois que tout ce qui éclairera ici le rôle du colonel Henry servira à éclairer utilement le Conseil et peut-être aussi à sauvegarder l'honneur de l'armée tout entière. Je me permets donc d'insister, car je crois que cette lettre appartient aux débats.

Maintenant que j'ai demandé au général Mercier s'il croit que l'indiscrétion vient de la famille, je lui demande ce qu'il pense d'une pareille indiscrétion, qui, si elle émane de l'Etat-major, émane de ceux qui l'entouraient et qui à ce moment trompaient sa confiance, car si c'est lui qui donnait les ordres...

LE PRÉSIDENT. — Vous entrez dans la discussion et dans le débat.

Me Labori. — Soit ! Eh bien, que pense le général Mercier d'une indiscrétion pareille ?

Le général Mercier. — Je crois, monsieur le Président, qu'il est déjà assez difficile de rendre compte de ses actes et de ses paroles sans avoir encore à rendre compte de ses pensées, et je ne crois pas qu'on ait le droit d'interroger quelqu'un sur ses pensées. Ce que je puis dire, c'est ceci : c'est que je n'ai pas donné l'ordre d'écrire cette lettre et que je ne crois pas qu'un officier sous mes ordres se soit permis d'écrire cette lettre.

Me Labori. — C'est entendu, je remercie M. le général Mercier de sa déposition. J'arrive à une question qui touche de plus près encore au centre de l'affaire ; M. le général Mercier voudrait-il me dire pourquoi en 1894 la date du bordereau a été placée au mois d'avril ou au mois de mai?

Le Président. — Quelles sont, mon général, les raisons qui ont fait placer primitivement la date du bordereau au mois d'avril ?

Le général Mercier. — Je ne les connais pas. Je me suis pas occupé de l'enquête judiciaire ; c'est le commandant d'Ormescheville qui a fait son rapport sans aucune intervention de ma part.

Me Labori. — Mais M. le général Mercier a suivi cette affaire?

Le général Mercier. — Aucunement.

Me Labori. — Alors, toute l'accusation que M. le général Mercier vient dresser ici est une accusation qui dans son esprit s'est formée depuis?

Le Président. — Je ne comprends pas bien ce que vous voulez dire.

Me Labori. — Je vais m'expliquer. M. le général Mercier est venu apporter ici, on peut le dire, un véritable réquisitoire, est-ce que les éléments de ce réquisitoire existaient dans son esprit en 1894, ou se sont-ils formés dans son esprit depuis qu'on s'occupe de la revision ?

Le général Mercier. — En 1894, je n'ai pas eu à m'occuper directement de la façon dont se faisait l'information judiciaire. C'était sous les ordres du Gouverneur de Paris, le général Saussier. Je ne suis pas intervenu de ma personne. Il est probable qu'on a dû prendre des renseignements dans les bureaux de l'Etat-major général. Ce n'est pas à moi qu'on est venu les demander ; mais depuis, naturellement, j'ai été obligé de suivre les débats qui ont eu lieu au sujet de la revision. J'ai été cité à la Cour de cassation ;

j'ai été cité ici. Je me suis préparé à répondre aux questions qui me seraient posées.

Me Labori. — Par conséquent M. le général Mercier, en 1894, ignorait complètement les raisons de la culpabilité de Dreyfus?

Le général Mercier. — Je n'ignorais pas les raisons de la culpabilité ; mais j'ignorais le détail de tous les arguments qui ont pu être produits pour ou contre la culpabilité.

Me Labori.— Monsieur le Président, voulez-vous demander à M. le général Mercier si la question du bordereau était une question de détail ?

Le général Mercier. — Ce n'était pas une question de détail, mais quant à l'époque précise que l'on pouvait assigner à la confection du bordereau, je n'ai pas eu à m'en occuper personnellement. (*Rumeurs.*)

Me Labori. — Cependant M. le général Mercier a examiné les charges contre Dreyfus, il a donné l'ordre d'informer ; a-t-il, je le répète, examiné les charges contre Dreyfus?

Le Président. — Permettez, monsieur le défenseur, l'autorité militaire n'entre en jeu que pour donner l'ordre d'informer ; une fois l'ordre donné, c'est le rapporteur qui fait l'information.

Me Labori. — Mais, je ferai remarquer que, pour M. le général Mercier, cela a pris l'importance d'une affaire d'État.

Le Président. — Il a donné l'ordre d'informer et le rapporteur a informé.

Me Labori. — Voulez-vous bien me permettre de vous répondre. Avant l'ordre d'informer il y a eu une période préparatoire de la plus haute importance dans laquelle la responsabilité ministérielle de M. le général Mercier était engagée.

Le Président. — Il ne peut pas répondre là-dessus encore. Cela correspond à l'instruction.

Me Labori. — Il faut la lumière complète, il n'est pas habituel que dans les affaires d'espionnage les ministres de la guerre passés et futurs viennent déposer devant le Conseil de guerre, nous sommes dans un procès spécial et nous sommes obligés de l'étudier spécialement. Nous avons été initiés par M. Casimir-Perier, par M. Hanotaux et par M. le général Mercier lui-même, à tout ce qui s'est produit dans la période antérieure à l'ordre d'informer et à l'arrestation de Dreyfus. Nous savons qu'on s'est demandé si l'on devait poursuivre. Le général Mercier vous a représenté qu'il croyait avoir accompli une action des plus honorables et presque une action d'éclat.

Le Président. — Ne discutons pas.

Me Labori. — Je demande à M. le général Mercier s'il a fait tout cela sans s'occuper des charges ou s'il les a examinées. S'il me dit qu'il ne les a pas examinées, j'en tirerai les conclusions logiques. Au contraire, s'il me dit qu'il les a examinées, j'aurai le droit de continuer à l'interroger sur ce point.

Le général Mercier. — J'ai dit dans ma déposition comment j'ai examiné les charges ; j'ai dit qu'à la lecture du bordereau il avait été évident pour tout le monde que c'était un officier de l'État-major général qui avait commis un acte de trahison, qu'on a cherché par l'examen des documents dans quel bureau avait pu être accompli cet acte de trahison, que la correspondance de notes avec la présence de Dreyfus dans les différents bureaux avait été constatée et que la similitude d'écriture était venue s'ajouter comme charge très probante.

Me Labori. — Vous allez voir alors que mes questions sont toutes justifiées. Le général Mercier, pour apprécier la culpabilité, a examiné la nature, la valeur des documents livrés, d'après ce qu'il dit...

Le général Mercier. — Je n'ai pas parlé de la valeur, j'ai dit la nature.

Me Labori. — Et évidemment la valeur.

Eh bien, n'était-il pas essentiel pour cela de fixer le bordereau à une date déterminée ?

Le Président, *au témoin.* — Était-il nécessaire de fixer une date ?

Le général Mercier. — Ce n'était pas absolument nécessaire, c'était l'information complète qui devait faire fixer cette date. Il y avait eu par exemple le manuel de tir, l'état de notes sur Madagascar, les formations de l'artillerie, le canon de 120, enfin les troupes de couverture, il est certain qu'à toute époque de l'année on peut faire des notes sur ces questions-là, et ce n'est que par l'étude complète des objections faites plus tard par les partisans de la revision qu'on est arrivé à creuser davantage la question et à établir d'une manière certaine maintenant que la date de la confection du bordereau doit être fixée à la fin d'août ou au commencement de septembre.

Me Labori. — Prenons cependant la note sur Madagascar. Un des éléments de l'appréciation du général Mercier était l'importance du document à raison de ce que seul un officier d'État-major avait pu le livrer. Eh bien ! en 1894, la note sur Madagascar était placée au mois de février et aujourd'hui tout le monde déclare que cette note du mois de février, premièrement était sans importance, deuxièmement a été copiée dans une antichambre et pouvait par conséquent être connue par tous ceux qui entrent au ministère; or, nous savons maintenant qu'on y entre comme dans un moulin... (*Rires.*)

Le Président. — Non, même pour un officier ce n'est pas si facile que cela.

Me Labori. — Je crois bien, aussi vous sentez que mon observation est une observation ironique.

Le Président. — Je ne suis jamais entré au ministère comme dans un moulin; chaque fois que j'y suis allé, j'ai été obligé de demander une autorisation.

Me Labori. — Nous savons que le Conseil est d'accord avec nous au sujet de la possibilité d'introduire un civil au ministère dans les conditions qui ont été exposées hier, et je reviens à la note sur Madagascar.

S'il s'agit d'une note difficile à obtenir, le raisonnement du général Mercier pourra avoir de la valeur; mais comment donc ce raisonnement, que l'on croit si solide sur la nature et la valeur du bordereau, peut-il s'adapter à toutes les dates?

Le général Mercier. — Je ne comprends pas bien la question; mais, d'une manière générale, je dis que Me Labori met ici en discussion la manière dont a été fait le procès de 1894. Cela peut être intéressant au point de vue historique, mais je crois que ce n'est pas la question qui est actuellement soumise au Conseil de guerre. La Cour de cassation, en annulant le jugement de 1894 et en décrétant la revision, a fait table rase de ce qui avait eu lieu avant et c'est maintenant la discussion telle qu'elle résulte de ce jugement qui est soumise au Conseil de guerre.

Me Labori. — Je crois que M. le général Mercier a raison en ce qui concerne les questions soumises au Conseil, mais il ne peut pas contester la valeur d'un procédé de discussion qui consiste...

Le général Mercier. — Alors c'est de la discussion ?...

Me Labori. — D'un procédé de discussion qui consiste à demander à l'autorité militaire compétente comment elle peut expliquer les contradictions qui pour moi suffisent à ruiner les deux systèmes.

Le Président. — Il faut procéder par questions, afin d'obtenir des réponses précises. Faites-moi des questions précises.

Me Labori. — Je ne demande pas mieux que de vous donner

satisfaction, monsieur le Président, je vous assure que ma bonne volonté est inépuisable.

Je demande donc à M. le général Mercier comment il concilie l'argumentation de M. Besson d'Ormescheville — puisqu'on veut lui en laisser la responsabilité — en 1894, et celle de M. le général Mercier aujourd'hui.

Le général Mercier. — Je ne cherche pas à concilier, puisque je combats.

Me Labori. — Voulez-vous, monsieur le Président, demander à M. le général Mercier si, d'après lui, le capitaine Dreyfus aurait eu connaissance du canon de 120 court, à supposer que ce soit le 120 court qui soit indiqué dans le bordereau.

Le général Mercier. — Si Me Labori veut me faire recommencer ma déposition, je suis à la disposition du Conseil; mais tout cela a été dit.

Le Président. — Vous étiez présent lorsque M. le général Mercier a déposé, maître Labori?

Me Labori. — J'étais présent.

Le Président. — Alors ne lui demandez pas ce qu'il a déjà dit.

Le général Mercier. — J'ai précisé que Dreyfus étant à l'École de pyrotechnie depuis le mois de novembre 1889 jusqu'au mois de novembre 1890, c'est-à-dire pendant un an, a pu assister aux expériences faites à ce moment sur le canon de 120 court. C'est l'habitude entre officiers de différents établissements à Bourges, non pas de se révéler complètement les secrets dont ils sont dépositaires, mais de parler entre eux des expériences auxquelles ils assistent; et vous savez que le capitaine Dreyfus s'intéressait à tout ce qui se passait autour de lui, et qu'en particulier sur ce qui se faisait dans les commissions de Bourges et de Calais il a donné les preuves de la plus grande compétence.

Me Labori. — Vous comprenez, monsieur le Président, qu'il faut que je pose les bases de mon argumentation.

Le Président. — Mais il ne faut pas abuser.

Me Labori. — J'ai été absent pendant huit jours par la force des circonstances. Il ne m'a pas été possible de poser des questions à M. le général Mercier, ce qui alors m'eût permis de me référer à ses propres paroles, qui eussent été dans mon souvenir et dans le vôtre; et quand je procède par questions, je suis autorisé à reprendre par le commencement.

Le Président. — Étiez-vous présent ici à la fin de la déposition de M. le général Mercier?

Me Labori. — Oui, monsieur le Président.

Le Président. — Alors vous avez pu poser des questions?

Me Labori. — Il était midi lorsque la déposition de M. le général Mercier s'est terminée; vous avez, monsieur le Président, levé immédiatement la séance et renvoyé la continuation des débats au lundi; or c'est le lundi matin que j'ai été blessé.

Le Président. — Alors vous n'étiez pas présent au moment où vous auriez pu poser des questions?

Me Labori. — Non, monsieur le Président; c'est pourquoi je les pose aujourd'hui, et je les pose sur un terrain qui n'a rien d'irritant, m'adressant à un témoin dont la compétence est certaine.

Le Président. — Posez vos questions.

Me Labori. — Je reprends et je dis qu'il ne s'agit pas, à propos du frein du 120 de renseignements quelconques et généraux.

Le Président. — Posez les questions.

Me Labori.— Oui, monsieur le Président. Et alors je vous prierai de demander à M. le général Mercier où et comment le capitaine Dreyfus aurait pu avoir connaissance des détails tout à fait secrets du frein hydropneumatique du canon de 120 court?

Le Président. — Où pensez-vous que le capitaine Dreyfus aurait pu avoir connaissance des détails de construction du frein hydropneumatique?

Le général Mercier. — Il a pu en avoir connaissance à Bourges. Ce que j'établis, c'est qu'il avait pour cela des éléments que n'avait pas à sa disposition le commandant Esterhazy.

Me Labori. — M. le général Mercier vient de dire « Il a pu », je le retiens; et ensuite je voudrais lui démontrer qu'il n'a pas pu.

Pour cela, je lui demanderai ce qu'il pense d'une note fournie par M. le commandant Baquet et qui a été communiquée à la Cour de cassation par M. le général Deloye (page 775 de l'enquête [1].)

Voulez-vous, monsieur le Président, me donner la permission de lire les quelques lignes qui se réfèrent sur ce point?

Le Président. — Oui.

Me Labori, *lisant :*

« Question : Est-il exact que le frein hydropneumatique, de l'invention du commandant Locard, était loin d'être nouveau en 1887, date à laquelle le capitaine Baquet reçut l'ordre de procéder à l'étude d'un matériel de 120 léger. »

Monsieur le Président, voulez-vous me permettre de m'asseoir un moment?

1. Page 324, tome 2 de notre édition. (*Note de l'éditeur.*)

Me Labori s'asseoit. M. le Président fait signe à M. le général Mercier qu'il peut s'asseoir également.

Me Labori, *lisant:*

R. — Voici le résumé des renseignements fournis à ce sujet par le commandant Baquet, sous-directeur technique de la fonderie de Bourges :

Le premier frein hydropneumatique fut établi en 1881 par le lieutenant-colonel Locard; il différait sensiblement dans sa forme des freins construits plus tard.

De 1881 à 1886, le lieutenant-colonel Locard poursuivit ses études et fit confectionner plusieurs freins, mais en s'attachant toujours à conserver le secret de la disposition de ces engins.

A mon arrivée à la fonderie (fin 1886), dit le commandant Baquet, le colonel Locard me communiqua les tracés de ses freins en me faisant remarquer que cette communication m'était faite à titre tout à fait personnel, pour participer à cette étude; qu'il désirait que la question restât aussi confidentielle que possible, et qu'aucun dessin ne devrait être communiqué, sans nécessité, même à d'autres officiers.

Il me recommanda notamment de ne donner, comme je le lui avais déjà vu faire, que des renseignements généraux sur le fontionnement des freins en l'expliquant au besoin, au moyen d'un schéma assez semblable à celui qui a été mis dans les règlements sur le service des canons à freins hydropneumatiques.

C'est ce schéma qui, en effet, a été fourni aux commissions d'expériences qui ont eu à s'occuper des freins dont il s'agit.

J'ai pu constater, dès cette époque, que les dispositions intérieures du frein n'étaient complètement connues que du colonel Locard, de moi-même, de deux ou trois dessinateurs, d'un contremaître et de deux ajusteurs qui faisaient le montage des freins.

Me Labori. — Eh bien! dans ces conditions, je demande à M. le général Mercier comment, par des conversations particulières, le capitaine Dreyfus aurait pu avoir connaissance des détails intérieurs, confidentiels, sur le frein hydropneumatique?

Le Président. — Comment expliquez-vous que le capitaine Dreyfus ait pu avoir connaissance de ces détails?

Le général Mercier. — Parce que les seules personnes qui ont eu connaissance de ce frein, une douzaine de personnes d'après le commandant Baquet, étaient à Bourges, que le capitaine Dreyfus était à Bourges lui-même, et qu'il a pu, par des conversations avec ces personnes, avoir certains renseignements. Il est bien certain par contre que quelqu'un qui était à Rouen ne pouvait pas converser avec ces personnes.

Me Labori. — Le Conseil appréciera la valeur de ce raisonnement; c'est tout ce que je voulais obtenir.

Je prie maintenant M. le Président de vouloir bien demander à M. le général Mercier s'il peut dire pourquoi toutes les charges relevées aujourd'hui dans le dossier secret contre Dreyfus et qui sont actuellement publiées, ne l'ont pas été en 1894? Je parle notamment de l'obus Robin, de la circulaire sur le chargement des obus à mélinite, de l'attribution de l'artillerie lourde aux armées. Il y avait là des charges qui pouvaient constituer des présomptions morales, qui paraissent les constituer à l'heure qu'il est pour certaines personnes. Pourquoi ne les a-t-on point relevées en 1894?

Le général Mercier. — Ce sont des renseignements qui sont venus de l'étranger; on ne les avait pas encore en 1894. Pour l'obus Robin, par exemple, c'est en 1896 que la direction de l'artillerie a appris que les Allemands avaient reçu une instruction confidentielle sur le chargement du schrapnell qu'ils ont adopté en 1895. Cela est expliqué dans la note du général Deloye, dont vous venez de lire un paragraphe. Le général Deloye qui est cité comme témoin vous donnera toutes les explications techniques.

Le Président. — Et pour le chargement des obus en mélinite?

Le général Mercier. — Je crois que c'est en 1891 qu'on a été prévenu qu'on venait de livrer à l'Allemagne une instruction qui datait du mois de mai 1890 sur le chargement des obus à mélinite.

Me Labori. — C'est en 1890.

Le général Mercier. — On vous a déjà dit, dans une des dépositions soumises au Conseil, que ces faits avaient été laissés de côté au moment de l'affaire Dreyfus.

Le général Gonse. — C'est moi qui ai dit cela.

Le général Mercier. — En 1894, le commandant Henry avait cherché à se procurer ce dossier et on ne l'avait pas retrouvé. Ce n'est que plus tard...

Le général Gonse. — En 1898, le colonel Godin l'a retrouvé et il me l'a remis à moi-même.

Le général Mercier. — Quant au troisième point, celui de l'attribution de l'artillerie, c'est encore en 1896.

Le général Gonse. — En 1895.

Le général Mercier. — C'est en effet en 1895 que le ministère de la Guerre, par une communication venant de l'ambassade d'Allemagne, a eu connaissance que l'attaché militaire allemand était parfaitement au courant de la distribution de l'artillerie de 120 dans les différentes armées. Il constatait même qu'il y avait une armée qui manquait de cette artillerie et il se demandait si c'était l'artillerie qui manquait ou si c'était réellement l'armée. C'est à ce moment qu'on a fait une enquête qui a été confiée au colonel Merson, sous-chef d'Etat-major du premier bureau; il a été constaté que la minute faite par le premier bureau en 1893, portant la date du 27 mars 1893, avait disparu. C'était celle qui traitait de l'attribution de l'artillerie lourde aux armées et qui avait été faite ou par le commandant Weil ou par le capitaine Dreyfus qui lui était adjoint à ce moment.

A ce moment, premier semestre 1893, au moment où la note a été faite, le capitaine Dreyfus était adjoint au commandant Weil qui est mort et qui se trouvait au premier bureau.

Me Demange. — Sur ce point spécial, nous avons entendu dire, par les officiers qui étaient en même temps que Dreyfus au premier bureau, que tous les stagiaires ont passé successivement à chacune des sections, au premier bureau. Est-ce que le général Mercier sait et peut nous dire à quelle époque exacte Dreyfus aurait été adjoint au commandant Weil? Il lui a été adjoint pendant quinze jours.

Le général Mercier. — C'est dans l'enquête du colonel Merson.

Me Demange. — Nous ne l'avons pas vue au dossier.

Le capitaine Dreyfus. — Je voudrais qu'on précisât exactement les dates auxquelles j'ai été dans toutes les sections, et notamment au premier bureau de l'État-major. Cela doit être facile à retrouver,

Me Labori. — Je vois encore que c'est au mois d'avril 1894 qu'est arrivée la lettre *Davignon*, qui s'appliquait à l'organisation des chemins de fer et qu'on relève aujourd'hui.

Le général Mercier. — Elle ne s'appliquait pas à l'organisation des chemins de fer, c'était une lettre d'un attaché militaire italien.

Le Président. — La lettre Davignon est relative à une question de recrutement. Vous confondez deux pièces.

Me Labori. — La pièce a été saisie en 1894. Il y a pour nous une difficulté : nous sommes obligés de discuter avec un dossier secret que nous n'avons pas sous les yeux. Dans tous les cas, cette pièce était au bureau en 1894; pourquoi n'a-t-elle pas été relevée?

Le général Mercier. — Elle a été relevée. Je l'ai dit dans ma déposition.

Me Labori. — Voulez-vous demander au général Mercier pourquoi il n'a pas fait dresser procès-verbal des aveux de M. Lebrun-Renault.

Le général Mercier. — Je l'ai dit dans ma déposition. Je vous ai dit qu'à ce moment la question des aveux, au point de vue judiciaire, ne pouvait avoir aucune importance pour nous, puisque le conseil de guerre avait condamné, le conseil de revision avait prononcé, la loi permettant la revision des procès criminels a été votée seulement, je crois, en juin 1895, par conséquent, elle n'existait pas à l'époque et l'affaire paraissait complètement terminée et ne pouvoir être susceptible d'aucune suite.

Me Labori. — Voudriez-vous demander au général Mercier ce qu'il pense du commandant Esterhazy et de son rôle, et comment il l'interprète.

Le général Mercier. — Je ne pense rien du tout. (*Rumeurs.*) Je ne connais pas le commandant Esterhazy, je ne l'ai vu qu'une fois au procès Zola, dans la salle des témoins, il s'est fait présenter à moi; nous avons échangé une inclinaison de tête et je ne lui ai pas donné la main.

Me Labori. — Est-ce que le général Mercier ne connaît pas le procès de 1898?

Le général Mercier. — Je n'ai pas à m'expliquer sur ce que je pense sur le procès de 1898.

Me Labori. — Je ne demande pas à M. le général Mercier ce qu'il en pense, mais s'il le connaît.

Le général Mercier. — Je vous ai dit que je ne devais compte de mes pensées à personne!

Me Labori. — Vous connaissez, mon général, le procès de 1898?

Le général Mercier. — Le procès Esterhazy? Pas du tout. (*Mouvement prolongé.*)

Me Labori. — M. le général Mercier ne le connaît pas!

Le général Mercier. — Je ne le connais pas.

Me Labori. — Il n'en a pas suivi les péripéties?

Le Président. — M. le général Mercier n'était pas ministre à ce moment-là.

Me Labori. — C'est le point intéressant.

Voilà le général Mercier qui vient affirmer la culpabilité de Dreyfus et qui ne connaît pas l'affaire Esterhazy! Je ne l'interroge pas comme ministre, mais comme témoin.

Le général Mercier. — Comme témoin je m'en rapporte au conseil de guerre qui a acquitté Esterhazy.

Me Labori. — Je demande au général Mercier s'il connaît le procès Esterhazy, ce qu'il pense de tout ce qu'il a entendu dire sur les manœuvres employées pour protéger Esterhazy en 1898.

Le général Mercier. — Je n'ai pas à répondre à cette question. Ce n'est pas mon affaire; je n'y ai été mêlé en rien. (*Rumeurs.*)

Me Labori. — Nous sommes ici pour rechercher la vérité.

Le Président. — Il n'est pas pour le général Mercier obligatoire d'avoir une opinion sur le procès de 1898.

Me Labori. — Je demanderai maintenant au général Mercier d'où il tient ce fait qu'il y avait un syndicat de trahison qui aurait dépensé 35 millions pour sauver Dreyfus.

Le général Mercier. — Je l'ai dit.

Me Labori. — Ainsi, cela est dit dans la déposition de M. le général Mercier. Il ne le tient pas d'autres personnes que de MM. de Freycinet ou Jamont ?

Le général Mercier. — J'ai donné un témoignage formel.

Me Labori. — Et quel est ce témoignage ?

Le Président. — Vous revenez complètement sur la déposition de M. le général Mercier ; vous la recommencez.

Me Labori. — Je ne la recommence pas. La preuve c'est que M. le général Mercier refuse de répondre.

Le général Mercier. — Je ne refuse pas de répondre sur les actes et les paroles dont je suis responsable ; quant à mes pensées je vous refuse le droit de m'interroger.

Me Labori. — Je demande à M. le général Mercier, qui a juré de dire toute la vérité et rien que la vérité, s'il connaît le rôle d'Esterhazy et les manœuvres employées pour le sauver en 1898.

Le général Mercier. — Je ne les connais pas, interrogez sur cela ceux qui les connaissent.

Me Labori. — Le Conseil appréciera. C'est un moyen d'abréger mon interrogatoire.

Le général Mercier. — Je proteste contre le mot interrogatoire. Je ne suis pas un accusé. (*Mouvement.*)

Me Labori. — Je ne traite pas le général Mercier comme un accusé. Je suis tout prêt à dire questionnaire. Je crois qu'en bon français on a le droit de dire interrogatoire.

Le Président. — Oui, mais cela peut donner lieu à une certaine interprétation.

Me Labori. — Je donne au mot le sens le plus favorable. Je demande encore ce qui a été fait avec les trente-cinq millions dont il a été parlé.

Le général Mercier. — Je pourrais peut-être vous le demander.

Me Labori, *vivement.* — Qu'est-ce que vous voulez dire ? (*Agitation.*)

Le Président. — Veuillez ne pas avoir de colloque avec le défenseur.

Le général Mercier. — Je vous demande pardon.

Me Labori. — Je suis interrompu par le témoin.

Le Président. — Veuillez vous adresser à moi pour poser toute question.

Me Labori. — C'est entendu, monsieur le Président; mais enfin vous sentez qu'il s'agit ici d'une chose trop importante pour que la question ne soit pas posée en toute loyauté.

Le Président. — Posez la question.

Me Labori. — Je demande à M. le général Mercier qu'il veuille bien vous dire à quoi ont été employés les trente-cinq millions dont il a parlé.

Le général Mercier. — Je ne puis pas, monsieur le Président, donner le détail de cette dépense. Ce qu'il y a de certain c'est qu'on a fait de tous les côtés des dépenses énormes et qu'on en a fait depuis plus d'un an pour la revision.

Me Labori. — M. le général Mercier veut-il dire que cet argent aurait été employé à de la publicité, ou à acheter des consciences?

Le général Mercier. — Je ne veux rien dire du tout, cela ne me regarde pas.

Me Labori. — C'est entendu. Sur ce point comme sur les autres...

Voulez-vous, monsieur le Président, être assez bon pour demander à M. le général Mercier pourquoi il a fait procéder... non, il va me répondre que c'est dans sa déposition. Donc j'avance d'un pas. Voulez-vous demander à M. le général Mercier en quoi la communication à la défense des pièces qui étaient dans le pli secret était plus dangereuse que la communication du bordereau?

Le général Mercier. — Parce que le bordereau émanait du traître; qu'on n'était pas obligé de dire à quelle puissance il avait été adressé, ni où il avait été saisi; tandis que les pièces secrètes étaient presque toutes des documents écrits par des attachés militaires et qui mettaient par conséquent directement en cause ces attachés militaires et les puissances qu'ils représentaient.

Me Labori. — Voulez-vous, monsieur le Président, demander à M. le général Mercier si, lors des débats de 1894, on n'a pas dit chez quelle puissance le bordereau avait été saisi?

Le Président, *au général Mercier*. — A-t-on fait connaître au Conseil, en 1894, le nom de la puissance chez laquelle le bordereau ait été trouvé?

Le général Mercier. — Je ne le crois pas, mais je n'y étais pas

Me Labori. — Voulez-vous avoir l'obligeance de demander à M. le général Mercier si le pli secret, ou plutôt les pièces qui le composaient ont été communiquées au commandant d'Ormescheville ?

Le Président. — Les pièces secrètes ont-elles été communiquées au commandant d'Ormescheville ?

Le général Mercier. — Je ne le crois pas.

Me Labori. — Quel danger pouvait présenter une pareille communication ?

Le Président, *au général Mercier*. — Pensez-vous qu'il y avait du danger à communiquer les pièces au rapporteur ?

Le général Mercier. — Je crois qu'il y avait intérêt à les communiquer le moins possible.

Le Président. — Je fais remarquer au défenseur que si elles avaient été communiquées au rapporteur, elles auraient dû être versées au dossier et par conséquent communiquées au défenseur et à l'accusé.

Me Labori. — Je ne le pense pas, parce que du moment qu'on communiquait seulement au Conseil...

Le Président. — Je parle de communication régulière.

Me Labori. — Je demande pourquoi cette communication secrète n'a pas été faite secrètement aussi au rapporteur, et je demande ce que peut valoir une instruction faite dans ces conditions. Voilà la portée de ma question. Si le rapporteur avait connu des pièces secrètes, il aurait pu demander d'autres communications, et alors il aurait pu voir la pièce Dubois, qui est en contradiction manifeste avec la pièce « ce canaille de D... ». On a demandé à M. le général Mercier s'il avait communiqué la pièce Dubois, il a apporté une dénégation ; mais, puisqu'il rejette aujourd'hui en ce qui le concerne la responsabilité du système présenté par le commandant Besson d'Ormescheville, je lui demande pourquoi il n'a pas mis le commandant Besson d'Ormescheville en mesure de faire une instruction complète.

Le Président, *au témoin*. — Pourquoi n'avez-vous pas mis les pièces secrètes à la disposition du rapporteur d'Ormescheville ?

Le général Mercier. — Je viens de le dire : parce qu'il y avait intérêt, pour moi, à les communiquer au moins grand nombre de personnes possible.

Me Labori. — Voulez-vous, monsieur le Président, demander au général Mercier, s'il connaît une pièce du dossier secret, qui porte avec son enveloppe les nos 367 et 368, et qui est à peu près conçue en ces termes — car nous n'avons pas eu le droit de prendre copie des pièces secrètes : — « Mon cher ami, je vous envoie le Manuel. Entendu pour mardi, 8 heures soir chez Laurent ; j'ai invité trois de mon ambassade dont un seul juif ».

LE GÉNÉRAL MERCIER. — Je n'ai jamais eu connaissance de cette pièce.

Me LABORI. — Eh bien, cette pièce est, je vais l'apprendre à M. le général Mercier, la pièce qui a servi au colonel Henry pour fabriquer son faux. (*Mouvement.*)

LE GÉNÉRAL MERCIER. — De quelle date est-elle?

Me LABORI. — Je vais vous l'expliquer. Elle porte, à l'encre rouge et d'une main que je ne connais pas, mais que pourrait peut-être reconnaître un des officiers qui sont ici, dans le coin à gauche, la date du 16 juin 1894. Je crois que c'est une pièce qui est précisément celle sur laquelle M. Cavaignac s'est appuyé pour peser, comme il l'a dit, l'authenticité matérielle et morale du faux. Or, je crois qu'il est extrêmement intéressant de savoir à quelle date et dans quelles conditions cette pièce est entrée au service des renseignements.

LE PRÉSIDENT. — Vous auriez pu demander cela au général Gonse, qui pourrait peut-être le dire. Monsieur le général Gonse, veuillez approcher.

LE GÉNÉRAL GONSE. — Cette pièce, je m'en souviens, autant que ma mémoire est fidèle, a été retrouvée au service des renseignements en 1896 ; je l'ai vue pour la première fois en 1896.

LE PRÉSIDENT. — D'où vient la date de 1894 ?

LE GÉNÉRAL GONSE. — Je vous ai dit qu'il y avait douze ou quinze cartons pleins de pièces ; cette pièce était dans un de ces cartons-là.

LE PRÉSIDENT. — D'où vient la date de 1894? C'est une date à l'encre rouge dans le coin de la pièce.

LE GÉNÉRAL GONSE. — Alors elle a été datée au service des renseignements au moment où elle est arrivée.

Me LABORI. — La pièce a été datée au moment où elle est arrivée ?

LE GÉNÉRAL GONSE. — Probablement.

LE GÉNÉRAL ROGET. — Je peux fournir toutes les indications qu'on voudra sur ce point.

Me LABORI. — Eh bien, monsieur le Président, voulez-vous être assez bon pour entendre sur ce point M. le général Roget ?

M. le général Roget vient à la barre.

LE GÉNÉRAL ROGET. — La pièce à laquelle il est fait allusion se trouvait dans les cartons du service des renseignements; elle n'a été présentée à M. le général Gonse qu'après la pièce qu'on a appelée le faux Henry. Cette pièce a été présentée pour authentiquer l'autre, parce qu'elle était écrite au crayon bleu comme la première, sur un papier de même nature, avec une enveloppe de même nature.

Quand on a fait voir cette pièce à M. le général Gonse, je ne sais pas si elle portait la date, je ne l'ai pas vue à ce moment.

J'ai fait personnellement une enquête ; quand j'ai eu pour la première fois entre les mains la pièce qu'on a appelée le faux Henry, afin de savoir à quel moment la pièce qui porte la date de juin 1894 était entrée au service.

Je n'ai pu savoir que ceci, c'est qu'elle se trouvait dans les cartonniers, et qu'elle avait été présentée au général Gonse en 1896.

J'ai alors interrogé les officiers du service des renseignements pour savoir s'ils avaient eu connaissance de la pièce, notamment l'archiviste Gribelin, qui m'a dit : « Oui, moi j'ai connu la pièce quand elle est entrée au service des renseignements. »

Maintenant, pour répondre complètement à la question de Me Labori je dois dire que la date qui a été inscrite sur la pièce y a été inscrite après coup et qu'elle y a été inscrite probablement quand on a fabriqué le faux Henry. Si c'est cela qu'on veut savoir on le sait maintenant.

Me Labori. — Je remercie beaucoup M. le général Roget de sa réponse; avec des explications aussi franches que celles-là nous avancerons.

Je prie alors M. le Président de faire venir à la barre M. l'archiviste Gribelin.

M. Gribelin vient à la barre.

Le Président. — Pouvez-vous nous fournir des indications à ce sujet?

M. Gribelin. — Lorsque le général Roget a fait son enquête sur le faux, sans me dire d'ailleurs de quoi il s'agissait, il m'a demandé si je connaissais la pièce. Je répondis : « Oui, je la reconnais; et je la reconnais à ces mots : j'ai invité de mon ambassade trois, dont un seul juif. »

Cette pièce m'avait été montrée par le colonel Sandherr lui-même; très probablement — il a quitté le service le 16 juin 1895, — la pièce a donc été apportée bien avant 1895.

Le général Roget *revient à la barre.* — Qu'on me permette de dire un seul mot. Je crois que quand le faux Henry a été fabriqué, et ceci a déjà été expliqué devant le Conseil, on s'est servi plus ou moins de la pièce de 1894. Or, comme il a été constaté qu'une partie de la pièce de 1896 avait été intercalée dans celle de 1894, et inversement, c'est comme cela que nous avons découvert le faux.

Et il ne faut pas croire que ce fut si facile, puisque c'est par hasard, et parce qu'on a vu les pièces sous un certain jour à la lumière, qu'on l'a découvert.

Eh bien! celui qui a fait la pièce a inscrit à ce moment-là la date de juin 1894 qui est probablement vraie, mais il l'a inscrite après coup, de sorte que cette date se trouve à cheval sur une partie de la pièce vraie et sur une partie de la pièce fausse, ce qui prouve évidemment que la date a été inscrite à ce moment-là.

Me Labori. — Je prie monsieur le général Roget de rester à la barre. Monsieur le Président, voulez-vous demander à M. le général Roget par qui la pièce lui a été présentée, ou à qui elle l'a été en 1895?

Le général Roget. — Je ne sais pas, monsieur le Président, je ne puis pas vous le dire, car je n'ai été pour rien dans l'affaire. J'ai eu les pièces du dossier secret comme chef du cabinet du ministre de la Guerre. Je ne les ai pas connues avant.

Le général Gonse, *de sa place.* — C'est par le colonel Henry, qui m'a apporté cette pièce.

Le général Roget. — C'est juste; c'est par le colonel Henry.

Me Labori. — Par qui M. le général Mercier a-t-il été renseigné?

Le général Gonse. — C'est par le colonel Henry. (*Mouvement prolongé. Me Labori, M. le Commissaire du Gouvernement et deux autres témoins prennent la parole en même temps.*)

Le Président. — Il y a quatre personnes qui parlent à la fois. Je vous prie de me demander la parole.

Me Labori. — Je crois que le fait est précisé. Je voudrais demander à M. le général Roget quand la pièce a été retrouvée et par qui elle l'a été.

Le général Roget. — Elle a été apportée, d'après ce qu'on m'a dit, au général Gonse par le colonel Henry. Elle a été apportée pour authentiquer les pièces apportées entre leurs mains.

Me Labori. — Pourquoi M. le général Roget la croit-il vraie?

Le général Roget. — J'ai dit ceci, je crois.

Me Labori. — Je crois qu'elle est fausse.

Le général Roget. — J'ai dit au cours de mon enquête que j'avais interrogé les officiers du service des renseignements pour savoir s'ils avaient eu connaissance de la pièce en 1894 et que ces officiers m'avaient répondu : « Oui ». Par conséquent, il y a une chose très simple à faire, c'est d'interroger les officiers qui m'ont renseigné.

Le Président. — Quels sont ces officiers?

Le général Roget. — C'est l'archiviste Gribelin et probablement le commandant Lauth.

Le Président. — Monsieur le commissaire du Gouvernement vous avez quelque chose à dire?

Le commissaire du Gouvernement. — Je voudrais arrêter la discussion parce que j'en connais le but et la tendance. (*Rumeurs.*) Il s'agit de constituer comme faux une pièce de comparaison. Eh bien! je me charge, les pièces en main, de détruire l'argumentation de Me Labori, même sans autre témoignage.

Le général Roget. — Je crois devoir protester contre l'insinuation qu'a faite M. le colonel Picquart, quand il a dit que cette pièce était dans le dossier secret communiqué aux juges. C'est absolument faux.

Me Labori. — M. le commissaire du Gouvernement s'est trompé tout à fait sur ma tendance. Je voudrais savoir ce que je ne sais pas, si la pièce est vraie ou si elle est fausse; plus elle sera vraie, plus j'aurai raison. Je vous serai bien obligé, monsieur le Président, d'interroger les officiers du service des renseignements.

Le Président. — Voulez-vous vous approcher?

Le commandant Lauth. — Je crois pouvoir donner au Conseil quelques renseignements au sujet de la pièce de comparaison, pièce sur laquelle on a mis la date de 1894. C'est probablement moi qui ai dû recoller cette pièce. Du reste, il y a une manière bien simple de s'en assurer. Le Conseil pourra le voir dans le dossier secret de la manière suivante : Lorsque j'ai commencé avec le commandant Henry à réparer les pièces de ce genre, j'ai pris l'habitude au bout de très peu de temps de couper en longueur le papier transparent et collant qui servait à reconstituer ces pièces. La bande avait une largeur de un centimètre. A partir de deux ou trois mois que je faisais ce service, je pris l'habitude de couper en longueur ce papier, de sorte que la bande avait à peu près un demi-centimètre de largeur. Il est très facile de voir dans le dossier secret si cette pièce a été recollée par moi ou par le commandant Henry, qui, lui, se servait toujours de la bande dans sa largeur complète. Ce que j'affirme c'est que j'ai vu cette pièce bien avant l'ouverture du procès de 1894.

Me Labori. — Avant la fin de l'année? Avant le procès?

Le commandant Lauth. — Parfaitement.

Me Labori. — Nous avons assez de faux, il est bien entendu que cette pièce était connue par le commandant Lauth et par M. Gribelin?

Voilà une autre question. Comment se fait-il que cette pièce qui pouvait servir de charge contre Dreyfus, lorsqu'on plaçait le bordereau en avril ou mai, n'ait pas été versée au procès de 1894? Je demande à M. le général Mercier de bien vouloir m'expliquer pourquoi elle n'a pas été présentée en 1894.

Le général Mercier. — Je vous ai déjà répondu, je ne connaissais pas cette pièce et elle ne m'a pas été communiquée.

Me Labori. — M. le général Mercier veut-il dire comment il explique que ces officiers qui avaient certainement la pièce à ce moment-là en main et tout à fait présente à l'esprit, puisqu'on lui attribue la date de juin 1894 et que ces messieurs l'ont vue avant le procès, comment il explique que ces officiers n'ont pas porté cette pièce à sa connaissance? Et si M. le Président le veut bien il demandera à M. Lauth une explication sur ce point.

Le général Mercier. — Je ne sais pas ce qui a pu les porter à ne pas me faire connaître cette pièce; ce qui est certain, c'est que je ne l'ai pas connue et que je ne la connais pas encore. Si vous voulez avoir la bonté de me la relire...

Me Labori. — Remarquez que cela se place en juin 1894 et à ce moment-là on mettait le contenu du bordereau en mai ou en avril.

« Mon cher ami. Je vous renvoie le manuel. Entendu pour mercredi huit heures chez Laurent. J'ai invité trois de mon ambassade dont un seul juif. »

J'attire l'attention du Conseil sur cette dernière phrase qui est évidemment construite dans un singulier style.

Dans tous les cas il est extraordinaire qu'une pareille pièce où il est question d'un manuel au mois de juin, n'ait pas été portée à la connaissance du général Mercier et je demande au commandant Lauth comment il peut expliquer ce fait.

Le Président. — Le commandant Lauth n'était pas chargé de communiquer les pièces au ministre, c'était le général Gonse. (*S'adressant au général Gonse.*) Connaissiez-vous cette pièce?

Le général Gonse. — Je ne la connaissais pas, c'était une pièce qui était considérée comme insignifiante (*Mouvement.*) et elle n'a été mise au dossier secret que comme pièce de comparaison en 1896.

Me Labori. — Je passe à un autre ordre d'idées. Je sais qu'on s'est expliqué assez longuement sur la question du commentaire et de sa disparition en 1897, mais je voudrais que le général Mercier répondît bien à cette question toute simple : Comment a-t-il pu penser que ce commentaire constituait une pièce particulière?

Le Président, *à M. le général Mercier.* — Comment avez-vous pu penser que le commentaire du Paty de Clam n'était pas une pièce à laisser dans le dossier?

Le général Mercier. — Je rectifierai d'abord l'expression « commentaire de du Paty de Clam ». C'est le colonel Sandherr qui a fait faire ce commentaire, il était peut-être de l'écriture de du Paty de Clam, mais c'est le colonel Sandherr qui en a été chargé et qui l'a remis.

C'est un commentaire que j'avais fait faire dès le commencement du procès pour mon usage personnel, pour me rendre compte des charges qui pesaient sur Dreyfus. A la fin du procès ce commentaire, avec les pièces secrètes qu'il commentait, a été envoyé au colonel Sandherr; lorsqu'il m'est revenu, j'ai détruit en présence du colonel Sandherr le commentaire, en lui disant qu'il ne devait pas en rester de traces, et je lui ai rendu toutes les pièces secrètes annexées à ce commentaire pour qu'elles fussent réparties dans les différents cartons d'où elles venaient, car le dossier secret a été disloqué à ce moment-là et le commentaire seul a été détruit. D'après l'ordre que j'avais donné au colonel Sandherr je croyais qu'il ne restait plus rien, même en copie, de ce commentaire; par conséquent quand en 1897 on m'a appris qu'il existait une copie contrairement à mes ordres, je l'ai détruite. (*Agitation.*)

Me Labori. — Si c'était une pièce à l'usage personnel du général Mercier, pourquoi l'a-t-il fait communiquer au Conseil de guerre?

Le général Mercier. — Parce que je considérais que c'était utile aux juges qui ne connaissaient pas l'origine de ces pièces, de quelle façon elles nous parvenaient, ni de qui elles émanaient. Il fallait leur apprendre tout cela et le commentaire était la seule chose qui pût le leur apprendre.

Me Labori. — Quel intérêt avait-il à le faire disparaître en 1897, à un moment où on cherchait la lumière?

Le général Mercier. — Parce que j'avais donné l'ordre auparavant qu'il fût détruit.

Me Labori. — M. le Président veut-il demander à M. le général Gonse pourquoi il a remis ce commentaire au général Mercier?

Le général Gonse. — J'en ai reçu l'ordre du chef d'État-major général. Je l'ai dit à la Cour de cassation tout au long.

Me Labori. — Alors nous poserons la question à M. le général de Boisdeffre quand il sera là. (*Sensation.*) Je suis obligé de signaler au Conseil que la question vaut la peine d'être posée, car il y a dans le Code un article du Code pénal qui est ainsi conçu...

Le Président. — C'est de la discussion.

Me Labori. — Soit! Je m'arrête, monsieur le Président.

Maintenant j'arrive à une dernière question relative à la dépêche du 2 novembre 1894, de l'agent B..., à son gouvernement. M. le général Mercier voudrait-il dire où il a pris le texte donné par lui à la Cour de cassation et que je trouve dans sa déposition à la page 379 de l'enquête...[1] Voulez-vous me permettre, monsieur le Président, de lire au Conseil les quelques lignes de cette déposition? Voici ce qu'a dit M. le général Mercier : « Vingt-quatre ou quarante-huit heures après la décision prise en Conseil de cabinet, je déférai Dreyfus à la justice militaire. On m'apporta de la part du ministère des Affaires étrangères la traduction d'un télégramme adressé par B... à son chef hiérarchique; cette traduction était à peu près conçue ainsi : « Dreyfus arrêté, précautions prises; prévenu (ou prévenez) émissaire. »

Le Président. — Où avez-vous trouvé le texte de cette dépêche?

Le général Mercier. — C'était un simple souvenir; je n'avais pas revu la traduction de cette dépêche pendant quatre ans. Je ne me suis jamais servi ni de cette traduction-là ni de la traduction qui a suivi et a été reconnue authentique, je n'en ai fait aucun usage au procès de 1894, comme je l'ai dit, ni dans le dossier judiciaire régulier, ni dans les pièces communiquées aux juges. Par conséquent, je n'ai jamais eu cette pièce depuis entre les mains; c'est un simple souvenir donné à la Cour de cassation, mais ce souvenir était assez précis.

Me Labori. — M. le général Mercier affirme qu'il a donné l'ordre qu'on ne communiquât pas la pièce au Conseil de guerre.

Le général Mercier. — Parfaitement.

Me Labori. — A qui a-t-il donné cet ordre?

Le général Mercier. — C'est moi-même qui ai fait faire le dossier secret.

Me Labori. — C'est le général qui a fait faire le pli alors?

Le général Mercier. — Non; je ne sais pas qui l'a fait, je ne puis donner de détails précis.

Me Labori. — Mais qui l'a préparé? Le général a-t-il donné des ordres pour cette préparation?

Le général Mercier. — Oui, au chef d'État-major général. (*Sensation.*)

Me Labori. — Par conséquent, ce doit être au chef d'État-major

1. Tome I, page 545 de notre édition. (*Note de l'éditeur.*)

général que M. le général Mercier a dû dire de ne pas faire état de la pièce Panizzardi.

Le général Mercier. — J'ai dû le dire au moment où la seconde traduction nous est arrivée.

Me Labori. — Est-il bien sûr que son ordre ait été exécuté ?

Le Président. — Êtes-vous sûr, mon général, que cette dépêche n'ait pas été communiquée au Conseil ?

Le général Mercier. — Parfaitement.

Me Labori. — Maintenant, monsieur le général, n'avez-vous pas détenu une note de trois pages rédigée je ne sais par qui, écrite je ne sais par qui, pour établir un texte de la dépêche, qui n'est même pas le texte que je viens de lire, mais qui est un texte encore plus violent : « Capitaine Dreyfus arrêté, on a la preuve qu'il a fourni des documents à l'Allemagne. » M. le général Mercier ne connaît-il pas la note à laquelle je fais allusion ?

Le général Mercier. — Il faudrait que je connaisse au moins la pièce pour répondre.

Me Labori. — Alors, monsieur le Président, voulez-vous bien faire venir M. le général Chamoin à la barre ?

Le général Chamoin se présente à la barre.

Me Labori. — Monsieur le général Chamoin voudrait-il rappeler au Conseil quelle est la pièce qu'en délibéré il lui a communiquée, et à laquelle je fais allusion. M. le général Chamoin me doit comprendre certainement.

Le général Chamoin. — En ma qualité de delégué du ministre de la Guerre, j'ai reçu des instructions très précises et très formelles, auxquelles j'ai le devoir strict de me conformer. Il est dit, dans ces instructions, que la communication du dossier secret est faite à huis clos, qu'à huis clos je dois donner toutes les explications qu'on voudra bien me demander et que je pourrai donner. Il est dit en outre que si, au cours des débats, et par le fait de la déposition d'un témoin, la discussion revenait sur une pièce secrète, le délégué du ministre de la Guerre doit se référer aux explications qu'il a déjà données à huis clos, et qu'il doit demander, si de nouvelles explications sont utiles, qu'elles soient données à huis clos.

J'ai donné au Conseil, dans la séance du 8 août, et dans la séance du 10 août, toutes les explications les plus complètes au sujet de la pièce à laquelle Me Labori veut bien faire allusion en ce moment. Je pourrais me référer aux instructions qui me sont données ; mais, étant donnée la nature du débat et passant outre, sûr en cela que je serai approuvé par M. le ministre de la Guerre, je vous demande, monsieur le Président, si vous désirez que je redise au Conseil, en audience publique, les explications que j'ai données au Conseil au sujet de la pièce en question.

Le Président. — S'il s'agit d'une chose qui n'est pas contraire à vos instructions.

Le général Chamoin. — J'en prends la responsabilité, monsieur le Président...

Me Labori. — Voulez-vous me permettre, monsieur le Président, auparavant et dans l'intérêt de ma responsabilité personnelle, de faire à mon tour une observation. Je me suis conformé et je me conformerai en tous points aux engagements que les uns et les autres nous avons pris sur la production du dossier secret en chambre du Conseil; mais la pièce dont il s'agit, sur laquelle d'ailleurs je n'ai encore rien dit, n'était pas une pièce du dossier secret, et je n'ai pris à son égard aucun engagement.

Le général Chamoin. — Parfaitement.

Me Labori. — Et je n'ai pris, quant à cette pièce, aucune espèce d'engagement.

Le général Chamoin. — Parfaitement.

Me Labori. — Je voulais préciser ce point, avant que le général Chamoin s'expliquât, pour justifier ma propre attitude.

Le général Chamoin. — Monsieur le Président, le 7 août, au moment où commençaient les débats, et où j'arrivais au lycée, je suis entré en même temps que le général Mercier et je l'ai salué très respectueusement. Le général Mercier m'a alors parlé et m'a dit : « Général Chamoin, j'ai une pièce à vous remettre, je vous prie de vouloir bien en prendre connaissance. » (*Mouvement prolongé.*) J'ai commis là une première irrégularité; je n'ai aucune espèce de scrupule à le reconnaître. Je ne me suis peut-être pas assez préparé aux difficultés de la mission que j'ai à remplir; j'agis franchement, simplement et je dis tout. J'ai pris la pièce que m'a remise M. le général Mercier; je l'ai mise dans ma poche; j'en ai pris connaissance le 7 août au soir. Elle contenait sur la première feuille des indications d'une certaine précision du sujet des deux traductions successives du télégramme du 2 novembre 1894; à la deuxième et à la troisième page figuraient des indications inexactes et fantaisistes, même fausses, et dans mon esprit, je me suis dit que je n'en ferais pas usage au cours de l'exposé du dossier secret. Comme M. le général Mercier m'avait remis cette pièce et étant donné que moi, délégué du ministre de la Guerre, je l'avais acceptée, en mon âme et conscience elle m'appartenait, je pouvais en faire l'usage que je voulais.

Si j'avais bien rempli ma mission, monsieur le Président, je vous l'aurais peut-être remise immédiatement sans en prendre connaissance; je ne l'ai pas fait. Quand je suis arrivé à la discussion — ou plutôt à l'exposé, car je n'ai pas discuté — des conditions dans lesquelles avait été établie la pièce 44, j'ai donné des détails dont le Conseil se souvient certainement et, dans le feu de ma conversation, j'ai oublié la décision que j'avais prise avec moi-même, à savoir que ce document étant erroné, je ne devais pas m'en servir. J'ai passé outre et dans le but que vous connaissez, j'ai voulu donner connaissance au Conseil de la première page. J'ai donc, au moment où j'ai donné ce papier au Conseil, commis une deuxième erreur : j'ai demandé qu'on ne prît pas connaissance de la deuxième et de la troisième page. Pourquoi? Parce que dans mon esprit, la discussion sur le télégramme du 2 novembre 1894 ne peut pas être ouverte de nouveau. Il y a une entente absolue et complète entre le ministre de la Guerre et le ministre des Affaires étrangères au sujet non seulement de l'authenticité du décalque fourni par l'administration des télégraphes à la Cour de cassation, mais aussi et surtout au sujet de la traduction du télégramme. Nous sommes donc absolument d'accord et sur l'authenticité du décalque et sur l'authenticité de la traduction. Dans ces conditions, montrer la deuxième et la troisième pages c'était ouvrir le débat. Or le moment était précieux; et il était inutile d'en dire davantage. J'ai donc commis cette erreur, au moment où la pièce arrivait entre les mains de Me Labori, de lui dire sur ce ton de courtoisie qui a régné entre nous pour la communication du dossier secret, que je le prierais de ne pas regarder la deuxième et la troisième page. Je reconnais très bien que Me Labori m'a dit : « Je ne regarderai pas la deuxième et la troisième page. » Le lendemain au soir, le 8, et dans toute la journée du 9 août, j'ai été obsédé par cette pensée que j'avais commis une chose que je n'aurais pas dû faire : c'est à savoir que, communiquant ce papier en audience secrète et dans les conditions où nous nous trouvions, j'avais commis une réelle faute, et je le reconnais très sincèrement et très loyalement, en demandant qu'on ne regardât pas la deuxième et la troisième page. Et si vous vous souvenez de ce détail, mon colonel, dans la matinée du 10 août je vous ai demandé de retarder de quelques minutes l'ouverture de l'audience pour avoir une conversation avec Me Labori. Me Labori a bien voulu me donner quelques moments d'entretien. Nous nous sommes expliqués, nous avons parlé intimement, amicalement même, car c'est le mot...

Me Labori. — Si seulement nous pouvions le faire avec tout le monde, monsieur le général.

Le général Chamoin. — Je m'en félicite en ce qui me concerne.

J'ai exposé tout d'abord à Me Labori ce que je pensais et je l'ai prié de prendre connaissance de la pièce tout entière. Il m'a répondu d'abord : « Non, non, j'ai pris acte. » Nous avons continué à causer et Me Labori a bien voulu finalement prendre connaissance de la deuxième et de la troisième page. Puis il m'a dit : « Mon général, si vous voulez un bon conseil, lisez la pièce. »

Je suis rentré en séance, et vous vous rappelez, mon colonel, qu'à la fin de l'exposé du dossier secret j'ai pris la parole et j'ai dit tout mon sentiment et ce que je viens de dire; au sujet de la pièce qui m'a été remise par M. le général Mercier, je vous ai offert de la remettre; vous avez bien voulu me dire que cette pièce avait été remise personnellement par le général Mercier et qu'elle était ma propriété. Je l'ai gardée. M. le général Mercier me l'a fait demander. J'ai fait répondre à M. le général Mercier par mon ordonnance qu'ayant eu la mauvaise idée de m'en servir au cours de l'exposé du dossier secret, j'étais dans l'obligation de la garder pour la tenir à la disposition du Conseil.

Quelques jours après, vous m'avez montré la lettre du général Mercier en me disant que le général désirait qu'elle fût remise. Je vous l'ai remise. Je vous exprime mon regret sincère de mon ignorance des choses de la justice qui m'a mis dans cette situation d'accepter franchement ce que M. le général Mercier me donnait et d'en faire l'usage sincère qu'il en désirait. (*Mouvement prolongé.*)

Le général Mercier. — Au moment où j'allais quitter Paris pour me rendre à Rennes, il m'a été apporté de la part du colonel du Paty de Clam (*Mouvement.*) une note qui était relative à la traduction cryptographique de la dépêche. J'ai vu qu'il y avait des signes, des groupes de chiffres, etc.; je ne suis pas cryptographe, j'ai vu que e colonel du Paty paraissait s'intéresser surtout à savoir si un mot se trouvait deux fois répété dans la dépêche. Voilà le seul souvenir qui me soit resté de cette note.

En arrivant ici, comme je sais que le général Chamoin s'était occupé de cette dépêche, je lui ai remis cette note en le priant de voir s'il y avait quelque chose de vrai là-dedans, et je me proposai de la lui redemander deux ou trois jours après, en lui demandant s'il fallait en tenir compte; cette pièce a été versée aux débats dans es conditions indiquées par M. le général Chamoin.

Je ne sais même pas au juste ce qu'il y a dans cette pièce.

Me Labori. — Je crois qu'il faut absolument liquider cet incident.

Je dois d'abord remercier le général Chamoin des paroles qu'il a bien voulu prononcer et je rends hommage à la profonde sincérité de son récit qui est entièrement conforme à ce qui s'est passé. Je voudrais cependant faire préciser un point, c'est que pour avoir connaissance de la note j'ai dû insister. C'est exact?

Le général Chamoin. — C'est exact.

Me Labori. — M. le général Chamoin avait demandé à son adjoint de vouloir bien lui passer une pièce et il en avait tiré des conclusions disant que le colonel du Paty était de bonne foi.

Le général Chamoin. — J'ai pu exposer en audience publique les conditions dans lesquelles la pièce avait été remise par M. le général Mercier, les conditions dans lesquelles j'ai été amené à m'en servir à huis clos et je n'irai pas engager des débats publics sur les indications contenues dans la pièce.

Me Labori. — C'est entendu.

Il reste établi seulement ceci, c'est que le général Chamoin venait de faire passer sous nos yeux tout le dossier secret, lorsqu'il a demandé à son adjoint une pièce, puis il l'a rendue à son adjoint.

Le général Chamoin.— Parfaitement.

Me Labori. — Sur quoi j'ai dit : « Monsieur le général, permettez-moi de demander communication de cette pièce. »

Le général Chamoin. — Parfaitement.

Me Labori. — Puis M. le général Chamoin me l'a communiquée.

Le général Chamoin. — C'est cela.

Me Labori. — Cela dit, permettez-moi, monsieur le Président, de vous demander de vouloir bien, en vertu de votre pouvoir discrétionnaire, ordonner la lecture de la pièce.

Le Président. — Ce n'est pas du dossier secret?

Le général Chamoin. — Non.

Le Président, *au greffier*. — Elle est versée au dossier; lisez-la.

Me Labori. — Je demande la lecture intégrale de la pièce.

Le greffier Coupois *donne lecture de la pièce suivante :*

Deux versions de ce télégramme ont été fournies à la Guerre par les Affaires étrangères.

Version no 1 :

Arrestato capitano Drayfus; ministro della guerra travuto *relazione* (ou *prova*) segrete offerte germania. Cosa instrutta conogni segreto (ou riserva) *Rimana prevenuto emissario.*

Traduction : Arrêté capitaine Dreyfus; ministère de la Guerre a eu rapport ou preuves secret offert Allemagne. Chose instruite pas secrète et prévenu émissaire. Les mots « arrêté capitaine Dreyfus » pouvaient s'interpréter soit : « capitaine Dreyfus est arrêté », soit plutôt : « la personne arrêtée est capitaine Dreyfus. »

Version n° 2.

« Si capitaine Dreyfus n'a pas eu relations avec vous là-bas, serait bon faire démentir officiellement pour éviter commentaires presse. »

Il n'y a pas eu de version adressée par écrit à la Guerre des Affaires étrangères.

Colonel Sandherr frappé de la différence absolue des deux versions ci-dessus... Ce télégramme contient vingt groupes de quatre chiffres. Puis, tout en paraissant accepter les explications embarrassées des Affaires étrangères, il consulta secrètement le commandant Munier, ancien secrétaire de la commission de cryptographie et remarquable cryptographe. Celui-ci, dans une lettre personnelle et confidentielle, exposa ce qui suit : « Le texte chiffré original contient deux groupes chiffres identiques, le groupe n° 10 et le groupe n° 17; tous les groupes n° 10 et n° 17 correspondent à des expressions interchangeables; or, cette condition est réalisée dans la version n° 2. Donc, la version n° 1 peut seule s'appliquer au texte chiffré authentique. La lettre ci-dessus a été jointe au dossier des télégrammes. Le dossier des télégrammes a disparu. Le commandant Munier a été trouvé mort dans un train. En tout cas, avant de révéler ces faits, il est prudent de vérifier si le texte chiffré, présenté comme authentique par les Affaires étrangères, contient encore deux groupes chiffrés identiques les n°s 10 et 17? Il est possible que ces deux chiffres, qui, dans l'original, forment un nombre inférieur à mille, c'est-à-dire ayant moins de quatre chiffres, aient été surchargés par addition de chiffres ou par adjonction de têtes, de queues ou de cercles en zéros pour en faire des six, des neuf ou des huit, ou de barres aux un pour en faire des quatre ou des sept. Cette vérification faite, on peut marcher à coup sûr.

Me Labori. — Voulez-vous être assez bon, monsieur le Président, pour demander à M. le général Chamoin si même la première page de cette pièce n'est pas fausse comme les deux autres?

Le général Chamoin. — Nous rentrons dans la discussion des télégrammes et de la pièce 44.

Me Labori. — Voici une pièce versée au dossier.

Le général Chamoin. — Je ne suis pas témoin.

Me Labori. — Non, mais vous êtes entendu à titre de renseignements.

Le général Chamoin. — Alors, cela n'aurait pour but que de répéter ce que j'ai déjà dit?

Me Labori. — Je désire, monsieur le président, que M. le général Chamoin le répète devant M. le général Mercier.

Le général Chamoin. — Je suis ici pour me renfermer dans les instructions ministérielles; je ne peux pas enfreindre les instuctions très précises que j'ai reçues et me laisser aller à parler davantage de ce document. J'ai dit exactement dans quelles conditions j'avais introduit cette pièce lors de l'examen du dossier secret. Je ne peux pas en dire davantage en audience publique, et je ne peux pas entrer dans la discussion des mots qui y sont inscrits : ceci est du dossier secret. J'ai dit que toutefois je combattais de la façon la plus absolue les assertions qui étaient contenues à la 2me et à la 3me page, qu'elles étaient fausses, complètement fausses (*Sensation.*) et que c'était pour cela que je n'avais pas voulu en entretenir le Conseil. Je ne peux pas en dire davantage en ce qui concerne les pièces du dossier secret sans enfreindre de la façon la plus formelle les instructions du ministre.

Je dois ajouter, monsieur le Président, que j'ai rendu compte de cet incident par écrit au ministre de la Guerre; je dois dire aussi que lors du voyage que j'ai fait à Paris, j'ai eu l'honneur d'être reçu par le général de Galliffet, que l'incident à ses yeux n'a eu aucune importance et qu'il a bien voulu approuver ma conduite à ce sujet.

Me Labori. — Mes questions au général Chamoin n'ont pas pour but de le viser, et ainsi qu'il vient de le dire, l'incident n'a aucune importance en ce qui le concerne.

Il n'en est pas de même en ce qui concerne la note et les conditions dans lesquelles elle a été présentée. Or, M. Delaroche-Vernet a affirmé que jamais le ministère de la Guerre n'a reçu ni verbalement ni par écrit une version de la dépêche dans laquelle il fût dit que le capitaine Dreyfus aurait eu des relations avec l'Allemagne...

Le Président. — Vous entrez dans la discussion.

Me Labori. — Veuillez le demander, monsieur le Président, à M. le général Chamoin ou à M. Paléologue. Quand je pose des questions, on refuse d'y répondre. M. Paléologue répondra peut-être. En tout cas, je continue, il suffit d'avoir le texte sous les yeux pour comprendre ce que je veux dire. Même ce qui dans la note de M. du Paty de Clam est présenté comme une version envoyée au ministère de la Guerre ne lui a jamais été envoyé.

Est-ce que M. le général Mercier prend la responsabilité de cette version?

Le général Mercier. — Pas du tout : je vous ai dit que cette note m'avait été remise, que je ne l'avais pas lue antérieurement et que c'est à titre confidentiel que j'ai demandé à la voir.

Me Labori. — Le général Mercier peut-il dire pourquoi il s'est fait l'intermédiaire du colonel du Paty de Clam? (*Mouvement.*)

Le Président. — Je ne poserai pas cette question.

M. le général Roget demande à prendre la parole. Il se présente à la barre.

Le général Roget. — Puisqu'on rouvre la discussion sur cette dépêche, qui n'a été versée aux débats ni avec un texte ni avec l'autre, discussion que je trouve oiseuse en ce qui me concerne, puisqu'on rouvre cette discussion, je demande qu'on entende le commandant Matton. (*Rumeurs.*) On a entendu jusqu'à présent M. Paléologue, M. Delaroche-Vernet; je demande qu'on entende le commandant Matton qui n'était pas là à ce moment et qui a participé à la traduction de ce télégramme.

Le Président. — La question de la dépêche a été discutée d'une manière complète; nous sommes fixés à cet égard et je crois toute cette discussion inutile.

Me Labori. — Je n'accepterai pas cependant qu'un témoin qualifie de oiseuses les questions que je crois nécessaire. Personne autre que M. le Président ne dirige ici les débats.

Le Président. — La question a été discutée à fond.

Me Labori. — Ce qui n'a pas été discuté à fond, c'est la prétention, par M. le général Mercier, de venir, sous le nom du colonel du Paty de Clam, faire remettre par le général délégué du ministre, lequel l'apporte en chambre du Conseil, une version de la dépêche que ni M. le général Chamoin ni M. Paléologue n'accepteront.

Le Président. — Il vous a dit qu'il reconnaissait qu'il y avait eu une erreur?

Me Labori. — Cela me suffit.

Voulez-vous maintenant demander à M. le général Mercier quand et où M. du Paty de Clam lui a remis la note en question?

Le Président. — Je ne poserai pas cette question.

Me Labori. — Voulez-vous enfin demander à M. le général Mercier quel était son but en remettant au délégué du ministre cette note le lundi matin 7 août?

Le général Mercier. — Je l'ai dit déjà; cette note m'a été remise au départ de Paris, et je voulais savoir s'il y avait quelque indication qui puisse favoriser la manifestation de la vérité. C'était à titre de document privé, et c'est par suite d'un malentendu complet que le général Chamoin s'est cru autorisé à la communiquer au Conseil.

Me Labori. — Alors, c'est le général Chamoin qui en prend la responsabilité ?

Le Président et le général Chamoin, *ensemble*. — Mais absolument !

Le général Chamoin. — Cette discussion ne peut être ouverte quant à présent du moins, à mon avis, puisque nous somme absolument d'accord sur tout ce qui concerne la dépêche en question.

Je crois qu'il n'est pas possible de s'exprimer avec plus de simplicité.

Me Demange. — Monsieur le Président, le capitaine Dreyfus voudrait faire une observation.

Le capitaine Dreyfus. — Je ne puis répondre à tous les faits précis, mais je veux simplement rappeler quel a été mon séjour à Bourges.

J'ai été nommé capitaine le 12 septembre 1889; je suis arrivé à Bourges, et j'ai été nommé adjoint affecté au service de la cartoucherie.

En même temps, j'étais chargé du cours de mathématiques aux chefs artificiers proposés pour gardes d'artillerie.

A la même époque et dans le même hiver, je me suis préparé aux examens de l'école de Guerre.

Par conséquent, d'octobre 1889, date de l'arrivée à Bourges, jusqu'en février 1890, époque à laquelle commençaient les examens écrits de l'École de guerre, quatre mois se sont écoulés; et pendant ces quatre mois, j'aurais fait je ne sais quoi dont on m'accuse.

J'ai donc fait en même temps mon service à la cartoucherie, cours de mathématiques aux chefs artificiers proposés pour gardes et ma préparation aux examens de l'École de guerre.

Au mois de février 1890, j'ai préparé mes examens écrits d'admissibilité à l'École de guerre à Bourges; j'ai été admissible, et on m'a immédiatement appelé à Paris. J'ai passé les examens oraux en mars et avril; j'ai été reçu.

Le 20 avril 1890, à l'École de guerre j'obtenais un congé de deux mois et je me mariais le 21 avril.

Je suis revenu à Bourges fin juin, j'y suis resté encore en juillet, août et septembre, et je suis reparti pour Paris à la fin de septembre ou au commencement d'octobre 1890 pour suivre les cours de l'École de guerre. Voilà quel a été mon séjour à Bourges.

Le Président. — Pendant la première partie de votre séjour,

vous étiez célibataire; vous alliez à la pension des officiers, au café, par conséquent vous étiez à même d'avoir des conversations comme celles qu'on a généralement sur ce qui se dit et ce qui se fait dans une garnison.

Le capitaine Dreyfus. — J'ai voulu préciser quel avait été mon séjour à Bourges; j'ai passé quatre mois d'hiver dans les conditions que j'ai indiquées.

Le Président. — Vous tendez alors à établir que vous n'avez pas eu le temps de vous occuper d'affaires étrangères à votre service; cependant on peut avoir des renseignements dans les conversations avec des officiers; il n'y a là rien d'invraisemblable.

Le capitaine Dreyfus. — Vous me permettrez cependant de dire que dans les conditions où je me trouvais, je n'avais guère le temps d'aller ni au café ni ailleurs, puisque je me préparais à l'École de guerre et qu'en même temps j'étais adjoint à la cartoucherie et que je faisais le cours de mathématiques aux chefs artificiers proposés pour gardes; je n'avais donc guère le temps de fréquenter les cafés.

QUARANTE-SIXIÈME TÉMOIN

LE GÉNÉRAL RISBOURG

Risbourg, Pierre-Henry-Charles, 65 ans, général de division commandant la division d'Oran.

Le Président. — Voulez-vous nous dire ce que vous savez au sujet de ce qu'on a appelé la question des aveux et ce qui s'est passé entre vous et le capitaine Lebrun-Renault à ce sujet ?

Le général Risbourg. — Je commandais la garde républicaine en 1894 et au commencement de 1895. Le 6 janvier, le lendemain de la dégradation de Dreyfus, l'adjudant-major de semaine, dans son rapport, me fit lire des journaux dans lesquels il était question d'une conversation que le capitaine Lebrun-Renault avait eue avec des journalistes. Cette lecture me mécontenta gravement. J'estimai en effet que le capitaine Lebrun-Renault avait manqué à son devoir en causant avec un condamné. Je l'avais commandé pour aller avec son escadron chercher le condamné à la prison du Cherche-Midi, et le conduire à l'École militaire. Je ne l'avais pas chargé de l'interroger et de le faire causer. Je pensais ensuite qu'il avait commis une très grosse faute en ne me rendant pas immédiatement compte de ce qui s'était passé, afin que je puisse en informer le Gouverneur. Je savais que le général Mercier ne voulait pas qu'il fût question de nous dans les journaux. J'avais fait de nombreuses recommandations à ce sujet en faisant remarquer que les militaires de la garde vont partout, qu'ils entendent beaucoup de choses et qu'ils ne doivent répéter qu'à leurs chefs ce qu'ils croient devoir signaler dans leur service. Je me rappelais aussi qu'un officier de la garde avait été puni récemment au moment de l'affaire Gabrielle Bompard, pour avoir commis des indiscrétions et qu'il avait été question de le renvoyer de la garde.

J'étais donc très mécontent. J'ai alors fait mon rapport sur le registre de la garde républicaine. J'ai dicté à l'adjudant-major de semaine une note qui est encore sur le registre de la garde républicaine. J'en ai demandé une copie que je verse aux débats. Je terminai ensuite le rapport et je congédiai l'adjudant-major. Quelques instants après il revint, m'informant que le général Gonse, sous-chef l'État-major, était venu au quartier, qu'il avait demandé le capitaine Lebrun-Renault et l'avait emmené chez le ministre. J'ai appris peu après que le capitaine Lebrun-Renault avait été à l'Élysée et que le Gouverneur était informé par le colonel Guérin.

Je terminais mon rapport et je faisais dire à l'adjudant de semaine de m'envoyer le capitaine Lebrun-Renault aussitôt sa rentrée au quartier. Il se présenta dans mon cabinet vers deux heures de l'après-midi ; je le reçus très mal et je lui fis de vifs reproches. Je l'interrogeai sur ce qui s'était passé la veille et il me rapporta alors une conversation dans laquelle il était question de bordereau qui avait été trouvé dans une ambassade, de pièces qui auraient été livrées à l'ambassade allemande pour en avoir de plus importantes, de l'espoir du condamné d'emmener sa femme et ses enfants aux colonies. J'étais impatienté et énervé. Je dis à M. Lebrun-Renault : « Précisez, a-t-il réellement fait des aveux ? » Le capitaine Lebrun-Renault me répondit : « Il a dit : « Le ministre de la Guerre « sait bien que si j'ai livré des documents, c'était pour en avoir de « plus importants. » Je lui ai demandé ensuite : « Est-il vrai qu'hier en revenant de la parade d'exécution, vous êtes allé au mess avec vos camarades et qu'au déjeuner vous leur avez raconté la conversation que vous aviez eue avec Dreyfus et les aveux qu'il vous a faits ? » Lebrun-Renault me répondit : « Oui, c'est exact. » Il me dit qu'à cette conversation assistaient le capitaine Grognet, Duflos et Panzani, et d'autres qui sont encore dans la garde. Je fis de vifs reproches au capitaine Lebrun-Renault. J'ajoutai que depuis le matin des journalistes l'avaient cherché partout ; qu'ils étaient venus chez moi et que j'avais refusé de les recevoir. Je lui dis enfin : « Je vous donne l'ordre de vous taire. Si on vous demande encore quelque chose, vous répondrez que vous ne savez rien. »

J'ai su depuis que le capitaine Lebrun-Renault avait exécuté mes ordres. C'est pourquoi on lui a reproché souvent d'avoir dit qu'il ne savait rien.

Au mois de décembre dernier j'ai appris qu'un ancien officier de a garde, aujourd'hui lieutenant de gendarmerie en Algérie, M. Philippe, avait parlé à ses anciens camarades des aveux de Dreyfus ; je lui ai demandé quelques renseignements et il m'a répondu une lettre rès importante dont l'original a été versé à la Cour de cassation et dont voici la copie.

Le greffier Coupois *donne lecture de cette lettre :*

« Mon général, je reçois votre lettre à l'instant seulement et pour vous confirmer mon télégramme de ce jour, j'ai l'honneur de vous adresser ci-après les renseignements que vous me demandez.

« Il est parfaitement exact que le capitaine Lebrun-Renault m'a fait part des aveux de Dreyfus, presque aussitôt après les avoir entendus, le jour de la parade d'exécution, et je puis même dire que je suis le premier à qui le capitaine Lebrun-Renault ait raconté ce qu'il avait entendu. Voici ce qui s'est passé.

« J'étais de service avec mon peloton en réserve dans la cour de la caserne de l'École militaire, et, pendant que le capitaine Lebrun-Renault gardait Dreyfus au corps de garde, je me promenais à pied précisément devant le corps de garde. Quelque temps avant le roulement de tambour précédant la parade, le capitaine Lebrun-Renault est sorti du corps de garde et s'approchant de moi me dit : « Depuis que je suis avec cette canaille de Dreyfus, il cherche par tous les moyens à lier conversation avec moi ; mais je ne lui réponds pas ; ainsi il m'a dit que s'il avait livré des documents ils étaient insignifiants et que c'était dans le but de s'en procurer de plus importants, ajoutant qu'il était innocent du crime odieux pour lequel il allait être dégradé et que dans trois ans son innocence serait reconnue. » En faisant appel à mes souvenirs, je crois bien que ce sont les paroles textuelles que le capitaine Lebrun-Renault m'a rapportées.

« Puis aussitôt après le départ de la voiture cellulaire qui emmenait Dreyfus, il s'est formé autour du capitaine Lebrun-Renault, auprès duquel je me trouvais, un groupe d'officiers de la réserve et de la territoriale parmi lesquels se trouvaient plusieurs journalistes. Je ne pourrais pas citer leurs noms. La conversation s'est alors engagée avec le capitaine Lebrun-Renault et celui-ci, à un moment donné, a répété ce qu'il m'avait dit quelques instants auparavant. A ce moment, je me suis moi-même permis de toucher le coude du capitaine Lebrun-Renault pour lui faire remarquer que nous avions des indiscrets devant nous. En effet j'avais raison, car le lendemain les journaux rapportaient les quelques paroles que le capitaine Lebrun-Renault avait tenues la veille dans la cour de l'École militaire.

« Voilà, mon général, la vérité... et je suis très heureux que vous vouliez bien me fournir l'occasion de dire ce que j'avais entendu; si mon témoignage peut être de quelque utilité, vous pouvez en toute assurance l'invoquer.

« Veuillez agréer, etc. »

Le général Risbourg. — Je crois devoir ajouter que si j'ai fait des reproches à ce sujet au capitaine Lebrun-Renault en 1895, je n'avais rien eu jusque-là à lui reprocher. Je le considérais comme un bon officier, surtout comme un bon camarade incapable de faire tort à quelqu'un. Je le connaissais depuis longtemps, il était lieutenant dans la garde lorsque j'y étais commandant. Lorsqu'il a été nommé capitaine, j'ai vu son dossier et je puis certifier qu'il était animé d'excellents sentiments, ce qui ne me permet pas de douter un seul instant qu'il n'ait pas dit la vérité. C'est un fils de magistrat; son père a été juge d'instruction pendant vingt-cinq ans. Il a reçu une très bonne éducation; il a fait des ouvrages qui ont été publiés avec l'autorisation du ministre. Ce n'est donc pas le premier venu.

A la Cour de cassation, quand j'ai été interrogé on m'a demandé pourquoi je n'avais pas fait constater les aveux par écrit, j'ai répondu qu'en 1895 j'étais tellement persuadé de la culpabilité de Dreyfus, comme je le suis encore aujourd'hui, que je n'avais pas cru nécessaire de faire dresser un procès-verbal. Je ne pouvais penser à cette époque-là qu'on en arriverait à douter de cette culpabilité.

Le Président. — Votre situation, mon général, vous a permis de voir et de connaître bien des choses. Avez-vous d'autres détails à donner au Conseil? N'avez-vous pas à lui faire connaître des faits qui permettraient d'éclairer la question.

Le général Risbourg. — J'ai eu pendant le procès un grand nombre d'officiers qui ont marché sous mes ordres; je les faisais appeler et leur recommandais le secret; je leur disais : « Je ne veux pas savoir ce qui s'est passé; mais si vous étiez juges, que feriez-vous?» Tous m'avaient dit : « Je le condamnerais. »

Le Président. — C'est bien de l'accusé ici présent que vous entendez parler?

Le général Risbourg. — Oui, monsieur le Président.

Le capitaine Dreyfus. — Le témoin vient de dire que, pendant le cours du procès de 1894, les officiers de la garde républicaine étaient venus dire qu'ils avaient tous la même conviction. Cela m'étonne, attendu qu'après la deuxième ou troisième séance, — je ne sais pas quel est le nom de l'officier de la garde républicaine qui était de service, — ce qui est certain, ce que j'affirme, c'est qu'en rentrant dans la prison il m'a serré la main ; c'est tout ce que j'ai à dire sur ce point. Je ne sais pas quelle était son opinion, mais elle paraît être contradictoire avec celle que vient d'émettre M. le général Risbourg, puisqu'en rentrant dans la prison il m'a serré la main.

Je trouve également étrange qu'on vienne apporter ici des convictions, sans apporter des faits. Quand une accusation aussi épouvantable et aussi infamante vient peser sur un homme, qu'il a lutté contre elle pendant cinq ans, je trouve qu'il est du devoir de la conscience, quand on apporte une conviction, d'apporter des preuves et des preuves certaines! Autrement je ne compreds pas. (*Sensation prolongée.*)

On a parlé également des aveux. Je rappelle les termes exacts de ces prétendus aveux. Le jour où M. le capitaine Lebrun-Renault s'est trouvé dans une salle avec moi, — je l'ai déjà rappelé au commencement de mon interrogatoire, — voilà à peu près dans quels termes je lui ai parlé : « Je suis innocent. Je vais le crier à la face du peuple. » C'est le cri de ma conscience; vous savez que ce cri, je l'ai jeté pendant tout le supplice de la dégradation. Après, j'ai ajouté, en rappelant la visite que m'avait faite le commandant du Paty de Clam, et la lettre que j'ai écrite au ministre : « Le ministre sait bien... » Je voulais dire, — et personne n'a compris exactement mes paroles, — que j'avais averti le ministre, en réponse à la démarche qu'avait faite auprès de moi du Paty de Clam, que j'étais innocent. Le commandant du Paty de Clam venant me faire une visite et me demandant encore des renseignements, je lui avais répondu : « Je suis innocent et absolument innocent. » Par conséquent, quand j'ai dit : « Le ministre sait bien... » ce que je voulais exprimer, c'est que j'avais répondu aux démarches faites auprès de moi après ma condamnation par une protestation absolue d'innocence : j'avais répondu verbalement au commandant du Paty de Clam et par écrit au ministre que j'étais absolument innocent. Voilà ce que je voulais dire par les mots : « Le ministre sait bien... »

Ensuite, je rappelais la visite que m'avait faite du Paty de Clam, et je disais :

« M. le commandant du Paty de Clam m'a demandé si j'ai livré des pièces sans importance pour en obtenir d'autres en échange.

J'ai répondu au commandant du Paty de Clam que non, que j'étais absolument innocent, que non seulement j'étais innocent, mais que je voulais la lumière, toute la lumière.» Puis j'ai dit : «J'espère bien qu'avant deux ou trois ans mon innocence, sera reconnue.» Je me rappelle les conditions dans lesquelles j'ai dit, ces mots : «Deux ou trois ans. »

Quand j'ai dit au commandant du Paty de Clam que non seulement j'étais innocent, mais que je voulais la lumière, toute la lumière, je lui ai dit exactement : « C'est une iniquité qu'on vient de commettre! il est impossible que le gouvernement ne s'intéresse pas à vouloir et à rechercher la vérité. Le gouvernement doit posséder des moyens immédiats soit par les attachés militaires, soit par la voie diplomatique, il possède des moyens immédiats de faire éclater la lumière...» Voilà ce que je demandais au commandant du Paty de Clam ; je disais : « Il est épouvantable qu'un soldat soit condamné pour un crime aussi effroyable; par conséquent il me semble, à moi qui ne demande qu'une chose, la vérité et la lumière, que le gouvernement doit employer tous les moyens dont il peut disposer soit par la voie diplomatique, soit autrement, pour faire la lumière.» Voilà ce que j'avais dit au commandant du Paty de Clam; et il m'avait répondu : « Il y a des intérêts supérieurs en jeu; on ne peut employer ces moyens-là ;» il m'avait ajouté : « On poursuivra les recherches. »

C'est sur cette réponse du commandant du Paty de Clam, qui me faisait comprendre que ces moyens d'investigation n'étaient pas immédiatement capables de faire cette lumière éclatante ni susceptibles de réparer cette iniquité épouvantable qu'on commettait contre un homme, contre un soldat, que j'ai répondu : « J'espère bien qu'avant deux ou trois ans mon innocence sera reconnue,» parce qu'il m'avait dit qu'on ne pouvait pas poursuivre immédiatement, que des recherches seraient toujours délicates.

Je crois avoir exprimé ma pensée; s'il y a encore un doute, je vous demande, mon colonel, de me l'indiquer.

Me Demange. — Monsieur le Président, avant que l'on fasse venir le témoin suivant, voudriez-vous prier M. le général Mercier de venir à la barre, parce que je voudrais lui poser une question au sujet des aveux.

Le Président. — La présence de M. le général Risbourg n'est plus nécessaire à la barre?

Me Demange. — Non, monsieur le Président.

Le Président. — Mon général, vous pouvez vous retirer.

Me Demange. — M. le général Mercier a dit au cours de sa déposition que s'il avait envoyé le commandant du Paty trouver l'accusé dans sa prison, c'était pour se rendre compte de l'étendue du mal qu'il avait peut-être fait par sa trahison. C'est cela que j'ai entendu ?

Voulez-vous demander à M. le général Mercier pourquoi, lorsqu'il a reçu la communication de M. Lebrun-Renault, ayant trait aux aveux, si à ce moment il a cru en effet qu'il y avait des aveux, il n'a pas renvoyé auprès du capitaine Dreyfus, qui était censé avoir avouer, le commandant du Paty pour lui dire : « Maintenant que vous avez avoué, dites-nous ce que vous avez livré? »

Le Président. — Pourquoi n'avez-vous pas envoyé quelqu'un, lorsque vous avez été mis au courant des aveux, auprès du capitaine Dreyfus pour tâcher de fixer ses aveux et de connaître ce qu'il n'avait pas dit au commandant du Paty?

Le général Mercier. — Le capitaine Dreyfus avait refusé d'entrer dans la voie des aveux avec le commandant du Paty ; je n'ai pas renouvelé la démarche.

Le Président. — Du moment qu'il semblait entrer dans cette voie, au moment de la dégradation, n'avez-vous point pensé qu'il y avait lieu de renouveler cette démarche?

Le général Mercier. — J'aurais peut-être pu avoir cette pensée; mais elle ne m'est pas venue.

Le capitaine Dreyfus. — Voulez-vous me permettre, mon colonel, une petite observation au sujet de cette légende des aveux? Je suis resté à la prison de la Santé quinze jours ou trois semaines, je ne peux pas fixer la durée exactement après cinq ans. J'ai vu Me Demange, j'ai écrit pendant la période où j'étais à la prison de la Santé et ensuite à l'île de Ré, et des lettres que vous avez dans le dossier secret, ces lettres où je protestais de mon innocence, écrites au ministre, au chef du Gouvernement, au chef de l'État. Je me demande comment on ne m'a jamais parlé de cette légende des aveux que j'aurais détruite immédiatement; on ne m'en a jamais dit un mot. Ce n'est que quatre ans après, en janvier de cette année lorsque j'ai été interrogé par commission rogatoire venue de la cour de Cassation, que j'ai enfin appris qu'il y avait eu une légende des aveux. Ce que je ne comprends pas, c'est que, immédiatement, pendant que j'étais encore en France, à la prison de la Santé et à l'île de Ré, on ne m'a pas parlé de ces choses-là. J'aurais pu répondre et détruire, avant que l'œuf ait pris ce développement, cette légende et cette fausse légende.

Le Président. — Huissier, introduisez le témoin suivant, le commandant Curé.

QUARANTE-SEPTIÈME TÉMOIN

LE COMMANDANT CURÉ

Curé, Louis-André, 45 ans, chef de bataillon d'infanterie hors cadre.

Le Président. — Avez-vous connu l'accusé avant les faits qui lui sont reprochés?

Le commandant Curé. — Je l'ai connu en 1894 au Conseil de guerre.

Le Président. — Voulez-vous nous dire quels ont été les renseignements fournis par vous sur Esterhazy à la demande du colonel Picquart?

Le commandant Curé. — Je ne puis que reproduire devant le Conseil les déclarations que j'ai faites à ce sujet dans les diverses enquêtes où j'ai été interrogé, notamment devant la Cour de cassation. Au printemps de 1896, à une date qu'il m'est impossible de préciser, mais que je crois pouvoir placer sûrement à la fin d'avril, j'ai reçu du colonel Picquart un télégramme fermé me priant de passer à son bureau le lendemain au ministère de la Guerre. J'étais à ce moment chef de bataillon au 74e régiment d'infanterie qui comptait à ce moment-là aussi Esterhazy. Picquart était un ancien camarade d'école, nous nous étions souvent rencontrés dans nos diverses garnisons, j'avais avec lui les relations les plus amicales; aussi lorsque le lendemain, m'étant rendu à son appel, il me dit : « Il y a dans ton régiment un officier du nom d'Esterhazy, de toi à moi, et entre nous, qu'est-ce que tu en penses?» Je lui dis catégoriquement que je n'avais pour lui aucune estime.

Picquart me dit alors : « N'est-il pas à ta connaissance qu'Esterhazy cherche à se procurer et à connaître des documents, des renseignements confidentiels?» Je lui répondis que je ne pouvais rien dire à cet effet; ce que je savais particulièrement sur Esterhazy, c'est qu'il avait l'air de s'intéresser spécialement aux questions d'artillerie et de tir, c'est ainsi qu'il est allé aux écoles à feu sur sa demande, en 1894 et 1895, y ayant été envoyé régulièrement en 1896.

Un jour il m'a demandé des renseignements sur la mobilisation de l'artillerie; je lui ai répondu par des généralités vagues que tout le monde connaît. « Je sais, ajoutai-je, qu'un de nos camarades de promotion ayant eu en sa possession un document relatif à des questions de tir, je ne sais plus au juste lequel, mais je crois qu'il s'agissait d'une étude sur les chargeurs, Esterhazy a insisté pour que ce document lui fût communiqué. — Eh bien, me dit Picquart, tu diras de ma part à ton camarade que s'il ne veut pas qu'il lui arrive des désagréments, il fera bien de se le faire remettre. » Je fis la commission et le document fut rendu.

Au ton de Picquart je compris clairement qu'Esterhazy était suspect à ses yeux, mais à aucun moment ni aucun autre jour le nom de l'accusé ici présent ne fut prononcé. J'étais à mille lieues de supposer qu'il s'agissait de le substituer à Dreyfus. Ce ne fut qu'à la fin de 1897 que j'appris par les journaux l'accusation dont Esterhazy était l'objet.

A la fin de notre entretien, Picquart me demanda si je pouvais lui procurer un spécimen de l'écriture d'Esterhazy; je lui répondis que je n'en avais pas, et que malgré le peu d'estime que m'inspirait Esterhazy je ne lui tendrais jamais un piège pour m'en procurer.

« Si tu en as besoin, ajoutai-je, demande au colonel. »

L'entretien se termina sur ces mots.

Picquart a dit dans sa déposition que, tout en maintenant la vérité, j'avais cherché à l'atténuer. Je proteste hautement contre cette allégation. Je n'ai rien à atténuer, je n'ai rien atténué.

Les renseignements que je lui ai donnés, je viens de les dire au Conseil, et je le défie de dire que j'ai dit autre chose. Certes, je n'ai pas la prétention, mon colonel, de reproduire mot à mot les expressions dont j'ai pu me servir dans une conversation qui date d'ailleurs de trois ans, conversation que je croyais être, que Picquart m'avait déclaré être une conversation d'ami, mais en tout cas j'affirme que les déclarations que je viens de faire devant le Conseil sont exactement conformes à la réalité. C'est tout ce que j'ai à dire à ce sujet.

Le Président. — Vous avez dit, je crois, que vous étiez juge supplémentaire lors du procès Dreyfus?

Le commandant Curé. — Oui, mon colonel.

Le Président. — Pouvez-vous nous dire vos impressions d'audience?

Le commandant Curé. — Je ne crois pas pouvoir les dire, mon colonel.

Le Président. — Mais, les faits...

LE COMMANDANT CURÉ. — Je ne crois pas pouvoir les dire; les juges titulaires seraient mieux qualifiés que moi pour donner leur impression s'ils pensaient pouvoir le faire.

LE LIEUTENANT-COLONEL BRONGNIART. — Vous avez été aux écoles à feu au camp de Châlons, avec Esterhazy, en 1894?

LE COMMANDANT CURÉ. — Oui, mon colonel.

LE LIEUTENANT-COLONEL BRONGNIART. — Quels sont les canons qu'on vous a montrés pendant ces écoles à feu?

LE COMMANDANT CURÉ. — Nous avons assisté pendant trois ou quatre jours, au camp de Châlons, à des écoles à feu d'abord, puis des groupes de batteries tirées avec du 90. Cependant, il y avait pour la 3e brigade d'artillerie un exercice de tir de siège; on nous a demandé si nous voulions y assister; ceux d'entre nous qui ont voulu y assister y sont allés; j'y suis allé, on n'a tiré ce jour-là que des pièces de siège, et non des pièces de campagne, du 155 autant qu'il m'en souvient et du 120 long, mais je n'en suis pas absolument sûr. Le capitaine Le Rond, qui était notre cicérone à ces écoles à feu, vous renseignerait beaucoup mieux que moi.

UN MEMBRE DU CONSEIL. — Vous rappelez-vous si Esterhazy était avec vous à ce moment-là au tir de siège?

LE COMMANDANT CURÉ. — C'était facultatif, et je ne m'en souviens pas.

UN AUTRE MEMBRE DU CONSEIL. — Êtes-vous rentré à Rouen avec Esterhazy?

LE COMMANDANT CURÉ. — Nous avons été libérés chacun de notre côté, je suis rentré isolément, autant qu'il m'en souvient. Je ne sais pas si Esterhazy a pris son délai de route auquel il avait droit, je n'en sais rien, je ne me suis pas occupé de lui : je n'étais pas assez lié avec lui pour faire route ensemble.

UN MEMBRE DU CONSEIL. — Vous avez dit tout à l'heure que vous ne pouviez pas donner votre impression, comme juge suppléant.

LE COMMANDANT CURÉ. — Je ne me crois pas le droit de le faire.

LE MÊME MEMBRE. — Eh bien, il a été rapporté à la Cour de cassation un propos que vous auriez tenu, ou du moins une impression que vous auriez eue, car on a dit que vous étiez sorti du Conseil de guerre fort perplexe et fort étonné de voir qu'on avait condamné Dreyfus.

LE COMMANDANT CURÉ. — Je n'ai tenu ce propos à personne; je l'ai démenti devant la Cour de cassation, et je le démens à nouveau.

Me DEMANGE. — Le commandant n'a formulé aucune appréciation ni dans un sens ni dans un autre?

Le commandant Curé. — Je n'ai parlé à personne de ce qui s'est passé.

Le Président, *au capitaine Dreyfus*. — Avez-vous une observation à présenter sur cette déposition?

Le capitaine Dreyfus. — Aucune, mon colonel.

QUARANTE-HUITIÈME TÉMOIN

M. BILLET

Billet, Pierre-François, 53 ans, concierge au cabinet du ministre.

Le Président. — Vous étiez concierge en 1896, à la porte d'entrée du ministère de la Guerre, boulevard Saint-Germain.

M. Billet. — Oui, monsieur le Président, de 1885 à 1896.

Le Président. — Jusqu'à quelle date?

M. Billet. — Jusqu'au 1er août 1896.

Le Président. — Avez-vous vu M. l'avocat Leblois demander à rentrer au ministère de la Guerre, pour voir le colonel Picquart?

M. Billet. — Oui, c'était au mois d'avril ou au commencement de mai.

Le Président. — Vous connaissiez bien M. Leblois?

M. Billet. — Le colonel Picquart me dit un jour entrant au bureau à deux heures : « M. Leblois viendra me voir, vous me l'amènerez à mon bureau. » M. Leblois vint vers trois heures, il s'adressa à moi et me demanda le colonel Picquart. Je lui demandai son nom pour l'annoncer par le téléphone, M. Leblois me donna sa carte et au moment de téléphoner je lus le nom, je fis alors demi-tour et lui dis : Monsieur, vous êtes annoncé, si vous voulez me suivre, je vais vous mener chez le colonel Picquart. Je le conduisis moi-même.

Le Président. — C'est la seule fois que vous l'ayez vu?

M. Billet. — Ensuite, M. Leblois venait deux ou trois fois par semaine, je l'annonçais par le téléphone comme toutes les personnes qui demandaient à voir quelqu'un de la section de statistique. Lorsque le colonel Picquart était là, on me répondait : « Faites monter ». Je faisais passer M. Leblois par la galerie, et il se dirigeait seul vers le bureau du colonel Picquart.

Le Président. — Combien de fois l'avez-vous vu? Il venait un jour, puis un autre jour...

M. Billet. — Quelquefois il restait deux jours sans venir.

Le Président. — En somme, ses visites étaient fréquentes?

M. Billet. — Deux ou trois fois par semaine.

On introduit le témoin suivant.

QUARANTE-NEUVIÈME TÉMOIN

M. CAPIAUX

Capiaux, Constant-Julien, 49 ans, concierge au ministère de la Guerre, 231, boulevard Saint-Germain.

Le Président. — Connaissiez-vous l'accusé avant les faits qui lui sont reprochés?

M. Capiaux. — Je connaissais avant le capitaine Dreyfus.

Le Président. — Vous êtes concierge à cette porte depuis le mois d'août 1896?

M. Capiaux. — Depuis le 15 août 1896.

Le Président. — Et vous y êtes toujours?

M. Capiaux. — Oui, monsieur le Président.

Le Président. — Pendant le deuxième semestre 1896, après avoir fait votre service à cette porte, avez-vous eu l'occasion de voir M. Leblois venir au ministère et demander le colonel Picquart ou quelqu'un du service des renseignements?

M. Capiaux. — Oui, monsieur le Président.

Le Président. — Dites-nous ce que vous savez à ce sujet.

M. Capiaux. — Pendant la deuxième quinzaine de septembre, M. Leblois est venu voir le colonel Picquart plusieurs fois. La première fois je l'ai annoncé et accompagné jusqu'au bureau du colonel Picquart; les fois suivantes, je l'ai annoncé par le téléphone et il est monté tout seul.

Le Président. — Vous l'annonciez par le téléphone?

M. Capiaux. — Oui.

Le Président. — Est-il venu souvent?

M. Capiaux. — Peut-être sept ou huit fois, je ne pourrais pas dire au juste, mais je ne le conduisais pas parce qu'une fois annoncé je n'avais plus à m'en occuper.

Le Président. — Il venait souvent, et vous le connaissiez bien?

M. Capiaux. — Oui, monsieur le Président.

Le capitaine Beauvais. — Je lis dans votre déposition à la Cour de cassation, qu'un jour, dans le courant de septembre, vers 10 h. 1/2 ou 11 heures du matin, vous avez vu le colonel Picquart et M. Leblois, debout devant une table consultant des papiers. Maintenez-vous ce fait?

Le commandant Carrière. — Le témoin est-il bien sûr de cette date?

M. Capiaux. — Je ne peux pas me rappeler la date.

Me Labori. — Ce témoignage de M. Capiaux n'aurait d'intérêt que si la date était précisée, puisque la date de septembre pourrait être intéressante. Si le Conseil attachait à ce témoignage la moindre importance, je lui demanderais de lire les cotes 136 et suivantes du dossier Picquart, qui établissent que M. Leblois n'était pas à Paris pendant le mois de septembre, et qu'il n'y est rentré que le 7 novembre.

Le commandant Carrière. — C'est certain.

Me Labori. — Si on n'insiste pas davantage, quant à la date, je n'insiste pas, moi non plus. Si M. Capiaux n'est pas sûr de la date, il est incontestable que Me Leblois est allé au ministère, c'est matériellement établi.

Le commandant Carrière. — Il y a des notes d'hôtel qui constatent l'absence.

CINQUANTIÈME TÉMOIN

M. JULES ROCHE

M. Jules Roche, 58 ans, avocat et journaliste.

Le Président. — Vous avez été signalé comme pouvant donner des renseignements au sujet du commandant Esterhazy, qui vous aurait servi de secrétaire et d'indicateur au sujet de certaines questions militaires.

M. Jules Roche. — Le commandant Esterhazy ne m'a jamais servi de secrétaire.

Le Président. — Il vous a servi d'aide dans vos études?

M. Jules Roche. — Il ne m'a servi d'aide dans aucune espèce d'étude.

Le Président. — Il ne vous a fourni de renseignements dans aucune question militaire?

M. Jules Roche. — Le commandant Esterhazy m'a été présenté en 1894, à une époque où j'étais chargé du rapport du budget de la Guerre et où j'étais vice-président de la commission de l'armée.

Je me préoccupais, à ce moment, d'assurer l'exécution la plus complète possible de la loi des cadres. Je prétendais, n'étant pas d'accord sur ce point avec tous mes collègues de la Chambre, ni même avec tous les membres de la commission du budget, que la loi des cadres ne peut pas être modifiée par disposition budgétaire, qu'elle ne peut l'être que par une loi exprès. D'autre part, j'étais très préoccupé des conséquences de la loi de 1893, loi allemande, qui avait augmenté l'armée de ce pays de 80,000 hommes, et je considérais comme une nécessité chez nous d'établir non seulement l'exécution de la loi des cadres, mais en même temps une organisation militaire qni assurât la plénitude et la permanence de chaque unité de combat des effectifs.

C'est à ce point de vue uniquement et non pas au point de vue d'une comparaison entre l'organisation militaire française et l'organisation militaire des autres pays que j'ai cherché des renseignements de détails. D'ailleurs, j'avais publié depuis plusieurs mois et même depuis l'année précédente des études spéciales sur l'organisation allemande et sur l'organisation française comparées, sur les travaux d'artillerie exécutés en Allemagne depuis plusieurs années. M. le général Billot, l'ancien ministre de la Guerre, y a même fait allusion devant le Conseil de guerre; il s'est trouvé que l'avenir a justifié les assertions que j'avais faites et qui étaient faciles à constater puisqu'elles résultaient des documents allemands eux-mêmes, examinés et analysés avec l'attention nécessaire. Il n'y avait rien de difficile; il suffisait de regarder et de savoir lire. Par conséquent, étant données ces préoccupations, ce que je recherchais, c'étaient des renseignements de détails et non pas du tout d'organisation générale, me permettant d'établir quelles étaient les variations dans les effectifs de chaque compagnie, de chaque escadron, dans les différentes armes et sur les différents points du territoire.

De là pour moi l'intérêt d'avoir une série de renseignements de détails venant de divers points du territoire. Sur cette question-là un très grand nombre d'officiers ont été interrogés par moi. Beaucoup ont donné spontanément des renseignements. C'était non seulement des officiers subalternes, mais même des officiers supérieurs, des officiers généraux et des commandants de corps d'armée. Je dois ajouter d'ailleurs que, soit au ministère de la Guerre, soit à l'État-major, tous les renseignements nécessaires m'ont été donnés de la façon la plus exacte et avec la plus grande complaisance.

Le Président. — A quoi tend tout cela?

M. Jules Roche. — Monsieur le Président, vous m'avez posé une question et il m'est impossible de vous répondre sans que je vous dise dans quelles conditions le commandant Esterhazy m'a été amené; il m'a été amené par le fils de M. Grenier. C'est uniquement sur des choses qui étaient à sa connaissance personnelle sur les compagnies de son bataillon qu'il m'a renseigné, comme beaucoup d'autres officiers.

Le Président. — Au cours de vos relations, ne vous a-t-il pas parlé du commandant Henry?

M. Jules Roche. — Il ne m'a jamais parlé du commandant Henry.

Le Président. — Il ne vous a pas parlé des obligations du commandant Henry vis-à-vis de lui?

M. Jules Roche. — Il ne m'en a pas parlé.

Le Président. — Cependant il vous a écrit une lettre?

M. Jules Roche. — Il ne m'en a pas parlé; mais il m'a écrit une lettre dans laquelle il en est question. Vous l'avez cette lettre, monsieur le Président.

Le Président. — Pouvez-vous nous dire ce qu'il y a dans cette lettre?

M. Jules Roche. — Comment voulez-vous que je vous dise ce qu'il y a dans une lettre qui m'a été écrite en 1897; je ne m'en rappelle plus les termes.

Le Président. — Voulez-vous, monsieur le greffier, donner lecture de cette lettre?

Me Demange. — C'est à la page 492.

Le greffier Coupois *donne lecture de cette lettre qui est ainsi conçue :*

« Mon Cher Député,

« Voulez-vous me permettre d'abuser encore de votre bonté et de vous résumer ce que j'ai été vous raconter ce soir?

« Le ministre a repoussé toutes les instantes demandes qui lui avaient été adressées en ma faveur en disant d'un ton fort peu bienveillant qu'il ne le pouvait pas, prétendant que j'étais dans une situation fort compromise depuis longtemps parce que j'avais une maîtresse.

« Je proteste énergiquement contre ces assertions calomnieuses qui seraient grotesques si elles ne me portaient préjudice.

Le Président. — Laissez la suite de cette lettre et continuez par la phrase où il est dit : « le commandant Henry est en effet mon débiteur. » Le reste n'a pas rapport à la question.

Le greffier Coupois *lisant* :

« Le commandant Henry est en effet mon débiteur depuis 1875, je lui ai prêté quelque argent qu'il ne m'a jamais rendu, qu'il me doit encore. Cela explique bien des choses. En tout cas, avant d'accepter comme article de foi les délations de cet individu, le ministre ferait certainement un plus strict devoir s'il mettait à même l'officier ainsi traité de se défendre et de s'expliquer. Il n'y a plus lieu d'avoir un chapeau avec des plumes sur la tête pour comprendre cela, il suffit d'être un galant homme.

« De pareils actes révoltent tous ceux qui en ont connaissance, et ils ont une singulière ironie quand on songe qu'ainsi que je l'ai dit, j'ai, il y a peu de temps, défendu ledit Billot contre des attaques qui lui auraient été fort sensibles.

Le Président *à M. Jules Roche.* — Il n'y a que cette lettre dans laquelle il vous a parlé d'Henry?

M. Jules Roche. — Je n'ai pas souvenir qu'il m'en ait parlé depuis.

Le Président. — Vous n'avez aucune connaissance d'obligations d'Henry vis-à-vis Esterhazy?

M. Jules Roche. — Pas la moindre connaissance.

Le Président. — Veuillez nous dire ce qui s'est passé au sujet de vos démarches personnelles.

M. Jules Roche. — Les démarches ont été faites sur les instances d'Esterhazy qui avait insisté de la façon la plus pressante, soit verbalement, soit par lettre, et même par d'autres lettres que celles qui ont été saisies entre mes mains (je ne les ai pas toutes gardées, je garde très peu de lettres et celles dont il est question sont restées par hasard, je ne sais comment). Il avait insisté, me représentant que sa situation était des plus dignes d'intérêt soit comme officier dont l'avancement était en retard, ayant des titres particuliers à cet avancement, soit comme père de famille, me représentant quelle était la situation de ses enfants. J'avoue qu'il m'avait profondément touché en me parlant de ses enfants. A un certain moment l'un de ses enfants, sa fille, était très malade, il m'avait très ému, et j'ai fait les démarches les plus vives, je le reconnais, auprès de M. le ministre de la Guerre et auprès du directeur de l'infanterie au ministère pour que satisfaction fût donnée à ses demandes. Satisfaction ne leur a pas été donnée et vous en savez sur ce point autant que je peux en savoir moi-même.

Le Président. — Vous n'avez pas d'autres renseignements utiles à nous faire connaître?

M. Jules Roche. — Je suis prêt à répondre à toutes les questions que vous pourriez me poser, lorsque cela me sera possible.

Le Commissaire du Gouvernement. — Le témoin pourrait-il expliquer au Conseil ce qui est relatif à une déclaration, à la déclaration suivante : « Le ministre m'a fait comprendre d'une façon très nette, en me montrant le dossier, que je ne pouvais plus m'occuper d'Esterhazy, non seulement pour des motifs d'ordre privé et de droit commun, mais pour des raisons plus décisives encore? »

M. Jules Roche. — Ceci fait allusion en effet à une conversation que j'ai eue avec le ministre de la Guerre et dont j'ai traduit dans la phrase que vous venez de lire l'impression de la manière la plus fidèle. Le langage de M. le ministre de la Guerre m'a donné l'impression que j'ai traduite dans la phrase que vous venez de lire.

Me Demange. — Monsieur le Président, dans une des lettres qui sont au dossier, à la page 490, au bas de la page, je lis ceci : « Monsieur le député, je me suis permis, osant faire appel à votre bienveillance une fois encore, de me présenter aujourd'hui chez vous. Je voulais vous parler de la situation extrêmement pénible et douloureuse où je me trouve et dont notre ami Weill doit aller vous entretenir. » Voudriez-vous demander à M. Jules Roche qui est ce M. Weill, pourquoi il s'intéressait à Esterhazy, s'il appartient à l'armée ou à la vie civile, en un mot si M. Jules Roche a des renseignements sur lui.

M. Jules Roche. — M. Weill, dont il est question dans cette lettre, est le commandant Weill qui a été, je crois, attaché à l'état-major du général Saussier et qui était un camarade, un ami du commandant Esterhazy.

Me Demange. — S'intéressait-il particulièrement au commandant Esterhazy?

M. Jules Roche. — Il s'intéressait au commandant Esterhazy.

Me Demange. — Il a donc été à l'état-major du général Saussier; à quelle époque?

M. Jules Roche. — Je ne sais pas; tout ce que je puis dire, c'est que je crois qu'il y a été attaché.

Me Demange. — Est-ce ce M. Weill qui aurait connu Esterhazy au bureau des renseignements?

M. Jules Roche. — Je ne sais pas du tout.

Me Labori. — J'insisterai moi-même avec M. le commandant Carrière pour que M. Jules Roche soit assez bon pour faire un récit plus complet, plus détaillé de son entrevue avec M. le général Billot. Qu'il veuille bien nous dire, s'il n'y voit pas d'objection, ce que M. le général Billot lui a dit, ce qu'il lui a fait comprendre, en un mot tout ce qui s'est passé.

M. Jules Roche. — J'avais écrit comme je l'ai dit au ministre de la Guerre pour recommander Esterhazy; c'était vers la fin de l'année 1895. Sa situation de chef de famille, de père de famille, était, d'après ses déclarations, d'après ce qu'il m'écrivait, plus touchante et plus pressante que jamais. C'est alors que je fis de nouvelles démarches. Les premières, je les ai faites pendant que j'étais en vacances; j'étais chez moi dans le midi; il m'avait écrit et mes démarches avaient consisté en lettres que j'avais écrites au ministre. A ce moment, c'était la fin de 1896, j'étais rentré à Paris et Esterhazy fit auprès de moi des démarches personnelles et verbales ; il vint chez moi assez fréquemment. Je vis dans son cabinet M. le ministre de la Guerre; M. le ministre me déclara qu'il lui était impossible de faire ce que le commandant Esterhazy lui demandait, que cela lui était impossible pour une série de raisons de diverses natures. Il me montra en effet un dossier dans lequel, me dit-il, se trouvaient les pièces établissant que les raisons pour lesquelles il ne pouvait donner satisfaction à la demande du commandant Esterhazy étaient aussi nombreuses et diverses que définitivement et certainement établies. Il me parla de sa conduite. Ces motifs ne me parurent peut-être pas absolument déterminants parce qu'enfin, il y a des actes qui depuis Henri IV et même avant lui, ne paraissent déshonorer ni les rois, ni les généraux, ni les officiers, et je me permis de faire quelques réponses à ces observations. Le général entra alors dans un autre ordre de considérations et finit par me dire — je ne peux pas répéter la phrase parce que, si je n'ai pas mauvaise mémoire, j'accorde néanmoins peu de créance à ceux qui à trois ou quatre ans de distance, prétendent répéter mot pour mot une phrase qu'ils ont entendue une fois et qui est entrée par une oreille et sortie par l'autre. Je n'ai donc pas la prétention de répéter la phrase du général Billot que je n'ai pas sténographiée.

Mais ce qui est arrêté très nettement dans mon esprit, c'est l'impression qu'elle y a causée, et cette impression c'est celle que j'ai traduite dans la phrase dont on a donné lecture tout à l'heure et où il était dit qu'il m'était moralement impossible pour les raisons les plus graves de m'intéresser à Esterhazy.

Me Labori. — J'aurai peut-être encore une question. Je ne sais pas si M. Roche est en mesure de répondre. Comme rapporteur du budget de la Guerre, a-t-il eu connaissance en 1894 des faits auxquels M. le général Mercier et M. Casimir-Perier ont fait allusion en ce qui concerne nos rapports diplomatiques avec certains pays étrangers; je veux parler aussi de ce qui a rapport au renvoi de certaines parties du contingent. Si M. Jules Roche peut nous fournir ces renseignements, je lui serais reconnaissant de le faire.

M. Jules Roche. — Au point de vue diplomatique, je n'ai aucun renseignement, je ne sais absolument rien sur les rapports diplomatiques qui ont pu exister en 1894 et en 1895 entre la France et quelque autre pays que ce soit; ce que je sais, au point de vue particulier auquel a fait allusion en dernier lieu Me Labori, et tout e monde le sait, c'était de notoriété publique, c'est que par suite des mesures prises au ministère de la Guerre, au mois d'août, par a circulaire du général Mercier, du 1er août 1894, laquelle ordonnait le renvoi anticipé de 67,000 hommes, 28,000 une première fois et 39,000 une seconde, circulaire qui avait été modifiée ensuite au mois de septembre autant que je puis me rappeler, mais qui avait été cependant appliquée pour partie par un premier renvoi de 20,000 à 24,000 ou 25,000 hommes, il y avait une désorganisation très grande dans les rangs de l'armée. Un très grand nombre d'officiers m'en parlèrent; d'ailleurs la circulaire de septembre par laquelle M. le général Mercier suspendit l'exécution de sa circulaire d'août indique elle-même que des représentations nombreuses avaient été faites de tous les points de l'armée et du territoire; par conséquent il est certain qu'il y avait eu un inconvénient sérieux résultant de ce renvoi, de cette première exécution de la circulaire d'août, mais que, d'autre part, cet inconvénient fut suspendu par la seconde circulaire qui arrêta l'exécution de la première. Les inconvénients n'en avaient pas moins été très grands, car je me rappelle que dans certaines compagnies, par des états d'ailleurs fournis par le ministère de la Guerre qui a fait sur ma demande à ce point de vue un travail très complet et très loyalement remis, il y avait seulement 15 ou 20 hommes qui pouvaient faire le service à certains moments.

Le Président. — Accusé, avez-vous quelques observations à présenter?

Le capitaine Dreyfus. — Aucune, mon colonel.

Le général Mercier. — Je ne veux pas ouvrir une discussion sur les effectifs, sur la question qui vient d'être soulevée par Me Labori. Je rappellerai seulement que j'ai été interpellé à ce sujet par M. le Hérissé, député de Rennes, à la Chambre des députés et qu'à la Chambre on m'a donné raison.

Le Président. — La séance est suspendue pour 20 minutes.

L'audience est reprise à 9 h. 55.

Le témoin suivant est introduit.

CINQUANTE ET UNIÈME TÉMOIN

M. DESVERNINE

M. Desvernine, Jean-Alfred, 41 ans, commissaire spécial de police attaché au ministère de la Guerre.

LE PRÉSIDENT. — Vous avez été chargé par le colonel Picquart de surveiller le commandant Esterhazy.

M. DESVERNINE. — Oui, monsieur le Président. Au mois d'avril 1896, du 1er au 10, le colonel Picquart m'a chargé de surveiller le commandant Esterhazy ou plutôt de faire une enquête sur lui. Je devais rechercher quelles étaient les relations du commandant, sa façon de vivre.

Voici comment je procédai à cette surveillance. Je déterminai d'abord la situation pécuniaire du commandant Esterhazy.

Cette situation était très embarrassée, le commandant avait beaucoup de dettes, les créanciers l'assiégeaient, le papier timbré pleuvait sur lui, et à l'appui de ces dires, je donnai au colonel Picquart copie de jugements rendus contre Esterhazy soit à Rouen, soit à Paris et à Sainte-Menehould.

Je lui donnai également la date d'une assignation en justice de paix provenant également d'un créancier.

Sa situation me parut très difficile, et j'en parlai au colonel Picquart. Le commandant Esterhazy entretenait également une maîtresse à laquelle il donnait 500 francs par mois. Le loyer de l'appartement était au nom du commandant, ce qui m'a semblé extraordinaire. Le commandant Esterhazy qui cherchait encore, à ce moment-là, à sauver les apparences, réintégrait le domicile conjugal tous les soirs, il n'allait chez cette personne que dans la journée. Au point de vue des relations, point des plus importants, j'ai déterminé que le commandant Esterhazy était en relations avec pas mal d'hommes d'affaires dont quelques-uns ne présentaient pas une moralité suffisante. Je ne les nommerai pas, mais j'en connais un notamment et que j'ai signalé, qui est d'origine étrangère, et qui avait été condamné plusieurs fois pour escroquerie. Le commandant faisait avec lui des affaires dont je n'ai pu déterminer exactement la nature; il s'agissait, je crois, de ventes et d'achats d'immeubles ; donc rien de suspect de ce côté-là.

Je dois dire que les ordres du colonel Picquart, lorsqu'il m'avait confié cette affaire, avaient été précis, mais il n'avait pas été question à ce moment-là de trahison, de même que pendant tout le cours de cette enquête.

Jamais il n'a été question de l'affaire Dreyfus et j'ai toujours ignoré jusqu'au dernier moment que je travaillais dans cet ordre d'idées.

Le colonel Picquart, au mois de juin, je crois, me demanda un échantillon de l'écriture du commandant.

Je mis quelque temps à me procurer ce qu'il me demandait, mais j'eus en moi le soupçon que le commandant Esterhazy pouvait être soupçonné de faire de l'espionnage. Cette impression s'est fortifiée lorsqu'au mois d'août, à une époque que je puis assez bien préciser, parce que je demandai un congé annuel à ce moment-là, le colonel Picquart me dit : « Ne partez pas encore, je vais le faire coffrer demain. » Il ajouta : « Ne revenez pas sur ce que je vous ai donné, » et comme je demandais si les mesures étaient prises, le colonel me répondit : « Mais si, son affaire est claire, j'ai des renseignements, attendez quelques jours et vous partirez. » Je partis en congé vers le 15 août, et à ma rentrée je fus avisé que le commandant avait reçu, à un moment donné, de la poste deux avis de chargement.

La chose me paraissait assez importante, étant donnée la mauvaise situation du commandant, et j'avertis le colonel Picquart que ces deux chargements étaient en souffrance au bureau de poste du boulevard Malesherbes. Le colonel Picquart me dit : « Vous ne pouvez pas obtenir vous-même le nom de l'expéditeur, je vais tâcher de l'avoir, je ferai faire une enquête de ce côté. »

Nous eûmes le nom de l'expéditeur, et je fis une enquête sur cette personne.

Je découvris que c'était un architecte très honorable du reste, qui avait avec le commandant Esterhazy des relations de gérant à propriétaire. Le commandant Esterhazy était propriétaire d'une maison à Paris, du côté de la rue des Cascades et c'était le terme de ses locataires que cet architecte envoyait au commandant Esterhazy. De ce côté, il n'y avait rien de suspect.

Je dois ajouter, monsieur le Président, pour détruire un bruit qui a couru un peu partout, que je n'ai jamais fait d'opérations illicites à la poste et, du reste, le colonel Picquart ne me l'a jamais demandé. Je revins de congé au mois de septembre ; je vis que pendant mon absence le colonel Picquart avait continué ses recherches puisqu'il me dit de rechercher si le commandant Esterhazy avait eu en sa possession le Manuel de tir, s'il en avait fait faire des copies, en un mot s'il s'était occupé de cette question. Je ne trouvai rien de ce côté.

Cependant, sur les indications du colonel Picquart, je lui amenai un jour un homme qui avait été secrétaire du commandant Esterhazy et qui habitait Bernay; je n'assistai pas à l'entretien, mais en sortant, comme j'accompagnais cet homme à la gare, il me dit ce que le colonel Picquart lui avait confié : qu'il l'avait questionné sur la question du projet du manuel de tir et lui avait demandé si, étant au service du commandant Esterhazy, il ne lui avait pas fait copier certains passages. L'homme répondit qu'il ne s'en rappelait pas, mais que s'il s'en souvenait plus tard il en ferait part au colonel Picquart.

Le colonel Picquart me dit de porter mon attention sur les personnes qui pourraient apporter au domicile du commandant Esterhazy des lettres à la main. De ce côté je n'ai rien trouvé également.

Le colonel Picquart partit au mois de novembre et avant de partir il me dit : cessez cette affaire, nous la reprendrons plus tard. Je vais en mission et en revenant nous reverrons cette enquête.

Quelques jours après le général Gonse me fit appeler et me dit : « Mettez-moi au courant de ce que vous avez fait en ce qui concerne le commandant Esterhazy, car je ne sais rien. » Je lui dis, monsieur le Président, ce que je viens de vous dire. Les conclusions étaient celles-ci : c'est qu'au point de vue de la trahison je n'avais rien découvert sur le commandant Esterhazy; au point de vue de la moralité et de sa conduite privée, ma conviction était faite; mais au point de vue de la trahison, je n'avais rien trouvé.

Le général Gonse me dit : « Pensez-vous qu'en continuant l'enquête on pourrait arriver à un résultat? » Je lui dis : « Mon général, le commandant Esterhazy est dans une situation telle qu'il est peut-être sur le point d'être accessible à certaines propositions. » Le général Gonse me dit alors : « Eh bien, continuez votre enquête très discrètement et continuez à me rendre compte dès que vous aurez quelque chose de nouveau. »

Cette enquête continua toute l'année et le dernier acte de la surveillance se place à la date du 23 octobre. J'oubliais de vous signaler, dans les relations que j'ai énumérées, les relations du commandant Esterhazy avec une ambassade étrangère et avec l'attach militaire de cette ambassade. Ces relations, qui avaient eu pou moi au début une grosse importance, n'en avaient plus; on n'attachait pas beaucoup d'importance à cela, on savait qu'il était en relations avec cet attaché militaire qu'il avait connu dans son pays natal et la chose n'avait aucune importance pour moi. Néanmoins, le 23 octobre, j'ai eu l'occasion de constater *de visu* l'entrée dans cette ambassade étrangère du commandant Esterhazy. Il était 3 heures de l'après-midi. Il y est resté exactement une heure et en est ressorti vers 4 heures. Je fis part de cette affaire au ministère et ma surveillance s'est arrêtée là.

C'est le dernier acte de ma surveillance.

Je suis parti en mission peu après et je ne me suis plus occupé de cette affaire.

Le Président. — C'est tout ce que vous avez à dire à ce sujet?

M. Desvernine. — Oui, monsieur le Président.

Le Président. — Au sujet de l'affaire Dreyfus elle-même, vous ne savez rien?

M. Desvernine. — Non, monsieur le Président.

Me Demange. — M. Desvernine vient de dire qu'il avait vu le commandant Esterhazy à l'ambassade le 23 octobre 1897. Je ferai remarquer que c'est le jour de l'entrevue de Montsouris. Je lis, dans un passage de la déposition de du Paty de Clam, qu'Esterhazy avait avoué être allé à l'ambassade.

Un membre du Conseil. — Je vois ici que l'on indique la date du 25.

Me Labori. — Il faut se reporter au témoignage devant la Cour de cassation ; c'est le 23 qui est indiqué.

Me Demange. — M. le Conseiller a raison. A la page 510 on voit que la dernière de ces visites a eu lieu le 25.

C'est l'édition réimprimée du ministère de la Justice, mais la date exacte est le 23 octobre 1897.

Me Labori. — Monsieur le Président veut-il me permettre de poser une autre question à un autre témoin? Je m'en excuse sur mon absence momentanée de l'audience. Pouvez-vous demander à M. le général Roget s'il a eu connaissance de ces visites?

Le général Roget. — J'ai déjà répondu non. Je ne les ai connues que par le témoignage de M. Desvernine.

Me Labori. — Maintenant qu'il connaît cette visite, comment la concilie-t-il avec Esterhazy, agent du syndicat

Le général Roget. — Je n'ai pas dit qu'Esterhazy était agent du syndicat. J'ai dit que le rôle d'Esterhazy m'échappait complètement. Je l'ai dit d'une façon formelle à Me Demange.

Me Labori. — Cependant, M. le général Roget a parlé du syndicat comme d'une institution publique

Le général Roget. — C'est une institution publique; tout monde en parle.

Me Labori. — M. le général Roget n'a rien à apporter pour appuyer cette affirmation?

Le Président. — C'est une question en dehors des débats.

Me Labori. — Pardon! J'arrive à poser cette question à propos de la déposition de M. Desvernine.

Le Président. — Très indirectement.

Me Labori. — Je m'en excuse; mais je m'efforce d'apporter dans le débat le plus de modération possible et je m'efforce également de ne pas abandonner le terrain de ma défense.

Le Président. — Vous avez dit qu'elle était en rapport avec la déposition de M. Desvernine.

Me Labori. — M. le général Roget a parlé souvent du syndicat; il a dit que le syndicat avait offert six cent mille francs au commandant Esterhazy pour avouer qu'il était l'auteur du bordereau. Il ne fonde cette opinion sur rien.

Le général Roget. — J'ai répété cela d'après le dire d'Esterhazy.

Le Président. — Quel rapport cela a-t-il avec la déposition de M. Desvernine ?

Me Labori. — Cela a une importance très grande. Si nous n'avions devant nous que Dreyfus tout seul, ce serait plus simple. Mais nous avons le commandant Esterhazy en face de Dreyfus. Il faut bien que le Conseil sache quel est le rôle du commandant Esterhazy.

Le Président. — Soyez bref.

Me Labori. — On parle toujours dans cette affaire de millions. M. le général Roget s'est fait en quelque sorte l'interprète de ces affirmations. C'est pourquoi je me permets de m'adresser à lui. Je voudrais qu'il me dise ce qu'il pense de la visite faite par Esterhazy le 23 octobre à l'ambassade d'Allemagne, alors que nous savons par les dépositions qu'Esterhazy aurait dit à Schwartzkoppen : « Déclarez que je ne suis pas l'auteur du bordereau, sinon je vais me suicider. »

Le général Roget. — J'ai déjà répondu à cette question. Je ne puis pas toujours répondre aux mêmes questions.

Me Labori. — Tenez-vous le fait pour établi?

Le général Roget. — Oui, je le tiens pour établi maintenant.

Me Labori. — Le général Roget peut-il nous dire ce qu'il en pense?

Le général Roget. — Je n'ai pas à dire ce que j'en pense.

Je demanderai à compléter ma déposition à un autre moment si vous le voulez.

Je ferai remarquer à Me Labori que j'ai déjà répondu à cette question qui m'a déjà été posée par Me Demange et que je ne peux pas répondre toujours aux mêmes questions. Il n'y a qu'à se reporter a ma déposition.

Me Labori. — Qu'avez-vous répondu ?

Le général Roget. — J'ai dit que je trouvais cette démarche singulière, mais je ne tenais pas le fait pour établi.

Me Labori. — Eh bien, maintenant que vous le tenez pour établi, qu'en pensez-vous ?

Le général Roget. — Je n'ai pas à vous dire ce que je pense. Seulement, monsieur le Président, puisque l'on n'a pas pu me questionner, je compléterai ma déposition, mais à un autre moment, si vous le voulez bien.

CINQUANTE-DEUXIÈME TÉMOIN

LE COLONEL FLEUR

M. le colonel Fleur, Pierre-Hippolyte, 61 ans et demi, colonel en retraite.

Le Président. — Veuillez nous faire connaître ce que vous savez de l'affaire Dreyfus, directement ou indirectement.

Le colonel Fleur. — En 1894, il y avait au service des renseignements, comme chef le colonel Sandherr qui est mort, et comme sous-chef le lieutenant-colonel Cordier. M. Cordier a déposé devant la Cour de cassation, je ne sais pas ce qu'il vous dira tout à l'heure, mais dans sa déposition à la Cour, il y a une très grosse lacune et c'est cette lacune que je vais combler ici au moyen des déclarations qu'il m'a faites à Rennes même.

Je prie le Conseil de remarquer que ce que je vais dire s'est passé au mois de janvier 1896 ; à ce moment-là l'agitation dreyfusiste n'avait pas commencé ; elle n'a commencé que deux ans après, c'est-à-dire pour parler plus exactement un an trois quarts après. Le lieutenant-colonel Cordier, peu de temps après sa sortie du service des renseignements, est venu au 31e, dans le régiment que j'avais l'honneur de commander ici à Rennes ; au jour de son arrivée, il s'est présenté à moi et après les souhaits de bienvenue, comme je lui exprimais mon grand étonnement de voir qu'on avait renvoyé le chef et le sous-chef du service des renseignements, il me dit textuellement ceci : « Mon colonel, le renvoi du colonel Sandherr et le mien est le commencement de la revanche des juifs, les juifs ont fait agir leur influence sur le général de Boisdeffre et sur le général Gonse qui se sont laissé faire et ont prononcé notre renvoi, les juifs ont fait mettre à notre place, à Sandherr et à moi, une de leurs créatures, le commandant Picquart. »

Je me permets encore de souligner que cela se passait en janvier 1896, c'est-à-dire longtemps avant le commencement de l'agitation qui a abouti à ce qui existe maintenant.

Le lieutenant-colonel Cordier est parti du régiment le 24 septembre 1896 ; tout le temps de son séjour au régiment, pas une seule fois, pas une seconde il n'a cessé de proclamer la culpabilité de l'accusé que vous avez devant vous ; il n'a jamais eu le moindre doute, son affirmation était continue, formelle, absolument formelle, et j'ajouterai qu'il accompagnait cette affirmation d'épithètes que je ne veux pas répéter ici par égard pour l'accusé. Je ne sais pas ce que le colonel Cordier viendra vous dire, mais s'il dit quoi que ce soit qui soit contraire ou qui infirme ce que je viens d'énoncer, je vous prierai, monsieur le Président, de me faire comparaître de nouveau.

Je crois qu'on viendra vous dire que les colonels d'infanterie pouvaient réunir des renseignements utiles à l'État-major général sur les troupes de couverture. Eh bien, j'ai commandé un bataillon de couverture, un bataillon de chasseurs ; or, moi, chef de corps de ce bataillon, je ne savais qu'une chose, c'est que mon bataillon devait être tenu à partir quatre heures après la réception de l'ordre télégraphique le concernant.

J'ignorais absolument ce que j'avais à faire. Le général de division, les généraux de brigade de ma division, les officiers d'État-major n'en savaient pas plus que moi. De là, je conclus qu'un officier d'infanterie en garnison dans l'Ouest, qui n'était pas plus instruit que moi sur les troupes de couverture, ne pouvait pas réunir des renseignements pouvant satisfaire un État-major étranger sur ce point.

Je passe à un troisième point. M. le Président du Conseil de guerre a demandé à l'accusé ici présent : « Avez-vous été à cheval à des manœuvres allemandes ? — Non, mon colonel, jamais. » Or, en 1894 (je ne puis dire exactement le jour, je n'en ai pas pris note ; je préciserai suffisamment en disant que c'était quelques jours après la nouvelle rendue publique de l'arrestation, par conséquent, en novembre), j'étais en permission dans la Haute-Marne, j'ai pris à Langres le rapide de Mulhouse-Bâle-Paris. Montant dans un compartiment de première classe, je me trouvais avec un monsieur bien mis. La conversation s'établit à propos d'une demande d'autorisation de fumer. J'ouvris mon pardessus ; il vit ma rosette et me demanda si j'étais officier. Naturellement nous causâmes de la grosse affaire dont les journaux parlaient beaucoup. Ce monsieur me dit : « Je suis grand industriel à Mulhouse. La trahison de Dreyfus ne nous a pas étonnés, car nous l'avons vu avec la plus grande indignation à cheval avec un général allemand, dans des manœuvres qui ont eu lieu dans les environs de la garnison de Mulhouse. »

Ce dire de ce monsieur a eu lieu en 1894 (je souligne) dans un compartiment de première classe du rapide de Bâle-Belfort-Paris, vers 2 h. 1/2 de l'après-midi. J'avais, en effet, pris le train à 2 h. 1/4 à Langres et la conversation s'était rapidement établie. Je répète encore la phrase qui me fut dite : « La trahison de Dreyfus ne nous a pas étonnés, car nous l'avons vu avec la plus grande indignation monter à cheval à une manœuvre dans les environs de Mulhouse avec un général allemand. »

M. le Président du Conseil de guerre a demandé aussi à l'accusé s'il n'avait pas loué une villa pour une personne. Je prie le conseil d'accepter ceci comme une indication seulement, mais quelqu'un digne de foi m'a assuré, et cela a été vérifié sur place, qu'une villa a été non pas louée, mais achetée pour Mme Bodson ; ce serait une villa dite « chalet normand », rue du Jardin-Madame, à Villerville[1].

Et cette personne assure que Dreyfus y venait parfois, jamais il

1. *Le Figaro* du 26 août a publié la lettre suivante :

Hennequeville, 26 août.

Monsieur,

Une enquête, un enquête. Voilà encore un témoin qui se trompe par trop! C'est le colonel Fleur.

Le chalet dont parle M. le colonel Fleur a été acheté par moi, sœur de M. Bodson, le 4 mars 1895, au Tribunal de Pont-l'Évêque.

Remarquons cette date 1895. Le malheureux officier était déjà arrêté pour le crime d'un autre.

Je vivais là très retirée en compagnie de ma mère, ne recevant que ma famille.

Quand je perdis ma mère, j'ai voulu quitter cette maison (et même le pays) qui me rappelait de si tristes souvenirs.

Le chalet a été vendu à un docteur en l'étude de Me Chéron, notaire à Trouville.

Pour mes amis et connaissances, je viens vous prier d'insérer cette lettre dans votre journal, car de toutes ces petites infamies, il ne faut pas qu'il reste le moindre soupçon.

Avec mes remerciements, agréez mes salutations empressées.

C. BODSON.

n'y passait la nuit. Il y venait parfois et repartait après. Dans cette même villa, il se rencontrait avec un individu qui s'appelait Dr Lannemer ou d'un nom à peu près comme cela, qui est probablement le même que le Lannemer dont a parlé M. le général Mercier dans sa déposition au sujet de la lettre, où il est dit : « Si Lannemer vient, donnez-lui la même somme. »

Il y a encore un autre point. J'ai vu à Paris une personne, la mère d'un jeune homme et un ami intime de la famille de ce jeune homme ; ils m'ont déclaré qu'en 1894, un monsieur ayant tournure d'officier avait pris ce jeune homme, l'avait amené dans une maison dont je pourrais donner l'adresse exacte, et lui faisait copier dans cette maison des documents que le jeune homme ne connaissait pas, mais où il y avait des plans et des dessins. Puis à un moment donné, la mère, voyant que le jeune homme avait de l'argent, s'en inquiéta et crut qu'il mentait ; elle suivit le jeune homme, le vit entrer et ensuite l'a vu ressortir. Quelque temps après, visage de bois, puis on parle de l'arrestation de Dreyfus, tous les journaux illustrés donnent des portraits de Dreyfus et le jeune homme dit : « Mais c'est lui qui m'a fait faire des copies, » en montrant le portrait, et l'expression dont s'est servie la mère et l'autre personne, l'autre témoin, est celle-ci : « Cela a été le cri du cœur. » C'est à moi, messieurs, que cela a été dit, je me suis empressé d'aller dans la maison, j'ai demandé à parler au concierge ; c'était un nouveau concierge, il ne savait pas ce que je voulais dire ; l'ancien concierge était parti depuis deux ans.

J'ai demandé à un ancien locataire. Il m'a dit que le locataire qui avait cette chambre, on l'appelait M. Alfred. Il m'a dit : « Je crois bien que ce n'est pas la première fois que j'entends parler de M. Alfred dans cette maison. » J'ai encore bien des choses à vous faire connaître, mais des choses de seconde main.

Je suis prêt à vous indiquer les témoins qui sont prêts à venir vous dévoiler qu'un juif de Constantinople a eu à payer 80,000 francs pour la propagande dreyfusiste, c'est un officier qui pourrait venir témoigner ici.

Je suis prêt également à vous donner le nom d'un négociant qui, j'en suis presque sûr, pourra donner des traces sérieuses de dépense ; là encore, on m'a assuré que la personne qu'on appelait M. Alfred faisait de grosses dépenses ; il m'a d'abord causé un peu, puis s'est retiré, disant qu'il ne veut pas perdre sa clientèle en dévoilant les dépenses de ses clients ; mais je suis prêt à vous donner son adresse et son nom, si vous le désirez.

Le Président. — Monsieur le commissaire du Gouvernement, avez-vous des questions à poser?

Le Commissaire du Gouvernement. — Aucune.

Me Demange. — Le témoin vient de faire des propositions au Conseil, le Conseil appréciera. Nous voilà en face d'une série de racontars que nous avons déjà vus sous la plume de M. Quesnay de Beaurepaire.

Le colonel Fleur. — Je proteste contre le mot de racontars. Je proteste vertement contre ce mot-là. Je ne suis pas homme à faire des racontars, qu'on le sache bien ici! D'ailleurs ces messieurs le savent bien.

Me Labori. — Pour ma part, de même que Me Demange, si le conseil attachait la moindre importance aux propos que rapporte le colonel Fleur, je le supplie avec insistance d'obtenir le nom des témoins et de les faire citer.

Le colonel Fleur. — Pour ce qui est du propos tenu par le colonel Cordier, il va venir tout à l'heure, on l'entendra. Pour ce qu'on m'a dit au chemin de fer, sur mon âme et conscience, je le certifie, que cela m'a été dit à moi au mois de novembre 1894.

Pour ce que m'ont dit la mère du jeune homme et son ami, ils me l'ont dit à moi-même, ce n'est pas moi qui ai inventé cela. On n'a pas le droit de dire que j'invente la moindre des choses. Ce n'est pas un racontar.

Me Demange. — Voulez-vous demander au témoin pourquoi, devant la Cour de cassation où il a été entendu, il n'a pas signalé ces différents faits qu'il rapporte aujourd'hui devant le conseil de guerre?

Le colonel Fleur. — Monsieur le Président, voulez-vous demander de quels faits il s'agit?

Me Demange. — Il s'agit notamment du premier, de la conversation en chemin de fer.

Le Président. — Vous avez été interrogé non pas par la Chambre criminelle elle-même, mais par commission rogatoire.

Le colonel Feur. — Oui, monsieur le Président. Oh! la réponse est bien simple, extrêmement simple et très limpide. La première raison pour laquelle je n'ai pas fait connaître ces faits est celle-ci : j'avais su que le colonel Cordier avait dit absolument le contraire de ce que j'ai dit; alors mon but était absolument de démolir ce qu'avait dit le colonel Cordier. Ensuite je n'aurais jamais cru, en mon âme et conscience, que la Cour de cassation aurait été jusqu'à la revision. Je jugeais donc inutile d'émettre ce fait en plus.

Ma seule intention était de lutter contre les dires du colonel

Cordier, dires contre lesquels tout le monde s'élèvera ici, car ce n'est pas à moi seul qu'il l'a dit, il y en a bien d'autres.

LE PRÉSIDENT. — C'est bien de l'accusé ici présent que vous avez entendu parler?

LE COLONEL FLEUR. — Oui, monsieur le Président.

LE PRÉSIDENT. — Accusé, levez-vous. Avez-vous des observations à présenter?

LE CAPITAINE DREYFUS. — Mon colonel, comme je l'ai dit tout à l'heure, je ne réponds qu'aux faits, et je ne réponds pas aux mensonges. Seulement si vous attachez la moindre importance, mon colonel, aux prétendus faits qui viennent de vous être révélés, je vous demande instamment, mon colonel, je vous demande de tout mon cœur, mon colonel, — je suis convaincu que le conseil m'écoutera — l'enquête la plus complète, la plus éclatante qu'on puisse faire! Voilà tout ce que je demande à vous, mon colonel, président du conseil, et aux membres du conseil.

Me LABORI. — J'aurai peut-être une autre question à poser au témoin. Quand on lui a parlé de la publication du portrait du capitaine, de quel portrait s'agissait-il? A quelle date a-t-il été publié?

LE COLONEL FLEUR. — Je répète ce que j'ai dit : quand la nouvelle de l'arrestation a été rendue publique, tous les journaux illustrés ont publié, je le crois, j'en suis même sûr, sans pouvoir faire l'énumération des journaux, le portrait de l'accusé, et le jeune homme a dit à sa mère et à d'autres personnes : « Voilà celui qui m'a fait copier des pièces. » Et ces personnes m'ont dit à moi-même : « Cela a été un cri du cœur. »

Me LABORI. — Monsieur le Président, si je ne me trompe, et la chose est facile à vérifier, tous les portraits publiés en 1894 ont été des portraits fantaisistes. Le premier portrait exact, le portrait-photographié, a été publié en 1898. Voilà un petit détail qui montre à quel point il serait nécessaire pour le Conseil, s'il attache la moindre importance à ce fait qui, pour moi, n'en a pas, que les témoins eux-mêmes soient entendus.

LE PRÉSIDENT. — Faites entrer le colonel Cordier.

CINQUANTE-TROISIÈME TÉMOIN

LE LIEUTENANT-COLONEL CORDIER

M. Cordier, Albert-Marie, 55 ans et quatre jours, lieutenant-colonel en retraite, prête serment.

Le Président. — Connaissiez-vous l'accusé avant les faits qui lui sont reprochés?

Le lieutenant-colonel Cordier. — J'ai connu l'accusé, que je vois aujourd'hui pour la quatrième fois.

Le Président. — L'avez-vous connu avant 1894?

Le lieutenant-colonel Cordier. — Non, mon colonel.

Le Président. — Vous n'êtes ni son parent ni son allié? Vous n'êtes pas à son service ni lui au vôtre?

Le lieutenant-colonel Cordier. — Non, mon colonel.

Le Président. — Vous étiez employé au 3e bureau, au service des renseignements, en 1894, lorsque est née l'affaire Dreyfus. Veuillez nous faire connaître ce que vous en savez.

Le lieutenant-colonel Cordier. — Avant de parler sur cette question, je désirerais faire une observation : c'est que je ne suis pas délié du secret professionnel. On a délié du secret professionel beaucoup d'officiers qu'il était peut-être inutile d'en délier, vu qu'ils n'avaient pas à parler de choses secrètes. Moi, qui ai été pendant huit ans et demi au service des renseignements, je ne suis pas délié du secret professionel. Je tiens d'autant plus à signaler ce fait que déjà une première fois, lorsque j'ai eu l'honneur de déposer devant la Chambre criminelle, j'ai cru que des ordres étaient venus et que j'étais délié du secret. Je ne l'étais pas; j'ai été obligé d'interrompre ma déposition, et cela a été interprété d'une façon extrêmement désagréable pour moi.

Le Président. — Vous n'avez fait aucune démarche pour être délié du secret professionnel?

Le lieutenant-colonel Cordier. — Je suis cité par M. le commissaire du Gouvernement : je n'ai pas de démarches à faire. Mais il y a beaucoup d'autres choses qui pour moi ne sont pas couvertes par le secret professionnel, et que je puis dire.

Le Président. — Dites tout ce que vous croirez pouvoir dire, tout en respectant le secret professionnel.

Le lieutenant-colonel Cordier. — Bien entendu, mon colonel; ma déposition proprement dite sera complétée en dehors de cela, et je pourrai revenir sur les autres faits si M. le ministre juge utile de me délier du secret professionnel.

C'est dans ces conditions que je dépose, c'est-à-dire que je dépose sur un certain nombre de faits...

Le Président. — Vous déposez sur les faits qui ne sont pas couverts par le secret professionnel en ce qui vous concerne.

Le lieutenant-colonel Cordier. — ... et qui sont tellement connus que le secret professionnel est pour ainsi dire levé pour eux.

Je commencerai, mon colonel, si vous me le permettez, par faire une petite observation qui m'amènera précisément tout de suite en plein dans mon sujet.

Lorsque j'ai reçu ma citation, elle était ainsi libellée, « M. Cordier, lieutenant-colonel en non activité. » *Un point, c'est tout*. J'ai dit au brigadier qui m'a apporté cette citation que je serais très honoré de venir déposer devant le Conseil de guerre de la 10e région, que je connaissais du reste, attendu qu'il y a trois ans j'ai eu l'honneur de le présider. Mais qu'il y avait à cet égard une chose que je ne pouvais pas accepter ; j'étais considéré comme un officier encore en activité, puisque la non-activité est une variété de l'activité, mais ce n'était qu'un point administratif, c'était une question de forme pour ainsi dire. Mais il y avait là une chose très grave, j'étais indiqué comme en non-activité tout court. Or, après toutes les imputations calomnieuses dont j'ai été l'objet de la part d'un magistrat, sachant parfaitement que les faits n'étaient pas vrais, et notamment celui de ma mise en réforme, j'ai prié de régulariser les choses.

Je tiens à dire que je n'attaque en rien M. le Commissaire du Gouvernement, qui est en dehors de l'affaire.

Le Commissaire du Gouvernement. — C'est une simple erreur d'écriture.

Le Président. — Dans la déposition devant la Cour de cassation, vous êtes indiqué comme en non-activité pour infirmités temporaires.

Le lieutenant-colonel Cordier. — Mais en parlant d'un magistrat, je ne faisais pas allusion à un magistrat de la Chambre criminelle de la Cour de cassation, je voulais parler de l'enquête Mazeau qui a amené la loi de dessaisissement. C'est à ces magistrats que je fais allusion en ce moment.

Voici pourquoi j'ai été ému de cette chose qui dans un autre cas n'aurait pas attiré mon attention, c'est que dans le numéro du *Journal Officiel* du 10 octobre 1896, — je vous prie de retenir cette date, — j'ai été désigné, lorsqu'on a nommé mon successeur, comme lieutenant-colonel mis en non-activité, *un point c'est tout*. (*Rires.*) Or, quand on désigne à *l'Officiel* un officier en non-activité tout court, cela veut dire un officier qui est mis en retrait d'emploi. Or, je n'ai jamais été mis en retrait d'emploi, j'ai été mis en non-activité pour infirmités temporaires ; la plupart de ces messieurs qui sont ici m'ont connu et savent parfaitement que cela est vrai, puisqu'ils savent que j'ai été lieutenant-colonel au 41me d'infanterie à Rennes.

Mais l'importance de cette chose, vous allez la voir : vous vous rappelez la publication à l'*Officiel* le 10 octobre 1896. C'est précisément à l'époque où d'après toutes les dépositions que vous avez lues, M. le ministre de la Guerre de l'époque avait un sommeil agité.

Je n'incrimine pas du tout M. le ministre de la Guerre, je ne l'attaque pas le moins du monde.

Nous sommes à cette époque, quelques jours avant la fabrication du faux qui est devenu célèbre sous le nom de faux Vercingétorix, de faux de l'attaché militaire auvergnat, ou de faux Henry qui est son nom véritable. Il ne s'agit pas de se tromper sur ce point et quand il en sera question à propos de la déposition du général Roget, il faudra s'entendre sur les mots; ce général a prétendu que je me suis trompé sur une pièce, nous verrons cela.

Le faux Henry, dis-je, a, d'après les témoignages antérieurs, a été présenté à M. le général Gonse par le commandant Henry passant sur la tête de son chef le colonel Picquart vers la fin du mois d'octobre, je ne puis dire le jour exact, je ne le sais pas.

Or il est bien évident pour tout le monde maintenant que si ce faux n'avait pas été présenté à ce moment-là, on aurait certainement continué les investigations, on aurait certainement trouvé le vrai coupable, on aurait fait la chose tranquillement, posément, on aurait fait la revision sans bruit, sans tapage, et, messieurs, vous ne seriez pas réunis ici aujourd'hui, et il y a longtemps que tout serait terminé.

Je tenais à vous dire une autre chose en passant. Quand j'ai vu à l'*Officiel* l'inscription fausse qui était faite à mon sujet, j'ai fait une réclamation au chef du cabinet du ministre qui était à ce moment chargé de ces questions-là, c'est-à-dire M. le général de Torcy qui m'adressa au général Millet; ce dernier s'est aussitôt occupé de l'affaire.

On rectifia trois jours après au *Journal Officiel*, mais on ne lit jamais les rectifications. J'ai reçu beaucoup de lettres de camarades qui me croyaient mis en non-activité de la façon qui était indiquée.

LE PRÉSIDENT. — Je vous prie d'entrer plus directement dans le sujet.

LE LIEUTENANT-COLONEL CORDIER. — Monsieur le président, nous allons y entrer en plein en moins de cinq minutes ! (*Rires.*)

Je voulais dire je ne mets pas en cause le général de Torcy ni le général Milet, mais j'avais oublié d'ajouter qu'il est très fâcheux qu'une enquête sérieuse n'ait pas été faite à ce moment-là à la direction de l'infanterie pour savoir dans quelles conditions on s'était livré à cette manœuvre contre moi.

LE PRÉSIDENT. — Voulez-vous dire comment le bordereau est arrivé au ministère de la Guerre?

LE LIEUTENANT-COLONEL CORDIER. — C'est que je ne suis pas délié du secret professionnel. Si l'on veut me délier; j'y tiens essentiellement.

Me LABORI. — Dans ces conditions alors tous les officiers n'auraient pas qualité pour venir déposer.

LE GÉNÉRAL CHAMOIN, *de sa place, au Président.* — Je n'ai pas qualité pour délier M. Cordier du secret professionnel, mais je puis le demander au ministre de la Guerre.

Me DEMANGE. — M. le colonel Cordier a déposé devant la Cour de cassation, sa déposition est imprimée; du moment qu'il a été délié à la Cour de cassation, il est délié aussi pour le Conseil de guerre.

LE LIEUTENANT-COLONEL CORDIER. — Monsieur le président, je vais abréger considérablement. Je veux démontrer que cinq ministres de la Guerre successifs peuvent être trompés, et nous entrons ainsi dans l'affaire Dreyfus, ce qui nous amène précisément à parler du général Roget. M. le général Roget a bien voulu dire devant la Cour de cassation qu'il était mon camarade de promotion; cependant je veux vous demander une chose qui, je pense, peut se faire, c'est de lire la partie de la déposition du général Roget qui me concerne, et qui est faite... j'allais dire un vilain mot... (*Rires.*) qui est faite avec la plus grande légèreté.

LE PRÉSIDENT. — Je crois qu'il sera utile que nous demandions au ministre de la Guerre de vous délier du secret professionnel et nous vous entendrons demain ou après demain. Nous suspendrons votre déposition d'ici là. M. le général Chamoin voudra bien demander par dépêche au ministre de vous délier du secret professionnel.

LE LIEUTENANT-COLONEL CORDIER. — Si vous me le permettez, et si la déposition de M. le colonel Fleur que je ne connais pas naturellement ressemble à celle qu'il a faite à la Cour de cassation, si c'est la même ou à peu près, je demande à y répondre de suite de façon à vider cette question-là.

LE PRÉSIDENT. — Il vaudrait peut-être mieux que vous fassiez toute votre déposition en même temps, étant délié du secret professionnel.

LE LIEUTENANT-COLONEL CORDIER. — Je puis faire cette déposition-là sans être délié du secret professionnel; cela déblaiera le terrain.

LE PRÉSIDENT. — Nous vous rappellerons.

LE LIEUTENANT-COLONEL CORDIER. — Je tiens à ajouter ceci : si on a à me poser quelques questions, cela peut se faire dans des confrontations ou je ne sais quoi, il y a bien des choses pour lesquelles je ne me crois pas lié par le secret professionnel.

LE PRÉSIDENT. — Nous vous rappellerons.

LE LIEUTENANT-COLONEL CORDIER. — Parfaitement.

LE PRÉSIDENT. — Je vous remercie.

Faites entrer le témoin suivant, M. Gallichet.

L'HUISSIER. — M. Gallichet est absent.

LE PRÉSIDENT. — Il n'est pas parmi les témoins qui étaient absents au premier moment?

LE COMMISSAIRE DU GOUVERNEMENT. — Non, mon colonel.

LE PRÉSIDENT. — Eh bien, nous l'entendrons ultérieurement; introduisez M. de Grandmaison.

CINQUANTE-QUATRIÈME TÉMOIN.

M. DE GRANDMAISON, DÉPUTÉ

M. de Grandmaison, Georges-Charles-Alfred-Marie, 34 ans.

LE PRÉSIDENT. — Quelle est votre profession?

M. DE GRANDMAISON. — Député de Maine-et-Loire, je ne sais pas si c'est une profession. (*Rires.*)

LE PRÉSIDENT. — Connaissez-vous l'accusé avant les faits qui lui sont reprochés ?

M. DE GRANDMAISON. — Non, je ne connais pas l'accusé, et j'ajoute que je ne suis pas antisémite.

LE PRÉSIDENT. — Voulez-vous nous dire ce que vous savez et dont vous avez déposé devant la Chambre criminelle de la Cour de cassation en vertu d'une commission rogatoire?

M. DE GRANDMAISON. — Ma déposition à la Chambre criminelle a porté sur quatre points; il y en a deux que je ne retiendrai pas ici parce qu'il n'y a pas lieu de le faire : c'est ce qui concerne les relations qui ont existé entre les hauts financiers israélites et la presse; je trouve que je n'ai pas lieu d'en parler ici aujourd'hui attendu qu'il s'agit de savoir seulement si le capitaine Dreyfus est coupable ou non; de même en ce qui concerne le commandant Esterhazy, il a tellement nié et affirmé de choses que je n'en parlerai pas, bien que j'aie entendu raconter par certains de mes collègues antisémites qu'il avait dit à la *Libre Parole* être l'auteur du bordereau, c'est-à-dire que le bordereau était de son écriture. Maintenant, je ne me rappelle plus exactement les noms de ceux qui m'ont rapporté le fait, par conséquent je ne le retiens que jusqu'à un certain point, je laisse le Conseil juge de le retenir ou de ne pas le retenir.

Mais le principal objet de ma déposition est celui-ci : en octobre ou novembre 1897, je me trouvais dans la rue Saint-Honoré ; je rencontrai alors un de mes bons amis, un Anglais qui s'occupe beaucoup de lettres, qui est très lié non seulement avec les intellectuels de France et d'Angleterre, mais encore avec ceux de beaucoup d'autres pays, c'est M. Carlos Blacker. Je ne l'aurais pas mis en cause si je n'avais pas cru nécessaire, dans la situation où tout le monde se trouve aujourd'hui, d'apporter moi aussi ma parcelle de vérité. Il me dit : « Je suis très heureux de vous rencontrer, j'ai quelque chose de très grave à vous dire. » Il me prit par le bras, et nous conversâmes cheminant pas à pas, et nous arrêtant pour ainsi dire à chaque pas aussi. Il me dit alors qu'il était sûr de l'innocence de Dreyfus. Je lui dis : « Comment le savez-vous ? » Il me dit : « J'en suis certain, j'ai vu une lettre du colonel de Schwartzkoppen à un général qui je crois s'appelle Braunschveigg — je ne suis pas sûr du nom — qui habite Fribourg en Brisgau où une de mes sœurs a son domicile ; dans cette lettre, M. de Schwartzkoppen dit que depuis la condamnation de Dreyfus il ne dort pas parce qu'il voudrait pouvoir proclamer son innocence bien haut. » Alors je lui dis : « Mais il faut encore ajouter peu de créance aux dires du colonel de Schwartzkoppen parce que lui et certains attachés militaires étrangers ont mille et une raisons de se disculper auprès de leur gouvernement respectif d'avoir été pris en défaut. » Il me dit que j'étais un homme de parti pris. Je lui répondis : « Jusqu'ici je considère que Dreyfus a été justement et légalement condamné, mais je n'ai aucune raison, ni par sentiment politique ni par sentiment religieux, de vouloir qu'on maintienne un innocent au bagne. Il me dit : « Il y a d'autres personnes qui sont convaincues de l'innocence de Dreyfus, M. Max Nordau et d'autres encore. » Je lui dis que le jour où on nous prouverait l'innocence de Dreyfus, moi et beaucoup d'autres serions tous prêts à nous incliner devant la réalité des faits, mais qu'en attendant nous considérions que ce qui avait été fait au Conseil de guerre de 1894 avait été bien fait.

Il me dit qu'il existait au grand État-major allemand ou au ministère de la Guerre allemand environ deux cents pièces prouvant non pas l'innocence de Dreyfus, — il ne l'a pas dit — non pas la culpabilité d'Esterhazy — dont il n'a pas prononcé le nom — mais prouvant qu'il y avait d'autres officiers qui étaient coupables du crime de trahison. A cela, je lui répondis qu'il y avait des brebis galeuses partout et que sur 40,000 officiers de l'armée française, il pourrait bien y en avoir qui oublient leurs devoirs envers la Patrie et qui aient pu livrer à l'ennemi les documents dont ils étaient détenteurs.

Il me dit alors : « Nous cherchions un homme politique à qui nous confierions la photographie de ces pièces. » Je lui répondis : « C'est très bien, mais qui est-ce qui me garantira l'authenticité de ces pièces? » Il me dit alors : « L'empereur d'Allemagne ne veut pas intervenir personnellement. » Je lui ai répliqué : « Comment voulez-vous que l'opinion publique puisse prendre au sérieux des pièces qui n'ont aucun caractère d'authenticité ? »

Il se fâcha alors et il me répéta que j'étais un homme de parti pris.

Je ne l'ai pas revu depuis. Mais j'ai su par des personnes absolument dignes de foi que le colonel Panizzardi était son commensal habituel. Depuis, j'ai lu à plusieurs reprises dans les journaux qu'on parlait de la publication à l'étranger de documents provenant du grand État-major allemand. Or, ils n'ont jamais paru. Ces jours-ci, je lisais un article de M. Reinach disant qu'il serait facile de se procurer les pièces du bordereau à l'étranger. Jusqu'ici elles n'ont pas encore paru.

Ce qui nous a toujours étonné dans cette affaire, c'est l'étrange attitude des ambassadeurs étrangers et des attachés militaires. En effet, tantôt ils déclarent soit par l'intermédiaire de leur ambassadeur, soit par la voix du ministre, qu'ils ne connaissent ni Dreyfus ni Esterhazy. Puis, ils viennent vous raconter, comme l'a dit M. Paléologue, qu'il y a deux cents pièces au grand État-major allemand. On va même jusqu'à dire, comme M. Panizzardi, qu'ils détiennent les pièces du bordereau.

Depuis ce moment, je me suis souvent demandé — et c'est pour cela que j'ai demandé à déposer devant la Cour de cassation — si vraiment dans tout cela il n'y avait pas pas eu de la bonne foi chez certaines personnes, mais aussi beaucoup de mauvaise foi de la part d'autres personnes qui avaient à se disculper vis-à-vis de leur gouvernement de certains faits et qui cherchaient à troubler l'opinion publique en employant tous les moyens à leur disposition.

Voilà par exemple M. Blacker, étranger, de relations très agréables, connaissant beaucoup de monde, que M. Panizzardi fréquentait très volontiers, voilà M. Blacker qui s'efforce de faire circuler dans la société parisienne [1] où il est reçu ce bruit que Dreyfus est innocent et qu'on possède des pièces, et puis ceci, et puis cela, et puis jamais rien du tout.

Messieurs, quand M. Blacker me parla dans cette conversation de l'affaire Dreyfus, je ne pus réprimer un certain mouvement de violence, je lui dis : « Mais de quoi se mêlent les étrangers? on dirait vraiment que la France appartient au monde entier! Est-ce que nous nous sommes occupés de l'exécution abominable du major Panizza? est-ce que nous nous sommes occupés des fusillades de Milan? est-ce que nous nous sommes occupés des fusillades d'Amérique qui ont été dirigées contre les ouvriers en grève des chemins de fer? Est-ce que nous nous sommes occupés des atrocités de Monjuich? Nous avons considéré que chacun était maître chez soi. Eh bien! je me demande ce que les étrangers viennent faire dans des questions qui ne les regardent nullement, et cela sous prétexte d'humanité; qu'ils commencent par regarder chez eux, et ils regarderont chez nous après. »

1. Nous croyons devoir publier la lettre suivante insérée dans le *Figaro* du 26 août; cette rectification s'adresserait également à nous, car notre sténographie est, pour les passages rectifiés, conforme à celle du grand journal parisien :

« Montreuil-Bellay, le 25 août 1899.

« Monsieur le Rédacteur en chef,

« Je fais appel à votre loyauté pour vous prier de bien vouloir insérer ces quelques lignes dans votre plus prochain numéro. Elles ont pour but de rectifier des erreurs qui se sont glissées dans le compte rendu sténographique de ma déposition.

« 1° Numéro du jeudi 24, page 6, 5e colonne, ligne 112. Au lieu de : *Voilà M. Blacker qui s'efforce de faire circuler*....., il faut lire *qu'on emploie à faire circuler*... Cette rectification est conforme à ma déposition devant la Cour de cassation (tome I de l'enquête, page 736), dans laquelle je déclare que j'ai conclu que M. Blaker avait été dans cette affaire l'agent *loyal*, mais *inconscient*, de personnes intéressées à donner le change à l'opinion publique. Je ne pouvais m'exprimer autrement en parlant d'un vieil ami pour lequel je professe la plus grande estime;

« 2° Numéro du jeudi 24, 6e colonne, 11e ligne. Au lieu de : *dans le régiment dans lequel j'ai servi, on avait, par exemple, une tendance à prélever sur la maigre solde*... il faut lire : *Pendant mon passage dans l'armée, j'ai pu le constater, et j'ai vu des officiers prélever sur leur maigre solde quelques deniers pour pouvoir dire à des camarades qui*...

« Veuillez agréer, monsieur le Rédacteur, l'expression de mes sentiments distingués.

« G. de Grandmaison,
« député de Saumur.

« Je reçois à l'instant le *Figaro* du 25, page 4, 1re colonne, il faut lire :

« Je demande qu'on fasse appeler à la barre un témoin de Lucenay-Lévêque (Saône-et-Loire), au sujet de paroles adressées à la Statthalter d'Alsace-Lorraine à son ancien maître, lors du Comice agricole de Forbach en 1898.

« J'avais donné son nom à M. le Président. »

Devant la Cour de cassation, j'ai ajouté quelques mots au sujet de l'antisémitisme dans l'armée, et, bien que cela ne touche que de très loin à la question, je vous demande la permission de rappeler ce que j'ai dit. J'ai dit que l'antisémitisme dans l'armée jusqu'ici n'existe pas, et je maintiens le fait. J'ai eu des camarades israélites avec lesquels j'étais dans les meilleurs termes ; j'ai fait il y a deux mois un stage dans un régiment de cuirassiers, et j'y ai vu un israélite dans les meilleurs termes avec ses camarades.

Il se peut que le juif, en général, n'y soit pas aimé, mais ce n'est pas le camarade israélite, c'est le juif en général. Pourquoi ? Mon Dieu ! parce qu'il arrive très souvent que des officiers se trouvent dans des situations difficiles, et que, pour en sortir, ils sont obligés de s'adresser à des usuriers qui, presque toujours, appartiennent à la religion israélite, d'où l'habitude de dire : « C'est un juif par-là. » Mais quant à dire qu'un officier de l'armée française a pu être condamné parce qu'il était juif, j'en fais au besoin appel à l'accusé lui-même, c'est absolument impossible et invraisemblable.

S'il y a quelque chose à reprocher à notre corps d'officiers, dont j'ai eu l'honneur de faire partie, c'est peut-être un excès de solidarité. On a plutôt une tendance à cacher certaines choses ; dans le régiment dans lequel j'ai servi on avait, par exemple, une tendance à prélever sur la maigre solde que nous recevions quelques sous, pour dire à un camarade qui avait commis une mauvaise action : « Va-t'en, qu'on n'entende plus parler de toi et qu'on ne fasse pas de scandale... » Car alors ce scandale aurait rejailli sur l'ensemble de l'armée.

Voilà les termes de la déposition que j'ai eu l'honneur de faire devant la Cour de cassation.

J'ai l'honneur de représenter un arrondissement français, j'ai derrière moi un grand nombre d'électeurs, ils sont tous comme moi animés d'un seul désir, celui de voir proclamer la vérité. Si vous croyez que l'accusé est innocent, n'hésitez pas, acquittez-le ; si vous croyez au contraire qu'il est coupable, n'hésitez pas non plus, condamnez-le ; mais faites bien, faites vite, et faites surtout clairement. C'est ce que le pays vous demande.

Le Président. — Monsieur le Commissaire du Gouvernement, avez-vous des questions à poser au témoin ?

Le Commissaire du Gouvernement. — Non, monsieur le Président.

Le Président. — La défense ?

Me Demange. — Une seule, quant à moi.

M. de Grandmaison a dit qu'il avait demandé à être entendu par la Cour de cassation. C'est pour cela que M. le Commissaire du Gouvernement l'a fait appeler devant vous. Je vous prie de vouloir bien lui poser une question. M. de Grandmaison estime-t-il que la déposition qu'il a apporté devant le Conseil de guerre ait fait faire un pas à la vérité que recherche le Conseil ?

Le Président. — Je fais remarquer que cette question n'a pas trait du tout à l'affaire. Cependant si monsieur veut répondre.

Me Demange. — Je n'insiste pas, monsieur le Président. Je ne veux pas me permettre de critiquer l'accusation; mais si la défense amenait des témoins qui viendraient entretenir le Conseil de leur opinion personnelle et de leurs électeurs, on nous jugerait bien sévèrement.

M. de Grandmaison. — Si j'ai demandé à être entendu, c'est simplement pour montrer qu'étant donnés les moyens employés par ceux qui veulent la réhabilitation de Dreyfus, il faut qu'ils se sentent les défenseurs d'une bien mauvaise cause pour employer de tels moyens !

Me Labori. — M. de Grandmaison dit qu'il est frappé de contradictions qui existent dans les déclarations étrangères; voudrait-il préciser ?

Le Président. — Voulez-vous préciser quelques-unes des contradictions ?

M. de Grandmaison. — M. de Bülow a dit au Reichstag qu'il ne connaissait ni Dreyfus ni Esterhazy.

Me Labori, *vivement.* — Il n'a pas dit cela. Je prie monsieur le Président de faire donner lecture de la déclaration de M. de Bülow.

Le Président. — Si vous n'aviez pas interrompu le témoin, il allait vous la lire.

Me Labori. — Qu'il lise le texte authentique !

M. de Grandmaison. — Je ne l'ai pas ici ; mais j'ai le texte de la déposition de M. Paléologue.

Me Labori. — Quelle déposition ?

M. de Grandmaison. — Sa dernière déposition ici.

Me Labori. — Allons aux sources ! Il ne s'agit pas de savoir ce que dit M. Paléologue, mais les documents qu'il apporte. Je prie M. de Grandmaison de préciser la déclaration de M. de Bülow.

M. de Bülow a dit en substance qu'aucun agent allemand n'avait eu directement ni indirectement de relations avec Dreyfus, et il a ajouté : « En ce qui me concerne, je ne connais les noms d'Esterhazy et de Picquart que depuis quelques jours. » Est-ce que M. de

Grandmaison ne voit pas de différence dans la façon dont M. de Bülow s'exprime sur Dreyfus et sur Esterhazy?

M. de Grandmaison. — Je vois encore, quelques lignes plus loin, dans cette deposition de M. Paléologue, une contradiction formelle.

Me Labori. — Il faudrait préciser.

Le Président. — Je clos l'incident.

Me Labori. — Je vais aborder alors un autre ordre d'idées.

Le Président. — N'oublions pas que nous avons à juger la question Dreyfus et pas autre chose.

Me Labori. — Je crois que nous sommes précisément dans l'affaire. Je voulais vous prier de me permettre de poser une question sur le même point à M. le général Roget qui me paraît avoir commis une erreur de même ordre. Je crois que nous avons le droit de poser toutes les questions et ce n'est pas après le discours de M. de Grandmaison que je n'en aurais plus l'autorisation.

Voulez-vous me permettre, monsieur le Président, de donner lecture à M. le général Roget d'un très court passage de sa déposition.

Le Président. — Qu'est-ce que le général Roget vient faire dans cette question?

Me Labori. — Il s'agit du même fait. M. le général Roget a parlé de contradictions qui existeraient entre les déclarations des personnages étrangers.

Le Président. — Je vous ai dit que vous pouviez poser des questions sur la déposition du témoin.

Me Labori. — Vous m'avez refusé de poser une question. Je vous prie d'inviter M. de Grandmaison à préciser une contradiction, et de me laisser m'expliquer avec lui là-dessus. Si vous voulez que nous continuions avec M. de Grandmaison, nous continuerons.

Le Président. — L'incident est clos.

Me Labori. — Soit, l'incident est clos.

Le Président. — M. le général Roget n'est pas en cause en ce moment-ci. Avez-vous des questions à poser au témoin?

Me Labori. — Oui, il y a la question que je viens d'avoir l'honneur de lui poser.

Le Président. — Eh bien, posez la question au témoin et non pas au général Roget.

Me Labori. — Je prie le témoin de préciser les contradictions qu'il aurait relevées entre les déclarations des personnages étrangers.

M. de Grandmaison. — Déposition de M. Paléologue du 25 janvier 1899 :

« A cette demande : « M. Paléologue sait-il si des documents secrets intéressant la défense nationale ont été envoyés en Allemagne par Esterhazy? » M. Paléologue répond : « Un personnage étranger dont je ne crois pas pouvoir révéler le nom ni garantir la loyauté, mais qui semble cependant en situation d'être bien renseigné, a affirmé naguère à un de mes collègues (lequel avait qualité pour recevoir cette confidence) qu'il existerait au ministère de la Guerre, à Berlin, environ 225 documents livrés par Esterhazy. »

Me Labori. — Bien! après? La contradiction?

M. de Grandmaison. — Le 9 janvier 1899, dans une déposition à la Cour de cassation, M. Paléologue dit : « Au 17 novembre 1897, l'ambassadeur d'Allemagne ayant été voir le ministre des Affaires étrangères, vint déclarer n'avoir jamais connu ni Dreyfus ni Esterhazy. »

Me Labori. — Eh bien! est-ce que l'ambassadeur d'Allemagne, par exemple, ne peut pas ne connaître ni Dreyfus ni Esterhazy, tandis qu'un bureau d'espionnage allemand peut connaître l'un des deux? Et M. de Grandmaison voit là une contradiction!

Et alors, monsieur le Président, quand vous aurez renvoyé le témoin, si vous estimez devoir revenir sur sa déposition, je vous demanderai, soit maintenant, soit plus tard, d'appeler M. le général Roget à s'expliquer sur un passage de sa déposition à peu près identique; car lui aussi a parlé de contradictions entre les déclarations des personnages étrangers.

Le Président. — M. le général Roget n'est pas en cause en ce moment-ci. Avez-vous des questions à poser à M. de Grandmaison?

Me Labori. — M. de Grandmaison, je crois, a reçu de moi la réponse que comportait son observation. A-t-il d'autres contradictions à citer?

Le Président. — Avez-vous d'autres contradictions à citer?

M. de Grandmaison. — Oui. Par exemple, le général de Galliffet devant la Cour de cassation a rapporté le propos du général Talbot. Or, vous vous rappelez que le général Talbot a envoyé un démenti par télégraphe.

Me Labori. — Ce n'est pas exact et je demande qu'on donne lecture de la déposition de M. de Galliffet, de la lettre Talbot.

Le Président. — L'incident est terminé. Nous ne pouvons pas allonger ainsi les débats. (*Au témoin.*) Avez-vous terminé votre déposition?

M. de Grandmaison. — Oui, monsieur le Président.

Le Président. — C'est bien de l'accusé présent que vous avez entendu parler.

M. de Grandmaison. — Oui, monsieur le Président.

Le Président. — Accusé, avez-vous quelque chose à dire?

Le capitaine Dreyfus. — Je n'ai rien à dire.

M. de Grandmaison. — Je voudrais vous demander, monsieur le Président, si je pourrais me retirer définitivement.

Le Président. — Vous pouvez vous retirer dans les conditions ordinaires.

Me Labori. — J'ai voulu demander tout à l'heure au général Roget...

Le Président. — Je désire continuer l'audition des témoins.

Le général Roget. — Mais moi-même je demande, monsieur le Président...

Le Président. — Non, mon général. J'étais tout disposé à vous donner toute facilité, maître Labori, si cela ne prenait pas de proportions si considérables, et si vous y mettiez plus de calme.

Me Labori. — J'y mets énormément de calme, je demande la parole pour interroger le général Roget.

Le Président. — Je ne vous l'accorderai pas en ce moment. Nous allons continuer l'audition des témoins et vous n'avez plus la parole.

Faites entrer M. Savignaud.

Le commissaire du Gouvernement. — Je reçois une demande de M. Mertian de Muller pour être entendu.

Le Président. — Il demande à être entendu maintenant, eh bien ! faites-le entrer.

(*On fait entrer le témoin.*)

CINQUANTE-CINQUIÈME TÉMOIN

M. MERTIAN DE MULLER

Le Président. — Levez la main et jurez de dire la vérité, toute la vérité. (*Le témoin refuse de prêter serment n'ayant pas été convoqué dans les délais.*)

Le Président. — Quels sont vos nom, prénoms, profession et votre âge ?

M. Mertian de Muller. — Lucien Mertian de Muller, 45 ans, avocat à Lille.

Le Président. — Vous avez demandé à être entendu.

M. Mertian de Muller. — Je n'ai rien demandé.

Le Président. — Veuillez nous faire connaître ce que vous savez.

M. Mertian de Muller. — Le 5 novembre 1894, j'ai visité le château de Potsdam. Je précise la date parce que j'en suis absolument certain. En effet j'ai retrouvé chez moi l'album de photographies que j'ai acheté à Potsdam le seul et unique jour où j'y ai été, j'ai trouvé la mention du 5 novembre 1894 en tête de cet album comme j'ai l'habitude de le faire toujours. J'ai maintenant la certitude que c'est le 5 novembre que j'ai visité le château de Potsdam.

Je passe, messieurs, sur la visite des différents appartements pour arriver tout de suite au moment où le guide nous dit en mettant la main sur la serrure d'une porte : « Nous entrons maintenant dans la chambre à coucher de l'empereur d'Allemagne. » J'étais avec un ami beaucoup plus jeune que moi ; l'ordre dans lequel nous entrions dans l'appartement peut avoir une certaine importance, et j'appelle l'attention du Conseil sur ce point. J'entrai le premier, mon jeune ami le second et le guide, en fermant la porte, entrait le troisième. J'étais le premier et je suis allé au fond de la chambre. J'ai vu là le lit de l'empereur et je suis resté à la tête du lit. Mon ami est resté au pied du lit et le guide est venu nous rejoindre et s'est placé pour nous donner une explication entre nous deux au milieu. Ceci a une certaine importance au point de vue de la sortie de la chambre. Le guide nous fit d'abord admirer la simplicité de l'empereur : il a un simple lit de fer, une armoire à glace très ordinaire, un guéridon, une table de travail, bref, c'est excessivement simple. Après nous avoir montré cela il nous dit : « Regardez et voyez le tableau de Napoléon Ier. » En effet il y a un portrait de Napoléon Ier en buste et le guide nous dit : « Tous les matins quand l'empereur se réveille, il regarde le tableau et se dit à lui-même : « Voilà celui qu'il faut imiter et qu'il faut vaincre. » Je dis au guide : « Ce n'est pas très aimable pour les Français. » Il me répondit : « Que voulez-vous, je n'ai qu'un boniment pour tout le monde. Je répète à tout le monde la même chose et vous êtes le premier Français qui ayez visité Potsdam complètement depuis 1870. » La visite de la chambre était terminée ; nous retournions sur nous-mêmes ; mon jeune ami va vis-à-vis de la fenêtre qui donnait sur la cour d'honneur. Le guide reste à côté de moi et moi, en me tournant sur moi-même, je me trouve à côté du guéridon qui servait de table de travail à l'empereur. Il y a avait là de quoi écrire, puis un annuaire, un livre relié en rouge. Le guide me dit

« Regardez comme l'empereur connaît les officiers, ce livre est l'annuaire militaire et il est rempli de notes. » En effet, sans l'ouvrir je l'ai feuilleté et j'ai vu des notes au crayon. De l'autre côté de ce livre, un journal, la *Libre Parole*, déployé de façon à bien laisser voir le titre; en tête, un cachet bleu. Je n'ai pas regardé, je ne sais pas ce que c'était que ce cachet. A côté, une mention au crayon bleu ainsi conçue : « Der Kap. Dreyfus ist », puis un mot que je ne peux pas affirmer au Conseil être le mot : « Gefangen », mais un mot qui signifie : « pris ».

J'ai bien réfléchi pour m'en rappeler quel était ce mot; et j'ai procédé par élimination, voici comment : par exemple, supposant que ce soit *genommen;* je fais l'étude de ce mot et je vois que *genommen* s'applique à autre chose; on dira par exemple : *Eine Stadt genommen.*

Il y a aussi *gefast,* mais c'est un mot familier; je ne crois pas que dans l'espèce on s'en soit servi.

Il y a *arrêtirt,* très usité en Allemagne, qui ressemble à la traduction en français, mais précisément à cause de cela ce mot m'aurait frappé.

Je connaissais la signification du mot *gefangen;* mais mes souvenirs ne sont pas assez précis dans mon esprit pour que je puisse affirmer que ce soit ce mot-là; cependant il y a quatre-vingts probabilités sur cent que ce soit *gefangen.*

Il est certain en tout cas que dans mon esprit il est résulté de ce fait la conviction que Dreyfus était connu.

Remarquez que je ne connaissais pas du tout l'affaire Dreyfus; il y avait cinq jours que j'avais quitté la France et que je n'avais lu un journal français; la preuve, c'est que je me demandais s'il s'agissait d'un capitaine français ou d'un capitaine allemand, je me dis : c'est un journal français et Dreyfus est un nom très connu en Alsace.

Puis alors pour sortir du palais mon guide me dit : « Si vous voulez voir revenir l'empereur, il reviendra à cinq heures, nous allons le voir passer. »

Nous nous mîmes à courir pour tâcher de le voir : mais les gardes qui étaient là nous en empêchèrent et l'un d'eux dit même à l'autre : « Ce sera pour un autre jour, on approche aujourd'hui, nous le verrons demain. »

Et le soir j'ai vu les journaux qui donnaient le compte rendu de ce qui s'était passé en France.

C'est ainsi que j'appris l'arrestation du capitaine Dreyfus.

Le Président. — Vous connaissez très bien la langue allemande?

M. Mertian de Muller. — Pas très bien, monsieur le Président.

Le Président. — Vous la connaissez assez cependant pour avoir vu également la signification de la mention.

M. Mertian de Muller. — Je dois vous dire que la langue allemande est très riche, il y a bien dix mots pour un.

Le Président. — Vous la connaissez assez bien cependant pour ne pas avoir eu d'hésitations sur la signification du mot quel qu'il soit?

M. Mertian de Muller. — Oui, monsieur le Président, et le nom de Dreyfus m'est resté aussi parce que je connaissais le nom, ayant habité l'Alsace pendant quatre ou cinq ans, quoique j'étais bien jeune alors.

Le Président. — C'est tout ce que vous aviez à dire.

M. Mertian de Muller. — Voilà la première partie de ma déposition.

Quelques jours après je rentrais à Lille. Je racontai le fait à la bibliothèque des avocats; il passa absolument inaperçu parce qu'alors à ce moment personne ne doutait de la culpabilité de Dreyfus.

Quand la campagne commença, je le racontai de nouveau à la bibliothèque des avocats.

Comme on me demandait de préciser le mot que j'avais vu, et que je n'ai jamais pu préciser, parce que je répète au Conseil que je n'en ai pas la certitude; enfin, à la bibliothèque, tous ceux qui connaissaient l'allemand y allèrent de leur petite phrase: « Est-ce que ce n'est pas tel ou tel mot? » Entre alors un avocat lorrain. Je lui demande à brûle-pourpoint son avis, sans qu'il soit au courant de la conversation qui avait précédé et il me donna la traduction « est pris ».

Je dis cela au Conseil, parce que cet avocat m'a envoyé la copie d'une lettre qu'il a adressée sur laquelle on pourra voir que le fait est rigoureusement vrai et qu'il est raconté d'une manière exacte dans cette lettre; je n'ai rien à y dire. Seulement, l'appréciation de mon confrère est inexacte lorsqu'il dit: « Vous saviez tellement peu la phrase que vous avez lue que vous l'avez demandée à moi-même le lendemain. » C'est vrai, mais vous êtes entré au moment où j'ai fait cette discussion de la phrase au sujet de la traduction. Si je l'ai fait, c'était dans l'espoir de tomber sur le fameux mot qui m'échappait.

Ceci, messieurs, se passait en novembre 1897 et trois semaines après, vers la mi-décembre environ, je reçus la visite de deux messieurs très bien, d'une quarantaine d'années, l'un ayant le profil sémite très nettement accusé, l'autre beaucoup moins. Ils parlèrent de la pluie, du beau temps, du froid. Je laissai tomber la conversation, pensant qu'ils n'étaient pas venus pour cela, des beautés de la ville; le sujet fut vite épuisé.

Bref, ils arrivèrent à un autre sujet : « Nous avons passé, dirent-ils, devant l'immeuble d'un journal très bien installé. — Vous vous occupez de journaux ? — Nous venons pour cela. — Qu'est-ce qui vous amène, messieurs ? — C'est votre interview dans les journaux il y a quelque temps. Mais nous sommes persuadés que les journalistes ont mal traduit votre pensée ; vous êtes Alsacien, avocat, par conséquent, vous devez évidemment tenir à l'innocence de Dreyfus. — Je ne suis ni pour, ni contre ; j'ai raconté ce que j'avais à dire et je ne crois pas dans tous les cas que ce soit un argument qui doive écraser Dreyfus et qui soit par conséquent contre l'armée ou contre les Alsaciens. Pourquoi me dites-vous cela ? — C'est qu'à un moment donné, cela pourrait gêner.

Nous avons réuni toutes les preuves de l'innocence de Dreyfus, elles sont à Paris, nous avons des millions, nous en aurons, nous allons faire des recherches, nous allons travailler à la réhabilitation de celui qui a été condamné faussement. » J'ai dit : « Qu'est-ce que vous voulez de moi ? » — C'est bien simple, les journalistes vous font dire que vous avez vu : « Le capitaine Dreyfus est arrêté », nous allons arranger votre phrase, et mettre : « Un capitaine du nom de Dreyfus a été arrêté », nous nous chargeons de la phrase, autorisez-nous seulement à publier dans les journaux un interview dans lequel nous changerons un peu cette phrase, et dans lequel nous dirons : « Un capitaine du nom de Dreyfus a été arrêté ». — Je dis : « Non, je ne peux pas, comment voulez-vous que cela soit possible ? J'ai vu deux ou trois journalistes, j'ai raconté cela devant cinquante avocats dans la bibliothèque, comment voulez-vous que je revienne sur un fait pareil, et que je dise que j'ai vu : « Un capitaine du nom de Dreyfus est arrêté ? » Cela n'est pas possible. — Il va revenir de l'île du Diable, il va être acquitté. — Dans quelle situation voulez-vous me mettre ? Vous voulez que je dise à mes amis, auxquels j'ai parlé, que je les ai trompés ? — Voyons, il y a des inconvénients pour vous, nous le comprenons, mais nous ne regarderons pas à l'argent, vous savez, nous ne regarderons pas à mille francs. — Je dis : « Messieurs, n'insistez pas. » — Alors il est inutile de vous dire notre nom, la démarche est inutile ? — Je regrette, je ne marche pas.

Alors je me suis levé, et en partant je leur dis : « Vous savez, messieurs, s'il paraît un interview dans un journal de Paris qui serait le contraire de ce qui a été dit jusqu'à présent, je dirais tout ce que vous m'avez dit, tout ce qui s'est passé. — « Oh ! soyez tranquille, monsieur, il ne faut pas attacher d'importance à cela, nous parlons comme Alsaciens. »

Je fermai la porte ; quelques instants après, je suis sorti, je les ai suivis, je les ai laissés peut-être à cent mètres devant moi et les ai suivis jusqu'à la gare ; ils ont comparé l'heure de la gare avec la leur, peut-être sont-ils partis pour prendre le train de 7 heures du soir pour Paris.

LE PRÉSIDENT. — C'est tout ce que vous avez à dire.

M. MERTIAN DE MULLER. — Oui, monsieur le Président.

Me DEMANGE. — Auriez-vous la bonté, monsieur le Président, de demander à M. Mertian de Muller où était le château qu'il a visité, en ville ou hors ville ?

M. MERTIAN DE MULLER. — En ville.

Me DEMANGE. — Quel était le château ?

M. MERTIAN DE MULLER. — Il y a trois châteaux à Potsdam : il y a celui de Sans-Souci, ce n'est pas celui-là ; le château vis-à-vis la gare, et le château sous bois.

Me DEMANGE. — Il y en a même quatre.

M. MERTIAN DE MULLER. — Il y en a un autre à quatre ou cinq kilomètres.

Me DEMANGE. — C'est le château qui est habité par l'empereur ?

M. MERTIAN DE MULLER. — C'est ce qu'on m'a dit.

Me DEMANGE. — Ce que je voudrais savoir, c'est si le guide, pour avoir un bon pourboire, n'a pas dit à M. Mertian de Muller : « Je vous ai introduit dans la chambre de l'empereur. » En est-il sûr ? Il a dit que quand il a vu passer l'empereur, on n'a pas voulu le laisser approcher ; je voudrais demander si M. Mertian de Muller est sûr que c'était la chambre de l'empereur ?

M. MERTIAN DE MULLER. — Je suis sûr qu'on m'a dit que c'était la chambre de l'empereur, maintenant, si c'était celle-là, je n'en sais rien. Comment voulez-vous que j'affirme cela ? C'est la seule et unique fois que je l'ai vue.

Me DEMANGE. — Était-ce une petite ou une grande chambre ?

M. MERTIAN DE MULLER. — Je l'ai vue, je vais vous fixer. Mettez cinq mètres sur quatre.

Me DEMANGE. — On en a parlé dans les journaux, mais je ne le savais pas, parce que j'ai l'habitude de ne pas les lire souvent.

Cependant c'est dans les journaux que j'ai vu la chose de M. Mertian de Muller. J'ai reçu une lettre d'un de ses confrères de Lille, qui du reste l'a prévenu, disant que l'historiette de M. Mertian de Muller avait beaucoup amusé au Palais, mais ajoutant que, quant aux mots allemands, M. Mertian de Muller n'a jamais pu se les rappeler.

M. Mertian de Muller. — Je n'ai jamais pu me les rappeler, j'ai dit au Conseil : « Je n'affirme pas. »

Me Demange. — Eh bien! est-ce qu'à ce moment-là M. Mertian de Muller n'aurait pas annoncé qu'il allait à Potsdam représenter des intérêts privés ?

M. Mertian de Muller. — J'en suis absolument sûr.

Me Demange. — D'après les journaux, la réunion des actionnaires est au mois d'août.

M. Mertian de Muller. — J'y suis allé trois fois, dans l'intérêt d'une maison de Lille.

Me Demange. — Donc, on a dit à M. Mertian de Muller que c'était la chambre de l'empereur ; quant à l'expression allemande, M. Mertian de Muller ne peut pas s'en rappeler le texte exact ?

M. Mertian de Muller. — Non.

Me Demange. — C'était le 7 novembre; l'arrestation de Dreyfus était annoncée dans la *Libre Parole* du 1er novembre.

M. Mertian de Muller. — Je ne sais pas, je ne donne pas la date du journal, je ne l'ai pas vue certainement.

Le Président, *au capitaine Dreyfus*. — Accusé, avez-vous des observations à présenter sur cette déposition.

Le capitaine Dreyfus. — Aucune, mon colonel.

Le colonel Fleur. — Tout à l'heure la défense m'a demandé pourquoi je n'avais pas dit cela devant la Cour de cassation.

J'ai oublié d'ajouter que j'avais écrit au ministre de la Guerre. Quand j'ai vu l'agitation dreyfusiste gagner, je me suis fait un devoir d'écrire à M. le général Billot en mettant sur l'adresse : « Cabinet du ministre. A M. le ministre de la Guerre ». Je lui parlais des faits relatifs à la chevauchée de l'accusé aux manœuvres allemandes avec un général allemand.

Le capitaine Dreyfus. — J'ai confiance que la lumière sera faite complètement sur ces faits.

M. de Grandmaison. — Je demande qu'on fasse appeler à la barre un témoin de Bruxelles-l'Évêque (Maine-et-Loire) au sujet des paroles prononcées par le statthalter à son maître au moment du comice de Francfort.

CINQUANTE-SIXIÈME TÉMOIN

M. SAVIGNAUD

M. Savignaud, 24 ans, musicien.

LE PRÉSIDENT. — Connaissiez-vous l'accusé avant les faits qui lui sont reprochés?

M. SAVIGNAUD. — Non, mon colonel.

LE PRÉSIDENT. — A l'enquête Tavernier en 1898, vous avez déposé au sujet des lettres que vous aurait remises le colonel Picquart et que vous auriez été chargé de mettre à la poste. Dites-nous ce que vous savez.

M. SAVIGNAUD. — J'étais de planton chez le colonel Picquart, je portais la correspondance du colonel à la poste. Le premier jour que j'ai porté cette correspondance, le colonel m'a suivi. Je me suis trouvé un peu froissé de cette façon d'agir vis-à-vis de moi. Il m'a semblé qu'il me soupçonnait. J'ai réfléchi, et en marchant un peu plus loin j'ai voulu voir et je me suis demandé quelle prévention le colonel pouvait avoir contre moi. Je me suis arrêté à ces deux raisons...

LE PRÉSIDENT. — Parlez un peu plus haut, on ne vous entend pas.

M. SAVIGNAUD. — Je me suis arrêté à ces deux raisons : ou bien le colonel craignait que je perde sa correspondance ou bien que je lise les adresses.

Je ne m'arrêtai pas à la première. Quant à lire les adresses je me suis dit qu'il n'y avait aucune indiscrétion. Alors j'ai soulevé les lettres de façon à ce que le colonel puisse voir. Le colonel ne me fit aucune observation, et je mis les lettres à la poste. J'ai de nouveau porté des lettres pour le colonel Picquart. C'est alors que parmi les différentes lettres j'ai remarqué les adresses suivantes : celles de Cominges, de Leblois et de Scheurer-Kestner.

LE PRÉSIDENT. — Vous êtes parfaitement sûr d'avoir vu ces adresses?

M. SAVIGNAUD. — Oui, mon colonel. J'ai surtout remarqué l'adresse de M. Scheurer-Kestner parce que ce mot me paraissait baroque.

LE PRÉSIDENT. — Vous avez porté plusieurs fois des lettres portant ces mêmes adresses?

M. SAVIGNAUD. — J'ai vu deux ou trois fois ces noms.

LE PRÉSIDENT. — A quel endroit étiez-vous à ce moment-là?

M. SAVIGNAUD. — J'étais place des Pyramides.

Le Président. — Connaissez-vous quelque chose relativement à l'affaire Dreyfus ?

M. Savignaud. — Je me suis aperçu aussi dans le courant du mois de 1897, en sortant de chez un bijoutier chez lequel j'étais allé faire faire une réparation que le colonel Picquart vint à passer et que le bijoutier l'a salué. Cela ne m'a pas paru extraordinaire, mais je connaissais le bijoutier qui passait pour être un parent du capitaine Dreyfus. Je ne puis pas assurer si réellement il était un parent du capitaine Dreyfus, mais dans tous les cas il portait son nom et passait pour être son cousin.

Le Président. — C'est tout ce que vous savez?

M. Savignaud. — Oui, mon colonel.

Me Labori. — Je me permettrai simplement de faire observer que M. Scheurer-Kestner a donné à plusieurs reprises un démenti formel aux dénégations de M. Savignaud en ce qui le concerne. D'un autre côté je demanderai à M. le Président de vouloir bien, en vertu de son pouvoir discrétionnaire, faire donner lecture des renseignements qui ont été fournis à ma demande pendant l'instruction Tavernier sur le sieur Savignaud.

Le commissaire du Gouvernement. — Est-ce qu'il n'y a pas eu une confusion à propos de Savignaud? Il y avait deux Savignaud.

Me Labori. — Voulez-vous me permettre de répondre, monsieur le Président? Voici quelle était la situation. J'avais demandé au ministre au nom de M. le colonel Picquart, dès que le secret fut levé, de demander en Tunisie des renseignements sur le sieur Savignaud ; le ministère de la Guerre me répondit par une lettre qui est d'ailleurs dans l'enquête et qui dit qu'il y avait deux personnages du nom de Savignaud, l'un ex-musicien et un autre ordonnance du colonel Picquart. Or, c'était inexact, car l'ordonnance du colonel Picquart dont les notes étaient fournies par le ministère, notes excellentes (page 765 de l'enquête), s'appelait en réalité non pas Savignaud mais Roques, et la personne dont il s'agissait était bien le sieur Savignaud, ex-musicien, qui avait été non pas ordonnance du colonel Picquart, mais planton.

Alors, j'ai insisté pour obtenir qu'on nous donnât des renseignements sur le sieur Savignaud ex-musicien ; ces renseignements ont été communiqués à M. le rapporteur Tavernier avec autorisation de m'en donner communication sans m'en donner copie. La lettre est du 21 janvier 1899, je suis persuadé qu'elle est au dossier.

Le commandant Cuignet. — Je demande la parole après l'incident.

Le greffier Coupois. — C'est la première réponse de M. de Freycinet.

Me Labori. — Ce n'est pas celle-là. Celle-là contient une erreur ; elle nous envoyait une note qu'on attribuait à un sieur Savignaud qui n'était pas le vrai. En réalité, il n'y a qu'un Savignaud, ancien musicien. Je parle des renseignements envoyés par une lettre du 21 janvier 1899. Si M. le greffier ne la retrouve pas, je la retrouverai d'ici demain.

Si vous vouliez passer le dossier à Me Hild, monsieur le greffier.

Le greffier Coupois. — Le dossier de 1898 ?

Le Président. — Le dossier de 1898, enquête Tavernier. (*Au témoin.*) C'est bien vous qui êtes ancien musicien ?

M. Savignaud. — Oui, mon colonel.

Le greffier Coupois *commence la lecture d'une pièce débutant par ces mots : Paris,* 16 *décembre* 1898.

Le greffier Coupois. — Est-ce bien cela?

Me Hild. — La réponse est du 21 janvier 1899... Il y a tout un dossier là-dessus.

Le Président. — Elle n'est pas au dossier.

Le greffier Coupois. — Ce n'est pas dans ce dossier-là.

Le Président, *au témoin.* — C'est bien de l'accusé ici présent que vous avez entendu parler.

(*Le témoin répond non*).

Le Président. — Monsieur le commandant Cuignet, vous avez une observation à faire?

Le commandant Cuignet. — Je désirerais dire un mot au Conseil au sujet de la confusion qui s'est établie sur le nom de l'ordonnance de M. Picquart, incident dont Me Labori vient de parler à l'instant.

Me Labori. — Auquel je n'attache pas d'importance, monsieur le commandant, si ce n'est pour présenter la lettre.

Le commandant Cuignet. — Je crois qu'il peut avoir de l'importance parce que, présenté comme il a été présenté, il serait de nature à faire penser, à donner l'impression que la bonne foi de l'administration de la guerre est en cause dans la circonstance. Voici exactement ce qui s'est passé.

A la demande de Me Labori, le ministre de la Guerre a télégraphié au général Déchizelle, ancien colonel de Savignaud, pour lui demander des renseignements sur le compte de cet homme. Autant que je puisse m'en souvenir, le texte de la dépêche était le suivant : « Envoyez immédiatement renseignements sur le sieur Savignaud, ancien tirailleur. » Le général Déchizelle répondit en envoyant, par la voie de la poste, la copie d'un rapport qu'il avait adressé, étant colonel, à son général de brigade, rapport qui avait trait à une réclamation faite par Savignaud; mais, avant que cette réponse du général Déchizelle fût arrivée au ministère de la Guerre, il fallait cinq ou six jours pour qu'elle pût lui parvenir de Tunisie à Paris, le ministre de la Guerre reçut un télégramme du général Déchizelle, dans lequel le général lui disait : « Réflexion faite et après expédition de mon rapport faite hier, je pense que vous n'avez pas voulu parler de Savignaud, ancien musicien, auquel s'applique mon rapport, mais de l'ancienne ordonnance du colonel Picquart. Cette ordonnance était bien notée. Le colonel Picquart devait même s'occuper de lui trouver un emploi après sa libération. »

Au reçu de ce télégramme, il me vint naturellement à l'esprit, étant donné que j'avais demandé au général Déchizelle des renseignements sur Savignaud et qu'il répondait : « Je crois qu'il y a eu confusion, qu'il ne s'agit pas de l'ancien musicien, mais de l'ordonnance du colonel Picquart », il nous est venu à l'esprit qu'il y avait deux Savignaud, l'un ancien musicien, qui ne pouvait pas avoir été ordonnance, et l'autre ancienne ordonnance du colonel Picquart. C'est à raison de la confusion qui s'est établie à ce moment que des renseignements ultérieurs ont été demandés et communiqués à la défense.

Me Labori. — Ma pensée était simplement de faire connaître au Conseil que ce n'est pas la lettre du 16 décembre 1898, page 765 de l'enquête, qui doit fixer sur les renseignements relatifs à Savignaud, mais la lettre du 21 janvier que je retrouverai dans le dossier. Quant à la portée de l'incident au point de vue du ministère, il s'est vidé ailleurs.

Le Président. — Les débats sont suspendus; ils seront repris demain à six heures et demie.

(*L'audience est levée à onze heures trois quarts.*)

DOUZIÈME AUDIENCE

Séance du 25 Août 1899.

Le Président déclare l'audience ouverte à 6 h. 30.

LE COMMANDANT CARRIÈRE, COMMISSAIRE DU GOUVERNEMENT, *demande la parole.* — J'ai l'honneur d'informer le Conseil que M. Gribelin, archiviste, est appelé par M. le ministre de la Guerre à Paris, pour affaire de service pour vingt-quatre heures.

Je demande pour lui l'autorisation de se retirer.

LE PRÉSIDENT. — L'autorisation est accordée, M. Gribelin se présentera donc ici lundi matin.

LE COMMANDANT CARRIÈRE. — Hier M. Gallichet, dit Galli, n'a pas répondu à l'appel de son nom. Il m'explique par dépêche qu'il était empêché mais qu'il se présentera demain.

D'autre part j'ai connaissance du résultat de la consultation médicale qui a eu lieu au sujet de M. le colonel du Paty de Clam.

Il résulte du certificat que j'ai sous les yeux que l'état de santé de cet officier rend son transport impossible. (*Rumeurs prolongées.*)

Je dirai au Conseil pour son édification que, d'après une lettre ayant un caractère plutôt personnel, M. du Paty de Clam écrit ou fait écrire une déposition tendant à édifier le Conseil sur ce qu'il aurait eu à déclarer.

On peut donner lecture du certificat en question.

LE GREFFIER COUPOIS, *lisant :*

« Les médecins soussignés réunis en consultation auprès du colonel M. du Paty de Clam ont constaté :

« 1° Une congestion hépatique accompagnée d'une légère teinte ictérique avec crises douloureuses, vomissements et diarrhée ;

« 2° Des troubles cardiaques se traduisant par de la lenteur du pouls, 56 à 60 et des intermittences.

« Le malade accuse en outre de la dyspnée, principalement la nuit.

« Dans ces conditions, nous estimons qu'il est dans l'impossibilité absolue de se déplacer.

« En foi de quoi nous avons délivré le présent. »

Le Président. — Nous ferons lire la déposition de M. du Paty de Clam, et la déposition supplémentaire dont il nous annonce l'envoi.

Me Labori. — Quels sont les médecins qui ont signé ?

Le Commissaire du Gouvernement. — Messieurs Ménard et Poupet, tous deux 4 et 12, rue Marbeuf. (*Mouvement.*)

Me Labori. — Bien entendu, je n'émets pas le moindre doute sur la parfaite loyauté du certificat de ces deux médecins, mais étant donnée la gravité de l'incident, et le rôle important de M. du Paty de Clam dans cette affaire, non seulement à raison de ce qu'il était l'informateur de 1894, mais en raison de ce qu'un grand nombre des faits qui se sont produits depuis sont mis à sa charge, ne croyez-vous pas qu'il serait utile, dans l'intérêt de tout le monde, de commettre des médecins qui seraient désignés par le Conseil afin de se transporter chez M. du Paty de Clam ?...

Le Président. — Je m'en rapporte à l'affirmation de ces médecins ; je n'ai aucune raison de mettre en doute la sincérité de ces médecins et la valeur du certificat. Quant à la maladie, elle est connue, elle est publique (*Rumeurs.*) et le certificat me semble suffisant.

Faites entrer le témoin suivant.

Le commissaire du Gouvernement. — Voulez-vous, monsieur le Président, que je donne lecture de la lettre qui était jointe à l'envoi du certificat ?

Le Président. — Oui, si vous voulez.

Le Commissaire du Gouvernement donne lecture de la lettre suivante :

« Monsieur le Commissaire du Gouvernement,

« J'ai l'honneur de vous envoyer sous ce pli le certificat rédigé et signé hier par les deux médecins qui donnent leurs soins au lieutenant-colonel du Paty de Clam. Il me paraît malheureusement probable que mon mari ne pourra pas, malgré son vif désir... »

Je fais remarquer au Conseil que c'est la deuxième lettre que je reçois de Mme du Paty de Clam à ce sujet ; le colonel ne me paraît pas en état d'écrire lui-même. Je continue ma lecture :

« Il me paraît malheureusement probable que mon mari ne pourra pas, malgré son vif désir (*Rumeurs.*), apporter sa déposition devant le Conseil de guerre de Rennes. J'espère cependant que, moins pour se défendre contre d'abominables et injustes attaques que pour dire tout ce qui pourrait contribuer à faire la vérité, il pourra ces jours-ci vous envoyer par écrit à toutes fins utiles, la déposition qu'il compte faire.

« Veuillez agréer, etc...

« Signé : Marquise du Paty de Clam ».

Le Président. — Faites entrer le témoin suivant.

CINQUANTE-SEPTIÈME TÉMOIN

M. STRONG-ROWLAND

M. Strong-Rowland, 34 ans, journaliste.

Le Président. — Connaissiez-vous l'accusé avant les faits qui lui sont reprochés ?

M. Strong-Rowland. — Non, monsieur.

Le Président. — Veuillez faire votre déposition sur les faits de l'affaire que vous connaissez.

M. Strong-Rowland. — Veuillez me dire sur quel point.

Le Président. — Vons avez eu des relations comme journaliste avec Esterhazy.

M. Strong-Rowland. — Oui.

Le Président. — Eh bien, veuillez nous les faire connaître, ainsi que les circonstances qui les ont accompagnées.

M. Strong-Rowland. — J'ai connu Esterhazy en 1898...

Le commissaire du Gouvernement. — On n'entend pas !

Le Président, *au témoin*. — Veuillez élever la voix ; ces messieurs se plaignent de ne pas entendre.

M. Strong-Rowland. — A cette époque, il est venu à mon bureau pour me demander un renseignement sur un journal de Londres. Nous sommes restés dans des relations assez intimes jusqu'au moment où il a été arrêté par M. Bertulus. Lorsqu'il est sorti de prison, il est venu me voir très souvent. Je l'ai trouvé en état de grande surexcitation. Il devait passer devant un Conseil d'enquête et il était certain que ce Conseil d'enquête le chasserait de l'armée. Alors, c'est à ce moment-là que M. Esterhazy m'a annoncé son intention de faire toutes les révélations dont il était capable au sujet de l'affaire Dreyfus.

Il me parla de certains personnages, entre autres de M. du Paty de Clam, c'était le lendemain où le soir du jour où il devait passer pour la deuxième fois devant le Conseil d'enquête, il est venu me trouver sur la terrasse d'un café et, après une longue conversation concernant toujours la même question, les révélations qu'il se proposait de faire, il a fini par me dire qu'il était l'auteur du bordereau. Je lui ai conseillé de faire cette déclaration aussi vite que possible, il me semblait en effet que c'était la seule chose qu'il eût à faire.

LE COMMISSAIRE DU GOUVERNEMENT. — On n'entend absolument rien.

Me LABORI. — Pas un mot !

M. STRONG-ROWLAND. — Il m'a dit qu'il ne pouvait pas faire cette révélation qu'il était l'auteur du bordereau et rester en France, qu'il voulait aller à l'étranger et que, comme il n'avait pas de quoi vivre, il lui fallait trouver de l'argent. Il pensait que peut-être un journal lui prêterait une somme suffisante pour lui permettre de vivre pendant un an. Au bout de cette année, en effet, il devait faire paraître un livre, car il avait passé un traité avec un éditeur pour une forte somme d'argent. Il pensait donc pouvoir vivre deux ou trois ans avec l'argent que lui rapporterait ce livre. En attendant il disait qu'il s'arrangerait pour aller vivre à l'étranger tranquille afin qu'on l'oublie.

Sur sa demande je me suis chargé d'aller à Londres pour trouver le journal en question et aussi pour lui trouver la somme qu'il désirait. Nous avons même discuté assez longtemps combien d'argent il lui fallait pour vivre à Londres pendant un an.

Nous décidâmes enfin qu'il devait demander à un journal anglais une somme de cinq cents livres.

M. Esterhazy à cette époque ne me parla pas de vendre des révélations, il me parla seulement de trouver de quoi vivre parce qu'il n'avait pas d'argent et qu'il ne voulait pas mourir de faim. Je suis parti de Londres. M. Esterhazy me disait la veille de mon départ qu'il allait me suivre le lendemain parce qu'il croyait que la décision du Conseil de guerre aurait lieu au plus au bout de deux jours.

Lorsque je suis arrivé à Londres, j'ai commencé immédiatement les démarches que j'avais promis de faire pour lui.

Entre temps, il est arrivé plusieurs choses qui étaient à peu près imprévues : le suicide du colonel Henry et d'autres événements qui ont causé une grande sensation tant à Paris qu'à Londres. Tout d'abord je n'ai pas été étonné que M. Esterhazy ne m'ait pas suivi à Londres, mais après trois semaines je lui ai écrit que je ne pouvais plus rester à Londres et que s'il ne se décidait pas à venir je serais forcé de retourner à Paris, ce qui m'obligerait à ne plus compléter les démarches qu'il m'avait chargé de faire.

Il était déjà parti de Paris pour aller à Bruxelles, il avait passé par Chantilly, par Maubeuge, il avait passé la frontière à pied, et il voyageait sous le nom de comte de Bécourt; c'est sous ce nom qu'il m'a télégraphié de Bruxelles. Après cette dépêche m'annonçant son arrivée, il est en effet venu à Londres et j'ai remarqué qu'il avait certaines hésitations au sujet de son aveu. Quand je suis parti de Paris, il était décidé à faire cet aveu ; à Londres il n'était pas si déterminé, il n'y tenait pas autant. Je lui ai fait remarquer que c'était la seule manière pour lui de se réhabiliter dans une certaine mesure aux yeux du monde et que, puisqu'il parlait de l'honneur de son nom et de celui de ses enfants, c'était le moment pour lui de faire un aveu franc de ce qu'il avait fait. Je lui dis que du moment qu'il n'était plus dans l'armée, il me semblait qu'il devait peut-être une dette de loyauté vis-à-vis de cette armée et des chefs contre lesquels il criait continuellement, qu'il accusait de l'avoir abandonné et lâché.

M. Esterhazy se rendit à ces arguments et je repris les démarches que j'avais faites vis-à-vis d'un journal de Londres, journal qui appartient à Mme Beer, qui paraît toutes les semaines et qui s'appelle l'*Observer*. Mme Beer était disposée à donner 500 livres à Esterhazy en échange de certains documents qui, disait-il, étaient en sa possession, et en échange surtout d'un papier sur lequel il aurait écrit l'aveu qu'il était l'auteur du bordereau. Enfin, tout était arrangé pour le commencement de cette publication; Esterhazy avait même écrit une lettre adressée à la directrice de l'*Observer*, lettre qui était une sorte d'entrée en matières. Il demandait à ce moment-là une avance d'argent, il disait qu'il n'avait pas le sou (je crois que c'était vrai), je lui ai répondu que je ne pouvais pas lui faire l'avance d'argent à laquelle d'ailleurs Mme Beer consentaiti sans qu'il me donnât un reçu. Il n'a pas voulu donner de reçu. Je lui ai dit alors que puisqu'il ne voulait pas donner de reçu il pouvait écrire qu'il était l'auteur du bordereau, et qu'il pouvait déposer ces papiers entre les mains d'une tierce personne, un banquier, un solicitor ou quelqu'un de confiance, qui serait chargée de ne pas permettre la publication de ce document avant le paiement par Mme Beer et que, dans le cas où il ne pourrait pas remplir ses engagements vis-à-vis de cette dame, celle-ci aurait le droit de disposer du document comme elle le voudrait.

Là-dessus M. Esterhazy se mit en fureur; il ne voulut pas accepter cet arrangement, et dit qu'il allait partir immédiatement pour Bruxelles et qu'il allait vendre ses révélations à un journal belge. Je lui ai répondu que dans ce cas-là je ne pouvais plus m'occuper de ses intérêts, et je l'ai quitté.

Mme Beer était déjà en possession d'une partie de ses documents, et elle avait l'intention d'en commencer la publication dans le prochain numéro du journal.

M. Esterhazy est allé alors chez un solicitor anglais, et, après certaines conversations qui ont eu lieu entre ce solicitor et Mme Beer, cette dernière a consenti à ne pas publier le commencement des articles et des documents sans le consentement de M. Esterhazy.

Et alors il y a eu une sorte de conciliation entre lui et Mme Beer, et M. Esterhazy a dit que l'ancien arrangement était toujours bon. Mais le lendemain, M. Esterhazy est descendu de la chambre qu'il occupait dans la maison où il était à Londres, et il a dit que, après réflexion, c'était toujours son intention de partir en Belgique et de faire paraître ses articles dans un journal belge.

Là-dessus, Mme Beer commença la publication des articles. Elle avait probablement la conviction que M. Esterhazy ne voulait plus dire qu'il était l'auteur du bordereau.

Depuis, je n'ai plus vu M. Esterhazy.

Le Président. — Ne vous a-t-il pas parlé aussi de l'authenticité de la pièce dite bordereau? ne vous a-t-il pas dit que ce n'était pas la véritable pièce que nous avions entre les mains, que c'était un calque?

M. Strong-Rowland. — Il a dit que c'était lui qui l'avait écrit.

Le Président. — Ne vous a-t-il pas dit que la pièce qui était arrivée entre les mains du service des renseignements n'était pas la pièce authentique?

M. Strong-Rowland. — Non, il n'a pas dit cela.

Le lieutenant-colonel Brongniart. — N'a-t-il rien dit à propos de la livraison des documents énoncés au bordereau?

M. Strong-Rowland. — Il a dit que ces documents avaient été livrés au gouvernement allemand par le capitaine Dreyfus.

Le Président. — Monsieur le Commissaire du Gouvernement, avez-vous des questions à poser?

Le Commissaire du Gouvernement. — Non.

Le Président. — Messieurs de la défense, avez-vous des questions à poser?

Les avocats présents au banc de la défense font un signe négatif.

Le Président, *au témoin.* — C'est bien de l'accusé ici présent que vous avez entendu parler?

M. Strong-Rowland. — Oui, monsieur le Président.

Le Président, *au capitaine Dreyfus.* — Avez-vous des observations à faire?

Le capitaine Dreyfus. — Non, mon colonel.

Le Président. — Le témoin Weil ne s'est pas présenté.

Le Commissaire du Gouvernement. — Je ne sais pas; il n'a pas été appelé encore.

Le témoin Weil ne répond pas à l'appel.

Le Président. — Donnez lecture de sa déposition devant la Cour de cassation.

CINQUANTE-HUITIÈME TÉMOIN

M. MAURICE WEIL

Le greffier Coupois, *lisant :*

Weil, Maurice-Henri, 53 ans, ancien officier, 47, rue du Faubourg-Saint-Honoré.

D. — Vous avez été en relations avec le commandant Esterhazy. Dites-nous quelle a été la nature de ces relations, leur durée, et quels en ont été les principaux incidents?

R. — Je me suis trouvé pour la première fois en relations avec M. Esterhazy lorsqu'il a été affecté au service des renseignements, alors sous les ordres du commandant Campionnet, aujourd'hui général en retraite, à Saint-Jean-de-Luz. M. Esterhazy s'est trouvé au service des renseignements avec le lieutenant Henry qui fût momentanément (pendant quelques mois) attaché à ce service, lorsque le général de Miribel quitta ses fonctions de chef d'Etat-major général.

Après avoir quitté ce service en 1880, je perdis complètement de vue M. Esterhazy. Il ne revint me voir qu'en 1890 ou 1891, alors qu'il était capitaine adjudant-major à Courbevoie. Déjà il me parla à ce moment de sa situation difficile; mais je voyais en lui un bon père de famille. Quelque temps après avoir servi de témoin à M. Crémieu-Foa, il me fit part du préjudice que son intervention lui avait causée du côté de sa famille et de la famille de sa femme. Dès l'été de 1894, comme vous le prouvera la lettre que je vous dépose, il me pria d'intervenir auprès de mes coreligionnaires : il m'avait montré, pour me convaincre, une lettre de M. de Beauval, son oncle.

Je suis en mesure d'affirmer que M. le grand rabbin obtint dès ce moment un secours assez considérable pour lui.

Dans l'intervalle, à une date qu'il serait facile de fixer en s'adressant à M. Bernard, avocat, 11, rue Laffitte, j'avais donné à M. Esterhazy mon aval de garantie sur deux billets que j'eus à rembourser à l'échéance et qui s'élevaient à 2,500 francs.

Dans le courant de 1896, à l'automne, il revint me parler d'une situation encore plus difficile, me déclarant que, les juifs étant cause de sa perte, c'était à eux de le sauver. Afin d'en finir, je lui demandai la somme dont il avait besoin ; il l'évaluait à 8,000 francs. Je tentai alors des démarches auprès de Mme Furtado, démarches qui ne purent aboutir à cause de la mort de Mme Furtado.

Immédiatement après, j'entrepris une série de démarches, les unes personnelles, les autres dont voulut bien se charger M. le grand rabbin, et c'est ainsi que M. Esterhazy toucha une partie des sommes qui lui étaient destinées chez M. Bernard à qui je les avais versées, une autre partie directement des mains du grand rabbin et la dernière partie dans les bureaux mêmes de M. de Rothschild.

L'ensemble des sommes ainsi versées s'élève au moins à 10,000 francs.

D. — Avez-vous gardé la lettre de M. de Beauval?

R. — Non.

D. — Connaissez-vous l'écriture de M. de Beauval?

R. — Je crois m'en souvenir.

D. — Voulez-vous approcher et voir si la lettre que je vous soumets, et qui aurait été adressée au commandant Esterhazy par M. de Beauval en juin 1894, est la même que celle qu'il vous aurait montrée.

R. — Je ne reconnais pas la lettre qui m'a été montrée par Esterhazy. L'écriture en était plus grosse : mais je crois bien reconnaître cette écriture dans la lettre que vous me montrez également et qui a été adressée, le 8 décembre dernier, par M. de Beauval à M. le juge d'instruction Bertulus.

D. — Connaissez-vous l'écriture d'Esterhazy? Et que pensez-vous du rapprochement de la lettre de juin 1894 avec l'écriture courante de cet officier?

R. — J'y trouve une très grande similitude.

D. — Avez-vous vu Esterhazy vers la fin de 1894, au moment où sont nés les incidents qui ont amené la condamnation de Dreyfus?

R. — Le changement de garnison d'Esterhazy de Rouen à Paris s'est effectué au mois d'octobre 1894. Il est venu, à différentes reprises, me voir : nous avons causé, comme tout le monde, de l'affaire Dreyfus qui venait de naître et j'ai gardé un souvenir exact des paroles que je vais rapporter et qu'il m'a tenues à une époque où le Conseil de guerre était déjà constitué et allait fonctionner :

« Pour moi, Dreyfus est innocent, ce qui n'empêche pas qu'il sera condamné. » Il a ajouté que la seule raison de sa condamnation, c'était l'antisémitisme.

D. — Esterhazy vous a-t-il paru, soit par ses connaissances militaires, soit par ses relations, en mesure de fournir des renseignements comme ceux dont parle le bordereau?

R. — Je ne saurais vous répondre sur cette question, n'ayant aucune donnée à cet égard.

D. — Savez-vous s'il avait accès dans certains milieux, où il aurait pu, plus particulièrement, se renseigner sur les choses militaires?

R. — Je l'ignore complètement.

D. — Savez-vous s'il aurait tenu à d'autres personnes le langage dont vous venez de parler en ce qui concerne Dreyfus?

R. — Pas à ma connaissance.

D. — Au Conseil de guerre d'Esterhazy vous avez été témoin. Ne s'est-il pas passé, à un moment, un incident entre vous, Esterhazy et le président du Conseil de guerre?

R. — On m'a montré, au Conseil de guerre, la lettre d'Esterhazy de 1894, qui m'était adressée, mais qui m'avait été écrite pour être remise à M. le grand rabbin et lui faciliter ses démarches.

J'ignorais que cette lettre fût sortie de ses mains, et j'ignore, dans tous les cas, comment elle en est sortie : rien ne le prouve mieux que la lettre de M. le grand rabbin que je vous remets pour être jointe au dossier. Quant aux sommes qui ont été obtenues soit par moi directement, soit par le grand rabbin, soit chez M. de Rothschild, il ne s'est jamais agi de prêts, mais de dons.

Ces questions m'ont été posées à l'instruction et devant le Conseil de guerre; j'y ai toujours répondu de la même façon.

D. — N'avez-vous pas reçu, au mois de novembre 1896 et avant les incidents qui ont fait reprendre l'affaire Dreyfus dans la presse, une lettre anonyme, destinée à vous inquiéter, en vous faisant connaître que vous alliez être signalés, vous et Esterhazy, comme les auteurs de la trahison de 1894?

R. — J'ai, en effet, reçu en ce moment un billet anonyme, d'une écriture contrefaite, qui, si je m'en souviens, avait été mis à la poste rue Danton; le billet contenait ces mots : « Un ami vous prévient que M. Castelin, dans son interpellation, va accuser Esterhazy et vous d'être les complices de Dreyfus. »

J'écrivis à M. Esterhazy pour lui en faire part; je lui montrai le billet; très ému, il me déclara qu'il fallait absolument faire quelque chose pour empêcher que cela se produisît, que je devais penser à la situation que cela lui ferait. Après avoir quelque peu discuté avec lui, je m'engageai à remettre ce billet à mon ami M. Adrien Lannes de Montebello, député de la Marne et membre de la Commission de l'armée, qui connaissait d'ailleurs Esterhazy.

Ce billet a été remis par M. de Montebello à M. le général Billot. Je n'en ai plus entendu parler.

A partir du mois de février 1897, sur ma déclaration à Esterhazy que je ne pourrais plus rien pour lui et qu'il aurait à s'adresser ailleurs, je ne l'ai plus revu, sinon au Conseil de guerre.

D. — N'auriez-vous pas reconnu, peut-être, dans la lettre anonyme de novembre 1896, des traits de l'écriture d'Esterhazy, qui, en ce moment, aurait pu vouloir vous solidariser avec lui?

R. — Non. C'est une écriture complètement contrefaite.

D. — Vous avez depuis, tout au moins par les journaux, pris connaissance du bordereau. Pourriez-vous nous dire si les renseignements auxquels il s'applique (canon de 120 court et frein hydraulique, troupes de couverture, formations de l'artillerie) ne pouvaient être à ce moment qu'à la connaissance d'un officier de l'Etat-major général et particulièrement de Dreyfus?

R. — Consacrant mon temps à mes recherches d'histoire militaire, il m'est d'autant plus difficile de répondre à cette question que je ne m'occupe pas des questions présentes, et que j'ignore, par suite, le degré de diffusion des questions dont vous me parlez.

D. — Connaissant la situation précaire d'Esterhazy, au moment où l'affaire Dreyfus est née, connaissant également son caractère et sa manière d'être, quelle impression en avez-vous retenue lorsque vous avez vu le bordereau? Dans l'hypothèse aujourd'hui discutée où ce bordereau serait l'œuvre d'Esterhazy, vous apparaît-il comme la preuve d'un acte réel de trahison, ou simplement comme un moyen de se procurer de l'argent, soit de la part de l'Etat-major français, soit d'une ambassade étrangère?

R. — Pour apprécier la portée du bordereau, il faudrait connaître ce que j'ignore : les documents qui y étaient joints. Je ne puis que répéter qu'Esterhazy cherchait avant tout de l'argent. C'est ainsi que dans la lettre adressée au grand rabbin en 1894, et produite au Conseil de guerre, il parlait d'aller jusqu'au crime. Comme je l'ai dit alors au Conseil de guerre, en rapportant les propres paroles que m'avait dites Esterhazy, il entendait par ce mot « crime » que, s'il le fallait, il tuerait d'abord sa femme et ses enfants et se tuerait ensuite.

D. — Lorsque vous faisiez partie de l'État-major général, avez-vous jamais remarqué des sentiments peu bienveillants de la part des officiers, vos collègues, contre ceux qui pouvaient appartenir au culte israélite?

R. — En aucune façon. J'ai quitté l'État-major en 1880.

Lecture faite, le témoin a déclaré persister dans sa déclaration et a signé avec nous.

Signé : WEIL, LOEW, COUTANT.

LE CAPITAINE BEAUVAIS. — Je regrette l'absence du témoin Weil. J'aurais voulu lui poser certaines questions. Comme il n'est pas là, je voudrais qu'il fût donné communication au Conseil du dossier qu'il a au ministère de la Guerre, car c'est un ancien officier.

LE PRÉSIDENT. — Monsieur le Commissaire du Gouvernement a-t-il des observations à faire?

Me DEMANGE. — Y a-t-il des dossiers pour les officiers de réserve? Parce que M. Weil, après avoir quitté le ministère de la Guerre, a été certainement attaché à l'État-major du général Saussier. Etait-il officier de réserve ou de territoriale, je ne sais pas; mais il y a eu, à un moment donné, une polémique dans la presse à ce sujet. A ce moment, je me rappelle très bien que M. Weil avait été attaché, quoique officier de réserve ou de territoriale, à l'état-major du général Saussier.

Me LABORI. — Puisque M. le greffier est en train de faire des lectures, voudriez-vous être assez bon, monsieur le Président, pour le prier de vouloir bien lire la lettre de renseignements sur le témoin Savignaud, lettre qui n'a pas été retrouvée hier. C'est une lettre très courte.

Le Président. — Donnez-en lecture.

Le greffier Coupois, *lisant* :

Le Ministre de la Guerre à M. le Gouverneur militaire de Paris.

« Monsieur le Gouverneur,

« A deux reprises, le 16 décembre dernier, et le 16 janvier courant, Me Labori, défenseur du lieutenant-colonel en réforme Picquart, m'a demandé des renseignements sur le sieur Savignaud, ex-musicien, qui a été pendant quelques jours le planton, non l'ordonnance de M. Picquart en Tunisie et qui était témoin à charge dans le procès actuellement pendant devant le Conseil de guerre de Paris. Ces renseignements étant de nature défavorable, je ne crois pas, après avoir pris l'avis de M. le Garde des sceaux, pouvoir en délivrer copie à M. le défenseur; mais vous voudrez bien aviser M. le défenseur qu'il lui sera loisible d'en prendre connaissance sans déplacement auprès de M. le commandant du Gouvernement.

« Voici les renseignements qui me sont fournis par M. le général Déchizelle : « Le nommé Savignaud n'était pas très bien noté par le chef de musique qui le trouvait d'ailleurs très faible instrumentiste; il semblait également animé d'un mauvais esprit. »

« Signé : de Freycinet. »

« Je vous adresse ci-joint deux lettres du général Déchizelle que je vous prie de vouloir bien me retourner. »

M. Savignaud. — Je demande la parole.

M. Savignaud est appelé à la barre.

M. Savignaud. — Je demande à avoir communication des lettres de M. le général Déchizelle; je pourrai dire, après les avoir lues, si les renseignements que l'on donne sont exacts.

Le Président. — Nous verrons cela. Introduisez le témoin Lévêque.

CINQUANTE-NEUVIÈME TÉMOIN

LE SERGENT LÉVÊQUE

M. Lévêque, Eugène-Victor, sergent d'État-major à la 20e section, employé au ministère de la Guerre, 34 ans et demi, ne prête pas serment, cité en vertu du pouvoir discrétionnaire du président.

Le Président. — Connaissiez-vous l'accusé avant les faits qui lui sont reprochés?

Le sergent Lévêque. — Je l'ai connu au ministère de la Guerre au 4e bureau où il était stagiaire; j'étais secrétaire.

Le Président. — Vous nous avez été signalé comme pouvant donner des renseignements au Conseil sur la présence du capitaine Dreyfus dans un bureau qui n'était pas le sien et où il consultait des documents.

Le sergent Lévêque. — C'était, mon colonel, le 10 septembre 1894, date qui a déjà été donnée par le capitaine Besse. J'étais en permission annuelle de 20 jours, quand j'ai été rappelé par ordre du chef de service, M. Arnoult, mon archiviste, pour prendre part aux manœuvres de la Beauce, sous la direction du capitaine Besse. Je suis rentré le 10 au matin et j'ai été chargé de préparer la caisse d'archives que nous devions emporter. Dans l'après-midi, le capitaine Dreyfus se trouvait dans la pièce 29 qui appartient au 4e bureau; j'ai dû le déranger pour prendre possession d'une partie de la table afin de pouvoir remplir la caisse d'archives. Le capitaine Besse est parti à l'heure ordinaire; j'ai dû descendre moi-même et je suis revenu pour prendre la caisse, car nous partions par le train de minuit. Le capitaine Dreyfus est resté dans le bureau.

Le Président. — Est-ce que ce bureau est celui où était employé le capitaine Dreyfus?

Le sergent Lévêque. — Il l'avait quitté depuis huit mois et demi.

Le Président. — Que faisait-il?

Le sergent Lévêque. — Il copiait un dossier ou des papiers; le capitaine Besse était d'ailleurs là, mais le capitaine Dreyfus est resté après mon départ.

Le Président. — Vous ne savez pas quelle était la nature des papiers qu'il copiait?

Le sergent Lévêque. — Le capitaine Besse avait beaucoup de papiers dans son armoire.

Le Président. — Ce n'était pas une carte du service des étapes?

Le sergent Lévêque. — C'étaient des petites cartes comme on en fait au réseau de l'Est sur lesquelles il y avait des indications portées en rouge par le commissaire militaire du réseau.

Me Demange. — J'allais demander quelques explications complémentaires au témoin, mais le capitaine Dreyfus paraît avoir compris le sens de cette déposition.

Le capitaine Dreyfus. — Le fait est exact et correspond au jour où j'ai été trouver le capitaine Besse de la part du commandant Mercier-Milon.

Le Président. — C'est le jour où vous avez relevé la liste des quais de débarquement?

Le capitaine Dreyfus. — Oui, mon colonel.

Le commandant Carrière. — Quelle heure était-il?

Le sergent Lévêque. — C'était l'après-midi, parce que j'étais resté jusqu'après l'heure du bureau.

SOIXANTIÈME TÉMOIN

M. GOBERT

Gobert, Alfred, 60 ans, expert près la Banque de France et la Cour d'appel.

Le Président. — Vous avez été appelé par le ministre de la Guerre à expertiser à titre officieux une pièce dite bordereau, qui vous a été soumise. Voulez-vous me donner le résultat de votre expertise?

M. Gobert. — Messieurs, c'est en qualité d'expert-conseil que j'ai pris part à l'affaire Dreyfus, et cela, avant l'arrestation de l'accusé. Ma mission n'a été ni judiciaire ni administrative, elle a été purement et simplement consultative.

J'ai rempli cette mission avec une extrême rapidité, étant données les circonstances de la production même du bordereau. Ma mission consistait à rechercher par la comparaison graphique si le document en question émanait ou n'émanait pas de l'accusé Dreyfus. Les résultats de ma vérification obtenus, je dois le dire très rapidement, en une seule journée et non pas en quatre ou cinq journées, comme l'a dit l'acte d'accusation, mes conclusions, dis-je, ont été produites par moi et apportées à M. le général Gonse des mains duquel j'avais reçu et le bordereau et tous les documents de comparaison qui devaient servir à ma vérification.

La remise de ces pièces, messieurs, s'est faite dans des conditions d'une correction parfaite, d'une très grande régularité et avec une courtoisie dont le bon souvenir m'est resté. M. le général Gonse, à la remise des pièces et à la lecture précisément de la lettre qui est au dossier et qui est datée du 13 octobre 1894, lettre dans laquelle je relève les caractères généraux de l'écriture du bordereau, M. le général Gonse, dis-je, reçut de moi cette lettre et les pièces qui avaient été communiquées.

Je lui fis part des résultats obtenus d'abord par la lecture de la lettre et ensuite, les complétant d'une façon orale, je dis au général

Gonse qu'il y avait lieu de prendre des précautions infinies, que le bordereau ne m'apparaissait pas du tout comme étant de la main de Dreyfus. J'engageai le général Gonse à une très grande circonspection. Je le priai de faire faire des recherches. (*Mouvements.*) En un mot je me suis efforcé d'éloigner les soupçons qui pesaient sur Dreyfus, parce que j'estimais, — et les circonstances ont donné pleine raison à mon appréciation première, — parce que j'estimais, dis-je, que le bordereau était d'une main autre que la sienne.

M. le général Gonse reçut toutes ces observations d'une façon, je le répète, absolument courtoise, mais en même temps il me montra, et j'en fus très surpris, des lettres qui convoquaient diverses personnes, et notamment Dreyfus, au rendez-vous du 15 octobre, jour où l'accusé a été arrêté.

Je me suis demandé, messieurs, pourquoi j'avais été appelé.

J'avais pensé au début qu'on cherchait à me consulter, qu'on cherchait à avoir mon avis, et je l'ai donné ; je me suis aperçu qu'en le donnant une détermination avait été prise.

Il ne m'appartient pas certainement de blâmer en rien cette mesure et j'éprouve la surprise que j'ai éprouvée à ce moment, je me suis dit : « Mais que voulait-on de moi, qu'attendait-on de moi ? » Les conditions dans lesquelles la vérification s'est faite, je vous l'ai dit tout à l'heure, étaient extrêmement rapides ; M. le général Gonse m'ayant fait savoir que la pensée d'arrêter Dreyfus était déjà fixée, et que la date de l'arrestation était déjà bien déterminée, je priai M. le général Gonse, dans ces conditions, et j'approuvai moi-même puisqu'on le désirait ce système de faire immédiatement une perquisition au domicile de Dreyfus, et je l'engageai à faire cette perquisition immédiatement, à faire saisir tous les documents écrits qui pouvaient se trouver chez Dreyfus, à faire saisir tous les fragments de papiers, parce qu'à ce moment-là, messieurs, je pensais déjà au papier pelure dont je vous parlerai plus tard, je lui conseillai de faire saisir notamment tous les encriers de la maison, et enfin de faire faire à Dreyfus un corps d'écriture reproduisant en partie les énonciations du bordereau.

Toutes ces recommandations, messieurs, ont été parfaitement suivies, elles se justifiaient par la nécessité même d'une vérification que je croyais avoir à entreprendre.

Tout cela a été, je le répète, absolument correct. Seulement ce n'est pas à moi que ces pièces ont été remises, c'est à M. Bertillon; et pendant cette perquisition, pendant toutes ces recherches, je suis devenu je ne sais pourquoi l'expert suspect, dont parle l'acte d'accusation.

L'expert suspect ! j'ai l'honneur, messieurs, d'appartenir à la justice civile depuis bientôt trente ans, j'ai rempli un grand nombre de missions de justice, à la satisfaction, je n'en doute pas, de tous les magistrats du ressort de Paris.

J'ai fait des milliers d'expertises; jamais, messieurs, je ne me suis entendu traiter d'expert suspect.

Je me permets ici de protester devant vous contre une qualification de ce genre, parce que quand un homme remplit un devoir, une mission dans les conditions qui m'étaient fournies, — je vous prie, messieurs, de ne pas l'oublier, j'étais expert-conseil choisi par M. le ministre de la Guerre lui-même, — je soutiens que dans ces conditions, ayant rempli ma mission comme je devais le faire en tout honneur et conscience, il n'est ni convenable, ni digne pour moi d'être traité d'expert suspect.

Cette simple protestation suffit, je ne veux pas l'étendre davantage. J'estime que je n'ai pas le droit de me plaindre quand je considère l'infortuné qui est ici. Je me tais sur ce point et je continue. (*Sensation.*)

Je vais maintenant entrer dans le détail très complexe de l'opération à laquelle j'ai pris part.

Le 11 octobre 1894, vers cinq heures du soir, vous voyez que je précise, j'ai dit, je crois, le 11 octobre, je reçus un avis du ministère de la Guerre, accompagné d'une carte de visite de M. le garde des Sceaux, avis qui m'invitait à me rendre immédiatement au ministère, pour une mission à remplir, mission qui, disait la note, exigeait à la fois célérité et discrétion.

Je me suis, messieurs, immédiatement rendu près de M. le général Mercier, qui, en quelques mots, me mit au courant de la situation et me fit savoir qu'un officier de l'État-major s'était rendu coupable de rahison, qu'on avait contre lui une lettre anonyme, le bordereau, et qu'enfin, il me chargeait de faire la vérification ayant pour objet de savoir si ce document était l'œuvre de l'officier qu'il soupçonnait et dont le nom ne fut pas donné à ce moment. M. le général Mercier ne me paraissait pas avoir à ce moment une idée bien fixe, une idée bien arrêtée ; sûrement il attachait une très grande importance à la mission qu'il me confiait, mais enfin il ne paraissait pas avoir d'idée fixe, d'idée arrêtée, il se borna à m'envoyer à M. le général de Boisdeffre, son chef d'État-major, lequel à son tour me reçut; et avant, messieurs, d'aller plus loin, je vous prie de retenir immédiatement ce petit détail très curieux qui paraît oiseux, qu'au moment où je fus introduit chez le général de Boisdeffre, il était entouré d'un groupe de cinq ou six officiers. Le général dit à ces messieurs : « Retirez-vous, j'ai besoin de causer avec M. l'expert Gobert, et nous reprendrons l'entretien plus tard. »

Le général de Boisdeffre me tint à peu près les mêmes propos, le même discours que M. le général Mercier, mais je pus m'apercevoir qu'il avait une idée plus précise, qu'il avait une idée plus nettement accentuée, alors que le général Mercier m'avait dit : « Il faut faire en hâte mais néanmoins prendre le temps nécessaire pour cette opération », le général de Boisdeffre avait l'intention manifeste d'une grande hâte. Enfin il me dit : « Je vais vous envoyer au général Gonse, lequel est détenteur des pièces; au même moment, et comme spontanément, le général Gonse entrait dans le cabinet de son chef et je suivis le général Gonse. Dans son cabinet, personne. Là, messieurs, on me mit en présence du bordereau. J'en pris une rapide connaissance, j'en fis un examen très prompt, et de cet examen il résulta ceci : c'est que j'étais en face d'un document qui avait été écrit avec une très grande rapidité. L'écriture en était régulière, normale, présentait les caractères d'un document tracé sans aucune espèce d'arrière-pensée, et se présentait enfin véritablement sous l'aspect d'une lettre ordinaire qu'on aurait oublié de signer.

Un caractère essentiel de l'écriture du bordereau, c'est son illisibilité; ce caractère n'a été, pour ainsi dire, désigné par aucun des nombreux experts qui ont vu le document. Quand on a vu le bordereau, quand on en connaît le texte, et qu'on l'a sous les yeux, il apparaît lisible, maintenant, mais celui qui essaie de le déchiffrer pour la première fois éprouve une peine réelle.

Eh bien, ce caractère d'illisibilité, messieurs, a une importance considérable.

Dans la vérification qui m'était offerte, présentée, je trouvais également, du côté de l'écriture de Dreyfus, un caractère absolument différent : l'écriture de Dreyfus, alors même qu'elle est très rapide, est toujours lisible. Voilà un caractère de dissemblance qui avait bien son importance.

En présence de cette illisibilité du bordereau, je fis demander à M. le général Gonse s'il n'y avait pas une enveloppe, M. le général Gonse m'a paru éluder ma demande. Sur le moment, je n'y ai pas attaché d'importance; plus tard, j'ai cru devoir penser que cette demande avait été précisément de nature à inquiéter M. le général Gonse (*Mouvement.*) : il avait pu penser que je cherchais à connaître e nom du destinataire, ce qui m'était, je le répète, absolument indifferent. Mais je voulais, pour me rendre compte que le caractère de l'écriture du bordereau était réellement celui d'une écriture naturelle, avoir sous les yeux l'enveloppe, parce que, toutes les fois que nous écrivons une adresse sur une enveloppe, nous l'écrivons toujours à main plus posée, plus correctement, et dans ces conditions je pensais que le rapprochement de l'enveloppe avec l'écriture du bordereau était de nature à me confirmer sur le point de savoir si l'écriture était à la fois rapide et lisible.

Ce caractère d'illisibilité, messieurs, est, je le répète, extrêmement important, et il m'a conduit à faire une demande à M. le général Gonse; je lui dis : « Pour faire d'une façon très utile et très complète la vérification, il me semble nécessaire d'en faire faire la photographie amplifiée ; » et j'ajoutai : « Ce sera chose extrêmement commode, extrêmement facile, attendu qu'il y a au ministère de la Guerre un atelier de photographie admirablement monté. »

Je pensais qu'il était alors très facile de nous y rendre, et d'obtenir ainsi une photographie très complète qui aurait permis d'abord aux opérations de se faire d'une façon beaucoup plus commode, et ensuite d'apprécier plus exactement le tracé des caractères.

Le général Gonse s'y refuse et me dit : « Faire faire la photographie au ministère de la Guerre, non ! demain tout Paris connaîtrait le bordereau. » C'est là, messieurs, un propos d'une importance que je vous prie de noter, et comme M. le général Gonse assiste à l'audience, si je ne reproduis pas très exactement les paroles qu'il a prononcées, je vous prie de vouloir bien lui demander, monsieur le Président, si je me trompe.

Le Président. — Nous verrons après si M. le général Gonse a des observations à présenter, nous l'entendrons en temps utile s'il y a lieu de faire entendre le témoin.

M. Gobert. — Messieurs, la remarque que je viens de faire a une très grande valeur et une très grande importance, non pas pour moi bien entendu, mais enfin elle tend à faire ressortir que des documents pouvaient sortir du ministère de la Guerre avec une certaine facilité. Nous en avons d'autres exemples, mais enfin celui-là est à retenir.

Voyant que je ne pouvais pas obtenir une photographie du ministère de la Guerre, je songeai un instant à avoir recours à un professionnel, mais on comprend bien que cela n'aurait pas donné satisfaction au ministère de confier un document comme celui-là à l'industrie. C'est alors que, cherchant dans mes souvenirs, j'ai pensé au service photographique de la Préfecture de police, lequel service est sous la direction de M. Bertillon.

Je proposai donc à M. le général Gonse de faire faire la photographie par M. Bertillon. C'est le service qui s'intitule photographie judiciaire, je crois, et dont M. Bertillon est chef. C'est de cette façon que M. Bertillon est entré dans l'affaire Dreyfus. Il y est entré à ma demande et comme photographe. Je n'avais jamais entendu dire pour ma part que M. Bertillon eût fait aucune espèce de vérification d'écritures, aucune espèce d'expertises. Je me suis demandé, messieurs, comment il se faisait que M. Bertillon avait pris sur lui de faire ces opérations. Il ne m'appartient pas de les critiquer ou de critiquer M. Bertillon. Il résultait aussi pour moi et pour mes collègues que personne de nous ne savait que M. Bertillon eût fait des vérifications d'écritures. Il se serait donc révélé tout d'un coup. Ceci est son affaire. Je tiens, messieurs, à bien préciser que les choses se sont passées comme je viens de vous le dire et je puis en fournir la preuve. En effet, le même jour 11 octobre, à la suite de la proposition que je venais de faire à M. le général Gonse, une lettre écrite peut-être par M. le général Gonse est arrivée à la Préfecture de police, demandant le concours de M. Bertillon. Je connais ce détail et vous le connaissez vous-mêmes, messieurs, par la publication de l'enquête dans laquelle M. Lépine fait savoir qu'en effet le ministre de la Guerre lui demanda le concours de M. Bertillon pour faire des reproductions photographiques et notamment des agrandissements. M. le Préfet de police ajoute dans sa déclaration que dans sa pensée il ne s'était jamais agi de vérification d'écritures. Une seconde preuve que les choses se sont bien passées comme je viens de le dire, si j'insiste si fort sur tout cela, c'est que je crains qu'il y ait des oublis et que la mémoire fasse défaut dans certaines circonstances, c'est pour cela que je tiens ce fait pour très important et extrêmement grave et c'est pour cela que je tiens à préciser, la seconde preuve est que dans la journée même du 12 octobre, alors que j'étais en pleine vérification d'écritures, un employé de la Préfecture de police vint à moi, cet employé était, je crois, du service de M. Bertillon, vint à moi avec une carte de visite de M. Puybaraud. Au dos de cette carte on me demandait de livrer le bordereau qui était entre mes mains afin d'en faire une photographie. Je répondis à l'employé qui venait de la part de M. Puybaraud ou de M. Bertillon qu'ayant reçu ce document des mains de M. le général Gonse, ce document ne sortirait pas de mes mains et que le lendemain, 13 octobre, il serait déposé par moi-même au ministère de la Guerre où M. Bertillon pourrait le trouver.

Cette carte de visite je l'ai remise à M. le général Gonse qui me complimenta de la prudence que j'avais mise à ne pas abandonner un document de l'importance de celui-là, et M. le général Gonse fut même pris d'une certaine colère contre quelqu'un qu'il ne nomma pas. Ce quelqu'un aurait commis je ne sais quelle imprudence. De qui était-il question ? je n'en sais rien.

Bref, j'eus beaucoup d'occupations dans cette journée du 12 octobre, dans cette unique journée du 12 octobre 1894 du matin au soir, et je vous prie de croire que mon temps a été largement employé pour un travail d'une telle importance. Ces messieurs m'avaient demandé de travailler avec une telle hâte que j'ai tout sacrifié pour leur donner satisfaction.

Au cours de ma vérification, le général Gonse s'est présenté chez moi deux fois ; il avait grande hâte de connaître les résultats de mes opérations et cela s'explique parfaitement. Au cours de l'une de ses visites je lui fis savoir le déplaisir que j'éprouvais de faire une vérification sous le couvert de l'anonymat, je lui fis sentir que c'était absolument désagréable, que les coutumes de la justice civile ne permettent pas une vérification, une enquête, une instruction sous le voile de l'anonymat, et que cela me peinait tellement que je devais lui dire, au cas où ma vérification aurait donné des résultats affirmatifs, c'est-à-dire accusateurs contre Dreyfus, je tenais absolument à déposer mon rapport en mentionnant le nom de l'homme que j'accusais.

Je n'admets pas qu'on se fasse accusateur de quelqu'un dans des conditions autres que celles-là ; c'est face à face, tout au moins en toute connaissance de cause, qu'on doit se faire un accusateur dans des conditions aussi graves que celles qui se présentaient. J'entendais qu'il en fût ainsi et le général Gonse ne fit à ce moment aucune observation.

Pour prouver la discrétion (c'était à peine nécessaire de le dire) que j'entendais mettre à mes opérations, je fis connaître à M. le général Gonse qu'au cas où mes conclusions seraient négatives, c'est-à-dire en faveur de Dreyfus, je ne m'inquiéterais pas de savoir le nom de l'officier et qu'il ne me coûterait pas de me faire le défenseur de quelqu'un sous le couvert de l'anonymat. Je me rappelle alors que M. le général Gonse ne me fit aucune observation, mais plus tard, il paraît qu'à l'État-major on s'est indigné contre une nature de prétention qu'on a déclarée de nature suspecte.

Je vous ai, au début de ma déposition, fait une protestation; je ne veux pas revenir sur tous ces points, mais enfin vous comprendrez bien que j'avais, moi aussi, expert-conseil de la banque de France (je vous supplie de le retenir), le droit d'élever des demandes de la nature de celles que je viens d'indiquer.

Le désir de connaître le nom n'avait pour moi qu'une seule et unique satisfaction, c'était de savoir et de penser que l'homme dont j'étais appelé à me faire peut-être l'accusateur n'était ni un de mes parents, ni l'un des miens, ni un ami, ni le fils d'un ami. Vous comprenez la situation déplorable qui serait faite à un expert judiciaire qui serait contraint et obligé d'opérer dans de semblables conditions; on se ferait ainsi l'accusateur de son père, de son frère, de son ami. La loi ne permet pas des opérations de cette nature et, je le répète encore, nulle part aucune fonction d'expert judiciaire n'est obligatoire pour qui que ce soit. Par conséquent j'avais bien le droit, dans le cas où je deviendrais accusateur, de demander à M. le général Gonse qui était soupçonné.

D'ailleurs, messieurs, tout cela devint en un instant pour moi une cause d'indifférence absolue. En continuant mes opérations apparut tout d'un coup le nom de Dreyfus.

L'État-major, très jaloux de ses secrets, ne sait pas toujours bien les garder. (*Mouvement.*) Parmi les pièces de comparaison qui m'avaient été soumises se trouvait la feuille signalétique de l'accusé écrite par lui-même. On avait eu le soin (vous le pensiez, du reste, sans que j'aie eu besoin de l'indiquer) de découper le nom de Dreyfus et son prénom d'Alfred; mais on y avait laissé sa date de naissance, et le souvenir m'en est encore présent à l'esprit : 10 octobre 1859; on avait aussi laissé ses dates de promotion à ses grades de sous-lieutenant, lieutenant et capitaine. De sorte que je n'ai eu besoin que d'ouvrir l'annuaire militaire qui était sur ma table pour savoir le nom.

Voilà comment j'ai su le nom du capitaine Dreyfus, et non par procédés indiscrets, par les procédés qui vous ont été indiqués par le général Mercier, sur la déposition duquel je reviendrai en terminant.

J'ai gardé très scrupuleusement, vous le pensez, le secret que j'avais découvert si simplement, et le lendemain, en reportant les pièces au général Gonse, je m'étais fait le malin plaisir, je m'étais arrêté à cette idée un peu taquine (je lui en demande pardon), de lui faire savoir que j'avais connu le nom de Dreyfus. Mais notre conversation a porté sur des détails d'une telle importance que l'idée de lui faire connaître ce nom ne m'est pas revenue.

Le général Gonse, en recevant mes communications, écouta bien les remarques que je lui fis. Il faut croire que de son côté il n'avait pas à ce moment d'idées bien précises à l'égard de la culpabilité du capitaine Dreyfus, et qu'on aurait pu le faire changer d'idée, puisqu'on était au début de l'enquête. Au sujet de l'arrestation, M. le général Gonse cependant me fit savoir que l'arrestation du capitaine Dreyfus était décidée, qu'elle devait avoir lieu le 15 octobre 1894 au matin, parce que, ce jour-là, MM. les généraux Mercier et de Boisdeffre partaient pour une chevauchée militaire, ils allaient aux manœuvres de cavalerie. On inaugurait je ne sais quel genre de manœuvres à Amiens, et ces deux généraux tenaient absolument à ce que le capitaine Dreyfus fût arrêté avant leur départ. Cette décision était bien regrettable; il y a eu, messieurs, une grande précipitation; on aurait peut-être pu, si on avait eu une journée ou deux, attendre et chercher; on ne l'a pas fait. (*Mouvement prolongé.*)

Sur ces entrefaites et après mon départ, la pièce du bordereau fut remise à M. Bertillon qui, au bout de quelques heures, m'a-t-on dit (je crois même que c'est dans l'enquête), donna un avis très formel de la paternité du bordereau à Dreyfus.

Messieurs, je n'entendis plus parler de l'affaire Dreyfus, et je ne fus pas appelé comme je m'y attendais à compléter par un rapport les énoncés, les premières appréciations que j'avais données. C'est M. Bertillon qui en fut chargé. Je fus littéralement mis de côté, et on n'entendit plus parler de rien; sauf cependant le 15 octobre, au matin; M. le garde des Sceaux, sénateur Guérin, me fit appeler dans son cabinet, et me demanda quelques détails sur l'affaire Dreyfus. Je lui donnai, messieurs, ce que je savais, et je vais ici, à propos de cet incident, entrer dans quelques détails, et bien préciser les points : vous allez voir pourquoi. Je fis connaître à M. Guérin les conditions dans lesquelles j'avais opéré, les résultats obtenus, et je lui exprimai le regret qu'il y eût eu peut-être une précipitation très grande. Je lui dis notamment que la vérification d'écritures était loin d'être concluante. M. Guérin ne répondit pas à cette remarque. Elevant les deux mains ouvertes à la hauteur des tempes, il eut ce geste qu'on se représente très bien et que moi, j'interprétai de la façon suivante. Il m'a semblé dire : « Moi, je suis le chef de la justice civile. C'est une affaire de soldats; cela ne me regarde pas. » Je crois, messieurs, que mon interprétation n'a rien d'exagéré, et que c'était au fond peut-être l'idée de M. Guérin. Au moment où je prenais congé, M. Guérin me dit : « Je vous recommande une très grande discrétion. Le Gouvernement a l'intention de conserver secrète l'affaire Dreyfus autant que possible ; mais il en est évidemment à redouter des indiscrétions de la presse, et particulièrement celles de la *Libre Parole.* »

Je quittai M. Guérin dans ces conditions, et j'ai été très surpris, messieurs, de lire dans l'enquête de la Cour de cassation publiée par le *Figaro* que M. Guérin contestait la seconde partie de ma déclaration, il contestait m'avoir dit que le Gouvernement désirait conserver secrète l'affaire Dreyfus, et qu'on pouvait avoir à redouter les indiscrétions et les polémiques de la presse, et spécialement, particulièrement, celles de la *Libre Parole.* J'ai été très surpris, messieurs, de cette contestation, de cette contradiction de la part de M. Guérin, que je tiens, que tout le monde tient pour un parfait honnête homme, pour un galant homme. Il est vrai que dans sa déposition devant la Cour de cassation, M. Guérin a bien soin, en débutant, de dire que ses souvenirs sont bien imprécis ; et en effet ils le sont tellement qu'il confond à la fois les dates et les noms, détails sur lesquels je ne peux pas entrer en ce moment, cela n'a aucune espèce d'importance.

LE PRÉSIDENT. — Glissez sur les circonstances dans lesquelles vous avez fait l'expertise pour arriver au fond, à la conclusion, à votre idée sur le bordereau lui-même.

M. GOBERT. — Monsieur le Président, je vais préciser, ainsi que vous le demandez, les détails de ma vérification graphique et vous dire ceci :

L'écriture du bordereau est une écriture qui appartient au même type que l'écriture de Dreyfus. Elle présente même avec certains détails qui se trouvent dans l'écriture de Dreyfus certaines analogies, mais elle offre aussi de très grandes dissimilitudes et ce sont ces dissimilitudes qui m'ont conduit à dire que le bordereau n'était pas de la main de Dreyfus. Je l'ai dit en 1894 avant l'arrestation de l'accusé et depuis, messieurs, cette impression de ma part s'est trouvée amplement justifiée puisque le bordereau, n'en doutez pas, est l'œuvre d'Esterhazy. Je tiens à limiter d'une façon absolue les détails que je pourrais donner à cet égard puisque M. le Président m'y invite et que je n'ai qu'à me soumettre respectueusement à son invitation.

LE PRÉSIDENT. — Vous comprenez bien que nous avons plus de cent vingt témoins à entendre et que nous somme obligés de dégager tout ce qui n'a pas une très grande importance.

M. GOBERT. — Il y a des circonstances assez délicates cependant...

Le Président. — Elles le sont peut-être pour vous, mais nous n'avons pas à entrer là-dedans. (*Rumeurs.*)

M. Gobert. — Cependant, quand on vient contester des détails comme ceux que M. Guérin a contestés, il y a véritablement un certain intérêt à répondre.

Le Président. — Cela n'a pas d'intérêt au point de vue de l'affaire Dreyfus elle-même ; allons au fait. (*Nouvelles rumeurs.*)

M. Gobert. — Donc l'écriture n'est pas de Dreyfus, elle est d'Esterhazy, ceci n'est pas douteux ; c'est le résultat d'une vérification que j'ai faite avec l'écriture d'Esterhazy dès la dénonciation de Mathieu Dreyfus.

La famille Dreyfus à ce moment, et ceci n'est pas mauvais à dire, vint demander mon concours ; je le lui refusai pour des raisons que je n'ai pas à faire connaître au Conseil. J'avais pris cependant un intérêt si grand à cette affaire que je voulus néanmoins, comme satisfaction personnelle et à titre de technicien, faire une vérification, et aborder dans tous ses détails la comparaison des écritures. Je me suis donc — c'était très facile — procuré de l'écriture absolument authentique d'Esterhazy et j'ai fait ma vérification. Je n'entre pas dans plus de détails à propos de l'écriture d'Esterhazy que je ne l'ai fait pour l'écriture de Dreyfus, mais je ne crains pas de dire que les résultats sont d'une netteté absolue.

A côté de cela vous avez les aveux écrits d'Esterhazy, ses aveux implicites devant la Cour de cassation, et enfin vous avez un document qui, permettez-moi de vous le dire, est absolument la clef de l'affaire, c'est la lettre datée de Rouen, le 17 août 1894, écrite et signée par Esterhazy et reconnue par lui, lettre écrite sur ce même papier pelure présentant les mêmes caractères comme nuance, en un mot l'identité la plus complète et la plus absolue. Et je vais, messieurs, par un procédé extrêmement simple qui ne va pas comporter de longs développements comme exposition, vous prier de faire un rapprochement du reste très simple. Je vous demande de vouloir bien sur un carton blanc de dimension appropriée, placer au milieu le bordereau, l'y maintenir par des petits piquets qu'on appelle, je crois, des punaises, placer à droite ou à gauche du bordereau la lettre du 17 août 1894 qui émane certainement et incontestablement d'Esterhazy et, de l'autre côté, placer tel document que vous voudrez de la main de Dreyfus. Vous aurez, messieurs, la possibilité de faire ainsi vous-mêmes une vérification qui ne vous causera pour ainsi dire aucune peine. Ce n'est plus une vérification d'écriture, ce n'est plus une expertise, c'est une simple et complète constatation qui vous édifiera d'une façon absolue. Toute personne qui fera un rapprochement dans ces conditions sera et demeurera frappée de l'identité complète qu'il y a entre l'écriture d'Esterhazy et celle du bordereau. (*Mouvement.*) On reconnaîtra en même temps qu'il y a une sorte d'air de famille, de caractère d'analogie graphique avec l'écriture de Dreyfus, mais qu'on en est loin quand on se reporte à l'écriture d'Esterhazy.

Je crois, monsieur le Président, avoir résumé ainsi les détails d'une vérification assez complète et assez longue, et je me résume en vous disant :

Il est bien certain qu'il y est établi comme une vérité à la fois juridique et matérielle que le bordereau n'est pas de Dreyfus, mais qu'il est l'œuvre d'Esterhazy.

Le Président, *faisant présenter des documents au témoin.* — La pièce qui vous est présentée est bien celle que vous avez expertisée?

M. Gobert. — Oui, monsieur le Président.

Le lieutenant-colonel Brongniart. — Vous avez été appelé officiellement à comparer le bordereau avec la lettre d'Esterhazy ?

M. Gobert. — Non.

Le lieutenant-colonel Brongniart. — Vous l'avez déclaré à la Cour de cassation.

M. Gobert. — Je n'avais pas bien saisi la question, vous avez raison. C'est en effet à la Cour de cassation que la vérification a été faite, dans des conditions de rapidité assez grande, et à ce moment-là la lettre du 17 août de 1894, qui était la base de la vérification à la cour, n'était pas encore reconnue par Esterhazy.

Le lieutenant-colonel Brongniart. — Mais pourquoi opérez-vous toujours dans des conditions de vérification aussi rapides?

M. Gobert. — Je vous ferai remarquer que la vérification qui a été faite ne l'a pas été avec cette rapidité, mais j'ai dit que les résultats qui ont été fournis étaient non pas d'une vérification officielle en rapport, mais une simple appréciation que messieurs les conseillers de la Cour de cassation m'avaient demandée; c'est à ce titre que la vérification a été faite, et les détails en sont constatés en effet dans l'enquête; j'ai moi-même dit que je n'apportais à la Cour qu'une appréciation, les conditions rapides dans lesquelles nous opérions ne permettaient pas de faire davantage.

J'ajouterai, je l'ai déjà dit, que la lettre du 17 août 1894 n'était pas encore reconnue, et ne pouvait constituer un élément de comparaison judiciaire.

Me Demange. — M. Gobert qui affirme que le bordereau est

d'Esterhazy et non de Dreyfus, qui a fait un examen, si rapide qu'il soit, a donné devant le Conseil les raisons graphiques de son opinion et probablement de même en ce qui concerne la dernière indication qu'il fournissait au Conseil, il propose de placer sur un carton le bordereau, la lettre du 17 août, et un spécimen de l'écriture de Dreyfus. Je lui demanderai, s'il ne peut pas le faire maintenant, d'apporter les cartons tout disposés de façon à ce que le Conseil puisse juger facilement ; et en tout cas je lui demanderai pour le moment d'exposer au Conseil les raisons réfléchies de sa conviction.

M. Gobert. — Je ne puis ici que généraliser et parler du résultat de mes recherches.

Le Président. — Enfin, avez-vous remarqué des similitudes de lettres, des caractères spéciaux, etc.

M. Gobert. — Je tiens à rappeler ceci, c'est que ma vérification d'écriture a été faite dans des conditions très particulières de rapidité au début, quand il s'agissait du ministère de la Guerre, et que depuis je n'ai pas revu et je n'ai pas eu à revoir de l'écriture de Dreyfus. Il serait par conséquent difficile de pouvoir faire ici de mémoire une analyse graphique que je n'aurais pas manqué de faire si le ministère de la Guerre m'avait autorisé à ce moment-là pour compléter mon rapport.

Je ne l'ai pas fait ; dans ces conditions, il me serait assez difficile de parler, maintenant, de mémoire surtout, d'arriver à vous dire : « J'ai constaté tel ou tel caractère graphique. » Ma mémoire ne me le permettrait pas.

M. le général Gonse demande la parole, M. le Président lui fait signe qu'il l'aura ultérieurement.

Me Demange. — A la Cour de cassation, M. Gobert a eu des écritures. A ce moment-là, quand il s'est formé sa conviction, est-ce qu'il n'a pas gardé un souvenir exact de certaines raisons pour esquelles il attribuait le bordereau à l'un plutôt qu'à l'autre ?

Le Président. — Quelles étaient les considérations techniques qui vous amenaient à cela ?

M. Gobert. — Je le répète, ce sont des généralités techniques.

Le Président. — N'y a-t-il pas des particularités au sujet des formes de lettres, des alinéas ?...

M. Gobert. — Quand il s'agit de l'écriture d'Esterhazy, c'est l'identité complète et absolue (*Mouvement.*) ; viendrai-je alors vous dire : les a ressemblent aux a, les b aux b, c'est tout ce que je pourrais faire.

Le Président. — N'y a-t-il pas dans l'écriture du bordereau des lettres spéciales sur lesquelles vous pourriez appeler notre attention?

Me Labori. — Est-ce qu'on ne pourrait pas remettre à M. Gobert à la fois le bordereau et de l'écriture d'Esterhazy, afin qu'il fasse une comparaison devant nous?

On remet ces pièces à M. Gobert.

M. Gobert. — Parmi les observations véritablement essentielles qu'on peut faire à propos de l'écriture et de Dreyfus et d'Esterhazy, il y a ce détail qui a déjà été bien des fois signalé et qui consiste dans le caractère particulier de l'*s* redoublée. Dans l'écriture de Dreyfus, c'est l'*s* ordinaire ou l'*s* allemande, mais dans l'un des cas, l'un des écrivains met une petite *s* en avant, dans l'autre, l'autre écrivain la met en arrière. Le bordereau est en concordance parfaite avec l'écriture de l'une et non de l'autre des personnes qui vous occupent, c'est-à-dire d'Esterhazy et de Dreyfus. Voici, en effet, l'un des cas qui se présentent : les *s* nombreuses qui se trouvent ici sont absolument conformes aux *s* de l'écriture d'Esterhazy et se présentent absolument dans le même ordre que je viens d'indiquer. C'est le cas contraire dans l'écriture de Dreyfus. Nous avons enfin signalé comme détail caractéristique et sérieux la lettre majuscule *M* du mot Madagascar et l'*M* du mot Monsieur, qui, dans l'écriture du bordereau, ont une analogie complète, absolue et mathématique pour ainsi dire, avec les *M* de l'écriture d'Esterhazy.

Au contraire, si on se reporte à l'écriture de Dreyfus, on ne trouve pas cette forme d'*M*. Je crois que dans les nombreux éléments qui m'ont été fournis en 1894, on en a rencontré un ou deux. Même remarque précisément à propos de la lettre majuscule *S* qui commence le bordereau « Sans nouvelles... » Cette lettre se retrouve très exactement dans l'écriture d'Esterhazy; on peut se rendre compte un peu de ces détails; enfin il y a un système de numération, de chiffres qui présente avec l'écriture d'Esterhazy une identité absolue, tandis qu'au contraire, dans l'écriture de Dreyfus, certains de ces caractères, certains de ces chiffres sont dissemblables. J'aborderai encore un détail très caractéristique dans l'écriture du bordereau, c'est qu'il n'y a pas de blancs aux alinéas, tandis que dans l'écriture de Dreyfus ils n'y manquent jamais. Esterhazy, quand il va à la ligne, ne laisse pas d'espace dans son écriture, c'est une simple remarque, et jamais un paragraphe ne commence à distance de la marge; dans l'écriture d'Esterhazy, on ne trouve jamais cette chose. On l'observe quand il arrive dans la formule de salutations, au bas de la lettre. Je viens de vous dire tout à l'heure que les chiffres sont absolument identiques. Il y a là un millésime 1894, qui se trouve composé de chiffres d'un façon délibérée sous la plume d'Esterhazy; c'est également celle qui se trouve au bordereau. Enfin, Esterhazy, messieurs, a une façon de ponctuer et d'accentuer qui lui est, je ne dirai pas particulière, mais un peu personnelle et qu'on trouve exactement dans le bordereau. On verra que les points sur les i sont généralement posés de telle façon qu'ils font corps presque avec la lettre elle-même, j'ai eu l'occasion de le constater aussi chez Dreyfus, mais infiniment moins. On trouve dans ces sortes d'écriture — elles sont de la même famille — et il aut bien s'attendre à retrouver dans l'une et l'autre des analogies de mêmes signes; sans cela la vérification ne pourrait arriver à un résultat très précis, s'il fallait tenir compte de toutes ces petites disemblances qui sont en définitive assez grossières; il serait assez difficile, n'y étant pas préparé, de continuer cette analyse, mais enfin je l'ai fait au début et si elle n'a pas été consignée dans un rapport écrit, c'est que le ministre de la Guerre n'a pas cru devoir le demander. Quant à la Cour de cassation, la vérification que j'y ai faite, monsieur le Président, a été extrêmement rapide et n'a été en définitive qu'une simple appréciation.

Je pourrai vous dire quelques mots du papier; je ne voudrais, messieurs, pas beaucoup parler de moi, je le ferai cependant, car je suis, messieurs, expert de la Banque de France. La question du papier pour la sécurité des billets a un intérêt très grand, ce qui fait que je me connais un peu en papier.

Eh bien, on a dit que le papier du bordereau était un papier rare; c'est vrai, mais enfin il faut bien comprendre aussi ce qu'on veut dire par rare. Il est rare parce que c'est un papier qui n'est pas commercial, parce que c'est un papier qui n'est pas vendable, qu'on n'utilise pas souvent, et que, dans ces conditions, il est assez rare et assez difficile de se le procurer. Vous feriez, messieurs, peut-être dix papetiers avant de trouver du papier pelure quadrillé; le papier pelure est moins rare; mais quadrillé, il est plus rare, parce qu'en effet le papier pelure étant de sa nature absolument transparent, il n'y a pas beaucoup de raisons de le faire quadriller. Dans ces conditions, donc, le fait d'avoir un papier pelure et de l'avoir quadrillé constitue une spécialité pour ainsi dire particulière. J'ajoute encore que vous en trouveriez difficilement dans le commerce à acheter. Je ne veux pas dire par là que si vous en vouliez des quantités considérables, vous ne pourriez pas en avoir; certainement vous en auriez si vous le vouliez en une

une semaine 10,000 kilos. S'il est rare, ce n'est pas parce qu'il est difficile à trouver, c'est parce que les marchands ne le vendent pas. Eh bien, messieurs, le papier du bordereau est absolument semblable, identique à celui de la lettre du 17 août 1894. Je regrette que ma déposition soit limitée, parce je pourrais, à propos du papier et à propos de cette lettre du 17 août 1894, vous montrer et faire ressortir la date du bordereau. Je n'insiste donc pas...

Le Président. — Vous pouvez le faire, si vous croyez pouvoir trouver un rapprochement pouvant nous aider à fixer la date du bordereau.

M. Gobert. — Voici, messieurs, comment je suis arrivé à cette appréciation. Cette lettre du 17 août 1894, écrite de Rouen par Esterhazy, reconnue par lui, lettre que j'appelle la clef de l'affaire Dreyfus, commence par les mots : « J'arrive du camp de Châlons où j'ai passé quinze jours. » Elle est datée du 17 août 1894, Esterhazy s'était donc trouvé au camp de Châlons le 1er août. Et le bordereau, lui, messieurs, se termine par cette phrase : « Je vais partir en manœuvres. » Il envoie ce bordereau, il adresse à son correspondant un manuel de tir. C'est évidemment au camp de Châlons que se font les écoles à feu, et c'est, selon moi, le détail qu'Esterhazy mentionne sous cette forme : « Je vais partir en manœuvres » qui a son importance. Eh bien, il va partir en manœuvres avant le 1er août; ce serait donc vers le 25 juillet que le bordereau aurait été écrit. Il écrit à cette date sur le papier même de la lettre du 17 août 1894, avec la même encre, et dans les mêmes conditions.

Enfin, et pour compléter mon observation qui vaut ce qu'elle vaut, je dirai que je suis d'accord sur ce point avec M. le commandant Cuignet qui, dans sa déposition à la Cour de cassation, déclare que, pour lui, il est possible que le bordereau ait été écrit à une date postérieure au 4 juillet 1894. Voilà un point qui dans une certaine mesure — encore une fois cela vaut ce que cela vaut — nous donne à peu près la date du 25 juillet 1894.

Le capitaine conseiller Beauvais. — Dans la comparaison que vous avez faite de l'écriture d'Esterhazy avec le bordereau, vous disiez qu'il y avait des ressemblances de doubles *S*.

M. Gobert. — Il s'agissait de l'écriture du bordereau comparée avec d'autres lettres d'Esterhazy.

Le capitaine conseiller. — Vous n'avez pas remarqué si les *J* ressemblaient.

M. Gobert. — Je ne m'en souviens pas.

Le Président. — Les *J* manuscules et minuscules?

M. Gobert. — J'ai constaté cela dans certains détails d'écriture d'Esterhazy. Mais je ne me rappelle pas tous ces détails. J'ai procédé à ces vérifications à la Cour de cassation, dans l'espace de deux heures, et naturellement notre vérification ne peut avoir que le caractère d'une appréciation.

Le lieutenant-colonel conseiller. — Êtes-vous opposé à l'idée que c'est une écriture tronquée, modifiée?

M. Gobert. — Oui, je n'admets pas que le bordereau soit autre chose qu'une écriture naturelle, normale, tracée avec une extrême rapidité, ce qui exclut toute espèce de système, de truquage et de déguisement.

Le Président. — C'est bien de l'accusé ici présent que vous entendez parler?

M. Gobert. — Oui, monsieur le Président.

Le Président, *à l'accusé*. — Avez-vous quelque observation à présenter?

Le capitaine Dreyfus. — Non, mon Président.

Le Président. — Monsieur le général Gonse, vous avez demandé à être entendu, voulez-vous vous approcher de la barre?

Le général Gonse. — M. Gobert m'a mis en cause dans sa déposition. Il a dit certaines choses vraies, mais il a dit aussi des choses qui n'existent pas. Mais enfin, avant de commencer à réfuter ce qu'a pu dire M. Gobert à mon égard, je demanderai au Conseil s'il a encore la feuille de notes dont M. Gobert a parlé, car il me semblait que la date de naissance n'y était pas.

Le Président. — C'est au dossier de 1894.

Le général Gonse. — Je demande à M. Gobert de nous dire dans quel annuaire il a trouvé le nom de Dreyfus. Est-ce dans l'annuaire de 1894 ou dans celui de 93?

M. Gobert. — C'est dans l'annuaire général de l'armée, je crois.

Le général Gonse. — Est-ce le petit annuaire qu'on vend dans le commerce?

M. Gobert. — Je ne connais qu'un annuaire, c'est celui qui se vend chez les libraires.

Le général Gonse. — Enfin, est-ce l'annuaire général de l'armée?

M. Gobert. — Je ne sais pas.

Le Président. — Est-ce l'annuaire spécial de l'artillerie?

M. Gobert. — Non, c'est l'annuaire général.

Le général Gonse. — Eh bien, le Conseil sait que dans l'annuaire général il n'y a pas la date de naissance des officiers. (*Rires.*)

M. Gobert. — Je n'insiste pas sur ce point.

Le général Gonse. — Les renseignements qui sont sur cette feuille de notes ou qui ont été extraits de cette feuille de notes pour être mis sur une feuille de papier où on a collé ces différents renseignements pour venir à l'appui du bordereau sont des renseignements qui ne figurent pas dans l'annuaire. Par conséquent ce n'est pas la comparaison de cette feuille qui est dans le dossier et de l'annuaire général de l'armée qui aurait pu amener la découverte du nom.

M. Gobert. — J'insiste d'une manière absolue et j'affirme que tout ce que je viens de dire est la vérité absolue et complète. Tous les témoins qui ont été appelés à l'audience du Conseil de guerre ont constaté le fait. Je tiens à protester d'une façon énergique. C'est dans les conditions que je viens de dire que j'ai connu le nom de Dreyfus. Il y a probablement une confusion, M. le général Gonse me parle d'une note...

Le général Gonse. — Non, pas du tout, je vous parle d'une feuille de renseignements extraite de la feuille d'inspection parce que la feuille d'inspection avait été faite de la main de Dreyfus, qui y avait écrit les renseignements signalétiques, ceux-ci avaient été découpés et mis sur une feuille de papier. Je dis que pour trouver le nom d'un officier, la comparaison de ces renseignements avec l'annuaire militaire ne peut donner aucune espèce d'indication.

M. Gobert. — Je vous demande pardon et la preuve c'est que j'y suis arrivé.

Le général Gonse. — C'est une constatation matérielle que je signale au Conseil.

M. Gobert. — M. le général Gonse oublie un détail à savoir que lorsque je me suis présenté chez lui, il a été dit qu'il s'agissait d'un officier d'artillerie, je tiens à bien constater ce détail, car il a pu m'aider dans cette recherche très naturelle, très instinctive, sans aucune espèce d'autre préoccupation, recherche qui a consisté à trouver le nom de Dreyfus et à me tranquilliser dans mes appréhensions.

Le général Gonse. — Ce n'est pas la comparaison des renseignements avec l'annuaire général qui a pu vous donner ce renseignement. Ensuite, il y a un autre point sur lequel j'appelle l'attention du Conseil. Étant donnée cette première constatation, à savoir que la comparaison ne pouvait être faite qu'avec l'annuaire spécial de l'artillerie qui n'a pas été faite, je crois maintenant que M. Gobert a dû avoir le nom de Dreyfus d'une autre façon. On avait mis comme pièce de comparaison, à l'appui du bordereau, un travail minuté qui avait été fait par Dreyfus sur la manière dont le ministère pourrait se procurer les fonds en cas de mobilisation. C'était un rapport très bien fait et très complet. Pour ce travail, Dreyfus avait été obligé d'aller à la Banque de France et M. Gobert est expert à la Banque de France.

M. Gobert. — Voulez-vous me permettre de répondre ?

Le Président. — Oui.

M. Gobert. — D'une manière absolue et complète je proteste contre l'insinuation de M. le général Gonse. Il n'y a pas un seul mot de vrai. (*Sensation.*)

Le général Gonse. — Maintenant, M. Gobert a reproduit en général d'une façon exacte la manière dont on lui avait remis le bordereau. Mais il a dit que pendant que le général de Boisdeffre était entouré d'officiers, ces officiers ont disparu, et il a eu l'air de faire une insinuation sur ce que faisaient ces officiers autour du général de Boisdeffre. Or, il était 11 heures du matin...

M. Gobert. — 5 heures du soir.

Le général Gonse. — C'était le matin.

M. Gobert. — C'est à 9 heures du matin que je vous ai rapporté les pièces, mais je les ai reçues à 5 heures du soir dans votre cabinet.

Le général Gonse. — Deuxième point : M. Gobert a pris le bordereau et a dit : c'est un travail facile à faire et je le ferai le plus rapidement possible.

M. Gobert. — Je n'ai rien à dire à cela, c'était en effet un cas simple, et je connaissais l'impression de M. le général Gonse qui était celle-ci...

Le Président. — Cela n'a pas trait à l'affaire, passons sur ces détails.

Le général Gonse. — Je suis retourné chez M. Gobert d'après les instructions du ministre pour savoir quand il pourrait donner son rapport. Là il m'a posé une série de questions que j'ai considérées comme très indiscrètes, tellement indiscrètes que je ne lui ai pas répondu, parce que d'abord je n'avais pas qualité pour lui répondre. Il voulait savoir comment le bordereau était arrivé, où on l'avait pris...

M. Gobert. — Je n'ai jamais demandé cela.

Le général Gonse. — ... et le nom de l'officier.

M. Gobert. — Le nom de l'officier, oui.

Le Président, *à M. Gobert.* — N'interrompez pas.

Le général Gonse. — Quand je suis retourné à la fin de la journée chez M. Gobert pour lui demander son travail qu'il m'avait promis de faire le plus rapidement possible, j'emmenai avec moi un officier, le colonel Lefort, disant : je ne veux plus avoir de conversation particulière avec M. Gobert parce qu'il pose tant de questions que je ne veux pas lui répondre.

M. Gobert m'a apporté son rapport dans mon cabinet ; vous connaissez ce rapport, par conséquent je n'insiste pas.

Dans cette entrevue il n'a nullement été question d'arrestation, je ne lui ai pas parlé de l'arrestation, je ne lui ai pas montré l'ordre d'arrestation par la raison bien simple qu'il n'était pas fait à ce moment.

Quant au reste, je crois la mémoire de M. Gobert fidèle.

M. Gobert. — En ce qui concerne la visite de M. Lefort, c'est exact, seulement c'est précisément en présence de M. le colonel Lefort que j'ai posé la question de la demande du nom de Dreyfus ; ce n'est donc pas à la première entrevue, mais bien à la seconde. Cette question qu'il considère comme indiscrète n'a été posée que lors de la seconde visite du général Gonse chez moi et cette fois il était accompagné du colonel Lefort.

- M. le général Gonse vient de dire que j'avais fait une insinuation à propos du départ des officiers qui étaient chez le général de Boisdeffre. Et bien, je vais vous dire ce qui s'est passé et pourquoi j'ai indiqué cela.

Le Président. — Ce sont des renseignements qui n'ont aucun rapport avec l'affaire. (*Rumeurs.*)

M. Gobert. — Je vais être très rapide. Si j'ai signalé le fait c'est que les officiers en question qui ont quitté le général de Boideffre sont successivement entrés comme dans un moulin dans le cabinet personnel de M. le général Gonse ; il y avait le colonel Sandherr auquel le général Gonse m'a présenté, le colonel Lefort, le colonel d'Aboville, je crois (je crois en être sûr, un détail particulier sur sa personne me fait croire que je ne dois pas me tromper), enfin, il y avait trois ou quatre autres officiers parmi lesquels se trouvait M. le commandant Henry. Cet aréopage examinait devant moi, à côté du général Gonse, le bordereau et c'était à qui ferait remarquer à l'expert : « Voyez donc ce mot comme il ressemble à ce mot, voyez donc cette lettre comme elle ressemble à cette lettre ! » Ne pensez pas, messieurs, que c'était de nature à m'influencer.

Le Président. — Ce sont des détails oiseux. (*Bruit.*)

M. Gobert. — Je ne fais que répondre au général Gonse.

Le Président. — Le colonel d'Aboville était-il présent à cette entrevue ?

Le colonel d'Aboville, *répondant de sa place*. — Je n'ai jamais vu M. Gobert avant aujourd'hui. Si le reste des souvenirs ressemble à celui-là, le Conseil appréciera ce qu'on peut en penser.

Le Président. — N'appréciez pas.

Le général Gonse. — Encore un mot sur la question de la photographie. Si M. Gobert avait demandé une photographie, je n'aurais pas donné moi-même, je n'avais pas qualité pour cela, l'autorisation de la faire, j'aurais transmis sa demande au ministre de la Guerre. C'était simple comme bonjour.

Le capitaine Dreyfus. — On a déjà, en 1894, apporté cette insinuation que M. le général Gonse vient de répéter, au sujet du travail sur les ressources en cas de guerre à la Banque de France. J'affirme d'une façon absolue n'avoir jamais été à la Banque et n'avoir jamais eu aucune relation avec personne de la Banque. (*Mouvement.*) Encore une fois, puisqu'on vient répéter des insinuations produites en 1894, je vous demande, mon colonel, de faire faire toute enquête nécessaire.

Le Président. — Vous avez fait le travail sur la manière de se procurer les fonds ?

Le capitaine Dreyfus. — Oui, mon colonel.

Le Président. — Comment avez-vous eu des renseignements sur les sommes que la Banque pouvait mettre à la disposition de l'État ?

Le capitaine Dreyfus. — J'ai fait le travail sur les archives du ministère de la Guerre, sur les travaux de M. Swart, sur les documents de l'emprunt Morgan en 1870.

Le Président. — Et vous n'avez pas eu besoin d'aller à la Banque ?

Le capitaine Dreyfus. — J'affirme que je n'ai jamais été à la Banque de France.

Le Président. — Ne vous êtes-vous pas renseigné par écrit ?

Le capitaine Dreyfus. — Ni par écrit, ni verbalement.

Le général Gonse. — Cela semble extraordinaire, parce que ces messieurs de la Banque avaient des relations avec les officiers du premier bureau. (*Bruit.*)

Le Président. — Enfin, vous n'avez pas été à la Banque ?

Le capitaine Dreyfus. — Non, mon colonel.

Le Président. — Faites entrer M. Bertillon.

M. Bertillon *se présente à la barre.*

Me Demange. — Permettez-moi, monsieur le Président, de vous adresser une requête : Lors du procès de 1894, M. le Commissaire du Gouvernement avait bien voulu mettre à ma disposition l'original des photographies. Aujourd'hui nous n'avons pas de photographies, je voudrais que M. Bertillon voulût bien mettre à notre disposition des photographies pendant sa déposition.

Le Président, *montrant un document.* — C'est de ceci que vous voulez parler ?

Me Demange. — C'est cela.

Le Président. — Il n'y en a qu'un exemplaire?

Le Greffier. — Un seul.

Le Président. — Nous le ferons circuler.

Me Demange. — Je croyais que M. Bertillon en avait.

Le Président. — Monsieur Bertillon, en avez-vous d'autres?

M. Bertillon. — Oui, monsieur le Président.

Le Président. — Si vous les apportiez, nous pourrions les remettre à la défense, et nous pourrions, nous, suivre sur celui-ci.

M. Bertillon. — Je vais les faire apporter.

SOIXANTE ET UNIÈME TÉMOIN

M. BERTILLON

M. Bertillon, Alphonse, 46 ans, chef du service de l'identité judiciaire à Paris, avenue du Trocadéro, n° 5, prête serment.

Le Président. — Vous avez été chargé d'étudier la pièce dite le bordereau. Je vous prierai de vouloir bien faire connaître les résultats de votre examen au Conseil le plus rapidement et le plus succinctement possible, en ne nous donnant que ce qui peut déterminer notre conviction au sujet de la paternité de cette pièce, sans entrer dans des détails techniques trop étendus.

M. Bertillon. — J'ai déjà déposé devant le Conseil de guerre de 1894 et devant la Chambre criminelle de la Cour de cassation des raisons d'ordre scientifique qui me font croire, d'une façon formelle, à la culpabilité de l'accusé.

J'avoue que, si on isole ma démonstration des préparations et des photographies qui font corps avec elle, mes déductions ne peuvent être comprises que par un nombre très restreint de personnes. (*Murmures ironiques au fond de la salle.*)

C'est pourquoi, au premier procès Zola, j'ai déclaré que je ne pouvais faire connaître ma déposition que si j'étais autorisé au préalable à me servir des pièces nécessaires. C'est pourquoi, aujourd'hui, j'ai l'honneur de prier monsieur le Président de vouloir bien m'autoriser, en vertu de son pouvoir discrétionnaire, à me servir de photographies et des notes manuscrites que j'ai apportées ici et dont un exemplaire pourra être adjoint à la procédure après ma déposition.

LE PRÉSIDENT. — Servez-vous-en; seulement, n'est-ce pas, n'entrez pas dans des détails trop techniques; c'est un peu pour tout le monde...

(*M. Bertillon dispose sur la table des témoins, prolongée par le pupitre que lui prête le sergent audiencier, un de ses dossiers.*)

M. BERTILLON. — La vérification de la pièce que j'ai à vous exposer demande un nombre considérable de constatations minutieuses. Si, au lieu d'une démonstration rigoureuse avec pièces à l'appui pour chaque fait avancé, vous pouviez vous contenter d'un aperçu sommaire, je vous dirais que les deux pages manuscrites connues sous le nom de bordereau ont été écrites en prenant comme guide une espèce de ligne d'écriture glissée à la façon d'un transparent sous le papier pelure du document incriminé. C'est cette ligne d'écriture, employée comme type ou comme patron, à laquelle j'ai donné le nom de gabarit. (*Rires.*) Mais le nom ici n'a rien à faire. Le point important c'est que j'espère vous montrer que cette ligne était formée de la répétition d'un même mot, le mot intérêt, dont j'ai trouvé le modèle dans le sous-main saisi chez l'accusé quelques jours avant le procès de 1894.

Le scripteur du bordereau agissant ainsi aurait eu pour but d'arriver à confectionner rapidement un document truqué de telle sorte que s'il avait été arrêté en flagrant délit, il eût pu démontrer géométriquement que le document était forgé et que conséquemment il était victime d'une machination. C'est ce que les criminalistes appellent un alibi de persécution. (*Nouveaux rires.*) Mais d'autre part le fait d'écrire en prenant comme guide un modèle sous-jacent, en retardant suffisamment l'allure naturelle de sa main, lui permettait conjointement de déguiser son écriture suffisamment, de sorte qu'il était en même temps à même, si les circonstances de l'arrestation rendaient l'alibi de machination non présentable, de dénier simplement son écriture.

Quant au procédé d'écrire en guidant son écriture sur un modèle, sur un gabarit, il semble d'abord d'une application difficile; le fait suivant vous fera peut-être comprendre comment il est d'un usage pour ainsi dire courant. Il n'est personne à qui il ne soit arrivé, en présence d'un manuscrit d'apparence soignée, de transformer un ou plusieurs mots dans des conditions de son et d'orthographe entièrement différentes et ceci par la simple correction, addition ou suppression de quelques jambages; prenons par exemple le second mot du bordereau : le mot « nouvelles ». On peut évidemment avec un ou deux coups de grattoir le transformer en le mot « nouveau », de la ligne 9. Ce mot nouveau pourrait être à son tour corrigé et transformé dans le mot « couteau » ou dans le mot « mouvoir » ou « mouvant » par des corrections, des additions qu'il serait oiseux d'indiquer pour chaque cas particulier. C'est le procédé journellement employé par les faussaires qui surchargent des bons du Mont-de-Piété ou des bons de poste. Supposons qu'au lieu d'exécuter ces corrections directement sur l'original nous les exécutions sur des feuilles de papier pelure au-dessus du mot « type », en essayant de reproduire le mot dérivé, le mot à introduire d'un seul coup de plume de telle façon que ce tracé ressemble au tracé que la correction directement exécutée sur l'original nous aurait donné. Nous serons à peu près dans les mêmes conditions que le scripteur du bordereau après quelques jours d'exercice; autrement dit nous serons à même, avec ce même mot « type », de reproduire à plusieurs semaines ou à plusieurs années d'intervalle des mots identiquement superposables de telle sorte qu'ils paraîtront calqués. Tout le monde sait, en effet, que la main abandonnée à elle-même ne reproduit pas deux fois de suite un tracé identiquement superposable.

La longueur du mot « intérêt » étant elle-même en relation simple avec l'unité métrique, l'espacement de ces lettres, la dimension de ces lettres étant également en relation simple avec le mètre, vous pouvez vous rendre compte dès maintenant comment il se fait que le bordereau apparaît, quand on l'examine le décimètre à la main, comme un document géométriquement confectionné. Le problème de la culpabilité ne saurait être tranché par l'examen intrinsèque du bordereau, ce dernier étant une pièce mécaniquement composée et pouvant, par conséquent, avoir été exécutée par n'importe qui.

Mais, le point important, c'est qu'il a été trouvé au ministère de la Guerre, d'une part, et au domicile de l'accusé, d'autre part, des manuscrits sur lesquels se trouvent des mots repérés exactement de la même façon que les mots du bordereau; de sorte que ces mots semblent calqués sur ces manuscrits, dans le but, je prétends, de pouvoir prouver que le bordereau avait été composé avec des mots calqués, rapportés, mis bout à bout.

Or, l'étude attentive de cette question montre que ces mots n'ont pas été calqués les uns sur les autres, mais qu'ils sont tracés sur un modèle commun. La précaution d'introduire de temps à autres dans les documents qu'il écrivait au ministère de la Guerre des mots tracés au-dessus de ces mots, était la contre-partie nécessaire de l'alibi de machination, dont je vous parlais tout à l'heure. (*Rumeurs.*) Si ces faits peuvent être montrés avec une rigueur suffisante, les conclusions à en tirer sont manifestes. Voici, résumée sommairement, la thèse que je vais avoir à vous développer.

Comme vous pouvez déjà l'apprécier, cette démonstration sera principalement géométrique. C'est vous dire que ma compétence en cette matière sera infiniment moins grande que la vôtre. Aussi, n'est-ce pas à mes connaissances scientifiques que j'en dois la découverte. Fonctionnaire de la Préfecture de police depuis plus de vingt ans, j'ai eu simplement cette intuition professionnelle bien simple qu'à supposer l'accusé momentanément coupable, il était présumable qu'il n'avait pas dû écrire ses missives de trahison de la même façon naïve d'un employé révoqué écrivant une lettre anonyme de menaces à son patron. Autrement dit, j'ai appliqué à l'expertise en écritures les procédés qui sont usuellement employés dans les enquêtes judiciaires, lorsque, par exemple, en présence d'un cadavre dépecé, on recherche si les sections des articulations ont été pratiquées par la main habile d'un anatomiste, en suivant les us et coutumes ordinaires, ou par une main inexpérimentée, de façon à remonter de ces observations à l'auteur possible du crime. Il était possible, si l'accusé était réellement coupable, qu'il eût cédé à la tentation d'introduire dans ses procédés de trahison quelques-unes des applications des connaissances techniques qu'il possédait à un aussi haut point, et dont je n'avais, moi, qu'un aperçu général; c'est cette insuffisance de ma part qui vous expliquera pourquoi mes recherches ont été si longues.

Aussi, dans cette exposition, je m'attacherai à suivre l'ordre de la découverte des faits. Disons seulement pour fixer vos idées que ces faits peuvent se répartir en trois groupes : dans la première partie, je vous démontrerai que le bordereau est incontestablement forgé ; dans la deuxième, qu'il n'a pu être fabriqué que par l'accusé et dans la troisième, j'expliquerai comment il a été fabriqué, au courant de la plume, à l'aide d'un mot clef glissé sous la pelure du document, à la façon d'un transparent.

Ce fut dans la matinée du 13 octobre 1894 que je fus mandé au cabinet du préfet de police, vers neuf heures du matin, et qu'on me remit la photographie du document incriminé avec un échantillon de l'écriture de la personne soupçonnée.

Mon avis était demandé pour la même journée; il y avait, me fut-il dit, une importance capitale à ce que cette question fût tranchée dans la journée même, mais j'ajoute que je disposais à ce moment de 5 à 6 employés déjà entraînés à des travaux de ce genre par des enquêtes similaires antérieures, de sorte que toute la partie matérielle de l'opération : photographie, découpage, recherche des mots semblables, etc., m'était épargnée; et que les dix heures qui m'étaient allouées équivalaient en fin de compte au travail d'une semaine d'un expert ordinaire abandonné à ses propres forces.

Dès le commencement de l'examen je fus frappé par des coïncidences nombreuses de formes graphiques absolument normales et par conséquent très caractérisées.

J'en fus même quelque peu inquiété; je me demandai comment il était possible qu'une personne incontestablement intelligente, comme le scripteur de cette missive semblait l'indiquer par ses conclusions, puisse avoir écrit une lettre aussi criminelle sans presque déguiser son écriture.

Me Demange. — Je n'ai pas entendu votre dernière phrase?

M. Bertillon. — Je disais que j'avais été un peu inquiété de ne pas trouver cette missive déguisée d'une façon plus profonde.

Enfin autre sujet d'inquiétude :

L'écriture portait de-ci de-là quelques retouches ou quelques tremblements qui d'ordinaire caractérisent le calquage.

Néanmoins, ces retouches et ces hésitations étaient en nombre insuffisant pour permettre de conclure à la fabrication artificielle; le soir, vers les six heures, après avoir contrôlé mes observations sur le bordereau original que j'avais réussi à me procurer dans l'après-midi, je signai sous la seule pression de ma conscience (*Rumeurs.*) l'avis suivant qui résumait les observations que mes chefs m'avaient demandé de faire, à savoir :

Si l'on écarte l'hypothèse d'un document forgé avec le plus grand soin, il appert manifestement pour nous que c'est la même personne qui a écrit toutes les pièces communiquées et le document incriminé.

Au point de vue logique, cet avis signifiait simplement que je trouvais que les deux groupes de formes graphiques, représentés par les deux sortes de documents, étaient trop semblables pour pouvoir être attribués au hasard.

Oui, les relations de forme de lettres, de dimensions, d'écartements, existant d'un mot à un autre, d'une partie d'un mot à un autre, etc., étaient trop voisines, trop analogues pour qu'on pût vraisemblablement admettre que les deux documents fussent d'une autre main.

Néanmoins cet avis que j'émettais excluait-il l'hypothèse de la contrefaçon de l'écriture? Évidemment non. Cette dernière partie de l'examen demandant un temps beaucoup plus long, je l'écartais de cet avis préliminaire. Néanmoins j'ajoutais en note la présence de l'emploi de la lettre S qui sur le bordereau n'était pas employée de la même façon, dans le même ordre que sur la pièce de comparaison. Quels sont les caractères d'un faux? Ces caractères dépendent de la façon employée par le faussaire. Les experts rattachent la confection d'une pièce artificielle, à deux catégories d'opérations différentes, il y a 1° ce qu'on appelle l'imitation d'écriture à main levée, 2° décalquage.

L'imitation à main levée est l'opération qui donne les meilleurs résultats, mais elle nécessite un temps d'apprentissage particulièrement long, elle se reconnait à la présence de reprises dans le tracé des mots d'une lettre à une autre, chaque fois que le scripteur quitte le bec de sa plume pour considérer le modèle; aussi, pour confectionner une pièce de ce genre, faut-il pour ainsi dire connaître son modèle par cœur pour n'avoir pas à la regarder pendant qu'on écrit; de là un temps d'apprentissage assez long.

Le calquage ne nécessitant pas d'apprentissage semble devoir être employé plus fréquemment par les faussaires et leur avoir assuré des succès plus nombreux. La pièce la plus connue a été fabriquée de cette façon; c'est le faux testament de M. de La Boussignère qui a été confectionné il y a une dizaine d'annéee par un autographiste, Charpentier, au moyen de mots calqués, rapportés, mis bout à bout. Le manuscrit, le testament lui-même n'était qu'une sorte de décalque — ces circonstances seront importantes tout à l'heure — qui avait été passé à l'encre par un autographiste de profession, nommé Charpentier, mort depuis. Bien qu'il fût malaisé de réussir une pièce de ce genre, car la difficulté principale, après le choix des mots, consiste à aligner bout à bout avec à la fois science, rectitude, ce testament fut validé sur rapport de plusieurs experts, M. Gobert entre autres, puis les confectionneurs de ce testament s'étant fait chanter les uns les autres, il y eut un procès à la Cour de cassation et en cour d'assises, où la machination du testament fut facilement reconnue. Nous devons donc conclure de cet exemple que la prétendue connaissance des experts en ce qui concerne l'authenticité des mots, ou le cliché graphique, c'est une connaissance vaine. Toute espèce d'écriture peut être imitée, l'expérience dans tous les pays, devant tous les tribunaux, sans remonter bien loin, le prouve suffisamment. Néanmoins, il ne faudrait pas mettre sur le même pied les deux expertises par exemple du testament de La Boussignère : dans la première où les experts, abusés par l'analogie fallacieuse des formes graphiques, déclarèrent l'identité des mots dans les deux sortes de texte; dans la seconde en cour d'assises où, en possession de tirages, de brouillons et de cinq tirages lithographiés, ils purent formuler une opinion impersonnelle de culpabilité.

Incontestablement, l'avis que je donnais le 13 octobre, après cet examen, appartenait à la première catégorie de ces expertises, à savoir à une expertise aléatoire.

La question que je me posai, lorsque je fus informé le surlendemain, lundi, de l'arrestation de l'auteur soupçonné du bordereau, et lorsqu'on me fît connaître, sous le sceau du secret, ses noms et qualités, fut celle-ci. N'était-il pas possible qu'à l'exemple du faux testament de La Boussignère, le bordereau eût été créé de pièces et de morceaux par un criminel inconnu qui aurait eu la volonté de perdre un ennemi personnel?

Nous avons déjà examiné cette hypothèse au point de vue technique, en ce qui regarde les retouches.

Restait la question de l'examen de l'alignement des mots et des lignes. Si le bordereau avait été composé au moyen d'un contexte primitif, des mots rapportés et mis bout à bout, il était possible que l'on retrouvât, dans l'espacement des lignes ou dans l'emplacement des mots, des traces d'une intervention mécanique ou d'une rayure pour donner à ces mots une place ordonnée.

Vous savez tous, messieurs, combien il est difficile, quand on a à intercaler un ou plusieurs mots au milieu d'un manuscrit, de faire cette intercalation sans que cela saute aux yeux, soit à cause de l'inclinaison des lettres, soit à cause de la position des mots. De là l'idée qui me vint de superposer un quadrillage demi-centimétrique au bordereau. Je me servis d'abord d'un réticule de quadrillage par quatre millimètres, dont la contexture de ce papier était imprimée. Mais depuis, pour donner plus de facilité aux observations, je me suis efforcé, au moyen d'un travail considérable, de reconstituer le bordereau en ses vraies dimensions, que le mauvais raccommodage de ce document avait considérablement altérées. Vous pouvez, en effet, remarquer, sur l'épreuve originale, qu'il y a des parties de papier qui se superposent les unes aux autres, tandis qu'il y a d'autres parties où les morceaux rapportés laissent un blanc. Vous pouvez faire ces observations sur les photographies du bordereau original que je vais mettre sous vos yeux, et qui ont été faites par contact et par superposition directe du papier à la plaque sensible. Ce procédé d'opération est le seul moyen d'obtenir des photographies de dimensions rigoureusement semblables au modèle, ou, si l'on veut, des photographies de dimensions contrôlables, certifiables.

Je ne dispose que de sept exemplaires de cette photographie, mais j'ai deux cahiers qui contiennent exactement les mêmes épreuves; je demanderai la permission de remettre à M. le Président et au commissaire du Gouvernement les photographies qui sont équivalentes à ces cahiers.

M. Bertillon fait passer ses photographies au Conseil de guerre, au commissaire du Gouvernement et à la défense.

Pour reconstituer le document en ses vraies dimensions, j'ai recours au procédé suivant : je projette sur un panneau constitué par une feuille de papier au gélatino-bromure de trois mètres de côté, une projection d'un cliché du bordereau — j'ai un cliché du bordereau — c'est-à-dire une projection d'un cliché où il y avait le quadrillage par quatre millimètres imprimé dans la pâte du papier, et j'obtiens une série d'épreuves de ce genre-ci, où j'aperçois le quadrillage par quatre millimètres amené à la dimension de carré de quatre centimètres de côté.

Pour donner la certitude à l'opération, en même temps que je faisais cette projection je mettais contre mon cliché une gradation millimétrique sur verre, qui était agrandie conjointement avec le cliché, de sorte que j'avais là un texte continuel, constant de l'opération, puis j'ai recoupé carrés par carrés, et j'ai recollé les morceaux sur une grande planche à dessin où j'avais tracé, au préalable, avec la plus grande exactitude, des carrés de quatre centimètres de côté. Ainsi, les carrés qui avaient été diminués par une superposition du papier ont dû être espacés pour obtenir leurs quatre centimètres, et inversement les carrés qui occupaient plus de quatre centimètres, à cause des parties de papier mal raccommodées et écartées, ont été ramenés par de petites sections à occuper leur place réelle.

Ce sont les résultats de ces opérations qui sont figurés sur la pièce ci-jointe. L'observation qui frappe tout d'abord quand on regarde le bordereau reconstitué dans ses vraies dimensions et superposé à une réglure verticale espacée par demi-centimètre, c'est que les mots redoublés de ce document sont touchés de la même façon à des places géométriquement équivalentes, soit en tête en ce qui regarde le trait initial, soit en queue. Prenons par exemple le mot

« *copier* » de la ligne 27 et le mot « *copie* » de la ligne 29. Nous constatons que le C initiale de ces deux mots est touché tangentivement par le réticule demi-centimétrique. Regardons maintenant le mot « *manœuvre* » de la ligne 22 et le mot « *manœuvre* » de la ligne 30, nous remarquons que l'emplacement du trait initial du premier jambage qui passe antérieurement à cette lettre est exactement le même par rapport au réticule qu'à la gauche de ce trait.

Prenons le mot « *nouvelles* », de la première ligne du bordereau, et le mot « *nouveau* », de la 9e, même coïncidence. Prenons le mot : « *modification* » de la ligne 10 et le mot « *modifications* » de la ligne 8. Nous voyons le trait initial à la même distance du réticule centimétrique du réseau vertical qui passe à la droite de ce trait.

Ces observations ont été mises en lumière et réunies sur les planches ci-jointes à l'agrandissement du double.

Nous avons placé sur la première travée des mots qui sont disposés semblablement par rapport au réticule en ce qui regarde le trait initial et en ce qui regarde la partie finale. Quelle probabilité y a-t-il que de pareilles coïncidences puissent être attribuées au hasard. Autrement dit, au point de vue pratique, de quel nombre de pièces manuscrites écrites naturellement au courant de la plume faudrait-il disposer pour avoir quelque chance de rencontrer une missive semblablement disposée. (*Rumeurs.*) Quant au repérage des mots doubles, la solution est la même.

Prenons au hasard un de ces nombreux mots dont je viens de parler : les deux mots « *modifications* » par exemple. Après avoir écrit une première fois ces mots au courant de la plume avec la base de M initial touchant à une barre demi-centimétrique verticale, c'est-à-dire non visible, n'existant nulle part, quelle probabilité y a-t-il que je trouve ces mêmes mots deux lignes plus bas de la même façon, c'est-à-dire la même lettre, juste pareillement à moins d'un quart de millimètre à une base demi-centimétrique également invisible. Évidemment le fait ne pourra se présenter que par hasard, qu'une fois sur cinq cas en moyenne. En effet chacun des cinq millimètres qui séparent chaque base verticale doit être considéré comme ayant chance égale pour recueillir l'initiale du deuxième mot « *modifications* ».

En conséquence, si nous supposons que nous recommençons indéfiniment, cent fois, mille fois, dix mille fois, l'expédition de la missive, le repérage demi-centimétrique géminé des deux initiales ne sera représenté que par un cinquième des expéditions ; ainsi, sur dix mille expéditions, faites à l'aide d'un transparent vertical, le repérage des deux mots « *modifications* » ne s'observera que deux mille fois.

Assurons-nous maintenant si le repérage demi-centimétrique des deux mots « *modifications* » est susceptible d'entraîner avec lui le repérage des deux mots « *disposition* ». Evidemment non. L'ajustage des deux groupes de mots ne saurait en quoi que ce soit déterminer celui du second.

Ainsi, si nous supposons le premier des deux mots « *disposition* » coupé comme dans la missive, tout contre la volute du D, le second mot « *disposition* » ne sera coupé qu'une fois sur cinq expéditions. Etant donnée cette non-corrélation, nous pouvons poursuivre pour ces deux mots le calcul précédemment commencé.

Nous avons vu que sur dix mille expéditions faites au hasard, deux mille seulement présenteraient le même repérage des deux initiales et nous savons depuis qu'un 5e seulement, soit 400, présentera en même temps un repérage semblable ajusté à un quart de millimètre en plus ou en moins des deux « *disposition* ». En redivisant ce chiffre de 400 par 5 il se trouve réduit à 80, lequel chiffre à son tour descendra à 16 par l'intervention des deux mots « *copie* » et « *copier* ». (*Rumeurs*).

Nous restons maintenant en présence de trois pièces parmi lesquelles nous n'aurons pas grand'chance d'en trouver une pour le repérage réticule sur réticule, barre sur barre, des initiales des mots « *nouveau* » et « *nouvelles* » sans parler des deux mots « *notes* ».

Ainsi, il nous faudrait en moyenne plus de dix mille pièces pour avoir quelques chances d'en rencontrer une présentant le repérage demi-centimétrique de ces mots redoublés précédents, mais que dire aussi des autres polysyllabes coupés semblablement et que contient la pièce? Que dire du repérage des mots de mêmes initiales comme « *manuel* », « *manœuvres* »? Ainsi on pourrait dire que sur cent millions de copies faites au hasard, il ne s'en trouvera peut-être pas ni deux ni une qui présenteront l'ensemble des deux repérages précédents, sans parler de la superposition du tracé de ces mots que nous allons étudier.

Mais que deviendra ce chiffre s'il faut que nous tenions compte des repérages similaires des petits mots *et*, *le*, *etc.*, qui la plupart, comme les mots redoublés, sont repérés semblablement?

Conclusion. Nous sommes bien en face d'un document machiné, quel qu'en soit l'auteur, quel qu'en soit le but.

Si maintenant nous passons de l'examen de l'emplacement des mots à l'examen de leur tracé, en les examinant à la façon des experts, par superposition, nous constatons ce règlement curieux, à savoir que le premier mot redoublé recouvre le second dans sa partie finale, tandis que le trait initial du premier est en recul d'un intervalle de lettre par rapport au second.

Prenons par exemple le mot « *manœuvres* » du bordereau, — en voici un calque très exact avec ses réticules demi-centimétriques. Transportons-le, réticule sur réticule, sur le second mot « *manœuvres* » et nous observons une superposition exacte du trait initial, tandis que la partie finale ne présente pas de superposition. Reculons le calque d'un quart de l'intervalle du réticule, soit de $1^{mm},25$; nous observons que les deux parties finales se recouvrent exactement.

L'observation que je viens de faire pour le mot « *manœuvres* » pourrait être répétée pour tous les mots redoublés.

Prenons le mot « *modifications* » de la ligne 8. Transportons-le sur le mot « *modifications* » de la ligne 10, réticule sur réticule; nous n'obtenons que la superposition des plus exactes du trait initial. Imprimons maintenant au calque un déplacement d'un quart de l'intervalle c'est-à-dire de $1^{mm},25$ et nous obtiendrons le phénomène que nous appelons le surmoulage de la partie médiane. Revenons en arrière encore une fois de $1^{mm},25$, et nous obtenons l'emboîtage de la partie finale. Nous sommes en face de trois mouvements de $1^{mm},25$: superposition du trait initial; recul, emboîtage de la partie médiane; retour en arrière, emboîtage de la partie finale.

M. Bertillon s'approche du Conseil et fait pour le mot « disposition » *la même démonstration qu'il vient de faire pour les mots* « modifications » *et* « manœuvres ».

Ainsi, ces mots qui, au premier abord, paraissent aussi différents que possible, lorsqu'on les superpose et qu'on mesure les déplacements, paraissent résulter du calque d'un modèle commun qui aurait été opéré avec déplacement.

Eh bien, les treize mots redoublés que contient le bordereau obéissent tous à cette loi : toujours le premier mot se met sur le second avec un recul de $1^{mm},25$ ou de deux fois $1^{mm},25$. Voilà un phénomène qui n'est pas naturel et qui, à lui seul, dénote la confection artificielle du bordereau.

Ces observations ont été représentées sur les photographies ci-jointes, que j'ai l'honneur de vous présenter.

Me LABORI. — Ces décalques et ces pièces seront annexées au dossier bien entendu?

M. Bertillon. — Oui, monsieur le défenseur.

L'observation a été mise en lumière sur ces planches. Ce sont les mêmes mots que ceux qui vous ont été montrés tout à l'heure.

Il m'a semblé que le phénomène que nous venions de découvrir présentait avec le Manuel opératoire connu en topographie, je crois, je suis très incompétent en ces matières, sous le nom de « *Loi des Quatre* », quelque analogie. Pour diviser à la main une distance connue, déterminée, il est de pratique courante d'employer la division en deux, puis encore en deux; du moins c'est l'expression que j'ai employée pour désigner ce phénomène de surmoulage avec recul de 1^{mm},25 ou de 2^{mm},25, c'est-à-dire avec recul du quart de l'intervalle d'écart demi-centimétrique ou de la moitié d'écart demi-centimétrique. Nous allons revenir sur ces deux quantités.

Le bordereau présente encore d'autres anomalies qui laissent soupçonner sa confection artificielle. Ainsi, signalons la petite encoche qu'il présente, dans le quart inférieur du bord libre de ce document. La photographie que je vous ai donnée la reproduit avec une flèche et si le papier avait été simplement découpé au massicault cette encoche n'existerait pas. Elle semble d'abord indiquer que le bordereau a été découpé dans un format plus grand à coups de ciseaux, et que nous sommes ici en face d'une hésitation de la main de la personne qui a coupé.

Nous verrons plus loin cette encoche remplir un autre rôle.

Autre trace qui laisse soupçonner une confection artificielle : l'examen des maculatures qui se trouvent vis-à-vis le feuillet blanc du verso. Si ces maculatures résultaient simplement de l'impression des maculatures encore fraîches sur le papier vis-à-vis, elles seraient exactement symétriques : or un examen attentif du document montre qu'il n'en est pas ainsi.

Prenons le mot « *disposition* » du bordereau avec son calque. Nous remarquons une bavure qui réunit le point à l'I. Replions notre calque sur la partie opposée, et nous voyons la bavure transportée dans la partie directement opposée, tandis qu'elle devrait être exactement symétrique, située en dessous, vis-à-vis de la partie qui semble lui avoir donné origine. Ces deux bavures ne sont pas la maculature l'une de l'autre, et semblent avoir été faites à deux intervalles différents : première cause. Deuxième cause : mouvement en sens inverse. C'est une observation très faible, sur laquelle je n'insiste pas.

Mais si nous superposons le mot « *manuel* » et le mot « *manœuvre* » nous sommes frappés de ce que leur tracé se superpose, réticule sur réticule. Même observation en ce qui regarde les mots «*nouveaux* et « *couverture* »; leur partie commune *o u v* se mettent l'une sur l'autre, barre sur barre. Le mot *120* se met sur le mot *1894* jusqu'à la moitié du réticule. (*Bruit.*) J'ai réuni ces observations sur la planche ci-jointe (n° 5). L'observation la plus curieuse que présente la planche n° 5 est relative aux articles « *les* ». Sur ces articles il y en a 4 qui sont réticulés de même, il y en a 3 qui peuvent se superposer réticule sur réticule. C'est là la remarque la plus intéressante, car la superposition, si elle n'était pas accompagnée du réticulage, n'aurait pas le même intérêt. Le bordereau contient sept mots « *les* »; ils se divisent en deux groupes qui se mettent l'un sur l'autre, réticule demi-centimétrique sur réticule demi-centimétrique.

Enfin, depuis ma déposition devant la Cour de cassation, j'ai découvert une autre superposition qui à elle seule est peut-être plus curieuse que toutes celles que je viens de vous indiquer. C'est la superposition de la ligne entière n° 13 sur la ligne n° 30. Si nous transportons la ligne 13 (*manuel*) sur la ligne 30 (*je vais partir*), nous constatons que les lettres *v a* et *m* se mettent l'une sur l'autre et les mots «*manuel* » et « *manœuvres* » également.

Nous verrons plus loin que le réticulage du bordereau n'aurait pas dû être fait d'un seul morceau comme je l'ai fait dès la première heure, mais que chaque ligne aurait dû être réticulée.

L'écriture naturelle, c'est un phénomène connu, n'obéit à aucune loi. Pourtant on doit reconnaître que les mots similaires jetés au courant de la plume ont une tendance à converger vers un point moyen, central, et qu'ils diffèrent énormément les uns des autres. Sur le bordereau nous n'apercevons rien de cela; mais une loi plus compliquée semble présider non seulement au tracé des mots mais aussi à leur placement.

Ainsi, la lettre missive incriminée n'a pas été écrite naturellement; c'est une lettre forgée quel qu'en soit l'auteur, quel qu'en soit le but.

Le Président. — Vous avez terminé votre première partie; c'est le moment de nous accorder quelques moments de repos.

L'audience est suspendue à 9 heures et demie.

L'audience est reprise à 9 h. 45.

Le Président. — Monsieur Bertillon, veuillez reprendre le cours de votre déposition.

M. Bertillon. — Les photographies que j'ai fait passer sous vos yeux vous ont montré que l'écriture du bordereau ne correspond pas dans toutes ses parties à l'écriture de l'accusé.

Est-ce que ces différences sont naturelles ou intentionnelles? faut-il les qualifier, autrement dit, de déguisements ou de divergences graphiques ?

Remarquons que le truquage du bordereau, que nous croyons avoir démontré d'une façon indiscutable, ôte beaucoup d'importance à cette question; si le bordereau est truqué, les caractères de l'écriture perdent beaucoup de leur importance. Examinons quelles sont ces différences et prenons pour base le rapport des experts de 1894, et notamment le rapport de M. Charavay. Il les énumère d'une façon très complète; je vais en faire l'énumération en prenant pour guide la planche 6 qui vous a été distribuée tout à l'heure.

Dans l'écriture de l'accusé il y a très souvent une forme d'*a*, tandis que sur le bordereau, vous voyez qu'ils revêtent parfois la forme d'un alpha grec, de forme rapprochée, où le jambage des *a* se fusionnerait en un seul trait; les *a* sont généralement à angle rectiligne sur l'écriture de l'accusé, tandis qu'ils sont à volutes, à deux exceptions près, sur le bordereau.

Deuxième point : le double *l* a une forme pour ainsi dire normale dans l'écriture de l'accusé, tandis que sur le bordereau il revêt une forme absolument exceptionnelle, sur laquelle j'aurai besoin de revenir plusieurs fois et que j'ai qualifiée, pour faciliter et abréger les formules, de double *l* en ligne brisée.

L'*m* et l'*n* sont souvent en forme d'*u* chez l'accusé, tandis que sur le bordereau la partie supérieure de ces lettres est régulièrement voûtée et le délié initial est accentué.

L'*o* a un tracé ouvert chez l'accusé et sur le bordereau il revêt une forme exceptionnelle qui consiste en un point minuscule situé au milieu du délié qui réunit la lettre précédente à la lettre suivante. C'est cette forme à laquelle j'ai donné le nom de *o* négatif par une allusion à l'image photographique sur négatif, sur cliché, que cet *o* aurait donnée.

Le *p* a un délié initial très accentué chez l'accusé; sur le bordereau il n'y a généralement pas de délié.

Enfin, le double *s* est allongé en premier chez l'accusé, tandis qu'il est toujours allongé en second sur le bordereau.

J'ai ajouté à cette liste, qui est empruntée pour la plupart au rapport de M. Charavay de 1894, j'ai ajouté à cette liste la forme des *u* qui, chez l'accusé, tourne toujours intérieurement dans le sens inverse des aiguilles d'une montre, tandis que sur le bordereau elle tourne intérieurement dans le sens des aiguilles d'une montre...

Me DEMANGE. — Nous n'avons pas cette planche.

Cette planche est mise sous les yeux des défenseurs.

M. BERTILLON. — A côté de ces dissemblances; nous remarquons des analogies nombreuses, qui ont été réunies, mises en lumière dans la planche ci-jointe. Cette planche, ce tableau, présente, autant qu'il a été possible, les mots similaires du bordereau avec les mots dictés à l'accusé durant l'instruction judiciaire de 1894. Quand on compare certains mots rapportés, il y a de nombreuses ressemblances dans la forme des lettres.

Le mot « *responsable* », au milieu de la seconde colonne à droite, présente, en ce qui regarde le tracé suivi, une grande analogie, mais une grande dissemblance en ce qui concerne l'écartement des lettres, l'allure générale de l'écriture. Cette dissemblance, nous vous l'expliquerons, plus tard, par le procédé du calquage, que nous prétendons que l'accusé a suivi pour confectionner son bordereau.

Comparons maintenant les mots redoublés du bordereau dont la confection est si curieuse avec les mots similaires offerts par les pièces de comparaison écrites par l'accusé durant son stage au ministère.

Remarquez qu'en faisant cette opération nous ne faisons que suivre les us et coutumes de l'expertise ordinaire qui recommande de s'attacher spécialement aux comparaisons de mots semblables.

Nous sommes frappés de la présence, dans ces documents, d'un certain nombre de mots qui présentent une très grande analogie.

Si nous le superposons nous voyons que cette analogie s'étend jusqu'à l'égalité géométrique, jusqu'à la superposition; mais il faut pour l'obtenir imposer aux mots du bordereau un déplacement de $1^{mm},25$, de façon à obtenir la superposition du premier tracé avec le second.

Voici des plans sur lesquels vous voyez la reproduction de mots superposés.

M. Bertillon s'approche du Conseil de Guerre et commente ses plans au milieu des membres du Conseil et des défenseurs.

M. BERTILLON. — Il y a des mots qui sont superposables, ainsi que je l'avais mentionné dans le rapport de la première heure.

Mais nous n'avons naturellement pas la superposition des « caractères divergents » que je vous ai énumérés tout à l'heure.

Le bordereau serait donc réellement confectionné avec des mots calqués sur un texte fabriqué au ministèie de la Guerre. Si nous adoptons maintenant cette hypothèse, nous sommes amenés, pour expliquer en même temps la coïncidence de réticules des mots du bordereau avec les réticules que nous avons appliqués au texte du ministère... et pour expliquer en même temps le déplacement de $1^{mm},25$ ou deux fois $1^{mm},25$ que nous constatons dans ces mots, nous sommes amenés à faire l'hypothèse suivante : le faussaire, le confectionneur du document, ayant l'intention par exemple d'intercaler deux fois les mots « *copier* » dans son texte du bordereau, s'est dit : Si je me contente de décalquer ces mots d'une façon rigoureuse, les experts, qui procèdent par superposition de décalque, verront mon procédé immédiatement; je vais donc les diviser, je vais donc altérer la superposition de ces deux mots et pour cela je vais avoir recours au manuel opératoire suivant : je prends une feuille de papier quadrillé par 1/2 centimètre.

M. Bertillon s'approche de nouveau de la table du Conseil aux membres duquel il donne des explications.

Pour le second mot j'opère exactement au début de la même façon, mais au lieu de reculer mon calque vers la droite, je le recule vers la gauche toujours de la même quantité en regard de l'intervalle, c'est-à-dire de $1^{mm},25$, et je répète en commençant par le trait au crayon pour donner après le tracé à l'encre. J'obtiens ainsi deux dessins qui vont être superposables au mot du bordereau, réticule sur réticule.

M. Bertillon se rapproche à nouveau de la table du Conseil et donne des explications qu'il est matériellement impossible d'entendre.

Cette double opération a été représentée sur la planche ci-contre. Si nous avons doublé le mot «*artillerie*» de son calque au crayon et nous y avons superposé le premier mot «*artillerie*» du bordereau, nous obtenons ainsi un tracé où toutes lettres sont localisées sur l'une ou l'autre des deux chaînes. Cette opération n'est que le double de celle-là, sur laquelle nous avons fait disparaître le tracé non saisi ; vous voyez qu'on s'attache au tracé par transparence. Voici le mot «authentique» superposé au mot du bordereau : voici le même avec l'opération du calque au crayon, et voici la même préparation sur laquelle on a levé le tracé « *authentique* ». Vous remarquerez la similitude extraordinaire des tracés.

M. Bertillon s'approche du Conseil auquel il montre son tracé.

Ces opérations ont été représentées sur l'écriture et jointe aux dimensions de la grandeur naturelle.

Quelle que soit la complication de l'hypothèse provisoire à laquelle nous venons d'arriver pour expliquer les phénomènes de superposition et de réticulage du bordereau, nous devons reconnaître que cette hypothèse est encore moins compliquée que le procédé qui a été suivi pour la confection du faux testament de M. de La Boussinière, puisque ce faux testament, avons-nous dit, avait été composé d'abord sur du papier autographique et reporté sur la pierre lithographique, et que c'était une épreuve tirée au carbonate de plomb qui avait été repassée à la plume par l'autographiste Charpentier. Nous avons une similitude de procédé : mine de plomb pour la confection du bordereau, et de l'autre côté carbonate de plomb.

Quoi qu'il en soit, le bordereau présente l'apparence d'avoir été composé au moyen des mots calqués sur les manuscrits d'Alfred Dreyfus conservés au Ministère de la Guerre, en suivant un procédé qui remémore celui du faux testament de M. La Boussinière.

Fallait-il de ces diverses constatations conclure à une machination dirigée contre l'accusé ? Nous ne le crûmes pas, parce que le bordereau était en même temps d'une écriture déguisée, parce qu'il y avait en même temps des différences de forme d'écriture.

Regardons la confection artificielle du bordereau comme démontrée, regardons comme prouvé qu'il a l'apparence d'avoir été confectionné avec des mots calqués sur les pièces du ministère de la Guerre écrites par A. Dreyfus; nous voyons que si réellement il avait été l'œuvre d'une machination contre l'accusé, il n'aurait pas porté des différences d'écriture aussi flagrantes que l'inversion de l'*s* long ou que le double *l* en ligne brisée.

L'écriture était déguisée; il y avait donc là une présomption contre l'accusé.

Remarquons que les raisonnements que je viens de vous faire ne sont donnés qu'à titre d'hypothèse pour diriger nos recherches ultérieures : ce ne sont pas des preuves, mais ce sont des idées avant-coureurs qui vont nous servir de guide et qui vont trouver justement leur justification dans les découvertes que nous allons faire ultérieurement.

La conjecture d'imitation d'écriture est donc inconciliable avec celle du déguisement graphique intentionnellement introduit par un faussaire.

D'un autre côté, les difficultés techniques mises à part, on peut, on peut concilier l'utilité théorique pour un espion de combiner le déguisement avec la simulation d'un document forgé. En effet, le flagrant délit est l'éventualité qui est la plus redoutable pour un traître; en pareille éventualité, il ne s'agit plus de nier, il fau prouver qu'on est victime d'une machination, et en pareil cas le bordereau machiné, comme nous venons de l'indiquer, aurait été du plus grand secours pour établir les preuves résultant des autres circonstances.

Plaçons-nous dans une situation inverse et apprécions que le danger qui se présentait devait sembler aussi redoutable à l'accusé que le flagrant délit. Évidemment non, il était toujours possible de délier son écriture, les experts en écriture se sont trompés suffisamment d'une façon assez grossière pour que l'écriture seule ne puisse servir de preuve. Ainsi donc le système adopté par l'accusé me semble inadmissible. Si le bordereau avait été machiné intentionnellement contre Dreyfus il ne présenterait pas vraisemblablement des différences graphiques telles que l'inversion des *s* allongés. Au contraire le déguisement d'écriture ou la simulation d'un document calqué pourrait être expliqué par l'intention d'être à même de faire face suivant les cas à l'un on l'autre des deux dangers principaux qui pouvaient l'assaillir au courant de ce procès : 1° La comparaison des pièces ne donnant pas des indications évidentes et concomitantes d'authenticité, il aurait délié son écriture en s'appuyant sur la divergence graphique d'écritures; 2° la découverte et la saisie de pièces sur lui-même. Auquel cas il se serait posé en victime d'une machination, en invoquant la confection artificielle du bordereau.

Les raisonnements pratiques que nous venons de vous donner font ressortir l'importance de cette divergence graphique comme présomption de culpabilité.

Faisons donc porter notre examen d'une façon toute spéciale sur ce caractère et notamment sur l'inversion des *s* allongés. Procédons par cinq mots qui présentent cette forme normale, comme nous avons procédé pour les autres mots du bordereau, à savoir par superposition. Nous constatons que les cinq questions du bordereau sont reculées de la même façon et que, quand on accumule ces mots les uns sur les autres, réticule sur réticule, ils sont juste la moitié du réticule. Ainsi à la troisième colonne on voit que les trois traits se mettent à la moitié du réticule sur les *s* longs du mot « *intéressant* » et « *intérêt* ». Il y a là une coïncidence que j'ai remarquée dès 1894 et qui présentera un très grand intérêt, à supposer qu'il y avait peut-être au ministère de la Guerre un écrivain qui employait la forme des *s* en long sur lequel l'auteur du bordereau s'était ménagé la possibilité de jeter les soupçons et à supposer que peut-être il y a une matrice commune qui aurait pu expliquer ces différences.

J'en parlai au commandant du Paty de Clam, je lui demandai de faire faire une enquête au ministère de la Guerre. Il en entretint le général de Boisdeffre. Il me fut répondu qu'on n'avait découvert au ministère la présence d'aucun officier employant l'*s* long, à l'exception d'un stagiaire, au ministère depuis un an. Sur ces entrefaites, je fis faire une statistique et je remarquai qu'elle ne se rencontrait parmi les écritures françaises que de 2 à 3 0/0.

J'en étais là dans cette enquête lorsque je fus mandé par le commandant d'Ormescheville qui désirait m'entretenir des questions de cryptographie. Cette demande était motivée en l'espèce par l'arrivée dans la prison de différentes lettres de la famille de l'accusé, dans lesquelles le commandant craignait de voir des correspondances secrètes. Au cours des explications que je lui donnai sur ces questions, il fut amené à me montrer une lettre datée de Mulhouse sur laquelle au premier coup d'œil je fus stupéfait de retrouver l'emploi de l'*s* long en second; presque en même temps je remarquai sur une autre lettre, d'une écriture absolument différente, l'emploi de la forme graphique que j'ai qualifiée de l'*o* négatif, lequel ne se recontre qu'une fois sur cent.

Il y avait là coup sur coup deux coïncidences des plus anormales. L'idée me vint immédiatement de poursuivre cette enquête sur les autres membres de la famille et je demandai au commandant d'Ormescheville de vouloir bien me communiquer des écritures, notamment des frères et des membres de la famille en relations les plus étroites avec l'accusé. Il me répondit, après quelques hésitations, qu'en effet il possédait une lettre de son frère, signée Mathieu, qui avait été trouvée dans un buvard et remise au commandant du Paty de Clam par Mme Dreyfus au moment où ce dernier allait se retirer, la perquisition terminée. C'est cette lettre, sur laquelle nous aurons à revenir plusieurs fois, à laquelle, par abréviation, j'ai donné le nom de lettre du buvard. Elle présente cette particularité de ne pas être datée; néanmoins les détails qu'elle relate sur le père de l'accusé, qui était mort environ un an avant, montrent qu'elle est au moins antérieure à cette date.

Second point : Quand on parcourt cette écriture (la photographie que je viens de vous distribuer en représente la reproduction partielle), on est frappé d'y découvrir la reproduction de toutes les formes graphiques anormales que nous avions signalées antérieurement comme particularisant l'écriture du bordereau. Ces rapprochements ont été mis en évidence sur la préparation ci-jointe.

Il suffit de juxtaposer cette planche avec la planche 6 pour remarquer comment toutes les formes graphiques signalées par M. Charavay en 1894 se retrouvent identiques.

Enfin, autre coïncidence, nous remarquons dans cette lettre un certain nombre de mots de tracé similaire et qui sont superposables au bordereau, réticule sur réticule. Ce sont les mots : « couverture, dernier, difficile, intéressant, intérêt, moins, quelque chose. »

J'ai mis sur ces préparations les superpositions en évidence. Pour les derniers mots, la superposition se fait réticule sur réticule; pour les trois autres, elle se fait avec une différence de moitié d'un intervalle réticulaire.

Enfin, dernière remarque, nous trouvons sur la première ligne de ce document, dans une phrase de contexture semblable à celle du bordereau, un groupe de mots, les mots « quelques renseignements », qui sont superposables à ceux du bordereau, réticule sur réticule. Cette superposition s'opère exactement dans les mêmes conditions que la superposition des mots du ministère s'opérerait par rapport aux mots du bordereau.

Ainsi, voilà les mots « quelques renseignements » de la lettre du buvard avec les réticules agrandis par la photographie, voilà les mots « quelques renseignements » du bordereau; mettons-les les uns sur les autres, réticules sur réticules : nous observons la superposition de la syllable initiale et des deux syllabes finales « ements » tandis que la partie médiane ne se superpose pas; déplaçons les mots du bordereau de 1mm,25 vers la gauche et nous obtenons la superposition des parties qui tout à l'heure ne coïncidaient pas, telles que *ensei*. Pratiquons une double section dans les mots du bordereau et nous obtenons une superposition complète.

Autrement dit nous nous trouvons de nouveau ici en présence de l'hypothèse fallacieuse d'un calque au crayon déplacé de 1mm,25 sur la gauche et repassé à l'encre en suivant tantôt le tracé au crayon, tantôt l'original aperçu par transparence. C'est ce phénomène, messieurs, que la préparation que je vous présente vous montre.

Cette autre préparation n'est que la répétition exacte de celle sur laquelle est ménagée la possibilité de faire disparaître les tracés régulièrement suivis.

Et alors, nous avons, d'un seul tenant, réticules sur réticules, la superposition de la première jusqu'à la dernière lettre des deux mots. Bizarre coïncidence. La coïncidence se prolonge de $1^{mm},25$, de sorte qu'elle se retrouve dans la barre du *t* aperçue par transparence. Il y a là une coïncidence qui dénote l'intervention d'un artifice.

L'importance de cette constatation réside en ce que nous avons non seulement la superposition d'emplacement des lettres, mais que nous avons la coïncidence des réticules, nous retrouvons le mouvement de $1^{mm},15$.

Sur la demande de M. le Commissaire du Gouvernement, M. Bertillon lui présente le tableau et le calque.

En plus, dès 1894 poursuivi par l'idée de rechercher l'*s* long employée en second, j'ai superposé sous les yeux du Conseil les deux mots *adresse* qui présentent cet *s* long, sur le mot *intérêt* de la lettre du buvard. En effet, il me semblait que le mot *intérêt* présentait, avec ces deux mots notamment, des similitudes, des analogies d'espacements de lettres et de dessin qui semblaient attribuables au hasard, et j'attachai à ce mot une si grande importance dont je ne me rendais encore compte qu'assez imparfaitement, que je fis faire une photographie sur verre, que je mis sous les yeux du Conseil. J'ai conservé l'original, que je représente.

M. Bertillon présente une photographie sur verre en agrandissement du mot « intérêt ».

C'est contre ce mot que j'ai juxtaposé sous les yeux du Conseil de 1894 les deux mots *adresse* ainsi que les mots *intéressant* et *intérêt*.

Des photographies ci-jointes sont relatives à la reproduction de la lettre du buvard, reproduction à laquelle j'ai ajouté des réticules par demi-centimètre. C'est une photographie par superposition, par contact, de sorte que les dimensions en sont rigoureusement exactes à l'original, sauf le coefficient de dilatation imputable au papier. En tous cas, le réticulage a été effectué sur l'original même.

Je joins également la reproduction de la lettre adressée au général de Galliffet.

Comment expliquer ces relations curieuses, anormales, entre le bordereau et la lettre dite du buvard ? Faut-il imaginer que l'accusé, craignant une perquisition ou une saisie de documents à domicile, dans des conditions telles qu'il n'aurait pas pu invoquer une machination de la part de ses collègues du ministère de la Guerre, a songé à dire que cette lettre avait été confectionnée avec des mots calqués à droite et à gauche chez lui, qu'un faussaire imaginaire, par exemple, avait profité des analogies d'écriture extraordinaires que présente l'écriture de M. Mathieu Dreyfus avec celle de l'accusé pour confectionner un document attribuable à lui ?

Quelque difficile, quelque invraisemblable que paraisse cette hypothèse, nous pouvons remarquer maintenant qu'elle a été reprise depuis par Esterhazy, qui prétend avoir écrit le bordereau sous l'instigation de personnes qui voulaient faire une machination contre l'accusé.

Esterhazy, profitant des analogies de son écriture avec le bordereau, aurait été invité, d'après ses racontars, à écrire un document qui pourrait être attribué à l'accusé Dreyfus.

Eh bien, je prétendais dès 1894 que cette hypothèse pouvait expliquer la superposition anormale que je retrouvai dans la lettre du buvard. Fallait-il au contraire imaginer qu'en agissant ainsi, en empruntant l'écriture de son frère il se réservait la possibilité d'être substitué par lui ? Autant de questions, autant d'hypothèses que je ne peux pas envisager, parce que je ne vois pas de moyen de vérification immédiate. Mais constatant simplement l'ingéniosité du procédé qui consistait à chercher les mots superposables dans une lettre portant une autre signature que la sienne de façon que cette superposition pouvait échapper aux experts, il est certain que sans l'incident qui m'a amené chez M. le commandant d'Ormescheville, jamais je n'aurais songé à aller chercher un complément de preuve dans une lettre signée d'un autre nom que celui de l'accusé, tandis que l'on comprend que lui-même devait songer à invoquer cet argument. La présence à domicile de la lettre du buvard contenant des spécimens, les divergences graphiques du bordereau signalées par les experts, ainsi que la découverte sur la même pièce d'un certain nombre de mots superposables réticule sur réticule sur des mots du document incriminé est un fait du même ordre que la substitution des mots des pièces du Ministère. Cette double relation semble constituer non plus une simple présomption de culpabilité mais une preuve; quelle autre personne qu'Alfred Dreyfus aurait pu se ménager au ministère de la Guerre et à son domicile cet ensemble de superpositions géométriquement masquées par des intervalles de même valeur de $1^{mm},25$.

J'ai réalisé sur la planche 12 l'hypothèse provisoire à laquelle nous sommes arrivés, relative à la confection artificielle du bordereau au moyen de mots rapportés bout à bout sur un papier quadrillé par demi-centimètre, puis finalement recalqués sur une feuille de papier pelure quadrillé par quatre millimètres. La découverte de la lettre du buvard portait à 23 le nombre des mots dont nous avons retrouvé les tracés superposables dans les pièces d'origine connue, soit au ministère, soit au domicile de l'accusé. C'est une proportion considérable si l'on pense que le document incriminé ne comprend que 73 polysyllabes. Les mots ont été écrits directement par moi sur papier quadrillé en opérant directement sur les papiers du ministère. J'avoue que cela n'a pas été sans peine et que j'ai été obligé de recommencer plusieurs fois ; j'ai néanmoins réussi par les procédés que je vous ai indiqués. Mais on peut objecter à cette préparation qu'elle constitue une espèce de cercle vicieux. En effet, si j'obtiens la superposition de ces 23 mots aux mots correspondants du bordereau, c'est partiellement à cause des réglures verticales demi-centimétriques; mais la superposition dans le tracé horizontal semble absolument voulue et amenée en vue de coïncider avec le bordereau.

Eh bien, là encore, nous sommes victimes d'une apparence fallacieuse : ces mots ont été repérés et dans le sens vertical et dans le sens horizontal.

Sur la planche 12, j'ai découpé ligne par ligne les 12 lignes du verso et je les ai réparties sur des réglures espacées centimètre par centimètre ; les mots représentés en gris se repèrent aux mots dont nous avons trouvé le tracé superposable.

Quand on rapproche cette préparation d'une photographie sur pellicule du bordereau, on remarque que les choses se passent comme si les mots calqués et rapportés un à un dont le bordereau contexte semble avoir été composé avaient été d'abord ordonnés sur le primitif de ce document, non seulement d'après les verticales centimétriques, mais d'après les horizontales rigoureusement parallèles, uniformément écartées d'un centimètre. C'est ce modèle métriquement équilibré en toutes ses proportions qui aurait été recalqué sur le papier pelure, en faisant glisser de haut en bas le bord de cette feuille contre les divisions par centimètre apostillées *a*, *b*, sur la préparation, en ayant soin de s'arrêter méthodiquement sur chaque ligne au point précis où la réglure du contexte rencontre l'encoche, le bord inférieur et le bord supérieur, comme moyen de repérage.

M. Bertillon s'approche ici du bureau du Conseil et fait passer sous les yeux des juges, en les commentant, la préparation et la photographie.

Donc, accompagné d'un déplacement concomitant dans l'inclinaison des lignes qui présente la plus grande exactitude, remarquez que l'inclinaison des lignes résultant de la présence de cette petite encoche fait que plus le bordereau descend, plus l'influence de l'encoche sur la direction de la ligne s'accentue, et plus les lignes sont ascendantes; l'obliquité des lignes, de la première jusqu'à la dernière, par un mouvement insensible, est expliquée par l'encoche.

Cette explication est convaincante. En ce qui concerne le recto, les choses se passent de la même façon, quoique d'une façon moins démonstrative et parfois moins précise. En effet, le repère de certaines lignes semble avoir été accolé au moment du calque sur des réglures demi-centimétriques, au lieu de réglures exclusivement centimétriques employées sur le verso.

Enfin, c'est l'angle saillant de l'encoche qui pourrait peut-être avoir servi de repère aux lignes 16 et 17.

Cette différence est minime et tient peut-être à une erreur dans la constitution. Quoi qu'il en soit, l'hypothèse d'un contexte primitif à réglures centimétriques subsiste aussi bien pour le recto que pour le verso.

En résumé, nous voyons dans le bordereau que non seulement les mots sont repérés suivant une ligne verticale, mais aussi suivant une ligne centimétrique horizontale, et nous sommes mis en présence de la possibilité théorique de reconstituer en entier le document incriminé au moyen d'un travail de plusieurs jours, au moyen de calques relevés soit au ministère de la Guerre, soit au domicile de l'accusé. (*Rumeurs.*) Supposez que nous continuions nos recherches, que nous puissions trouver les autres mots qui manquent, nous pourrons, grâce à cette contexture centimétrique verticale, par la centimétrique horizontale, arriver à reconstituer le bordereau entier, et après il ne restera plus qu'à le recalquer sur une feuille définitive, en lui donnant cette déformation méthodique que je viens de vous indiquer, qui imite si parfaitement l'écriture naturelle.

Cette dernière constatation qui, il me semble, démontre péremptoirement l'intervention d'un artifice géométrique dans la confection du bordereau, cette dernière constatation n'a été établie par moi avec cette rigueur que depuis l'arrêt de la Cour de cassation.

Elle vient appuyer la thèse que je soutiens depuis cinq ans, à savoir l'intervention d'un artifice géométrique dans la confection du bordereau. Devant un accord si parfait et si constant entre l'hypothèse et les faits que l'observation me révèle tous les jours, c'est pour moi un sujet d'étonnement que les nombreuses personnes qui se sont occupées de cette affaire ne tombent pas d'accord pour reconnaître que les choses semblent se passer comme si la missive incriminée avait été composée au moyen de mots calqués primitivement, répartis sur un quadrillage centimétrique et dans un sens vertical et dans un sens horizontal, avant un recalque final qui aurait été le bordereau.

Telle fut, en ses grandes lignes, la thèse que je soutins devant le Conseil de guerre de 1894.

Je ne veux en préciser, ni même en compléter la démonstration; mais maintenant, comme en 1894, ma conviction reste basée sur cette triple constatation :

1° Superposition de certains mots du bordereau réticule sur réticule, sur les pièces écrites par A. Dreyfus durant son stage au ministère de la Guerre;

2° Superposition de même nature de certains mots du bordereau sur le document appelé la lettre du buvard et saisi à domicile;

3° La découverte dans l'écriture de membres de la famille de tracés graphiques absolument anormaux qui particularisent le bordereau.

Néanmoins, je dois reconnaître que la thèse que je développais en 1894 offrait sous certains rapports une insuffisance manifeste.

Je ne cache pas que mes découvertes avant le procès, et à la préfecture de police, et au ministère de la Guerre auprès des officiers d'État-major avec lesquels j'étais en rapport, les commandants du Paty et Henry, passaient comme une présomption favorable à l'accusé.

En effet, me faisait-on remarquer, votre thèse n'est pas corroborée par les résultats de la perquisition.

Pour que le bordereau pût être confectionné au moyen de mots calqués au ministère, il aurait fallu qu'on saisît au domicile de l'accusé des répertoires de mots qui semblaient indispensables pour la confection du bordereau telle que vous la décrivez.

Puis ce système est impraticable. Combien de temps croyez-vous qu'il faut pour confectionner un bordereau tel qu'il apparaît?

Si cette thèse était par malheur adoptée par la défense, nous disait-on, elle entraînerait un acquittement ou un supplément d'information.

En effet, l'hypothèse de trois, quatre ou huit jours de conception est inadmissible de la part de l'accusé, tandis qu'on peut l'admettre si on suppose qu'on lui a tendu un piège. Pourquoi l'accusé ne s'est-il pas servi de cette thèse en 1894? Il aurait pu le faire d'autant plus facilement que les frères de l'accusé, MM. Mathieu et Léon Dreyfus, l'avaient pressenti et en avaient parlé dans une conversation avec le colonel Sandherr. Lui-même, dans la voiture qui le conduisait au Cherche-Midi, a dit à Henry, — je cite ces paroles de mémoire, mais elles sont en toutes lettres dans le rapport de M. Ballot-Beaupré où je les ai prises : « Oui, je vois bien qu'on a contre moi des preuves certaines, qu'on croit en avoir, mais elles sont fausses. »

A M Cochefert, une heure avant, n'avait-il pas déclaré : « Oui, je vois qu'on a machiné un plan contre moi, mais ma fortune entière sera employée pour le déjouer. »

Au commandant du Paty de Clam il a dit : « On a volé mon écriture. » Je cite toujours les faits du rapport de M. Ballot-Beaupré; si j'avais eu des interrogatoires originaux en mes mains, j'en aurais peut-être eu d'autres.

A M. d'Ormescheville : « On a pris des morceaux détachés d'une lettre de moi, pour en faire un document mensonger. » Voilà une allusion à la lettre du bordereau : « les morceaux détachés, une lettre de moi ».

Ce n'est pas une lettre de lui, c'est une lettre portant la signature de son frère. Enfin, il paraissait préoccupé durant cette même période du moyen d'introduire le procédé de défense qu'il s'était ménagé sans attirer l'attention sur lui d'une façon évidente; c'est ainsi du moins que j'interprète ces paroles, ce n'est pas tout seul dans mon cerveau que je puis résoudre cette énigme; est-ce faux, est-ce autre chose, je n'en sais rien.

Pourquoi l'accusé a-t-il abandonné cette défense à laquelle il avait songé au moment précis où j'en démontrai l'apparente exactitude, tout en insistant d'ailleurs sur ce qu'elle avait d'inachevé?

C'est qu'à l'audience, l'attitude de l'accusé surpris par la précision de mes révélations avait montré au Conseil mieux que tous les raisonnements que je confinais à la vérité. Peut-être même avait-il alors donné à entendre aux siens que si l'on soulevait la question pratique de la confection du bordereau, un supplément d'enquête ne tarderait pas à faire découvrir la vérité dont j'avais si étrangement approché, et que, loin d'adopter cette thèse, il fallait s'efforcer de la discréditer sous le ridicule. Et que cachait donc cette thèse que l'on n'osait ni s'en servir ni la réfuter? Je vais vous le dire et vous comprendrez alors pourquoi la défense n'avait pas relevé mes paroles, lorsque à la stupéfaction des personnes présentes je superposais les mots *adresse* sur *intérêt*. L'émotion que l'accusé ressentit à ce moment fut pour moi une révélation, et je n'eus qu'à généraliser ces observations dans les deux mois qui suivirent l'information pour trouver la solution définitive. Nous savons maintenant que le bordereau entier est écrit sur le mot *intérêt ;* mais c'est à l'examen technique de ces questions que nous allons procéder

Quand on met le mot *intérêt* bout à bout de façon que l'*i* vienne juxtaposer contre le bord interne du *t* final, il occupe de cette façon une longueur exacte de 12mm,5. Il en résulte que les mots sont coupés alternativement de deux en deux de même façon par le réticulage demi-centimétrique Ainsi, le premier *intérêt* est touché par le réticule inférieurement, ici supérieurement, ici inférieurement, ici supérieurement, ici inférieurement, etc. ; autrement dit il y a par rapport à l'emplacement occupé par les mots *intérêt* sur le réticule, une différence de deux fois 1,25.

Une explication d'une partie des propriétés géométriques de l'emplacement des mots du bordereau, ou plutôt une autre particularité m'a frappé, car l'intervalle des lettres qui composent ces mots, mesuré de fin de lettre en fin de lettre, est juste de 2,5 ou deux fois 1,25. Ces rapports ont été mis en évidence sur les photographies ci-jointes.

M. Bertillon fait passer deux photographies au Conseil.

Nous sommes à même de comprendre maintenant comment il se fait que les mots *manœuvre* et *manuel,* par exemple, se superposent réticule sur réticule : c'est qu'ils ont été tracés dans des parties correspondantes du gabarit et sur des *intérêts* de même alternance, touchés de la même façon par le réticule L'emplacement de l'*m* que nous voyons est localisé sur l'*m,* la suite du mot suit lettre par lettre et les deux tracés se superposent. De même on comprend le procédé employé pour le repérage des mots : il consistait très simplement quand il écrivait sur son papier à coller le bord libre contre un réticule demi-centimétrique quelconque. Constatons le fait que des lignes entières se superposent au gabarit avec une exactitude suffisante et que cette superposition du tracé est accompagnée de la superposition des réticules du gabarit sur ceux du bordereau.

Enfin, nous comprenons comment il peut se faire que les mots redoublés présentent une avancée d'une lettre quand on superpose le premier sur le second. Le raisonnement aurait consisté à commencer le second mot simplement d'une lettre en avant par rapport au gabarit sous-jacent. Les lettres passaient, nous l'avons vu, de deux fois 1,25.

Le fait de commencer un mot une lettre en avant produisait un déplacement apparent de deux fois 1,25 que nous avons constaté antérieurement.

Les deux mots de notre exemple ayant été pris sur des *intérêts* de réticules semblables, touchés semblablement par les verticales, quand nous allons les mettre l'un sur l'autre, ils vont s'emboîter l'un dans l'autre et nous aurons le second mot qui dépassera de 2,50.

Le phénomène se continue si le mot *redoublé* est écrit sur deux mots d'alternance différente; alors l'initiale du second mot avançant de deux fois 1,25 compense par cet avancement le recul que l'alternance avait occasionné; ces deux *intérêts* là, étant touchés par le réticule d'une façon différente, présentent une différence de l'un à l'autre de 2,50. Le résultat de son règlement compense le recul, et quand nous mettrons ces deux mots l'un sur l'autre, les deux initiales pourront se superposer.

Mais il a allongé son tracé ici de façon à finir ces deux mots sur la partie correspondante du gabarit. Alors, quand, après avoir superposé les initiales, nous voudrons superposer la partie finale, nous serons forcés de faire le mouvement inverse. De là — c'est assez compliqué — on trouve l'explication du calque déplacé dont je vous ai entretenu tout à l'heure. Partant de là, nous devons reconnaître que la figure que nous venons de vous soumettre, notamment en ce qui concerne le mot *copie*, présente un déplacé qui serait insuffisant pour réaliser un dédoublement de moitié moindre de 1,25. Dans le bordereau nous avons de nombreux exemples qu'en réalité l'échelle sur laquelle le bordereau a été écrit n'était pas une simple échelle isolée par un dédoublement sur la gauche de 1mm,25. Ces dédoublements ont été réalisés d'une façon très simple par le scripteur qui tantôt prenait la chaîne rouge et tantôt la chaîne verte

Étant donnés les phénomènes que je viens de vous expliquer, mes observations vont porter sur la même partie du gabarit, sur un *N* de même alternance. Il n'y a rien d'étonnant à ce que ces deux jambages se superposent. Ces deux parties nullement similaires se superposent.

Le mot *mit* lettre par lettre vient ici se superposer à la fin du mot *intérêt*. L'*o* et l'*e* se fondent et quand la chaîne rouge pour prendre la chaîne verte est en avance de 1,25, nous voyons l'*e* calé sur la chaîne verte contre l'*e* calé sur la chaîne rouge. Ces deux mots ayant été écrits sur le mot *intérêt* vont présenter de grandes analogies; mais ces tracés ne seront superposables que pour le dédoublement de 1,25 puisque le vide n'occupe pas la même place dans les mêmes parties. Nous avons des différences de calque au crayon dont je vous ai parlé tout à l'heure. Enfin, quand on superpose les mots du bordereau au gabarit, on ne tarde pas à être frappé par la présence entre les deux *t* de la chaîne double; et à l'extrémité de la barre du *t* deux points de repère qui indiquent qu'il y a un complément de tracé qui nous échappe. Ce complément de tracé est obtenu de la façon la plus bizarre en avançant le mot *intérêt* de 1,25. Cette avance peut être réalisée de la façon la plus précise en emboîtant l'accent circonflexe des mots *intérêt* l'un contre l'autre.

Ces repères supplémentaires que le bordereau nous dévoile sont au nombre de deux.

Remarquez que l'accent circonflexe qui détermine l'avancement de 1,25 détermine un très léger abaissement qui est égal à un quart de m/m. Mais sur un contexte aussi chargé de détails, n'importe quelle écriture deviendrait superposable, à condition qu'elle soit de même hauteur ou de même inclinaison. Toutefois, ce qui caractérise l'écriture du bordereau, c'est qu'elle est superposable au gabarit que je viens de vous indiquer dans l'une ou l'autre des deux chaînes; on trouve même différentes lettres qui paraissent écrites sur la même chaîne. Mettons la ligne qui nous intéresse le plus du gabarit de façon que le mot *intérêt* se superpose comme il est naturel au mot *intérêt* et nous obtenons en même temps la coïncidence du réticule; de plus le mot *été* (qui suit) se met au-dessus du mot *été* du gabarit.

Regardons ces superpositions avec détails, examinons les ondulations de la barre du *t* du mot *intérêt*, vous les voyez ici qui montent ou qui descendent; eh bien, ces ondulations nous les retrouvons pour la barre du *t* du mot *tenir* qui se superpose au gabarit dans les mêmes conditions.

Nous venons de vous parler des formes des barres du *t* d'*intérêt* et de *tenir*, celles du mot *disposition* sont plus extraordinaires. Le *t* de disposition tombe sur l'*n* et alors la barre du *t* d'intérêt est plus accusée que jamais.

Conclusion : quand dans le gabarit nous mesurons la partie similaire nous arrivons toujours à 1,25, ce chiffre fatidique que nous retrouvons toujours et partout.

Presque toujours le mot du gabarit suit le mot des deux chaînes. Ainsi, la superposition du mot *responsable* est très exacte; il commence sur la chaîne azurée, il termine sur la chaîne verte.

Terminons la longue mais indispensable exposition de cette

espèce de postulatum par les détails suivants : à notre idée les deux chaînes du gabarit devaient être tracées en deux encres de couleur que l'on trouve sur toutes les tables d'officiers s'occupant de topographie. C'est la nécessité de rendre cette préparation graphique susceptible d'être reproduite et imprimée en noir par la photogravure qui nous a contraints à représenter les différences de nuances par les différences de traits. C'est ainsi que nous avons dû nous contenter de distinguer la chaîne rouge au moyen de hachures et la deuxième au moyen de pointillés, tandis que les deux autres ont été réduites au contour des traits. Ces deux chaînes accessoires ont même été entièrement supprimées toutes les fois qu'elles n'intervenaient pas directement dans nos préparations.

En superposant le bordereau au gabarit nous remarquons que toutes les lettres initiales sont dessinées sur les mêmes lettres de la chaîne.

Prenons par exemple les mots *une note sur* nous voyons *s* dans *t*, *u* dans *t*, etc., et nous voyons cela se répéter pour les quatre *notes* avec changement de nuance. Ici, nous sommes repérés sur le *t* vert, là au contraire sur le *t* rouge; de sorte que, avec un phénomène de ce genre, on peut se servir tantôt d'un calque, tantôt d'un autre.

La superposition des mots du bordereau au gabarit nous a révélé un certain nombre de règles qui sont mises en lumière dans les préparations ci-contre qui sont formées de photographies du bordereau superposées au gabarit découpées mot par mot et placées par ordre alphabétique.

Nous constatons que les mots commençant par *e* se localisent sur l'*i*; par un *p* ou par un *m* se localisent sur l'*n*; que le *t* d'intérêt localise *t*, *r*, *t*, *u*, *v*, *n*; que l'*e* localise les mots commençant par *a*, *v*, *f*; enfin que la lettre *r* localise l'*r*.

Ici nous avons la reproduction grandeur nature et, sur cette autre préparation, la reproduction avec l'agrandissement de quatre. Enfin, sur un petit feuillet, nous avons placé le *verso* visant celle des deux chaînes qui n'est pas particulièrement suivie.

Cette préparation représente les mêmes observations, mais au double de la grandeur nature. Si vous voulez, messieurs, vous reporter à la planche grandeur nature ou à la planche quatre agrandissements, à la ligne 7, à la ligne 13 et à la ligne 11, j'attire votre attention sur les mots *de couverture*, *de manuel* et *de l'artillerie*. Il est entendu que, pour essayer de réfuter le fait de l'écriture du bordereau sur le gabarit, on disait : « Nous sommes simplement en présence d'une espèce d'automatisme de la main. Mais s'il en est ainsi, nous devrons retrouver toujours ou à peu près toujours le même intervalle d'une finale de mot au commencement du mot suivant. Eh bien, prenez les trois premiers mots *de* du bordereau à la ligne 7, à la ligne 13 et à la ligne 11, ils se trouvent localisés dans la partie semblable du gabarit, à savoir sur l'*e*.

Les mots qui suivent : *couverture, manuel* et *artillerie* devraient donc, en vertu de ce prétendu automatisme, être placés à une distance similaire. Eh bien, il n'en est pas ainsi. Nous voyons que, conformément aux règles que je vous énumérais tout à l'heure, le *c* de *couverture* se met dans le *t*, l'*m* de *manuel* dans l'*r* et l'*r* d'*artillerie* juste au milieu de l'intervalle réticulaire, et l'*a* d'*artillerie* dans l'*e*.

Donc nous sommes en face de trois groupes de mots *de*, qui commencent sur le gabarit, le mot qui suit étant à un intervalle différent, conformément aux règles.

Prenons les articles des lignes 29, 5, 9, 20 dans les mots : « la copie, la manière, les nouveaux, les corps ». Nous voyons ces quatre articles se localiser conformément à la règle et ils devraient, en vertu du prétendu automatisme se localiser sur des places similaires. Pas du tout, nous voyons même dans le quatrième exemple l'addition de l'*s*. Je pourrais multiplier ces exemples à l'infini ; cela n'aurait pas de limites. Je me contenterai de vous citer encore la ligne 27 et la ligne 16.

On peut objecter aux préparations que je vous ai soumises que j'ai été forcé pour la régularité de faire subir au bordereau un certain nombre de glissements ou de déplacements. Mais ces déplacements ne sont qu'au nombre de 11 pour les trente lignes du bordereau et je me suis astreint comme règle de n'en admettre qu'avant ou après les mots redoublés.

J'ai supposé, en effet, que la confection artificielle du bordereau, dans l'autre hypothèse, devant reposer principalement sur les mots redoublés, c'était la confection de ces mots que les experts devaient d'abord s'attacher à envisager; je n'ai pas procédé autrement; il fallait masquer l'artifice par tous les moyens possibles. Or, l'artifice employé rappelle, — si je n'avais pas connu le fait, jamais je ne l'aurais découvert, — ce qu'en cryptographie on appelle la rupture de clef. Quand, dans un mot-clef, on suit lettre par lettre et qu'on remonte brusquement au début, le scripteur, le correspondant est embrouillé. En effet, le déchiffrement des dépêches secrètes se fait en se basant principalement sur une sécante des chiffres semblables qui peuvent se présenter de temps à autre; on mesure ces sécantes, leur intervalle, et on compare la longueur du mot-clef; c'est exactement la même chose dans la question qui nous occupe; la rupture de clef était donc une précaution indiquée dans l'écriture des gabarits.

Je suis prêt à reconnaître qu'il y a peut-être d'autres glissements dans la règle de l'application; sur 75 polysyllabes, il y a cinq ou six exceptions, elles pourraient rentrer dans la règle en indiquant six glissements de plus. Je ne les ai pas admis pour ne pas affaiblir l'application de la superposition des mots du bordereau au gabarit.

Si nous récapitulons les observations que nous venons de faire, nous voyons que nous sommes en présence de la sécante de plusieurs mots qui sont réglementairement superposables au gabarit; deuxièmement, que cette superposition entraîne des superpositions extraordinaires.

Maintenant que nous avons envisagé l'affaire au point de vue graphique, examinons-la au point de vue logique.

Le bordereau existe, il présente un nombre énorme d'anomalies et de coïncidences géométriques qui démontrent qu'il a été artificiellement repéré. Nous sommes en présence de deux hypothèses, de deux explications : le calque au moyen de mots rapportés sur un contexte demi-centimétrique, le recalque, ainsi que je le disais tout à l'heure, avec l'écriture sur gabarit. Laquelle choisir? La plus simple; le procédé si simple en lui-même que je vois ici sous vos yeux vous reproduit une page du bordereau qui se superposera à l'original, non seulement mot sur mot, mais ligne sur ligne, d'un seul bloc, comme si elle avait été calquée rapidement.

Concluons: le problème technique de la confection du bordereau est résolu. Il est établi que tous les caractères géométriques relevés sur le bordereau peuvent être rapidement reproduits en fixant l'écriture sur un gabarit composé de deux chaînes imbriquées.

Voici des lignes des pages du *verso* du bordereau que j'ai reproduites dans ces conditions; et je demanderai à M. le Président l'autorisation de faire tout à l'heure sous ses yeux une expérience semblable. Voici d'autres feuilles où le *recto* seul a été écrit.

J'ai procédé également en écrivant sur le *recto* et sur le *verso*, ce qui présente un peu plus de difficulté.

M. Bertillon s'asseoit à la table devant la barre.

Je prends une chaîne imbriquée, 7e superposée, un quadrillage par demi-centimètre, et enfin une feuille de papier calque où j'ai tracé un carré d'une grandeur exactement équivalente à celle du bordereau.

Je commence.

M. Bertillon écrit.

Le Président. — Il n'est pas nécessaire que vous fassiez toute la lettre; il suffit que nous nous rendions compte du procédé.

M. Bertillon. — Je n'en ai que pour quelques minutes encore.

M. Bertillon ayant terminé son travail le remet au président du Conseil ainsi que le gabarit; il fournit au Conseil et aux défenseurs qui l'entourent les renseignements sur le travail qu'il vient d'exécuter.

La séance est levée à 11 heures 3/4.

TREIZIÈME AUDIENCE

Samedi 26 Août 1899.

Le Président déclare l'audience ouverte à 6 *heures* 30.

Le témoin est introduit.

LE PRÉSIDENT. — Veuillez continuer la déposition que vous avez commencée hier.

M. BERTILLON. — Avant de reprendre le cours de cet exposé, je demande la permission de répondre à quelques objections formulées hier autour de moi.

Je serai très bref.

C'est d'abord de l'attitude de l'accusé au procès de 1894. J'ai recueilli le témoignage de quelques personnes présentes à ce procès et qui m'ont autorisé à donner leur nom, M. le contrôleur Roy, M. le commandant Dervieu, et quelques autres personnes qui se rappellent formellement avoir entendu l'exclamation que l'accusé aurait prononcée au début de ma déposition de 1894 : « Ah ! le misérable. »

J'insiste là-dessus parce que cette exclamation a été contestée lors de ma déposition devant la chambre criminelle de la Cour de cassation.

Pour se rendre compte de la portée de ce propos, il faut savoir que, par suite des circonstances que j'ai indiquées hier au moment où je déposais, en 1894, et devant la Cour, l'accusé ne connaissait, pas plus que le ministère public, pas plus que le Conseil, ne connaissait ma thèse que d'une façon très superficielle ; toute la partie géométrique notamment était inconnue.

Attendu que cette partie n'avait pris corps que quelques jours avant à la suite de la découverte de la lettre du buvard. Comment donc expliquer que l'accusé, si maître de lui au début de ma déposition et qui me disait : « Allez Monsieur, vous n'échapperez pas au remords qui assaille un honnête homme qui s'est rendu coupable involontaire d'une erreur judiciaire. » Comment se fait-il que l'accusé, si maître de lui à ce moment, quelques minutes après, lorsque j'annonçai que j'avais trouvé la preuve de la fabrication artificielle du bordereau à l'aide d'un instrument, a-t-il été pris d'une émotion si violente, et m'a-t-il traité de misérable, si réellement il n'avait pas eu connaissance lui-même du procédé employé au bordereau. Cette constatation aurait dû au contraire le remplir d'espoir, et lui faire dire : « Voilà mon salut. »

Enfin, quoi qu'il en soit de cette interprétation, MM. Roy, Dervieu, Demaistre, etc... peuvent témoigner de la réalité de ce fait que j'ai avancé à la Cour, et qui a été l'objet de contestations.

J'ai entendu dire aussi que quelques personnes dans l'auditoire se demandaient si l'observation poursuivie avec tant de méthode, de quelque écriture que ce soit ne pourrait pas révéler des coïncidences géométriques semblables à celles que j'ai trouvées sur le bordereau. Il est évident qu'on ne peut pas faire la preuve du fait contraire qui est spéciale au bordereau par l'expérience directe; cette expérience serait indéfiniment recommencée; quand j'aurais examiné de la même façon une, deux, trois écritures, il faudrait en examiner 10, 100; aussi ce n'est pas d'un argument de ce genre que je me servirai.

Je vous rappellerai simplement ce fait: la superposition des tracés a toujours passé, en expertise en écriture, comme un indice de fraude, l'expression est écrite en toutes lettres dans les rapports des experts Couard, Varinard, et Belhomme dans le procès Esterhazy; la superposition est un indice de fraude, mais l'argument *sine qua non*, c'est la superposition concomitante de ce que j'appelle les réticules, c'est-à-dire les multiples de 5 millimètres par rapport au bord du papier.

Quelle est la loi, quel est le motif qui peut pousser le scripteur à repérer sans s'en douter à droite de sa main pour le *recto*, à gauche pour *le verso*, ses mots de façon qu'ils se superposent réticule sur réticule? Voilà la preuve de l'artifice, une preuve indestructible.

Lorsqu'on superpose d'un seul tenant la ligne 13 sur la ligne 30, réticule sur réticule, on m'a fait observer que la superposition des réticules ne s'adaptait pas d'une façon exacte au niveau de la ligne, et qu'on remarque dans la ligne verticale quelques divergences. Je ne le nie pas, mais je vous ai montré que le bordereau a été confectionné au moyen d'un gabarit qui a causé à chaque ligne une obliquité différente au moyen d'encoches, de sorte que plus la ligne sur laquelle on écrit se rapproche de la fin, plus l'obliquité augmente; l'encoche a produit une certaine pente de ce côté-là, et quand on retourne le papier la pente prend un autre sens. Les réticules qui sont parallèles au papier ne peuvent donc se superposer qu'à la hauteur de la ligne: c'est de toute évidence.

La vérité c'est que le réticulage aurait dû être établi séparément pour chaque ligne en prolongeant la direction de la ligne, en tenant compte de la façon dont elle a été repérée sur le gabarit et que ces réticules n'auraient pas dû être prolongés au-dessus des lignes ; il aurait donc fallu refaire toute cette opération.

Le réticulage ne doit donc compter qu'à la hauteur de la ligne et je dirai même que l'observation montre que ce réticulage est plus exact quand on le prend à un millimètre et demi au-dessous de la ligne.

En ce qui regarde l'écriture du bordereau sur le gabarit, je ne crois pas vous avoir montré d'une façon suffisamment explicite le procédé qui permet de déterminer l'emplacement de chaque ligne. Nous avons vu que sur la planche 12 qui est relative à la confection artificielle du bordereau, le document avait l'apparence d'avoir été distribué d'abord sur des réticules superposés centimètre par centimètre. Le bordereau semblait n'être qu'un décalque de ce contexte qu'on aurait confectionné en calquant successivement les lignes, premièrement au moyen de l'encoche, deuxièmement au moyen du bord supérieur et troisièmement au moyen du bord inférieur. Chaque ligne ainsi superposable paraissait ainsi avoir été reproduite par cette descente du papier qui était approximativement égale à trois millimètres. Eh bien, pour retrouver cet abaissement au moyen du gabarit, il suffit, après le calque, après l'écriture d'une première ligne, au lieu de descendre le papier de trois millimètres, comme dans l'hypothèse fallacieuse du contexte, il suffit de la remonter de sept millimètres, c'est-à-dire juste de la hauteur complémentaire à dix.

M. Bertillon s'approche du Conseil et remet à ses membres des photographies.

D'un côté, si je remonte de sept millimètres, — ce sont ces deux mouvements inverses et complémentaires que je veux vous montrer, — on se rend compte du procédé de cette façon-ci très rapidement, et comment en procédant de cette façon on arrive à produire un mouvement inverse, et il en résulte ceci : — c'est prodigieusement ingénieux, — c'est que le bordereau, grâce à l'encoche, présente des lignes régulièrement ascendantes comme je le disais tout à l'heure pour le *verso*, et, grâce à l'inclinaison de l'encoche, descendantes pour l'autre côté. Il arrive alors que nous avons ici des lignes en dos d'âne.

Une particularité du bordereau, c'est que les lignes sont à convexité supérieure pour le *verso*, et à concavité pour le *recto*.

Un mot sur la réfection du bordereau au moyen du gabarit que j'ai mis hier sous vos yeux. Il est certain que l'accusé, écrivant de son écriture presque naturelle sur le gabarit, devait écrire d'une façon plus rapide et plus assurée encore que je n'arrive à le faire lorsque je m'efforce, moi, d'obtenir des tracés superposables aux siens. Je crois que c'est là une affirmation qui n'est pas contestable.

Maintenant que nous savons comment le bordereau a été confectionné, je vois dans le fait que ce bordereau ne présente que peu de caractères de retouches une présomption qu'il a bien été écrit par l'accusé qui seul était à même d'écrire ainsi presque au courant de la plume avec une écriture qui ressemblait autant à la sienne.

En ce qui me concerne, je ne tire pas vanité ni preuve de ce que j'arrive, avec mes deux coudes sur cette table, à refaire le bordereau en imitant son écriture ; au contraire, les tremblements que je peux présenter seraient plutôt une présomption en sens inverse. En tout cas la reconstitution du bordereau, faite dans de meilleures conditions, présente un fac-similé beaucoup plus complet. Voici des calques que j'ai reconstitués en vingt minutes uniquement avec le gabarit et qui représentent quinze lignes du bordereau de sorte que le bordereau entier m'aurait nécessité à moi 40 minutes.

(*Nouvelles photographies remises au Conseil.*)

Un mot aussi sur le temps de l'apprentissage nécessaire pour écrire sur le gabarit. Je me charge, messieurs, de vous apprendre rapidement à écrire sur le gabarit. C'est l'affaire d'un quart d'heure. Au moment de ma déposition devant la Cour de cassation je n'ai écrit que deux ou trois lignes que j'ai distribuées à ces messieurs, mais j'ai ajouté : je suis prêt à reproduire n'importe quelle ligne du bordereau que vous me signalerez, du moment que vous me laisserez regarder ma planche pour voir les endroits où le scripteur quitte la chaîne verte pour prendre la chaîne rouge. Voilà l'effort de mémoire qu'il faut faire, il n'y en a pas d'autre. Pour le mot *manœuvres* je sais qu'à la fin du *œ* il quitte la chaîne rouge pour prendre la chaîne verte et alors j'en fais autant et tous les tracés sont superposables. Quand il faut se rappeler ceci pour une trentaine de lignes évidemment il y a un certain effort, mais il ne dépasse pas cette limite. En tout cas, au moment de ma déposition devant la Cour de cassation, je ne le savais pas ; de plus j'ai vu que l'expérience frappait énormément et alors je me suis essayé à écrire le verso entier et je suis arrivé à ce résultat très rapidement, en même temps que je poursuivais mes autres recherches. J'estime donc que le fait que le décalque présente des hésitations n'a pas de valeur ni pour ni contre ma thèse.

D'ailleurs le bordereau contient des hésitations et des traces de retouches; elles avaient été signalées par moi en 1894 et les experts du procès Esterhazy, qui ont opéré absolument indépendamment de moi, je l'affirme sous serment, les ont signalées également dans leurs rapports.

Vous pouvez vous assurer de l'existence de ces hésitations et de ces retouches par les photographies au décuple du document incriminé.

Dans le mot *intéressant*, par exemple, vous pouvez, en regardant de près, voir que la plume a descendu.

M. Bertillon s'approche du Conseil, remet à ses membres des photographies et reprend ses explications, d'abord à voix basse au milieu des membres du Conseil et des défenseurs, puis à la barre.

Remarquons que tous les mots redoublés sont ceux qui donnent l'impression du décalque le plus laid.

Il faut dans l'étude du document tenir compte de la question du raccommodage défectueux. J'ai fait d'ailleurs préparer un album dont je remets un exemplaire au Conseil sur le gabarit. Je me charge de reproduire au moyen du gabarit les mots recoupés avec l'adhérence la plus parfaite.

Cet album met en confrontation un certain nombre de mots écrits naturellement et d'autres recalqués par le même scripteur. Ainsi, voici un mot qui a été écrit par un de mes agents, puis recalqué sur le papier pelure, en s'appliquant autant que possible à éviter les hésitations. Vous voyez la différence sauter aux yeux et il importe que vous vous en imprégniez; on la reconnaît surtout dans les traits ascendants. D'ailleurs, je vous laisserai ces préparations qui pourront être versées à la procédure. Considérez les déliés ascendants et immédiatement vous voyez la différence.

Maintenant, si, au lieu de faire recalquer la même écriture par une même personne, je l'avais fait faire par une autre, les caractères seraient bien plus accentués. Voilà de l'écriture naturelle et voici de l'écriture calquée...

(*Remise de photographies.*)

Ces planches reproduisent l'emplacement du papier pour le calque du bordereau. Le *verso* a été contrôlé rigoureusement par moi ; le *recto* a été établi d'une façon plus superficielle.

Ces planches reproduisent séparément un mot écrit en écriture naturelle et le même mot calqué par un de mes employés. Nous avons en face le calque opéré par une autre main, grandeur nature, les deux calques reproduits ici ne peuvent pas être distingués ; mais à l'agrandissement de 20 diamètres, les différences apparaissent.

Je reprends mon exposition au point où j'en étais arrivé hier.

(*Remise de photographies.*)

Ces planches-ci sont relatives à la différence qu'il y a entre le calque d'une écriture par une autre main et le calque par le scripteur lui-même. Elles se rattachent directement au sujet que nous allons traiter.

Le bordereau entier a été écrit sur gabarit, voici le fait que je vous ai montré hier au point de vue théorique, puis au point de vue pratique.

Quels que soient le temps et le soin que j'ai mis pour apprendre à écrire, vous devez reconnaître que l'expérience que jai faite sous vos yeux vous montre à tout le moins que le procédé est pratique, est possible; il est possible de l'appliquer, puisque je l'applique. Mais comment expliquer les corrélations de superposition et de réticulage qui existent d'une part entre certains mots du bordereau et certains autres mots qui figurent dans les manuscrits écrits au ministère de la Guerre par l'accusé? Comment expliquer ces localisations, puisque nous savons que deux mots écrits naturellement ne se superposent que rarement? Comment expliquer les superpositions concomitantes de réticulage? Nous sommes en face d'une hypothèse, admettons-la, nous en chercherons la vérification après. L'hypothèse est celle-ci : cette superposition de tracé ne peut être expliquée qu'en imaginant que l'accusé a introduit intentionnellement, pendant son stage, dans ses minutes quelques mots qu'il repérait de la même façon que l'écriture du bordereau, à savoir sur le gabarit.

Comment le vérifier ? Nous en avons trois preuves, que nous allons vous mettre sous les yeux :

Première preuve, ou commencement de preuve, ou présomption de preuve : les mots écrits au ministère, que je vous ai présentés hier, se superposent au gabarit d'un seul tenant. Il n'y a pas de changement de chaîne depuis le commencement jusqu'à la fin. Nous suivons l'une ou l'autre chaîne séparément, lettre par lettre : les planches ci-jointes montrent le fait.

(*Remise de photographies.*)

Voici le mot *manœuvres*. Je le prends tel qu'il a été signalé par l'expert Teyssonnières en 1894, comme présentant des phénomènes de superposition qu'il qualifiait d'anormaux; je le prends avec ses réticules centimétriques sur le gabarit. Ce mot n'a pas été choisi par moi, et il vient se coller lettre sur lettre ; et toutes les lettres suivent avec le même intervalle.

Me Demange s'approche de la table du Conseil.

Voilà le mot *artillerie*, ce mot *artillerie* que j'ai pris en 1894, qui m'a mis sur la piste de l'affaire. Je le prends avec ses réticules, partant de la marge, je le prends sur le gabarit, il le suit pas à pas. Mais je vais prendre le gabarit, et sous vos yeux je vais écrire *artillerie*, je vais écrire *manœuvres*.

Le Président. — Oh ! ce n'est pas la peine.

Me Demange. — Ces mots sont-ils pris dans les travaux du ministère de la Guerre ou sur le bordereau ?

M. Bertillon. — Ils sont pris dans l'une des pièces de comparaison.

M. Bertillon donne de nouvelles explications à voix basse au Conseil, en présence des avocats, qui l'entourent, puis reprend sa démonstration.

Seconde coïncidence : Vous avez la coïncidence des réticules, et les deux faits ne sont pas dépendants l'un de l'autre, attendu qu'on pourrait admettre que les mots sont décalqués sur le gabarit sans ajustage préalable des réticules. Il aurait pu placer son papier comme ceci ; pas du tout ! Le papier a été ajusté d'abord contre le réticule, et c'est après cet ajustement très minutieux que le mot a été écrit. Nous avons donc là deux coïncidences qui ne sont pas en dépendance l'une de l'autre.

La superposition des réticules était nécessaire pour pouvoir démontrer le mécanisme du calque au crayon ; sans cela la démonstration ne pouvait pas s'imposer avec une précision suffisante.

Autre preuve indépendante des deux précédentes : ces mots présentent un nombre de retouches considérables.

(*Remise de photographies.*)

Les planches que je vous fais distribuer représentent la superposition des mots écrits par l'accusé recopiant alors au ministère avec leur superposition sur le gabarit complet avec les deux chaînes principales et les deux chaînes accessoires dans la colonne gauche, et dans la colonne droite les mêmes superpositions sur lesquelles on a effacé la chaîne accessoire et la chaîne principale non suivie... Ce travail permet de se rendre compte du changement de chaîne et de la façon dont il arrivait à reproduire les mouvements dont nous parlons. Il faut avoir quelques jours d'habitude pour bien saisir la façon dont ces deux tracés se complètent, tandis que sur la planche en couleur où j'ai effacé la chaîne non suivie la superposition apparaît immédiatement.

Enfin, messieurs, j'ai oublié de vous montrer hier une planche qui représente la superposition des mots en planches de couleur.

M. Bertillon s'approche du bureau du Conseil, et lui montre de nouvelles planches.

La superposition du tracé, dit-il ensuite, permet d'arriver à force d'habitude à ce que les traits disparaissent, avec la chaîne accessoire.

Si maintenant nous examinons ces mots avec un agrandissement de 10 à 20 diamètres, nous les voyons couverts de retouches, et coïncidence bizarre ! beaucoup de retouches sont expliquées par les superpositions au gabarit.

Ainsi, prenons le mot *artillerie*, sur figure de la superposition de ce mot au gabarit en couleur, je vous ai signalé tout à l'heure la précision avec laquelle ce mot *artillerie* cachait la clef du gabarit. Regardons l'agrandissement et remarquons que ce trait n'a rien de rectiligne, nous le voyons osciller. Voyez les efforts de la plume et de la main pour arriver à une superposition parfaite que nous trouverons tout à l'heure. Nous sommes en présence de deux ou trois coups de plume.

De même ici, le tracé de cet I est absolument inexplicable; cherchez à reproduire ceci par un simple coup de plume, vous n'y arriverez pas; il y a là une confusion, nous avons deux ou trois traits, nous avons des coudes successifs qui ne s'observent pas dans l'écriture naturelle. Les mêmes faits s'observent sur le bordereau, mais plus accentués.

Prenons un autre mot, le mot *adresse* de la lettre au général de Galliffet; la retouche est indiscutable pour l'*a*; nous y voyons les hésitations évidentes que nous vous montrions tout à l'heure.

Le mot *dispositions* de la même pièce du ministère nous présente des hésitations de tracés, une reprise manifeste. Le mot *copie* de la pièce de Galliffet présente ici un petit coup de plume isolé qui a servi au repérage. Enfin, si nous agrandissons par transparence le mot *artillerie* de la pièce de réserve, nous découvrons au milieu du second *l* une petite virgule absolument isolée, une espèce de bourrage, de remplissage du tracé... Vous voyez cette virgule isolée, sans parler des autres hésitations.

Déplacement anormal. — Dans la lettre au général de Galliffet, dont je vous ai distribué un exemplaire, vous remarquerez que le mot *adresse* n'est pas dans la direction de la ligne ; il est manifestement plus haut et absolument horizontal, tandis que la ligne est à convexité supérieure. Il y a là une observation des plus frappantes. Ici, pour le mot *disposition* que je vous montrais tout à l'heure, son emplacement est irrégulier, il est bien plus près du mot qui précède que du mot qui suit, c'est une anomalie ; elles s'accumulent ; il est impossible de démontrer le calquage de ces mots d'une façon plus péremptoire. Nous voyons l'accumulation de la superposition, l'obéissance à un tracé déterminé, le gabarit ; deuxièmement, la présence des retouches qui caractérisent le calquage et troisièmement la superposition des réticules de ces mots, écrits au ministère sur les réticules du gabarit.

Eh bien ! le même procédé a été appliqué à la lettre dite du buvard pour les mots « *quelques renseignements* » « *difficulté* » ; tous ces mots-là se repèrent sur le gabarit avec la même précision.

M. Bertillon s'approche du Conseil et lui fournit quelques explications sur les planches qu'il lui présente.

L'expert, frappé de la ressemblance des mots en question, les place l'un sur l'autre, et voit des superpositions, il voit des déplacements, et il se dit, avec l'hypothèse de l'innocence de l'accusé : « c'est un travail gigantesque, c'est une machination ».

Mais pas du tout, les deux documents ont été écrits presque au courant de la plume sur le gabarit imbriqué.

Conclusion :

La présence sur des documents authentiques, incontestablement écrits par A. Dreyfus au ministère de la Guerre et qui lui ont été d'ailleurs soumis au procès de 1894, d'un certain nombre de mots écrits par décalquage constitue une charge nouvelle qui vient s'ajouter aux charges antérieurement établies.

L'application du même procédé à la lettre dite du buvard complète et corrobore la démonstration de la culpabilité. Nulle autre personne que l'accusé n'était à même de prendre ces précautions multiples et dissimulées. Nulle autre que lui ne semble avoir eu intérêt à agir ainsi.

Nous pouvons maintenant apprécier dans son ensemble la manœuvre géminée, qui permettait à l'accusé d'écrire le document de trahison à son domicile presque au courant de la plume tout en lui donnant l'apparence d'avoir été confectionné avec des mots rapportés mis bout à bout sur un contexte et décalqués centimétriquement dans le sens vertical et centimétriquement aussi dans le sens horizontal, puis recalqués, etc...

Le moyen consistait à introduire d'avance au ministère, d'une part, à son domicile de l'autre des mots repérés comme une suite de tracés et écrits sur le gabarit. L'ingéniosité du procédé était dans l'usage de la double chaîne qui amenait à démontrer l'emploi d'un calque au crayon et repassé à l'encre.

Ces différentes interprétations ont été reproduites sur les planches ci-jointes que j'ai l'honneur de vous distribuer.

M. Bertillon fait passer au Conseil diverses planches.

Nous y voyons : 1° l'interprétation fallacieuse au moyen du calque au crayon et 2° l'explication définitive au moyen du gabarit.

Nouvelle remise de photographies.

Les mêmes préparations ont été reproduites sur les planches ci-jointes grandeur nature; l'interprétation de ces dessins est extrêmement difficile à l'œil. Nous voulons vous rappeler que le but du calque au crayon était de faire croire à un travail gigantesque, mais il avait d'autres conséquences fallacieuses tout aussi curieuses; ainsi, il était susceptible d'interpréter quelques-unes des superpositions des divergences d'écriture que nous avions signalées antérieurement; ainsi je vous ai démontré que l' « artillerie » de la pièce de réserve se superposait exactement à l' « artillerie » de la 14ᵉ ligne. Moi-même, quand j'ai fait cette constatation, j'ai cru d'abord que j'étais en face d'un calque primitif au crayon qui avait concerné l'*a* et avait été mal interprété; on avait pris ce contour comme devant être rempli, tandis qu'il devait être contourné extérieurement; le calque au crayon sous ce rapport arrive à expliquer certaines divergences, de même l'inflexion des deux *s*; on pouvait supposer que le faussaire, après avoir déplacé son calque au crayon représenté ici par le tracé vert, s'était trompé vis-à-vis de ces deux *s*, de ces *s* non allongés, et qu'il avait repéré à l'encre le second au lieu de repérer le premier; mais la véritable raison, la véritable ingéniosité du procédé du calque du crayon, était de masquer le calque à un premier examen, tout en étant susceptible de le démontrer au second.

En face de deux tracés aussi différents que ce mot-ci et ce mot-là, l'idée du calque n'apparaît pas d'abord; mais, avec l'hypothèse du calque au crayon, il se démontre péremptoirement.

Doublons ce mot, nous obtenons un tracé géminé que voici, sur lequel les deux tracés vont se superposer, voyez ici, réticule sur réticule, tout le tracé repéré. Sur le même dessin, je superpose également, réticule sur réticule, l'autre mot incriminé, et j'ai un autre repérage exactement égal sans que je change quoi que ce soit, de sorte que le calque au crayon masquait d'abord l'artifice, et pouvait servir après à le démontrer.

Eh bien, cette double imbrication, ce fait que les deux mots incriminés du bordereau sont superposables au même tracé, est commun à tous les mots que je viens de vous présenter. Voici le mot « *artillerie* », avec le calque au crayon ; nous superposons le mot sur le réticule vert, sur le réticule du premier calque. Il y a une différence dans l'*a*. Je relève ce dessin et sur le même contexte, sans modifier quoi que ce soit, je transporte l'autre mot « *artillerie* » et j'obtiens alors le tracé. Au lieu d'entrer dans l'*a* vert, j'entre dans l'*a* rouge, mais mon tracé est repéré depuis le commencement jusqu'à la fin. Cela tient à ce que le mot « *artillerie* » est écrit une fois sur un « *intérêt* » changeant inférieurement, et l'autre sur l' « *intérêt* » changeant supérieurement.

(*Remise de photographies.*)

Je vous remets sans commentaire les deux autres exemples. On pourrait s'imaginer qu'un mot seul est susceptible de vérification si minutieuse, mais nous en avons deux, trois, quatre, dix, douze, treize, où la vérification peut se faire. L'épaisseur du trait n'a pas plus du quart de millimètre et les mots sont repérés à un quart de millimètre près.

Voici les calques au crayon et voici la superposition, sur le même contexte, réticule sur réticule, et voici le mot avec la même vérification. Quand on isole le tracé on superpose de la façon la plus apparente.

Ainsi le but du calque au crayon aurait été principalement de dissimuler la superposition à un premier examen pour le cas où les circonstances de l'arrestation l'auraient rendu nécessaire.

Si l'accusé avait été arrêté encore nanti des documents de trahison, il se serait servi de son bordereau comme d'un document préservateur pour démontrer lui-même la confection artificielle au moyen de mots rapportés. Toute la première partie de la démonstration, le gabarit, inutile de dire qu'il n'en aurait jamais parlé. Il se serait donc servi de son bordereau pour en démontrer la confection artificielle et minutieuse et pour démontrer qu'il était victime d'une machination. Mais il avait pensé également au cas inverse, à celui qui s'est présenté, à celui où le document reviendrait sans indication concomitante du scripteur, et alors il s'était réservé la possibilité de nier simplement, nier en s'appuyant sur les différences d'écriture que son gabarit lui permettait d'introduire si facilement. Il comptait sur l'hypothèse fallacieuse du calque au crayon ou sur le changement de chaîne qu'il effectuait quand il écrivait son bordereau, pour dérouter les experts, les empêcher de trouver l'argument du cas inverse, le calque au crayon et la machination.

Je comprends maintenant le dédain que la défense a eu pour ma thèse en 1894; elle avait le tort de ne pas être appropriée aux circonstances de l'arrestation, et le second tort d'attirer l'attention sur le mot « *intérêt* ». Vous venez de voir que ce mot est la clef de la confection du bordereau. Appliquons à son examen les mêmes procédés que ceux qui nous ont servi à l'étude du bordereau, à savoir la mensuration et la superposition à un tracé, à un quadrillage par demi-centimètre.

(*Remise de photographies.*)

Pour rendre notre examen plus facile et plus minutieux, agrandissons ce mot à dix de la façon la plus exacte, et pour que notre agrandissement ne soit pas contestable, juxtaposons sur la feuille une petite graduation millimètrique. Elle a été agrandie en même temps; elle figure sur le bord supérieur de la photographie que nous vous avons distribuée. Vous pourrez en constater l'exactitude absolue. Mesurons maintenant ce mot. Nous observons que la barre du *t* mesure 37 millimètres et quelque chose. L'accent circonflexe en largeur nous donne un chiffre de 18 et 19 millimètres, etc. Cataloguons toutes ces observations et nous sommes frappés de voir que toutes ces mesures : longueur du *t*, longueur de l'accent circonflexe, de l'accent aigu, etc... sont des multiples de 12,5.

Ainsi voilà ce mot, qui nous préoccupe depuis 1894, parfaitement élucidé.

Quelques jours avant les débats de la Cour de cassation, quand j'ai repris cette affaire, ce mot m'est apparu comme composé des multiples de 12,5 dans toutes ses proportions. Le fait est indiscutable.

Eh bien, messieurs, vous savez beaucoup mieux que moi que les chiffres 12,5 et 1,25 sont la valeur de l'hectomètre graphique sur la carte de 80 millimètres. Il nous suffit de prendre la petite règle appelée « kutsch » pour trouver une série de nombres justes : longueur de la barre du *t* : 3; longueur de l'accent aigu : 1; largeur de l'accent circonflexe un et demi, et hauteur du *t* final 4, etc.

Vous trouverez tous ces chiffres reproduits sur la seconde travée.

J'ai agrandi ce mot à 8, de façon à rendre 1,25 mesurable avec un décimètre ordinaire.

Eh bien, messieurs, ce mot non seulement présente, mesuré avec un décimètre, des multiples uniformes de 1,25, mais si nous recherchons l'origine des courbes des *t*, si nous cherchons la valeur de ces courbes, nous découvrons qu'elles obéissent à une courbe d'un rayon de 12,5. Encore une fois, nous trouvons 12,5.

Ainsi, avec un compas et une réglette au 80 millième, il nous serait facile de reconstituer le quadrillage et des arcs de cercle qui nous permettraient d'écrire le mot « *intérêt* » tel qu'il figure sur la lettre du buvard. Ces observations ont été représentées sur les photographies ci-jointes.

(*Remise de photographies.*)

Les relations qui existent entre le chiffre 12,5, le chiffre 1,25 et la largeur de la pièce de cinq centimes sont des relations bien connues qui sont vulgarisées chaque année sur la couverture de l'almanach Hachette; il en résulte cette conclusion bien simple qu'avec une pièce de cinq centimes et un crayon nous avons tous les éléments qu'il faut pour reconstituer le mot « *intérêt* ». (*Rires.*) C'est l'opération que j'ai représentée sur la planche 30 que je viens de vous distribuer. Ainsi avec un sou et un crayon le mot clef peut être constitué et la chaîne peut être faite. C'est l'opération à laquelle je me suis livré moi-même sur l'écriture ci-jointe : voici le mot « intérêt » qui a été écrit de la façon que je vous ai indiquée et que je puis écrire sous vos yeux. Il y a ici un calque qui en montre l'authenticité.

De sorte qu'après l'arrestation de l'accusé, rien n'était plus facile que de simuler la continuation de la correspondance; puisque le gabarit vous donne l'écriture en entier, une fois l'accusé arrêté, le complice n'a qu'à prendre le mot et à continuer; c'est une explication possible du fait que le mot « *intérêt* » peut être reconstruit au moyen d'une épure géométrique.

Constatons néanmoins que cette hypothèse a été invoquée continuellement par l'accusé durant l'instruction préalable; il annonçait dès les premiers jours la continuation de la correspondance.

Enfin l'intercalation du mot « *intérêt* » sur la lettre du buvard semble avoir été l'objet d'une disposition toute spéciale. En effet, si nous superposons l'épure géométrique de construction du mot « *intérêt* » à la lettre du buvard, nous constatons que cette lettre se repère exactement contre l'épure à la même place; si nous calculons absolument l'inclinaison obtenue de cette façon, nous trouvons que cette inclinaison est précisément égale à un sur neuf, autrement dit que la mensuration de l'inclinaison du mot « *intérêt* » au-dessous de la ligne, quand on mesure la distance qui sépare l'extrémité du *t* de la ligne, nous donne de nouveau le chiffre fatidique de 1,25. Il en résulte cette coïncidence curieuse que la chaîne du gabarit que je vous ai montrée s'intercale précisément avec la précision la plus grande au-dessus du mot « *intérêt* » reproduit sur la lettre du buvard. Cette chaîne est d'ordre intermédiaire entre l'inclinaison horizontale que nous donne l'épure géométrique et l'inclinaison de 1 sur 9 que nous donne la lettre du buvard.

On peut dire à cela que c'est moi qui ai construit la chaîne (*Rires.*), je ne conteste pas le fait, mais cette construction repose sur ces deux observations, à savoir, premièrement que l' « *intérêt* » de la lettre du buvard est de 1,25 au-dessous de la ligne, et secondement que les accents circonflexes produisent un abaissement d'un quart de millimètre.

Ce chiffre aussi minime et aussi exact est évidemment extraordinaire ; je ne le donne pas comme preuve, je le donne comme constatation.

Voici un agrandissement à 40 diamètres du mot intérêt. J'en prends un quart, je le superpose et je le fais avancer géométriquement de 1 millimètre 25 et abaisser de un quart de millimètre, et j'obtiens la superposition. Ce sont des constatations ; elles ont été représentées sur les préparations ci-jointes.

Ce que nous pouvons conclure de ces constatations, c'est que le réticulage du gabarit, le point d'origine des barres demi-centimétriques provient de la lettre du buvard.

Je pourrais encore vous montrer que l'emplacement de l'accent circonflexe est placé dans les meilleures conditions pour pouvoir produire ces deux déplacements de 1 millimètre 25 et un quart de millimètre dans les conditions de la grandeur nature. Ces dimensions sont d'une précision qui déroute l'observation ; néanmoins les reproductions que je vous ai présentées tout à l'heure démontrent qu'il est possible d'y atteindre. L'accusé qui est myope et jouit d'une habileté de main extraordinaire était évidemment capable de les produire.

Nous retrouvons, messieurs, la même précision et la même adresse dans la construction de tous les mots « *intérêt* ». Si nous superposons un calque de ce mot agrandi à 20 sur une épure géométrique et que nous divisions par 2 et encore par 2 la limite extrême de 1,25 par des traits au crayon, nous obtenons une série de repérages qui localise tout le reste du tracé ; la tête de l'*u*, de l'*n*, les accents, etc. L'hésitation, les coups de plume, les reprises que présente ce mot semblent même expliqués jusqu'à un certain point par cette perfection. Ce calque a été fait sur un autre agrandissement, car remarquez que ces reprises coïncident avec un autre quadrillage. Il n'y a pas d'endroit qui ne soit localisé; c'est ce qui explique qu'on peut facilement reproduire et reconstituer le mot « *intérêt* ».

(*Remise de photographies.*)

Je veux vous mettre sous les yeux, sans commentaire, les préparations autographiques mêmes qui m'ont servi à l'étude de ce mot. Voici la projection originale avec le texte d'agrandissement au vingtième... Ceci même est l'agrandissement (le texte en fait foi) de la lettre du buvard. C'est le même cliché, c'est de la plus grande exactitude; voici les documents.

Une pareille précision semble indiquer ou la main d'un myope, ou l'emploi d'une loupe pour la confection de ce mot. Conclusions : La construction artificielle du mot cléf « *intérêt* » qui a été établi en prenant pour unité de longueur des multiples ou sous-multiples de l'hectomètre graphique de la carte au 80/1000, ainsi que son intercalation dans la lettre du buvard saisie au domicile, constituent une preuve toute nouvelle et toute spéciale de culpabilité. Je défie qui que ce soit de reproduire à main courante le mot « *intérêt* » tel qu'il figure sur la lettre du buvard, dût-il recommencer cette opération dix, cent, mille fois, tandis qu'en une demi-heure n'importe qui peut y arriver avec le système que j'indique.

Depuis ma déposition devant la Cour de cassation où je plaçai sous les yeux de messieurs les conseillers la superposition du bordereau au gabarit, j'ai cherché et je crois avoir trouvé un moyen mécanique de montrer que ces superpositions existent réellement avec une précision supérieure à tout ce que le hasard peut expliquer.

Vous avez tous entendu parler, messieurs, de la photographie composite qui fut inventée par M. Galton, un Anglais, il y a une vingtaine d'années, et dont le cinématographe, soit dit en passant, peut passer pour être une espèce d'application physiologique.

Supposons, pour remémorer la chose par un exemple, que nous voulions réunir en un type unique les 20 à 30 profils de Jules César qui existent dans nos collections numismatiques. Nous commencerions par prendre une image de ces profils au même format dans les mêmes dimensions. Nous disposerions toutes ces images sur une même ligne, les unes vis-à-vis des autres et nous ferions défiler ces images devant un objectif de façon que chacune vienne poser à la même place de la plaque sensible et avec un temps de pose du 30e seulement de celui qui serait nécessaire pour chacune d'elles prise isolément. Chaque image venant sur la plaque sensible poser le 30e du temps qui lui serait nécessaire, nous obtiendrons en développant des silhouettes qui ne seront développées suffisamment qu'aux endroits où la plaque sensible aura été frappée 20 ou 30 fois, c'est-à-dire au seul endroit commun à toutes nos images. Les particularités au contraire spéciales à chaque image seront annihilées, floues ou vagues. Le procédé d'appliquer la photographie composite à l'expertise en écriture n'est pas de mon invention. Il a déjà été préconisé par un expert américain, le docteur Fraser, docteur ès sciences de la Faculté de Paris. L'opposition du blanc et du noir rend l'opération particulièrement facile. Voici, en ce qui regarde le bordereau, le manuel opératoire que j'ai suivi. Pour faire cette opération, j'ai commencé par mettre les 30 lignes du document bout à bout sur une seule bande, mais en collant chaque bande l'une après l'autre, réticule sur réticule et en laissant l'espacement entre chaque ligne nécessaire pour que cette bande unique de 3 mètres soit superposable à un gabarit de longueur indéfinie, et dans de telles conditions qu'elle nous offre les mêmes superpositions que sur les planches que je vous ai distribuées.

J'ai donc ma bande de 3 mètres et, si je la superpose à un gabarit, les mêmes superpositions apparaîtront. Mais faisons disparaître le gabarit, reprenons la bande et faisons-la défiler devant l'objectif photographique en la propulsant de longueur de 12,5 en 12,5.

Nous obtiendrons l'accumulation sneccessive de tous les mots du bordereau sur la même place, sur le même emplacement.

Autrement dit, si nous disposions d'un mécanisme extrêmement rapide qui fasse défiler ces trois mètres avec une très grande rapidité, nous arriverions à recueillir dans l'espace d'un dixième de seconde tous les mots du bordereau les uns sur les autres. (*Rires.*) Ce qui serait difficile à faire au moyen d'un cinématographe peut être réalisé très facilement avec la photographie composite. C'est ce que j'ai fait sur les épreuves ci-jointes, que j'ai l'honneur de vous distribuer.

(*Remise de photographies.*)

Ainsi qu'il était facile de s'y attendre, l'accumulation de tout le bordereau sur un espace aussi étroit que 12,5 n'a déterminé d'abord qu'un enchevêtrement de traits où il serait bien difficile de retrouver les deux chaînes imbriquées en deux couleurs. Mais il n'en est plus de même si je reprends l'opération, et si je m'arrange pour que dans ce défilé de 12,5 en 12,5, je ne fasse passer d'abord que la partie des mots écrits sur chaîne hachurée; c'est le résultat obtenu sur la première planche, et si je recommence après l'opération et que je ne fasse défiler que les mots ou partie des mots écrits sur chaîne pointillée. J'obtiens alors une chaîne dans laquelle la silhouette du mot « intérêt » semble apparaître.

Chose curieuse, on retrouve dans les superpositions, dans les masses alternativement blanches et noires, le même écartement et le même rythme que dans le mot « intérêt », à ce point qu'il devient possible, en superposant une feuille de papier-pelure à l'une de ces figures, de reconstituer la chaîne. C'est l'opération à laquelle je vais me livrer sous vos yeux.

M. Bertillon s'approche du Conseil et procède à cette expérience.

L'opération a été représentée dans ses plus petits détails sur la planche ci-jointe que je vous distribue... Les deux chaînes sont superposées, et je dois obtenir un tracé un peu plus accentué, où on retrouve le rythme dans l'écartement... 1,25, 2,05...

J'ai refait l'opération grandeur nature, et j'ai obtenu le même espacement et la même figure. Sur la photographie grandeur nature, le mot « *intérêt* » peut être repris et reconstruit encore plus rapidement. Sur la planche que je vous ai montrée, l'opération a été reproduite en entier: on a indiqué en tracé creux les mots écrits sur chaîne pointillée, et en tracé plat les mots écrits sur chaîne hachurée. Ultérieurement, nous avons reproduit une bande à la dimension de un quart de grandeur nature, qui montre la façon dont les bandes ont été ajustées les unes aux autres, et les parties de mots qui correspondent à la chaîne pointillée, et ceux qui correspondent à la chaîne hachurée.

(*Remise de photographies.*)

J'ai cherché depuis cette expérience à reconstituer de la même façon la longueur exacte du mot « *intérêt* ». La photographie que je ne puis vous faire remettre permet de reconstituer cette longueur exacte, puisque nous pouvons écrire le mot « *intérêt* », et nous voyons l'*i* retomber sur l'*i*. Mais on peut objecter avec raison à cette opération que cette répétition exacte de 12,5 est le procédé mécanique de mon opération. Je fais défiler là une ligne du bordereau devant l'objectif qui embrasse un champ très vaste; je dois avoir une répétition de 12,5 en 12,5...

Cette répétition provient de ce fait. Comment arriver à faire parler les faits matériellement en dehors de cette première expérience?

Messieurs, je crois l'avoir prouvé par cette autre expérience. (*Rumeurs.*)

J'ai recommencé l'opération en poussant de 12,5 en 12,5, mais avec une distance double, c'est-à-dire de 25 en 25, de deux longueurs d' « *intérêt* » en deux longueurs d'« *intérêt* ».

L'image que j'obtiens est la même ; elle me produit la répétition au milieu du mot « *intérêt* », quoique je pousse de 25 en 25, mon image est de 12,5, moitié moindre ; et voilà la véritable démonstration ; c'est une preuve matérielle, incontestable.

Voici la preuve décisive. (*Rires et rumeurs.*) Je n'ai pas pu vous remettre des exemplaires, je n'ai qu'une photographie, parce qu'on m'a retiré brusquement la direction de l'examen des écritures et de la photographie judiciaire, de sorte qu'étant privé d'instruments, je n'ai pas pu compléter sur ce point ma démonstration.

Mais mon intention était de faire sur ces préparations un tirage phototypique de chacune des photographies composites, la chaîne verte et la chaîne rouge, de les faire imprimer en phototypie sur gélatine, en couleurs, la première en rouge, la seconde en vert, sur la même feuille, et en repérant les deux images réticules sur réticules.

Ces deux images de nuances différentes qui seraient venues se mettre l'une sur l'autre ou à côté en obéissant au réticulage du bordereau qui reste le même, se seraient répétées, sans chevaucher l'une sur l'autre, une venant masquer les grisailles que l'autre pouvait présenter. (*Nouveaux rires.*)

La première chaîne en rouge est imprimée, on reprend la feuille, et on la reporte sur l'autre photographie, on ajuste sur l'autre réticule et on tire la seconde chaîne en vert. Les deux images se placent l'une sur l'autre, la rouge et la verte, et l'une vient masquer les grisailles de l'autre.

On aurait ainsi obtenu, messieurs, mécaniquement, un gabarit bicolore (*Rires.*) qui serait venu s'appliquer au bordereau et qui aurait été absolument identique au gabarit constitué par moi avec le mot « *intérêt* » de la lettre dite du buvard.

Néanmoins, je considère l'expérience telle que je viens de vous la mettre sons les yeux comme décisive.

Elle m'apparaît comme un contrôle matériel de ma théorie qu'aucun raisonnement ne peut détruire.

Il est évident que si j'obtiens, en faisant défiler sur les deux chaînes les mots du bordereau, deux photographies composites, sur lesquelles je retrouve non seulement le dessin général, mais encore les alternances rigoureuses des deux gabarits, il faut bien admettre qu'il y a un rapport absolu entre les mots du bordereau et le mot « *intérêt* » de la lettre du buvard avec lequel ces deux chaînes ont été composées.

Or, cette chaîne était la propriété de l'accusé. Elle a été saisie à son domicile sur l'invitation même de Mme Dreyfus. (*Rumeurs prolongées.*) Comment pourrait-on expliquer les relations non seulement graphiques mais mathémathiques qui relient ce document au bordereau, si l'on se refusait à admettre que le bordereau a été écrit par l'accusé.

Dans l'ensemble des observations et des concordances qui forment ma démonstration, il n'y a de place pour aucun doute ; et c'est fort d'une certitude non seulement théorique mais matérielle, qu'avec le sentiment de la responsabilité qu'entraîne une conviction aussi absolue, en mon âme et conscience j'affirme, aujourd'hui comme en 1894, sous la foi du serment, que le bordereau est l'œuvre de l'accusé. (*Nouvelles rumeurs.*) J'ai fini.

Un membre du Conseil. — Pourriez-vous expliquer les analogies de l'écriture du bordereau avec l'écriture d'Esterhazy ?

M. Bertillon. — Ma démonstration repose sur des concordances de mots extraits du texte du ministère et du texte du domicile. La présence à Rouen d'un officier écrivant d'une façon plus ou moins ressemblante, il pourrait y avoir un très grand nombre de personnes écrivant de la même façon, que le fait des superpositions réticulaires n'en serait en rien entaché (*Rumeurs.*); c'est une question tout à fait différente ; l'écriture d'Esterhazy était-elle naturelle, sommes-nous en face d'une simple coïncidence due au hasard? ou sommes-nous en face d'une invention, je n'en sais rien, mais je n'en ai cure (*Rires.*) en ce qui concerne la démonstration que je viens de vous présenter ; on peut expliquer cette dissidence par plusieurs hypothèses ; ces hypothèses ne sont pas susceptibles de vérification complète et immédiate, je ne les aurais pas formulées dans ma déposition, je peux vous les signaler mais je ne réponds pas qu'il n'y en ait pas d'autres.

On peut supposer que l'écriture du bordereau, l'écriture sur gabarit, n'est pas une invention propre à l'accusé, mais une invention, un secret de chancellerie, qui a été communiqué à plusieurs espions à la fois, dans le but que s'il arrivait malheur à l'un on pût substituer l'un à l'autre ; c'est une hypothèse, je n'en réponds pas ; vous pouvez supposer aussi que l'écriture a été imitée par Esterhazy antérieurement à celle de Dreyfus, simplement pour se substituer à lui, depuis 1894 : c'est une hypothèse à laquelle j'attache une certaine vraisemblance, parce qu'elle a été susceptible de ma part d'un commencement de vérification que je vais mettre sous vos yeux.

J'ai été frappé par ce fait que l'écriture des premiers documents, l'écriture d'Esterhazy, je ne parle pas des derniers, présentait un certain nombre de différences de tares graphiques que le bordereau n'offrait pas quand on l'examinait sur l'original ou sur mes reconstitutions, mais qui se retrouvaient sur les photographies incomplètes où les déchirures du papier n'apparaissaient pas, notamment dans la photographie du *Matin*.

Nous remarquons dans l'écriture d'Esterhazy, colonne de droite, que les *a* sont parfois disposés en deux masses séparées. L'écriture du bordereau ne présente pas cette particularité. Mais le mot partir dans « *Je vais partir en manœuvres* » a été déchiré à travers l'*a* et une photographie où les déchirures ont été effacées ou un calque grossier, ou la photogravure du *Matin*, ou une reproduction non soignée, semblent faire croire que les *a* ont été disposés, écrits en deux masses. Il y a aussi les *f* que j'ai qualifiés d'*f* en ligne brisée.

Nous remarquons que la jonction inférieure du premier au second se fait sur le bordereau au moyen d'angle aigu sans retouche, sans boucle. La photogravure sur ce point, ou le calque qui lui a donné lieu a reproduit par un défaut de la plume « une boucle » que nous retrouvons dans l'écriture d'Esterhazy.

Mais la particularité la plus curieuse nous est encore offerte par les doubles *i*. Au procès Zola, je remarquai, bouillonnant de ne pouvoir intervenir (*Rires.*) qu'on prétextait comme signe d'écriture d'Esterhazy le fait qu'il mettait plusieurs points sur l'*i*. Mais le bordereau ne contient qu'un point sur l'*i;* s'il a l'air d'en contenir deux, en deux endroits différents, c'est que la tête des *i* a été coupée, et la tête de l'*i* coupée a été placée à côté du point ; alors on a pu en conclure qu'il y avait deux points.

Ainsi voici le mot « *intérêt* » qui a été déchiré à travers l'*i*. Nous voyons ici un premier point et un autre là. La photographie naturelle reproduit cela beaucoup plus exactement.

M. Bertillon s'approche du Conseil et lui donne quelques explications.

Le même phénomène nous est offert par le mot « *relative* » ; du reste nous voyons la déchirure passer juste sur l'*i*, et alors l'*i* sur un calque qui ne reproduit pas la déchirure paraît avoir deux points.

Eh bien ! Esterhazy nous offre dans son écriture des mots avec deux points, à « *pris* » par exemple. Tout dernièrement, j'ai eu l'occasion de voir un mot écrit par Esterhazy, dès octobre ou novembre 1895, dans lequel le mot « *disposition* » a deux points absolument comme le mot « *disposition* » du bordereau à cause de la déchirure. Il se trouve que, par un hasard extraordinaire, les déchirures du bordereau coupent les têtes des *i* pour le mot « *intérêt* », pour le mot « *relative* » et pour le mot « *disposition* », de sorte que nous avons trois *i* avec deux points et que nous constatons qu'Esterhazy met deux points sur ses *i*, et alors on a dit : « Voilà une preuve. » Au procès Zola, on a dit : « Mais la preuve, ce sont ces deux points. » Voyons ! mais Esterhazy est un homme de paille (*Rumeurs prolongées.*), c'est un misérable, et je l'ai dit dès le commencement !

Voici la lettre que, dès le 18 novembre 1897, j'ai écrite au général de Boisdeffre :

« Mon général,

« Je crois de mon devoir de vous affirmer que les allégations du commandant Esterhazy sur le rôle rocambolesque qu'il s'attribue dans la confection de la lettre missive incriminée, allégation que je peux apprécier mieux que tout autre, me confirme de plus en plus dans l'idée qu'il est l'homme de paille choisi par la famille pour attirer l'affaire sur le plus mauvais terrain. L'air accusateur qu'il prend vis-à-vis du colonel Picquart n'a pas d'autre but que de nous abuser. »

LE PRÉSIDENT. — C'est en dehors de votre expertise. Ne sortez pas de la question ni de votre rôle d'expert. C'est tout ce que vous avez à dire sur ce point, n'est-ce pas ?

LE CAPITAINE CONSEILLER BEAUVAIS. — Pourriez-vous nous donner des détails sur les points des *j* ? C'est un détail intéressant.

M. BERTILLON. — Le *j* de « *je vais partir en manœuvres* » a été coupé et isolé par le pli du papier. Il faut prendre pour cela la reproduction du bordereau nature. Le pli du papier passe juste à travers le *j*. Il en résulte une différence dans l'alignement des deux traits, qui peut faire croire à la présence d'une boucle. En effet, la photogravure du *Matin* élargit ce trait et en donne une. Or, Esterhazy, écrivant, met toujours une boucle.

Les mots « *quelques renseignements* » du bordereau ont été l'objet de deux déchirures et d'un mauvais raccommodage, ce qui fait que sur la reproduction photographique les traits chevauchent en haut et en bas. Or, Esterhazy, quand il écrit, nous fait chevaucher les lettres, absolument comme le produit de la déchirure.

Les mots « *je les prendrai* » ont été déchirés et recollés plus vers la gauche. Nous observons les mêmes hésitations dans les tracés de l'écriture d'Esterhazy. Le mot « *extrêmement* » a été déchiré horizontalement et mal recollé. Cela donne un *m* comme l'*m* d'Esterhazy ! Le mot « *joue* » présente la particularité suivante : le premier trait de l'*o* est très pâle, les photographies mal tirées ne le reproduisent pas, la photogravure du *Matin* l'a absolument atténué, l'*o* a l'air d'être réduit à un simple petit point. Esterhazy fait très souvent les *o* de cette façon-là.

Le mot « *détenteur* » est barré de deux *t* en deux *t*, mais la première barre est très mince et se voit difficilement; c'est un trait léger; Esterhazy interprète ceci de cette façon : « Quand un mot a deux *t*, je ne dois barrer que le second. » Il nous en donne de très nombreux exemples dans son écriture. Je pourrais vous citer d'autres exemples. Il y en a un nombre considérable. Je sais bien que depuis un an ou deux sa nouvelle écriture s'est modifiée et qu'on ne trouve plus de ces traits-là; mais il y a trois ans, j'ai lu dans un article du *Gaulois*, je crois, une étude sur ce point faite absolument en dehors de moi, où ces dispositions ont été mises en lumière d'une façon très complète avec une analyse comparée des rapports des experts qui ont paru dans la brochure de M. Bernard Lazare. Il y a là une étude consciencieuse que je signale au Conseil.

Le Président. — Monsieur le Commissaire du Gouvernement, avez-vous des questions à poser?

Le Commissaire du Gouvernement. — Aucune.

Me Demange. — Les questions que je poserai ne visent pas l'ordre technique, elles ont trait à la question que posait tout à l'heure un de messieurs les membres du Conseil. Voulez-vous demander à M. Bertillon ceci : a-t-il soumis les pièces de comparaison qu'il avait entre les mains émanant d'Esterhazy à la même épreuve que le bordereau? A-t-il réticulé les pièces émanant de la main d'Esterhazy, a-t-il renouvelé les mots redoublés qui se trouvaient dans ces pièces, et quel a été le résultat de ces constatations?

M. Bertillon. — Je n'ai cure de l'écriture d'Esterhazy (*Rires.*), elle ne touche en rien à ma déposition! aussi je n'ai pas consacré à cette étude la précision que j'ai employée à l'étude du bordereau. D'ailleurs, je n'ai jamais été officiellement chargé de l'examen de l'écriture d'Esterhazy.

Toutefois, j'ai fait des études de ce genre et je crois qu'il y a beaucoup de documents d'Esterhazy qui ont été écrits sur le gabarit : on a dû le lui communiquer en même temps qu'il jouait son rôle d'homme de paille et il a complété cela en écrivant de la même façon, je le crois très facilement, soit qu'il l'ait fait depuis 1894 ou depuis 1895, soit qu'il l'ait fait antérieurement, en application de l'espèce de secret de chancellerie qui permettrait aux espions de se substituer l'un à l'autre.

Cette hypothèse n'est pas en contradiction avec les constatations que je viens de faire. Nous pouvons admettre, messieurs, que Esterhazy d'un côté, l'accusé de l'autre, écrivaient leurs missives d'espionnage et employaient exactement le même procédé, et que, depuis 1895, Esterhazy, mis en demeure de jouer son rôle intéressé, s'est appliqué à ressembler encore plus au bordereau que son écriture naturelle.

Mais ma démonstration ne repose pas sur ce fait : c'est le fait que les mots ont été truqués au ministère de l'Intérieur, c'est le fait que le mot « *artillerie* » est retouché à deux places, c'est le fait que le mot « *adresse* » n'est pas sur la ligne, qu'il est retouché. Esterhazy ne me gêne en quoi que ce soit. Mon autre preuve c'est le mot « *intérêt* », c'est le réticulage de la lettre du buvard. Voilà des preuves en dehors de la portée de M. Esterhazy sur lesquelles je reste cantonné. Esterhazy peut raconter tout ce qu'il veut.

Me Demange. — Voulez-vous bien dire, monsieur le Président, à M. Bertillon que je ne veux pas engager de colloque avec lui et que je ne discute pas en ce moment. M. Bertillon vient de vous dire : « Voilà mes preuves. » Je les discuterai plus tard, mais je lui ai posé une question et je voudrais savoir si j'ai bien compris sa réponse. Je lui ai demandé s'il avait soumis l'écriture d'Esterhazy à la même épreuve que celle qu'il avait fait subir à l'écriture du bordereau.

Le Président. — Avez-vous fait subir à l'écriture d'Esterhazy la même épreuve que celle que vous avez fait subir à l'écriture du bordereau ?

M. Bertillon. — Oui, mais d'une façon moins complète. J'ai constaté des superpositions qui ne me semblent pas naturelles et qui me font croire qu'il a écrit sur gabarit un certain nombre de lettres qui nous sont parvenues par l'entremise de proxénètes, les autres par d'autres canaux du même genre.

Le Président. — Avez-vous trouvé dans l'écriture d'Esterhazy le même système que dans celle du bordereau ?

M. Bertillon. — En partie. Je crois très volontiers que sur certaines lettres il y a une écriture sur guide comme sur le bordereau. Il suffit sur le mot « *intérêt* » d'écrire un autre mot, le mot *notaire* par exemple et mettre : notaire-notaire-notaire, pour produire le même effet qu'avec le gabarit.

Me Demange. — Une seconde question dans un autre ordre d'idées. En 1894, M. Bertillon a démontré au Conseil, ou voulu démontrer tout au moins que le bordereau, c'est-à-dire la pièce anonyme, était signé (c'est l'expression qu'il a employée) ; il trouvait que les mots « *A. Dreyfus* » étaient contenus dans un des mots du bordereau. Comme je n'ai pas entendu cette explication aujourd'hui, je lui demande s'il veut la donner au Conseil de 1899.

Le Président. — Voulez-vous bien répéter votre explication, mais en vous tenant dans la question.

M. Bertillon. — En effet, au Conseil de guerre de 1894 j'ai indiqué, mais à titre d'hypothèse et en insistant énormément, en disant combien je regardais cette explication comme conjecturable, j'ai indiqué qu'il était possible que cette lettre fût signée cryptographiquement.

J'ai été pendant deux ou trois ans attaché au cabinet de M. le Préfet de police où mes fonctions consistaient à recevoir les rapports des agents secrets et à les recopier en changeant les phrases. J'ai donc sur cette partie une certaine connaissance professionnelle.

Ces rapports ne sont pas signés, mais ils portent chacun un signe recognitif, soit un signe conventionnel, soit un numéro, soit même rien du tout. Eh bien, je m'étais demandé en 1894 si cette phrase « *et ne vous en adresse la copie* » n'avait pas été ajoutée volontairement, de façon à ramener ce mot « *adresse* » que l'on trouve déjà plus haut : « *Si donc vous voulez y prendre ce qui vous intéresse et le tenir à ma disposition après, je le prendrai. A moins que vous ne vouliez que je le fasse copier* in extenso. » Un point c'est tout ! Si je le fais copier la copie est pour vous, cela va de soi, c'est évident. « *Et ne vous en adresse la copie* » me semblait ajouté exprès pour reproduire le mot « *adresse* » et le mot « *copie* » afin d'avoir deux mots superposables.

Alors, devant ce mot « *adresse* », à la fin de la ligne, j'ai émis l'hypothèse qu'il pouvait servir de signe recognitif ; mais j'ai ajouté qu'il ne fallait pas attacher une grande importance à cette conjecture, laquelle serait basée sur la superposition matérielle que je présentais. Je ne nie pas le propos, mais c'était une hypothèse formelle.

Me Demange. — M. Bertillon n'a-t-il pas dit qu'il trouvait « *A. Dreyfus* »?

M. Bertillon. — Cela peut être un signe recognitif, mais j'ai dit que cela n'avait pas d'importance.

Me Demange. — Troisième question. M. Bertillon, en indiquant que dans le bordereau il y avait des mots écrits sur gabarit, c'est-à-dire des mots truqués, a dit au Conseil quel était le but poursuivi par l'accusé : c'était un moyen de défense.

Voulez-vous, monsieur le Président, lui demander, puisqu'il a trouvé les mêmes mots truqués écrits sur gabarit dans des pièces émanées du ministère de la Guerre, l'une une note qu'on a appelée la lettre du général de Galliffet; l'autre, l'étude sur les grands parcs d'artillerie, voulez-vous lui demander comment il explique, et pourquoi il attribue au capitaine Dreyfus, que dans des travaux faits pour le ministère et au ministère même, des mots aient pu être introduits, truqués et écrits sur gabarit?

Le Président. — Comment expliquez-vous que dans les écritures courantes, au ministère, l'accusé ait pu introduire son système cryptographique d'écriture sur gabarit?

M. Bertillon. — Je signale d'abord deux coïncidences de dates qui m'avaient échappé dans ma déposition. A cette occasion, je prie monsieur le Président de vouloir bien recevoir et adjoindre à la procédure ce rapport, qui contient de la façon la plus détaillée et la plus précise la démonstration que j'ai présentée.

J'ai signalé ces deux coïncidences de dates, à savoir que la pièce relative aux grands parcs d'artillerie est de 1892 ou de 1893, mais qu'elle est de douze ou de treize mois postérieure au procès des faussaires du testament de La Boussinière, et que la pièce adressée au général de Galliffet, où je trouve le plus grand nombre de mots superposables et écrits sur gabarit, à savoir les mots « *adresse* », « *copie* », etc., coïncide, à quelques jours d'intervalle, avec la confection du bordereau. Ce document est de fin août.

Le Président. — Ces pièces étaient écrites sur papier ordinaire. Est-ce qu'avec du papier ordinaire on peut faire ce travail?

M. Bertillon. — Je me suis assuré personnellement que le papier minute employé au ministère de la Guerre est suffisamment transparent pour permettre d'écrire sur gabarit, et je l'ai exécuté moi-même. Cette pièce, la pièce d'adresse au général de Galliffet, a été écrite en août 1894 et expédiée le 3 septembre. Elle est donc contemporaine, comme création, au bordereau, qui, d'après les témoignages, semble avoir été écrit au mois de septembre 1894.

Il y a là une coïncidence bizarre.

Maintenant, évidemment oui, l'accusé, de temps à autre, intercalait dans les pièces qu'il écrivait au ministère de la Guerre un certain nombre de mots qu'il écrivait sur le gabarit. C'était la contre-partie nécessaire de l'alibi de machination qu'il se préparait au moyen du bordereau. Cette opération ne lui était pas difficile; attendu que, d'après les débats, il se rendait de temps à autre à des heures où personne ne l'y croyait, au ministère. En tout cas, je connais suffisamment l'administration pour savoir qu'on peut emporter chez soi des pièces semblables à la lettre au général de Galliffet, et les rapporter au bureau, sans encourir le moindre blâme.

Me Demange. — Une autre question est celle-ci : Tout à l'heure, M. Bertillon a expliqué au Conseil que le mot clef dont se serait servi le capitaine Dreyfus était le mot « *intérêt* » emprunté à une lettre qu'il a appelée lettre du buvard. M. Bertillon nous a dit que le mot « *intérêt* » était, par conséquent, un mot truqué introduit dans cette lettre. Voulez-vous demander à M. Bertillon s'il conteste l'authenticité de cette lettre écrite par M. Mathieu Dreyfus à une personne ?

Le Président. — Considérez-vous que la lettre appelée « lettre du buvard » a été écrite par M. Mathieu Dreyfus ou bien par un faussaire ?

M. Bertillon. — Monsieur le Président, je n'ai pas sur ce point d'opinion et les principes que j'ai en expertise d'écritures s'opposent à ce que j'en aie une. Je prétends que la science des experts en ce qui regarde les coups de plume est un savoir vain, sans fondement, et qu'il donne lieu aux erreurs continuelles les plus considérables. Aussi, quand on me donne un document à examiner, je le regarde comme une pièce matérielle et je cherche à le séparer de tout ce qui l'entoure. Cette lettre porte au verso, à la place où l'on met d'ordinaire la signature, le mot : « *Mathieu* ». A-t-elle été réellement écrite par M. Mathieu Dreyfus? A-t-elle été écrite par l'accusé? A-t-elle été écrite par Esterhazy ou par n'importe quel autre? Je n'en sais rien (*Hilarité et rumeurs.*); elle a été écrite sur gabarit. Je puis la reproduire, n'importe qui peut le faire, mais nous ne pouvons pas trancher la question d'authenticité. J'admets très bien l'hypothèse que Mathieu Dreyfus a réellement écrit cette lettre où l'on parle d'intérêts de famille.

Le Président. — Vous n'avez pas d'idée faite sur ce sujet ?

M. Bertillon. — J'admets très bien qu'il l'a écrite, que Dreyfus l'a reçue et l'a recopiée lui-même sur le gabarit en imitant l'écriture de son frère. Voilà encore une autre hypothèse.

Me Demange. — Il résulte de la réponse de M. Bertillon que la lettre aurait été écrite sur gabarit ?

M. Bertillon. — Il y a un certain nombre de mots qui sont écrits méticuleusement sur gabarit, témoin les mots « *quelques renseignements* » que je vous ai montrés. La lettre entière contient peut-être des passages qui ont été écrits sans repérage.

Me Demange. — Monsieur le Président, voudriez-vous demander à M. Bertillon pourquoi il n'a pas gardé la mesure exacte du quadrillage du bordereau, c'est-à-dire de 4 millimètres en 4 millimètres ? Je voudrais savoir pourquoi, lorsque M. Bertillon a réticulé, il n'a pas pris le réticulage produit par le quadrillage même du bordereau.

Le Président. — Pourquoi n'avez-vous pas pris le quadrillage de 4 millimètres et avez-vous pris celui de 5 millimètres ?

M. Bertillon. — Pour ma part j'ai souvent pensé à ce fait que le quadrillage était de 4 millimètres et j'ai pensé que c'était pour masquer le réticulage d'une façon complémentaire, pour empêcher qu'on ait recours au réticulage par 5 millimètres qui donne la clef de l'affaire. D'ailleurs 4 et 5 ayant des multiples communs, les quadrillages à 4 ou à 5 millimètres devaient produire des phénomènes identiques.

Me Demange. — La dernière question que je voudrais poser est celle-ci ; je n'ai pas compris cette phrase : « Après son arrestation l'accusé avait annoncé la continuation de la correspondance. » J'ai entendu la phrase, je n'en ai pas compris l'esprit et la portée. Je prie M. Bertillon de vouloir bien s'expliquer là-dessus.

M. Bertillon. — Oui, j'ai appris par les débats, et même peut-être à ce moment-là, que l'accusé annonçait que la correspondance allait continuer.

Le Président. — Vous n'avez pas parlé de correspondance faite par le même système ?...

M. Bertillon. — Ce sont des souvenirs de lecture que j'invoquais, je n'ai pas présents à l'esprit les termes mêmes pour pouvoir vous fixer sur ce point ; j'ai souvenir que postérieurement à sa condamnation il y a eu des lettres où l'accusé annonçait que la correspondance allait se reproduire. — Je n'y attache pas d'ailleurs une grande importance.

Me Demange. — Je voudrais que M. Bertillon me montrât ces lettres ; je ne les ai pas vues.

Me Labori. — Je voudrais demander à M. Bertillon comment il concilie le système qu'il a présenté devant le Conseil avec la première opinion qu'il a émise en 1894, et de laquelle il résulterait que l'écriture du bordereau était l'écriture naturelle de Dreyfus, et que la forgerie du document, à supposer qu'il fût forgé, ne pourrait être invoquée que comme un moyen de défense.

M. Bertillon ne paraît pas me comprendre. Si je me rappelle bien les faits, en 1894 il a dit que le document était de la personne soupçonnée, à moins que ce ne fût un document forgé avec le plus grand soin.

M. Bertillon. — C'est le premier avis que j'ai déposé le 13 octobre.

Le Président. — Avis que vous avez émis avant l'arrestation et que vous avez adressé au ministère de la Guerre ?...

Me Labori. — Comment M. Bertillon concilie-t-il cette première opinion avec son expertise actuelle?

M. Bertillon. — Il me semble que l'une coudoie l'autre. Je n'avais pas pu, dans l'espace de 10 heures, reconstituer le procédé que je viens de mettre sous vos yeux. J'examine le document, je trouve des relations de superpositions, des relations de forme des plus précises : comme dans les mots « *artillerie* », « *réserve* ». Je constate le même dessein et j'en conclus que les ressemblances sont si grandes qu'elles ne sauraient être attribuables au hasard ; je dis alors que c'est de la même personne, à moins que le document ne soit forgé, parce que j'apercevais en même temps des traces d'imbrication insuffisante pour me convaincre qu'il était forgé ; mais je tenais à émettre cette hypothèse, qui ne me paraissait pas pouvoir être éliminée dès l'abord. J'ai bien fait, puisqu'à l'examen ultérieur il m'a été démontré que le document était forgé. Je ne crois pas qu'il y ait de contradiction ; je n'avais pas émis alors d'opinion définitive.

Me Labori. — A ce moment, la forgerie du bordereau apparaissait à M. Bertillon comme une hypothèse qui serait susceptible de venir à la décharge de l'accusé ?

Le Président. — Etait-elle à la décharge de l'accusé?

M. Bertillon. — Je ne me suis jamais occupé de savoir si mon opinion était favorable ou non à l'accusé.

En 1894, ma thèse, comme je vous le disais hier, était pour me servir d'une expression triviale, par tout le monde mal vue. Je n'y pouvais rien. Moi-même j'étais profondément convaincu de la culpabilité, mais j'avais peur que ma démonstration fût mal comprise et amenât un acquittement. Mais je ne l'ai pas modifiée. (*Rumeurs.*) Cela aurait été contraire à la voix de ma conscience.

Me Labori. — Si M. Bertillon estime que le commandant Esterhazy a écrit sur gabarit un certain nombre des documents qui lui sont attribués, pourquoi alors Dreyfus est-il l'auteur du bordereau, et pourquoi le bordereau n'est-il pas d'Esterhazy?

Le Président. — Si Esterhazy se servait du même procédé d'écriture, pourquoi concluez-vous que le bordereau est de Dreyfus?

M. Bertillon. — Le fait que le bordereau est écrit avec l'aide d'un gabarit est une explication de ma déposition de 1894 qui démontrait simplement la superposition sur les pièces du ministère et sur les pièces du domicile ; et je concluais que c'était une constatation de la culpabilité de l'accusé.

Restait le côté pratique de la réalisation de l'hypothèse. Le gabarit a expliqué comment ce phénomène pouvait être pratiquement réalisé, je l'ai fait sous vos yeux tout à l'heure.

Sous ce rapport, la démonstration est péremptoire. Mais depuis j'ai ajouté aux preuves de 1894 le truquage des pièces du ministère et le truquage de la lettre du buvard; mais je n'invoque pas la superposition au gabarit.

Me Labori. — Le gabarit est bien fait avec le mot « *intérêt* », n'est-ce pas? Et quand M. Bertillon dit que M. Esterhazy aurait pu écrire sur gabarit les lettres qu'il a examinées, estime-t-il qu'il s'agit d'un gabarit formé également avec le mot intérêt?

Le Président *répète la question.*

M. Bertillon. — Je ne le sais pas; nous sommes ici dans les hypothèses. Quand je parle d'Esterhazy, c'est toujours hypothétiquement. Nous voici dans une question de méthode. Vous savez comme moi que la police se fait avec des hypothèses, et que la justice se rend avec des certitudes.

Or, en parlant d'Esterhazy nous sommes en pleine hypothèse. Ce que j'avance ici sans préparation peut naturellement se trouver infirmé par des faits constatés; ce ne sont que des hypothèses.

Eh bien! Esterhazy a pu écrire sur un gabarit fait avec un mot dont la famille dont il est l'homme de paille peut lui avoir donné communication (*Rumeurs.*); agent d'une puissance étrangère, il peut avoir communication de secrets de chancellerie qui permettent aux scripteurs de se substituer les uns les autres. Ou il peut n'avoir reçu communication que d'un dérivé de ce mot.

Prenons le gabarit comme je le disais tout à l'heure, sur la chaîne ; écrivons sur le mot « *intérêt* », un mot d'un même nombre de lettres, le mot « *notaire* » par exemple.

Nous sommes en face d'un dérivé du mot « *intérêt* » qui va nous permettre de reconstituer des effets approximativement semblables à ceux que le mot « *intérêt* » lui-même nous donne.

Ce qui fait que j'affirme que le mot « *intérêt* » est le mot clef, c'est que je le trouve construit géométriquement avec des espacements de deux fois 1,25 des groupes de 12 et 5, etc., etc.; voilà le point sur lequel est basée mon affirmation. Je ne peux pas dire, par l'examen des pièces spéciales d'Esterhazy, sur quel mot elles ont été écrites, et je ne pourrais même pas arriver à reconstituer le mot clef que, dans l'espèce, la perquisition chez l'accusé m'a seule livrée.

Me Labori. — M. Bertillon estime donc que le commandant Esterhazy est un espion?

Le Président. — Je ne poserai pas cette question. (*Mouvement prolongé.*)

Me Labori. — M. Bertillon l'a bien dit, à l'état d'hypothèse, il suppose que Dreyfus et Esterhazy seraient tous deux détenteurs d'un secret de chancellerie.

Le Président. — Il l'a dit à l'état d'hypothèse.

Me Labori. — Alors c'est la seule hypothèse qui peut concilier l'identité de l'écriture du bordereau avec l'écriture d'Esterhazy. M. Bertillon peut-il en présenter d'autres?

M. Bertillon. — Evidemment, mais comme j'expliquais au Conseil, on ne peut jamais, dans des énumérations d'hypothèses, affirmer qu'on a fini les constatations, qu'on n'en oublie pas; il y en a beaucoup d'autres.

Me Labori. — Voulez-vous demander à M. Bertillon, parce que c'est un point qu'il a abordé, mais qui ne se dégage pas d'une façon suffisamment nette de sa déposition, ce que d'après lui l'auteur du bordereau aurait dit exactement pour sa défense, si le bordereau par exemple avait été saisi sur lui. M. Bertillon imagine plusieurs hypothèses ou du moins deux, ou le bordereau faisait retour au bureau des renseignements sans qu'il ait été saisi chez son auteur ou sur lui, et alors le coupable entrait dans le système des dénégations; ou, au contraire, le bordereau était saisi sur son auteur et alors celui-ci se servait de la forgerie pour se disculper. Eh bien ! M. Bertillon voudrait-il être assez bon pour nous dire ce qu'aurait dit exactement d'après lui l'auteur du bordereau si on avait saisi le bordereau sur lui; quel est le système de défense qu'il aurait présenté?

Le Président. — Pouvez-vous nous indiquer ce qu'aurait dit exactement l'auteur du bordereau s'il avait été saisi chez lui ?

M. Bertillon. — Je constate les faits matériels et je les explique par des hypothèses, mais je ne donne pas ces hypothèses comme preuves. Ces constatations matérielles peuvent-elles être attribuées au hasard, où décèlent-elles l'intervention de la volonté ? Voilà le point. Il se peut très bien que j'attache une importance plus grande à telles explications que le scripteur du bordereau n'en attachait. Si le bordereau avait été pris sur l'accusé, son plan était de manœuvrer de telle sorte que l'on découvrît la forgerie et les superpositions au ministère ou à domicile, suivant les circonstances mêmes de l'arrestation. Voilà quel était son plan.

Me Labori. — J'arrive à serrer ma question. M. Bertillon estime donc qu'il a fait une découverte d'une grande ingéniosité, quelqu'un a même prononcé le mot de génie ?

Le Président — Je ne peux pas poser cette question-là.

Me Labori. — Mais enfin, M. Bertillon ne peut pas nous donner une expertise sans préciser les mobiles qu'il prête à l'accusé ou à l'auteur du bordereau ! Voulez-vous, monsieur le Président, poser la question suivante....

Le Président. — Je veux bien poser une question nette.

Me Labori. — Oui, mais il est difficile de poser une question nette pour discuter une expertise aussi complète que celle de M. Bertillon.

Le Président. — Dégagez-la des développements dans lesquels vous entrez.

Me Labori. — Eh bien, monsieur le Président, voulez-vous être assez bon pour demander à M. Bertillon, si, d'après l'explication qu'il donne lui-même de ce qu'aurait dit l'accusé, il n'aurait pas fallu que l'accusé supposât de quelque manière l'existence d'un homme de génie qui serait chargé de l'expertise, car, n'est-ce pas, comment l'accusé aurait-il pu espérer autrement que son système serait découvert ?

Le Président. — Voulez-vous poser la question plus nettement en quelques mots ?

Me Labori. — Oui, monsieur le Président. Est-ce que le système de défense que M. Bertillon prête à l'accusé dans le cas où il aurait été pris en flagrant délit ne supposait pas pour être admissible l'existence et le choix comme expert d'un homme de génie comme M. Bertillon ?

Le Président. — Je ne poserai pas cette question-là. (*Rumeurs.*)

Me Labori. — Eh bien, j'ai encore quelques questions à poser à M. Bertillon. Voulez-vous être assez bon pour lui demander combien de temps d'après lui il aurait fallu à l'accusé pour faire le bordereau?

Le Président. — Je poserai des questions, quand vous les formulerez de cette façon.

Me Labori. — Vous êtes juge du point de savoir si vous devez les poser, quant à moi j'ai le droit de les présenter suivant la faiblesse de mon intelligence.

M. Bertillon. — J'ai écrit les quinze lignes du document sur le gabarit dont j'ai distribué de nombreux exemplaires, et montre en main, j'ai écrit quinze lignes du bordereau dans un espace qui varie entre 22 et 25 minutes.

Le Président. — Combien de temps faudrait-il pour écrire le bordereau tout entier?

M. Bertillon. — Le bordereau tout entier demanderait un temps double, c'est à dire trois quarts d'heure, écrit par moi dont l'écriture ne ressemble en rien à celle de l'accusé; mais, écrit par l'accusé, ce temps ne pourrait que très notablement diminuer.

Me Labori. — Mais, monsieur le Président, pour cela il faut avoir un gabarit à sa disposition...

M. Bertillon. — Oui.

Me Labori. — Car autrement il faudrait faire le gabarit. Combien de temps M. Bertillon estime-t-il qu'il faut pour reconstituer le gabarit?

Le Président. — Combien de temps faut-il pour reconstituer le gabarit d'après le tracé géométrique?

M. Bertillon. — Cela dépend du soin apporté à sa confection. Voici un gabarit qui a été exécuté par un de mes employés — je ne suis pas assez adroit moi-même — uniquement au moyen de calques sur la lettre du buvard.

Le Président. — Pendant combien de temps?

M. Bertillon. — 30 minutes.

Me Labori. — Pour faire quoi?

Le Président. — Le mot « *intérêt* ».

Me Labori. — Il faut ensuite le répéter sur toute la longueur du bordereau?

M. Bertillon. — Non, il suffit de le déplacer.

Le Président. — M. Bertillon a écrit ainsi hier devant nous.

Me Labori. — Mais le gabarit était fait d'avance.

M. Bertillon. — Il suffit d'avoir du papier quadrillé par 5 millimètres. On pourrait refaire ce gabarit très rapidement si on ne le fait pas tout à fait exactement.

Le Président. — Il correspond à une ligne. (*Il montre un fac-similé.*)

Me Labori. — En somme, en admettant que l'auteur du bordereau se place en face une feuille de papier blanc, combien faudrait-il de temps pour reconstituer tout?

Le Président. — Pour reconstituer tout, gabarit et bordereau?

M. Bertillon. — Le gabarit peut être fait dans un espace de temps minime.

Le Président. — Enfin, s'il fallait reconstituer le gabarit et écrire la lettre?

M. Bertillon. — Moi, je crois qu'un homme avec l'adresse de l'accusé ne devrait pas mettre plus d'un quart d'heure pour reconstituer le gabarit, et alors cela allongerait le temps d'un quart d'heure.

Me Labori. — Est-ce que M. Bertillon a agrandi l'écriture du commandant Esterhazy.

Le Président. — Avez-vous agrandi cette écriture?

M. Bertillon. — J'ai fait des agrandissements au moment de la Cour de cassation, je crois.

Me Labori. — Par conséquent, M. Bertillon reconnaît — c'est là où je voulais en venir — que l'écriture agrandie d'Esterhazy présente les mêmes particularités que l'écriture agrandie du bordereau?

M. Bertillon. — Je ne dis pas cela. J'ai agrandi notamment la lettre dite du Uhlan, elle présentait des reprises dans le genre du bordereau.

Le Président. — Reprises occasionnées par le calque sur le gabarit?

M. Bertillon. — Je n'en sais rien. Elle présentait des reprises qui montraient qu'il était encore récent dans l'apprentissage de cette écriture.

Me Labori. — Est-ce que M. Bertillon a agrandi l'écriture du commandant Esterhazy?

M. Bertillon. — Oui, j'ai fait des agrandissements pour la Cour de cassation.

Me Labori. — Et M. Bertillon reconnaît que l'écriture agrandie du commandant Esterhazy présente les mêmes particularités que l'écriture agrandie du bordereau?

M. Bertillon. — Je ne dis pas les mêmes particularités, mais j'ai agrandi la lettre du uhlan, elle présentait des reprises — moins nombreuses — dans le genre de celles du bordereau, je veux bien.

Le Président. — Reprises occasionnées par le calque ?

M. Bertillon. — Je n'en sais rien ; elle présentait des reprises qui montraient qu'il était encore dans l'apprentissage de cette écriture, peut-être.

Me Labori. — Comment M. Bertillon rattache-t-il sa théorie de la substitution d'Esterhazy à Dreyfus au système qu'il présente? Est-ce qu'il prétend que le commandant Esterhazy s'exerçait à écrire comme l'auteur du bordereau avant la condamnation du capitaine Dreyfus ou depuis cette condamnation.

Le Président. — Croyez-vous que le commandant Esterhazy s'exerçait à écrire comme le bordereau avant la condamnation du capitaine Dreyfus ou depuis cette condamnation ?

M. Bertillon. — Je n'en sais rien.

Me Labori. — Comment M. Bertillon estime-t-il qu'Esterhazy est un homme de paille alors que tous les faits démontrent le contraire; car M. Bertillon doit être mis en demeure de nous expliquer le rôle du commandant Esterhazy comme homme de paille.

Le Président. — M. Bertillon est un expert et il n'a pas à s'occuper de cette question. (*Mouvement.*)

Me Labori. — C'est un point qui ne peut être détaché de son expertise.

Comment M. Bertillon peut-il expliquer le rôle d'Esterhazy homme de paille alors qu'en 1897 celui-ci n'a rien avoué?

Le Président. — L'expert n'a pas à entrer dans cette question. Son rôle est de s'expliquer sur son expertise.

Me Labori. — Alors, il est bien entendu qu'il ne doit rien rester de cette théorie de l'homme de paille.

Le Président. — M. Bertillon a déposé sur son expertise. L'opinion qu'il peut avoir sur Esterhazy est une opinion personnelle qui n'a rien à voir ici.

Me Labori. — Je fais remarquer alors que dans ces conditions l'expertise de M. Bertillon s'écroule par la base.

J'ai encore deux ou trois questions à poser. Voudriez-vous être assez bon, monsieur le Président, pour demander à M. Bertillon si dans son laboratoire ou dans son cabinet — je ne sais pas comment il faut l'appeler — il avait sous ses ordres des dessinateurs très habiles ?

Le Président. — Je veux bien faire cette question, mais avant je voudrais connaître la suite.

Me Labori. — Je voudrais savoir qui a fait la reproduction du faux Weyler.

Le Président. — Qui est-ce qui a fait dans votre cabinet la reproduction du faux Weyler?

M. Bertillon. — C'est un de mes employés. J'avais reçu l'invitation de faire un fac-similé de ce document.

Me Labori. — Pourquoi M. Bertillon a-t-il fait le fac-similé de cette pièce?

Le Président. — Il l'a fait parce qu'il lui a été demandé par son chef.

Me Labori. — Par quel chef?

M. Bertillon. — Par le préfet de police, par le secrétaire général.

Me Labori. — Pourquoi à l'instruction Tavernier M. Bertillon a-t-il déclaré que c'était au mois de mai 1896 que le lieutenant-colonel Picquart lui avait soumis l'écriture d'Esterhazy?

Le Président. — Vous avez entendu la question?

M. Bertillon. — Je suis à même de justifier — preuve à l'appui — comment les choses se sont passées. Au moment du procès Zola, j'ai appris que le colonel Picquart allait raconter une visite qu'il m'avait faite à l'occasion de l'écriture d'Esterhazy.

J'ai fait rechercher par un de mes employés la date de cette visite. J'en avais le souvenir très net, car cette visite du colonel Picquart était la dernière de celles qu'il m'avait faites. Partant de cette donnée, je fis consulter l'agenda des travaux graphiques par mon employé. J'ai cherché la dernière visite du colonel Picquart. Mon employé est revenu me dire que c'était le 6 mai. En effet, j'ai retrouvé sur mon agenda cette date du 6 mai et au verso les mots : lettre au colonel Picquart.

Comme je ne l'avais vu que le lendemain, j'en ai conclu que c'était la date de l'entrevue. Cette date n'avait soulevé du reste aucune contestation et je croyais le fait établi.

Arrivé devant M. Tavernier, on m'a interrogé sur cette date et j'ai dit : « J'estime que cette date est parfaitement exacte. » Je lui ai parlé de la façon dont j'étais arrivé à cette conviction. Il m'a invité à lui apporter l'agenda et la preuve de cette date et là devant lui, j'ai constaté que mon agenda avait cessé d'être tenu depuis environ le mois de juillet jusqu'à la fin de l'année. Ce fait s'explique par ceci : un de mes employés, celui qui était chargé de tenir cet agenda, M. de Querson, licencié ès sciences, est tombé malade et il est mort à la fin de l'année, de sorte que l'agenda n'a plus été tenu d'une façon régulière pendant le dernier semestre de l'année.

J'ai reçu la visite du colonel Picquart à la date que j'ai indiquée, mai j'ai reçu également sa visite plus tard, en septembre, à l'occasion de la lettre d'Esterhazy. Je profite de cette occasion pour mettre sous les yeux du conseil la photographie de la lettre du colonel Picquart à ce moment-là; c'est sur un document de ce genre que l'affaire a pris ses débuts; il y a là une légèreté de procédé extraordinaire.

Le Président, *au capitaine Dreyfus.* — Avez-vous des observations à faire sur la déposition de M. Bertillon?

Le capitaine Dreyfus. — En 1894, oubliant les convenances les plus élémentaires, le témoin s'est constamment tourné vers moi en parlant du « coupable »; c'est dans ces conditions que je lui ai renvoyé le mot de « misérable » Voilà dans quelles conditions, j'ai employé ce mot.

Je ne discuterai pas sa déposition au point de vue technique, cette tâche sera remplie par des personnes plus compétentes que moi; je vous demande simplement la permission de présenter une observation de simple bon sens.

D'abord il y a une chose dont je suis sûr, c'est que je ne suis pas l'auteur du bordereau.

On vous a cité des minutes du ministre de la Guerre qui seraient truquées. Il serait étrange de voir des notes faites par les officiers du bureau et qui auraient été truquées.

En particulier, il est passé sous mes yeux hier une note qui était destinée à M. le général de Galliffet et j'ai constaté sur cette note des rectifications faites par le chef de section lui-même. Par conséquent cette note a été mise sous les yeux du chef de section qui a fait ces rectifications.

M. Bertillon a parlé de la lettre du buvard. Cette lettre est absolument authentique. Si le conseil le désire, je lui demande de faire citer l'auteur de la lettre qui est mon frère, ensuite Mme Dreyfus qui a reçu la lettre en même temps que moi. (*Sensation prolongée.*)

Je suis convaincu que personne ici ne doutera de la parole de Mme Dreyfus, vous, messieurs, moins que personne.

Le Président. — L'audience est suspendue. Elle sera reprise dans vingt minutes.

Il est 9 heures 15.

L'audience est reprise à 9 heures 45.

SOIXANTE-DEUXIÈME TÉMOIN

LE CAPITAINE VALÉRIO

LE PRÉSIDENT. — Faites entrer le témoin, le capitaine Valério.

Le capitaine Valério ayant été introduit, prête serment et décline ses nom, prénoms, âge et qualités :

Valério, Paul-Louis-Hébert, 43 ans, capitaine au 8e régiment d'artillerie.

LE PRÉSIDENT. — Connaissiez-vous l'accusé avant les faits qui lui sont reprochés?

LE CAPITAINE VALÉRIO. — Non, mon colonel.

LE PRÉSIDENT. — Vous n'avez pas encore été appelé à déposer dans l'affaire?

LE CAPITAINE VALÉRIO. — Non, mon colonel.

LE PRÉSIDENT. — Dans aucune espèce d'enquête, ni de jugement.

LE CAPITAINE VALÉRIO. — Non, mon colonel.

LE PRÉSIDENT. — Je ne sais pas exactement sur quoi vous êtes appelé à déposer.

LE COMMISSAIRE DU GOUVERNEMENT. — J'ai appelé le capitaine Valerio pour éclairer le conseil sur une question de graphologie ou de cryptographie, en raison de sa compétence spéciale.

LE CAPITAINE VALÉRIO. — Pour donner toute la clarté possible à ma déposition, je serai obligé de revenir sur quelques-uns des arguments de M. Bertillon, mais je le ferai brièvement; j'y ajouterai ensuite mes propres observations.

Dans ses grandes lignes, la déposition de M. Bertillon peut se résumer ainsi : le bordereau est un document truqué; il a été confectionné au moyen d'une écriture secrète, d'une écriture à clef, dont la clef, le mot « intérêt », se trouve dans la lettre du buvard attribuée à M. Mathieu Dreyfus. De plus, dans les minutes écrites au Ministère par l'accusé, se trouveraient des mots écrits sur la même clef, et introduits au milieu des autres. Tout ce système aurait été imaginé pour ouvrir à l'accusé deux voies ou deux moyens de défense différents : soit nier être l'auteur du bordereau, en se basant sur des divergences d'écriture, soit arguer d'une machination contre lui, en tentant de démontrer la confection d'un faux fait par décalque sur son écriture.

Quelque compliqué que puisse paraître le système cela ne doit pas nous arrêter, s'il est vrai. Je sais trop bien par mon expérience personnelle du déchiffrement des dépêches secrètes, combien l'esprit humain est ingénieux et retors, lorsqu'il s'agit de dissimuler des secrets qu'il a intérêt à cacher. De plus, il est évident qu'un homme intelligent et devenant criminel doit employer à assurer sa sécurité toutes les ressources de son intelligence.

Je vais chercher à démontrer au Conseil : primo, que le bordereau est un document forgé; secondo, de quelle manière, il a été forgé au moyen du mot « intérêt »; tertio, qu'il existe, dans les minutes des mots introduits au milieu des autres et confectionnés au moyen du mot-clef; quarto, que le tout était destiné surtout à arguer d'une machination, à procurer des moyens de défense; enfin, cinquièmement, que l'accusé seul me parait devoir être l'auteur du bordereau.

1° Le bordereau est un document forgé : Il est forgé parce que les mots sont repérés sur les lignes, parce que les jambages des lettres sont repérés, parce que les lignes sont repérées.

Pour le repérage des mots, je prends la planche n° 2 du cahier de M. Bertillon. Si, parallèlement au bord libre du papier, je trace sur toute la longueur de la page des droites, le bordereau se trouvera, suivant l'expression de M. Bertillon, pour le recto réticulé de droite à gauche, pour le verso, réticulé de gauche à droite. Soulignons dans ce texte les mots plusieurs fois répétés, et observons les positions que ces mots prennent par rapport au réticulage. La planche 3 donne la répartition des mots. M. Bertillon a suffisamment insisté sur ce point pour que je croie inutile d'y revenir.

Une seconde observation est que les jambages des lettres semblent repérés. Si nous continuons, si nous divisons ces espaces de 5 millimètres en quatre en espaces de 1 m/m 25, comme nous les trouvons dans la planche 15 *bis* du cahier de M. Bertillon, nous nous apercevons qu'une grande partie des jambages vient frapper exactement sur les lignes ainsi tracées. Je fais cette observation; mais je dois ajouter qu'elle a été également faite par M. le commandant Cors.

Ici j'ai réuni sur une feuille plus grande ces observations que je laisserai au Conseil (le capitaine Valério remet une feuille au Conseil). Les points qui sont indiqués sont soulignés par deux traits et les autres par un seul.

Dans chaque ligne il y a lieu de remarquer que le nombre des jambagee qui s'appuient sur ces traits est toujours près d'un tiers plus grand que celui des jambages qui ne touchent pas. Que dans l'écriture ordinaire l'espacement entre les jambages oscille autour d'une longueur moyenne, que cette longueur moyenne soit de 1^{mm} 25 la chose est possible ; mais je ne conçois pas que le hasard puisse venir faire frapper les jambages sur des traits qui, partent, pour le recto, de la droite à la gauche, pour le verso de la gauche à la droite, c'est-à-dire pour tous les deux, d'une origine unique de départ, du bord libre.

Admettrait-on que des hommes marchant au pas de 75 centimètres et circulant dans les deux sens d'une route viendraient poser exactement leurs pieds sur les mêmes points du sol, à moins qu'on n'ait tracé sur le sol des traits de 75 centimètres en 75 centimètres ? Mes observations précédentes sont confirmées par la superposition des mots, dont M. Bertillon vous a longuement parlé et que nous trouvons à la planche 4, des mots répétés dans le bordereau, et des parties de mots que nous trouvons à la planche 5.

Et en particulier nous devons observer que, dans une superposition, une lettre, une partie du mot seule a été superposée, il suffit de faire glisser le mot dans l'intervalle de 1 millimètre 25 ou de 2 millimètres 50 pour que la superposition ait lieu. C'est le phénomène du recul. Je ferai remarquer que cette superposition ne s'exécute pas dans les mêmes conditions que celle des experts en écriture. Ceux-ci décalquent un mot et par tâtonnements, cherchent à l'ajuster sur l'autre mot. Ici ce n'est pas cela ; le mot est pris avec le réticule, on le porte réticule sur réticule et le mot s'ajuste. Autrement dit c'est de la superposition géométrique des réticules que résulte la superposition graphique des mots.

Vous avez vu également que dans les superpositions on arrivait à faire superposer des membres de phrases absolument différents, tels que : « je vais partir en manœuvres » et : « le projet de manuel de tir », jambages sur jambages, ce qui confirme la loi de l'espacement des jambages.

J'arrive au repérage des lignes. Si j'examine le verso à droite du tableau que je soumets au Conseil en prenant le tableau à droite je vois que les lignes se repèrent, la première, la ligne 19 par rapport à l'encoche, la deuxième, par rapport au bord supérieur, la troisième par rapport au bord inférieur.

Nous recommencerions toujours dans le même ordre; encoche, bord supérieur, bord inférieur, encoche, bord supérieur, bord inférieur. Si je mesure la distance qui s'étend depuis l'encoche et le bord supérieur jusqu'à la ligne 19, je trouve 13 centimètres, j'en trouve onze à la ligne 22, 9 à la ligne 25, 7, à la ligne 28. Autrement dit non seulement nous nous repérons toujours de la même façon, mais les nombres se trouvent en progression arithmétique : 13, 11, 9, 7, 5, 7, 9, 11, etc., dont la raison est 2. On peut vérifier avec la figure centrale et les échelles qui sont placées là l'exactitude du mesurage. Je dois dire qu'il y a une certaine imprécision due surtout à ce que dans l'écriture la ligne n'est pas droite mais qu'on l'incline légèrement. Au recto nous ne trouvons plus de nombres entiers de centimètres, mais des nombres de 1/2 centimètres, et l'ordre n'est plus le même que précédemment.

Cependant il me semble — et je le prouverai plus loin — qu'il existe une relation entre le repérage des lignes du recto. En effet, si j'applique les deux pages sur une feuille de papier, un transparent, dont les lettres sont distantes d'un sixième de centimètre, je m'aperçois que presque toutes les lignes sont placées exactement sur les centimètres ; l'encoche s'y trouve aussi, le point supérieur, le point inférieur également ; nous expliquerons plus tard pourquoi. Autrement dit, on aurait fait un tri, un choix, ou tout se serait passé comme si l'on avait fait un choix dans ce transparent à un sixième de centimètre pour y choisir les lignes qui se trouvent à un nombre entier de demi-centimètres, soit à partir de l'encoche, soit à partir du bord inférieur, soit supérieur. Le phénomène est très naturel et nous verrons pourquoi cela se passe ainsi.

Le bordereau est donc indubitablement un document forgé ; il a été forgé au moyen d'un procédé qui a permis de repérer les lignes, de repérer les initiales et également, de donner aux jambages un espacement régulier. C'est à cet artifice qu'on doit de donner la superposition des mots telle que vous l'avez vue.

En outre nous avons le droit de nous demander dès maintenant quels arguments certains des experts en écriture peuvent trouver dans la comparaison de documents authentiques avec un document manifestement forgé, comme l'est le bordereau.

Je viens de vous démontrer que le bordereau est un document forgé (*rumeurs*) ; je vais vous démontrer maintenant de quelle façon il a été forgé. Je n'ai pas besoin de dire au conseil de quelle façon M. Bertillon a été amené à découvrir le mot « intérêt dans la lettre du buvard. Je ne vous parlerai pas non plus des superposition des différents mots de cette lettres du buvard, « ouvert » « dernier » « au moins » « quelque » et d'autres sur les mêmes mots du bordereau ; je rappellerai cette coïncidence curieuse du mot « que » et « gnement » des mots « quelques renseignements » et du mouvement de un quart qui ramène à la superposition de la deuxième partie des mots. Dans tous les cas, le mot « intérêt » qui se trouvait dans la lettre attribuée à Mathieu Dreyfus, se surperposait très exactement sur les mots « intéressent» et « intéressant » du bordereau. D'autre part, il semblait se superposer sur d'autres mots et M. Bertillon en est arrivé à se demander si tous les mots du bordereau ne se superposaient par sur ce mot « intérêt». C'est ainsi qu'il a découvert le système de la chaîne.

Je vais considérer le système découvert par M. Bertillon comme une hypothèse scientifique. Si ce système m'explique la plus grande partie des phénomènes déjà constatés; si en outre il me permet d'en découvrir de nouveaux, il prendra la valeur d'une vérité démontrée.

Quelle est la chaîne? Prenons la lettre du buvard, calquons dans cette lettre du buvard sept ou huit fois au bout l'un de l'autre le mot « intérêt », l'opération ne sera pas longue. Ce calquage nous l'exécutons avec une couleur quelconque, j'adopte le rouge. Calquons une seconde fois le même mot en le déplaçant d'un millimètre 25 vers la gauche et marquons cette deuxième position en vert. Ce sera très facile à faire attendu que chacun des mots reculés se repère facilement par rapport au mot supérieur, au moyen du pointeau au-dessus du jambage de l'n et du petit point que vous avez dû remarquer à la droite du *t. m.* Bertillon a étudié en même temps ce mot «intérêt»; il a exactement douze millimètres et demi de long, c'est le kilomètre à l'échelle de la carte d'état-major; les jambages viennent frapper de kilomètre en kilomètre. Enfin, le mot peut être reconstruit par une épure, que cette épure soit faite avec le compas et la règle ou avec un moyen de fortune tel que le sou.

La chaîne, une fois faite sur un morceau de papier calque, est collée au milieu d'une feuille de papier quadrillé de 5 en 5 millimètres, papier courant dans le commerce.

L'écriture se fait en suivant, autant que possible, les jambages du mot « intérêt ».

Pour que deux mots semblables, tel que le mot « manœuvres » par exemple, puissent se placer identiquement sur les deux points de la chaîne et se superposer, il suffit de placer les initiales sur le même point du mot « intérêt »; c'est ce que M. Bertillon appelle la *localisation des initiales.*

Les deux mots, commençant sur les mêmes points et se traçant sur les même jambages, doivent évidemment coïncider.

Si dans le tracé, l'un des deux mots, au lieu de rester sur la chaîne rouge par exemple sur laquelle aurait été tracé le premier, nous passons pour le second à la chaîne verte, nous aurons l'application du phénomène du recul.

Enfin, si nous considérons l'emplacement du mot « intérêt » par rapport au réticule, le mot « intérêt » à 12 mm. 1/2 de longueur. Par conséquent les chaînons impairs de la chaîne ne se placent pas de la même façon que les chaînons pairs.

Ainsi les chaînons impairs ont sur les réticules l'*i*, le *t*, et le deuxième *é*; tandis que les chaînons pairs ont l'*i*, le *t*, et l'*e* à demi-réticule.

Si donc l'un de nos mots « manœuvres » est commencé sur l'*n* d'un des « intérêt » impairs, que l'autre mot « manœuvres » débute sur l'*n* de « l'intérêt » pair, du chaînon pair, les deux mots se superposeront, non plus à réticule entier mais à demi-réticule.

Telle est l'hypothèse scientifique que nous allons appliquer au bordereau.

Quand nous portons sur chaque ligne du bordereau cette chaîne, nous n'avons le choix qu'entre cinq positions différentes, puisque ce n'est que tous les cinq réticules, au sixième réticule, que le mot « intérêt » reprend sa position, nous sommes déjà limités; mais d'autre part, du placement du mot « intérêt » de la chaîne sur chaque ligne du bordereau, il ne s'ensuit pas du tout qu'une seule localisation doit avoir lieu. Eh bien! non seulement il y en a une, mais toutes, à de très faibles exceptions, sont obtenues.

En outre nous voyons un phénomène nouveau; le tracé des lettres du bordereau se moule sur le tracé de la chaîne; le phénomène est si vrai que vous avez vu l'expérimentation faite par M. Bertillon, qui peut, en suivant le tracé de la chaine, reproduire le bordereau.

Enfin, dans l'emploi de cette hypothèse, comment nous expliquer le repérage des lignes?

Le gabarit ne comprend qu'une seule ligne. Par conséquent lorsqu'on a le tracé de l'une des lignes il faut le remonter jusqu'à ce que l'on arrive à la suivante. Nous avons vu que pour le verso les lignes se repéraient d'abord par rapport à l'encoche et ensuite par rapport au bord supérieur, et ensuite par rapport au bord inférieur.

Eh bien, on pourra remarquer que si par exemple lorsque je je suis repéré par rapport à l'encoche, pour me repérer par rapport au bord supérieur qui suit, il faut remonter ce bord supérieur, non pas à la ligne demi-centimétrique suivante, mais à la deuxième après.

Ainsi par exemple...

Ici le témoin fait passer des planches sous les yeux des membres du Conseil, et donne quelques explications.

Ainsi : 1° Une feuille de papier est calée sur l'encoche E, le bord supérieur dépasse d'un centimètre la longueur R, I; je veux me repérer sur le coin supérieur, je ferai remonter le coin supérieur, non pas sur la ligne demi-centimétrique qui suit immédiatement et qui est marquée au bleu, mais sur la ligne marquée A A'; par conséquent je l'éléverai de 1 — R_1 et le suis repéré par rapport au bord supérieur; si, du bord supérieur, je veux passer au bord inférieur, je ferai également remonter le bord inférieur à la ligne AA', par conséquent, je m'éleverai de $R_1 + R_2$; enfin, si je passe du bord inférieur à l'encoche, je m'élèverai de E en AA', soit de 1 — R_2. Or, vous avez remarqué que les lignes du verso sont toutes à égale distance, soit $R_1 + R_2 = 1/3$ ou 2/6, ce qui est exactement la distance qu'il y a entre l'encoche et le bord supérieur; elle est égale à 15 centimètres plus 1/2 centimètre, et du bord inférieur 5 centimètres plus 1/3 de centimètre. Les experts ont fait remarquer que le papier du bordereau avait été découpé dans un papier plus grand. Dès lors, nous avons suivi l'ordre du verso, c'est-à-dire, que nous sommes passés de l'encoche au bord supérieur, du bord supérieur au bord inférieur ; au recto l'ordre n'est plus le même, nous passons tantôt de l'encoche à l'encoche, tantôt de l'encoche au bord, tantôt de l'encoche inférieure au bord supérieur, nous avons toutes les successions possibles entre les différents points de repère. Mais il nous est facile de calculer les distances qu'ils doivent avoir; nous trouvons 6/6, 5/4 et 4/6, nombres qui correspondent aux distances des lignes. Le procédé du gabarit explique donc bien le phénomène que nous avons connu jusqu'à présent, mais il permet encore d'en découvrir de nouveaux. Il est certain que l'écriture du gabarit devint plus facile si on a soin de prendre un mot dont les lettres se représentent souvent en français Si nous regardons le mot « intérêt », nous y trouvons les lettres *i n r t*, les plus fréquentes en français, avec les lettres *a* et *s* qui n'y sont pas ; il est évident que notre écriture deviendra d'autant plus facile que nous suivrons, en écrivant, les lettres qui par leur forme se rapprocheront le plus de celles que nous voulons écrire; en particulier nous aurons avantage à écrire les lettres I N R et T sur les mêmes lettres du bordereau. En opérant de cette façon d'une manière absolue nous trouverons des vides, des trous qui feraient absolument remarquer l'écriture, mais lorsque notre plume ayant à tracer un *i* se trouve très rapprochée de l'*i* de dessous, elle peut soit sauter sur un intervalle de 1 mm. 25, soit rapprocher la lettre de la lettre précédente. Si nous avons réellement écrit de cette façon nous devons retrouver pour les lettres *i n t r e* une proportion plus grande de lettres similaires qu'il devrait y avoir d'après les probabilités. C'est en effet ce qui se présente.

Nous avons dans le bordereau 52 *i* médiants; l'espace occupée par l'*i* est environ 13 1/2 0/0 de la longueur du mot « intérêt »; nous devrions par conséquent trouver 7 fois la lettre *i* et nous la trouvons 17 fois localisée.

Si nous passons à la lettre *t* au lieu de la trouver localisée 7 fois, nous la trouvons 15 fois. Sur le premier *é* d'intérêt au lieu de 26; nous en trouvons 46. Sur la lettre *r*, au lieu de 9 nous en trouvons 20. Sur le deuxième *é* au lieu de 19 nous en trouvons 39; sur le *i* final, au lieu de 6, nous en trouvons 10. Je n'ai pas parlé de la lettre *n* parce qu'ici il semble qu'il y ait une exception qui en réalité n'existe pas; la lettre *n* se localise sur l'*r* et nous en trouvons 17 au lieu d'environ 7 et cela vient tout simplement de ce que les voyelles *a* et *o* se placent généralement, — comme on peut le voir sur le tableau que je remettrai au Conseil, — sur le premier *é* d' « intérêt », et par conséquent l'*n* qui suit se trouve localisé sur l'*r*.

Une deuxième preuve *a posteriori* de l'exactitude du système découvert par M. Bertillon est la photographie composite, elle a été soumise au Conseil, je trouve que le résultat est probant et je n'insiste pas sur ce point.

En somme je considère qu'aucun autre mot, qu'aucun autre procédé, ne pourrait expliquer à la fois tous les phénomènes suivants :

1° Le repérage et l'espacement régulier des jambages;

2° Le repérage des initiales, et en particulier comment il se fait que ces initiales se repèrent sur des lettres tantôt de 5 en 5 et tantôt de 2 1/2 en 2 1/2;

3° Le repérage des lignes;

4° La coïncidence du modelé de l'écriture du bordereau et de celui de la chaîne confirmé par la photographie composite;

5° Les superpositions des mots répétés;

6° Les coupures de 1 mm. 25 ou de 2 mm. 50 existant dans ces mots; et enfin les lettres E, N, R, T, I, du bordereau (éléments du mot intérêt) présentant des éléments géométriques semblables à d'autres. Je trouve que le système découvert par M. Bertillon rend compte de tous ces faits qui sont indépendants les uns des autres.

Le procédé du gabarit est simple ; il suffit, en effet, de décalquer 7 ou 8 fois le mot « intérêt » sur la lettre du buvard, de répéter ce calque, après un glissement de 1 mm. 25, de caler le calque sur une feuille de papier quadrillé de 5 en 5 millimètres et l'instrument, le gabarit est formé. Je pense, je suis même sûr que cette opération ne peut pas durer plus d'une demi-heure au grand maximum.

Quant à l'écriture sur gabarit elle est facile, lorsqu'on ne s'efforce pas d'imiter l'écriture d'un autre ; on arrive facilement à écrire le bordereau en 30 ou 35 minutes en lui donnant toutes les propriétés géométriques qu'il possède.

La pièce écrite, le gabarit est détruit, il ne reste plus de trace du mode de confection. Si l'on veut reconstruire le gabarit, la lettre du buvard est là qui conserve le mot « intérêt ». Enfin, si cette lettre est prise, disparaît, s'égare ou est saisie, l'épure permet de reconstruire le mot « intérêt ». (*Rumeurs prolongées.*)

Je viens donc de démontrer comment le bordereau est un document forgé et comment ce document a été forgé.

Il ne reste pas de doute pour moi sur la démonstration de M. Bertillon qui fait voir que les mots intercalés dans les minutes sont faits sur la chaîne, ont été intercalés après coup, et se superposent sur ceux du bordereau. Cette question a été longuement expliquée ; je ne pourrai mieux le faire que celui qui l'a exposée, mais je partage absolument son opinion.

Il me reste à voir dans quel but tout ce système avait été organisé. M. Bertillon nous dit que c'est parce que l'accusé a voulu se procurer deux moyens de défense ; ces deux moyens de défense sont, soit de nier la ressemblance de l'écriture, soit d'arguer d'une machination contre lui. C'est principalement en vue de ce dernier moyen que le bordereau a été créé. Ce n'est pas une hypothèse gratuite. On se rappelle en effet, les mots du rapport d'Ormescheville : « On m'a volé mon écriture. Ce serait fait avec des mots de mon écriture colligés avec soin et réunis pour en former le tout qui serait cette lettre. »

Supposons que la déposition de M. Bertillon n'existe pas. Supposons que l'accusé veuille nous démontrer la machination et voyons quels arguments il pourrait employer.

1° Le faux par décalque est évidemment possible puisque le papier du bordereau est transparent ; 2° il pourrait vous faire remarquer les hésitations, les maculatures, les traces de calquage, etc... ; 3° la coïncidence, la superposition des mots du bordereau avec ceux des minutes. Jusqu'à présent il ne vous aurait donné que des preuves graphiques, sujettes à controverse entre experts.

Il arriverait aux preuves géométriques absolument péremptoires. Il vous montrerait que les lignes sont repérées. Du repérage des lignes, il arriverait au repérage des initiales. Le repérage des initiales étant fait, il pourrait vous expliquer comment le faussaire aurait opéré. Le faussaire aurait pris dans les minutes sur un papier quadrillé de cinq en cinq millimètres, les mots soi-disant authentiques des minutes à partir des bords; il les aurait transportés sur une feuille de papier contexte, matrice, au mot matrice du bordereau et il aurait ainsi constitué la matrice du faux. Puis, plaçant son papier et le repérant tantôt par rapport à l'encoche, tantôt par rapport au bord supérieur, tantôt par rapport au bord inférieur, il aurait décalqué et il aurait ainsi obtenu le bordereau. Ce système de défense aurait sinon suffi à convaincre les Juges du moins à jeter dans leur esprit beaucoup de trouble.

N'y-a-t-il pas lieu même de penser que c'est ainsi que le bordereau a été constitué. (*Rumeurs.*) En effet le procédé de décalquage explique les particularités suivantes : Le repérage des lignes, le repérage des initiales, la superposition réticulaire des mots redoublés ou présentant des parties communes, les coupures pratiquées par le faussaire dans les mots de façon que le deuxième mot ne ressemble pas complètement au premier, mais il ne peut expliquer le rythme régulier des jambages et le repérage. Il n'explique pas du tout l'intervalle constant des coupures ni la superposition entre deux mots quelconques et même entre deux phrases telles que « projet de manuel de tir... », « Je vais partir en manœuvres ». Il n'explique pas le modèle écrit suivant le mot « intérêt » ni la possibilité de reproduire l'écriture du bordereau. Il n'explique pas davantage la photographie composite ni la localisation des lettres *e, i, r, t*. De tous ces faits indépendants, la chaine seule donne l'explication complète.

Je ne rechercherai pas les motifs psychologiques qui peuvent avoir guidé l'accusé, je veux rester sur le terrain absolument scientifique, (*hilarité*) mais il n'est pas douteux pour moi qu'un problème a été posé. Quelle est la solution de ce problème? Elle est mathématique. De quel papier se sert-on? Du papier quadrillé de cinq en cinq millimètres qui est en usage au ministère. Quelle est l'échelle employée? L'échelle de la carte d'État-major.

Il me reste à faire voir, qu'à mon avis, l'accusé seul paraît être l'auteur du bordereau.

Le commandant Esterhazy a prétendu être l'auteur du bordereau. Il peut dire : « Je l'ai obtenu de mon écriture naturelle ». Nous lui répondrons : « Ce n'est pas vrai, parce qu'il est démontré péremptoirement et géométriquement que le bordereau est un document forgé. » (*Hilarité prolongée.*)

Il peut l'avoir obtenu par décalque. S'il l'a obtenu par décalque, il a fallu non seulement qu'il calque les lignes mais encore qu'il calque la forme, l'encoche, encoche qui n'a été remarquée que par M. Bertillon, encoche qui a échappé à tous les yeux et qui cependant est sur la photographie orignale.

Eu outre, le décalque a pu altérer le graphisme de l'écriture, mais il n'a pu altérer les propriétés géométriques et les conclusions doivent rester les mêmes.

Enfin Esterhazy auratt pu écrire sur la chaine? Alors il faudrait qu'il nous prouve qu'il la possédait dès 1894.

En outre il est certain que l'accusé l'avait aussi, puisqu'on la retrouve dans la lettre du buvard, et dans les minutes du ministère. (*Rumeurs.*) Est-ce Esterhazy qui aurait pu intercaler dans le bordereau les mots : « dernier, couverture, quelques renseignements », qu'on retrouve dans la lettré du buvard ?

Ce qui s'applique à Esterhazy s'applique à tout autre excepté à l'accusé.

A mon avis, grâce à M. Bertillon, je crois que le conseil de guerre est en possession d'une preuve matérielle de la culpabilité de l'accusé.

Le Président. — M. le commissaire du gouvernement, avez-vous des observations à faire ?

Le commissaire du Gouvernement. — Non.

Me Demange. — Une seule question, M. le Président. M. le capitaine Valerio dans son exposé a traité cette question : pouquoi le capitaine Dreyfus a-t-il ainsi employé cette écriture sur gabarit? et il l'a résolue par la réponse qu'il a faite lui-même : Pour se procurer un moyen de défense. Voulez-vous demander à M. le capitaine Valerio comment il s'explique que l'accusé n'ait pas employé ce moyen de défense?

Le Président, *au témoin.* — Comment vous expliquez-vous qu'en 1894, l'accusé n'ait pas employé ce moyen de défense?

Le capitaine Valério. — Peut-être a-t-il eu vent du travail de M. Bertillon... (*Rumeurs prolongées.*) Je constate un fait, je n'ai pas étudié le fait au point de vue judiciaire

Me Demange. — Je n'aurais pas posé la question si M. le capitaine Valerio n'avait pas expliqué le but à atteindre. Et alors je lui demande pourquoi le but étant poursuivi, l'accusé ne l'avait pas employé.

Le capitaine Valério. — Il ne l'avait pas poursuivi, mais il a commencé.

Le Président. — C'est bien de l'accusé ici présent que vous avez entendu parler ?

Le capitaine Valério. — Oui, Monsieur le Président, c'est la seconde fois que je le vois.

Le Président. — Accusé, avez-vous une observation à faire à la déposition du témoin ?

Le capitaine Dreyfus. — Vous venez d'avoir la répétition abrégée de la déposition de M. Bertillon. La réponse que j'ai faite à M. Bertillon conviendra également pour le témoin.

Il y a deux points sur lesquels je désire insister.

D'abord, les minutes du Ministère. Ces minutes ont était faites devant témoins ; j'insiste beaucoup sur ce point.

Ensuite, je répète ce que j'ai dit pour la fameuse lettre du buvard. Me Demange vient de vous rappeler que le témoin avait créé pour moi un système de défense que j'aurais employé. Il n'y a qu'un regret, c'est que je ne l'ai jamais employé.

Enfin le témoin a parlé de papier quadrillé de cinq en cinq millimètres. Je ferai simplement observer que le bordereau est quadrillé de quatre en quatre millimètres.

Le capitaine Valério. — Je n'ai pas dit que le bordereau était fait sur du papier quadrillé de cinq en cinq millimètres, j'ai dit seulement que le gabarit était fait sur du papier quadrillé de cinq en cinq millimètres; le papier du bordereau est en effet du papier pelure quadrillé de quatre en quatre millimètres.

Me Demange, — Monsieur le Président, je voudrais demander...

Le Président · — La parole est à M. le Commissaire du Gouvernement.

Le commissaire du Gouvernement. — Dans une précédente séance, à la suite de la déposition de M. le colonel Maurel, la défense a demandé que M. le capitaine Freystätter fût appelé à comparaître prochainement ici... Est-ce cela que Me Demange voulait dire?

Me Demange.— Non. Ce n'était pas cela.

Le commissaire du Gouvernement. — Néanmoins, je défère au désir de la défense, en proposant au conseil de vouloir bien entendre M le capitaine Freystätter contradictoirement avec le colonel Maurel.

Me Labori. — Je m'associe à la demande de M le commissaire du Gouvernement. Je ne voulais pas interrompre l'ordre des témoins; mais je sais que M. le colonel Maurel n'est resté ici que pour être confronté avec M. le capitaine Freystätter.

Le Président — Nous allons faire entendre le capitaine Freystätter.

Me Demange. — Ma demande était celle-ci. Nous avons fait assigner deux témoins, M. Paraf-Javal, dessinateur, et M. Bernard, ingénieur des Mines, pour éclairer le Conseil sur les travaux scientifiques de M Bertillon. Je voulais demander à M. le Président d'interrompre l'ordre des témoins en faisant entendre ces deux messieurs.

Le Président. — Vous vouliez qu'ils fussent entendus après M. Bertillon et M. Valério? Nous les entendrons après M. Freystätter, et nous reprendrons la suite, comme vous l'indiquez.

SOIXANTE-TROISIÈME TÉMOIN

LE CAPITAINE FREYSTATTER

Le capitaine Freystätter, Martin, 43 ans, capitaine d'infanterie de marine, au 3e régiment, prête serment.

Le Président. — Veuillez déposer sur ce que vous avez à dire au procès.

Le capitaine Freystatter. — Ma conviction a été établie en 1894...

Le Président. — Vous étiez juge en 1894?

Le capitaine Freystatter. — Oui, monsieur le Président. Ma conviction a été établie par les témoignages des experts en écriture et puis par la déposition des commandants Henry et du Paty de Clam. En plus de cela, je dois ajouter qu'il y a eu une légère influence due à la communication de pièces secrètes. Cette influence n'est pas très considérable; mais voici les pièces qui ont été communiquées :

1o Une notice biographique imputant à Dreyfus des trahisons commises à l'Ecole de Bourges, à l'École de guerre et pendant son séjour à l'État-major;

2o Une pièce qui est connue sous le nom de « Ce canaille de D. »

3o Une lettre qui permettait d'établir par la similitude des écritures l'authenticité de la pièce « Ce canaille de D. ». Je crois que cette pièce est connue sous le nom de lettre du colonel Davignon;

4o Une dépêche d'un attaché militaire étranger, dépêche qui affirmait très nettement la culpabilité de l'accusé. Cette dépêche, si j'ai bonne mémoire, est ainsi conçue : « Dreyfus arrêté, émissaire prévenu » (*Mouvement*).

C'est tout ce que j'ai à faire connaître, mon colonel.

LE COLONEL MAUREL. — Je demande la parole.

LE GÉNÉRAL MERCIER. — Je demande la parole aussi, monsieur le Président.

LE PRÉSIDENT. — Monsieur le commissaire du Gouvernement, vous n'avez pas d'observations à présenter?

LE COMMISSAIRE DU GOUVERNEMENT. — Non, mon colonel.

LE PRÉSIDENT. — Et la défense?

Me LABORI. — Personnellement, puisque je vois que M. le colonel Maurel et M. le général Mercier demandent la parole, je n'ai rien à demander. Je voulais simplement faire préciser par M. le capitaine Freystätter, si la dépêche « Emissaire prévenu » a bien été communiquée au Conseil de guerre, et demander alors à M. le colonel Maurel et à M. le général Mercier s'ils n'ont aucune observation à faire sur ce point.

M. le général Mercier a fourni au Conseil des explications diamétralement opposées à celles du capitaine Freystätter. Il serait donc nécessaire de savoir comment cette dépêche de l'agent B s'est trouvée dans le pli communiqué au Conseil.

Je vous prierai de demander à ces messieurs les explications qu'ils offrent eux-mêmes de fournir.

M. le colonel Maurel se présente à la barre.

LE PRÉSIDENT. — Voulez-vous répondre à la question que vous venez d'entendre?

LE COLONEL MAUREL. — Je n'ai qu'un mot à dire. L'autre jour, Me Labori m'avait entraîné sur un terrain glissant, celui du secret de la salle des délibérations. J'ai répondu : « Je n'ai lu qu'une pièce et ces mots, je les maintiens. Je n'ai lu qu'une pièce, mais je n'ai pas dit : il n'a été lu qu'une pièce. » (*Murmures dans la salle*). Je tenais à ne pas violer le secret de la salle des délibérations et devant la question du défenseur, qui certainement, m'en a fait dire plus que je ne voulais, je m'en suis tenu à ces mots. Je n'ai lu qu'une pièce, mais après cette pièce lue, puisque M. Freystätter a tout dit, j'ai passé le dossier à mon voisin en disant : « Je suis fatigué. » (*Longues exclamations, violentes rumeurs*).

Me LABORI. — Monsieur le président, voulez-vous être assez bon pour demander à M. le colonel Maurel, maintenant que des explications ont été fournies par M. le capitaine Freystätter, si conformément aux renseignements fournis par ce dernier la dépêche attribuée à l'agent B et contenant les mots « émissaire prévenu », a bien été communiquée au Conseil.

Le colonel Maurel. — Je réponds en toute franchise et toute sincérité : je ne m'en souviens pas; je n'ai écouté la lecture des pièces que d'une façon excessivement distraite. (*Exclamations et vives protestations dans la salle.*)

Le Président. — Je prie la salle de garder le silence, monsieur le lieutenant de gendarmerie, veuillez veiller à ce que le silence ne soit pas troublé.

Me Labori. — Est-ce que M. le capitaine Freystätter maintient bien son témoignage, en ce qui concerne ces pièces, et les a-t-il lues?

Le capitaine Freystätter. — Non seulement je les ai lues, mais j'affirme que le colonel Maurel les avait en main et qu'il a fait un commentaire de chacune des pièces qu'il nous a passées. (*Sensation.*)

Le colonel Maurel. — Je proteste énergiquement contre le mot commentaire dont vient de se servir ici M. le capitaine Freystätter. (*Rires*). J'avais trop conscience de mon devoir pour me permettre de vouloir influencer d'une manière quelconque sur les juges dont j'étais le président. A ce que M. Freystätter vient de dire, je réponds : Si moi étant juge, le colonel président avait essayé d'exercer sur moi une pression et de peser sur mon indépendance de juge, c'est immédiatement, et cela malgré son âge, malgré son grade, malgré ses fonctions, que je l'aurais rappelé à l'ordre et au sentiment du devoir et je n'aurais pas attendu cinq ans pour venir ici créer un incident d'audience publique. J'ai terminé. Je ne répondrai plus rien à M. le défenseur.

Le Président, *à M. Freystätter*. — Qu'avez-vous à répondre?

Le capitaine Freystätter. — J'ai à répondre que j'étais dans une ignorance absolue des règles du droit; je ne savais pas du tout qu'il fût interdit de nous communiquer quelque chose en chambre du conseil; deuxièmement, je puis dire — et jusqu'à présent je me suis toujours tu — que j'ai adressé au colonel Maurel, à la date du 8 avril dernier, une lettre dans laquelle je lui ai exposé très nettement tout ce que je me proposais de faire, au moment où j'ai su qu'il était illégal de communiquer des pièces en chambre du Conseil.

Le colonel Maurel. — C'est exact. M. le capitaine Freystätter m'a écrit une lettre dans laquelle il exposait que le faux Henri avait fait naître des doutes dans son esprit et que la lecture de pièces qui avaient été lues en Chambre du conseil — ce qui constituait une illégalité dont il ne se rendait pas compte au moment où ce fait s'étai produit — avait amené des angoisses dans sa conscience. C'est parfaitement exact.

Je n'ai pas répondu au capitaine Freystätter parce que j'ai pour habitude de laisser à chacun la liberté de son opinion et que chacun dirige sa barque comme il l'entend.

LE PRÉSIDENT. — Avez-vous une observation à faire, monsieur le capitaine Freystätter?

LE CAPITAINE FREYSTÄTTER. — Non, mon colonel.

Me LABORI. — En tout cas, monsieur le président, je prie le Conseil de retenir que nulle contradiction n'a été opposée à M. le capitaine Freystätter par M. Maurel en ce qui concerne la communication en chambre du Conseil de la dépêche de l'agent B.

Dans ces conditions, le général Mercier ayant affirmé qu'il avait donné l'ordre que cette dépêche ne fût pas communiquée, et ayant ajouté qu'à son sentiment cet ordre avait été exécuté, j'ai l'honneur de vous prier de demander à M. le général Mercier s'il n'a pas quelque explication à fournir sur un fait qui vient contredire formellement ce qu'il a affirmé à cette barre. (*Agitation.*)

LE GÉNÉRAL MERCIER. — Monsieur le président, j'ai demandé la parole.

(*M. le général Mercier se présente à la barre et ajoute*) :

Je tiens à constater que ce n'est pas sur les réquisitions de Me Labori que je viens témoigner.

M. le capitaine Freystätter, qui paraît avoir conservé un souvenir très précis des pièces communiquées au Conseil, a parlé de documents livrés au Gouvernement allemand par le capitaine Dreyfus pendant qu'il était à l'École de pyrotechnie. A quels documents le capitaine Freystätter a-t-il voulu faire allusion?

LE CAPITAINE FREYSTÄTTER. — Je sais que cela concerne un obus.

LE GÉNÉRAL MERCIER. — Eh bien! le capitaine Freystätter est pris en flagrant délit de mensonge. (*Rumeurs et mouvement prolongé.*)

LE PRÉSIDENT. — Permettez...

LE GÉNÉRAL MERCIER. — Monsieur le Président, je dois dire les choses telles qu'elles sont.

L'obus Robin, auquel il est fait allusion, n'a été adopté par l'Allemagne qu'en 1895, et nous n'avons été prévenus qu'il y avait eu trahison qu'en 1896. Par conséquent, en 1894, il n'a pas pu être question de l'obus Robin. J'ajoute que, quant à la dépêche du 2 novembre, je maintiens qu'elle n'a pas été communiquée au Conseil.

LE PRÉSIDENT, *à M. le capitaine Freystätter*. — Êtes-vous sûr d'avoir vu cette dépêche?

Le capitaine Freystätter. — Oui, mon colonel, et j'affirme qu'il y avait « Dreyfus arrêté, émissaire prévenu ». Il y avait encore autre chose que je n'affirme pas, je crois qu'il y avait « précautions prises ». C'est à cause de cela que je ne me suis pas permis de citer cette dernière phrase ; mais j'affirme que les deux premières phrases étaient dans la dépêche. (*Sensation.*)

Quant à la réponse qui vient de m'être faite par M. le général Mercier, j'insiste sur ce point que je n'ai pas dit du tout qu'il y avait une dépêche ou une pièce quelconque parlant de l'obus. J'ai tout bonnement dit qu'il y avait dans le commentaire une accusation de trahison qui concernait précisément une trahison faite à l'Ecole de pyrotechnie et j'affirme que cela concernait un obus. Je ne sais pas si cela concernait le chargement ou la fabrication même de ce matériel.

Le Président. — Était-ce le chargement de l'obus à mélinite?

Le capitaine Freystatter. — Je ne puis l'affirmer, mon colonel. Je n'affirme ici que ce dont je suis absolument sûr.

Le général Mercier. — Pour le chargement des obus à mélinite il n'a pas pu en être fait état en 1894, puisqu'à ce moment-là on a demandé à la direction de l'artillerie ce qui s'est passé pour l'obus en question, et que la direction n'a pas pu retrouver le dossier.

Ce n'est que plus tard, en 1897 ou même 1898, je crois, que la direction de l'artillerie en a fait état.

Me Demange. — Voulez-vous, monsieur le Président, demander au capitaine Freystätter si ce n'était pas dans le commentaire qu'il était question de l'obus.

Le Président. — Cela vient d'être dit. (*Rumeurs.*)

Le capitaine Freystätter. — Oui, c'est dans le commentaire.

Le Président. — Pas dans les pièces. (*Sensation.*)

Le capitaine Freystätter. — Non, mon colonel.

Me Labori. — L'incident qui se produit m'amène à insister de nouveau auprès du Conseil pour que M. du Paty de Clam soit l'objet d'un examen médical par des médecins commis. M. le général Mercier a dit que le pli avait été fait par le colonel du Paty de Clam.

Le général Mercier. — Je vous demande pardon, je n'ai pas dit cela, j'ai dit que le pli n'avait pas été fait par moi.

Depuis j'ai pris des renseignements auprès de M. le général de Boisdeffre, lequel m'a dit que c'était le colonel Sandherr qui avait fermé le pli.

Me Labori. — Toujours le mort ; le colonel Sandherr est mort, le colonel Henry est mort, M. du Paty de Clam ne vient pas. (*Mouvement prolongé.*)

Le Président. — Maître Labori, je vous retire la parole. Ceci est de la discussion. (*Rumeurs.*)

Me Labori. — Monsieur le Président, je constate seulement.

Le Président. — Vous n'avez pas le droit de le faire en ce moment-ci.

Vous n'avez plus de questions à poser?

Me Labori. — Non, monsieur le Président.

Me Demange demande qu'on introduise M. Paraf-Javal

Il demande que le témoin soit autorisé à se servir d'un tableau noir.

SOIXANTE-QUATRIÈME TÉMOIN

M. PARAF-JAVAL

M. Paraf-Javal, Mathias-Georges, 40 ans, dessinateur, ne connaissait pas l'accusé avant les faits qui lui sont reprochés.

Le Président. — Veuillez faire votre déposition; la défense désire vous entendre.

Me Demange. — M. Paraf-Javal a fait une conférence sur le travail de M. Bertillon; j'ai pensé qu'il le connaissait bien; et l'ai prié de venir ici.

M. Paraf-Javal dépose une note résumant la conférence faite par lui à Paris le 1er juillet.

M. Paraf-Javal. — On peut, messieurs, mépriser la déposition de M. Bertillon; on peut en rire, on peut la tourner en ridicule...

Le Président. — Mais personne ne s'est permis de le faire ici. (*Mouvement.*)

M. Paraf-Javal. — C'est, monsieur le Président, précisément ce que j'allais vous dire.

Je crois qu'il est préférable de la réfuter comme s'il s'agissait d'une chose sérieuse, c'est ce que je veux faire. Je ne viendrai pas vous donner d'appréciations, ni dire : je pense telle et telle chose, je vous demande très respectueusement de ne pas me croire sur parole, de ne croire que les preuves que je vous apporterai et les choses que je vous démontrerai.

J'ai été mené à considérer que M. Bertillon s'était trompé à la suite de l'observation suivante. J'avais lu la déposition de M. Bertillon devant la Cour de cassation, je n'y avais absolument rien compris et j'attribuais cette difficulté que j'avais eu à m'expliquer cette déposition à ce que je n'avais pas vu les figures qu'il a mises à l'appui. Un jour, j'ai vu une de ces figures, c'était la reproduction du mot « intérêt »; avec la graduation en kutschs. Voici ce que j'ai fait. J'ai comparé les proportions des lettres de ce mot aux proportions des lettres des mots du bordereau.

Prenons par exemple le premier mot du bordereau qui est le mot « Sans » ; si nous donnons la cote 1 à la hauteur des petites lettres *a n s*, nous aurons pour la lettre s la valeur de 3, c'est-à-dire que les petites lettres du mot Sans, sont à l'*S* majuscule dans le rapport de 1 à 3 approximativement. Et je prends ceci tout à fait à l'avantage de M. Bertillon, car vous remarquerez en jetant les yeux sur le bordereau que les petites lettres des autres mots de ce bordereau sont plutôt plus petites que celles du mot « sans ».

Si je prends le mot « intérêt », je vois que l'ensemble des petites lettres est aux grandes lettres, c'est-à-dire aux deux *t* dans le rapport de 1 à 2 approximativement. Je m'explique bien clairement, n'est-ce pas : les petites lettres du mot « intérêt » sont aux grandes lettres dans le rapport de 1 à 2 et les petites lettres du mot « Sans » sont à l'S majuscule dans le rapport de 1 à 3.

Qui peut le plus peut le moins, mais qui peut le moins ne peut pas le plus; je me suis demandé comment M. Bertillon faisant une chaîne dont le point départ est le mot « intérêt », pouvait réussir à appliquer sur cette chaîne les mots du bordereau dont certains, nécessairement, doivent la dépasser. Si M. Bertillon prenait les mots du bordereau pour faire un gabarit et qu'il veuille reproduire le mot « intérêt » je dirais : très bien; il est possible qu'il s'en tire parce que, sur un gabarit plus grand, nous pouvons tracer des lettres plus petites, mais sur un gabarit plus petit, nous ne pouvons pas tracer des lettres plus grandes, car certainement certaines portions de lettres dépasseront le gabarit.

Voilà tout ce que je savais à ce moment-là.

Cela m'a donné l'idée, — je suis dessinateur, — d'étudier le système de M. Bertillon et de vérifier ses mesures. Eh bien, elles sont toutes fausses, toutes sans aucune exception. (*Mouvement prolongé.*) Je vais vous demander la permission de vous le démontrer; je serai aussi bref que possible : M. Bertillon a pris pour sa déposition de six à sept heures, je ferai tout mon possible pour ne pas mettre plus de deux heures à vous expliquer ce que j'ai à vous dire, mais il est nécessaire d'entrer dans certains détails.

Pour la commodité de la démonstration, je vais diviser ma déposition en deux parties : dans la première partie j'exposerai le système de M. Bertillon, dans la deuxième, je parlerai exclusivement des mesures. Je n'en parlerai pas dans la première partie parce que je devrais m'interrompre à chaque instant pour signaler des erreurs et l'on perdrait le fil du raisonnement.

Auparavant, et afin d'aller plus vite, je vous demande la permission de faire très rapidement une petite explication au tableau. Quand un dessinateur veut reproduire une figure quelconque, comment s'y prend-il?

Il enferme cette figure dans un rectangle, qu'il divise en parties égales.

M. Paraf-Javal expose au tableau en quoi consiste la mise au carreau des dessinateurs.

Le Président. — Nous ne pouvons pas recommencer la déposition de M. Bertillon. (*Rumeurs.*)

M. Paraf-Javal. — Je vais faire très rapidement cette démonstration.

Il termine rapidement sa mise au carreau.

M. Bertillon se sert pour examiner les documents, non pas d'un quadrillage, mais d'une grille comportant seulement des rayures verticales. J'ai vu, dans la déposition qu'il a faite hier, qu'il avait parlé de lignes horizontales; c'est nouveau. Dans la déposition précédente, celle qu'il a faite devant la Cour de cassation, la grille de M. Bertillon est celle-ci (*figure au tableau*). Il en appelle les rayures des réticules. Ces réticules sont espacés l'un de l'autre de 1/2 centimètre, il les reporte sur l'écriture; or il est facile de s'expliquer que, pour déterminer un point dans un plan, il faut abaisser une perpendiculaire sur chacun des deux côtés de ce plan. Le réticulage de M. Bertillon est donc une mise au carreau incomplète.

On ne peut pas déterminer un point dans un plan en abaissant une perpendiculaire sur un seul côté, car on ne saurait pas à quelle place ce point se trouverait sur la perpendiculaire. Un pareil système permet d'agir un peu à sa guise.

Je fais remarquer au Conseil autre chose dans le système de M. Bertillon, c'est que, non content de prendre une moitié de mise au carreau pour vérifier des formes qui sont des choses très délicates, il se réserve le droit de faire glisser ces réticules d'un kutsch ou d'un millimètre 1/4, ce qui nous ramène à ceci : (*M. Paraf-Javal fait une figure au tableau.*) Voici la grille de M. Bertillon. Eh bien, non content de se servir de ces réticules, il en intercale d'autres distants des premiers de 1^{mm}, 1/4 (1 kutsch).

M. Paraf-Javal fait une nouvelle figure.

Il se réserve encore le droit, quand il ne trouve pas ce qu'il veut, de faire glisser des portions de mots d'un autre kutsch ou encore d'un millimètre 1/4, comme ceci : (*Démonstration au tableau.*)

Cela ne suffit pas encore, quand il n'arrive pas à son résultat, il fait glisser ces portions de mots d'un nouveau kutsch.

Quatre kutschs faisant exactement 1/2 centimètre, il est inutile de faire glisser une fois de plus, puisqu'à ce moment on retombe sur un réticule. (*Mouvement.*)

En un mot, il fait passer les réticules sur les écritures; quand cela ne va pas, il se réserve le droit de glisser quatre fois d'une quantité qui se trouve juste égale au quart du réticule; voilà ce que je voulais vous dire avant de commencer, cela nous évitera de revenir sur le sujet. Je vais aborder maintenant, d'une façon aussi complète et aussi rapide que je pourrai, le système de M. Bertillon.

Que fait M. Bertillon? M. Bertillon fait-il acte d'expert? M. Bertillon a commencé, devant la Cour de cassation, sa déposition par une phrase tout à fait caractéristique; cette phrase lui a été jetée à la tête comme étant ridicule. Je ne la cite pas parce qu'elle est ridicule, mais simplement parce qu'elle va me servir à une démonstration. Cette phrase la voici : « Le bordereau n'est pas une création fortuite, accidentelle, des seules forces de la nature, il a été écrit par quelqu'un; il s'agit de savoir par qui et dans quel but. » Ainsi donc M. Bertillon n'est pas un expert en écriture, il n'est pas un monsieur qui prend deux écritures et qui dit : je m'en vais comparer ces deux écritures et arriver à une conclusion. » M. Bertillon dit : « Ce papier a été écrit par quelqu'un, je veux savoir par qui et dans quel but. » Il s'érige en juge-policier.

De plus, il suit une idée fixe, il la poursuit et il y arrive envers et contre tout, contre la fausseté des mesures, contre la stupidité du raisonnement.

Le Président. — Vous n'avez pas le droit de parler ainsi. Ménagez vos expressions. (*Mouvement.*)

M. Paraf-Javal. — M. Bertillon suit donc cette idée, mais il ne suit pas que cette idée. Il a l'intention de montrer que le bordereau a été fait par une personne spéciale et cette intention transparaît à chaque instant. Dans sa déposition devant la Cour de cassation, avant même d'avoir tiré une conclusion quelconque, avant même d'être arrivé à un examen quelconque, il a affirmé que le bordereau était d'un tel. Et il s'est basé pour affirmer cela sur une remarque qui n'a aucun rapport avec une expertise en écritures. Il s'est basé sur ce fait qu'un traître apportant un document n'a pas besoin d'écrire la missive accompagnant ce document. La chose est contestable. On pourrait au contraire répondre qu'un traître qui veut toucher le bénéfice de sa trahison ne pourrait y arriver s'il envoyait ses documents sans les accompagner d'un mot. S'il ne dit pas : je vous envoie ce document, le destinataire ne pourra pas savoir de qui il provient.

Cela n'a aucune espèce de rapport avec l'expertise en écritures.

Partant de là, qu'a fait M. Bertillon? Il a pris certains mots du bordereau, les a comparés à d'autres mots du bordereau et est arrivé ainsi à certaines conclusions que je discuterai tout à l'heure. Après avoir comparé certains mots du bordereau à d'autres mots du bordereau, il a comparé des portions de mots à d'autres portions de mots; il a comparé des portions de lettres à d'autres portions de lettres. Il a effectué ces opérations en faisant glisser ses réticules sur l'ensemble du document et sur des portions du document. Il a constaté ce qui suit : je ne discute pas pour le moment, je me contente d'énumérer. Il a constaté que certains mots, certaines portions de mots, certaines lettres, certaines portions de lettres paraissaient être la reproduction d'autres mots, d'autres lettres, d'autres portions de lettres et de plus que ses réticules touchaient certains mots semblablement et il prétend en déduire qu'une certaine régularité de l'écriture indique un document forgé.

De ce que certains traits se présentent toujours aux mêmes places, il conclut que la personne qui écrit le bordereau s'est servie d'un tracé.

Après avoir découvert que le document était forgé, il s'est demandé : « Qui est-ce qui a pu faire ce document forgé? »

Je dois dire qu'il était arrivé d'abord à une autre conclusion. On lui avait montré des spécimens de l'écriture de l'accusé et il avait déclaré : « Si on écarte l'hypothèse d'un document forgé avec le plus grand soin, le bordereau est de son écriture. » Ce n'est que plus tard qu'il a affirmé que le bordereau était d'une écriture forgée. Remarquons que c'est la constatation qu'il a reconnu, que le bordereau n'était pas de l'écriture de l'accusé, mais de l'écriture de l'accusé avec une transformation, c'est-à-dire que la personne qui avait écrit le bordereau s'était servie d'une écriture différente de la sienne pour écrire le bordereau.

Et M. Bertillon s'est demandé : « Comment vais-je faire pour trouver la clé de cette écriture? »

Il a trouvé, dans les lettres qu'on lui montrait et provenant de personnes de la famille de l'accusé, des ressemblances et même des mots qui, dit-il, superposés à certains mots du bordereau, donnent des coïncidences extraordinaires. Il en est arrivé à cette conclusion que certains mots pris dans certaines lettres avaient pu servir à confectionner le bordereau. Il a examiné, dit-il, ces mots avec attention et il a choisi parmi ces mots le mot « intérêt » qui présentait, dit-il, des particularités extraordinaires. Ce mot est extrait d'une lettre de M. Mathieu Dreyfus, frère du capitaine Dreyfus.

Il a constaté que ce mot avait été écrit avec une régularité étonnante : les espaces entre les lettres sont tous d'un kutsch, la hauteur des lettres se rapportent à des dimensions kutschiques, la longueur du mot présente un certain nombre de kutschs.

Je démontrerai que toutes ces constatations sont inexactes. Cela ne me sera pas difficile.

Toujours est-il qu'il a pris ce mot. Il l'a écrit une fois, puis il l'a écrit une seconde fois à la suite en faisant entrer l'*i* dans le *t*. Il a pris cette chaîne, il l'a superposée à elle-même, en opérant un glissement latéral déterminé, accompagné d'un glissement en bas. Il a recommencé encore deux autres fois cette opération en ne conservant que les portions des chaînes situées en dehors de la partie médiane de façon à meubler les parties qui ne l'étaient pas.

Figure au tableau.

Eh bien ! il a la prétention, avec ce gribouillage sur lequel il appose une feuille de papier transparent, de récrire entièrement le bordereau.

Ainsi donc, il est bien entendu que M. Bertillon, arrivé à ce point, a mis de côté tout ce qui précède. Le mot « intérêt » extrait de la lettre du buvard, à lui tout seul lui suffit pour écrire le bordereau ; de ce mot il fait ce qu'il appelle la chaîne imbriquée et sur cette chaîne il écrit les mots. Les raisonnements qui précèdent sont préparatoires et destinés à prouver la régularité d'écriture : il prend un mot et, avec ce mot seul, il va écrire tout un document. N'importe qui peut-il le faire et non une personne spéciale?

Eh bien ! j'ai pris cette chaîne et j'ai essayé de tracer le premier mot du bordereau; j'ai été plus modeste, j'ai essayé de tracer la première lettre; j'ai été plus modeste encore, j'ai essayé de tracer la première boucle de la première lettre.

Comment M. Bertillon peut-il, sur sa chaîne, tracer cette boucle puisque cette boucle, conformément au rapport 1/3, dépasse le gabarit dont les lettres sont, avons-nous dit, sensiblement dans le rapport de 1/2. Je vous prie d'avoir l'obligeance de vous reporter à la planche 15 *bis*, feuille 1, qui représente la superposition du bordereau au gabarit graphique, cette planche est un agrandissement, vous verrez que le commencement de la première lettre tombe au-dessus du gabarit.

Alors, tous les points du papier appartiennent à M. Bertillon, ceux sur lesquels il a mis son gabarit imbriqué et ceux sur lesquels il ne l'a pas mis. Alors, à quoi sert le gabarit imbriqué? Voilà une chaîne qu'il fait avec beaucoup de difficulté, et quand il vient à écrire le bordereau, il écrit encore en dehors! Vérifiez! Je me demande par quel moyen spécial M. Bertillon a pu écrire la partie de l'*s* qui dépasse la *chaîne imbriquée*.

Quand j'ai essayé de reproduire le bordereau sur cette chaîne, je n'avais pas vu cette planche. Je me disais : « Peut-être est-il possible de réussir. Le *t* est une lettre haute, je vais avec le *t* essayer de faire un *s*. »

(*M. Paraf-Javal fait une figure au tableau*).

J'y arrive, mais cet *s* n'a aucun rapport avec celui du bordereau.

Cette forme n'a absolument aucun rapport avec l'*s* majuscule initial du bordereau.

Ainsi donc, quand j'ai voulu, moi qui suis dessinateur, reproduire le bordereau sur le gabarit de M. Bertillon, je n'ai pas pu reproduire même le premier mot, pas même la première lettre, pas même la première boucle de la première lettre.

Si vous vous reportez toujours à la pièce 15, feuille 1, vous verrez que la première partie de la lettre part dans le gabarit; elle en ressort, forme une boucle, cette boucle vient entrer dans l'écriture on ne sait pas où, on ne sait pas comment.

La deuxième lettre se trouve un peu plus loin à une certaine place. Pourquoi? où est la règle?... Nous nous trouvons en présence d'un gabarit, on dit : « Vous allez écrire là-dessus l'écriture de quelqu'un... » et on ne suit pas ce gabarit. Pourquoi passe-t-on dans certains cas une lettre, dans certains cas plusieurs lettres? Pourquoi saute-t-on d'une chaîne à l'autre? C'est absolument fantaisiste.

Je vous ai cité le mot « Sans ». Vous pourriez prendre tous les autres mots. Si vous vouliez prendre le mot « nouvelles », vous verriez que les deux grandes lettres sont dans la partie blanche qui n'appartient pas à M. Bertillon, qui est en dehors de son gabarit. Vous pourriez voir la boucle du *d* du mot « indiquant », elle est en dehors.

Elle coupe le gabarit imbriqué d'une façon tout à fait spéciale. Pourquoi le coupe-t-elle de cette façon et pas d'une autre? C'est un mystère. Il est évident que nous sommes en présence d'un moyen mnémotechnique. Comment M. Bertillon a-t-il fait avec une chaîne comme celle-là, pour reproduire le bordereau? Ce qu'a fait M. Bertillon, je vais vous le dire ; M. Bertillon n'a pas pris sa chaîne imbriquée pour reproduire le bordereau, c'est impossible. M. Bertillon a pris le bordereau et il l'a écrit sur sa chaîne imbriquée, puis il a appris les repères, voilà ce qu'il a fait et il ne pouvait pas faire autre chose. (*Mouvement.*) Du reste pour vous expliquer ceci, je vous demande la permission de vous citer ce que dit M. Bertillon lui-même. Il explique qu'un scribe quelconque, n'importe qui, peut reproduire le bordereau sur son gabarit imbriqué, et après avoir dit cela, il ajoute — ce sont ses propres paroles : « Le principal effort de mémoire qu'il y aurait à faire serait de se rappeler quels sont les points où le scripteur du bordereau a quitté le tracé hachuré pour prendre le tracé pointillé ou inversement. C'est un effort auquel je me suis astreint pour quelques lignes et que je suis prêt à reproduire devant vos yeux... »

Donc, suivant M. Bertillon, pour reproduire le bordereau avec son gabarit, il faut : 1° un gabarit; 2° des efforts de mémoire dont il indique le principal. Il y en a donc d'autres. M. Bertillon s'est trahi puisque celui qu'il indique est le principal. Un autre est tout simplement de considérer la chaîne comme une série de repères et de se rappeler ces repères. Quand on veut apprendre l'histoire de France aux enfants, on leur dit : Si vous voulez vous rappeler tous les traités du règne de Louis XIV, rappelez-vous le nom de William Panrurb. Ce personnage extraordinaire qui n'a jamais existé reproduit dans son appellation le nom de tous les traités et si l'enfant se trouve devant des examinateurs il n'a qu'à se souvenir des initiales WPANRURB pour retrouver les noms qu'on lui demande. (*Rires.*)

Si, moi, j'avais à reproduire une écriture, qu'est-ce que je ferais? Je prendrais les mots, je les mettrais au carreau et j'essaierais de me rappeler les formes par rapport aux carreaux, j'emploierais un moyen mnémotechnique-graphique. Le gabarit imbriqué est un moyen mnémotechnique-graphique. Que M. Bertillon soit arrivé avec ce moyen à reproduire le bordereau avec perfection, je ne le discute pas, mais qu'est-ce que cela prouve? Cela prouve qu'il est arrivé à reproduire le bordereau d'une manière exacte par des moyens mnémotechniques-graphiques. La meilleure preuve que cela ne prouve pas autre chose, c'est que moi, qui ne suis pas M. Bertillon, je ne peux pas reproduire le bordereau en faisant exactement ce qu'il me dit de faire, en prenant le gabarit imbriqué qu'il a fait; j'ai essayé de reproduire n'importe quelle lettre, je connais son petit tableau dans lequel il dit qu'en présence de tel ou tel mot, il faut se placer à tel ou tel endroit; je n'ai pas réussi, personne n'y réussira sans avoir appris les moyens mnémotechniques-graphiques particuliers à M. Bertillon.

M. Bertillon reproduit une écriture sur son gabarit, on peut en reproduire une autre. Si je n'avais pas craint de paraître un charlatan, j'aurais pu vous dire : M. Bertillon vient de reproduire le bordereau, eh bien, je vais prendre l'écriture de n'importe qui et l'appliquer au bordereau. Je puis prendre le gabarit imbriqué de M. Bertillon et appliquer sur ce gabarit l'écriture de M. Bertillon lui-même, l'écriture de qui l'on veut, celle de MM. les membres du Conseil de guerre si on le désire, mais qu'est-ce que cela prouvera si je vous montre ce bout de papier qui comportera le gabarit imbriqué de M. Bertillon avec l'écriture de quelqu'un inscrite dessus ? M. Bertillon reproduit une écriture, c'est très bien, mais quelle preuve cela apporte-t-il que cette chaîne ait été faite par une certaine personne, dans un certain but, que cette personne s'est servie de cette chaîne pour écrire certains mots de façon à contre faire son écriture ?

Et puis j'en reviens là. Même si M. Bertillon m'explique d'une façon très claire et très nette que, par ce gabarit imbriqué, il peut reproduire cette boucle de l'*s*, qu'ensuite il peut continuer cette lettre, que quand il reproduit par exemple les *d* d'une façon infaillible il se trouve à tel endroit et non pas ailleurs, eh bien, je dirai : cela prouve que M. Bertillon a des moyens mnémotechniques-graphiques qui lui sont spéciaux, mais cela ne prouve pas autre chose. De plus, il est impossible à une personne qui voit cette écriture de ne pas être frappé de la façon dont elle s'écarte du gabarit. Je vous prie, monsieur le Président et les membres du Conseil, de la bien regarder depuis le commencement jusqu'à la fin, cela en vaut la peine, vous l'avez, monsieur le Président, je vous prie de regarder, de parcourir l'écriture et de reconnaître que les traits ne suivent pas le tracé. Je parlais tout à l'heure des lettres hautes, je vous prie d'examiner aussi les lettres basses. On ne sait pas pourquoi une lettre commence à un endroit et non à un autre.

Ici je vais faire une comparaison qui montrera bien clairement ma pensée.

Je vous demande pardon d'insister sur ce point, mais il est très important et cela m'évitera d'y revenir plus tard. Supposez que j'aie caché dans un appartement un sou à cet endroit-là (*M. Paraf-Javal fait au tableau un carré à l'intérieur duquel il place un point au hasard*), et que je veuille me rappeler où je l'ai caché, eh bien, je mesurerai la distance à un côté, puis celle à l'autre côté, et j'arriverai à déterminer ce point à n'importe quel moment.

Si M. Bertillon vient et qu'on lui demande de retrouver le sou qui a été placé là, si, au lieu d'opérer comme moi, il fabrique une figure très compliquée, de la grandeur du carré (*M. Paraf-Javal fait un carré qu'il remplit d'un gribouillage*), et qu'il se rappelle que le sou ayant été placé sous une lame de parquet se trouve à un endroit déterminé de la figure (*M. Paraf-Javal fait une ligne brisée dans le gribouillage*), il faut, pour retrouver le sou, qu'il repère sa figure dans le carré et marque la place où tombe son repère. Il arrivera au même résultat que moi par un travail un peu fantastique, mais enfin il y arrivera. Et puis? Et puis c'est tout. Cela ne prouvera pas autre chose; je ne vois pas en quoi le fait de trouver des repères dans des chaînes imbriquées, implique qu'on ne puisse trouver ces repères autrement que par ces chaînes. S'il retrouve la forme des lettres et leur emplacement par des repères à lui, cela veut tout simplement dire qu'il s'est servi non pas d'un système simple à la portée de tout le monde, mais qu'il a un moyen mnémotechnique-graphique personnel, voilà tout.

J'aborderai maintenant la seconde partie de ma déposition qui est la discussion des mesures.

Les démonstrations de M. Bertillon ont des buts différents. Il commence par apposer sa grille sur les mots du bordereau, de façon à prouver que ces mots ont une certaine régularité. Si nous prenons une page d'écriture sur laquelle nous appliquons sa grille, et si tous les mots semblables sont touchés semblablement par les réticules, M. Bertillon en déduira que ces coïncidences ne peuvent provenir du hasard, qu'elles sont préconçues, voulues, et que le document est un document forgé et non pas d'une écriture courante.

Il cite par exemple comme très caractéristique le mot « modifications »; je prierai M. le Président et ces messieurs du Conseil de bien vouloir prendre la photographie du bordereau. Je vous demanderai, monsieur le Président, de bien vouloir ne pas suivre sur le bordereau réticulé de M. Bertillon, mais sur la photographie de l'original. Le bordereau réticulé de M. Bertillon est inexact; c'est un document tripoté (*geste de M. le Président*), ainsi que je vous le démontrerai tout à l'heure. Je vais, monsieur le Président, vous le démontrer tout de suite; c'est une courte démonstration. Je m'en vais vous demander, puisque vous l'avez sous la main, de le comparer à la photographie du bordereau réel.

M. Bertillon avoue du reste qu'il a tripoté ce document; mais il dit : « Je l'ai tripoté de la façon suivante; j'ai désiré, pour la facilité des recherches, faire disparaître les traits qui sont inutiles; ainsi, sur la photographie du bordereau, il apparaît les choses qui sont de l'autre côté au verso; il les a complètement effacées. Sur le bordereau réticulé de M. Bertillon, on ne voit pas de traces de ce qu'il y a par transparence sur la photographie réelle du bordereau; M. Bertillon n'a pas fait que cela, il y a des déchirures, il a retouché ces déchirures. Il s'est permis de toucher à des mots, de les rétablir à sa façon; c'est pour cela que j'ai éliminé ce bordereau réticulé d'une façon absolue quand il s'est agi de vérifications sur les mots du bordereau.

Si vous regardez par exemple la ligne 8 de la photographie du bordereau, le mot « modifications » est coupé par une déchirure très visible qui fait apparaître une solution de continuité à la barre du *t*. La photographie du bordereau réticulé présente ce mot « modifications » retouché; je ne pouvais pas vous faire ma démonstration sur le bordereau retouché.

Je ferai la même observation pour le mot « artillerie » de la ligne onze qui est coupé par une déchirure, et cette solution de continuité n'apparaît absolument pas dans le bordereau réticulé de M. Bertillon.

Pour le mot « relative » de la ligne douze, il y a une solution de continuité dans le bordereau original, cette solution est indiquée dans la photographie; elle n'apparaît absolument pas dans le bordereau réticulé de M. Bertillon.

Pour le mot « manuel » de la ligne treize, il y a une solution de continuité très caractéristique : le mot a été absolument retouché dans le bordereau réticulé de M. Bertillon.

Je ne continuerai pas cette énumération; il en est de même pour le mot « campagne » de la ligne quatorze, etc...

Il y a un certain nombre d'autres traces de retouche dans le bordereau sur ce document, c'est pour cela que je vous demanderai d'avoir l'obligeance de suivre sur l'original du bordereau ou sur sa photographie la démonstration que je vais vous faire.

Si vous voulez avoir l'obligeance de vous reporter aux deux mots « modifications » qui sont l'un, ligne 8, et l'autre, ligne

10, vous verrez ce qui suit ; le premier jambage de l'*m* descend plus bas ligne 10 ; les deux derniers jambages de l'*m* ont, ligne 8, l'aspect d'un *u*, et ligne 10, l'aspect d'un *n* ; le deuxième jambage de l'*m* n'a pas, ligne 8, la même direction que ligne 10 ; l'*o* n'est pas ouvert de la même façon ligne 8 et ligne 10 ; le trait qui va de l'*o* au *d* est plus grand ligne 10 ; la courbe inférieure du *d* est plus ronde, ligne 8 ; la boucle du *d* est plus grande, ligne 8 ; l'*i* de la ligne 8 est plus près du *d* ; le trait qui va du point de l'*i* à l'*f* est plus long à la ligne 8 ; la boucle de l'*f* est plus marquée, ligne 10 ; le bas de l'*f* est plus empâté ligne 8, le trait qui va du bas de l'*f* à l'*i* est marqué ligne 8 ; l'*i* ressemble ligne 8 à un accent circonflexe et ligne 10 à un jambage isolé ; l'*i* de la ligne 8 est incliné de gauche à droite, et à la ligne 10 de droite à gauche. Le trait qui va du point de l'*i* au *c* est plus long et plus marqué ligne 10 ; l'*a* est mieux formé, ligne 8 ; la partie la plus épaisse du *t* est en bas, ligne 8, et vers le milieu, ligne 10. Le mot ligne 10 est écrit manifestement plus vite, car le *t* n'est pas barré comme ligne 8. A la ligne 10, l'*i* est absent, et l'*s* se confond avec le dernier jambage de l'*n*, tandis qu'à la ligne 8 l'*i* et l'*s* sont bien visibles. Enfin le dernier *o* est ligne 8, fermé, et ligne 10, ouvert.

J'ai fait toutes ces vérifications avec mes yeux sans l'aide de réticule d'aucune sorte. Tout le monde peut les faire. Il est bien certain qu'il suffit de regarder pour voir que ces deux mots sont de la même écriture et ont des caractères tout à fait spéciaux. Cela saute aux yeux. Mais je vous ai montré, — je prends le mot depuis le premier trait et je le conduits jusqu'à la fin, — je vous ai montré qu'aucun point ne coïncide ; il est absolument certain que ces deux mots n'ont pu être calqués l'un sur l'autre, ni sur un même gabarit. En effet si on avait écrit ces deux mots sur un gabarit, il est très évident qu'ils auraient des coïncidences plus exactes.

Eh bien ! voilà ces deux mots que M. Bertillon a superposés. Il nous donne un graphique pour nous montrer un certain nombre de superpositions de mots. Si vous voulez avoir l'obligeance de vous reporter à l'agrandissement n° 2 de la planche 4 du travail de M. Bertillon : « Superposition des syllabes redoublées du bordereau classées d'après les observations faites sur le présent tableau, » vous verrez que ce que je vous dis est confirmé par M. Bertillon lui-même. Il appose ces mots l'un sur l'autre, et on les voit apparaître l'un et l'autre. Ils ne se superposent ni ne s'emboîtent sérieusement. Remarquez que cette planche a été faite par M. Bertillon et qu'on peut considérer que s'il y a erreur la partialité se trouve en faveur de M. Bertillon. Nous pouvons donc nous fier à elle quand elle témoigne contre M. Bertillon.

M. Bertillon reconnaît donc lui-même qu'aucun point des lettres ne se superpose à aucun endroit, ni au commencement, ni au milieu ni à la fin. On peut regarder les autres mots; le mot « copier », le mot « disposition », le mot « rien », le mot « après », etc... et faire la même constatation.

Maintenant que j'ai considéré la question à ce point de vue, si vous le voulez bien, nous allons prendre le mot « modifications » et voir si réellement il est touché par les réticules de M. Bertillon aux emplacements indiqués. Je vous demanderai de bien vouloir suivre sur le bordereau réticulé.

J'ai parlé tout à l'heure des deux mots « modifications » qui sont : l'un à la ligne 8, l'autre à la ligne 10. Je remarque que le réticule (ligne 8) suit d'assez près le second jambage de l'*m*; ligne 10 le réticule coupe le second jambage de l'*m* vers le bas et s'en écarte partout ailleurs. Le reticule suivant (ligne 8) coupe la boucle supérieure du *d* et la portion inférieure droite de cette lettre; ligne 10, le réticule ne coupe pas la boucle supérieure du *d*, il coupe la portion inférieure gauche de cette lettre d'une façon caractéristique en s'appuyant contre le trait qui va de l'*o* au *d*. Le réticule suivant (ligne 8) coupe la portion supérieure de l'*f*, passe près du point de l'*i* qui suit l'*f*, est tangeant au *c*, tandis que (ligne 10) le réticule coupe la portion médiane de l'*f*, à l'endroit où arrive la ligne qui va de l'*i* précédant l'*f* à l'*f*, passe loin du point de l'*i* qui suit l'*f*, touche cet *i* en bas, tandis qu'à la ligne 8 il est éloigné de l'*i*. Je passe au réticule suivant; le réticule suivant (ligne 8) coupe le *t* vers le milieu près de la barre et touche la portion inférieure de l'*i*; (ligne 10) le réticule passe vers la base du *t* qu'il ne coupe pas. Le réticule (ligne 8) passe après le second jambage de l'*m* et (ligne 10 avant, coupant même le point de l'*i* absent.)

Je ne ferai pas cette démonstration pour les autres mots, je la ferai seulement si vous le désirez; il vous suffira de regarder ces autres mots et vous verrez que les réticules ne les coupent pas semblablement.

Eh bien, messieurs, M. Bertillon se sert de cette démonstration pour prouver une certaine régularité d'écriture. Les réticules montrent que cette régularité d'écriture n'existe pas.

Je vais plus loin. Supposez que cette régularité existe, que réellement les réticules coupent les mots qu'indique M. Bertillon aux endroits qu'il indique, cela prouverait peut-être que le borde reau original a été écrit sur un papier réticulé. Or, remarquez-le, le bordereau original a été écrit sur du papier quadrillé à 4 millimètres; c'est un réticulage.

Si vous voulez avoir l'obligeance de prendre le bordereau original (je ne vous le demanderai pas; cela me ferait plaisir de le voir, mais j'ai les photographies de M. Bertillon, dont je vais me servir)... les photographies que j'avais sous les yeux précédemment ne montraient pas du tout les quadrillages du bordereau ; j'ai une photographie qui les montre. Sur le bordereau original, ces quadrillages sont apparents.

Eh bien, je vois que sûrement, certainement, les quadrillages du bordereau original ont influé sur l'écriture. Si vous voulez avoir l'obligeance de regarder le premier mot « *modifications* » à la ligne 8, vous remarquerez par exemple que ce mot suit, dans le sens horizontal, un des quadrillages. On peut faire des quantités de remarques de ce genre.

J'ai fait l'expérience suivante : j'ai prié une personne d'écrire une ligne d'écriture sur un morceau de papier complètement blanc. Cette personne, qui écrit sur un papier complètement blanc, n'écrit certainement pas, assurément pas, une ligne dont tous les points inférieurs seront en contact avec une ligne horizontale imaginaire.

Si je prie cette personne d'écrire cette même ligne sur du papier réglé horizontalement, la ligne qu'elle écrira aura tendance à coïncider avec cette ligne horizontale; les parties inférieures de tous les mots auront tendance à coïncider avec la rayure horizontale du papier.

Si je prie encore cette même personne d'écrire sur du papier non seulement rayé horizontalement, mais rayé encore verticalement, c'est-à-dire quadrillé, il est plus que probable que la rayure verticale influera aussi sur l'écriture ; elle influera moins que la rayure horizontale, elle influera surtout pour repérer le commencement des mots ou des lettres. Eh bien, elle a influé pour repérer les commencements de certains mots.

Vous trouverez, en regardant le bordereau, qu'il y a une quantité de mots qui s'appuient sur la rayure verticale, et d'autres qui suivent la rayure horizontale.

De sorte que, même en admettant le système de M. Bertillon, même en admettant ses constatations, par exemple celle faite sur le mot « *modifications* » et que nous avons démontré erronée, si ces constatations avaient été exactes, nous viendrions dire ceci : Nous vous demandons pardon, mais nous prions M. Bertillon d'avoir un petit remords, attendu qu'il a pris une écriture sur papier quadrillé, il l'a photographiée sans les quadrillages, une fois photographiée, il a couvert cette écriture de réticules à sa fantaisie, et il vient dire à ce moment : « Je trouve une régularité dans l'écriture... » Pardon ! dites vite, dites bien vite que cette écriture a été tracée sur du papier quadrillé, c'est bien le moins ! Alors, nous serons juges de voir si le quadrillage a influé ou n'a pas influé.

Le quadrillage existe; j'ai su qu'il existait non pas d'après la photographie que j'avais d'abord et sur laquelle il n'apparaissait pas, mais d'après le rapport fait à la Cour de cassation, par M. Marion, Choquet et Putois. Ce rapport constate que le bordereau est écrit sur papier quadrillé. Je me suis dit alors, pour la première fois, que, s'il y avait une certaine régularité d'écriture, cette régularité pouvait provenir du quadrillage. On ne peut donc pas, de parti pris, l'attribuer à ce que le document est un document forgé; il faut se rappeler que le document est écrit sur du papier quadrillé.

Maintenant je passerai à ce que M. Bertillon appelle les reculs, Je demanderai la permission de faire un exposé. Le système de M. Bertillon peut se ramener à ceci : « Je pose une règle, j'essaye de l'appliquer, je n'y arrive pas. » Je ne dis pas : « Ma règle est fausse. » Je dis : « C'est une exception. » Si je n'arrive pas à appliquer ma règle une fois, il y a une exception; si je n'y arrive pas cent fois, il y a cent exceptions. M. Bertillon prend ses réticules, il les met sur les mots, il voit s'ils coïncident ou s'ils ne coïncident pas. Il veut, par exemple, faire coïncider le point A avec le point B. Il ne réussit pas. Il ne dit pas : « Je me trompe, la constatation que je voulais faire n'existe pas ». Il dit : « Glissons d'un kutsch, » et il glisse. Si la coïncidence ne se produit pas, il glisse une seconde fois, puis il glisse une troisième fois et après cela, il n'a plus besoin de glisser puisqu'il retombe sur ses réticules. Il a prétendu que certains des mots qu'il vous a montrés se superposaient et qu'ils avaient l'apparence d'avoir été calqués l'un sur l'autre et il a fait cette démonstration en prenant une feuille de papier transparent. Il prétend avoir trouvé que dans certains cas la première partie du mot coïncide, mais que pour faire coïncider la seconde, il faut la faire glisser, de façon que la première partie coïncidant et la seconde partie ne coïncidant pas, celle-ci coïncide lorsque la première aura cessé de coïncider.

Eh bien ! j'ai examiné la chose; voici comment je m'y suis pris.

J'ai prié un grand nombre de personnes d'écrire devant moi le mot « *artillerie* » qui est un mot évidemment écrit en deux morceaux, en deux portions; si vous voulez vous reporter aux documents de tout à l'heure, ou même au bordereau, vous verrez que le mot « *artillerie* », qui se trouve deux fois dans le bordereau, est écrit en deux portions...

Eh bien, ceux qui ont écrit le mot devant moi l'ont écrit de plusieurs façons différentes; certaines personnes — et je suis de ce nombre, je vous demande pardon de commencer par me citer, mais c'est l'ordre de la démonstration qui le veut — écrivent le mot « *artillerie* » tout d'une traite, et après avoir écrit le mot, mettent les points sur les *i;* voilà une façon d'écrire le mot « *artillerie* ». Pourtant il m'arrive, quand je suis pressé d'écrire le mot « *artillerie* » autrement; il m'arrive de l'écrire, pas tout à fait comme il est écrit sur le bordereau, mais d'une façon approchante que je vous indiquerai tout à l'heure. D'autres personnes écrivent le mot « *artillerie* » comme ceci : on écrit « *arti* », on s'arrête pour mettre un point sur l'*i*, et puis on repart, on écrit « *llerie* » et quand on a écrit la deuxième portion du mot, on met alors le second point sur le second *i*. C'est comme cela que le mot est écrit dans le bordereau.

D'autres personnes s'arrêtent à d'autres endroits : elles ont, par exemple, la préoccupation de mettre le point sur le second *i* avant d'écrire l'*e* final.

Il y a encore d'autres façons d'écrire le mot, mais (*M. Paraf-Javal montre le tableau*) voilà les deux principales.

Maintenant que j'ai fait cette expérience, prenons le bordereau et voyons comment le mot « *artillerie* » est écrit.

Il est écrit d'une façon tout à fait particulière et spéciale, comme ceci : *a*, *r*, *t*, *i*. L'écrivain s'est arrêté à ce moment pour faire son point, et il était tellement pressé d'écrire à la suite de ce point les lettres « *llerie* » que ce point sur l'*i* est joint à la seconde portion du mot, est joint à l'*l*.

Le second point sur le second *i* est libre, ce qui prouve qu'on a bien écrit le mot « *arti* » d'abord, qu'on a fait le point sur l'*i*, qu'on a été de ce point à l'*l*, qu'on a écrit « *llerie* » et que quand tout a été fini (puisqu'il n'y a aucun trait joignant la fin du mot au point sur l'*i*), on a librement tracé ce point.

Voilà une façon de procéder qui est certainement une habitude d'écriture. Je l'ai remarqué chez nombre de personnes.

Je prie instamment monsieur le Président et messieurs du Conseil, s'ils ont le moindre doute, de faire des expériences sur des personnes quelconques; ils verront que les différentes façons d'écrire le mot « *artillerie* » se rapportent à celles que j'indique et que celle du bordereau est tout à fait caractéristique.

On ne peut pas dire qu'elle provient d'un recul, ni d'un glissement, ni que l'écrivain s'est servi d'un écartement kutschique pour déterminer la deuxième partie du mot. La façon dont est écrit le mot « *artillerie* » deux fois dans le bordereau montre une habitude d'écriture; c'est une habitude d'écriture qu'ont beaucoup de personnes, que j'ai très rarement moi-même, qu'a quelquefois l'accusé; c'est une habitude qu'a presque toujours le commandant Esterhazy. Jamais vous ne trouverez (du moins parmi les pièces de son écriture qui m'ont été soumises) une pièce ne contenant pas certains de ces *i* écrits comme ceci. (*M. Paraf-Javal fait au tablea un* i, *met un point sur cet* i *et joint ce point à* s *qu'il trace sans lever la main à partir du moment où il a tracé le point.*) Le point va souvent de l'*i* à la lettre suivante, même quand c'est une lettre basse; quand c'est un *s* le point va de *i* à *s*; c'est donc une habitude. Je vous prie de bien vouloir vous référer à la lettre de Rouen du 17 août 1894 qui est versée aux débats.

Si vous voulez avoir l'obligeance de vous reporter à cette lettre, vous verrez à la 5e ligne le mot « *quittant* »; le point va de l'*i* au *t*, il y a un trait qui va de l'*i* au *t*. Si vous voulez avoir l'obligeance de regarder le mot « *connaissance* » à la 8e ligne, vous verrez qu'il y a un trait qui va de l'*i* à la lettre suivante qui est *s*. Je choisis à dessein des exemples très différents les uns des autres. Si vous voulez vous reporter à la 10e ligne, au mot « *point* », je ferai la même observation; pour le mot « *Paris* » à la 11e ligne également. Maintenant voici une autre lettre, — j'en ai plusieurs, — je choisis celle-ci à dessein, c'est une reproduction par un journal du document par lequel le commandant Esterhazy avoue être l'auteur du bordereau. Je la choisis parce que c'est un document récent. J'ai souligné certains mots. Il vous suffira de jeter les yeux sur ces mots pour retrouver le point de l'*i* joint à la lettre suivante. (*M. Paraf-Javal remet le document au Président.*)

Ainsi donc, dans des documents de toutes les époques, dans des documents de 1894 et dans des documents récents, nous trouvons toujours la même habitude d'écriture. Eh bien, je suis en droit de conclure que cette particularité (joindre le point de l'*i* à la lettre suivante) est une habitude d'écriture qu'ont quantité de personnes, puisque je l'ai observée sur moi-même, quand j'écris très vite, est une habitude des personnes qui écrivent vite. C'est une habitude qu'a parfois l'accusé. Je suis en droit de dire que c'est une habitude d'écrire de quantité de personnes et, parmi ces personnes, du commandant Esterhazy.

Le Président. — L'heure avance, est-ce que vous en avez encore pour longtemps?

M. Paraf-Javal. — Je pense, monsieur le Président, en avoir encore pour une heure.

La séance est levée à 11 h. 45 et renvoyée à lundi matin 6 h. 1/2.

QUATORZIÈME AUDIENCE

Lundi 28 août 1899.

La séance est ouverte à 6 h. 30.

Le Président. — Faites entrer le témoin.

M. Paraf-Javal se présente à la barre.

Le Président. — Voulez-vous continuer la déposition que vous avez commencée samedi.

M. Paraf-Javal. — J'étais en train samedi de parler de la vérification matérielle des mesures. Avant de continuer cette discussion, je voudrais vous dire un tout petit mot de la méthode avec laquelle le travail de M. Bertillon a été fait. Je crois en effet que cette méthode est absolument défectueuse par la raison suivante : c'est que toutes les fois qu'il s'agit de faire une expérience, cette expérience ne porte que sur un seul point. Qu'elle concerne l'écriture ou un calcul, elle n'est pas vérifiée par une autre expérience qui constituerait une contre-épreuve. J'en ai eu la preuve très exacte par un fait tout à fait récent, que je ne connaissais pas. M. Bertillon a apporté un document nouveau, qui pourrait être en lui-même très intéressant. Ce document est ce qu'il appelle la photographie composite. Il me servira d'exemple.

Voilà un document qui représente une superposition des lettres du bordereau faite d'une certaine manière.

Quand on apporte un document comme celui-là et qu'on se demande : quelle conclusion puis-je tirer de ce document ? la seule chose qu'on puissse répondre, c'est ceci : « Réellement, pour le moment, on ne peut absolument pas tirer de conclusion. » Malgré cela, on doit examiner, parce qu'il ne faut pas qu'un document pareil puisse induire en erreur.

M. Bertillon prend l'écriture du bordereau. L'écriture du bordereau est l'écriture d'un inconnu, cet inconnu est à déterminer. Au lieu de mettre cette écriture comme elle est disposée sur le bordereau, il l'applique sur des bandes successives, et la fait passer devant un appareil photographique de façon à obtenir des superpositions. Ces superpositions, il les fait entrer dans un cadre tracé par lui. Ce cadre est kutschique. On pourrait se dire à l'avance : Du moment que ces images passent devant l'appareil en grandeurs kutschiques il y a des chances pour obtenir un résultat kutschique.

M. Bertillon prétend trouver le mot clef; a-t-il pris l'écriture d'une autre personne convaincue aussi d'avoir fait le bordereau? A-t-il fait le même travail pour cette autre personne? cela ne suffirait pas encore. Je suppose que le travail fait sur cette autre personne donne des résultats analogues, cela ne prouverait pas que cette autre personne ait fait le bordereau; pour en avoir la certitude il faudrait opérer sur un nombre quelconque d'écritures, s'assurer qu'une écriture quelconque ne donne pas le résultat auquel il arrive.

La critique générale que je veux faire de cette méthode est celle-ci :

Voici un document qui pourrait être intéressant, ingénieux, je le regarde comme une chose que je connais depuis vingt-quatre heures, et moi, homme de bonne foi, je suis en présence des constatations que fait M. Bertillon, mais je dis : il y a une autre personne, les constatations sont-elles pareilles pour cette autre personne? que donneraient les constatations faites sur n'importe qui? Pour le moment mon opinion, personnelle, formelle, est qu'on ne doit tenir aucun compte d'un tel document.

Pourtant, du moment qu'il a été versé aux débats, je viens vous demander la permission de faire une chose qui m'est éminemment désagréable, de faire une observation sur le document en suivant une méthode que je n'approuve pas, qui est incomplète, et que je ne voudrais pas dans toute autre occasion appliquer. Je suis cette méthode parce que je ne puis pas faire autrement, mais je la conteste de la façon la plus absolue.

Je vais parler de ce document (c'est, mon colonel, la planche 40) simplement au point de vue dessin, au point de vue des lignes; je tirerai des conclusions certaines. Je ne dirai que les choses absolument sûres ; il y a des constatations que j'ai faites et qui sont douteuses, je n'en parlerai pas.

Quand je regarde avec attention ce document, une première chose me frappe : je vois une figure, c'est une photographie composite du bordereau entier obtenue au moyen de pulsations de 12 mm. 5, c'est-à-dire kutschiques. J'observe en outre que très probablement cette photographie a été faite avec un objectif excellent et qu'il y a des chances pour que chacun des traits soit individuellement exact. Je m'explique. Si on regarde avec ses yeux, et avec la loupe si c'est nécessaire, les parties légères qui sont en-dessous, on aperçoit des choses qui sont certainement des fins de lettres. Je vous prierai de regarder au-dessus de la partie épaisse : on aperçoit des boucles nettement caractérisées.

C'est donc la preuve que l'écriture a passé dans l'objectif et qu'au moment où la plaque a été sensibilisée, les détails sont venus s'appliquer sur la plaque individuellement. Les endroits qui sont plus foncés sont des superpositions.

Par conséquent, en regardant ceci, nous pourrions distinguer, dans cette photographie complète du bordereau (si nous avions une grande patience), et nous pourrions reconstituer toutes les lettres, c'est-à-dire qu'on pourrait prendre le bordereau, calculer la hauteur, l'emplacement exact et essayer de le retrouver dans cette photographie composite.

Eh bien ! pour cette première épreuve, il saute aux yeux de tout le monde qu'elle ne prouve absolument rien. Elle prouve que les mots du bordereau ont passé devant l'objectif, qu'ils se sont superposés, et qu'avec beaucoup de patience, on pourrait peut-être les reconnaître lettre par lettre, mais c'est tout. M. Bertillon s'est parfaitement rendu compte que cela ne prouvait pas autre chose, puisqu'il a fallu qu'il fît d'autres photographies composites pour en tirer des conclusions.

Nous prenons la figure n° 2 : photographie composite des mots du bordereau plus particulièrement écrits sur la chaîne hachurée du gabarit conformément aux superpositions représentées sur la planche 15. On se rend compte que cette photographie comporte non pas la totalité des mots du bordereau mais simplement une partie des mots. Je ne vois à première vue, en ce qui me concerne, d'autre différence avec la première photographie que ce fait qu'elle est moins complète ; on se rend compte qu'il y a moins de lettres et de superpositions, ou perçoit plus d'intervalle entre les lettres. Quand on trace un certain nombre de lettres à la suite, il y a des intervalles entre ces lettres ; quand on superpose des lettres à ces lettres (je ne parle pas des parties hautes des lettres), il est évident que certaines d'entre elles viendront se poser de façon à boucher les intervalles. Dans cette seconde photographie, il suffit de porter son attention sur ce point pour se rendre compte que les intervalles entre les lettres sont plus lisibles. Je suis certain en ce qui me concerne que les mots qui figurent dans cette seconde chaîne ont été choisis par M. Bertillon pour des raisons spéciales dans lesquelles je n'entre pas parce cela m'est indifférent ; mais il y aurait lieu pour la méthode, et si l'on veut tirer des conclusions de ces faits, de se demander si on arriverait au même résultat en prenant n'importe quels mots du bordereau, en les mettant à la suite les uns des autres, en les photographiant, au lieu de faire comme M. Bertillon qui a choisi certains mots en laissant volontairement d'autres de côté. Mon opinion formelle pour le moment est que la figure n° 2 prouve simplement une chose et ma conclusion que je cherche à formuler d'une façon très modérée va paraître, pour me servir d'un terme bourgeois, un peu prud'hommesque, c'est que M. Bertillon est arrivé avec son expérience à constater que dans la seconde photographie il y a moins de lettres que dans la première. Voilà à quoi mènent ses constatations ; on ne peut pas en faire d'autres suivant moi.

Prenons le n° 3, qui contient d'autres mots du bordereau ; à première vue, nous y trouvons la photographie composite des mots du bordereau plus particulièrement écrits sur la chaîne pointillée et qui, par conséquent, avaient été éliminés sur la préparation précédente. Je ferai la même observation pour la chaîne n° 3 que pour la chaîne n° 2, avec cette simple différence que la chaîne n° 3 est plus touffue. Pourtant, il suffit de la regarder attentivement pour voir qu'on reconnaît bien mieux les intervalles entre les lettres que dans la figure n° 1. La figure n° 1 est extrêmement touffue ; on a beaucoup de mal à observer les intervalles entre les lettres, tandis que dans la figure n° 3 on peut les observer ; car elle comporte un nombre de lettres moins grand.

Voilà quelles sont les constatations qui sautent aux yeux quand on regarde avec attention la figure n° 3. La figure numéro 2 *bis* et la figure n° 3 *bis* sont des réductions des précédentes ; je n'y insiste pas ; on y aperçoit bien moins les détails ; cependant, à un certain point de vue, elles sont plus nettes ; en empêchant précisément de voir certains détails, elles attirent l'attention sur les parties plus noires.

Maintenant, M. Bertillon regarde ces figures et il trouve dans ces figures des lettres qui ont rapport au mot « *intérêt* », ou si vous voulez, il trouve des positions.

En ce qui concerne les positions, je commence par dire qu'on ne doit en tenir aucun compte, attendu que M. Bertillon n'a pas pris un ordre au hasard : Il a fait passer devant son objectif des distances kutschiques, une mesure kutschique. Par conséquent, si le résultat est kutschique, nous pouvons dire à M. Bertillon : « Votre résultat est kutschique, soit ; mais, je vous demande pardon, ne serait-ce pas de votre fait, parce que vous avez pris pour passer devant votre objectif une mesure kutschique; si au lieu de faire ceci vous aviez pris soit une mesure au hasard, soit, si vous voulez, la mesure moyenne des lignes, ou une autre mesure logique, ou exprès une mesure illogique, on pourrait tirer une conclusion.

Moi, en regardant et en faisant des efforts pour trouver des lettres en essayant de les distinguer, je crois pouvoir en voir des quantités. Ainsi il y a un endroit dans la figure nº 3 où je vois très lisiblement une chose qui peut être aussi bien un *u* qu'un *m*. C'est au commencement à peu près, Monsieur le Président, au premier tiers; un peu plus loin, dans la partie très noire, je vois quelque chose qui peut être un *a*.

M. Bertillon pourrait dire : Ce n'est pas le mot « *intérêt* »; il pourrait faire une autre attribution, et au lieu du mot « *intérêt* », prendre le mot « *notaire* », puisqu'on y trouve un *a*. Je crois tout simplement qu'en cherchant bien, comme je le disais, on peut retrouver toutes les lettres, et même regardez, pour les lettres hautes, vous apercevez une série de jambages en haut, et puis une série de traits horizontaux qui sont certainement les barres des *t*; mais en regardant avec attention, avec la figure nº 3, vous voyez très bien les boucles des *d*; ces boucles des *d* sont très caractéristiques dans le dessin écrit sur gabarit imbriqué, elles ne suivent pas l'écriture, elles la coupent et la traversent. Je trouve ces boucles, je n'en tire pas de conclusion. Elles doivent y être, elles ont passé devant l'objectif, on les appelle, elles répondent « présent ». Nous les retrouvons donc et on ne peut pas en tirer d'autres conclusions.

La meilleure preuve, c'est qu'en dessous, je retrouve très bien — j'ai la forme du bordereau dans la mémoire — la queue des mots « *voulez, désirez* »; le *z* a une forme particulière qui se retrouve en divers endroits là-dessus.

Si j'ai pris un peu plus de temps pour vous expliquer cela, ce n'est pas que j'y attache une importance quelconque, c'est pour vous prier de bien considérer que j'ai fait avec soin les constatations que je vous soumets; je ne crois pas me tromper, il n'y a pas le moindre doute. Mes constatations diffèrent de celles de M. Bertillon, il trouve des choses, moi j'en trouve d'autres. Je viens vous prier de considérer que c'est un vice de méthode de venir montrer une portion d'expérience.

Il y a dans le système de M. Bertillon des choses qu'on peut contrôler par des moyens mathématiques; ceci, c'est de la méthode expérimentale, c'est une expérience que nous faisons; pour faire une expérience, une seule observation ne suffit pas, une seule observation doit faire considérer l'expérience comme nulle et non avenue.

Je reprends maintenant la discussion en ce qui concerne les réticules.

L'observation que je venais vous faire au sujet de la méthode de M. Bertillon, je me permettrai de la faire surtout à propos de la façon dont il a examiné le bordereau.

Il prend le bordereau, il fait une expérience, et il en tire une conclusion. Il faut lui demander, si vous aviez fait cette expérience sur l'écriture d'une autre personne qui est accusée également, et si après cela vous aviez fait cette expérience sur l'écriture de nombreuses personnes, est-ce que cela n'aurait pas amené de conclusions différentes? Par exemple, faisons, si vous le voulez bien (et je le ferai très rapidement), l'examen de l'écriture authentique du commandant Esterhazy; je fais cette démonstration, monsieur le Président, sur les lettres du commandant Esterhazy qui sont versées au dossier et particulièrement celles de 1892 et de 1894.

La base de l'expertise de M. Bertillon est la constatation dans l'écriture du bordereau d'une prétendue écriture faite sur réticules demi-centimétriques, et qui, d'après M. Bertillon, présente d'une façon particulièrement frappante les mots redoublés du bordereau.

Et M. Bertillon en arrive à l'hypothèse d'un document forgé.

Or, ces constatations, on peut les faire certainement d'une façon identique sur toute écriture quelque peu régulière, quitte à modifier l'unité.

Mais ce qui est le plus remarquable, c'est que ces constatations, on peut précisément les faire sur l'écriture authentique du commandant Estherhazy, non seulement par réticule demi-centimétrique, mais encore par unité kutschique d'un millimètre 25.

Ces constatations enlèvent, naturellement, à toutes les autres remarques tout semblant de valeur. Je vais examiner le mot « *lettre* » des deux lettres authentiques d'Esterhazy qui sont au dossier, l'une du 17 avril 1892, l'autre du 17 août 1894.

Lettre du 17 août 1894 : mot « *lettre* ». Il est à remarquer que ce mot existe 2 fois dans chacune de ces lettres ; dans l'écrit de 1892, par exemple, je prends le mot « *lettre* », à la première ligne, les cinq premiers millimètres touchent la pointe inférieure du 2e *t*, les 5 millimètres suivants touchent à 1/4 de millimètre de la pointe de la queue finale.

Il faudrait évidemment avoir un double décimètre pour les

mesures, la vérification pourra être faite par la suite. Désirez-vous un double décimètre, monsieur le Président?

LE PRÉSIDENT. — Non, non, allez toujours.

M. PARAF-JAVAL. — Pour le 2e mot « *lettre* »; les cinq premiers millimètres touchent la pointe inférieure du 2e *t*; il y a donc identité, les 5 millimètres suivants touchent à 1 millimètre.

Pour le mot « *lettre* » de 1894, les 5 premiers millimètres touchent à 1/4 de millimètre du 2e *t*, différence 1/4; les 5 millimètres suivants restent identiques avec la première lettre de 1892.

Mot « *lettre* », 9e ligne, les 5 premiers millimètres touchent à la queue du premier *t*, différence 1 millimètre 1/2.

Nous trouvons pour la partie « *tre* » jusqu'à la queue finale, 5 millimètres, jusqu'à la fin du premier mot « *lettre* ».

Ici on pourrait introduire le glissement de M. Bertillon.

Je ne continue pas parce que cela deviendrait fastidieux, mais je vous demanderai la permission de déposer une copie de ceci de façon que MM. les membres du conseil puissent vérifier ce que je dis, car il s'agit d'une question technique.

Ainsi, ce n'est pas pour un mot redoublé que l'on trouve la presque coïncidence des réticules demi-centimétriques, mais c'est pour tous les mots redoublés. Donc, ce qui pour M. Bertillon paraissait d'abord une chose admissible quand il ne s'agissait que d'un mot redoublé, devenait ensuite une impossibilité pour un certain nombre de mots redoublés ; ce qui, en résumé, avait conduit M. Bertillon à l'hypothèse d'un document forgé est non seulement un fait d'ordre général, mais il est caractéristique de l'écriture du commandant Esterhazy. Cette constatation infirme une fois de plus les hypothèses de M. Bertillon au sujet d'un document forgé.

J'indiquerai à la fin de la note que je vous remettrai qu'on peut prendre dans l'écriture du commandant Esterhazy des mots ayant des divisions kutschiques;

J'ai fini cette portion de ma démonstration , je continue maintenant et je vais aller très vite.

Ce qui a fait choisir par M. Bertillon le mot « *intérêt* » comme mot clef, c'est qu'il y a vu des particularités qui pouvaient lui faire croire à des régularités extraordinaires de ce mot. Eh bien ! ces régularités n'existent pas d'une façon absolue, ce sont des approximations. Je vous prierai d'avoir l'obligeance de vous reporter parmi les photographies de M. Bertillon à n'importe quel mot « *intérêt* » car toute la discussion qui va suivre va porter sur ce mot.

Le mot « *intérêt* » porte en bas une division kutschique. M. Bertillon prétend d'abord qu'il a choisi ce mot parce qu'il l'a frappé au point de vue de la régularité. Ainsi il a trouvé que ce mot avait une longueur exacte de 10 kutschs, qu'en mesurant l'accent aigu du premier *e*, cet accent aigu avait absolument un kutsch, que l'accent circonflexe avait également des dimensions kutschiques, la barre du *t* également... et ainsi de suite.

J'ai remesuré toutes ces grandeurs. J'ai trouvé que l'accent aigu se rapproche de 1mm,25, qu'il n'a pas 1mm,25, mais un peu moins; j'ai trouvé que l'accent circonflexe (à la portion horizontale) a sensiblement 1mm,25. La partie verticale a un peu moins de 1mm,25 mais s'en rapproche également. Quoi qu'il en soit, toutes ces mesures ne sont pas absolument exactes.

Le deuxième *t* a un peu plus de 6 millimètres mais pas tout à fait 6 millimètres 1/4. La hauteur du premier *t* est de 4mm,8. Ce sont là des mesures sur lesquelles je diffère complètement avec M. Bertillon. La barre du 1er *t* n'a pas un certain nombre de kutschs; elle a 3mm,4.

Il y a un détail tout à fait caractéristique. Cette barre du *t* qui a 3mm,9, eh bien, sur la figure que j'ai sous les yeux, M. Bertillon ne l'a pas mesurée. Il n'a pas constaté qu'elle avait 3mm,9; il a seulement mesuré la partie finale de cette barre. Il y a dans cette barre du premier *t* une partie très épaisse, qui se termine par une partie plus mince et qui a l'air d'être brisée en deux ou trois endroits. C'est à cette portion plus mince qu'il attribue une dimension kutschique; suivant moi, cette portion plus mince n'a pas absolument une dimension kutschique. Ainsi voici un mot qu'il a pris à cause de ses dimensions kutschiques et je trouve que toutes les constatations qu'il a faites sont approximatives. Évidemment ces mesures sont approchantes, elles ne sont pas absolument exactes.

Il y a une autre constatation. M. Bertillon fait toucher ce mot par des réticules. Eh bien, si j'applique contre ce mot « *intérêt* » des divisions d'un demi-centimètre, je remarque que les 5 premiers millimètres touchent le point inférieur du *t*, que les 5 millimètres suivants tombent entre l'*r* et l'*e* et que les 5 derniers millimètres arrivent à la pointe supérieure du *t* final.

Je vais vous faire voir toutes ces choses d'une façon bien plus saisissante; mais auparavant, je voudrais vous parler de ce que M. Bertillon appelle les pulsations. M. Bertillon attache une importance particulière à ce fait que quand une personne écrit elle a ce qu'il appelle des pulsations. Il a trouvé que dans ce mot « *intérêt* » il y avait des pulsations.

Je vous demande bien pardon, mais sur ce point encore je diffère avec M. Bertillon d'une façon complète. (*M. Paraf-Javal s'approche du tableau.*)

Voici le mot « *intérêt* ». Je vais essayer de faire les pulsations. La pulsation du premier *i*, la voici.

M. Paraf-Javal prolonge les lettres du mot intérêt *et montre que les directions ne sont ni équidistantes ni parallèles.*

Cette expérience peut être faite par n'importe qui.

M. Bertillon a pris le mot « *intérêt* » comme mot type parce qu'il a trouvé que les pulsations étaient régulières et avaient la même direction.

Ces pulsations sont éminemment irrégulières.

M. Bertillon n'a pas le droit de dire : je prends le mot « *intérêt* », parce que les pulsations sont régulières, puisque ces pulsations ne le sont pas.

J'arrive à la question des kutschs. M. Bertillon dit que le mot intérêt a exactement 10 kutschs. Nous allons nous en rendre compte. Je prends la figure de M. Bertillon avec les graduations en kutschs au-dessous ; je m'aperçois d'une chose, c'est que d'abord M. Bertillon ne mesure pas ce mot en partant exactement du commencement du mot et en allant exactement jusqu'à la fin ; M. Bertillon commence sa mesure (du reste il le dit d'une façon catégorique) à la partie intérieure de l'*i*, c'est-à-dire qu'il laisse en dehors l'épaisseur de l'*i* et il indique qu'il attribue à cette épaisseur une largeur de 0,31 ; puis il conduit sa mesure jusqu'à la barre du *t* et il trouve 10 kutschs.

Je ne critiquerai pas la chose, j'admets qu'il y a 10 kutschs d'ici là ; eh bien, s'il y a 10 kutschs d'ici-là, le mot « *intérêt* », suivant M. Bertillon lui-même, n'a pas 10 kutschs, car il faut ajouter l'épaisseur de l'*i*. Il est inadmissible, quand on mesure un mot, qu'on commence à l'intérieur de la première lettre, il faut prendre ce mot à l'extérieur de la première lettre ; on n'a pas le droit en pareil cas de dire qu'on a mesuré un mot et que ce mot a 10 kutschs, surtout si l'on veut tirer de là une conséquence extrêmement grave.

Eh bien ! ce mot n'a pas 12^{mm} 1/2, il a 12^{mm} 1/2 plus 0,31, ce qui fait 12,81.

Ce n'est pas tout. Moi je prétends (vous jugerez si j'ai raison ou tort) qu'on n'a pas le droit de mesurer un mot en laissant en dehors de la mesure de ce mot une lettre dans sa totalité. La mesure de M. Bertillon laisse en dehors du mot le *t* dans sa totalité. Si vous voulez avoir l'obligeance de vous reporter à la mesure de M. Bertillon vous verrez qu'il a mesuré non pas le mot « *intérêt* », mais les lettres *i n t é r ê*; vous jugerez si j'ai raison ou si j'ai tort, mais je n'admets pas, quand on mesure un mot pour en tirer nne conclusion grave, qu'on puisse laisser une lettre en dehors de cette mesure. Je prends cette mesure sur le dessin de M. Bertillon et je vois que de la barre du *t* jusqu'à la fin il trouve, lui, 2 kutschs j'ajoute ces deux kutschs, c'est-à-dire 2^{mm} 1/2, puis je vois que ce n'est pas encore tout, que cette ligne verticale tracée par M. Bertillon lui-même à l'extrémité du *t* dépasse encore d'environ la moitié d'une épaisseur et puisque M. Bertillon a attribué à cette épaisseur 0,31, j'attribue à cette demi-épaisseur 0,15. J'ajoute donc 0,15 et j'obtiens un total de 15,46.

Voilà donc une erreur du quart.

Le mot « *intérêt* » qui, suivant M. Bertillon, a 12^{mm},5 a d'abord assurément non pas 12^{mm},5, ce qui est une mesure kutschique, mais 12^{mm},5 plus une épaisseur, il a 12^{mm},81 et ensuite si l'on veut être rigoureux, il a, suivant moi, 15^{mm},46.

Eh bien! si on dit que ce mot a été pris à cause de la longueur 12^{mm},5, on n'avait pas le droit de le prendre parce qu'il n'a pas cette dimension. Suivant moi cette objection suffit pour faire tomber le système de M. Bertillon, c'en est la base; or la base est fausse, donc tout le système doit tomber.

Ce n'est pas tout. Je ne voudrais pas que vous puissiez, messieurs, croire que j'ai une animosité personnelle contre M. Bertillon. Je parle ici, je l'ai juré, sans haine et sans crainte. Je considère que M. Bertillon n'existe pas. Il a fait des mesures, j'en fais d'autres.

Le Président. — Posez votre théorie, sans entrer dans des considérations personnelles.

M. Paraf-Javal. — Je suis amené à employer les mots erronés ou faux.

Le Président. — C'est votre droit.

M. Paraf-Javal. — Quand M Bertillon eut trouvé que le mot « *intérêt* » avait 12^{mm},5, il a pris ce mot, qui est dans la lettre des obligations, pour le transporter sur sa chaîne. Veuillez vous reporter, messieurs, à la planche 38, feuille 1

Eh bien, je regarde le mot « *intérêt* » qui se trouve à la 10e ligne. Il y a une chose qui me frappe de suite, du reste M. Bertillon l'a expliqué, c'est que ce mot « *intérêt* » qui est droit sur la chaîne décrit une courbe dans la lettre. Il n'est pas le seul, d'autres décrivent une courbe encore plus caractéristique. Dans tous les cas, ce mot sur la lettre dite des obligations, que M. Bertillon appelle la lettre du buvard, décrit une courbe, et quand je me reporte à la chaîne imbriquée de M. Bertillon et à certaines préparations de la chaîne, je trouve ce mot écrit complètement droit; c'est-à-dire que si vous tracez au-dessous de ce mot une ligne horizontale, cette ligne viendra toucher la base des premières lettres et aboutira au *t*.

Tandis que si je traçais une ligne au-dessous du mot dans la lettre des obligations, je trouverais une courbe extrêmement caractérisée.

M. Paraf-Javal s'approche du Conseil auquel il donne des explications.

J'ai déterminé de combien était la courbe; je l'ai déterminé au moyen des éléments de M. Bertillon, c'est-à-dire des réticules dont il a recouvert la lettre des obligations. J'ai appliqué sur ces réticences une équerre et j'ai tracé au-dessous du mot « *intérêt* » une ligne qui est évidemment une ligne horizontale.

Eh bien, comment se fait-il que, quand on prend dans une lettre un mot avec lequel on veut faire une chaîne, on ne reproduise pas pour faire la chaîne la ligne suivie par le mot? En suivant le système de M. Bertillon, qu'est-ce que je ferais? (*Figure au tableau.*) Je ferais entrer l'*i* dans le *t;* puis, je continuerais et j'obtiendrais une chaîne au bout de laquelle on arriverait à trouver une courbe telle que celle-ci... comment se fait-il qu'on nous donne au contraire une chaîne qui est celle-ci?.. une chaîne droite? Ceci est extrêmement caractéristique.

Évidemment, quand on fait une opération pareille pour trouver quelque chose et arriver à des conclusions graves, il faut en donner des raisons. M Bertillon en a donné, des raisons; elles sont données par la figure qu'il appelle épure du sou

Cette figure a simplement pour but de justifier une inclinaison de 1 sur 9. Pour arriver à des conclusions, il fait des opérations très compliquées. Pour arriver à montrer que ce mot (qui sur la lettre du buvard est en forme de courbe) est droit, il explique qu'il faut trouver dans le *t* final un repère. Il y a une figure qui montre ce *t* final grandi 40 fois.

A un endroit il trouve un petit creux dans ce *t* grandi quarante fois; je n'ai pas la figure sous les yeux, le Conseil la retrouvera facilement. Je ne peux pas parler d'une manière absolue, n'ayant pas pu voir l'original de la lettre des obligations, et n'en ayant eu entre les mains qu'une photographie. M. Bertillon affirme qu'il y a un petit point, je ne l'ai pas vu, je ne peux absolument pas le voir, je l'ai cherché, je ne sais pas où il est. M. Bertillon trouve qu'il y a dans le *t* un petit creux où ce point doit entrer, on ne peut pas trouver ce petit creux. Je considère, pour moi, que je ne puis attacher une importance quelconque à une chose qui doit être grossie quarante fois pour se voir. C'est pour cela que M. Bertillon a dit à un endroit — et je vous prie de porter une grande attention aux mots que je vais dire — que le mot « *intérêt* » de la lettre des obligations a été écrit probablement par un myope comme l'était Dreyfus. Alors, suivant M. Bertillon, la lettre dite des obligations serait, non pas de M. Mathieu Dreyfus, frère de l'accusé, mais du capitaine Dreyfus lui-même. Je ne me charge pas de trancher cette question, n'ayant point de compétence pour cela; mais elle devra l'être, car si la lettre est réellement de l'un et non pas de l'autre, tout le système de M. Bertillon se trouve encore détruit.

Il y a aussi un argument donné par M. Bertillon, et sur lequel je voudrais glisser rapidement, tout en disant un mot. Il a dit que le mot « *intérêt* » avait été employé dans l'espèce parce que l'officier dont il s'agissait était à l'État-major et qu'il était naturel qu'il pût employer le kutsch. Il a ajouté que le kutsch était une chose tout à fait populaire et qui avait été popularisée par la couverture de l'almanach Hachette. Il est de toute évidence que le capitaine Dreyfus connaissait le kutsch, mais je ne vois pas ce que vient faire ici l'almanach Hachette. Cet almanach a paru pour la première fois en 1894; il n'y avait, à cette époque, sur la couverture, qu'une graduation en centimètres et millimètres sur une longueur de 15 centimètres, et si le kutsch est une mesure populaire, ce n'est pas en 1894 qu'elle a été popularisée. Je ne vous donne ce détail que pour vous montrer la préoccupation qui existe chez M. Bertillon d'accumuler tout ce qui peut lui servir sans prendre même la peine de vérifier les faits d'une façon exacte. Voilà un argument qui était à éliminer; il ne fallait point parler de l'almanach Hachette, parce que ce détail prouve que la déposition de M. Bertillon a été modifiée, qu'elle n'est pas la même qu'en 1894, et que certains arguments qu'il a donnés depuis ne l'ont pas été à cette époque.

Je vais avoir fini dans un instant, monsieur le Président. J'ai pris la peine d'expliquer longuement mes idées sur le système de M. Bertillon, mais j'ai essayé autant que j'ai pu de ne pas entrer dans trop de détails; je ne voulais pas être fastidieux. Je l'aurais été s'il l'avait fallu, parce qu'enfin je suis ici pour dire la vérité et aussi pour faire le bien si je le puis. Mais j'aurais pu me dispenser de faire toute la démonstration que je viens de faire. Le bordereau — et j'appelle votre attention, monsieur le Président et messieurs les membres du Conseil, sur cette démonstration, qui pour moi est tout à fait caractéristique, — le bordereau de 1894 n'a pas pu être calqué, par la raison suivante : c'est que c'est impossible. Il y a des impossibilités matérielles. Voulez-vous avoir l'extrême obligeance de prendre la photographie de ce bordereau, la photographie du bordereau et non pas le bordereau réticulé, vous allez vous en rendre compte. Je vous rappelle l'expérience faite ici par M. Bertillon, qui vous a apporté l'écriture faite par lui d'une portion du bordereau sur son gabarit imbriqué, et reproduisant le bordereau. Il se trouve que c'est justement la partie dont j'ai besoin. Cette partie, c'est le verso. Il est bien entendu que M. Bertillon affirme pouvoir reproduire sur sa chaîne imbriquée le verso du bordereau; il affirme pouvoir le reproduire en mettant par-dessus sa chaîne imbriquée le papier transparent et en écrivant sur ce papier transparent. M. Bertillon prend sa chaîne imbriquée; il pose sur cette chaîne imbriquée son papier transparent; il écrit et nous donne son résultat. Ce résultat, nous le prenons, nous le comparons au bordereau, nous le trouvons exact. Pour ma part, je trouve qu'il n'est pas tout à fait exact; mais j'admets pour la discussion qu'il est absolument exact. Maintenant je retiens ce résultat que M. Bertillon nous a avoué pouvoir écrire tous les mots, et non pas certains des mots. Il n'a fait aucune exception; il les écrit tous. Je vais démontrer qu'il est impossible d'écrire certains mots, par la raison suivante; c'est que le recto du bordereau comportait déjà d'autres mots, et que le papier est transparent. Vous comprenez fort bien que, quand sur ce papier il y a de l'écriture, que vous retournez ce papier, que vous l'apposez sur un gabarit, aux endroits où il y a de l'écriture et où vous désirez écrire par derrière, vous ne verrez plus le gabarit. Par conséquent, M. Bertillon ne peut pas venir nous dire qu'à ces endroits-là son gabarit lui a servi à quelque chose. A ces endroits-là, c'est la mémoire de M. Bertillon qui l'a servi : M. Bertillon nous a démontré qu'il est un homme extrêmement habile à trouver des moyens mnémotechniques graphiques, mais il ne peut pas venir nous dire qu'il a suivi le gabarit.

Je vais signaler ces endroits, si vous voulez avoir l'obligeance de suivre. Au verso 3e ligne, les mots « chaque officier détenteur », vous verrez qu'ils se superposent aux mots du recto, 1re ligne : « Sans nouvelles m'indiquant ».

Maintenant il y a les mots « la copie », au verso, qui se retrouvent à la 11e ligne, l'avant-dernière du verso; les mots « la copie » se superposent aux mots du recto, 7e ligne, « les troupes de ».

Eh bien, je viens dire ceci : du moment que nous constatons que certains mots du verso se superposent, je ne dis pas comme forme, mais comme emplacement, à certains mots du recto, il est impossible que la personne qui a écrit le bordereau ait appliqué ce bordereau sur un gabarit pouvant lui servir à quelque chose, parce qu'au moment où elle a écrit les mots du verso que je viens de vous signaler, le gabarit ne pouvait la guider en rien, elle ne pouvait pas le voir, ce gabarit lui était caché par l'écriture du recto.

J'ai terminé la deuxième partie de ma déposition.

Avant de conclure, je me suis posé la question suivante, que doit se poser, je crois, toute personne de bonne foi : comment se fait-il que M. Bertillon, que je ne connais pas, qui est considéré comme étant l'inventeur de l'anthropométrie, c'est-à-dire d'une chose intéressante et ingénieuse... Je ne sais pas si c'est lui qui l'a véritablement inventée, mais je l'admets, puisqu'il en est considéré comme l'inventeur... Comment se fait-il qu'il se soit trompé aussi lourdement?... Ces mots n'ont pas été employés par moi, ce sont les mots dont s'est servi M. Lépine devant le conseil municipal; il considère que M. Bertillon s'est trompé lourdement. Comment cela se fait-il?

J'ai lu dans la *Revue scientifique*, dans les numéros des 18 décembre 1897 et 1er janvier 1898, une étude de M. Bertillon qui est intitulée : « La comparaison des écritures et l'identification graphique. » Dans cette étude, il revendique le droit pour les experts de faire des hypothèses; voici quelles sont exactement ses paroles; je cite textuellement :

« Plus l'hypothèse se rapproche de la vérité, plus elle est fructueuse; mais une hypothèse même fausse conduira souvent à des découvertes intéressantes; de sorte qu'il est préférable, à tous les points de vue, d'en échafauder plusieurs, les saurait-on fausses ou contradictoires. Le vrai danger ne commence que de l'instant où l'on est arrivé à en découvrir une qui cadre suffisamment avec les faits pour les anticiper, car il n'est pas rare alors, à moins que l'on n'ait été maintes fois instruit par l'expérience, que l'inventeur de l'hypothèse n'arrive à oublier qu'il se trouve en face d'une création de son imagination, et à croire à la réalité objective de son idée et conséquemment à arrêter ses recherches avant d'avoir atteint la vérité des faits, masquée par la pluralité des causes. »

Et à un autre endroit :

« Il est vrai qu'on pourrait tout aussi bien y retrouver le sophisme que Port-Royal qualifie illusion de l'amour-propre : cela doit être ainsi, se dit-on à soi-même, parce que si cela n'était pas ainsi, je ne serais pas l'habile homme que je suis. »

Eh bien, je crains beaucoup que M. Bertillon qui, je crois, est intelligent...

LE PRÉSIDENT. — Passez, restez dans votre rôle d'expert!

M. PARAF-JAVAL. — Oui, monsieur le Président, mais c'est une démonstration. (*Rires.*)

Je crains beaucoup, dis-je, que M. Bertillon ne sache que son système est faux et que son amour-propre l'empêche de le reconnaître.

Voilà quelle a été mon impression, et ce que je désirais faire connaître au Conseil.

J'ai fini, monsieur le Président.

LE PRÉSIDENT, *à l'accusé.* — Avez-vous une observation à faire?

LE CAPITAINE DREYFUS. — Aucune, monsieur le Président.

LE PRÉSIDENT. — Faites entrer M. Teyssonnières.

Me DEMANGE. — Monsieur le Président, j'ai demandé à la dernière audience à ce que le Conseil entende M. Bernard après M. Paraf-Javal pour répondre également à la déposition de M. Bertillon.

SOIXANTE-CINQUIÈME TÉMOIN

M. BERNARD

M. Bernard, Claude-Maurice, 35 ans, ingénieur du corps des mines, demeurant à Paris, ne connaissait pas l'accusé avant les faits qui lui sont reprochés.

M. BERNARD. — La défense m'a fait citer pour présenter devant le Conseil de guerre la réfutation de l'expertise de M. Bertillon, et principalement de la partie qui, contenant des calculs erronés, sert néanmoins de base à l'expertise entière.

L'argumentation de M. Bertillon dépouillée de toutes les raisons psychologiques qu'un expert ne doit jamais employer, est contenue tout entière dans les deux propositions que voici :

1° Le bordereau est forgé ;

2° Le procédé qui a dû servir à le forger a pu servir à écrire certains mots de comparaison dont la nature et la place accuseraient Alfred Dreyfus.

M. Bertillon indique lui-même d'une façon très nette que le point premier et capital de sa conviction a été la découverte de la forgerie du bordereau.

Si le bordereau lui avait paru un document naturel, il n'aurait prêté aucune attention à la formation kutschique du mot « *intérêt* » de la lettre de Mathieu Dreyfus, ni à la superposition discutable des mots du bordereau avec ceux des rapports des stagiaires. Je m'attacherai donc pour les réfuter aux soi-disant preuves de forgerie du bordereau. J'emploierai pour cela le procédé d'inquisition de M. Bertillon lui-même et j'en tirerai la conclusion que le bordereau est un document naturel. Cette contradiction dans les résultats ne proviendra pas, comme on pourrait le croire, d'une différence dans la mesure, car, quelque contestable qu'elle soit, j'accepte celle de l'expert; elle aura sa cause dans la façon fantaisiste dont M. Bertillon a employé le calcul des probabilités, et en a tiré, de la meilleure foi du monde, et par pure ignorance, des conclusions précisément contraires à la vérité. Au surplus, et pour rendre palpable l'erreur qui vicia l'expertise de M. Bertillon, je ferai la critique d'un document qui, interrogé par les procédés et raisonnements de cet expert, se révélera comme évidemment forgé. Je ferai connaître ensuite l'origine de ce document, et je puis dire dès maintenant qu'il est naturel et que je l'ai choisi au hasard entre 20 autres qui, interrogés par la même méthode, auraient répondu de la même façon. Tout comme M. Bertillon, et parce que je n'ai pas de compétence, j'écarterai l'ordre de preuves tiré de l'examen graphique; je ferai remarquer cependant que, en dernière analyse, la méthode de cet honorable expert revient à classer les écritures d'après la largeur des lettres et leur écartement, sans tenir compte de leur forme; or, la variété des formes est infinie tandis que la largeur n'évolue que dans d'étroites limites; on pressent donc que ce mode de classification soit très artificiel et puisse exposer à des surprises. Les preuves de forgerie trouvées par M. Bertillon l'ont été dans l'ordre suivant, qui résulte d'ailleurs de l'application normale de sa méthode : 1° certains mots spéciaux du document se placent d'une façon anormale et non imputable au hasard par rapport aux barreaux d'une grille de 5 millimètres d'écartement; comme le calcul de M. Bertillon assure que le hasard ne peut produire aucun document identique sur un million de documents semblables, c'est là l'ordre de preuves qui entraîne avant tout et par-dessus tout la conviction que le bordereau est forgé; 2° l'écriture du bordereau plus minutieusement interrogée à la suite de la première découverte révèle une certaine constance de rythme, qui s'est manifestée d'abord par l'emboîtement total ou partiel de certains mots spéciaux et en dernière analyse par la possibilité d'écrire le document entier, en faisant coïncider ces éléments avec les traits d'un millimètre un quart de largeur.

Le témoin qui m'a précédé a fait avec science et conscience la critique de cette partie de l'expertise de M. Bertillon et celle des mesures micrométriques sur lesquelles il s'appuie. C'est peut-être beaucoup d'honneur qu'on a fait à cette partie de l'expertise qui, à mon avis, est sans aucune espèce de portée; d'abord il est évident que le scripteur du bordereau, quel qu'il soit, serait tout aussi coupable s'il avait pris comme base de son canevas un écartement d'un millimètre ou d'un millimètre et demi, ce qui me permet d'éliminer tout le long hors-d'œuvre relatif à la formation kutschique.

Kutschique ou non, le rythme du bordereau décèle-t-il la forgerie ? Tout est là, et si M. Bertillon continuait d'attribuer de l'importance à cette kutscherie du rythme, je lui montrerais que le bordereau a exactement 1 mm. et 56 centièmes de millimètre pour rivaliser avec lui.

Kutschique ou non, le rythme du bordereau décèle-t-il la forgerie ? Et d'abord qu'est-ce que ce rythme ? Le fait est celui-ci : un document dont l'écriture paraît naturelle voit ses éléments se grouper avec une préférence marquée le long des traits du réticulage de 1 mm, 1/4 de largeur; il en résulte des emboîtements de position et non pas des superpositions de graphisme, comme pourrait le faire croire une terminologie inexacte. Il faut remarquer même que ces emboîtements n'arrivent pas à faire coïncider dans toute leur longueur les mots redoublés, puisque c'est la plupart du temps le début de l'un qui coïncidera avec le milieu ou la fin de l'autre, bien heureux quand il ne faut pas invoquer le glissement de tout ou partie du réticule.

Il n'est pas besoin de voir l'agrandissement de M. Bertillon pour s'apercevoir que ces caractères doivent appartenir à toute écriture qui est à la fois naturelle, variée dans les détails et régulière dans l'ensemble. Ceci pour l'existence d'un rythme qui n'est ni la très fine écriture d'un myope dont le rythme aurait 1 millimètre, ni l'écriture gigantesque d'un Victor Hugo dont le rythme aurait 3 millimètres. Ce sont des caractères absolument généraux, banaux, et qu'on retrouvera dans toute écriture. Les agrandissements de M. Bertillon prouvent tout ceci à l'excès ; nulle part on ne voit des superpositions de quelque durée, partout on rencontre des emboîtements sans signification spéciale; en un mot et pour résumer tout ceci, le prétendu rythme de l'écriture du bordereau ne dépasse jamais ce qu'on doit s'attendre à trouver chez un écrivain; ce n'est rien autre chose que le résidu de cette régularité mécanique vers laquelle tend notre main mais à laquelle atteint seule la machine à écrire. Entre cette écriture où le rythme est parfait de régularité et l'écriture de l'illettré où elle est absolument absente, il existe naturellement toutes les transitions ; le rythme de l'écriture du bordereau représente naturellement une de ces transitions, rien de plus, rien de moins, et dans cette œuvre d'un homme évidemment instruit, il y aurait beaucoup plus lieu de s'étonner de l'absence d'un rythme que de la présence de celui qu'a découvert M. Bertillon.

J'ajouterai que si le rythme du bordereau, à supposer qu'il existe, est identique — ce qui ne m'est nullement démontré — à celui des écritures de comparaison, cela prouve simplement que dans la classification des écritures par grandeurs les trois écritures sont de même famille. Or, cette classification est tellement artificielle et offre si peu de ressources que le fait n'a rien d'anormal.

J'arrive maintenant aux pseudo-preuves de la forgerie du bordereau, à celles qui avant tout et par-dessus tout ont déterminé la conviction de l'expert et qu'on peut et qu'on doit résumer ainsi : 1° Certains groupes de mots spéciaux du bordereau se placent d'une façon anormale et non imputable au hasard par rapport aux barreaux d'une grille de 5 millimètres d'écartement. C'est la première preuve de forgerie ; 2° le calcul des probabilités enseigne que sur un million de documents pris au hasard, on en rencontrera un à peine qui présentera ces particularités. C'est là la seconde preuve de la forgerie. Je suis obligé de séparer en deux ordres ces preuves, car elles sont de nature et surtout de mérite bien inégal. Le premier est scientifique, et il appelle et il supporte la discussion. Le second est enfantin et misérable. Je m'attache pour réfuter au premier ordre de preuves. Ici, pour la bonne méthode se pose une question préalable, celle de l'exactitude des mesures de l'expert, malgré ou peut-être à cause de leur excessive précision. Pour être complet et pour faire les réserves nécessaires, je dois signaler que les mesures de M. Bertillon n'ont pas été prises sur le bordereau original. Dans le but louable assurément de faire disparaître l'influence des déchirures, M. Bertillon a constitué un document spécial qui a la prétention de représenter le bordereau tel qu'il se trouvait avant d'être déchiré. C'est sur ce document que toutes les mesures subséquentes ont été faites et c'est lui que j'appellerai document Bertillon. Or, un examen attentif montre qu'il existe des différences certaines entre ce document et le bordereau d'avant les déchirures, ce bordereau que, sauf son auteur, personne n'a vu et ne verra jamais.

Ces différences sont de nature à faire tomber certaines coïncidences qui ont frappé M. Bertillon et qui lui ont servi de base à la présomption de forgerie. J'accepterai pourtant les mesures de M. Bertillon parce que ces différences, et cela est un témoignage rendu à sa bonne foi, n'affectent aucune allure systématique ; elles obéissent aux diverses lois du hasard et leur présence n'infirme ni la partie qui me concerne des conclusions de M. Bertillon, ni mes conclusions personnelles. J'entre maintenant dans le vif de ma démonstration et je vais prouver par la méthode de M. Bertillon que le bordereau est un document naturel. Je vous demanderai, monsieur le Président, la permission de vous faire passer le bordereau de M. Bertillon, si le Conseil ne l'a pas.

Le Président. — Nous l'avons.

M. Bernard. — Je vous demanderai alors la permission de vous faire passer une planche dont une partie sera utile au Conseil pour suivre mes explications.

Le document se compose en réalité de deux pages d'écriture divisées en bandes étroites par les barreaux d'une grille de 5 millimètres d'écartement. Le calcul des probabilités enseigne que si ce document n'est pas forgé, ses éléments doivent être répartis au hasard par rapport aux barreaux de la grille. Dire que la précision des mesures est de 1 millimètre, c'est partager fictivement chacune de ces bandes en dix bandes plus étroites où un élément a chance égale de tomber ; c'est dire en un mot qu'il y a une chance sur dix pour qu'un élément occupe une position déterminée par rapport aux barreaux de la grille. C'est le calcul de M. Bertillon ; il est absolument exact et je me l'approprie.

Par conséquent, dans une catégorie d'éléments semblables, on doit s'attendre à trouver que le dixième environ de ces éléments touchera les barreaux de la grille ; un élément pris au hasard a chance égale pour tomber dans une bande d'ordre pair ou dans une bande d'ordre impair ; si donc le document n'est pas forgé, une catégorie d'éléments semblables devra se partager en deux groupes d'importance à peu près égale, les uns tombant dans les bandes d'ordre pair, les autres tombant dans les bandes d'ordre impair. Si le document n'est pas forgé, un élément a chance égale pour tomber de la moitié de droite d'une bande, dans la moitié de gauche ; par conséquent une catégorie de mots semblables devra encore se partager en deux groupes à peu près égaux placés l'un dans la moitié de droite, l'autre dans la moitié de gauche, etc., etc.

Toutes ces vérifications possibles devront être faites avec d'autant plus d'exactitude que la catégorie interrogée comprendra plus d'éléments et cela en vertu d'une loi fondamentale dans ces matières et qu'on appelle la loi du hasard.

Quant à ce que j'appelle une catégorie, on peut la constituer de mille manières différentes, à la seule condition que voici : d'abord qu'elle contienne un nombre suffisant d'éléments, et ensuite et surtout qu'elle renferme tous, absolument tous les éléments.

Ceci posé, si pour les diverses catégories essayées la loi du hasard, c'est-à-dire la répartition des éléments proportionnels à leur probabilité, se vérifie, on peut affirmer que le document est exempt de forgerie. Dans le cas contraire, il sera suspect.

Faisons l'essai des diverses catégories sur le bordereau.

Première catégorie : les débuts de tous les mots du bordereau (il y en a 180). La loi du hasard veut qu'on trouve le dixième, c'est-à-dire environ 18 de ces débuts, qui touchent les barreaux de la grille. On en trouve 19.

Deuxième catégorie : les finales de tous les mots. Pour la même raison, on doit en trouver environ 18 qui touchent les barreaux de la grille : on en trouve 17.

Troisième catégorie : les secondes lettres de tous les mots (il y en a 166). Si le document n'est pas forgé, la loi du hasard veut en trouver environ 17 qui touchent les barreaux de la grille. On en trouve 18.

Quatrième catégorie : tous les mots de deux lettres du bordereau (il y en a 144). La loi du hasard veut qu'on en trouve encore autant dans les bandes d'ordre pair que dans les bandes d'ordre impair. On en trouve 24 d'un côté, 20 de l'autre.

Cinquième catégorie : toutes les lettres *e* du bordereau. Si le document n'est pas forgé, la loi du hasard veut qu'on en rencontre autant ou à peu près autant dans les moitiés de droite que dans les moitiés de gauche. On en trouve 58 dans un cas, 54 dans l'autre.

Etc...

Il me paraît difficile de procéder à des essais plus variés et d'arriver à des résultats plus précis, montrant que le bordereau est un document non suspect de forgerie.

D'où provient l'erreur de M. Bertillon ?

M. Bertillon a examiné les débuts de certains mots polysyllabes redoublés, et les finales de certains autres mots polysyllabes redoublés ; il a trouvé un certain nombre de coïncidences qui ont servi de base à ses présomptions. Qu'a fait M. Bertillon ? Il a fait un choix purement arbitraire entre les éléments semblables d'une septième catégorie qu'il faut appeler les débuts et les finales de tous les mots polysyllabes redoublés du bordereau. Comptons combien il y a d'éléments de cette nature : on en trouve 26. Le calcul des probabilités enseigne qu'il doit y en avoir environ trois qui offrent des coïncidences. On en compte quatre.

Par conséquent la catégorie de M. Bertillon lui-même révèle, quand elle est correctement interrogée, que le bordereau est un document naturel. La très grossière erreur de l'expert provient de ce choix arbitraire qu'il a fait ; de ce qu'il n'a retenu que les coïncidences qui décelaient la forgerie, et qu'il a négligé toutes les dissemblances infiniment plus nombreuses qui prouvent la spontanéité.

J'espère que tout le monde aura compris. C'est une erreur qui vicie l'expertise entière, et je suis persuadé que M. Bertillon lui-même saura, dans une nouvelle expertise, l'éviter, elle et les conséquences qui en découlent.

En résumé, interrogé de toutes les façons, soit par la catégorie de M. Bertillon, soit par les autres, le document se révèle comme ayant une écriture spontanée.

Une remarque qui sera comprise par Messieurs les membres du Conseil de guerre, car ils sont habitués dans leurs études de balistique à faire usage de la loi des erreurs ; si on calcule pour chacun des mots du bordereau la longueur moyenne d'une lettre de ce document, les nombres obtenus viennent se grouper suivant une courbe dont l'allure rappelle d'une façon frappante la courbe des erreurs accidentelles. Les personnes familiarisées avec ces calculs verront, j'en suis sûr, dans ce résultat une preuve nouvelle, et non des moindres, que le bordereau est exempt d'erreurs systématiques, c'est-à-dire de forgerie. La largeur moyenne la plus probable d'une lettre est de 1 millimètre 56, ce qui me permet d'affirmer que le rythme du bordereau, s'il y en a un, n'a pas pour base $1^{mm},25$, et que, comme je l'ai dit en commençant, les emboîtements trouvés par M. Bertillon le seraient dans toute écriture interrogée par n'importe qui.

J'ai conscience d'avoir ruiné d'une manière certaine et par des arguments inattaquables la manière vicieuse dont M. Bertillon a employé sa propre méthode, méthode qui peut, convenablement employée, rendre des services, puisqu'elle m'a servi à démontrer la spontanéité d'écriture du bordereau.

Il semble donc que l'expertise devrait prendre fin si malheureusement M. Bertillon, revenant sur ses conclusions, et dans le but de les renforcer, n'avait fait un nouvel appel au calcul des probabilités, et cela d'une manière à la fois si malhabile et si confuse qu'elle est dangereuse et ne permet à aucun document d'échapper au reproche de forgerie.

Je vais d'abord traduire l'idée de M. Bertillon, je la réfuterai ensuite.

Le bordereau, dit l'expert, contient un certain nombre de groupes de mots, mettons-en 10, qui se placent d'une façon semblable par rapport aux barreaux de la grille ; c'est-à-dire dont les distances sont des multiples exacts de 5 m/m. Dictons le bordereau à un million de personnes et sur le million de copies, cherchons combien présenteront ces particularités. Il y en a une à peine, dit M. Bertillon, et ce calcul est absolument exact; donc, pour suivre l'expert, il y 999,999 chances contre une pour que le bordereau soit forgé et cette conclusion, qui serait accablante pour l'auteur du bordereau quel qu'il soit, est lancée avec une confiance parfaite. Par bonheur, elle est tout simplement enfantine, je le démontre. Écrivons 10 nombres qui ne soient pas des multiples de 5, c'est-à-dire qui n'auraient pas attiré l'attention de M. Bertillon et dans cette masse de 1 million de copies cherchons combien d'entre elles offriront les 10 groupes de mots en question placés à une distance représentée par ces nombres. Le même calcul servira et conduira aux mêmes conclusions : il existera à peine une copie présentant les mêmes particularités. En d'autres termes, le nouveau document sera tout aussi rare que le premier, que le bordereau. Alors, est-il forgé ce nouveau document, et quelle est donc la portée de la remarque de M. Bertillon? Ceci veut dire en dernière analyse — et c'est la découverte que M. Bertillon a cru faire — que sur un million de bordereaux dictés à un million de personnes, il n'y en aura pas deux qui se ressemblent. Mais dira-t-on, ceci est une vérité connue. C'est évident, mais encore fallait-il la dépouiller de son appareil mathématique pour la faire apparaître d'abord, puis pour démontrer qu'elle est sans intérêt et ne permet de tirer aucune conclusion favorable ou défavorable à l'idée de forgerie. M. Bertillon s'est posé un problème identique à celui-ci et il a cru le résoudre : une forêt contient un million d'arbres ; combien sont identiques à un arbre déterminé d'avance ? aucun, répondra tout le monde : va-t-on accuser l'arbre de comparaison d'être une forgerie? Au surplus dans ces matières délicates et très difficiles à manier pour ceux que leur instruction première n'y prépare pas, les raisonnements les plus sérieux et les plus rigoureux gagnent à être illustrés d'un exemple.

J'ai l'honneur de faire passer sous les yeux de messieurs les membres du Conseil de guerre une page d'écriture qui, interrogée par la grille et avec le raisonnement de M. Bertillon, n'y résiste pas. En effet, on ne trouve pas moins de 11 groupes de mots polysyllabiques redoublés dont les débuts coïncident rigoureusement; et, chose curieuse, parmi ces coïncidences se trouve quatre fois celle du fameux mot « *manœuvres* » du bordereau. Si l'on descend aux monosyllabes, les coïncidences sont encore bien plus curieuses; on rencontre quatorze fois, pour ne citer qu'un exemple, la préposition « *de* » ou « *des* » encadrée d'une façon rigoureusement exacte entre les barreaux de la grille. Tout ceci fait l'objet d'une note accompagnant la planche que j'ai eu l'honneur de faire passer tout à l'heure. Sur cinquante millions de documents semblables, écrits au hasard, on n'en trouverait pas un qui présente cette particularité. Faudra-t-il en conclure que ce document est forgé? M. Bertillon n'hésiterait pas. Il aurait tort cependant; car ce document est une page d'un rapport de M. Bertillon lui-même, et il est écrit par le commis-greffier du Conseil de guerre. (*Mouvement.*)

Le Président. — Vous avez fini votre déposition?

M. Bernard. — Oui, monsieur le Président.

Le Président. — C'est bien de l'accusé ici présent que vous avez entendu parler?

M. Bernard. — Oui, monsieur le Président.

Le Président. — Accusé, levez-vous; avez-vous des observations à présenter à la déposition du témoin?

Le capitaine Dreyfus. — Aucune, mon colonel.

M. Bertillon. — Je demande la parole.

Le Président. — Dans quelle intention?

M. Bertillon. — Pour me mettre à la disposition des membres du Conseil qui désireraient...

Le Président. — Vous désirez répliquer?

M. Bertillon. — Oui, monsieur le Président.

Le Président. — Je n'admettrai pas les répliques d'expert à expert. Il y a quatorze experts; chacun d'eux fera sa déposition, et je n'admettrai pas de répliques entre eux, ce qui pourrait mener beaucoup trop loin. S'il s'agissait de faits personnels, je vous donnerais la parole; mais s'il s'agissait de répliques entre experts différents, je ne vous la donnerai ni aux uns ni aux autres.

Faites entrer le témoin suivant, M. Teyssonnières.

Le sergent audiencier va chercher M. Teyssonnières.

M. Bertillon. — J'aurais un mot à dire.

Le Président. — Est-ce pour répliquer aux experts précédents?

M. Bertillon. — C'est pour un fait personnel, pour des explications personnelles.

Le Président. — Un fait personnel? Pour cela je vous donne la parole; mais il est bien entendu que vous n'avez pas à répliquer aux experts précédents.

M. Bertillon, *s'avançant à la barre.* — Ma demande s'applique plus particulièrement à la déposition de M. Paraf-Javal.

Le Président. — Alors c'est une réplique à M. Paraf-Javal? Si c'est pour protester contre telle ou telle expression employée...

M. Bertillon. — Pas du tout, nullement, monsieur le Président.

Le Président. — Si c'est une réplique, je ne l'admets pas.

M. Bertillon. — C'est simplement sur ce fait que la façon dont j'ai reconstitué le document...

Le Président. — Non, non! vous entrez dans la question; je vous retire la parole. (*Rires.*)

Vous entrez dans la discussion; si vous aviez eu à prendre la parole pour un fait personnel, je vous l'aurais donnée; mais pour la question de fond, je ne vous la donne pas.

M. Bertillon quitte la barre.

Le Président. — Faites entrer le témoin suivant.

SOIXANTE-SIXIÈME TÉMOIN

M. TEYSSONNIÈRES

M. Teyssonnières, Pierre, 55 ans, expert assermenté près la Cour d'appel de Paris, prête serment.

Le Président. — Veuillez nous faire connaître les faits qui sont à votre connaissance.

M. Teyssonnières. — Monsieur le Président, vous me permettrez de me servir de quelques notes?

Le Président. — Vous pouvez avoir des notes, mais non pas lire votre déposition; vous pouvez vous servir seulement d'un memento pour suivre l'ordre.

M. Teyssonnières. — Je ne vais m'écarter en rien du rapport que j'ai déposé le 29 octobre 1984 pour lequel j'avais été commis. Je n'ai rien à ajouter, des idées ou des faits, rien à retrancher, et je maintiens dans toute son intégrité la démonstration que j'ai faite, ainsi que mes conclusions, à savoir qu'en mon âme et conscience je déclare à nouveau que la pièce nº 1 est de la même main que les pièces nº 2 à nº 20, ainsi que je vais avoir l'honneur de vous le démontrer.

Nous avions deux choses à examiner dans notre mission. Il nous avait été donné des pièces de comparaison de deux prévenus, dont ni l'une ni l'autre ne portaient aucune signature, et je dois déclarer que mon rapport a été fait avec toute la liberté possible et imaginable, attendu que ce n'est que quinze ou vingt jours après que j'ai appris que l'inculpé se nommait Dreyfus.

On avait eu le soin de nous enlever toutes traces et par conséquent je n'ai fait absolument aucune recherche; on m'a présenté des pièces; je les ai examinées et j'ai fait mon rapport. Or, en ce qui concerne la pièce qui figure au dossier sous le nº 31, mon rapport porte ceci :

« Nous écartons ce premier document parce que nous ne lui trouvons ni le graphisme ni les analogies, ni rien de ce qui peut constituer une ressemblance d'écriture... »

LE PRÉSIDENT. — Voulez-vous nous dire ce qu'est ce document. Nous ne connaissons pas les pièces par le numéro, mais les pièces nous les connaissons.

M. TEYSSONNIÈRES. — C'est une copie faite à l'État-major de l'armée, troisième bureau, le 5 février 1892.

M. Teyssonnières fait passer le document sous les yeux de M. le Président et ajoute :

— C'est une minute du capitaine Dreyfus ; il n'y a pas de signature.

Cette pièce contient des points de ressemblance avec le bordereau; il y a des *d* droits et des *d* dits à volute; l'*r* est identique à celui du bordereau; l'*f* de « finale » est identique à l'*f* de « formation » de la onzième ligne du bordereau; identité de *d* avec le mot « de » de la ligne 7 du bordereau; *r* du mot « pur » cadre avec le même mot ligne 8, ligne 9 *r* est identique à l'*r* du bordereau ligne 10; le mot « cadre » est d'une identité parfaite avec le mot « cadre » d'une des pièces de comparaison.

Il y a huit ou dix similitudes dans cette pièce avec l'écriture de Dreyfus. Néanmoins, cela ne m'a pas empêché de rejeter immédiatement cette pièce comme n'ayant aucun rapport avec l'écriture du bordereau, vu que le graphisme, l'espacement des lignes, rien ne concorde.

Il y a des similitudes et si je m'étends un peu là-dessus, c'est pour dire que dans toute écriture quelconque, si je la compare avec celle du bordereau, j'y trouverai quelque ressemblance, quelques lettres, peut-être même quelques mots qui pourront y ressembler, mais ce n'est pas une raison pour dire que c'est le même écrivain qui a écrit le bordereau et la pièce qu'on pourrait me soumettre. Donc, nous avons écarté cette pièce uniquement parce qu'elle n'avait aucun signe de comparaison qui démontrât que c'était bien l'écriture du bordereau; il n'y avait simplement que de grandes analogies.

Nous allons passer à l'examen des pièces de comparaison de l'écriture de Dreyfus avec le bordereau.

Nous avons d'abord le graphisme. Le graphisme, c'est cet ensemble général qui fait reconnaître sinon la même écriture, au moins le même genre et cette physionomie générale qui fait croire que si ce n'est pas exactement la même chose, il y a au moins une grande similitude d'écriture.

Nous avons le graphisme, nous avons l'espacement des lignes qui correspond d'une manière frappante à la pièce n° 2, celle qui fut écrite sous la dictée avant l'arrestation de Dreyfus et qui contient treize lignes. Si vous prenez les treize premières lignes du bordereau, vous trouvez le même espacement c'est-à-dire 106 millimètres entre la première et la treizième ligne.

J'ai pris treize lignes, parce que la pièce n° 2, la pièce de comparaison, ne contient que treize lignes.

Nous avons ensuite l'écriture ascendante.

Les lignes sont généralement droites, mais de temps en temps il y a des ondulations convexes et concaves que nous allons vous indiquer et qui se trouvent dans ces mêmes pièces.

Je prends ces pièces par le détail.

Nous avons d'abord la pièce n° 2 qui contient treize lignes formant une distance exacte de 106 millimètres correspondant aux 106 millimètres des treize premières lignes du bordereau.

Nous avons les lignes droites ascendantes, puis les ondulations convexes et les ondulations concaves dans la pièce n° 4, lignes 14 et 15; et dans la pièce n° 8, lignes 13, 18, 25 et 9.

Le Président. — Qu'est-ce que c'est que la pièce n° 8 dont vous parlez?

M. Teyssonnières. — C'est la note au sujet des états de répartition. (*Le greffier remet cette lettre au président.*)

Si vous examinez cette pièce, vous pouvez voir qu'à la ligne 18 il y a une courbe convexe au mot « besoin ».

Vous avez ensuite une courbe concave à la ligne 25 aux mots « Le régiment de Rouen, Nantes ». Puis à la ligne 29 au mot « précaire » qui fait encore une courbe concave. Je passe à la pièce n° 4 (note pour le quatrième bureau. Le général commandant du 11e corps, etc...) avec, en marge, les mots : « Communication de télégramme. »

Les ondulations dans cette pièce sont bien plus complètes.

A la ligne 14, aux mots « des modifications » il y a une courbe concave et une courbe convexe.

A la ligne, immédiatement en-dessous, aux mots « prévu pour le... » l'écriture forme encore une courbe.

Nous avons aussi non pas des preuves mais simplement des présomptions; ces présomptions sont les lignes ascendantes, l'espacement entre les mêmes lignes, mêmes dimensions 106 millimètres pour les 13 premières lignes courbes convexes et courbes concaves.

Maintenant il y a les types et les habitudes.

Le bordereau contient des lettres *d* à jambages et des lettres *d* à volutes. Des *d* à jambages sont dans la pièce n° 1, c'est-à-dire le bordereau, ligne 2. Vous avez ce *d* à jambages au mot « désiré », ligne 5 vous avez un *d* à volute dans « dont ». Ce titre est tel que dans la ligne 21 du bordereau, les mots, « détenteurs », « doit » se touchent, le premier *d* est à jambage et le 2e est à volute. Or, si nous prenons dans la pièce n° 6, 3e ligne, qui n'a pas de titre, qui commence ainsi : « les évolutions du premier échelon, » si monsieur le Président veut voir la pièce...

Le Président. — Nous l'avons.

M. Teyssonnières. — Eh bien, si vous allez à cette pièce n° 6, 3e ligne, vous avez trois *d* qui sont des *d* à jambages, et puis vous avez « débarquement » qui est à volutes, à la même ligne; dans la pièce n° 8, c'est encore la même chose; dans la pièce n° 8, ligne 7, vous avez « d'un » au beau milieu de la ligne, un *d* droit et à la même ligne, en continuant la phrase, « d'une même classe de réservistes », *d* à volute; à la ligne 21 vous avez encore *d* qui est à jambages et en suivant la ligne vous en avez deux, dont le premier est droit et le second à volutes. Pour la forme du *d*, nous la retrouvons aussi bien dans le bordereau que dans l'étude des pièces de comparaison. Puis, nous avons la lettre *v* arrondie à la base, c'est-à-dire ronde et les autres en fer de lance, la pointe en bas. Dans la pièce n° 1 tous les *v* commençant les mots sont arrondis à la base sauf deux à la dernière ligne, n° 30, qui donne deux *v* en fer de lance, aux mots « vais » et « manœuvre » les deux *v* sont en fer de lance, les deux autres sont arrondis. Dans les pièces de comparaison, nous avons, pièce n° 3 : « En réponse à votre télégramme du 9 septembre courant j'ai l'honneur de vous faire, etc.... » Vous avez un *v* arrondi en abréviation. Dans les corps d'écriture tracés par Dreyfus nous trouvons des pièces entières écrites avec des *v* à fer de lance et des *v* arrondis à la base.

Je ferai observer que je me suis servi le moins possible, car j'en ai à peine un exemple ou deux, de l'écriture de Dreyfus une fois qu'il a été arrêté, attendu que cette écriture présente alors des formes si bizarres, si extraordinaires et si peu en rapport avec l'écriture primitive de Dreyfus que j'ai dû l'écarter, parce que je me suis aperçu que cette écriture était absolument contrefaite. Vous n'avez qu'à prendre toutes les pièces qui ont été écrites après son arrestation et vous verrez qu'il n'y a absolument aucune ressemblance, aucune analogie. Si vous prenez la pièce n° 20 et que vous la compariez à la pièce n° 13, vous allez voir ceci : la pièce n° 20 est : « La défense ne pourrait être garantie. » Au besoin, je vais vous la montrer.

M. Teyssonnières passe la pièce au Conseil.

Me Demange. — Nous vous serions obligés de nous faire passer ces pièces, car nous ne les avons pas encore vues.

M. Teyssonnières fait passer les pièces à la défense.

Le Président, *au témoin.* — Vous pouvez continuer.

M. Teyssonnières. — Je ne me suis donc servi en général, comme je vous l'ai dit, qu'une ou deux fois, ainsi que vous allez le voir, des pièces écrites par Dreyfus après son arrestation. Je me suis servi au contraire de toutes les pièces qui existaient avant son arrestation, et c'est là où j'ai puisé des documents assez sérieux pour arriver à ma conclusion.

Donc, nous avons variété d'écriture, dans la lettre *d ;* variété d'écriture dans la lettre *v ;* variété d'écriture dans toutes sortes d'autres lettres et cette variété est telle que j'ai relevé sur le bordereau les douze lettres *d* qu'il contient. Or, ces douze lettres *d* — vous devez avoir mon rapport ?

Le Président. — Oui, oui.

M. Teyssonnières. — Eh bien ! alors, je n'ai pas besoin de vous faire passer mon rapport. Veuillez examiner que pas un *d* n'est de la même forme ni du même genre ; il y en a 12 et pas un de même forme, pas un du même genre, *d* à volutes ou *d* droit, tout est varié. Voulez-vous prendre la peine de comparer.

Il y a variété dans la lettre *f*, variété dans la lettre *b*, variété dans la lettre *v*, variété dans le chiffre *4*... nous pourrions continuer à citer les autres variétés. Comme exemple des variétés d'écriture de Dreyfus, nous n'avons pas de lettre *p* dans le bordereau mais dans les pièces de comparaison j'ai relevé toutes les lettres *p* majuscules qu'elles contenaient; or, voyez encore l'immense variété des lettres *p*, car je ne trouve pas moyen d'en voir une de plus que celles que j'ai trouvées là.

Tantôt c'est un jambage surmonté de la boucle supérieure allant de droite à gauche; tantôt c'est un autre jambage de forme différente recouvrant de gauche à droite, c'est-à-dire les mouvements les plus inverses qu'on peut trouver dans l'écriture. Il est donc certain que Dreyfus varie continuellement son écriture et ces variétés d'écritures nous les retrouvons dans les pièces de comparaison comme dans le bordereau. Donc, au début nous avions les premières présomptions auxquelles viennent s'ajouter les habitudes, les tics d'un seul et même écrivain, ce qui augmenta encore nos présomptions.

Jusqu'ici nous sommes dans des présomptions et nous nous garderions bien de les augmenter. Mais nous croyons bon de dire qu'avec ces présomptions nous ne pouvions conclure à l'identité de l'écriture, mais pourtant c'est un grand appoint. Alors, nous avons fourni un tableau qui donne les similitudes de toutes les lettres, les similitudes des mots que nous allons énumérer. Le premier mot que je prends est à la ligne 1 du bordereau, le mot « sans », la lettre « a » a une forme particulière attendu que la boucle vient faire le recouvrement sur le jambage de l'*a*. Cet *a* se retrouve à la pièce n° 12, ligne 1, au mot « manœuvres »; en marge, ligne 23, nous avons sur le bordereau le mot « prends » et nous avons la pièce de comparaison, ligne 27, qui donne le mot « prendre » presque identiquement le même : il offre les mêmes particularités. Non seulement il a la même forme, mais il a la même longueur.

A la ligne 15 du bordereau, nous avons le mot « ce » qui correspond à la pièce n° 6, ligne 12. Ce « ce » offre l'identité la plus absolue qu'on puisse trouver comme ressemblance. Ligne 4 nous voyons le point sur l'*i* de « fin ». Je voudrais entrer un peu plus longuement ici dans les détails, mais je ne peux pas me répéter toujours et je passe. J'insiste seulement sur la construction de la lettre *i* qui est représentée par quelque chose comme un *r* se reliant avec l'*n* du mot « fin ».

Comparez encore ligne 4 le mot « frein » du bordereau au mot « régiment » pièce n° 8, ligne 9, vous voyez une conformité exacte, dans cette ponctuation si extraordinaire et à la ligne 4 du bordereau le chiffre *1* avec un crochet final à droite. A la pièce n° 4, ligne 2, vous voyez les chiffres *11* qui tous les deux ont le même petit crochet final à droite. Mêmes dimensions, ligne 20 du bordereau. Le mot « connu », pièce de comparaison n° 9, ligne 20, conformation absolument identique et même longueur. Ligne 12 : le *g* de « Madagascar » et le *g* de « guerre » qui ont la forme d'un *y*. Or, cet *y* remplaçant la lettre *g* se retrouve dans la pièce n° 8, lignes 9 et 11, dans le mot « régiment ».

Ligne 21 du bordereau, le *d* est semblable à l'autre à volute se trouvant dans la même ligne 21 « détenteur doit »; pièce 8, ligne 22, « des » « de »; ligne 27 du bordereau, le mot « de couverture ».

Ligne 8 du bordereau, le mot « par »; pièce 8, ligne 28, le mot « par ». Identité aussi bien dans la lettre *a* que dans la lettre *r* finissant en forme de *v*.

Ligne 1 du bordereau, le mot « nouvelles » qu'on retrouve dans la même facture identique à la pièce n° 6, ligne 7 et ligne 15. Je ferai remarquer que le mot « nouvelles » de la ligne 15 a exactement la même longueur que le mot « nouvelles » du bordereau, ligne 1.

Ligne 14, le mot « artillerie » dans le bordereau est identique de forme à la pièce n° 5, en marge. Ce mot « artillerie » a non seulement la même forme, la même façon particulière de mettre le point sur l'*i*, mais encore exactement la même longueur.

Ligne 8 du bordereau : le mot « modification ». Je signale à votre attention ce mot ; il y a deux points sur l'*i*, le premier à « modi », le second à « fi »; je signale la lettre *d*, la lettre *c*, la lettre *f* qui est en forme de *r* à cause du point sur l'*i* qui se relie.

Lignes 28 et 30, les deux *v*, l'un arrondi à la base, l'autre en fer de lance se retrouvent dans la pièce n° 3, lignes 3 et 4, « votre ».

Ligne 14, le 9 de 1894 retrouve son identité dans la pièce 3 en marge. Je signale ce chiffre-là comme formant un *g* dont la boucle n'est pas fermée.

Lignes 23 et 28, la forme de *r* dans le mot « prendre » et dans le mot « adresse » se retrouve similaire dans la pièce 12, ligne 7.

Ligne 1, l'*s* du mot « sans ». Je retrouve son similaire dans la pièce 21, ligne 10, et la pièce 30, ligne 7, au mot « saint ». Ces deux lettres *s* ont deux formes différentes dans le bordereau : ligne 1, c'est un grand *s* ; ligne 23, c'est un petit *s*. La ligne n° 1 retrouve son équivalent dans la pièce n° 18, ligne 23, où vous voyez les deux formes différentes de ces deux *s* que nous retrouvons dans les pièces de comparaison.

Voilà déjà un assez grand nombre de ressemblances assez saillantes qui viennent apporter un contingent sérieux si nous tenons compte des observations précédentes. Mais ici, nous arrivons à quelque chose de plus sérieux et de plus grave.

J'ai joint à mon rapport un calque gravé sur gélatine. Je vous prierai de suivre et de comparer les indications que je vais vous donner.

La ligne 7 du bordereau contient le chiffre 2. Dans la pièce nº 10 qui commence ainsi : « il serait exécuté un exercice de cadre », ligne 1 et ligne 4, au nombre 22 et au nombre 26, prenez dans le premier le premier chiffre 2 et dans le second le chiffre 2 qui précède le 6; appliquez mon décalque et vous verrez qu'il coïncide d'une manière absolue non seulement dans la forme mais même dans la dimension; c'est-à-dire que c'est pour ainsi dire stéréotypé.

Je crois être le doyen des experts de France; eh bien, c'est une observation que je fais ici, dans ma carrière de 36 ans comme expert, je n'ai pas trouvé deux fois autant de similitudes se superposant. Ce n'est pas que j'aie cherché à les retrouver; mais enfin le hasard a voulu que j'en trouve 6 que je vais vous indiquer.

Voilà le chiffre 2 qui se superpose d'une manière identique et irréfutable. Maintenant, le mot le plus important sur lequel je vais m'étendre, c'est le mot « officier ». Il se trouve dans le bordereau, ligne 21. On retrouve dans cette même pièce nº 10, à la ligne 2, le mot « officier ».

Par une erreur sur laquelle je reviendrai ultérieurement, monsieur le Président, j'avais indiqué sur les minutes que j'avais déposées des repères. Je n'ai jamais plus eu en ma possession les calques qui sont là, qui sont toujours restés entre les mains du ministère de la Guerre. Donc, je vais vous apporter la pièce pour que vous appliquiez les repères sur ceux que je vais vous indiquer parce que, si vous n'appliquez pas exactement, il y a un long tâtonnement à faire; alors qu'en suivant mes indications vous retrouverez immédiatement.

Ligne 2, appliquez les repères... j'ai mis 3 points pour repérer; appliquez ces 3 points et vous aurez la concordance exacte dans la partie « cier ».

Nous avons ligne 22 le mot « manœuvre ». Il y est 2 fois; je passe de suite à la ligne 22. Prenez la pièce 11, ligne 8, et appliquez le calque sur ces repères et vous verrez que « œuvre » concorde de la manière la plus absolue.

Le Président. — Laissez-nous un instant pour faire la vérification.

M. Teyssonnières. — Il faut bien appliquer les points de repère.

Ligne 2 du bordereau : la partie « de » du mot « désirez » se décalque et retombe exactement sur le mot « de » en marge de la pièce n° 4. La pièce n° 4 celle portant : « note pour le quatrième bureau, M. le général commandant le 11e corps. » Voilà la première fois que je vais me servir d'une pièce de comparaison écrite par Dreyfus après son arrestation, c'est le mot *in extenso*. Ce mot est si peu ordinaire qu'on ne le trouve pas facilement dans la correspondance. J'ai donc été obligé de le chercher dans le mot *in extenso* que Dreyfus avait écrit sous la dictée. Au bordereau, ligne 28 et dans la pièce n° 17, ligne 12, je trouve le mot *in extenso* que j'ai souligné. Or, il y a quelque chose de bien particulier, c'est qu'il y a le même espacement entre la lettre *n* et la lettre *e* de *extenso*. Cet espacement est identique, mais en outre la partie *e x t* de la pièce n° 17 s'adapte parfaitement sur la même partie du bordereau. Même inclinaison dans la lettre *t*, même forme de lettre *x*, en un mot c'est ce que je pourrais appeler de la stéréotypie.

Et pour finir, nous avons, ligne 15 du bordereau, la lettre *m* du mot « Madagascar » qui retombe de la manière la plus exacte et la plus mathématique, au moyen du calque, sur la lettre *m* du mot « montre », pièce n° 29, ligne 2.

Le Président. — La pièce n° 29, qu'est-ce que c'est?

M. Teyssonnières. — Ce sont les pièces qui me furent remises en cours d'expertises.

Le Président. — Son signalement? Comment commence-t-elle?

M. Teyssonnières. — Je vais vous la donner, monsieur le Président.

M. Teyssonnières, *remettant les deux pièces au Conseil.* — Voilà les pièces 29 et 30.

Je désirerais que cette lettre *m* fût examinée d'une manière plus particulière par tout le monde, pour l'observation que je viens d'indiquer.

Je demande la permission de lire sur cette lettre *m* l'opinion de M. Manau dans son réquisitoire :

« Nous vous recommandons, messieurs, l'*m* majuscule de « Monsieur » et de « Madagascar » ; c'est une forme toute particulière que vous trouverez dans la correspondance d'Esterhazy, à part une autre forme d'*m* aussi particulière qu'à certaines dates on peut rencontrer ; vous ne trouverez jamais ni l'une ni l'autre chez Dreyfus. »

Vous venez de voir qu'il y en a deux qui non seulement s'y trouvent, mais qui se superposent de la manière la plus identique. Je tenais à faire cette constatation.

Donc, notre conclusion est celle-ci ; je vais la résumer : nous avons la similitude du graphisme ; l'espacement entre les lignes, la longueur des treize premières lignes du bordereau correspondant avec les treize premières lignes de la pièce nº 2, qui ont exactement 106 millimètres, la même longueur dans les mots, les lignes ascendantes et les courbes tantôt concaves et tantôt convexes ; nous avons la variété dans toutes les formes de lettres qui se trouvent dans le bordereau comme dans les pièces de comparaison, nous avons ensuite 28 similitudes très remarquables par la forme exacte dans laquelle elles se trouvent, par leurs propres dimensions ; et nous en avons six dont les mots ou parties de mots se superposent d'une manière identique. Je ne crois pas qu'il soit possible, dans une expertise en écriture, de trouver une démonstration plus tangible que celle que je viens de faire. Du moins telle a été ma conviction que j'espère que vous partagerez.

Le Président. — C'est tout ce que vous avez à dire ? Messieurs les membres du Conseil ont-ils une observation à faire ?

Le capitaine Beauvais. — Puisque le témoin est un ancien expert, et puisqu'il se dit même le doyen des experts de France, je désirerais lui poser quelques questions : d'abord, monsieur, trouvez-vous que le bordereau présente à première vue, comme on l'a dit, un caractère d'illisibilité ?

M. Teyssonnières. — Non.

Le capitaine Beauvais. — Avez-vous connaissance d'une copie du bordereau qui figure au dossier de 1894 et qui est la copie exacte par le capitaine Dreyfus du bordereau, pièce qui n'a pas été photographiée ?

M. Teyssonnières. — Je n'ai vu qu'une photographie du bordereau que j'ai contrôlée sur le bordereau original, en la suivant ettre par lettre, mot par mot, attendu qu'aucun des experts de 1894 n'a voulu se charger d'emporter chez lui une pièce qui paraissait avoir une importance si considérable ; alors nous avons opéré au moyen de photographié et cette photographie, avant d'en faire usage, je l'ai contrôlée de la manière la plus exacte, la plus minutieuse, et c'est cette photographie que j'ai encore entre les mains,

Le capitaine Beauvais. — Je ne parle ni de cette photographie ni du bordereau; je vous parle d'une pièce qui est une copie faite par l'accusé, du bordereau, qui lui a été dicté.

M. Teyssonnières. — Je n'en ai jamais eu connaissance.

Le capitaine Beauvais. — C'est la pièce 22, du dossier de 1894, c'est une pièce faite par le capitaine Dreyfus; avez-vous connaissance de cette pièce?

M. Teyssonnières. — Je ne l'ai jamais vue.

La pièce en question est placée sous les yeux de M. Teyssonnières.

Le capitaine Beauvais. — Voulez-vous la comparer avec le bordereau en photographie ou en original?

M. Teyssonnières. — Je vous remercie de m'avoir montré cette pièce, parce que j'avais oublié une chose très importante et très intéressante.

Lorsque je fus appelé devant la Chambre criminelle de la Cour de cassation, un conseiller insista beaucoup pour me poser une question à laquelle semblaient s'opposer d'autres conseillers; je ne connaissais aucun des noms de ces messieurs, je ne puis savoir le nom du conseiller qui me posait la question, mais après une discussion entre eux, il me posa la question suivante : « Avez-vous remarqué que le bordereau ne comporte pas d'alinéas, tandis que Dreyfus fait toujours des alinéas ». Ma réponse fut celle-ci : « Je n'ai pas eu le temps de contrôler ce que vous me demandez, je ne pourrai pas répondre à cette question. » Or, rentré chez moi, je fus préoccupé de cette question qui paraissait avoir, aux yeux du conseiller, une importance considérable, et alors je trouvai très extraordinaire qu'on me posât cette question, attendu que la pièce écrite sous la dictée, avant l'arrestation de Dreyfus, la première pièce qui a motivé son arrestation, c'est la pièce n° 2; je vous prie de prendre cette pièce et de voir que les petits mots : « 1°, 2° » sont sans marge, sans retrait pour former l'alinéa. Est-ce que je me suis bien expliqué?

Le capitaine Beauvais. — Oui, il s'agit de la lettre dictée?

M. Teyssonnières. — Eh bien! vous voyez que les « 2° et 3° » restent dans la marge tout droit, il n'y a pas de rentré, pour indiquer l'alinéa.

Or, justement dans la pièce que vous me montrez ici, il y a des alinéas. Donc, quand je disais que Dreyfus variait considérablement son écriture, en voilà la meilleure preuve, c'est que la pièce écrite sous la dictée ne comporte pas d'alinéas, de même que le bordereau, tandis que plus tard, dès qu'il a été arrêté ou soumis à d'autres expériences, il s'est ravisé ou a écrit différemment selon son habitude. Je n'ai pas à apprécier pourquoi Dreyfus a fait tantôt des alinéas et tantôt n'en a pas fait, mais je constate qu'ici il en a fait qui ne sont pas dans la pièce n° 2 et dans le bordereau.

LE CAPITAINE BEAUVAIS. — On vous avait montré d'autres pièces, la lettre dictée?

M. TEYSSONNIÈRES. — Oui, monsieur.

LE CAPITAINE BEAUVAIS. — Vous avez eu entre les mains les pièces 4, 5, 6?

M. TEYSSONNIÈRES. — Oui, j'ai eu toutes les pièces de comparaison.

LE CAPITAINE BEAUVAIS. — Eh bien! et celle-là?

M. TEYSSSONNIÈRES. — Non, je ne l'ai jamais vue.

LE CAPITAINE BEAUVAIS. — Voulez-vous la comparer au bordereau?

M. TEYSSONNIÈRES. — Je ne pourrai, bien entendu, vous donner qu'une appréciation bien faible. La Cour de cassation nous posa une question assez extraordinaire. On assembla les sept experts et on dit aux experts : « Vous allez passer pendant la démonstration de M. Bertillon dans le cabinet du Conseil; les experts de 1894 examineront l'écriture d'Esterhazy qu'ils ne connaissent pas et ceux de 1897 examineront l'écriture de Dreyfus qu'ils ne connaissent pas non plus, vous verrez que cela peut apporter quelques modifications à vos conclusions. »

On nous remit donc 14 ou 15 dossiers, nous nous partageâmes ces dossiers au hasard; les uns les examinèrent, les autres s'en occupèrent fort peu; et lorsque l'on avait trouvé des pièces de comparaison, le bordereau était dans d'autres mains. En effet il aurait fallu que nous l'ayons tous à la fois. Or je ne dirai pas qu'on se l'arrachait, mais on se le passait de main en main, de sorte qu'aucun d'entre nous ne pouvait l'examiner pendant un temps suffisant. La plupart des experts, découragés, abandonnèrent toute vérification.

Je me rappelle pourtant que M. Charavay qui se trouvait à côté de moi prit ainsi que moi des notes aussi sérieuses que possible pendant les deux ou trois heures qui nous furent accordées; personnellement j'ai consigné ces observations dans l'interrogatoire que je subis devant la Cour de cassation après cet examen. J'ai signalé que dans les lettres d'Esterhazy, que je voyais pour la première fois, j'avais trouvé quelques lettres qui offraient une assez grande ressemblance avec l'écriture du bordereau. Je les ai relevées dans ma déposition, je dois dire tout ce que j'ai constaté.

Et ici je vous donnerai connaissance des notes que j'avais prises sur les ressemblances d'écriture.

Elles n'apprendront rien en ce sens que dans l'écriture de l'inculpé qui était joint à Dreyfus, je trouve huit ou dix choses absolument typiques qui feraient croire que c'est l'auteur du bordereau ; tandis, au contraire, que je l'ai écarté comme j'ai écarté Esterhazy, attendu qu'il est absolument impossible d'y trouver cette ponctuation du mot « officier » avec un point formant une *l*. Il y a pourtant des analogies, des ressemblances qu'on peut discuter, mais on ne trouvera pas cette manière de tracer le point.

De toutes façons, vu le peu de temps qui nous fut accordé, nous ne pûmes nous prononcer.

Mais M. Gobert et M. Pelletier furent convaincus en cinq ou dix minutes, et déclarèrent immédiatement que le bordereau était de l'écriture d'Esterhazy.

Je ne suis pas de cette force ; et alors, en ce moment, vous me demandez d'émettre mon opinion en comparant cette pièce avec celle du bordereau. J'avoue que si vous voulez m'accorder deux ou trois jours, je le ferai sérieusement.

LE CAPITAINE BEAUVAIS. — La question est que cette pièce n'a pas été soumise à l'expertise de M. Teyssonnières ; elle aurait dû l'être au même titre que les autres.

M. TEYSSONNIÈRES. — Dans les débats, je vois qu'on a fourni beaucoup de documents aux uns et pas beaucoup aux autres.

LE CAPITAINE BEAUVAIS. — Vous êtes un expert très ancien. Je vous demanderai ce que vous pensez du mot *in extenso* dont vous avez déjà parlé. Vous avez fait remarquer que les mots *in* et *extenso* étaient à une certaine distance l'un de l'autre ; mais il y a encore en plus à faire remarquer que l'*i* de *in* est bien séparé de l'*n* et que l'*o* est bien séparé de l'*s*. A ce propos je vous demanderai de nous dire si dans le bordereau vous n'avez pas trouvé qu'à chaque ligne les *i* qui entrent dans les mots composant chaque ligne, les *i* ont une caractéristique absolument remarquable, car, même quand l'*i* commence un mot et les trois quarts du temps quand il est au milieu du mot, cet *i* est coupé court, il est absolument isolé.

Prenez le bordereau et vous verrez que les deux *i* dans « indiquant » sont isolés, de même dans « désiré », dans « monsieur » 3e ligne, ainsi que l'*i* de « intéressant » ; dans « frein », l'*i* est isolé ; dans « hydraulique » *y* et *i* sont isolés ; dans « pièce », 6e ligne, *i* est isolé ; dans « modification » les 3 *i* sont isolés, aussi bien sur la ligne 8 que sur la ligne 10; dans la ligne 11, l'*i* de « formation « est isolé ainsi que l'*i* de « archiviste »; à la ligne 12 également; à la ligne 17, le mot « disposition », — voilà encore un mot; — certain mot comme « disposition » est écrit en 5 fois, vous pouvez l'examiner; c'est-à-dire qu'il y a là-dedans deux *i* d'abord, qui sont complètement isolés et puis *d*, puis *s* de « dis » : il y a « dis » première, « pos » deuxième, « i » troisième, « t » quatrième, et « ion » cinquième.

M. Teyssonnières. — Je vais répondre à votre question. L'habitude que nous avons signalée de mettre un point sur l'*i* formant un *r* empêche toute liaison de la lettre *i* avec la lettre suivante. Voyez le mot « officier ».

Le capitaine Beauvais. — C'est la même chose.

M. Teyssonnières. — Il abandonne la plume parce qu'il a l'habitude de relier le point à la lettre suivante. C'est toujours le même système, vous avez l'*i* qui forme un *r* comme dans le mot « officier ». Tous les *i* que vous venez de m'indiquer sont exactement faits comme ceux du mot « officier ».

Le capitaine Beauvais. — Eh bien?

M. Teyssonnières. — Je n'en ai pas parlé parce qu'on craint toujours de s'allonger, c'est quelquefois un tort. La disposition me paraît plus caractéristique comme type dans le mot « officier » et si j'ai indiqué le mot « officier » c'est parce qu'il y avait en même temps superposition exacte.

Le capitaine Beauvais. — Avez-vous remarqué les *t r*?

M. Teyssonnières. — Oui, monsieur.

Le capitaine Beauvais. — Dans la 7e ligne, dans la 15e et dans la 17e.

M. Teyssonnières. — C'est au mot « couverture »?

Le capitaine Beauvais. — Non, au mot troupe.

M. Teyssonnières. — Ah! oui, *tr*.

Le capitaine Beauvais. — Oui, et puis, ligne 15, *tr*, dans « extrêmement » et ligne 17.

M. Teyssonnières. — Oui et dans « adressé ».

Le capitaine Beauvais. — Oui, avez-vous remarqué cette forme?

M. Teyssonnières. — Oui, je l'ai remarquée. Je l'avais déjà dans les pièces de comparaison qui m'ont paru suffisantes; autrement, si je voulais m'étendre dans mon rapport je pourrais trouver encore 15 ou 20 exemples. J'en ai trouvé depuis, mais pour ne pas prolonger, j'ai préféré m'en tenir à mon premier rapport, et je préfère dire que je n'ai rien trouvé de nouveau depuis ce moment-là.

Me Demange. — Voulez-vous, monsieur le Président, avoir l'obligeance de demander à M. Teyssonnières s'il considère que le bordereausoit écrit d'une écriture courante?

Le Président, *au témoin.* — Le bordereau est-il à votre avis écrit d'une écriture courante?

M. Teyssonnières. — J'ai dit dans mon rapport ceci qu'on a pendant 3 ou 4 ans cherché à expliquer ou à déformer, j'ai dit — et voilà les expressions techniques et exactes de mon rapport — : « Nous faisons remarquer que l'écriture de la pièce présente tous les caractères d'un déguisement d'écriture, mais dans laquelle le naturel reprend quand même le dessus. »

Toutes les fois qu'on a cité cette phrase on s'est abstenu de mettre les mots « mais dans laquelle le naturel reprend quand même le dessus ». Alors donc, et c'est la réponse que j'ai à faire à Me Demange, je pense que c'est une écriture assez cursive tout en y trouvant une certaine hésitation, voilà pourquoi je dis qu'il y a un certain déguisement, mais que sous ce déguisement le naturel reprend le dessus.

Me Demange. — Ma seconde question est celle-ci : M. Teyssonnières est expert depuis longtemps dans sa spécialité, mais voulez-vous, monsieur le Président, lui demander depuis combien de temps il fait des expertises d'écriture?

Le Président, *au témoin.* — Depuis combien de temps faites-vous des expertises d'écriture ?

M. Teyssonnières. — Depuis 1864

Me Demange. — Des expertises d'ecriture? Bien.

Le capitaine Dreyfus. — Il y a dans la déposition de M. Teyssonnières quelques observations qui me paraissent complètement inexactes. Je l'ai déjà fait remarquer dans ma déposition de 1894. Il y a, entre autres, l'observation qui est relative aux alinéas. Pour le commencement des phrases, quand j'entame une idée nouvelle, chaque fois que dans une lettre ou dans un écrit quelconque j'entame une idée nouvelle, je passe à la ligne, je fais toujours un alinéa. Je ferai remarquer que dans cette pièce de comparaison no 2, il y a 1o, 2o, 3o. Généralement, quand je mets 1o, 2o, 3o, je mets presque toujours un trait avant.

Le Président. — Une accolade?

Le capitaine Dreyfus. — Oui, mon colonel. Je ne puis pas expliquer tous les points, il faudrait avoir les pièces sous les yeux.

Me Demange. — Je vous demande la permission, avant le départ du témoin, de vouloir bien le prier de déposer entre les mains du greffier les pièces de comparaison dont il s'est servi et que mon client n'a pas eu sous les yeux. Il les reprendra à l'audience suivante.

LE PRÉSIDENT. — C'est entendu. Avez-vous quelque chose à ajouter ?

M. TEYSSONNIÈRES. — Ne croyez-vous pas qu'il serait utile que je précise ce qui s'est passé autour de cette affaire?

LE PRÉSIDENT. — Non, on vous entend comme expert et voilà tout.

M. TEYSSONNIÈRES. — J'ai tenu à vous faire cette demande.

LE PRÉSIDENT. — Vous êtes appelé comme expert, et voilà tout. Avez-vous quelque chose de particulier à dire ou est-ce une appréciation générale sur l'affaire?

M. TEYSSONNIÈRES. — Non, ce sont des faits particuliers ou plutôt ce sont des manœuvres qui ont failli me nuire considérablement et qui m'ont même considérablement nui.

LE PRÉSIDENT. — Ce sont des faits personnels?

M. TEYSSONNIÈRES. — Ce sont des faits touchant l'expertise. veux vous dire simplement ceci : devant vous je suis un témoin, mais peut-être devant un autre tribunal suis-je un accusé.

LE PRÉSIDENT. — Non, vous n'êtes pas un accusé, vous êtes un témoin qui dépose, et voilà tout.

M TEYSSONNIÈRES. — Je vous demande pardon, j'ai été attaqué...

LE PRÉSIDENT. — Nous n'avons pas à entrer dans ce que disent les journaux.

M. TEYSSONNIÈRES. — Je parle du rapport de M. Ballot-Beaupré...

LE PRÉSIDENT. — Nous n'avons pas à nous occuper du rapport de M. Ballot-Beaupré, ni de ce qu'a pu dire un magistrat dans une autre enceinte.

L'audience est suspendue à 9 h. un quart.

SOIXANTE-SEPTIÈME TÉMOIN

M. CHARAVAY

M. Charavay, Étienne, 51 ans, archiviste-paléographe, expert en écriture près le tribunal de la Seine.

LE PRÉSIDENT. — Vous avez fait l'expertise du bordereau. Veuillez nous faire connaître le résultat de vos recherches.

M. CHARAVAY. — Le 21 octobre 1894, j'ai reçu une communication de la Préfecture de police de me rendre chez M. le préfet. Le 22, je m'y suis rendu, et j'y ai trouvé deux de mes collègues, MM. Pelletier et Teyssonnière. On nous a demandé de nous charger d'une expertise consistant à comparer une pièce écrite sur papier pelure et qui est connue sous le nom de bordereau, avec diverses écritures de comparaison. Nous avons tous les trois accepté la mission, et nous avons prêté serment devant M. le préfet de police. On nous a demandé le secret le plus absolu, et on nous a dit que nous devions faire un rapport séparé.

J'ai pris connaissance de la pièce en question, et après l'avoir lue, j'ai demandé si c'était un document sérieux, parce que je savais que souvent ces documents d'espionnage étaient des documents sans importance, et que beaucoup de gens écrivaient pour livrer de prétendus secrets simplement dans le but de gagner de l'argent.

On m'a répondu qu'il ne pouvait pas y avoir de doutes sur l'importance de la pièce, parce qu'elle avait été trouvée dans un lieu qu'on ne pouvait m'indiquer, mais qui ne laissait aucun doute sur son authenticité.

J'ai demandé à ne pas emporter le document, étant donné son caractère, et si on ne pouvait pas le faire photographier. C'est dans ces circonstances que j'ai été mis en rapports avec M. Bertillon, que je ne connaissais encore que de réputation, et que M. Bertillon m'a donné le fac-similé du bordereau et des pièces de comparaison.

Le premier travail auquel je me suis livré fut de voir, dans les diverses écritures qui nous étaient soumises, quelle était celle pouvant se rapprocher du document à vérifier; pour ma part je n'ai trouvé qu'une écriture ayant *a priori* des analogies avec le bordereau, et c'est cette pièce-là que j'ai mise de côté.

Alors on nous a donné un certain nombre de comparaisons de l'écriture anonyme soupçonnée. Ces pièces étaient des rapports ou des minutes de lettres écrites sur du papier à entête du ministère de la Guerre, et divers corps d'écriture également anonymes, reproduisant quelques-uns des termes de la pièce incriminée.

J'ai travaillé seul, tout d'abord chez moi, vérifiant ensuite sur l'original qui était resté enfermé dans le coffre-fort de M. Cavard.

J'ai pensé tout d'abord, qu'étant donné le caractère même du document, celui-ci ne pouvait être qu'en écriture dissimulée. Je suis donc parti de ce principe que le document était une écriture dissimulée. J'ai relevé entre l'écriture du bordereau et l'écriture de comparaison un certain nombre de dissemblances et de ressemblances, et j'ai attribué les dissemblances au fait même que la pièce était en écriture dissimulée; en résumé, j'ai pensé qu'on pouvait attribuer à la même main, et la pièce incriminée, et les pièces de comparaison. J'ai eu soin, dans mon rapport, de bien indiquer les dissemblances et les ressemblances, et j'ai dit à la fin qu'il était possible que dans les écritures comme dans les physionomies il y eût un sosie, que plus on a d'écritures devant soi, plus on a de chances de trouver des écritures semblables, et que moins on a d'écritures, plus les chances diminuent.

J'ai déposé mon rapport le 28 octobre 1894.

J'ai su par les journaux le nom et la situation de la personne dont j'avais eu l'écriture entre les mains. J'ai pensé que peut-être dès l'instant où l'anonymat n'existait pas, on nous ferait revenir et qu'on ferait comme l'on procède ordinairement, que selon l'usage l'on nous confronterait avec l'accusé. J'ai reçu simplement un avis à comparaître devant le Conseil de guerre.

Le commissaire du Gouvernement. — Monsieur le Président, on n'entend pas.

Le Président. — Veuillez parler plus haut.

M. Charavay. — Je vous remercie de m'en faire l'observation, car je croyais parler assez fort.

J'ai donc déposé mon rapport le 28 octobre 1894. J'ai été appelé devant le conseil de guerre comme témoin.

J'ai fait connaître les raisons qui m'avaient fait attribuer le document incriminé à l'écriture qui était celle de l'inculpé, et j'ai produit la possibilité d'un sosie. Le Président a demandé au défenseur s'il avait quelque chose à dire. Celui-ci a répondu négativement. L'inculpé a dit : « En effet, cette écriture ressemble à mon écriture, mais ce n'est pas mon écriture. »

Voilà ce qui s'est passé en 1894.

Maintenant, je dois faire connaître au Conseil les raisons qui m'ont fait changer d'opinion.

J'ai été appelé en 1897 par M. le général de Pellieux à procéder à une expertise qui visait l'affaire Esterhazy et une lettre appelée « du uhlan ». J'ai dit à ce moment que je ne voulais pas m'occuper de nouveau du bordereau, parce que j'estimais que, actuellement, étant donné qu'on avait découvert de l'écriture que l'on supposait être analogue à celle du bordereau, l'expertise ne pouvait avoir lieu dans des conditions favorables que si on avait d'une part le bordereau, d'autre part de l'écriture de l'inculpé de 1894; d'autre part encore, de la nouvelle écriture. Il fallait les trois. A mon avis, il était indispensable, pour faire une expertise sérieuse, d'avoir ces trois éléments. On m'a répondu qu'il n'était pas possible de s'occuper de l'écriture de Dreyfus parce qu'il n'y avait pas de revision et qu'on ne pouvait pas rouvrir l'affaire de cette façon. J'ai donc refusé de m'occuper de l'expertise.

Ensuite je n'ai plus voulu me mêler de la question parce que j'estimais que mon rôle d'expert officiel en 1894 m'imposait le secret professionnel et que, quand on est tenu par le secret professionnel, il est impossible de commencer une polémique et de la suivre, parce qu'on est à chaque instant arrêté par le secret. Je suis donc resté en dehors des polémiques. J'avais des doutes parce que j'avais vu la nouvelle écriture, mais je n'ai pas voulu les faire connaître. J'ai attendu que la revision légale fût faite, si elle était ordonnée, pour revoir les choses et savoir d'une façon définitive si je m'étais trompé ou si j'avais eu raison en 1894.

La revision a donc été décidée et j'ai été appelé le 18 janvier 1899 devant la Cour de cassation

Je m'y suis trouvé avec tous les experts de 1894 et de 1897; on a mis alors à notre disposition le bordereau original de 1894, des lettres de l'écriture du capitaine Dreyfus et des lettres de l'écriture du commandant Esterhazy, et on nous a dit : « Examinez le bordereau et les deux écritures qui vous sont soumises, vous nous direz ensuite si après les avoir vues vous maintenez ou non les conclusions de votre rapport. »

J'ai examiné le bordereau que je n'avais pas vu depuis 1894, j'ai réexaminé l'écriture non plus anonyme mais certaine du capitaine Dreyfus et en même temps un certain nombre de lettres du commandant Esterhazy écrites sur papier pelure, sur un papier absolument analogue à celui du bordereau, entre autres une lettre du 17 août 1894. J'ai été frappé des ressemblances absolues et au point de vue de l'aspect général et au point de vue des détails entre les deux écritures. J'ai constaté que les dissemblances que j'avais relevées autrefois entre l'écriture du bordereau et celle du capitaine Dreyfus étaient au contraire des ressemblances entre l'écriture du bordereau et celle du commandant Esterhazy. Étant donné qu'il y avait maintenant une écriture absolument semblable à celle du bordereau, il ne m'était plus possible d'attribuer le bordereau au capitaine Dreyfus et il y avait toute chance de l'attribuer au commandant Esterhazy. Néanmoins je me suis borné à indiquer à la Cour de cassation, répondant strictement à sa question : « Maintenez-vous vos conclusions? » que je ne pouvais pas les maintenir parce qu'il y avait maintenant un nouvel élément graphique dans l'affaire, une nouvelle écriture identique à l'écriture du bordereau, tandis que l'écriture de Dreyfus s'en différenciait par un certain nombre de points que j'avais relevés dans mon rapport de 1894. Dans ces conditions, il me paraissait nécessaire de procéder à une nouvelle expertise.

Je me suis borné à cette déclaration, vu que, si j'avais les éléments suffisants pour attribuer au commandant Esterhazy l'écriture du bordereau, je n'avais pas cependant assez d'éléments pour pouvoir déterminer à ce moment s'il n'y avait pas là un faux par imitation. Car, en définitive, on peut toujours dire : « C'est bien mon écriture, mais c'est une imitation de mon écriture » Dans les contitions où nous nous trouvions, il ne m'était pas possible de faire cette constatation. Je pensais que mes collègues, voyant cette nouvelle écriture, penseraient comme moi et que nous aurions l'occasion de refaire devant la Cour de cassation une nouvelle expertise avec les deux documents que j'avais devant moi. Quand j'ai vu que j'étais seul de mon avis, j'ai pensé que j'avais un devoir : c'était de faire moi-même, pour ma conscience, cette expertise que la Cour de cassation ne nous demandait pas et qui me paraissait indispensable. Je me suis donc procuré un bon fac-similé du bordereau, j'avais vu l'original, je pouvais travailler sur un fac-similé de l'écriture du capitaine Dreyfus, de celle du commandant Esterhazy. Je me suis rendu compte qu'il y avait absolument identité d'écritures, que toutes les dissemblances que j'avais relevées entre l'écriture du capitaine Dreyfus et celle du bordereau étaient au contraire des ressemblances dans l'écriture d'Esterhazy. (*Mouvement.*) J'en ai déduit ce qui me paraissait naturel et logique : que dès l'instant que deux écritures sont semblables, elles appartiennent au même personnage. Je tenais à ce que mon sentiment devînt public et je ne savais pas exactement comment m'y prendre, puisque la Cour de cassation ne m'avait pas consulté.

Sur ces entrefaites il m'arriva une lettre d'un maître et d'un ami, M. Gabriel Monod, de qui j'ai été l'élève à l'École des Hautes-Études en 1869, dont je m'honore d'être resté le disciple et l'ami, qui me disait simplement qu'il avait vu avec tristesse que je n'avais pas été assez affirmatif dans ma déposition à la Cour de cassation, mais sans me demander absolument ni réponse, ni quoi que ce soit. C'est alors que je lui ai répondu la lettre où j'ai exposé plus nettement l'impression que j'avais, lettre qui a été communiquée à la Cour de cassation et que vous connaissez, monsieur le Président.

Voilà mon rôle dans cette affaire. Maintenant je tiens à répondre, si vous me le permettez, à une insinuation qui se trouve dans la déposition de M. le général Mercier.

M. le général Mercier, et celui qui lui a fourni les éléments de la note, et qui, par une indiscrétion dont je ne l'aurais pas cru capable, a communiqué un document qui ne lui appartenait pas, M. le général Mercier s'étonne qu'ayant connu en 1897 l'écriture d'Esterhazy, je n'aie pas à ce moment déclaré que le bordereau était d'Esterhazy. La raison est bien simple : j'étais tenu d'une part toujours par le secret professionnel ; d'autre part, si j'avais l'écriture d'Esterhazy, je n'avais pas celle de Dreyfus, ni le bordereau, puisqu'en 1897 je n'ai pas été du tout expert dans l'affaire du bordereau, mais seulement pour la lettre « du uhlan » ; et par conséquent, quelques doutes que j'aie pu avoir, d'abord je n'avais pas les éléments pour pouvoir faire un rapport et ensuite qu'aurait-on dit si, au moment où il y avait les experts officiels nommés pour savoir si le bordereau était oui ou non du commandant Esterhazy, j'avais pesé dans la balance et donné à ce moment-là mon opinion? On aurait dit : « Il pèse sur ses collègues, et c'est là un acte d'indélicatesse. » Je n'ai pas cru devoir le faire et je ne l'ai pas fait.

Si maintenant on veut savoir quel a été, comme le dit M. le général Mercier, mon chemin de Damas, il n'est pas besoin de croire qu'il y a là des motifs inavouables (*Mouvement.*) Je proteste de la façon la plus formelle contre cette insinuation qui certainement dépasse ce qu'a voulu dire M. le général Mercier; il n'a pas voulu porter atteinte à l'honorabilité d'un homme qu'il ne connaît pas, mais que d'autres connaissent. Mon chemin de Damas a été extrêmement simple : c'est la découverte de l'écriture d'Esterhazy, c'est le faux Henry, c'est l'enquête de la Chambre criminelle, c'est l'arrêt de la Cour de cassation ; c'est enfin ma conscience qui ne me permettait pas de ne pas revenir sur mon opinion quand je suis convaincu que je me suis trompé en 1894. (*Sensation.*) Il y a encore une chose dont il faut tenir compte, c'est l'aveu même du commandant Esterhazy. Oh ! je sais bien que cet aveu peut paraître suspect ; toutefois il est de règle, en critique historique, de rejeter un témoignage suspect. Mais quand ce témoignage concorde avec la réalité des faits, ou avec d'autres témoignages qui sont considérés comme sincères, nous le retenons, et c'est le cas ici. Et c'est pour cela que l'aveu d'Esterhazy doit être retenu.

Voilà, monsieur le Président, tout ce que j'ai à dire. Je n'entre pas dans des démonstrations graphiques, je n'y entrerai que si vous me le demandez, — parce que je ne veux pas abuser de vos instants, et que vous avez à entendre les experts officiels de la Cour de cassation qui, eux, ont dressé un rapport sur la question et ne pourront pas faire autrement que de vous donner des renseignements techniques.

Je demanderai seulement à ajouter un mot, monsieur le Président, et pour résumer ma déposition d'une façon aussi claire et aussi nette que possible. Je tiens à déclarer ceci, c'est qu'en 1894, abusé par une ressemblance graphique, je me suis trompé en attribuant la pièce appelée bordereau à l'auteur d'une écriture anonyme qui était celle du capitaine Dreyfus. Ayant trouvé un nouvel élément d'écriture, j'ai reconnu mon erreur et c'est pour moi un très grand soulagement de conscience de pouvoir devant vous, messieurs, et surtout devant celui qui a été victime de cette erreur, déclarer que je me suis trompé en 1894 et que j'estime actuellement que l'écriture du bordereau n'est pas l'œuvre graphique du capitaine Dreyfus, mais qu'elle est celle du commandant Esterhazy. (*Sensation.*)

Le Président. — Vous nous avez dit, dans votre déposition, que devant la Cour de cassation on vous a communiqué à la fois le bordereau, de l'écriture de Dreyfus et de celle du commandant Esterhazy : combien de temps avez-vous eu ces pièces entre les mains pour vous former votre opinion ?

M. Charavay. — Nous avons eu à peu près deux ou trois heures à nous tous; par conséquent nous n'avons pas pu consacrer ces trois heures chacun à cet examen.

Le Président. — Par conséquent, cet examen a été rapide; malgré cela, vous l'avez jugé suffisant ?

M. Charavay. — Oui, monsieur le Président, et je crois que dans cette affaire, la question est beaucoup plus claire qu'elle ne semble et qu'il suffit de comparer le bordereau aux deux écritures pour que la chose saute aux yeux ; il suffit du simple bon sens pour cela. (*Mouvement.*) Vous pourriez le faire admirablement.

Le Président. — Avez-vous eu le temps de faire des comparaisons techniques de types d'écriture? Avez-vous eu assez de temps pour faire votre examen ?

M. Charavay. — Oui, mon colonel. Je vous ai dit tout à l'heure qu'ensuite j'ai fait une expertise.

Le Président. — Vous l'avez faite depuis, chez vous?

M. Charavay. — Oui, mais à ce moment-là, le premier examen était suffisant pour constater les ressemblances qui existaient entre les deux écritures.

Le Président. — Vous avez eu assez de temps pour vous rendre compte ?

M. Charavay. — Pas pour dresser un rapport; pour me faire une opinion personnelle, oui, mais non pour faire un rapport.

Le capitaine Beauvais. — Je demanderai à M. Charavay, comme je l'ai fait pour M. Teyssonnières, si, parmi les pièces qui ont été soumises à son expertise, il a eu la copie du bordereau faite par l'accusé ?

Cette pièce passe sous les yeux du témoin.

Le commandant Carrière. — Cette copie a été faite postérieurement à l'expertise de 1894 ; ces messieurs ne pouvaient pas en avoir connaissance à ce moment.

M. Charavay. — Nous avons eu entre les mains la pièce qui reproduit quelques termes du bordereau et qui a été écrite dans des conditions toutes particulières sous la dictée du colonel du Paty de Clam. Mon rapport est du 28 et la copie de la pièce dont vous parlez est du 29 octobre. En effet, mon rapport est du 28 octobre.

Le capitaine Beauvais. — Avez-vous vu la pièce lors de votre dernière expertise; l'avez-vous eue devant la Cour de cassation?

M. Charavay. — Non, monsieur.

Me Demange. — Je voudrais poser au témoin une question graphique : tout à l'heure, M. Teyssonnières a appelé particulièrement l'attention du Conseil sur le papier gélatiné avec lequel il a fait un décalque et sur la lettre majuscule *M* du mot « monsieur » et du mot « Madagascar », qui, pour lui, était tout à fait caractéristique et qui lui faisait attribuer le bordereau à Dreyfus.

M. Charavay n'a-t-il pas, en 1894, également invoqué cette lettre majuscule *M* et aujourd'hui, puisqu'il a changé d'avis, voudrait-il dire pourquoi cette lettre majuscule n'a plus la même valeur qu'elle a conservée aux yeux de M. Teyssonnières?

Le Président. — Vous avez attribué une grande importance à la forme de l'*M* majuscule ; vous avez changé d'opinion depuis ; quelle est maintenant votre opinion à ce sujet ?

M. Charavay. — L'*M* de « Madagascar » n'est pas du tout celui du capitaine Dreyfus ; je ne l'ai retrouvé qu'une fois dans un document du ministère de la Guerre ; comme je pensais à ce moment-là à une dissimulation, je me suis dit : Puisque je retrouve un *M*, il a pu être fait une autre fois, cela peut donc être de la même main. Le cas n'est plus du tout le même aujourd'hui ; cet *M* est l'*M* ordinaire du commandant Esterhazy, alors qu'il était exceptionnel pour Dreyfus, puisque je ne l'ai trouvé qu'une fois;

il n'est pas l'*M* ordinaire du graphisme du capitaine Dreyfus, c'est bien l'M du graphisme ordinaire du commandant Esterhazy, par conséquent la valeur de mon observation tombe.

Le capitaine Dreyfus. — Je désirerais avoir quelques détails graphiques de la part de M. Chavaray.

M. Charavay. — Ce sont bien les ressemblances de l'écriture du bordereau avec l'écriture du commandant Esterhazy qui me sont demandées?

Le Président. — Non, ce sont toutes vos observations graphiques, toutes les constatations sur lesquelles vous avez pu baser votre changement d'opinion ; les ressemblances de l'écriture du bordereau avec celle d'Esterhazy, et ses dissemblances avec celle de Dreyfus.

M. Charavay. — Tout d'abord j'avais constaté en 1894 qu'il y avait un certain nombre de dissemblances entre l'écriture du capitaine Dreyfus et celle du bordereau ; je ne m'en souviens plus exactement, mais j'avais remarqué notamment l'*M* majuscule dont on a parlé tout à l'heure ; et c'est quand j'ai examiné la question des dissemblances que j'ai constaté que j'avais trouvé une fois cette lettre ; mais ce n'en est pas moins une dissemblance avec le graphisme ordinaire.

Il y a aussi la question du double « *SS* ». Ce caractère est tout à fait différent de place dans le bordereau ou dans l'écriture du capitaine Dreyfus.

Il y a quelques autres dissemblances que j'ai relevées.

Quant aux ressemblances entre le bordereau et l'écriture d'Esterhazy, les voici :

C'est le même module de caractères, c'est la même forme d'écriture.

Dans le bordereau on ne trouve pas d'alinéas, c'est-à-dire pas de blanc, aux alinéas. C'est une disposition que nous trouvons également dans les lettres du commandant Esterhazy qui nous ont été soumises.

Nous avons encore un point qui est assez particulier. Cette observation n'est pas de moi, mais d'un des experts qui ont été consultés, et, si j'ai bonne mémoire, c'est M. Moriaud.

Dans le bordereau, les lignes de l'écriture présentent souvent une concavité dirigée vers le haut.

C'est en effet une particularité très répandue chez ceux qui ont appris à écrire en France. J'ai retrouvé cette même concavité des lignes chez le commandant Esterhazy ; chez Dreyfus au contraire, la cavité va vers le bas, et nous trouvons beaucoup de mots du commencement et de la fin de chaque ligne, qui sont un peu plus bas que ceux du milieu.

Dans le premier cas, il semble qu'on a tenu le papier penché vers la gauche, le coude éloigné du corps; dans le second cas, au contraire, le papier a été tenu droit et le coude rapproché du corps, méthode la plus commode pour écrire.

J'ai aussi constaté dans le bordereau qu'un certain nombre de lettres et les majuscules qui commençaient les mots étaient beaucoup plus hautes que le reste du mot. Or c'est un fait qu'on constate dans l'écriture du commandant Esterhazy.

Les doubles *S* qui étaient différentes dans l'écriture du bordereau et dans l'écriture de 1894 sont au contraire absolument semblables dans l'écriture du commandant Esterhazy.

L'*M*, je crois l'avoir déjà dit, est absolument semblable; enfin, il y a là un fait qui m'a frappé tout particulièrement, c'est la différence entre les *A*. L'*A* de l'écriture du capitaine Dreyfus est plutôt un *A* français, tandis que l'*A* de l'écriture d'Esterhazy procède de l'*A* allemand. Il y a encore un point qui est celui-ci: c'est l'accentuation qui existe sur la préposition *A*. J'ai trouvé dans le bordereau une accentuation sur la préposition *A*, accentuation qu'on ne trouve pas, si je ne me trompe, dans l'écriture de Dreyfus, et qu'on trouve au contraire dans l'écriture d'Esterhazy. Il faudrait avoir sous les yeux les documents pour pouvoir juger. Enfin, il y a certains mots qui sont absolument semblables. Je prendrai le mot « adresse » et le mot « manœuvre »; ces mots sont tellement identiques dans les deux écritures qu'on pourrait parler de décalque; ils sont absolument semblables. Voilà quelles sont les raisons générales qui m'ont fait penser que la pièce était du commandant Esterhazy et qu'elle n'était certainement pas du capitaine Dreyfus.

Le capitaine Dreyfus. — Merci! merci!

Le Président. — Avez-vous autre chose à déclarer?

M. Charavay. — Non.

Le Président, *au capitaine Dreyfus.* — Avez-vous quelques observations à présenter?

Le capitaine Dreyfus. — Non, mon colonel.

Le Président, *au témoin.* — Vous pouvez vous retirer.

Faites entrer le témoin suivant, M. Pelletier.

SOIXANTE-HUITIÈME TÉMOIN

M. PELLETIER

M. Pelletier Eugène, expert en écritures près la Cour d'appel, de Paris, 3, rue de Valois, à Paris.

Le Président. — Vous avez été appelé en 1894 à fin d'expertise de la pièce dite le bordereau. Veuillez nous en faire connaître les résultats.

M. Pelletier. — Messieurs, avant d'apporter mon témoignage devant vous et de vous faire la description technique de mon travail, je tiens à préciser un point sur lequel je suis en désaccord avec M. le général Mercier : je le ferai brièvement et respectueusement.

En ce qui me concerne, M. le général Mercier a dit dans sa déposition : « M. Pelletier refusa de se servir des lettres que lui offrait M. Bertillon. » A cette première attaque, je réponds : Je suis heureux de ne pas m'être rendu chez M. Bertillon, car cette démarche aurait pu me faire commettre une erreur. En expert consciencieux, je ne devais pas aller chez M. Bertillon, dont l'opinion était faite et, puisque deux personnes avaient été consultées, pourquoi cette invitation à me rendre plutôt chez M. Bertillon que chez l'autre expert? D'ailleurs, j'ajoute que les pièces qui m'avaient été soumises me semblaient suffisantes pour me faire une opinion.

M. le général Mercier ajoute : « M. Pelletier eut une petite histoire qui me mit un peu en défiance contre lui. Se trouvant appelé en même temps à deux réunions qui devaient avoir lieu, l'une pour les expertises et l'autre pour je ne sais quelle affaire judicaire, il écrivit à chacune des deux réunions qu'étant obligé de se trouver à l'autre, il ne pouvait pas se trouver à celle dans laquelle sa présence était indispensable à l'audience ; cela me mit un peu en défiance contre lui. De sorte que, quand il conclut contre l'identité de l'écriture du capitaine Dreyfus avec celle du bordereau, son témoignage me parut un peu suspect. »

Il semblerait donc résulter de cette déposition que je ne me serais pas rendu aux convocations qui m'ont été adressées par le magistrat instructeur de 1894.

Or, à l'époque où j'ai été convoqué au Conseil de guerre — en novembre 1894 — mon rapport était déposé depuis le 26 octobre. (*Mouvement.*) M. le général Mercier laisse entendre que mes conclusions ont pu être modifiées après la date de cette convocation et qu'elles lui parurent suspectes. A cet argument, messieurs, j'oppose simplement le témoignage des faits. J'ai été chargé le 22 octobre 1894 de la vérification en question. J'ai déposé mon rapport, c'est exact, le 26 octobre, et ce n'est qu'en novembre que j'ai été appelé à l'instruction pour y subir un véritable interrogatoire. Puis, l'autorité militaire elle-même a déposé une plainte contre moi à M. le Procureur général, et il a été établi que j'étais témoin à la Cour d'assises à ce moment. D'ailleurs j'avais eu soin d'aviser M. le Commissaire du Gouvernement qu'un cas de force majeure m'obligeait à retarder ma comparution. Mais ce que je tiens à préciser, c'est que M. le général Mercier n'avait aucune raison de suspecter mes conclusions à venir, puisque ces conclusions étaient prises et connues depuis le 26 octobre.

Il ne me reste plus, messieurs, après avoir vidé ce débat personnel, qu'à vous faire connaître comment mes vérifications ont été effectuées.

Le Président. — Avant ceci, une observation : vous avez été à la Cour d'assises?

M. Pelletier. — Parfaitement.

Le Président. — Vous avez fonctionné comme expert à la Cour d'assises?

M. Pelletier. — Oui.

Le Président. — N'avez-vous pas été excusé à la Cour d'assises?

M. Pelletier. — Non. J'ai demandé la permission de m'absenter pour me rendre à une autre convocation après ma déposition...

Le Président. — A laquelle vous ne vous êtes pas rendu?

M. Pelletier. — Non, l'heure fixée était passée.

Le Président. — Enfin, vous ne vous êtes rendu ni dans un endroit ni dans un autre?

M. Pelletier. — Si, j'étais à la Cour d'assises.

Le Président. — Vous avez été témoin à la Cour d'assises? Vous avez déposé comme témoin à la Cour d'assises?

M. Pelletier. — Parfaitement.

Le Président. — C'est bien, continuez.

M. Pelletier. — C'est donc le 22 octobre 1894 que j'ai été chargé d'examiner une lettre anonyme appelée depuis bordereau. A cet effet, on m'a remis divers spécimens de comparaison émanant de plusieurs personnes, lesquelles personnes étaient désignées sous les n°s 1 et 2, ce n'est donc que plus tard que, comme tout le monde, j'ai connu le nom de l'inculpé, le capitaine Dreyfus. De cette personne, on m'a remis divers feuillets numérotés de 1 à 10 qui avaient été tracés en plusieurs genres d'écriture debout, main gantée, main nue, sabre au côté. Ces divers feuillets portent les numéros 354, 355 et 358; ils sont écrits sur papier du ministère de la Guerre. Enfin, on m'a remis quatre minutes sur papier *ad hoc* du ministère de la Guerre et diverses notes rédigées sur papier format Tellière. Je laisse de côté l'écriture de l'autre personne, qui n'avait aucun rapport avec celle du bordereau.

J'ai donc comparé l'écriture du bordereau avec les éléments de comparaison dont je vous ai donné connaissance. L'écriture du bordereau ne semble nullement déguisée, il a toutes les apparences d'une pièce écrite franchement et d'une façon normale, il doit en d'autres termes représenter exactement le graphisme de son auteur. Si donc on avait un spécimen d'écriture de la personne qui a écrit le bordereau, on devait y retrouver le cachet spécial du dit document, jusqu'aux plus intimes détails des lettres, sans se borner aux formes générales. Je le répète, le bordereau a toutes les apparences d'une écriture naturelle, faite au courant de la plume. Je rapproche donc le bordereau des divers documents de comparaison. Les différents spécimens d'écriture de la première personne, le capitaine Dreyfus, sont, d'une façon générale, d'un même type. Je fais remarquer que ce genre de graphisme est commun à beaucoup de personnes ayant l'habitude d'écrire un peu rapidement et négligemment. Il y a d'ailleurs entre les spécimens d'écriture du capitaine Dreyfus et les autres documents une certaine différence au point de vue de l'ordonnancement des lettres; j'expliquerai cette expression tout à l'heure. Dans le document litigieux, l''écriture est, si je puis m'exprimer ainsi — sautillante; de plus elle est sobre, alors que dans les pièces de comparaison, même dans celles tracées en différents genres et dans différentes positions, les lettres reposent beaucoup mieux sur la portée, sont moins irrégulières de forme et plus agrémentées : cette constatation a, selon moi, beaucoup d'importance.

Je dis, messieurs, que de ce premier examen et de l'aspect général, j'ai tiré la conclusion qu'il y avait une grande différence dans l'ordonnancement des lettres. Par cette expression ordonnancement, j'entends que le bordereau a été tracé d'une écriture couchée, penchée, à bases arrondies, d'où un écart relativement assez grand entre chaque lettre, tandis que dans les documents de comparaison l'écriture est filiforme, les lettres en un mot sont plus tassées, d'où différence dans l'aspect général.

Il est évident qu'on peut retrouver entre les pièces de comparaison et le document incriminé quelques analogies de détail, mais on remarquera qu'elles sont banales et pourraient se retrouver sous bien d'autres mains expérimentées. Par exemple, les spécimens de comparaison nous montrent quelques minuscules finales *s* arrondies et peu formées, à l'instar de celles du document en cause. Mais dans quelle écriture un peu habile et un peu négligée ne retrouverait-on pas cette particularité? Du reste, si l'on veut bien se pénétrer de l'exécution intime de toutes les lettres S, soit à la fin, soit dans le corps des mots du document incriminé, on remarquera qu'il n'y a pas une véritable et complète analogie entre ces minuscules *s* et celles plus anguleuses des pièces de comparaison. Même observation pour la banalité et la différence d'exécution intime des minuscules *d* de forme anglaise et les minuscules *p*, *q*, *g* et aussi parfois des minuscules.

D'ailleurs, à côté de ces analogies vagues, on pourrait citer de sérieuses dissemblances, même en s'en tenant à de simples formes de lettres : ainsi les minuscules *f* et *ff* doubles, les minuscules *j* et *s* très originales dans le document incriminé ne se retrouvent pas dans les pièces de comparaison. De même les minuscules qui, dans la pièce incriminée, ne dépassent pas sensiblement le niveau général de l'écriture, s'élèvent beaucoup au-dessus dans les spécimens de comparaison.

La majuscule *M* dans le mot « Madagascar » n'est pas habituelle sous la plume du capitaine Dreyfus. Tout en étant de même forme générale, elle n'est pas identique dans le document litigieux.

Dans le bordereau, elle est arrondie à la base; dans les pièces de comparaison, elle est angulaire, pointue...

Le Président. — Je ne vois pas cette remarque dans votre rapport.

M. Pelletier. — Ceci n'y est pas, en effet. Je dis que lorsqu'il s'agit de comparer des écritures rapides, négligées, émanant d'écrivains expérimentés, il ne faut pas se référer seulement aux formes des lettres ni même au seul type général de l'écriture, mais il faut surtout tenir compte du cachet spécial qui se dégage principalement de l'ordonnancement des lettres et des mots. Or, nous avons dit quelles dissimilitudes il y avait à ce point de vue entre l'écriture du bordereau et celle du capitaine Dreyfus; on pourrait même ajouter qu'il existe une autre différence portant sur une particularité importante de l'écriture de comparaison et qui consiste dans l'agrémentation de certaines lettres initiales. Je veux parler de ces traits graphiques relativement assez longs qui, dans quelques cas, servent de début aux minuscules *m*, *p*, *j*, *s*, *v*, etc. Dans le document incriminé, au contraire, ces mêmes lettres débutent généralement d'une façon plus simple, et si parfois on peut constater la présence de ce trait, il est en tout cas moins apparent et même presque à l'état embryonnaire.

J'estime qu'entre les pièces de comparaison et la pièce incriminée, il n'y a que le rapport du genre à l'espèce.

En présence de ces constatations, messieurs, j'ai dit dans mes conclusions que je ne me croyais pas autorisé à attribuer au capitaine Dreyfus le document incriminé.

Le Président. — Vous maintenez vos conclusions?

M. Pelletier. — Je maintiens mes conclusions dans toute leur intégralité.

Me Demangé. — Voulez-vous demander à M. Pelletier si, à la Cour de cassation, il a été au nombre des experts à qui on a montré l'écriture d'Esterhazy et s'il a une opinion sur ce point?

Le Président, *au témoin.* — Étiez-vous parmi les experts auxquels on a montré le bordereau, les pièces émanant d'Esterhazy, et d'autres émanant du capitaine Dreyfus?

M. Pelletier. — Parfaitement.

Le Président. — Quel a été le résultat de l'inspection assez rapide que vous avez faite de ces pièces?

M. Pelletier. — Je n'ai pas eu l'écriture du commandant Esterhazy assez longtemps en main pour me faire une opinion sérieuse; ce que j'ai pu dire à la Cour de cassation n'est qu'une simple appréciation. Mon travail a porté sur l'étude du document incriminé et sur les pièces de comparaison émanant du capitaine Dreyfus. Je me suis fait une idée personnelle, mais, je le répète, je n'ai pas eu assez longtemps en main les pièces pour donner un avis formel.

Le Président. — Vous n'avez pas eu à donner votre avis sur les pièces Dreyfus et Esterhazy?

M. Pelletier. — J'ai dit que les dissemblances signalées dans mon rapport se retrouvaient dans les pièces émanant d'Esterhazy; mais ce n'est qu'une appréciation.

Le Président. — C'est bien de l'accusé ici présent que vous entendez parler?

M. Pelletier. — Oui, je l'ai vu en 1894.

Des affaires personnelles m'obligent à me retirer, pensez-vous qu'il soit nécessaire que je reste?

La défense ne s'y oppose pas.

Le Président. — Et vous, monsieur le Commissaire du Gouvernement?

Le Commissaire du Gouvernement. — Je fais des réserves... Je ne sais pas.

Le Président, *au témoin.* — Vous pourrez sans doute vous retirer après l'audition des autres experts en écritures.

SOIXANTE-NEUVIÈME TÉMOIN

M. COUARD

M. Couard, Émile-Louis, 44 ans, ancien élève de l'École des chartes, archiviste-paléographe, expert en écritures devant les tribunaux de Seine-et-Oise.

Le Président. — Vous avez été appelé à faire l'expertise de l'écriture du commandant Esterhazy lors de son procès; veuillez nous dire ce que vous avez remarqué à ce sujet.

M. Couard. — Le 12 décembre 1897, le commandant Ravary m'écrivit une lettre pour me demander d'accepter une mission d'expertise en écritures. Après avoir réfléchi quelques instants, je lui répondis que je me trouverais le mardi 14 décembre au rendez-vous qu'il me donnait, c'est-à-dire au Cherche-Midi.

Je m'y rencontrai avec M. Belhomme et avec M. Varinard, et il importe de faire de suite une remarque qui a son importance : je connaissais M. Belhomme pour avoir fait avec lui une expertise six mois avant, ainsi que M. Charavay, à Rambouillet; je ne l'avais jamais vu avant, je ne l'avais pas revu depuis; quant à M. Varinard, je ne m'étais jamais trouvé en rapports avec lui.

Le commandant Ravary nous demanda d'accepter la mission d'expertiser une pièce nommée « bordereau » et des pièces de comparaison émanant du commandant Esterhazy. Nous lui fîmes cette réponse, et elle a son importance : « Mon commandant, avant de vous répondre, permettez-nous de vous poser une question : Ferons-nous notre expertise sur le bordereau original lui-même, ou la ferons-nous sur des reproductions, fac-similé ou photographie? »

Notre intention était celle-ci : si le commandant nous avait déclaré que nous n'aurions pas à notre disposition le bordereau, nous aurions refusé la mission qui allait nous être confiée, parce que nous estimions que dans une question aussi grave que celle-là, il était indispensable d'avoir sous les yeux la pièce elle-même, car la physionomie d'une écriture ne peut se traduire que par l'écriture elle-même. (*Rires.*)

Le commandant Ravary nous montra alors une enveloppe et nous dit : « Le bordereau est dans cette enveloppe, il sera mis à votre disposition. De plus, vous aurez chacun une photographie que vous pourrez emporter chez vous pour compléter votre travail, pour compléter les notes que vous aurez prises sur le bordereau, parce que le bordereau ne quittera pas mon cabinet. »

Nous avons accepté cette mission.

Quelques instants après, une demi-heure environ, le commandant Esterhazy vint dans le cabinet du commandant Ravary. Nous lui avons dicté un corps d'écriture qui doit se trouver dans le dossier de l'affaire de 1897. Cette expérience a son importance aussi. Nous agissions vis-à vis du commandant Esterhazy comme dans toutes les expertises civiles ou criminelles nous agissons vis-à-vis de tout accusé ou inculpé : nous voulons savoir comment cet homme écrit, quelle est sa manière de tenir la plume, et nous faisons à ce moment des observations qui ont leur importance.

Cette dictée ayant été faite, je n'ai plus revu le commandant Esterhazy avant le jour de sa comparution en conseil de guerre. Je l'ai vu le deuxième jour du Conseil, sans naturellement lui avoir parlé dans l'intervalle ; ce jour-là il était au banc des accusés.

Voilà par conséquent un premier point établi : il n'a existé entre les experts de 1897 d'une part et le commandant Esterhazy de l'autre aucun rapport tendant à faire croire que les experts de 1897 ont pu être influencés d'une manière quelconque par le commandant Esterhazy. Je le dis parce que j'aurai l'occasion de revenir sur ce point tout à l'heure.

Comment nous sommes-nous acquittés de notre mission ? Nous avons fait ce que nous faisons ordinairement dans les expertises : nous avons commencé par étudier les pièces de comparaison, c'est-à-dire les pièces dont l'écriture est indéniable, celles qui sont bien de la personne dont nous avons à examiner plus tard la pièce qu'on veut rapprocher de son écriture.

Nous avons examiné toutes ces pièces de comparaison et nous les avons examinées séparément : pendant que mes collègues étudiaient certaines pièces, j'en étudiais certaines autres qui me revenaient ensuite. Nous les avons ainsi vues toutes.

Je vous disais que ceci a une importance considérable. En effet si les pièces sur lesquelles on fait cette comparaison ne sont pas d'un authenticité certaine, l'expert est fatalement amené à des conclusions qui seront fausses. C'est ce qui est arrivé à propos du testament de Laboussinière ; je n'ai pas été mêlé à cette affaire, mais je la connais assez pour en parler. Dans cette affaire, les experts se sont trompés et ne pouvaient pas ne pas se tromper parce que les pièces de comparaison étaient des pièces fausses ; c'étaient les pièces qui avaient servi à la fabrication du faux testament ; et ils avaient raison de dire que le testament était de l'écriture de celui qui avait établi les pièces de comparaison, parce que c'étaient les pièces de comparaison qui avaient servi à fabriquer le faux testament.

Nous avons ainsi procédé avec le plus grand soin. Quand nous avons eu l'écriture du commandant Esterhazy, nous avons examiné le bordereau. Où l'avons-nous examiné? je vous l'ai dit : au Cherche-Midi. Nous l'avons examiné séparément ; nous nous sommes rendus séparément au Cherche-Midi ; nous avons travaillé séparément sur le bordereau. Nous avons travaillé avec le commandant Ravary qui nous remettait l'enveloppe où se trouvait le bordereau ; nous nous installions dans un coin sur une petite table ; nous ne causions avec personne et quand nous avions fini, nous remettions le bordereau au commandant Ravary. Quand cette deuxième opération a été finie, alors nous nous sommes réunis ; nous nous sommes réunis pour la première fois chez un d'entre nous, M. Belhomme, et nous avons procédé à la rédaction d'un rapport, d'un rapport unique qui a été signé et déposé le 26 décembre 1897, et remis au commandant Ravary, au Cherche-Midi, le 27 décembre à 9 heures du matin. (*Rires.*)

Voilà l'historique de l'expertise. Nous avons donc déposé un rapport et quand un homme est venu dire : « J'accuse les trois experts, les sieurs Varinard, Couard et Belhomme, d'avoir fait des rapports mensongers et frauduleux, à moins qu'une expertise médicale ne les déclare atteints d'une maladie de la vue ou du jugement, » je dis que cet homme ne connaissait pas le rapport, puisqu'il a dit qu'il y avait des rapports, et ne pouvait pas le connaître puisqu'il n'était connu que du commandant Ravary et du Conseil de guerre.

Atteint d'une maladie de la vue? Oh! non, je ne crains rien sur ce point : je travaille nuit et jour sans lunette ni lorgnon. Je ne suis atteint, j'en suis convaincu, d'aucune maladie du jugement, car je ne dirai pas comme l'a dit l'auteur de la lettre « J'accuse » je ne dirai pas « des rapports » lorsqu'il y a « un rapport ». (*Rires.*)

Quelques jours s'écoulent. Nous déposons devant le Conseil de guerre, nous maintenons nos conclusions. Un peu plus tard, on vient me questionner et on me demande si mes sentiments ne se sont pas modifiés. Je réponds qu'ils se sont si peu modifiés que je donnerais ma tête à couper que le bordereau n'a pas été écrit par le commandant Esterhazy. (*Rires.*) Ceci se lit en toutes lettres dans le journal *Le Temps*, puisque c'est une interview du *Temps* qui a rapporté ce propos que je ne désavoue pas, puisque la phrase est absolument exacte.

Vous avez vu comme notre expertise a été faite, quelles sont les pièces qui nous ont été fournies, quelles sont les conclusions auxquelles nous sommes arrivés ? Quand nous avons étüdié les pièces de comparaison, nous avons vu que l'écriture du commandant Esterhazy est avant tout une écriture franche, très naturelle ; quand il commence sa lettre, il va jusqu'au bout en écrivant de la même manière et les pièces de comparaison sur lesquelles nous avons opéré sont des pièces qui se rapportent aux années 1882, 1er groupe ; 1884, 2e groupe ; 1894, 1897, dernier groupe.

Cette écriture, elle est mauvaise ; elle peut prêter à des confusions ; mais ce qui ne se modifie pas, c'est son allure générale ; et du reste, quand on a vu le commandant Esterhazy écrire, comme nous l'avons vu, on se rend compte que c'est l'homme qui est emporté par son mouvement et qui va d'un bout à l'autre exactement avec la même allure, la même rapidité, le même mouvement. Or, en est-il ainsi dans le bordereau ? Mais dans le bordereau, c'est précisément tout le contraire. Le bordereau est avant tout une écriture dont l'auteur a écrit avec des précautions qui se sentent à tous les mots. C'est tout le contraire de l'écriture d'Esterhazy ; c'est une écriture dans laquelle on sent que la main n'avance pas ; on le sent parfaitement ; et ceci est tellement vrai que si on n'avait pas confiance en nous, qui sommes les experts choisis par le commandant Ravary, je dirais que ces constatations ont été faites dans des termes identiques par des experts d'une renommée incontestable, par des savants, par ceux qui ont contribué à faire de la graphologie une science rigoureuse, ayant ses règles et ses lois, par ces experts, que M. Bernard Lazare a cherchés en France et à l'étranger, en France, « parce que la conscience de ceux auxquels je m'adressais, dit M. Bernard Lazare, les rendait propres à juger équitablement, et à l'étranger parce que, continue-t-il, je pensais qu'ils seraient peu accessibles aux préjugés ». Or, que dit du bordereau, c'est-à-dire du fac-similé du bordereau, — car il n'a pas vu l'original, — M. Crépieux-Jamin, l'un de ces experts auxquels on s'est adressé ? Voici ce qu'il en dit lui-même : « Cette pièce n'est pas exempte de tares, écrite en deux fois, avec des marques de contraction, elle m'inspire une forte méfiance. »

Voici l'avis d'un homme qui n'a pas été choisi par le Conseil de guerre, qui a été choisi par M. Bernard Lazare : « Ne sont-ils pas étranges absolument ces mots « campagne » « extrêmement » « Ministère » ?

« Ce sont là des mouvements qui témoignent d'une contraction comme celle qui frappe les faussaires.

« Et à la fin de la dernière ligne, les mots : « je vais partir en « manœuvres » sont d'une inégalité choquante et d'une netteté plus que médiocre. Le tracé contracté est évident. »

Ce n'est pas moi qui le dis, c'est M. Crépieux-Jamin, l'un des maîtres de la science.

Mais enfin, supposons qu'il se soit trompé. Que dit donc M. Brillet, graphologue, expert en écritures, demeurant à Issoudun, rue Jeanne-d'Arc, n° 11 ?

Il remarque une agitation poussée jusqu'au tremblement, et analogue à celle qui se produit chez les individus affectés de troubles cardiaques ou pulmonaires, ou qui sont sous l'impression d'intoxication par l'alcool ; que l'inhibition est supérieure à la dynamogénie, et qu'elle se traduit par des hachures, des hésitations, des éraillures, des retouches.

Il y remarque une inégalité résultant du tremblement et des hésitations, ainsi que de la différente inclinaison des lettres, et de la direction des traits et des lignes.

Voilà ce que nous dit M. Brillet, qui a bien soin de nous faire constater qu'il y a dans le bordereau au moins deux trains d'écriture.

« Le double train d'écriture se remarque très nettement dans ce document; le premier train du commencement à la dix-huitième ligne incluse, et le second de la dix-neuvième à la vingt-cinquième ligne. En laissant de côté les six dernières lignes qui pourraient à la rigueur constituer un troisième train d'écriture.

Nous avons trois trains d'écriture pour trente lignes, un train pour dix lignes.

« De façon que le document semble avoir été écrit à trois reprises différentes au moins, avec application, avec hésitation, et même plus, avec intention de falsifier peut-être.

« Il présente tout au moins le caractère d'une écriture anormale. »

Voilà ce que nous dit M. Brillet.

Mais enfin, il est encore en France, il peut avoir encore quelques préjugés.

Adressons-nous à la Suisse et voyons ce que nous dit M. Moriaux.

« Pris en lui-même le bordereau est suspect. Si l'on en fait une lettre ordinaire, il y a en lui de l'inexplicable.

« Supposer qu'un vrai coupable ait dissimulé son écriture sans d'autre but que de se cacher est insuffisant. Tout s'éclaire, toutes les difficultés s'évanouissent si l'on admet que le faussaire a voulu imiter l'écriture de Dreyfus. Le manque d'homogénéité du bordereau, les lettres grosses et les mots grands parsemant l'écriture petite. le caractère différent de l'écriture quand elle est lente et quand elle est rapide, et surtout le fait que lorsqu'elle ressemble à celle de Dreyfus l'application y est manifeste ; enfin, les contractions nerveuses en font foi. »

Ne sommes-nous pas encore assez loin de la France, nous sommes en Suisse ; mais allons plus loin si vous le permettez, en Amérique ; nous arrivons à New-York, 265 broadway, chez M. David Carvalho, citoyen américain, consacrant depuis 22 ans la plus grande partie de son temps à l'étude et à la comparaison des écritures, dans le but de témoigner devant les cours de justice.

Ayant eu l'occasion pendant ce laps de temps, après examen, d'exprimer une opinion dans plusieurs milliers de cas, je cite ses propres expressions : le déclarant, compétent en tout ce qui concerne la distinction par l'écriture entre des documents authentiques ou des documents forgés ou simulés; David Carvalho qui, à tous ces titres, en présence desquels je sens ma faiblesse, nous déclare ceci :

A première vue, le déclarant est frappé par le fait que l'échantillon C, c'est-à-dire le bordereau, qui représente l'écriture contestée, est en grande partie simulé, en ce sens que ladite écriture n'est pas harmonique ; elle varie et en ce qui concerne ce qu'on pourrait appeler ces particularités dominantes, lesdites particularités se trouvent être des exagérations et dans leurs répétitions elles sont reproduites avec tant de soin qu'elles indiquent un parti pris de simulation de la part de l'auteur, dans le but de reproduire et de rendre plus apparents lesdits points spéciaux, le déclarant a appris par l'expérience, que dans une tentative pour déguiser sa propre écriture, l'auteur essaie d'éviter les traits caractéristiques dominants et apparents de son écriture et non pas de les rendre plus intenses en cherchant à les répéter et à les multiplier, tandis que d'autre part, s'il tente d'imiter l'écriture d'un autre, il recherchera ces traits caractéristiques dominants et apparents, afin de les rendre plus intenses pour attirer pour ainsi dire l'attention plus particulièrement sur ces points spéciaux, tel dans ce cas. Le déclarant estime qu'il se trouve contenu dans ladite pièce suspecte des preuves qu'elle est une copie ou une tentative de simuler l'écriture de quelqu'un. Voici le sentiment de M. David Carvalho, et il termine en disant : « Cette écriture n'est pas une pièce dans laquelle une personne aurait dissimulé son écriture naturelle, mais au contraire une tentative faite par quelqu'un en vue de reproduire et d'imiter l'écriture d'une autre personne. »

Eh bien, je tiens à remarquer, monsieur le Président, que je ne prononcerai pas une seule fois le nom du capitaine Dreyfus ; je suis expert dans l'affaire du commandant Esterhazy, je n'ai vu absolument que le bordereau d'une part et l'écriture d'Esterhazy de l'autre, et, fidèle à mes convictions, à nos principes qui consistent à dire qu'on ne peut étudier une écriture que sur les documents mêmes, je déclare ne pas connaître l'écriture du capitaine Dreyfus.

Mais enfin, je dis que l'écriture en présence de laquelle nous nous trouvons, de l'aveu même des experts opposés, est une écriture qui n'est ni franche ni naturelle, une écriture dans laquelle nous trouvons des tremblements, des hésitations, des hachures, des modifications telles que je ne puis l'attribuer au commandant Esterhazy. Est-ce son écriture, qu'on a voulu imiter? c'est possible ; est-ce une autre? c'est encore possible. Ce qu'il y a de certain c'est que j'ai été frappé par ce double *S*, qu'il n'est pas bien difficile d'imiter ; car il n'est pas difficile de se dire : On fait d'abord un grand *S* puis un petit *s* ; le commandant Esterhazy fait le contraire, il fait un petit *s* et un grand *S* ; introduire cela dans une écriture est la chose du monde la plus facile.

Donc, nous sommes en présence d'une écriture qui n'est ni franche ni naturelle et dans laquelle on a probablement voulu imiter l'écriture de quelqu'un. En tout cas, celui qui écrivait le bordereau avait-il sous son papier pelure quelque chose qu'il suivait continuellement, revenait-il pour certains mots, tels que « manœuvres », « artillerie », la chose est possible, je ne me charge pas de résoudre la question.

Mais, dira-t-on, quand vous avez fait l'expertise de 1897, vous n'aviez pas certaines pièces qui ont été produites depuis, et notamment, paraît-il, une lettre du mois d'août 1894, qui est sur papier pelure, dans laquelle on trouve de l'écriture du commandant Esterhazy.

D'abord cette lettre je ne l'ai pas examinée, je n'en ai pas fait l'expertise, mais enfin quelle est sa valeur comme authenticité? Elle est reconnue par le commandant Esterhazy. Oh ! je crois qu'à l'heure qu'il est il reconnaîtra tout ce qu'on voudra lui faire reconnaître et ce n'est pas sa parole qui me donnera une conviction quelconque ; car enfin, de deux choses l'une, ou il faut admettre ce qu'il dit depuis le commencement jusqu'à la fin, et alors, je tombe dans la théorie du bloc, je dois tout admettre, y compris la culpabilité de Dreyfus qu'il affirme. Pour moi je dis qu'à partir de 1897 je ne crois plus absolument rien de ce que dit le commandant Esterhazy, parce que les pièces qui nous sont produites ne sont pas dans des conditions telles qu'elles puissent nous inspirer la moindre confiance. Il dit ceci aujourd'hui, rien ne prouve que l'année prochaine il ne dira pas autre chose.

D'ailleurs, remarquons-le bien, Esterhazy n'est pas le premier venu. Dans le recueil des expertises de M. Bernard Lazare, M. de Rougemont — je ne le connais pas — a établi, paraît-il, que X, c'est-à-dire l'auteur inconnu du bordereau, est un homme éminemment doué; il agit avec calme, une prudence extrême, il possède un empire sur soi extrême, une habileté de dissimulation rare; son écriture laisse l'impression d'une intelligence de premier ordre, mais d'un caractère moral en train de faire naufrage complet. Par conséquent, sa déclaration n'a sur moi aucune espèce d'action.

Je vous ai dit comment avait été faite notre expertise, les pièces de comparaison que nous avions eues sous les yeux, les exclusions auxquelles nous sommes arrivés; je me tiens prêt, monsieur le Président, à donner au Conseil toutes les explications qu'il voudra bien me demander.

Le Président. — Veuillez faire connaître quelles sont les constatations graphiques que vous avez faites et qui vous ont fait attribuer le bordereau à Dreyfus.

M. Couard. — J'ai écrit le bordereau moi-même quelques jours après avoir été chargé de l'affaire; pour écrire ces 30 lignes, recto et verso, il m'a fallu 7 minutes 1/2; eh bien, je n'admettrai jamais que pour écrire ces 30 lignes le commandant Esterhazy ait changé trois fois d'écriture, car l'écriture change. Je n'ai pas le bordereau sous les yeux.

M. le Président fait passer le bordereau à M. Couard.

M. Couard. — Il est évident qu'une fois arrivé à la 15e ligne, il y a eu une reprise. Si je regarde le mot « extrêmement » qui se trouve sur la même ligne, je vois qu'il est écrit avec des tremblements très caractéristiques et très apparents. Si je vais plus loin je vois des tremblements aussi sur le mot « ministère ». Vous avez une photographie entre les mains, mais tout ce qui est indiqué sur la photographie dépasse un peu ce qui est sur l'original. Cependant, dans le mot « ministère », il y a des tremblements; en arrivant au verso, je vois que l'écriture va encore une fois changer d'allure : elle est sensiblement plus arrondie, moins anguleuse, et les angles sont une des caractéristiques de l'écriture d'Esterhazy; je trouve des angles et des traits fort allongés au-dessus de la ligne chez Esterhazy, là je ne les trouve pas.

A la 4e ligne du verso je trouve le mot « manœuvre » et je retrouve le même mot « manœuvre » dans les dernières lignes : je vais partir en maœuvres. Eh bien, il est pour moi certain que celui qui a écrit ce mot « manœuvre » avait sous le papier quelque chose qui lui servait pour faire un calque. Voilà mon sentiment. En somme, je me trouve en présence d'une écriture toute différente par son train, par son allure, de ce qu'est l'écriture d'Esterhazy.

Voilà les points essentiels que je signalerai au Conseil. Nous étions trois experts, nous avions fait un rapport, mes collègues pourront peut-être compléter sur d'autres points les observations que je présente ici.

Le Président. — Vous concluez que l'écriture du bordereau n'est pas du commandant Esterhazy ?

M. Couard. — Je conclus que l'écriture du bordereau n'est pas du commandant Esterhazy.

Le Président. — Et avec l'écriture de Dreyfus vous ne faites aucune confusion ?

M. Couard. — Je m'y refuse absolument. Parce que je ne fais d'expertises d'écritures que sur les écritures elles-mêmes et je n'ai jamais eu d'écriture de Dreyfus. Je fais cependant une restriction ; le 19 janvier, je crois, nous avons été convoqués et entendus par la Cour de cassation ; or, ce jour-là, il était environ une heure. M. le président Lœw nous a réunis dans la Chambre criminelle, il a réuni là les experts de 1897 et ceux de 1894. Nous étions, par conséquent, au nombre de sept. Après avoir quitté la Chambre criminelle, nous sommes entrés dans la Chambre du conseil. Sur la table on a apporté le bordereau que je revoyais pour la première fois depuis décembre 1897. On a apporté également des monceaux de papiers d'Esterhazy et des monceaux de papiers de Dreyfus. Je n'ai donc pu jeter qu'un coup d'œil forcément très rapide sur l'écriture du capitaine Dreyfus. Je ne puis donc pas dire que nous ayons fait une expertise dans ces conditions. M. le président Lœw lui-même l'a reconnu. Il nous a dit en effet : « Je ne vous demande pas de faire une expertise ; je vous demande seulement si vous modifiez vos conclusions. Cette expertise, en effet, paraît nécessiter un temps bien autrement long que les quelques minutes que vous avez eues à votre disposition pour étudier les pièces de comparaison. »

Nous étions sept pour prendre connaissance du bordereau d'un côté et de cinquante à soixante pièces de l'autre. Nous ne pouvions donc avoir les pièces dont il s'agit à notre disposition que pendant un temps extrêmement court. Il n'y a donc pas eu une expertise proprement dite. Je maintiens les termes de mon rapport de 1897 et mes conclusions ne sont pas modifiées.

Le Président. — Le temps pendant lequel vous avez examiné ces pièces n'a pas modifié votre conviction ? Vous avez vu à ce moment l'écriture du capitaine Dreyfus ?

M. Couard. — Oh ! je l'ai vue si rapidement !

Le Président. — Vous n'avez pas eu le temps matériel de l'examiner ?

M Couard. — Non, monsieur le Président. Il y a des lettres qui sont les mêmes, mais...

Le Président. — Vous ne l'avez pas vue assez longtemps pour pouvoir vous former une opinion ?

M Couard. — Non, monsieur le Président.

Me Demange. — Voulez-vous demander à M. Couard s'il maintient ce qu'il a dit devant la Cour de cassation, à savoir que sur le recto et sur le verso du bordereau, il y avait quatre ou cinq mots calqués sur l'écriture du commandant Esterhazy ?

Le Président. — Pouvez-vous maintenir devant le Conseil de guerre que sur le recto et sur le verso du bordereau, il y avait des mots calqués sur l'écriture du commandant Esterhazy ?

M. Couard. — Je voudrais bien avoir connaissance des termes exacts de ma déposition devant la Cour de cassation.

Me Demange. — C'est à la page 350[1], au bas de la page, que je relève ceci : « Je ne prétends pas qu'au recto il y ait eu calque de l'écriture d'Esterhazy pour tous les mots, mais seulement que quatre ou cinq de ces mots, tant au recto qu'au verso, ont pu être calqués. »

Le Président. — Maintenez-vous cette déposition ?

M. Couard. — Mon Dieu, monsieur le Président, ma réponse est bien simple. Je ne connais qu'une écriture, l'écriture d'Esterhazy, et j'ai dit : Voilà des mots dans lesquels il y a calque, je connais l'écriture Esterhazy, il y a des rapports avec l'écriture Esterhazy, pour moi il y a calque.

Si je connaissais l'écriture de Dreyfus que je ne connais pas, je vous dirais peut-être qu'il y a calque, mais je n'en sais rien, je ne sais pas comment Dreyfus écrit « manœuvres ». Je prétends et je déclare ceci : C'est qu'il y a des mots qui sont certainement calqués.

Au moment où j'ai fait ma déposition, je ne connaissais et en ce

1. Page 506 de notre édition. (*Note de l'Editeur.*)

moment je ne connais encore que l'écriture d'Esterhazy; y a-t-il des rapports entre l'écriture d'Esterhazy et l'écriture de Dreyfus? Je n'en sais rien, mais enfin je prétends que pour ces mots il y a calque.

Le Président. — Calque de l'écriture d'Esterhazy?

M. Couard. — Je ne connais pas d'autre écriture.

Me Demange. — Étant donné que M. Couard avait de l'écriture d'Esterhazy, étant donné qu'il avait le bordereau où il a trouvé des mots calqués, en a-t-il conclu que ces mots étaient calqués sur l'écriture d'Esterhazy?

M. Couard. — Nous avons conclu qu'il y avait calque, nous ne connaissions qu'une seule écriture, l'écriture d'Esterhazy, nous avons conclu que c'était un calque de l'écriture d'Esterhazy, mais il y a peut-être une autre écriture qui s'applique également à ce calque. Ce que je prétends, c'est qu'il y a eu calque pour ces mots-là.

Me Demange. — Je n'ai pas d'autre question à poser au témoin, mais tout à l'heure, dans sa déclaration, il a émis un avis sur la sincérité de deux pièces qui avaient été versées à la Cour de cassation, les deux lettres de M. Esterhazy, du 17 avril 1892 et du 17 août 1894. J'ai l'honneur de vous demander, en vertu de votre pouvoir discrétionnaire, la lecture de l'ordonnance qui a été prise par M. le conseiller Atthalin et des pièces qui ont été reçues en vertu de cette ordonnance. C'est page 467[1] de l'impression.

Le Président. — Monsieur le greffier, veuillez donner lecture de cette pièce.

Le greffier Coupois *donne lecture des pièces suivantes :*

Paris, le 7 février 1889. — Nous, Laurent Atthalin, conseiller à la Cour de cassation, etc.

Le Président. — Ne donnez lecture que de ce qui est utile.

Le greffier Coupois, *lisant* :

Le 7 novembre 1898, il a été saisi chez le sieur Schmidt une lettre datée de Courbevoie, 17 avril 1892, adressée par le commandant Walsin-Esterhazy à M. Rieu, ladite lettre commençant ainsi: Monsieur, je reçois votre lettre », et finissant ainsi : « Si ce lieu de rendez-vous pouvait vous agréer. » M. le juge d'instruction est prié de vouloir bien représenter cette lettre, laquelle est écrite sur papier pelure quadrillé, à M. Rieu, lequel dira *si la lettre qui lui sera ainsi représentée et qu'il visera* ne varietur *est bien celle même qu'il a reçue le* 17 *avril* 1892; si la lettre du 17 avril 1892 était bien sur papier

1. Page 674 de notre édition. (*Note de l'Editeur.*)

pelure quadrillée, comme l'est celle saisie le 6 novembre 1898 ; si le format, la couleur de l'encre sont les mêmes, si des annotations contemporaines à la réception de la lettre l'identifient (par exemple le calcul $\frac{\overset{1425}{45}}{1380}$ tracé à l'angle inférieur droit de la lettre au recto).

M. Rieu expliquera, en outre, d'une manière détaillée, à quel ordre de circonstances et de faits se réfère la lettre susvisée ; il représentera, s'il y échet, son livre de correspondances, sur lequel M. le juge d'instruction relèvera toutes mentions se rapportant soit à ladite lettre, soit à celles qui l'ont précédée ou suivie; en un mot, M. le juge d'instruction voudra bien recevoir de M. Rieu toutes déclarations utiles à la détermination de l'authenticité de la lettre datée du 17 avril 1892 et saisie le 7 novembre 1898.

Le Greffier Coupois *lit encore :*

8 février 1899.

RIEU (Georges-Ernest), 34 ans, tailleur, établi à Paris, 21, rue de Richelieu, y demeurant.

Sur la représentation de la lettre saisie, le 7 novembre 1898, chez le sieur Schmidt, agent d'affaires, rue des Archives, n° 9, le témoin dit :

« La lettre que vous me représentez m'a bien été adressée par le sieur Esterhazy, alors capitaine de chasseurs à pied. Aucun doute ne peut subsister dans mon esprit, car non seulement cette lettre a trait à un différend que j'ai eu avec ledit Esterhazy en 1892 et que je me rappelle fort bien, mais encore la soustraction qui figure au coin inférieur droit de la première page $\frac{\overset{1425}{45}}{1380}$ ainsi que le nom Esterhazy et la mention « 12 avril 1892 », figurant à la partie supérieure droite de la quatrième page, émanent de la main de ma mère qui, alors, tenait la comptabilité de la maison.

« Cette lettre fait partie d'une correspondance échangée entre Esterhazy et mon père, alors directeur de la maison. Le sieur Esterhazy était alors en garnison en Tunisie lorsque mon père lui réclama le règlement de son compte, s'élevant à environ 1,000 francs. Le sieur Esterhazy déclara alors qu'il lui avait fait deux envois d'argent en Tunisie, et quand il revint, un jour que j'avais été le trouver à Courbevoie, où son bataillon tenait garnison, il me montra deux talons de poste pour me prouver qu'il avait envoyé de l'argent à mon père.

« Nous avons fait des recherches à la poste, mais nous n'avons pas trouvé trace de payement fait à notre nom. Mon père a alors invité le sieur Esterhazy à faire lui-même des recherches à la poste en qualité d'envoyeur de fonds, mais non seulement Esterhazy n'a jamais fait connaître le résultat de ses recherches, mais encore il n'a jamais voulu remettre entre les mains d'un avoué ou d'un huissier lesdits talons, autant que je me le rappelle.

« Lorsque j'ai été à Courbevoie trouver Esterhazy, c'était en 1892, deux ou trois jours après la réception de cette lettre.

« Je vais rechercher si je possède encore le copie de lettres de notre maison de 1892, et si je le retrouve, je vous le soumettrai et vous pourrez y relever la trace de la correspondance que ma maison a eue avec Esterhazy.

« Ma mère se tient à la disposition de la justice : elle demeure 4, villa Metillot, à Neuilly (Seine). »

Lecture faite, etc.

RIEU, JOSSE, GIGOUT.

Paris, le 10 février 1899.

Monsieur le juge d'instruction,

J'ai l'honneur de vous écrire au sujet des recherches que j'ai faites dans mes copies de lettres au sujet de mon affaire avec Esterhazy, pour laquelle j'ai été appelé à votre cabinet.

Je n'ai rien trouvé qui me paraisse intéressant. Je n'ai que quelques lettres où nous lui rappelions sa dette et où nous lui demandions de nous payer.

Si toutefois vous avez besoin de ces copies de lettres, je les tiens à votre disposition.

Veuillez agréer, Monsieur le juge d'instruction, mes civilités les plus empressées.

RIEU.

Me DEMANGE. — Maintenant, cela a trait à l'autre lettre... l'ordonnance, ce n'est pas la peine.

LE GREFFIER COUPOIS *lit encore* :

7 novembre 1899.

BRILLIÉ (Paul), 30 ans, huissier près le Tribunal de la Seine, demeurant à Paris, 6, avenue d'Italie.

SUR INTERPELLATION

Je n'ai jamais vu la lettre que vous me représentez (lettre signée Esterhazy), datée de Rouen, 17 août 1894, cotée n° 7, jointe à votre procès-verbal d'audition du sieur Callé, huissier en date du 2 novembre 1898; mais je me rappelle fort bien qu'un jour, dans la salle des Pas-Perdus, en sortant de la salle des référés, autant qu'il m'en souvient, à l'époque du procès Zola, soit avant, soit après, je crois, mon confrère Callé me dit qu'il possédait une lettre d'Esterhazy sur « le fameux papier pelure », datée du camp de Châlons, en parlant du camp de Châlons.

J'ai demandé à Callé à voir cette lettre ; il m'a répondu qu'il me la montrerait, car il ne l'avait pas sur lui. Les jours suivants, je n'ai plus pensé à cette lettre. Callé non plus, sans doute, et c'est la première fois que je la vois aujourd'hui. Je ne me rappelle pas si quelqu'un se trouvait avec Callé et moi au moment où Callé m'a parlé de cette lettre. Callé ne m'a pas dit à qui il avait pu la montrer.

SUR NOUVELLE INTERPELLATION

Je viens de me servir de l'expression « le fameux papier pelure » parce qu'à l'époque les journaux disaient que le bordereau de l'affaire Dreyfus était écrit sur papier pelure.

Lecture faite, etc.

BRILLIÉ, JOSSE, GIGOUT.

7 novembre 1898.

DENEUX (Auguste-Emile), trente-cinq ans, huissier près le Tribunal de la Seine, 156, rue Montmartre.

SUR INTERPELLATION

J'ai vu et j'ai eu entre les mains, à trois ou quatre reprises différentes, la lettre que vous me représentez (lettre datée de Rouen du 17 août 1894, signée Esterhazy, annexée à notre procès-verbal du 2 novembre 1898 et cotée sous le numéro 7). Voici dans quelles circonstances j'ai vu cette lettre : C'était à l'époque du procès Zola ; mon confrère Callé me dit, comme on parlait des lettres Esterhazy, que lui, Callé, en possédait une sur papier pelure ; et comme il l'avait sur lui, il me la montra. Cette lettre était enfermée dans un portefeuille jaune dont se servait habituellement mon confrère. J'avais entre les mains le livre de Bernard Lazare, livre publiant une douzaine de rapports d'experts sur le bordereau.

Pour me donner une opinion personnelle, à titre de simple curiosité, j'ai redemandé, quelque temps après, à mon confrère Callé de me montrer de nouveau la lettre d'Esterhazy pour la comparer aux pièces de comparaison données dans lesdits rapports d'experts. J'ai donc eu, comme je vous l'ai dit, à trois ou quatre reprises différentes cette lettre entre les mains.

Cette lettre m'intéressait, non seulement à cause de l'écriture d'Esterhazy, mais encore à cause du papier dont les journaux parlaient, et sur lequel ils disaient qu'était écrit le bordereau de l'affaire Dreyfus.

C'est mon confrère Callé qui a attiré mon attention sur la nature du papier.

Je ne me rappelle pas les noms des confrères qui pouvaient se trouver là lorsque Callé m'a montré cette lettre. Je crois toutefois que mon confrère Lelong l'a vue. Quant à moi, j'en ai parlé à plusieurs personnes dont je ne me rappelle pas les noms, à l'exception de mon confrère Bomsel, audiencier à la Cour de cassation, 40, rue Notre-Dame-des-Victoires, et mon ami Tumbeuf, 4 ou 6, rue Robert-Lecoin, auxquels je me rappelle avoir parlé de la lettre.

Lecture, etc.

DENEUX, JOSSE, GIGOUT.

8 novembre 1898.

LELONG (Joseph-Jules), 46 ans, huissier près le Tribunal de la Seine, rue des Déchargeurs, 11, à Paris.

SUR INTERPELLATION

Mon confrère Callé m'a montré la lettre que vous me représentez (lettre datée de Rouen, 17 août 1894, signée Esterhazy, jointe à notre procès-verbal du 2 novembre courant et cotée sous le nº 4), à l'époque du procès Zola, autant que je me le rappelle. Comme à cette époque les journaux disaient que le bordereau Dreyfus était sur papier pelure, mon confrère Callé me dit qu'il possédait une lettre signée Esterhazy, écrite sur papier pelure, et il me la montra.

La lettre que vous me représentez est bien celle que Callé m'a montrée.

Cette lettre m'a d'autant frappé qu'elle commence par ces mots : « J'ai reçu en revenant du camp de Châlons, où j'ai été passer quinze jours... » alors que les journaux de l'époque prétendaient que le commandant Esterhazy n'avait pas quitté sa garnison.

SUR NOUVELLE INTERPELLATION

J'ai vu cette lettre deux ou trois fois, car Callé l'a montrée à d'autres personnes devant moi ; parmi ces personnes, je pourrais citer mon confrère Deneux et mon confrère Brillié, je crois ; Deneux en a même pris copie sur le dos d'un dossier.

Lecture, etc.

LELONG, JOSSE, GIGOUT.

8 novembre 1898.

DUGAS (Henri-Léon), 48 ans, fabricant de cannes et parapluies, 82, rue Saint-Lazare, Paris.

SUR INTERPELLATION

Je me rappelle parfaitement avoir vu et avoir lu la lettre que vous me représentez (lettre datée de Rouen, 17 août 1894, signée Esterhazy, jointe à notre procès-verbal du 2 novembre courant et cotée nº 7).

Il y avait quelques jours seulement que les journaux parlaient pour la première fois du commandant Esterhazy, lorsqu'un soir, à l'heure de l'apéritif, je me trouvai à la brasserie Mollard, en face la gare Saint-Lazare, avec Callé, mon ami de collège. Il me dit qu'il possédait une lettre d'Esterhazy, car, dans la conversation, je lui avais demandé quel était cet Esterhazy dont les journaux parlaient ; et il me montra la lettre que vous venez de me représenter.

Callé attira mon attention sur la nature du papier sur lequel la lettre était écrite, papier qui pouvait bien ressembler au papier désigné par les journaux, sur lequel aurait été écrit le bordereau Dreyfus.

J'ai pu parler à plusieurs personnes de cette lettre, mais, malgré tout mon bon vouloir, je ne me rappelle pas actuellement quelles sont ces personnes.

Lecture.

DUGAS, JOSSE, GIGOUT.

M. le Président fait représenter à M. Couard le bordereau.

LE PRÉSIDENT. — Voulez-vous voir si c'est bien le bordereau que vous avez expertisé?

M. COUARD. — Parfaitement, monsieur le Président.

LE PRÉSIDENT. — C'est bien de l'accusé ici présent que vous avez entendu parler?

M. COUARD. — Oui, monsieur le Président.

LE PRÉSIDENT. — Accusé, levez-vous.

Avez-vous une observation à faire sur la déposition que vous venez d'entendre?

LE CAPITAINE DREYFUS. — J'ai une observation à faire : le témoin a oublié de dire que tous les experts dont il a cité les noms ont été unanimes à conclure que le bordereau n'était pas de moi.

LE PRÉSIDENT. — Faites entrer le témoin suivant.

SOIXANTE-DIXIÈME TÉMOIN

M. VARINARD

M. Varinard, Pierre, 45 ans, expert en écritures, prête serment.

LE PRÉSIDENT. — Connaissiez-vous l'accusé avant les faits qui lui sont reprochés?

M. VARINARD. — Non, monsieur le Président.

LE PRÉSIDENT. — Vous n'êtes ni son allié, ni son parent, ni son ami; vous n'êtes pas à son service, ni lui au vôtre?

M. VARINARD. — Non, monsieur le Président.

LE PRÉSIDENT. — Vous avez été appelé en 1897 à faire l'expertise du bordereau à propos de l'affaire Esterhazy. Veuillez nous faire connaître le résultat de vos observations.

M. VARINARD. — J'ai été convoqué avec deux de mes collègues pour faire cette expertise et le résultat de nos travaux a été celui-ci : le bordereau incriminé n'est pas l'œuvre du commandant Walsin-Esterhazy. Je maintiens encore aujourd'hui ces conclusions, malgré la déclaration du commandant Esterhazy qui m'échappe complètement et dont je n'ai pas à m'occuper. Je donnerai donc mes explications sur les observations que j'ai faites en 1897.

Il y a dans l'étude d'une écriture deux séries d'observations à faire; les unes sont spéciales à la forme générale de l'écriture, à ce que je pourrais appeler le style de l'écriture, et les autres au trait lui-même, c'est-à-dire à la délicatesse du trait. La première série d'observations varie suivant l'époque et suivant l'écriture; c'est ce qui nous permet de distinguer par la forme générale si une écriture est étrangère, allemande, italienne, gothique ou romane, ancienne ou moderne.

Cette première partie est absolument impersonnelle; elle est simplement la forme habituelle de l'écriture employée par la personne. Au contraire, la seconde série d'observations est une série d'observations absolument personnelles : ce sont les petits détails des traits qui varient avec chaque personne, mais dans une même écriture, c'est-à-dire dans une écriture employée par deux personnes différentes ou écrivant d'une même manière, c'est-à-dire que deux personnes françaises emploieront une même forme extérieure, mais qu'elles auront des détails différents dans leurs écritures. La première série d'observations est plus particulièrement appelée la paléographie, c'est celle qui est employée et qui est étudiée à l'École des Chartes; c'est celle de l'écriture impersonnelle. Au contraire, la seconde série, le détail, le petit trait, les observations qu'on fait sur la personne même, forment une série d'observations plus particulières qui sont le fond de la science graphologique.

Or, ces signes absolument personnels, je dis qu'ils varient d'une personne à l'autre dans la même écriture, c'est-à-dire que deux personnes françaises pourront se rencontrer dans la même formule de l'écriture qui leur a été enseignée, tandis qu'au contraire elles donneront des indications différentes dans les traits. Ces petits détails varient suivant la personne; par exemple les pleins seront faits pour certaines personnes au commencement, pour d'autres au milieu des traits, pour d'autres à la fin. Nous aurons ainsi, suivant les cas, un trait gros en haut ou massué à la fin, ou un trait renflé au milieu. Tous les éléments de cette écriture sont distincts et correspondent à des états physiologiques différents, qui font qu'elle forme, pour ainsi dire, l'équation personnelle. Or, dans la question qui nous occupe, si on n'étudie que ce qui a rapport à la forme, on trouve en effet une ressemblance entre l'écriture du bordereau et celle du commandant Esterhazy, une ressemblance de forme; il y a des lettres qui ont une forme analogue; si on se laisse aller dès l'abord, on peut croire à une ressemblance, surtout superficielle, d'autant plus que c'est seulement la forme qui se manifeste et reste apparente, si on se sert d'un cliché photographique ou de reproductions phototypiques.

Dans le détail réel, les traits ne se manifestent plus, ils disparaissent complètement; l'écriture perd pour ainsi dire, si j'ose m'exprimer ainsi, sa vie. La question devient tout autre si on s'occupe des petits détails de traits; c'est ainsi que nous avons pu dire dans notre rapport, c'est le point le plus saillant et le plus simple, que l'écriture du commandant Esterhazy est formée d'angles, les lettres à la base comportent un petit angle qui est bien caractéristique et qui lui est bien personnel, — c'est-à-dire que, sur une page d'écriture, il ne peut y avoir que de loin en loin quelques petits angles; tout le reste se forme en rond, ce qui est une caractéristique graphologique, tandis que l'écriture du bordereau vous donne l'aspect d'un tracé à petites courbes, surtout à la base, ce qui indique un caractère absolument différent.

Or, je prétends qu'il est absolument impossible à la personne qui a fait l'écriture ronde du bordereau de faire l'écriture anguleuse du commandant Esterhazy et il serait impossible de même, au commandant Esterhazy, de faire l'écriture arrondie du bordereau. Avec un peu d'attention il pourrait peut-être, pendant quelques lettres, arriver à faire un angle suffisamment apparent, mais au bout de quelques lettres, involontairement, l'impulsion de sa main reviendrait à la forme personnelle qui est dans son coup de plume.

Dans l'écriture du commandant Esterhazy, il y a une autre particularité, ce sont les finales : le commandant Esterhazy fait des finales généralement pointues, c'est-à-dire que les traits se terminent en s'amincissant légèrement, en montant aussi.

Or, dans le bordereau, — je parle seulement du bordereau original, — si nous considérons, non pas un grossissement, mais simplement un trait uniforme, le délié est court et se maintient avec la même grosseur.

Sur la reproduction il peut naturellement y avoir des différences, c'est une question de photographie.

C'est donc une question caractéristique, absolument différente, car cette différence provient de la manière du coup de plume. Le coup de plume d'Esterhazy devient léger au bout ; à la fin de son tracé, au contraire, l'auteur du bordereau fait un coup de plume qui se maintient d'une manière régulière, et nous constatons qu'il y a là des différences absolument importantes aussi impossibles à employer pour l'un comme pour l'autre.

C'est ce qui nous a permis de dire dans notre rapport que nous reconnaissions bien dans le bordereau les formes de lettres spéciales de l'écriture d'Esterhazy, mais que ces lettres n'étaient pas dissemblables et que nous constations au contraire des dissemblances dans les caractères de l'écriture.

Nous avons remarqué, non pas des ressemblances, mais au contraire des dissemblances, allant jusqu'à de véritables dissimilitudes dans les petits détails que je viens de vous signaler.

Je maintiens donc absolument le rapport qui a été fait avec nos collègues M. Couard et M. Belhomme.

Quelle que soit la manière dont ce document a pu être tracé, avec plus ou moins de rapidité, on voit certainement que le document n'est pas naturel. Il y a des hésitations, des tremblements, des retouches qui nous indiquent bien qu'il y a eu une observation réelle, intensive de la personne à s'appliquer à donner une forme spéciale à son écriture; l'écriture ne peut pas être une écriture naturelle.

A un autre point de vue, nous avons remarqué que certains mots, en prenant le calque, se repèrent l'un sur l'autre. C'est ce qui nous a conduit à supposer qu'ils avaient été pris sur une commune mesure.

Quelle est cette commune mesure?

Comme nous n'avons pas eu sous les yeux d'exemples de mots sur lesquels on puisse rapporter les mots du bordereau, nous n'avons pu donner ceci que comme une hypothèse, mais ces mots étaient absolument identiques, et nous supposons qu'ils ont été écrits sur une commune mesure. Cette hypothèse nous était en quelque sorte, je ne dirai pas donnée, mais enfin nous avions reçu une déclaration du commandant Esterhazy nous parlant d'un certain document. Au moment du Conseil de guerre, j'ai eu l'occasion de voir un monsieur cité comme témoin, M. le colonel Bergouignan qui venait dire que ce travail il l'avait vu, qu'il lui avait été soumis. Ne voyant pas le lieutenant-colonel Bergouignan cité aujourd'hui, je lui ai demandé s'il voulait bien me confirmer mes souvenirs. J'ai reçu une lettre du lieutenant-colonel Bergouignan qui les confirme; je m'en vais la passer à M. le greffier. La lettre est d'un tracé un peu fin; si vous le désirez, je puis en donner lecture :

« Monsieur,

« Vos souvenirs sont exacts. J'ai *vu* et *lu* ce travail qui comportait sept ou huit pages. Mais à l'époque où je l'ai lu, mars 1893, Esterhazy s'est borné à me dire que cette étude lui avait été *demandée;* il n'a pas précisé. C'est seulement en novembre 1897, quelques jours après la dénonciation ou plutôt l'accusation portée par Mathieu Dreyfus, qu'Esterhazy m'a dit pour quel objet ce travail lui avait été demandé par le capitaine Bro, et m'a fait le racontar connu. Je n'ai fait au Conseil que reproduire les assertions d'Esterhazy telles que je les tenais de lui. Il se pourrait d'autre part que ce travail que j'ai lu ait servi à faire une conférence au 74e, sur le combat d'Eupatoria et le rôle de la cavalerie dans cette affaire.

« On pourrait en retrouver trace sur le registre des procès-verbaux des conférences du 74e.

« Je pense que tout ce qu'allègue Esterhazy à cette heure importe peu : blanc ou noir à quelques jours d'intervalle, quelle créance ont ses dires? Nous ne sommes pas au bout de ses inventions.

« Veuillez croire, monsieur, à mes sentiments distingués.

« Signé : BERGOUIGNAN. »

Tarbes, le 21 août 1899.

Voilà cette lettre, elle prouve que le document a réellement existé.

LE PRÉSIDENT. — C'est bien de l'accusé ici présent que vous avez entendu parler?

M. VARINARD. — Oui, monsieur le Président.

LE PRÉSIDENT, *s'adressant au capitaine Dreyfus.* — Avez-vous quelque observation à présenter?

LE CAPITAINE DREYFUS. — Aucune, mon colonel.

M. Varinard s'approche du Conseil et l'informe que M. Belhomme sera à sa disposition demain matin.

LE PRÉSIDENT. — Nous interromprons demain matin l'audition des experts et nous entendrons d'abord M. le lieutenant-colonel Cordier, M. Gallichet et M. de Freycinet.

Vous aurez la bonté, monsieur le greffier, de faire afficher cet avis dans la salle des témoins.

M. le Commissaire du Gouvernement se lève.

LE PRÉSIDENT. — Vous avez, monsieur le Commissaire du Gouvernement, quelque chose à dire?

LE COMMISSAIRE DU GOUVERNEMENT. — J'ai une petite communication à faire. J'ai communiqué au Conseil une lettre relative à M. le colonel du Paty de Clam et à son état de santé, cette lettre-là indiquait qu'il rédigeait sa déposition pour nous l'envoyer; la déposition n'est point venue; alors, je demanderai à monsieur le Président de vouloir bien adresser une commission rogatoire au rapporteur du deuxième Conseil de guerre pour que la déposition de M. du Paty de Clam soit recueillie dans la forme ordinaire.

Le Président. — La défense n'a pas d'observations à faire?

Me Demange. — Aucune.

Le Président. — C'est bien; monsieur le Commissaire du Gouvernement, faites préparer cette commission rogatoire et je la signerai.

La séance est suspendue à 11 heures 3/4 et renvoyée à demain à 6 heures 1/2.

QUINZIÈME AUDIENCE

Mardi 29 août 1899.

La séance est ouverte à 6 heures 30 du matin.

SOIXANTE ET ONZIÈME TÉMOIN

LE LIEUTENANT-COLONEL CORDIER

M. Cordier, Albert, 55 ans, lieutenant-colonel en retraite.

Le témoin prête serment.

LE PRÉSIDENT. — Vous étiez lié par le secret professionnel et vous avez fait précédemment une déposition incomplète; aujourd'hui que vous êtes délié de ce secret professionnel, vous êtes en mesure de nous dire tout ce que vous savez.

LE LIEUTENANT-COLONEL CORDIER. — Parfaitement.

Le dimanche 23 septembre 1894, je suis parti en permission de quinze jours. La veille au soir, j'avais quitté la section de statistique à une heure avancée; il n'y avait rien, absolument rien. S'il y avait eu quelque chose d'extraordinaire à la section, je ne serais pas parti. Par conséquent, le 22 septembre 1894, on ne connaissait encore rien de ce qui est devenu l'Affaire que vous savez.

Je suis rentré de permission le dimanche 7 octobre; le lundi 8 octobre, vers onze heures du matin, je suis allé au ministère. Sandherr n'était pas à ce moment-là dans les locaux de la section; on me dit qu'il était dans les bureaux de l'État-major. Quelques instants après, il revint, il me parut assez ému, je lui demandai : « Qu'y a-t-il de nouveau? » Il me tend un papier et me dit : « Tiens, lis... » Ce papier était la copie du bordereau, c'était une copie sur une feuille de papier écolier, ce n'était pas le bordereau lui-même. J'ajouterai qu'à cette époque-là on n'avait pas l'habitude en principe à l'État-major de présenter aux grands chefs ces petites feuilles de papier malpropres, hideuses, qui venaient de certains endroits; on recopiait sur des feuilles de papier écolier, de même que la traduction de la pièce qu'on avait à montrer et les originaux n'étaient soumis aux grands chefs que dans des circonstances extraordinaires, quand le besoin s'en faisait sentir.

A la suite de cela, nous avons eu avec Sandherr, comme bien vous pensez, une conversation extrêmement animée; cette conversation a duré plus d'une demi-heure. J'en tirerai seulement les points qui peuvent intéresser directement l'affaire dans l'état où elle est actuellement.

Sandherr me dit tout d'abord en deux mots : « Cela vient de l'Ambassade. » Il n'avait pas besoin de me dire autre chose, un seul mot me suffisait, car j'étais assez initié à ces questions.

Il me dit ensuite qu'on avait photographié la pièce qui ne s'appelait pas à cette époque le bordereau, mais que, pour la clarté de l'exposition, j'appellerai à partir de maintenant le bordereau.

On fait donc photographier ce bordereau; on en avait donné des exemplaires aux chefs des bureaux de l'État-major de l'armée, et, je crois, aussi à quelques directeurs du ministère. On fait examiner à droite et à gauche. On n'avait d'abord rien trouvé parmi les officiers du cadre; puis à un moment donné, au quatrième bureau, les soupçons s'étaient concentrés. Alors Sandherr me dit : « On connaît le coupable, c'est le capitaine d'artillerie stagiaire Dreyfus... Hein! ajouta-t-il, que j'ai eu du nez de ne pas le prendre pour les traductions!... » Je vous donne précisément ce détail pour vous montrer qu'à ce moment-là, à la section de la statistique, nous n'avions aucune présomption contre Dreyfus, que contrairement à tout ce qui a été dit et imprimé, cet officier n'avait pas été l'objet d'une surveillance auparavant, qu'il n'y avait rien contre lui.

Ainsi, le bordereau arrivant à la section de la statistique, ce n'est pas Dreyfus qu'on soupçonne, c'est dans un autre bureau, et ce n'est pas nous, d'ailleurs il n'y avait rien absolument contre lui avant, et j'aurai l'occasion de vous le démontrer tout à l'heure.

Dans la conversation de Sandherr il y a encore un autre point que je vous indique et qui a peut-être son importance (je ne sais pas l'état exact de vos connaissances). Sandherr m'a dit : « On vient de trouver son nom; le ministre ne le sait pas encore, le général de Boisdeffre le lui dira dans l'après-midi.

Ainsi, à la date du 8 octobre (mes souvenirs sont parfaitement précis), tous les soupçons sont cristallisés sur Dreyfus. Ceci va peut-être nous aider à trouver la date exacte de l'arrivée du bordereau.

Comme je l'ai dit, j'étais absent, mais je crois qu'il est facile de reconstituer cette date. Dreyfus est désigné comme coupable le 8 octobre au matin, c'est-à-dire huit jours avant son arrestation, qui a eu lieu le lundi 15 octobre. Il n'y avait encore rien au moment de mon départ, il a fallu le temps de photographier le bordereau, de le distribuer dans les bureaux. Vous vous rappelez les hésitations; en définitive on trouve le capitaine. Il a fallu un certain temps pour toutes ces opérations. Je crois donc pouvoir dire qu'il est extrêmement probable que le bordereau a été introduit au Ministère dès le commencement de la semaine qui a commencé le lundi 24 septembre, et peut-être même le lundi matin.

En outre, dans cette conversation avec Sandherr, il s'est passé des incidents qu'il est peut-être utile de rapporter.

A un moment donné, passe le commandant Henry. Comme je vous l'ai dit, c'est d'une copie du bordereau que nous causions. Le colonel Sandherr lui dit : « Donnez donc la pièce au commandant Cordier. » Henry est assez embarrassé, a l'air un peu gêné; il dit : « Je viens de fermer mon armoire. » Il avait son chapeau sur la tête.

Il m'a semblé qu'il allait déjeuner. Or, à ce moment-là, Mme Henry était enceinte; il était évident qu'Henry ne tenait pas à se mettre en retard pour son dîner. Je dis : « C'est bon, nous avons le temps de le voir, nous verrons cela plus tard. J'ai la copie, cela me suffit. » Voilà comment je n'ai pas vu le bordereau à ce moment-là. Je ne puis pas dire si Sandherr a dit d'apporter le bordereau ou d'apporter une photographie du bordereau; je n'ai plus cela dans la tête; s'il était utile de savoir si ce jour-là, et à cette heure, le bordereau était encore à la section de statistique, peut-être serait-il possible d'interroger utilement sur ce point l'archiviste Gribelin.

Maintenant, je vais dire quelques mots sur la façon dont le secret a été gardé à ce moment sur l'affaire. Dans la conversation dont je vous ai parlé tout à l'heure, Sandherr m'avait dit : « Tu sais, l'affaire est absolument secrète. » Et j'avais compris, d'après ce qu'il m'avait dit, qu'il n'y avait, en dehors du chef, des sous-chefs d'État-major, et des chefs de bureau, qu'infiniment peu d'officiers pour la connaître. Il paraît qu'il n'en était rien. Mais à ce sujet je puis raconter un autre incident qui s'est passé environ une heure ou deux après.

Vers une heure et demie de l'après-midi, je suis monté voir un chef de bureau; ce chef de bureau est celui qui était en rapports le plus constants avec nous. C'était une affaire de convenance de ma part, et une affaire utile au service d'aller le voir dès ma rentrée de permission; c'était du reste un de mes vieux amis d'enfance. En arrivant, naturellement, il me parla du grand événement. Il était très désolé; il ne s'y attendait pas. Nous venons à parler du bordereau; je ne l'avais lu qu'une fois; il y avait certains points de détails dans notre discussion qui n'étaient pas bien fixés; alors, il tire de son tiroir fermé à clef une photographie du bordereau. Je n'en avais vu auparavant que la copie. Nous examinons cette photographie, et je lui dis : « Mais à propos, tu dois avoir de l'écriture du capitaine Dreyfus. Tu dois avoir quelques mémoires? — Oui. » — Et il en fit venir sous un prétexte quelconque.

Alors, il m'installa sur son fauteuil, devant sa table, et je me mis à faire la comparaison entre le bordereau et l'écriture de Dreyfus. A ce moment, on appela le chef de bureau quelque part, probablement chez un grand chef, ou bien il dut sortir pour affaire de service. Toujours est-il qu'il partit en me disant : « Fais attention; s'il vient quelqu'un, couvre tout de suite les pièces. » On prépare aussitôt une immense carte pour couvrir les pièces et mon ami me dit : « Tu sais, personne ne le sait, et s'il vient des officiers, arrange-toi pour qu'ils ne voient rien. »

Je donne ce détail pour vous montrer qu'à cette époque j'ai toujours cru que très peu d'officiers étaient au courant. D'après certaines dépositions, il y en a eu davantage et si j'entre dans ces détails, c'est pour répondre à l'inqualifiable déposition de mon ancien adjoint, le commandant Lauth, déposition faite devant la chambre criminelle de la Cour de cassation.

LE COMMANDANT LAUTH. — Je demande la parole, mon colonel.

LE LIEUTENANT-COLONEL CORDIER. — J'ajouterai ceci : c'est qu'il résulte de la déposition de M. le commandant Lauth qu'il était en longue permission dans le courant du mois d'octobre, circonstance que j'avais totalement oubliée. J'ajouterai en outre que j'ai été envoyé en mission dans la capitale d'un grand État militaire, voisin de la France, entre le 15 octobre et le 1er novembre; je suis parti un mardi ou un mercredi, je suis rentré un dimanche. Suis-je parti le lendemain ou le surlendemain de l'arrestation du capitaine Dreyfus, ou seulement la semaine suivante? ce sont des détails que je n'ai plus maintenant précis dans la mémoire.

Nous avons maintenant, je crois, fixé autant que possible la date d'arrivée du bordereau. Qui l'a apporté? J'ai toujours cru et on a toujours dit que c'est la voie ordinaire; qu'est-ce que c'est que la voie ordinaire? Je commencerai par dire qu'il ressort pour moi d'une façon très claire que c'est le commandant Henry qui a remis le bordereau au colonel Sandherr; s'il en était autrement j'en serais stupéfait, c'est lui qui a dû le remettre, et Sandherr m'aurait prévenu si ce n'avait pas été lui. Or qu'est-ce que la voie ordinaire? Nous avions autrefois au service des renseignements et depuis très longtemps un agent qui a de grandes qualités spéciales et qui a de petits défauts. Cet agent fréquentait volontiers les grandes maisons et, dans ces grandes maisons, il préférait la société des domestiques à celle des maîtres : c'est une affaire de goût. (*Rires.*) Il rapportait souvent de ces grandes maisons des papiers, les uns étaient entiers, les autres étaient plus ou moins déchirés. Pendant de longues années, cet agent recollait chez lui les papiers déchirés; il en faisait le tri lui-même et apportait son butin à l'État-major.

A un moment donné ses affaires prospéraient, il lui est arrivé souvent de n'avoir pas le temps de tout recoller avant l'heure où il devait se présenter. Alors, il est venu souvent au Ministère y achever sa besogne en présence de l'officier chargé de ce service spécial. Petit à petit, il a été aidé par cet officier... Il paraît que le recollage de ces papiers exerce sur certaines personnes une espèce de fascination ; c'est comme quand on fait des réussites aux cartes, cela attire, et quand on s'est mis à recoller des papiers, on continue à en recoller encore, et malheureusement beaucoup d'officiers ont suivi cet exemple. Je l'ai déploré et je le déplore encore, car j'ai toujours été hostile à la propension des choses de police, à l'égard de certaines personnes et surtout de certains officiers ; j'ai toujours regretté cette tendance à la section. Il y a des choses qu'il fallait faire absolument, mais il y en a d'autres dont on pouvait se passer et cela aurait mieux valu et pour notre honneur à tous et pour le pays.

J'ai dit que cet agent avait quelques petits défauts ; il y a eu des histoires de femmes, de concierges, et une histoire, dans lesquelles il est inutile d'entrer. Mais, à la suite de ces histoires, une dame, qu'on appelait Mme Millescamp, crut bon, pour se venger, de dénoncer à l'ambassade d'Allemagne le petit trafic en question.

Le Président. — Ne nommez pas l'ambassade ; dites simplement une ambassade étrangère.

Le lieutenant-colonel Cordier. — Ne mettons même pas cela, si vous voulez, monsieur le Président, disons une grande maison, ou bien la maison avec un grand jardin.

Cette dame dénonce.

Nous donnâmes immédiatement l'ordre à l'agent de suspendre toutes relations et d'être extrêmement prudent. Puis, on mit en prison la Millescamp; elle fut condamnée à cinq ans... on était sûr de son silence... le 4 janvier 1894 — la date peut être intéressante — jusqu'au 4 janvier 1899, c'est-à-dire jusque pendant l'enquête de la Chambre criminelle.

On s'occupa ensuite de savoir comment ces messieurs, après les dénonciations, allaient prendre la chose.

On apprit qu'on tendait des pièges à une bonne dame. Cette dame correspondait avec l'agent dont j'ai parlé tout à l'heure ; ce dernier ne prenait pas lui-même les petits papiers ; il les recevait de la dame et c'est comme cela qu'il nous les fournissait.

On avait tendu des pièges, dis-je, à cette dame ; il s'est même passé un certain nombre de faits assez bizarres ; on s'est brusquement jeté sur elle pour la fouiller, elle a crié comme si on avait voulu attenter à sa vertu, mais on n'a rien trouvé. Elle avait un « petit truc » qui n'a pas été dévoilé et que je ne dévoilerai pas.

Quand nous nous sommes aperçus que la fine mouche s'était tirée de tout, nous avons résolu de reprendre les relations.

C'est le commandant Henry qui s'est chargé de cela, et qui a établi directement des relations avec cette dame.

On a dit, je crois, dans une déposition antérieure que quand cette dame avait quelque chose à remettre, elle écrivait ou envoyait un petit-bleu. Alors on lui donnait un rendez-vous. A cause de ses occupations, ces rendez-vous avaient généralement lieu le soir.

Et, pour plus de sécurité, c'était généralement dans des églises.

Mais les relations avec cette dame étaient extrêmement difficiles; cette dame avait souvent des terreurs épouvantables; je crois bien qu'on lui avait raconté (quoiqu'elle ne fût pas très forte) des histoires d'exterritorialité ; elle se figurait que dans cette maison avec un grand jardin on pouvait s'emparer d'elle et l'emporter dans un pays lointain qu'elle croyait peut-être être la Sibérie ; en tout cas elle ne savait pas où c'était. Enfin il lui prenait des terreurs folles. De sorte que pendant bien longtemps le commandant Henry a eu toutes les peines du monde à la maintenir dans la ligne droite ou plus exactement dans son « service ».

Entre temps, il y avait l'autre agent auquel on avait dit de rester tranquille et qui était fort ennuyé de la chose ; on lui avait maintenu son traitement, parce que cet agent avait bien d'autres cordes à son arc, et la maison en question était certainement le plus beau fleuron de sa couronne, mais il avait une couronne complète; on lui avait donc conservé son traitement, seulement son amour propre était un peu froissé, en outre comme il était très patriote il voulait continuer à travailler de ce côté. Il perdait aussi un peu d'argent, ses frais de service étaient diminués, ses gratifications éventuelles également, or il y tenait beaucoup, parce qu'il avait une légitime à laquelle il était forcé de rapporter ses mois, on connaissait exactement la qualité de ses mois, et, comme il voulait avoir un peu d'argent de poche, il ne pouvait économiser que sur le petit casuel ; or une grande partie de ce casuel avait disparu. Je suis convaincu que cet agent, qui était très habile, a dû chercher à renouer de nouvelles relations dans la maison. Il lui est arrivé deux ou trois fois dans cette année, comme il venait très souvent au ministère — il avait ses entrées chez nous sinon quotidiennes du moins plusieurs fois par semaine, — de me dire des choses de ce genre : « Ah ! mon commandant ! c'est bien ennuyeux de ne plus rien avoir là-bas » ; et ceci, et cela. Je lui répondais : « Laissez moi tranquille. On vous a dit de ne plus vous occuper de cela. »

Mais il m'est resté dans l'idée qu'il a dû s'en occuper. Voilà quelle était la situation.

Voilà quelle était la situation matérielle et morale de ce qu'on a appelé la voie ordinaire le jour où le bordereau a été apporté au ministère. Qui l'a apporté ? je ne puis pas le dire, je ne l'ai pas vu et je ne dépose que de faits dont je suis absolument certain et dont j'ai été témoin. J'ai terminé en ce qui concerne l'arrivée du bordereau ; je ne crois pas avoir rien oublié, et maintenant je passe, si vous le permettez, à un autre ordre de faits. Il s'agit de trouver les fuites qui existaient ou qui avaient pu exister au Ministère de la Guerre au moment de l'arrestation du capitaine Dreyfus. On a dit beaucoup de choses là-dessus et il me semble nécessaire de débroussailler cette histoire.

Je commence par les fuites de Bourges. Je n'en ai pas parlé devant la Chambre criminelle parce qu'à ce moment-là, je croyais que c'était inutile ; mais il en a été tellement question depuis, certaines personnes ont tellement insisté là-dessus que je suis forcé de vous en dire quelques mots. Je vous rappellerai cela en deux mots seulement. Un jour — vous connaissez l'histoire — un officier supérieur d'artillerie est assassiné ou est l'objet d'une tentative d'assassinat ; un artificier, l'artificier Thomas est arrêté, condamné, sa peine est commuée, je crois, et il est envoyé au pénitencier d'Avignon, si mes souvenirs sont exacts. Or, cet assassin était doublé d'un espion. Après sa condamnation, certaines lettres ont été interceptées car, chose très caractéristique, nos voisins ne s'étaient pas aperçus de l'arrestation de leur correspondant. Dans leurs lettres, ils manifestaient le désir d'avoir le dessin de projectiles. La chose était très intéressante ; nous nous sommes procuré des dessins d'obus et nous les avons envoyés aux correspondants de l'artificier Thomas. Eux nous ont envoyé ou plutôt ont envoyé à l'artificier Thomas de l'argent, des billets de banque ; c'est nous qui les avons reçus et qui les avons versés dans notre caisse. Eh bien, voici donc un détail que l'on ignorait peut-être, c'est qu'à cette époque-là nous avons livré à nos voisins des dessins d'obus; mais ceci est très ancien, je n'insiste pas, et je prie M. le Président et les Membres du Conseil de remarquer que je n'insiste pas outre mesure sur ce point.

Seulement j'indique aussi que dans les années qui ont suivi il y a eu un certain nombre de fuites dont nous nous sommes fortement préoccupés. Il y a eu des fuites à Bourges et à Calais et nous en avons suivi bien d'autres ailleurs. Ce qu'il y a d'important dans cette affaire, c'est que j'ai tout lieu de croire, quoi qu'on en ait dit, que ces fuites ne sont pas imputables au capitaine Dreyfus. Voici pourquoi : La question a été étudiée très à fond en 1894, dans le mois d'octobre et au commencement de novembre, c'est-à-dire en temps utile, par le lieutenant-colonel Sandherr en personne. Le colonel Sandherr m'en a parlé plusieurs fois et il m'a dit très souvent à propos de ces choses : « Te souviens-tu de ceci, te souviens-tu de cela ? » Et il faisait appel à ma mémoire.

Pour ce que j'appelle les fuites de Bourges, fuites qu'on a cherché à imputer à Dreyfus, pourquoi le colonel Sandherr travaillait-il lui-même cette question ? Pourquoi n'en a-t-il pas chargé un autre officier ? Pourquoi s'est-il adressé à moi seul à ce moment ? C'est parce que, à l'époque où ces fuites avaient eu lieu, nous étions ensemble à la section de statistique.

Je rappellerai en passant que je suis entré à la section de statistique deux jours après le colonel Sandherr et que j'ai quitté la section de statistique huit jours avant lui. Nous avons donc été ensemble pendant huit ans et demi passés. Or, à l'époque en question, en 1894, aucun des officiers de la section ne faisait partie du bureau au moment des fuites de Bourges. C'est pourquoi, quand Sandherr avait à faire appel aux souvenirs de quelqu'un, c'est à moi seul qu'il s'adressait. Lui-même avait travaillé cette question ; or, il n'a rien trouvé. S'il avait trouvé quelque chose, il aurait été en présence de faits couverts par la prescription ou de faits non couverts par la prescription. S'il avait trouvé des faits couverts par la prescription, il n'aurait pas manqué d'en faire part à l'instruction puisque c'eût été une présomption morale contre le capitaine Dreyfus qui était poursuivi en ce moment.

S'il avait trouvé des faits non couverts par la prescription, il est évident qu'il les aurait immédiatement signalés et qu'on les aurait joints à l'accusation principale contre le capitaine Dreyfus.

Voilà la première série des fuites dont j'avais à parler. Je ne vois plus rien à dire sur cette question.

Après cela nous avons eu une grande fuite, une fuite immense, dont je ne dirai que quelques mots.

Il s'agit de la fuite de Saint-Thomas d'Aquin, celle qui a abouti à l'arrestation du bibliothécaire adjoint Boutonnet. Depuis très longtemps nous savions et nous sentions qu'il y avait une fuite considérable dans l'artillerie. Nous avions commencé par faire des recherches du côté de Saint-Thomas d'Aquin, mais là, probablement sous l'influence du patron, on était absolument incrédule. Le colonel directeur pour lequel j'ai une grande estime, je ne l'attaque pas le moins du monde, ne croyait pas aux espions; j'admets parfaitement qu'on discute sur l'utilité des espions, qu'on la conteste; mais malheureusement il y a un fait qu'il faut bien admettre c'est qu'il y en a et le pauvre colonel s'en est bien aperçu quand on a découvert Boutonnet. On a cherché pendant longtemps ces fuites. Nous avons cherché un peu partout, même au ministère, à la direction de l'artillerie. Nous avons été très loin dans ce sens.

Puis un beau jour, à la suite d'un incident, on a tout reconcentré sur Saint-Thomas d'Aquin et on est arrivé à l'arrestation de Boutonnet. Il y avait donc là une fuite énorme de documents concernant l'artillerie; vous pouvez juger infiniment mieux que moi de ce qui a pu se passer. Vous êtes beaucoup plus compétents que moi-même, pour juger l'importance de la fuite.

Un peu plus tard, nous avons trouvé encore une autre fuite qui, elle aussi, était considérable : cette fuite provenait du ministère de la Marine. Il ne faut pas croire, parce que cette fuite provenait du ministère de la Marine, qu'elle ne concernait pas la guerre ou l'artillerie ou toute autre chose de ce genre-là; les relations entre les deux départements sont assez fréquentes pour que la Marine ait connaissance... je dirai à peu près de toutes les choses techniques, de toutes les choses importantes qui sont connues par la Guerre. Par conséquent, les fuites occasionnées par la trahison de Greiner ont dû être très considérables et ont pu être, en grande partie, d'ordre technique.

Je n'entrerai pas dans la façon dont Greiner a été arrêté, j'aura même sur ce point une prudence qui n'a pas toujours été observée ici par des personnes qui ont été mêlées à l'affaire, et Dieu sait s'il y en a ! Seulement comme j'aurai tout à l'heure à parler d'une pièce, je tiens à vous signaler que je crois bien qu'à cette époque nous avons remis à une grande administration voisine un certain dossier... je ne dis pas la chose entièrement, si c'est nécessaire j'y reviendrai tout à l'heure, je vous indique simplement les faits dans l'ordre chronologique.

Après l'affaire Greiner, nous commençons à nous rapprocher de l'époque de l'arrestation de Dreyfus.

Voyons, on nous a dit qu'il y avait des soupçons, qu'on avait signalé des personnes au ministère... si vous le voulez bien nous allons examiner successivement toutes ces charges ou plutôt toutes les indications qui ont été données : ce sont, si vous le voulez, des dénonciations. D'abord, il est question d'un certain monsieur, âgé de 45 à 50 ans, si je ne fais pas erreur décoré, qui aurait trahi et qui aurait porté lui-même des pièces à l'ambassade d'Allemagne, « à la maison du grand jardin ».

Eh bien ! je vous ferai remarquer que le signalement de quarante-cinq ans, décoré, ne s'applique en aucune façon au capitaine Dreyfus. Cela s'appliquerait à l'autre officier dont le nom a été prononcé, à l'officier qu'on ne peut plus poursuivre ni condamner. C'est son signalement.

Je vous dirai cependant que je ne sais pas du tout si cela s'applique à lui en l'espèce, et voici pourquoi :

Dans toutes ces affaires d'espionnage et autres, il faut d'abord avoir du bon sens : c'est la première des choses. Or, on nous raconte qu'il y a un monsieur, âgé de quarante-cinq ans, décoré, qui s'en va dans la maison en question.

Eh bien ! il y a beaucoup de messieurs décorés qui vont dans cette maison. Puis, la plupart des gens de la maison sont décorés de la Légion d'honneur et portent toujours avec affectation cette décoration. C'est pour nous faire honneur, je n'en doute pas, mais cela a en outre l'avantage, quand ils sont dehors, de les faire prendre pour des compatriotes, et il arrive très souvent à nos officiers d'être mêlés aux officiers d'autres nations et de les prendre très bien pour des camarades, quand ils sont en tenue civile.

Il y a eu aussi une personne dont je ne veux pas prononcer le nom, qui aurait annoncé, quelque temps avant l'affaire du capitaine Dreyfus, qu'il y avait un traître à l'État-major, qu'il y avait toutes sortes de choses... Je ne veux pas prononcer le nom de cette personne, quoique les journaux en aient parlé encore tout récemment; je ne la connais d'ailleurs pas du tout, je n'ai jamais été en relations avec elle, par conséquent, je puis la tenir pour fort honorable. Seulement, il y a deux motifs importants qui font que je n'ai jamais accordé créance aux indications qui ont été données par elle à ce moment-là. La première raison, c'est que beaucoup d'officiers étrangers, surtout beaucoup d'attachés militaires, beaucoup d'officiers d'État-major étrangers étaient convaincus que beaucoup d'officiers ou de militaires français trahissaient. C'est une conviction qu'ils avaient; ils se trompaient complètement, je vais vous dire pourquoi et comment ils se sont trompés.

La seconde raison pour laquelle je n'attachais pas grande importance aux communications qui provenaient de cette personne, c'est qu'elle avait comme intermédiaire un agent dont je puis bien dire le nom maintenant (il est mort, malheureusement), c'est Guénée. Du moment qu'on avait Guénée comme intermédiaire je pouvais très difficilement accepter ce qu'on me disait comme article de foi.

Guénée est mort. J'éprouvai un grand chagrin de sa mort car j'aurais désiré qu'il vînt ici; il vous aurait édifié sur beaucoup de points, je vous assure; vous auriez vu comment on fabrique certaines choses.

Maintenant, j'arrive à un morceau beaucoup plus gros... Je n'entrerai pas dans de grands détails. Il s'agit de l'immense entreprise Richard Cuers, Lajoux et Cie.

J'espérais bien, messieurs, ne jamais parler de cela; si on m'avait dit autrefois qu'il serait question ici, devant un tribunal français, devant la France entière, devant le monde entier, de toutes ces histoires, on m'eût bien étonné. Devant la Cour de cassation, devant la Chambre criminelle j'ai pris les plus grandes précautions pour qu'on ne dise jamais ces choses-là; vous pouvez vous en assurer en relisant ma déposition. D'ailleurs, je ne faisais en cela que suivre les instructions très détaillées et très restrictives qui m'avaient été données par le ministre d'alors, M. de Freycinet. Eh bien, tout a été dévoilé; tout étant dehors, par conséquent je puis m'exprimer librement.

Vous connaissez cette entreprise : à côté d'un agent étranger se place un agent à nous; après cela on en recrute un autre, puis deux, puis trois, et en définitive il arrive à un moment donné que nous avons une organisation immense : c'est absolument comme si le service français avait entrepris le recrutement du service de l'autre côté. C'est nous qui le recrutions; ceci nous procurait deux profits : d'abord de pouvoir gaver, — j'emploi ce terme à dessein, — de pouvoir gaver l'étranger de faux renseignements; ensuite nos faux agents remplissaient chez lui la place de bons agents; et en outre, par suite du frottement, nos faux agents nous aidaient à découvrir les véritables agents de l'étranger. C'est comme ça qu'il y en a eu tant qui ont été pris en France et qui ont été condamnés.

Même une chose vous a été dite, j'aurais bien préféré qu'on ne la dît pas, on aurait bien pu l'éviter, mais enfin cela a été dit : « Quand à un moment donné les Allemands... pardon, les étrangers (*Sourires*), ont trouvé qu'on prenait vraiment trop de leurs agents, Richard Cuers est tombé en disgrâce; d'abord il est rentré en Suisse, et puis après cela il est allé à Breslau. C'est à ce moment qu'on a pu, suivant une expression heureuse, prêter notre monde à d'autres étrangers aussi; et on a continué aussi le même système, de sorte que de l'autre côté l'affaire a donné de bons résultats.

Vous voyez donc une organisation immense qui aurait été extrêmement utile si la guerre avait éclaté à ce moment. Il y a une chose que l'on oublie trop depuis que l'affaire Dreyfus a occupé exclusivement l'attention publique; c'est qu'après la guerre de 1870, le grand reproche qu'on faisait à l'État-major français c'était de ne pas avoir eu d'espions, de ne pas avoir su organiser l'espionnage. On attribuait même à ce manque du service d'espionnage tous nos malheurs. On exagère toujours; moi, je crois que cela a en effet manqué un peu, mais que nos désastres avaient aussi d'autres causes. Or, si la guerre avait éclaté il y a quelques années, avec l'organisation que nous avions, c'est nous qui étions les maîtres absolus de ce service, et on n'aurait plus eu de reproches à faire à l'armée française ni à l'État-major français; nous étions sûrs de notre affaire.

Je vous ai décrit en deux mots cette organisation; je ne vous en dirai pas davantage; je vais seulement en tirer deux points, examiner si vous voulez deux ordres d'idées qui me paraissent avoir une importance très considérable dans cette affaire.

Je parlerai d'abord de la question qui est la moins importante et qui a cependant de l'intérêt, comme vous allez le voir.

Richard Cuers connaissait parfaitement le français, je vais vous le prouver. Il existait à l'État-major de l'armée une correspondance très volumineuse de Richard Cuers; cette correspondance doit exister encore, elle est écrite en très bon français, en français courant. D'ailleurs, je vous dirai que Richard Cuers, avant d'aller s'établir à Bruxelles, avant de commencer à son insu cette colossale entreprise que vous savez, Richard Cuers avait été espion allemand à Paris; pour cela il faut connaître à fond le français. Il y a autre chose qui va prouver que Richard Cuers connaissait admirablement le français : c'est que la plupart des agents qu'il avait ne connaissaient pas un seul mot de la langue maternelle de Cuers. Or, Cuers qui était en relations continuelles avec eux, qui avait à leur donner des instructions, à recevoir leurs rapports, à les analyser, à les transmettre, devait être en possession complète de la langue française. A ce propos je dirai que si je n'ai pas entendu parler Richard Cuers, — avait-il même un petit accent je n'en sais rien, — mais si je ne l'ai pas entendu parler, du moins je l'ai vu causer une fois, à Bruxelles, — il n'y a pas d'inconvénient à citer la ville, mais je ne citerai pas l'endroit, — je savais que le rendez-vous habituel de Richard Cuers était dans un café dont le nom importe peu. Je savais l'heure à laquelle il recevait les agents, je ne surveillais pas ces agents, car je m'occupais fort peu des questions de police qui me répugnaient; mais l'occasion était très propice, je me trouvais dans les environs de l'endroit où Cuers devait se rencontrer avec les agents. J'entre dans le café, je reconnais immédiatement un agent, un homme très bien, ancien sous-officier, je ne sais pas s'il n'est pas officier de réserve; il causait amicalement avec Richard Cuers. La conversation était très animée. Or, notre agent ne sait pas un mot de langue étrangère ; il ne connaît que le français ; la conversation avait lieu par conséquent en français ; j'en infère ceci, c'est qu'il est indiscutable, incontestable que Richard Cuers connaissait admirablement le français, et c'est pourquoi je m'étonne que, dans la fameuse entrevue de Bâle, devant parler au commandant Henry qui ne savait pas un mot de langue étrangère, on ait employé l'allemand.

On était obligé de traduire; on a dit aussi que cette entrevue avait été très vive, qu'on s'était dit des choses très raides. Eh bien! je suis étonné qu'à ce moment-là on n'ait pas parlé français, puisque les trois interlocuteurs savaient admirablement le français et que deux seulement savaient l'allemand. Voilà ce que j'avais à dire sur ce point.

Maintenant, j'aborde un point plus délicat : ces gens, qui entouraient Richard Cuers, qui le renseignaient, qui gavaient l'Allemagne de faux documents, étaient obligés d'avoir une certaine position en France; quand il s'agissait seulement de faire des reconnaissances extérieures, de voir ce qui pouvait se trouver par exemple sur un chemin de fer, d'aller reconnaître des choses qu'on peut voir à l'œil nu... Eh bien, l'agent était tout simplement celui que connaissait Richard Cuers, M X... ou M Y..., généralement, ancien sous-officier français, officier de réserve en activité encore, qu'il avait embauché. Mais dans bien des cas, quand on posait d'autres questions, l'agent était obligé de dire : « Oh! je connais quelqu'un, oui, je pourrais vous trouver ce renseignement. » Alors, l'agent était obligé d'être censé avoir séduit, avoir corrompu un militaire ou un fonctionnaire français. Il y avait des avatars nombreux chez ces gens, et parmi ces avatars, il y en a eu un qui doit remonter à 1893 ou 1894 et qui a malheureusement dû être terrible; on a pris le rôle d'un employé du ministère de la Guerre français. Si on veut en avoir la preuve, on n'a qu'à la rechercher au ministère, où elle doit encore se trouver. Les pièces qui concernaient ces sortes d'affaires étaient conservées et classées avec le plus grand soin; c'étaient les officiers eux-mêmes qui les classaient et vous concevez le soin tout particulier qu'on devait apporter à cette classification. Si vous voulez bien songer à la quantité énorme de renseignements faux que nous envoyions de l'autre côté de la frontière, il ne fallait pas se tromper une seule fois; chaque fois qu'on allait passer un renseignement faux, il fallait s'assurer s'il était en correspondance avec le renseignement transmis précédemment; en même temps, d'un autre côté, nous nous assurions s'il pouvait être utile à notre cause.

Eh bien, ces renseignements admirablement classés doivent encore exister.

Et ce qui me donne confiance entière à ce sujet c'est ce qui s'est passé au mois de mai et juin dernier, à l'époque où il y avait une certaine instruction conduite par M. le juge Boucart. On était en train d'examiner une lettre que M le général Roget, dans sa déposition devant la Chambre criminelle, avait audacieusement attribuée à son ancien camarade de promotion, le lieutenant-colonel Cordier; lettre qui a été reconnue être de M. Lemercier-Picard, actuellement décédé.

Le général Roget. — Je demanderai la parole, monsieur le Président.

Le lieutenant-colonel Cordier. — Dans cette instruction on a apporté d'abord 22 pièces de comparaison, puis ensuite 41 autres, total 63 pièces de l'écriture du lieutenant-colonel Cordier. On en a pris dans tous les registres, on a pris des notes, des brouillons, des « pro memoria », on a déchiqueté certaines pièces, et, je le reconnais, avec une très grande habileté. J'ai trouvé qu'on avait fait de très grands progrès dans certains travaux, depuis mon départ.

Je dis cela tout simplement pour prouver que tous les documents sont bien classés à la section de statistique, et j'en fais compliment à M. l'archiviste Gribelin; c'est probablement depuis qu'il a mis des lunettes que cela va si bien!

Le Président fait un geste.

Le lieutenant-colonel Cordier. — Monsieur le Président, cela m'est sorti tout seul. Je vous demande pardon. Je retire ce que j'ai dit. Je retire les lunettes. (*Rires.*)

Si le Conseil le juge convenable, il pourrait très facilement s'assurer par lui-même de cet avatar d'un agent qui correspondait avec l'étranger. Pour cela ce serait très simple.

Je vais indiquer où se trouvent les pièces, ou plutôt où elles se trouvaient il y a trois ans; on pourra donc les retrouver rapidement, et en faisant cela, je ne dévoilerai pas les secrets de la section.

Ces pièces se trouvaient dans une armoire où les capitaines rangeaient généralement leurs pièces secrètes. Cette armoire était rarement visitée par l'archiviste, les capitaines seuls y mettaient leurs affaires, et en outre, pour qu'on retrouve facilement, je donnerai ce détail qui doit être connu du chef actuel du service des renseignements, c'est que dans ces armoires qui étaient fermées avec deux barres de fer et cadenas à secret souvent changé, ces messieurs s'amusaient généralement à mettre nos secrets sous la garde de Richard Cuers ou bien de tous les grands adversaires de l'autre côté.

C'était une petite facétie qu'on se permettait.

Je dis ceci pour que si le Conseil jugeait utile de rechercher les dites pièces, on puisse savoir tout de suite quelle est cette armoire que je ne veux pas désigner autrement, vous comprenez pourquoi.

On trouvera peut-être à la rigueur aussi quelques indices de ces faits, soit dans le copie de lettres général se référant à la nation en question, soit dans le copie de lettres du commandant Henry; pour aller rapidement on pourrait commencer par 1894 et remonter à 1893. Voilà l'explication que je crois devoir donner au Conseil. Maintenant, j'en suis toujours à ce que j'ai appelé l'étude antérieure à l'arrestation de Dreyfus, je m'en vais terminer très rapidement. Toutes les fuites dont j'ai parlé n'existaient plus, et je considère toutes les dénonciations qui avaient été faites auparavant comme sans valeur, mais il y a une fuite qui existait encore au moment de l'arrestation de Dreyfus, et, à mon sens, autant que mes souvenirs peuvent me le rappeler, la seule fuite qui existait à ce moment : il s'agit des plans directeurs.

Ah ! c'est une fuite qui durait depuis bien longtemps. Je crois même qu'il y en a eu déjà vers 1891-92, et à ce sujet, il y a une chose qui reste obstinément dans ma tête, c'est que la pièce « ce canaille de D. » est contemporaine de ces premières fuites de plans directeurs.

Dans sa déposition devant la Chambre criminelle, déposition du 4 février, M. le général Roget dit à propos de la pièce : « ce canaille de D. » que je me suis trompé, que je l'ai confondue avec une autre pièce où il est question de D. tout court; en l'espèce, l'affaire aurait peu d'importance, mais c'est égal, il me reste encore quelque chose ici. (*Il se frappe le front.*) Je voudrais bien revoir cette pièce que je crois très ancienne, afin de constater, comme c'est une vieille pièce, si on ne l'aurait pas maquillée pour la rajeunir (*Bruit.*) je serais très heureux de la voir pour fixer ce point. Si je me suis trompé, cela n'aurait pas grande importance; si j'avais confondu la pièce « ce canaille de D. » avec une pièce où il y aurait un D tout court, cela ne ferait rien au fond de l'affaire; seulement, si la pièce avait été maquillée, cela me permettrait de dire, sans faire une seule exception, que la partie de la déposition du 4 février de M. le général Roget, au moins en ce qui me concerne, est fausse, absolument fausse depuis la première lettre jusqu'à la dernière. . et je le prouverai quand on voudra.

Ainsi donc il y avait à ce moment des fuites, les fameuses fuites des plans directeurs. On a parlé de Nice, mais il me semble bien qu'il y en a eu d'autres, et il me semble aussi que j'ai couru pour trouver les fuites des plans directeurs d'une place du nord-est, et, passez-moi l'expression, cela devenait même une scie. Nous étions obligés pour ces fuites des plans directeurs d'aller demander à quatre ou cinq endroits, vous le savez aussi bien que moi, vous voyez les endroits auxquels nous allions courir après les plans directeurs, et comme il nous arrivait d'autres indices de disparitions de plans directeurs, il nous fallait encore recommencer la cérémonie et enfin... on était un peu humilié.

En tout cas ce n'aurait pas pu être le capitaine Dreyfus qui aurait livré ces plans directeurs; nous avons toujours pensé que c'était des employés subalternes, il y en a qui ont été filés et même un pendant longtemps. Cette fuite a-t-elle cessé depuis, je ne le sais pas, mais elle existait encore le jour de mon départ et je ne sais pas ce qu'il en est advenu.

Nous voici donc revenus à la date de l'arrestation du capitaine Dreyfus. Dès le 8 octobre, les soupçons s'étaient cristallisés sur lui, il n'a été arrêté que le 15 ; mais, à partir du 8 octobre, le rôle de la section de statistique a consisté surtout à rechercher ce qu'on pouvait savoir de sa vie, de ses relations, etc.

La section de statistique a employé pour cela ses propres moyens et s'est adressée à qui de droit.

Je dois dire que, dans les commencements, les renseignements sur le capitaine Dreyfus étaient abominables; il avait tous les défauts, tous les vices, tous : il était débauché, il était joueur... enfin les choses les plus abominables. Maintenant, je dois dire que le maximum des charges de ce genre contre le capitaine Dreyfus a coïncidé avec la remise du rapport de l'officier de police judiciaire, c'est-à-dire du commandant du Paty de Clam au ministre. Ce maximum de charges a coïncidé également avec la remise du rapport de M. le général Mercier au gouverneur de Paris. C'est au moment où l'affaire a été livrée au gouverneur de Paris que les charges contre le capitaine Dreyfus paraissaient le plus considérables, charges non seulement contre lui, mais j'ajouterai presque contre sa famille.

Nous ne cherchions rien contre sa famille, mais nous voulions savoir quel était exactement son état de fortune. Cela avait de l'importance dans l'affaire. Nous savions que sa fortune était située à Mulhouse. On a donc pris des informations à Mulhouse, qui ont commencé par être absolument mauvaises. Après la remise du rapport au gouverneur de Paris. remise qui a coïncidé ou à peu près avec la publicité donnée par la presse à l'arrestation du capitaine Dreyfus, les charges en se précisant sont devenues de moins en moins mauvaises. Ainsi on disait que Dreyfus était joueur. Eh bien, on a cherché dans tous les cercles, on a cherché partout et alors on a trouvé plusieurs Dreyfus, sans pouvoir préciser.

A mesure qu'on avançait on ne pouvait plus rien préciser sur Alfred Dreyfus, le capitaine arrêté.

On a cherché aussi la question des femmes. Autant qu'il m'en souvient, tout ce qui a été précisé, c'est que le capitaine Dreyfus, le jour de son mariage, n'aurait pas pu porter la couronne d'oranger, si toutefois on en donne aux hommes. C'est le cas de beaucoup de gens. (*Rires prolongés.*)

Seulement il résulte de l'examen complet du rapport, il résulte de tout ce que nous avons su, c'est qu'après son mariage il n'en a plus été de même.

Moi, je crois devoir en conclure que, s'il y a eu certaines choses, le capitaine Dreyfus s'est plutôt vanté. Le capitaine Dreyfus, comme beaucoup d'autres, aimait à se vanter, et quand on a été comme nous jeunes dans les pensions et tout cela... on sait parfaitement que généralement ce sont ceux qui se vantent le plus qui en font le moins. Eh bien, je crois que le capitaine Dreyfus était absolument dans ce cas. Comme cela, comme pour tout le reste, il se vantait et il s'est beaucoup vanté. Dieu sait s'il doit s'en repentir maintenant.

Maintenant je dois dire qu'à mesure que ces charges morales, ces charges policières contre Dreyfus diminuaient, on avait derrière un autre genre de charges. C'étaient les racontars des camarades, c'est ce qui est devenu les dépositions des camarades. Vous les avez entendues. Je ne veux pas en parler, vous les apprécierez. Cela ne me regarde pas. Mais je ne les ai pas considérées et je ne les considère pas comme des accusations. J'ai toujours pensé que le capitaine Dreyfus était extrêmement curieux. Il a dû comprendre très vite qu'il ne serait pas maintenu à l'État-major de l'armée. Je n'ai pas besoin de m'étendre sur ces raisons. Il pouvait être bien aise de se dire que le jour où il serait employé dans un état-major de corps d'armée ou de division, cela ferait très bien de voir un officier bien orienté et très au courant, et que cela lui servirait dans l'avenir. Voilà ce que j'ai toujours pensé pour ce genre de présomptions.

Maintenant je dirai aussi que les renseignements qui étaient arrivés sur le capitaine Dreyfus en ce qui concerne sa situation de famille à Mulhouse étaient aussi changés radicalement pendant l'instruction : les renseignements qui nous sont arrivés de Mulhouse sont devenus excellents, tant au point de vue de la situation matérielle qu'au point de vue de la situation nationale.

C'est dans ces conditions que nous étions le jour où Dreyfus a été traduit devant le Conseil de guerre.

Mais avant d'en arriver là il est bon que je dise un mot au Conseil d'une autre question très délicate : la formation d'un dossier. On a parlé de dossier secret; j'avoue que je n'ai jamais rien compris à tout cela, et je vais ajouter en deux mots tout ce que je sais.

Sandherr à un moment donné, et Sandherr (je tiens à le dire en passant pour qu'il n'y ait pas de doute), mon vieux camarade Sandherr était un soldat honnête et loyal, un honnête homme et un très brave homme même, il est mort honnête homme, je lui rends cet hommage; Sandherr, un jour, a prescrit au commandant Henry de réunir toutes les pièces pouvant avoir trait directement ou indirectement à l'affaire en question. C'est ce que nous faisons absolument dans toutes les affaires d'espionnage. Il nous arrivait très souvent d'avoir des pièces que nous ne pouvions appliquer à personne... Il y avait telle chose. Qu'était-ce? nous n'en savions rien... Alors nous avions un certain nombre de pièces qui étaient pour ainsi dire en réserve, et à mesure qu'un fait se présentait, on voyait s'il y avait lieu de l'appliquer à la personne qui était poursuivie à ce moment-là, non pas dans le but de nuire à la personne en particulier, mais pour la recherche de la vérité. Or, on a recherché tout ce qui pouvait intéresser l'Affaire.

Je me rappelle parfaitement les pièces qui ont été trouvées à ce moment-là. La première a été la pièce : « Ce canaille de D. » Sandherr me dit : « Qu'est-ce que tu penses de cela? » On a beaucoup parlé de cette pièce, que je voudrais tant revoir; pour moi, à ce moment-là, c'était une antiquité, à tort ou à raison, je l'avais dans la tête et je l'ai encore. J'ai dit à Sandherr : « Tout cela n'a pas l'air de signifier grand'chose, mais enfin il y a une initiale, on peut l'envoyer. » Et pour moi c'était à l'instruction que cela devait être porté.

Puis nous avons examiné les autres pièces. C'étaient des choses sans importance, tout le « caput mortuum » de la section; nous ne pouvions attribuer des morceaux de pièces secrètes et vous pensez bien qu'on n'arrive pas toujours à avoir des pièces entières, on en garde de petites bribes, de petits morceaux, dont on comprend le sens à moitié, et on comprend que d'autres pièces viennent vous fixer sur le sens. Eh bien, Sandherr a examiné à ce moment-là le monceau de pièces, on en a écarté, on a élagué, Sandherr a refait trois ou quatre fois le paquet, et en définitive il ne devait plus y rester grand'chose. En tout cas il restait la pièce « Ce canaille de D... »

Voilà ce que je crois utile de dire pour l'Affaire, je ne vois pas autre chose jusqu'à la condamnation, de Dreyfus.

A propos de la condamnation, je me rappelle un incident qui s'est passé devant la Chambre criminelle. Probablement dans le récit à peu près analogue à celui que je viens de faire, sauf que je n'ai pas raconté les affaires Richard Cuers, à la Chambre criminelle... à un moment donné un conseiller me posa cette question : « Je demande au témoin pourquoi il a dit : « Après la condam-« nation nous avons été rassurés? » Ce mot-là m'était échappé. Je l'expliquai.

Le mot rassuré n'impliquait pas une idée d'hostilité contre l'officier qui venait d'être condamné, ce mot voulait tout simplement dire ceci : Nous savions parfaitement que quand l'Affaire était arrivée devant le Conseil de guerre les charges n'étaient pas énormes; elles étaient suffisantes. C'est ce qui arrive lorsqu'on envoie un accusé devant la cour d'assises : on ne sait pas s'il est coupable ou s'il ne l'est pas, c'est la cour d'assises qui décidera. Nous savions qu'il n'y avait contre Dreyfus absolument qu'une seule pièce, le bordereau, et nous savions que sur cette pièce deux experts s'étaient prononcés pour qu'elle ne fût pas de Dreyfus et trois pour qu'elle fût de lui. C'est ce que j'ai dit à la Cour de cassation. Nous savions aussi que les témoignages d'officiers étaient nombreux et nous les pensions devoir être très graves; mais remarquez que je ne les connaissais pas à ce moment, je les connais depuis que je les ai lus, et je les trouve moins graves que je ne croyais. Il n'y avait que cela. Le Conseil s'est prononcé! Ce qui nous a rassuré c'est l'unanimité du Conseil de guerre, s'il y avait eu une seule voix pour Dreyfus au Conseil, nous aurions conservé des doutes, j'en aurais conservé. Je n'en ai pas eu à ce moment-là précisément à cause de cette unanimité. Les premiers doutes que j'ai éprouvés, je les ai eus quand je me suis aperçu, à mon grand étonnement, que ce bordereau que je savais pertinemment avoir été apporté au mois de septembre, on en avait travesti la date d'arrivée, quand on avait dit au Conseil de guerre de 1894 que ce bordereau était du mois d'avril ou de mai. C'est ce qui a commencé à éveiller mes doutes. (*Mouvement.*)

Ce qui a aussi contribué à ce moment-là à les éveiller, c'est la campagne, que je me permettrai de qualifier d'infâme, qui a été faite contre le colonel Picquart. Je connaissais de longue date le colonel Picquart et j'ai toujours eu pour lui la plus grande estime. Quand j'ai vu ses anciens subordonnés qui étaient également les miens se retourner contre lui et l'accuser injustement, je me suis dit : « Il doit y avoir quelque chose. » C'est là que j'ai commencé à suivre, et puis c'est là que successivement j'ai examiné toutes les charges, que j'ai suivi l'affaire.

Un témoin est venu ici dire qu'à une certaine époque je croyais à la culpabilité de Dreyfus, que je la proclamais. Oui, j'ai cru à la culpabilité de Dreyfus...

Le colonel Fleur. — Je demande la parole.

Le lieutenant-colonel Cordier. — Et si je n'y avais pas cru j'aurais été le dernier des hommes, moi, officier du service des renseignements, de ne pas proclamer alors la vérité.

J'ai cru à sa culpabilité, mais maintenant je crois complètement à son innocence, j'y crois de la façon la plus absolue. (*Mouvement.*)

Je ne dirai qu'un mot : après la condamnation de Dreyfus, nous étions absolument tranquilles ; comme je vous l'ai dit, il n'a plus été question de lui, et pour le pauvre malheureux ce doit être une chose navrante, il se figurait que tout le monde s'occupait de sa réhabilitation. Ah ! ce devait être dans un bien petit cercle, probablement celui de sa famille. Ailleurs, on ne s'occupait guère de lui. Lorsque Sandherr est tombé malade, j'ai remis le service au colonel Picquart. Il y a bien eu une petite remise du service faite par Sandherr, mais Sandherr à ce moment était très souffrant.

Dans l'intervalle, je dois dire qu'il n'y a qu'une chose concernant l'affaire Dreyfus qui pourrait avoir quelque intérêt ; c'est l'arrivée du dossier de l'enquête judiciaire à la section de statistique. Je ne puis que signaler le fait.

Maintenant il y à autre chose qui pourrait encore vous intéresser. On a eu l'air de dire que le colonel Picquart avait été mis à la section de statistique pour faire la revision, et pour cela on a insinué que le colonel Cordier avait dû lui céder la place exprès pour cela. Je suis habitué aux insultes, aux insinuations ; je ne m'en occupe pas, cela m'est complètement égal, il y a des choses bien supérieures à ma personne en cette affaire, tout cela, je m'en fous ! mais pour l'Affaire je tiens à dire ceci : c'est que depuis plus de dix-huit mois tout le monde le savait à l'État-major, et certainement mes grands chefs le savaient et diront très bien que, depuis dix-huit mois, on savait parfaitement que le colonel Picquart, alors commandant Picquart, devait remplacer le colonel Sandherr. Tout le monde savait parfaitement que je ne succéderais pas au colonel Sandherr et personne, quoi qu'ait dit encore le général Roget, — je suis toujours obligé de parler du général Roget, c'est d'ailleurs mon camarade de promotion (*Sourires.*), — je suis obligé de dire que personne au monde ne pensait que je voulais remplacer Sandherr, tout le monde savait que j'avais demandé à entrer dans le corps du contrôle, et j'espère que certains de mes chefs se rappelleront ce que je vais leur dire. Dès le mois de janvier 1895, c'est-à-dire quelques jours après ma nomination au grade de lieutenant-colonel, qui remonte au 24 décembre 1894, c'est-à-dire deux jours après la condamnation de Dreyfus, ils me proposaient pour entrer dans le corps du contrôle de l'administration de l'armée au titre du « cinquième tour », avec les notes les plus élogieuses. Tout le monde savait que, depuis plusieurs années, je ne désirais qu'une chose, m'en aller avec mon vieil ami Sandherr, laisser là la section de statistique, — on finit par se fatiguer dans un service comme celui-là,

— et finir ma carrière, modestement et paisiblement, dans la peau d'un contrôleur.

Le Président. — Votre déposition est terminée ?

Le lieutenant-colonel Cordier. — Oui, mon colonel.

Le Président. — Vous qui avez vécu dans l'intimité du colonel Sandherr, pouvez-vous nous dire s'il vous a parlé d'une démarche faite auprès de lui par les frères Dreyfus ?

Le lieutenant-colonel Cordier. — Parfaitement. Oh ! pour cela, c'est très simple. Je n'ai qu'à répéter littéralement ce que j'ai dit à la chambre criminelle de la Cour de cassation. Un beau jour, le colonel Sandherr en arrivant à la section de statistique me dit : « Ah ! sacristi ! c'est assommant. » Il était un peu agacé, fort agacé même. Je vous demande la permission d'ouvrir ici une parenthèse pour que vous voyiez bien la scène et pour vous dire comment les choses se passaient à ce moment-là à la section de statistique. Le colonel Sandherr venait le matin à l'ouverture du courrier et donnait les premiers ordres ; je venais le remplacer vers 11 heures et demie au moment où il allait déjeuner et je ne faisais qu'une séance jusqu'au soir vers 6 ou 7 heures, car nous n'observions pas les heures à la section de statistique et notre travail se prolongeait au-delà des heures réglementaires. J'ai eu cette conversation avec Sandherr au moment où il entrait et je crois bien qu'elle dut avoir lieu le jour même où il avait reçu la visite des frères Dreyfus ou le lendemain, et certainement à une date très rapprochée. Quand Sandherr rentrait, je le voyais immédiatement, j'allais lui rendre compte de ce qui s'était passé pendant les deux ou trois heures de son absence et, en même temps, il me donnait ses instructions. Ce jour-là il commença par me parler de certaines choses, puis il s'écria : « C'est assommant : on ne me laissera jamais tranquille ; on vient me relancer jusque chez moi. » A ce moment-là, je ne connaissais même pas le nom de Mathieu Dreyfus ; il m'était inconnu. Depuis, j'en ai souvent entendu parler et je ne le connais pas encore, je ne sais pas comment il est fait. Sandherr me raconta que deux membres de la famille Dreyfus étaient venus le relancer jusque chez lui. De ce qu'il m'a raconté, il ne me reste aucune impression de tentative de corruption. (*Mouvement.*) Je sais parfaitement qu'à la suite de cela, le colonel Sandherr en a parlé à d'autres personnes ; il avait beaucoup d'amis de Mulhouse et il est évident qu'en parlant à des gens de Mulhouse qui connaissaient la famille Dreyfus il a pu entrer dans infiniment plus de détails qu'avec moi ; mais avec moi, il n'a rien dit de compromettant pour personne. Il n'en reste aucune trace dans mon esprit. Je sais parfaitement que Sandherr avait remis une note sur ce sujet : je ne crois pas l'avoir lue à ce moment-là, et il est même très probable que je ne l'ai pas lue. J'en ai eu connaissance par les journaux ; en la lisant avec attention et sans parti pris, j'avoue que je n'y vois pas de tentative de corruption. Je n'y vois, si les termes en sont exacts, qu'une famille éplorée s'écriant : « Nous donnerons toute notre fortune s'il le faut pour qu'on arrive à trouver le coupable, » et je comprends très bien cela. Pour moi, dans l'attitude de Sandherr, je n'ai vu qu'un homme ennuyé de ce qu'on vienne jusque chez lui et rien de plus.

Le Président. — Quand vous étiez au bureau des renseignements, est-il venu à votre connaissance que le commandant Esterhazy ait été employé officieusement ou officiellement à ce service ?

Le lieutenant-colonel Cordier. — Esterhazy, j'en ai beaucoup entendu parler à une certaine époque. C'était dans les premières années où j'étais au service des renseignements. Nous avions à ce moment pour archiviste M. Rouff, qui avait été lieutenant et qui l'avait été même dans mon régiment. M. Rouff était un archiviste extrêmement distingué.

Il s'était trouvé au service des renseignements en même temps que Sandherr, de sorte que, pour nous, c'était un véritable ami ; il était même tellement fort, tellement adroit, que quand nous avions une lettre délicate à écrire, c'est à l'archiviste que nous la faisions faire, c'est à M. Rouff. Je dis ceci pour vous expliquer toutes les confidences que M. Rouff pouvait nous faire ; nous causions très librement avec lui. Il m'a très souvent parlé du temps où il était au service des renseignements, du vieux temps, du temps antérieur à 1880, antérieur à l'arrivée du colonel Grisot, qui a marqué une nouvelle phase dans la marche en avant du service des renseignements.

A cette époque, le service des renseignements se composait d'un officier supérieur d'état-major qui avait comme adjoints deux lieutenants, généralement des lieutenants d'infanterie ; les adjoints d'infanterie étaient le lieutenant Rouff, qui est devenu notre archiviste, et le lieutenant Walsin-Esterhazy, qui était au service des renseignements et en faisait fort peu, à ce qu'il paraît. Il aimait beaucoup à se promener et à s'amuser, c'est l'impression qui m'a été donnée d'Esterhazy. En outre, il y avait là un capitaine territorial, M. Weil, je crois.

Puis, à un moment donné, lorsque le général de Miribel a quitté pour la première fois ses fonctions de chef d'État-major de l'armée, il a placé au service des renseignements le lieutenant Henry.

Or, il a été question souvent, dans mes conversations avec M. Rouff, du lieutenant Walsin-Esterhazy et du lieutenant Henry, qui étaient ses collègues au service des renseignements, et ces conversations, je prie le Conseil de le remarquer, sont très antérieures à l'arrivée au service des renseignements du commandant Henry, mes conversations avec M. Rouff ont pu avoir lieu en 1886, 1887, 1888, 1889. Vous voyez qu'à cette époque-là, je ne connaissais que de nom celui qui devait être plus tard le commandant Henry, qui était le lieutenant Henry, venu au service des renseignements en même temps que M. Walsin-Esterhazy. Quant à Walsin-Esterhazy, je ne l'ai jamais vu, je ne le connais pas plus que le capitaine territorial Weil, je ne connaissais ce dernier que de réputation, je savais qu'il venait très souvent au ministère, mais je ne le connaissais que de nom.

Eh bien, Esterhazy, dont le nom a souvent été prononcé, Esterhazy qui a été au service des renseignements à une époque ancienne à ma connaissance, n'a jamais été employé par nous, depuis que Sandherr et moi y étions, c'est-à-dire depuis la fin de 1886, une époque, pour fixer les souvenirs, qui est antérieure à l'affaire Schnœbelé, jamais Esterhazy n'a été employé au service des renseignements, ni directement, ni indirectement, pour faire un contre-espionnage ; s'il a eu des relations avec notre service, ces relations ont été clandestines, je ne les connais pas.

Le Président. — Quelle était la nature des relations entre le commandant Henry et le colonel Picquart? Ont-ils eu des difficultés de service, des causes d'animosité l'un contre l'autre?

Le lieutenant-colonel Cordier. — Mon colonel, cela va me mener bien loin... Il y a des choses... Enfin, allons-y! (*Mouvements divers.*)

Comme j'ai eu l'honneur de le dire à la chambre criminelle de la Cour de cassation, le service à la section de statistique, pendant tout le temps que j'y ai été avec mon ami Sandherr, s'est fait, suivant une expression que j'ai employée et qu'on m'a reprochée, s'est fait comme en famille.

La consigne donnée par Sandherr était d'ailleurs absolue, non-seulement pour nous, mais pour toutes les administrations avec lesquelles nous étions en relations; il fallait mettre de l'huile, beaucoup d'huile dans les rouages.

Et c'est comme cela que pendant huit ans, avec notre service si difficile, si délicat, si sujet à occasionner des heurts et des froissements, nous avons vécu en bonne intelligence avec tout le monde.

A l'intérieur du service, c'était la même chose. Nous avions en nous tous, officiers du service des renseignements, la confiance la plus absolue. Il y avait d'ailleurs une consigne, qui avait été donnée encore par le colonel Sandherr et que je crois très bonne pour une petite section comme la nôtre ; c'était de travailler les portes ouvertes.

C'est vers la fin que, pour certaines raisons, les portes étaient fermées ; mais pendant de longues années, ceux qui venaient à la section pouvaient voir toutes les portes ouvertes.

Il est vrai qu'il y avait à cela un avantage, c'est que nous étions sûrs que personne ne venait écouter derrière. (*Rires.*)

Il arrive aussi quelquefois que, quand on est enfermé, on peut parler haut sans s'en douter, on se croit bien chez soi, alors que peut-être quelqu'un écoute de l'autre côté de la porte.

Au contraire, quand la porte est ouverte et que quelqu'un vient, on entend très bien les bruits de pas dans le corridor et on baisse la voix de façon à ne pas être entendu. Cette manière présentait au point de vue même du service et de la discrétion des garanties plus considérables.

La bonne harmonie a régné complètement à la section jusqu'au moment de l'arrivée du commandant Henry ; je dois dire même que la bonne harmonie apparente a duré bien longtemps après son arrivée ; mais il y a une chose qu'il faut bien comprendre ... j'aurais mieux aimé ne pas parler de tout cela, mais il le faut.

LE PRÉSIDENT. — Dites seulement le nécessaire.

LE LIEUTENANT-COLONEL CORDIER. — Le commandant Henry n'avait pas été demandé par le colonel Sandherr. Il lui a été imposé. Et le commandant Henry avait des relations très hautes à l'État-major, les uns le craignaient, les autres recherchaient un peu son appui, et on lui imputait un rôle qu'il n'a pas joué, j'espère, mais enfin il était au milieu de nous et pouvait causer très facilement au grand chef, ce qui n'était pas notre cas. Vous voyez, sans que j'insiste, la situation. (*Mouvement.*)

Le commandant Henry a eu quelques « piques » avec le colonel Sandherr ; il est vrai que les principes du colonel Sandherr étaient toujours de maintenir la bonne harmonie. Quand il avait eu une petite discussion avec Henry, — naturellement, ç'a toujours été en dehors du service. — Sandherr se bornait à ne plus causer, à regarder Henry dans le blanc des yeux, et mâchonnait un peu de papier; à ce moment, Henry comprenait et s'en allait. Vers la fin du séjour de Sandherr, il y a eu un assez grand rapprochement entre le capitaine Lauth et le commandant Henry, — je ne le lui reproche pas, — ils montaient à cheval ensemble tous les matins, c'était tout naturel, et l'archiviste Gribelin s'était également rapproché d'Henry. Il y avait une espèce de commencement de scission qui se produisit à la section de statistique. D'ailleurs un incident assez grave avait accentué cette espèce de scission d'abord du côté d'Henry. Henry, un jour, parce qu'il ne comprenait pas très bien toutes les nuances du français, avait été la cause d'un incident excessivement grave qui s'est passé dans une ville de l'Est; dans cette ville de l'Est, un ancien entrepreneur du génie militaire, président du Tribunal de commerce, occupant une très haute situation dans la ville, avait un beau jour été arrêté et emprisonné, et puis, on s'était aperçu tout de suite qu'il n'y avait rien. C'était Henry qui avait fait l'affaire, et vous concevez que Sandherr s'est trouvé menacé par cette affaire; je ne sais comment, elle n'est pas arrivée à la connaissance en haut lieu, heureusement, on ne s'en est pas trop aperçu, mais naturellement cela a jeté un froid entre Henry et Sandherr.

Ensuite, pour Gribelin, il y avait eu différentes histoires; ainsi, M. Gribelin ne me démentira pas, un jour, à la suite d'une scène de jalousie à propos de l'archiviste Rouff, il était venu offrir son tablier au colonel Sandherr qui l'avait pris au mot et avait dit : « Très bien, faites votre demande, je la transmettrai. »

M. Gribelin. — Je demande la parole, mon colonel.

Le lieutenant-colonel Cordier. — Dans le courant de l'après-midi, M. Gribelin est venu prier Sandherr d'oublier tout ce qui s'était passé.

Je suis honteux d'entrer dans tous ces détails, mais enfin, c'est pour vous montrer la situation de la section de statistique à ce moment.

Le Président. — Je vous ai demandé de préciser la nature des relations qu'il pouvait y avoir entre le colonel Picquart et le commandant Henry. Indiquez-le brièvement.

Le lieutenant-colonel Cordier. — Vous allez comprendre pourquoi j'en parle.

Au moment où je remis le service au colonel Picquart, vous voyez donc une sorte de scission morale dans la section de statistique; d'un côté Henry, Lauth et Gribelin.

Il y avait un autre officier — je ne prononcerai même pas son nom — qui est parti vers cette époque-là ; il a demandé à quitter la section de statistique, mais je ne veux pas dire ni insinuer le moins du monde — il faut que ce soit bien entendu — que ce soit précisément pour s'en aller et se mettre de l'autre côté.

C'est avec ces messieurs que Picquart prit le service. Il est évident qu'à ce moment-là le commandant Henry a été très froissé de voir un officier plus ancien de grade que lui mais infiniment plus jeune prendre la direction de la section. Tout le monde pensait qu'Henry, si le général de Miribel avait vécu, espérait avoir la direction de la section de statistique ; voyant arriver Picquart là, il a dû voir toutes ses espérances s'évanouir ; seulement, dans les premiers temps, il paraît qu'il a marché avec lui. Mais moi, qui connaissais très bien le caractère d'Henry, je n'ai pas été étonné après cela de la guerre qui a eu lieu entre Henry et Picquart, Henry, soutenu par deux officiers de la section, et Picquart de l'autre côté. Pour moi, l'affaire grave, l'affaire sérieuse, qu'on a appelée l'affaire du faux Henry, a été déterminée par le désir qu'avait Henry de se substituer à Picquart. Car, rappelons-nous bien : on a parlé du faux national ; eh bien ! il n'a pas pu y avoir de faux national à cette date du mois d'octobre 1896, il n'y avait pas d'agitation au dehors, on ne s'occupait pas du tout de l'affaire Dreyfus. Pour moi le faux Henry a été destiné tout simplement à démolir Picquart afin de permettre à Henry de se mettre à sa place. (*Mouvement.*)

Le Président. — C'est tout ce que vous aviez à dire ? Vous n'avez rien à ajouter à votre déposition ?

Le lieutenant-colonel Cordier. — Non, mon colonel.

Le Président. — Monsieur le Commissaire du Gouvernement, avez-vous quelque question à poser au témoin ?

Le Commissaire du Gouvernement. — Non, mon colonel.

Le Président. — La défense a-t-elle des questions à poser ?

Me Labori. — J'ai deux ou trois questions à poser à M. le lieutenant-colonel Cordier. Tout d'abord, monsieur le Président, voulez-vous lui demander s'il a été au courant des circonstances dans lesquelles a été faite l'arrestation du capitaine Dreyfus ?

Le Président, *au témoin*. — Avez-vous des détails à nous donner sur les circonstances qui ont accompagné l'arrestation du capitaine Dreyfus ?

Le lieutenant-colonel Cordier. — Ah ! la scène du 15 octobre ?

Le Président. — Oui, veuillez nous indiquer brièvement les circonstances de l'arrestation.

Le lieutenant-colonel Cordier. — Oui, j'ai été assez au courant de cette affaire, pendant, avant et après la triste opération qui se passait là-haut. Il y avait là M. Cochefert, chef de la Sûreté. Il y avait des inspecteurs, il y avait là présent du Paty, il devait y avoir aussi le commandant Henry qui était arrivé en tenue dès le matin, car il devait emmener le capitaine Dreyfus. Il devait y avoir encore M. Gribelin qui servit de greffier et de secrétaire à du Paty. Nous avons été mis deux ou trois fois au courant pendant la séance de ce qui se passait.

Ah! je dois dire autre chose. L'autre jour on a reproché au capitaine Dreyfus et on a donné cela comme une preuve de culpabilité qu'il s'était regardé dans la glace au moment où on allait l'emmener. Ah! ça, c'est trop fort! Si Dreyfus a regardé dans la glace à ce moment c'est qu'il a vu d'autres têtes que la sienne. Il y avait un jeu de glaces. Derrière la portière il y avait deux paires d'oreilles qui écoutaient, et si Dreyfus a été troublé à ce moment, c'est qu'il a dû voir autre chose que sa figure dans la glace. (*Mouvement.*)

Le Président. — Vous n'avez pas d'autres détails particuliers à donner sur cette scène?

Le lieutenant-colonel Cordier. — Non, monsieur le Président.

Me Labori. — Si je ne me trompe, M. le colonel Cordier a dû passer son service au colonel Picquart dans les premiers jours de juillet 1895. A-t-il connaissance qu'à cette date une lettre ait été remise au ministère de la Guerre ou du moins au service des renseignements par le ministère des Affaires étrangères? Le Conseil sait à quoi je fais allusion. C'est la lettre CCC dont je veux parler. M. le colonel Cordier connaît-il ce fait? Peut-il nous dire s'il a des renseignements ou des observations à nous présenter à ce sujet?

Le Président. — Avez-vous connaissance qu'avant votre départ le ministère des Affaires étrangères ait remis au service des renseignements une lettre relative à des offres de service faites par une dame étrangère?

Le lieutenant-colonel Cordier. — Je vois parfaitement ce dont il est question. Je demanderai au Conseil d'entrer dans quelques détails, parce que c'est une question qui a été fort agitée.

La date de mon départ du service des renseignements a été fixée le 24 juin 1895, et c'est deux ou trois jours après que Picquart est venu prendre le service. C'est à la date du 2 juillet qu'officiellement j'ai quitté le service des renseignements. Je dis le 2 juillet, et voici pourquoi : Les instructions sur les inspections générales à cette époque-là décidaient que l'on passait l'inspection à l'endroit où l'on était à la date du 1er juillet; alors on a fixé pour moi le 2 juillet, pour que je n'aie pas à repasser une inspection tout de suite après dans un autre corps. C'est le 2 juillet que je suis parti officiellement, mais je ne suis pas parti réellement le 2 juillet, parce que j'ai eu un sursis de 15 jours qui m'a été accordé par le général Saussier, gouverneur de Paris, et que j'avais en outre mon délai de route, qui était de quatre jours. De sorte qu'en droit c'est à partir du 2 juillet que Picquart, qui était commandant à ce moment-là, a pris la direction du service.

Là encore il y a une autre complication. Sandherr, à ce moment-là, était bien toujours nominalement le chef du service, mais depuis quelques semaines il était sur son lit, paralysé en grande partie et absolument hors d'état de faire du service ; je crois cependant qu'il a pu encore dire quelques mots à Picquart et qu'il lui a remis les fonds. Pendant cette période, je mis Picquart complètement au courant du service. Picquart, si l'on veut, faisait le service, mais moi j'étais à côté de lui, et à ce moment-là Picquart ne faisait rien sans me consulter.

Or, il reste absolument chez moi un souvenir très précis, c'est qu'à l'époque où j'ai remis le service au colonel Picquart, nous étions en relations avec une dame italienne et par l'intermédiaire des Affaires étrangères ; je me rappelle cela d'une façon très nette et très claire. Nous avions été déjà plusieurs fois en relations avec des dames italiennes... je respecte beaucoup les dames italiennes en général, et quand je parle de dames italiennes il ne s'agit évidemment que de celles qui font le métier d'espion. Or, à Rome, ces dames sont, je crois, très fortes quand il s'agit de relations entre la Curie, le Quirinal et d'autres choses de ce genre, mais pour les affaires militaires nous en avons employé quelquefois et toujours nous avons été roulés. Je me rappelle très bien avoir prémuni Picquart d'abord contre l'emploi des femmes dans le service. D'une façon générale... j'ai toujours été hostile en principe à l'emploi des femmes, il y a des exceptions... et à ce propos je me souviens de lui avoir dit : « D'ailleurs, tout ce qui porte des robes, il n'en faut pas. » Picquart se souviendra peut-être de cela. Il me répondit même : « Est-ce que vous en avez maintenant ? — Non, pas pour le moment. » Je vous donne ces détails, parce qu'il est nécessaire de fixer la chose.

Puis nous avons parlé du maréchal de Saxe. Le maréchal de Saxe, dans ses mémoires, raconte qu'il faut employer telle et telle classe de personnes, entre autres les moines, au service des renseignements. Tout cela était venu certainement à propos de cette fameuse lettre ;

mais quant à la lettre en elle-même, je l'ai oubliée, elle n'est pas dans ma mémoire. Je ne me rappelle pas, par exemple, si c'est quelqu'un qui me l'a remise, ou si c'est Picquart qui m'en a parlé.

Quant au texte de la lettre, en le lisant c'est absurde, on n'a qu'à lire cela, on n'en donnerait pas quarante sous à quelqu'un qui vous apporterait cette lettre.

Supposez qu'elle m'ait été remise à moi, dans le service, j'aurais dit à Henry : « Classez-moi cela. » Et s'il l'avait jetée au feu j'aurais dit : « C'est bien. » C'est une pièce absolument sans valeur. On vient nous offrir six mois après la preuve de la culpabilité de Dreyfus ! c'est absurde, ce n'est pas sérieux !

Je me rappelle très bien qu'il y avait une négociation...

Le Président. — Vous vous rappelez que cette pièce est arrivée à l'époque où vous avez quitté?

Le lieutenant-colonel Cordier. — Parfaitement. Est-ce dans les derniers jours de juin ou dans les premiers jours de juillet?...

Le Président. — C'est à la fin de votre service?

Le lieutenant-colonel Cordier. — C'est à la fin de mon service... Si c'est arrivé dans les derniers jours de juin c'est encore moi qui étais responsable ; si c'est dans les premiers jours de juillet, j'allais encore en ce moment tous les jours pendant mon sursis au service des renseignements voir le commandant Picquart.

Le Président. — En tout cas vous en avez eu connaissance?... C'est ce que vous désiriez savoir, maître Labori?

Me Labori. — Parfaitement, monsieur le Président.

M. le colonel Cordier va encore plus loin ; il croit avoir causé avec M. le colonel Picquart de la suite à donner à cette lettre.

Le lieutenant-colonel Cordier. — C'est ce que j'ai dit tout à l'heure en disant que de toutes ces affaires italiennes nous en avions assez. Je l'ai prémuni contre cela.

Me Labori. — Une question encore qui se rattache à la déposition du colonel Cordier.

Vous lui avez demandé, monsieur le Président, si le colonel Sandherr lui avait parlé de démarches faites près de lui par les frères Dreyfus.

Or j'ai vu hier une lettre d'un M. Albert Pagès qui me dit vous avoir écrit. Voici ce qu'il déclare :

« Je déclare que le colonel Sandherr avant et après la condamnation de Dreyfus m'a dit n'avoir été l'objet d'aucun chantage, d'aucune offre d'argent, d'aucunes propositions, etc. Signé : Pagès. »

Je me permets de vous demander, monsieur le Président, si vous avez reçu le télégramme ou la lettre et si vous voulez bien en ordonner lecture ?

Le Président. — Je l'ai reçu. Je ne sais pas ce que c'est que ce M. Pagès, je n'ai aucun renseignement sur son compte. J'ai reçu une dépêche signée Pagès, c'est tout ce que je sais.

Le commandant Gendron. — Je demande la parole.

Le Commissaire du Gouvernement. — Si nous voulions répondre à toutes les lettres que nous recevons !... J'en reçois, moi, en qualité de Commissaire du Gouvernement, je n'en fais pas état, je les classe, parce qu'elles sont sans importance pour la plupart.

Me Labori. — Si j'apportais le centième des lettres que j'ai reçues, nous aurions un volumineux dossier.

Le général Mercier. — Je demande la parole sur l'incident.

Le Président. — C'est inutile. C'est bien de l'accusé ici présent que vous avez entendu parler ?

Le lieutenant-colonel Cordier. — Oui, mon colonel.

Le Président. — Accusé, levez-vous. Avez-vous des observations à faire à la déposition du témoin ?

Le capitaine Dreyfus. — Il a parlé tout à l'heure de la scène du 15 octobre ; elle a été tellement fantastique que j'avoue très simplement que je n'y ai rien compris ; ce qui est le plus étonnant, c'est que ma cervelle n'y soit pas restée ! (*Sensation.*)

Le Président. — Vous ne vous rappelez pas avoir vu, dans cette glace où vous regardiez, se réfléchir l'image d'autres personnes ?

Le capitaine Dreyfus. — Cette scène a duré trois ou quatre heures ; elle a été préparée dans de telles conditions que c'est quelque chose de fantastique ; je ne sais pas dans quel cerveau elle a pu être imaginée ; mais réellement j'en suis sorti sous une impression indescriptible. Ma tête tournait absolument.

Le Président. — Vous n'avez rien vu dans cette fameuse glace ?

Le capitaine Dreyfus. — Je ne peux pas me souvenir des détails de cette scène. C'était, je vous l'ai dit, fantastique d'un bout à l'autre.

Le Président. — Cela suffit. Commandant Lauth, vous avez demandé la parole le premier, vous pouvez déposer.

Le commandant Lauth s'avance à la barre.

Le Président. — Vous avez des observations à faire ?

Le commandant Lauth. — J'en ai un certain nombre sur la déposition du colonel Cordier.

Le colonel Cordier a déclaré qu'il était allé en permission le 23 septembre.

Le Président. — Le 23 septembre 1894.

Le commandant Lauth. — Le 23 septembre 1894, et qu'à ce moment-là le bordereau n'était pas encore arrivé à la section de statistique. Le colonel Cordier fait là une erreur ; ses souvenirs ne sont pas exacts, attendu qu'il a quitté le bureau le 13 septembre ; peut-être est-il resté chez lui pour une raison ou pour une autre ; je ne sais pas s'il est allé se promener; mais à partir du 13 septembre, il n'a plus mis les pieds au bureau ; et je suis en mesure de le prouver d'une façon matérielle : il n'y a qu'à prendre la correspondance qui se trouve au bureau ; toutes les correspondances qui ressortissaient de son service devaient être corrigées, annotées par lui, de façon à pouvoir être tirées à la machine à écrire et transmises aux scribes du bureau ; or, ces correspondances ne sont plus annotées par lui à partir du 13 septembre, et commencent à être réannotées par lui à partir du jour de sa rentrée de permission, le 8 octobre. Depuis le 13 septembre jusqu'au 8 octobre, ou plutôt jusqu'au 4 octobre, elles sont annotées de ma main ; le 4 octobre, je suis parti en permission, et du 4 au 8, elles ont été annotées par mon camarade Matton.

Le Président *s'adressant au colonel Cordier.* — Vous rappelez-vous exactement la date à laquelle vous êtes parti en permission?

Le lieutenant-colonel Cordier. — Je me rappelle exactement la date où je suis parti en permission et je ne me rappelle pas du tout être resté chez moi à ne rien faire auparavant ; ce n'était pas dans mes habitudes. Ai-je été en mission, en voyage, auparavant? je n'en sais rien. D'ailleurs je vous ferai remarquer que cela ne ferait rien à l'affaire en question, que je sois parti le 13 ou le 23; mais je n'ai aucune idée d'avoir manqué le bureau dans les jours qui ont précédé le 23.

Le commandant Lauth. — Il y a un fait matériel ; c'est que du 13 au 23, le colonel Cordier n'a pas travaillé au bureau. Était-il en mission ? Je ne me le rappelle pas.

Le Président. — C'est avant le 25 ; cela n'a pas grande importance.

Le lieutenant-colonel Cordier. — Remarquez bien que cela ne fait rien du tout à l'Affaire ; mais je maintiens absolument ce que j'ai dit.

Le commandant Lauth. — A partir du 13, le colonel Cordier n'a pas mis les pieds au bureau, et comme preuve...

Le lieutenant-colonel Cordier. — Oui, on dit qu'il n'y a pas de mon écriture.

Le commandant Lauth. — Les preuves matérielles sont là.

Le colonel Cordier a ensuite parlé du fait qu'à un moment donné on avait demandé des stagiaires; il a dit à ce propos qu'il n'y avait pas manifestation d'antisémitisme à la section de statistique. Je suis, sous ce rapport, absolument de son avis. Seulement, il y avait une exception, c'était lui; attendu qu'à cette époque nous lisions tous les jours une dizaine ou une quinzaine de journaux politiques, il y avait deux journaux qui restaient toujours pour lui, c'était la *Libre Parole* et l'*Intransigeant*, que personne de nous ne lisait à cette époque-là. Lui, il les lisait, les dépouillait, venait nous faire des conférences, d'un bureau à l'autre, et gênait notre travail, en nous parlant d'antisémitisme et de l'influence des Juifs. Et en particulier, quand il a été question des stagiaires, c'est lui qui est venu dans notre bureau, disant: « On vient demander des stagiaires pour nous aider dans notre travail. Le colonel Sandherr en a pris deux; on nous a proposé un Juif; il ne manquerait plus que cela qu'il y en ait un ici. » C'est pour vous montrer le type. (*Rumeurs.*)

Dans le reste de la section, personne ne voulait entendre parler d'antisémitisme.

Le lieutenant-colonel Cordier. — Ce que vient de dire M. le commandant Lauth est parfaitement exact. M. le général Roget lui-même a bien voulu dire dans sa déposition devant la Chambre criminelle que j'étais même un antisémite d'un genre particulier, que j'avais été antisémite alors qu'il n'y en avait pas encore. On me l'a rappelé encore dans les procès que j'ai été obligé de soutenir à l'occasion de certaines lettres fausses qui m'étaient attribuées; l'avocat de la partie adverse me traitait de précurseur. Oui, à ce moment-là, je criais très fort au ministère contre les juifs, je ne cache pas mes impressions. J'avais été trompé indignement par un officier ministériel israélite (*Rires.*); j'ai dû avoir une longue correspondance à cette époque avec un procureur de la République et toutes sortes de gens, et je faisais, n'ayant pas de presse à copier chez moi, tirer le double de ma correspondance sur la presse de la section; si même messieurs les contrôleurs veulent m'imputer quelques petites choses pour l'usure, je leur indique cela en passant. Oui, j'ai été antisémite; mais mon antisémitisme n'a jamais été et n'ira jamais jusqu'à porter témoignage contre un juif parce qu'il est juif; je suis un honnête homme, j'ai une conscience. (*Mouvement.*)

Le commandant Lauth. — M. le colonel Cordier a ensuite expliqué que lorsqu'est arrivée la rupture entre les deux agents qui se transmettaient les papiers, ceux que j'ai appelés l'agent Félix et l'agent Pierre, le colonel Henry avait arrangé lui-même ce nouvel état de choses. C'est inexact : cet état de choses a été institué d'après les ordres du colonel Sandherr par le capitaine Rollin que vous avez vu ici comme commandant. Le colonel Henry n'a fait connaissance de l'agent Félix qu'un mois ou deux plus tard. A ce moment la canalisation, le système de transmission était déjà établi par les soins du capitaine Rollin. Ce n'est donc pas le colonel Henry qui est entré en relations avec l'agent Félix.

Le lieutenant-colonel Cordier. — Ceci est très simple et vous allez le comprendre; la rectification n'est rien du tout. Le commandant Henry a remplacé le capitaine Rollin dans son service; c'est le capitaine Rollin qui était à cette époque chargé du service du contre-espionnage. Il a été remplacé par le commandant Henry. Les deux officiers sont restés longtemps ensemble; le capitaine Rollin a été nommé dans un régiment de Paris et même caserné à l'École militaire afin de ne pas s'écarter de la section de statistique et d'être à la portée de la section pour les renseignemsnts qu'il pouvait avoir à donner. Ceci est tellement vrai qu'en changeant de position, en passant de l'État-major dans un régiment, il n'a même pas été obligé de changer d'appartement. Il y a eu pendant très longtemps un mélange de service, je veux dire un service administré à la fois par le commandant Henry et par le capitaine Rollin. A quel moment exactement l'affaire de la femme...

Le commandant Lauth. — L'affaire Millescamps.

Le Président. — Il est inutile de donner les noms.

Le commandant Lauth. — C'est le capitaine Rollin qui a conduit toute cette affaire; le colonel Henry n'a même pas touché le dossier.

Le lieutenant-colonel Cordier. — Ceci est parfaitement possible. C'est là une affaire spéciale. Mettons que ce soit le capitaine Rollin qui s'en soit occupé au lieu du commandant Henry, cela n'a pas d'importance. Ce qui est certain c'est qu'il a passé le service au colonel Henry. Si vous voulez, je rectifierai ma déposition de tout à l'heure en disant, au lieu du commandant Henry, l'officier chargé du contre-espionnage.

Le commandant Lauth. — Il s'agit également de la question de Richard Cuers. Le colonel Cordier a dit que Richard Cuers savait parfaitement le français; qu'il existait à la section de statistique des lettres de lui qui dénotaient un homme sachant parfaitement le français.

D'abord, les lettres qui sont à la section de statistique ne dénotent pas un homme sachant parfaitement le français; il a écrit en français, personne n'a jamais dit le contraire; moi moins que tout autre; mais il faut observer une chose c'est que les lettres qui sont à la section sont un peu conçues toujours dans le même thème et que, quand un certain nombre de phrases sont faites, il est très facile d'y en ajouter d'autres, de les accoler les unes aux autres et de former ainsi une lettre très suffisamment écrite en français. Ensuite, on peut très bien comprendre le français quand on le lit, par une certaine habitude, l'écrire relativement assez couramment et ne pas le parler très couramment. De cela, je ne chercherai qu'une preuve, par exemple : M. le colonel Cordier lit et comprend parfaitement, merveilleusement même l'allemand : je me suis trouvé deux ou trois fois avec lui à faire des négociations avec des Allemands et il n'a jamais ou à peu près pris la parole, ou quand il l'a prise, je me suis aperçu qu'il n'était pas très habitué à causer couramment en allemand pour soutenir une conversation et une négociation.

En outre, il a été répété par tous, aussi bien par le colonel Picquart que par les autres témoins qui se sont expliqués à cet égard, qu'on m'avait choisi à l'origne, pour aller à Bâle, parce que les négociations devaient se faire en allemand. Je ne connaissais pas Cuers, je ne savais pas ce qu'il connaissait exactement en fait de français et d'allemand; on a commencé par me désigner, moi, en disant : les négociations doivent se faire en allemand, Richard Cuers n'est pas suffisamment habitué pour pouvoir soutenir les négociations en français. Du reste, je l'ai déjà demandé lors de ma première déposition, et je le répète, ici : je ne demande qu'une chose, c'est qu'on convoque M. F., parce que c'est lui qui a envoyé la lettre originale pour indiquer au colonel Picquart comment devaient se faire les négociations, et je crois me rappeler qu'au moment où on m'a expédié à Bâle, le colonel Henry m'a dit que Richard Cuers ne sachant pas suffisamment le français pour soutenir une négociation, il fallait la faire en allemand.

Le Président. — En somme, la conversation a eu lieu en allemand?

Le commandant Lauth. — Oui; il y eut seulement quelques phrases en français. J'ajoute que si nous avions vu que Richard Cuers savait suffisamment le français pour que la conversation puisse avoir lieu ainsi, il eût été plus simple pour moi de la faire en français, de façon qu'elle se fasse ouvertement devant tous.

Le Président. — Avez-vous autre chose à dire?

Le commandant Lauth. — Oui, monsieur le Président. Le colonel Cordier est revenu sur la question de la pièce « Ce canaille de D. »; il l'attribue à une époque très lointaine. Or, je déclare que c'est moi qui l'ai recollée; je suis arrivé au bureau au mois d'août 1893, et je l'ai recollée à la fin de l'année 1893; en disant qu'elle porte la date d'avril 1894, le colonel Cordier a voulu insinuer qu'on avait falsifié la date, qu'on l'avait mise après coup. Eh bien, cela date de 1894.

J'ajoute, et je l'ai dit dans ma déposition, qu'au moment où j'avais commencé à restaurer ces pièces-là, je m'étais servi d'un papier collant spécial.

Or, il n'y a qu'à consulter le dossier secret pour voir que toutes les pièces qui datent du commencement de 1893 sont recollées avec une espèce de papier timbre-poste qui n'était pas transparent et qu'on était obligé de coller sur les déchirures de façon à ne pas cacher l'écriture.

Or, la pièce « ce canaille de D... » est recollée avec du papier gommé transparant, elle est donc de la fin de 1893, quand on a commencé à acheter au Bon Marché du papier gommé transparent.

Le lieutenant-colonel Cordier. — Je voudrais simplement répéter au Conseil ce que j'ai dit au sujet de la pièce « ce canaille de D... », c'est que j'aurais désiré la voir.

Maintenant, je me permettrai de faire remarquer, que ce soit la pièce dont j'ai parlé ou la pièce « ce canaille de D... » ou ce qu'a dit le général Roget, je crois que cela ne fait rien à l'affaire. Mais je persiste à la demander pour voir si c'est une jeune pièce.

Si c'est une jeune pièce, tant mieux.

Le Président, *au commandant Lauth*. — Avez-vous quelque observation à ajouter?

Le commandant Lauth. — Oui, mon colonel. Le colonel Cordier a expliqué au Conseil les motifs qui, d'après lui, semblaient devoir provoquer un certain dépit chez le colonel Henry de voir qu'il n'était pas nommé à la section de statistique, au moment où le colonel Sandherr a disparu, et qu'on a nommé un chef plus jeune.

Ce dépit n'a certainement jamais existé, et je veux en donner une preuve bien palpable.

C'est une lettre que le colonel Henry m'a adressée quelques jours après que Sandherr avait disparu et que Picquart avait repris la direction du service. Je me trouvais à ce moment-là en voyage d'État-major dans les Vosges à proximité de Contrexéville.

La lettre ne porte pas de date, elle indique seulement le jour de la semaine, et je demande la permission de vous la communiquer. D'ailleurs vous verrez qu'elle se rapporte bien à cette époque-là. Je l'ai reçue le 7 aux environs de Contrexéville; la lettre date donc du 6. En voici la lecture:

Lettre du colonel Henry adressée au commandant Lauth

MINISTÈRE
DE LA GUERRE

RÉPUBLIQUE FRANÇAISE

Samedi.

Mon cher ami,

Merci de votre bonne lettre, j'attendais de vos nouvelles avec impatience.

Le commandant Picquart a pris définitivement le service quelques jours après votre départ (j'étais parti le 26 juin), et depuis lors, *tout va très bien.*

Le père Josué — (c'était le colonel Cordier) — a été mis en route à la date du 2 juillet pour rejoindre son corps au Puy — il est en ce moment en sursis de quinze jours et demande un congé de six mois.

Depuis le 2 juillet nous sommes donc débarrassés de sa personne. Il vient bien encore le matin faire quelques apparitions dans sa botte, mais personne n'y fait attention et le commandant Picquart moins que tout autre.

Il est du reste complètement fixé sur son compte et sur sa valeur!

Je crois que tout ira bien avec notre nouveau chef, qui voit juste et promptement. — Il a beaucoup d'initiative et va rapidement nous débarrasser des quelques parasites que vous savez.

L'homme de Bruxelles va être expédié avant peu. J'ai déjà posé quelques jalons contre celui de Munich. — Pour ce dernier la chose sera plus longue, mais nous y arriverons. Nous avons à notre tête un homme sérieux, intelligent et actif qui ne demande qu'à aller et à bien faire. J'estime que nous sommes appelés avec lui, à faire de la bonne besogne.

Ce n'est pas lui qui aurait raté Cologne!

(C'est une allusion à une affaire antérieure).

LE LIEUTENANT-COLONEL CORDIER. — Heureusement! — *Sur une observation du président.*

LE LIEUTENANT-COLONEL CORDIER dit : « Je vous demande bien pardon, je me tais ». (*Rires.*)

Le commandant Lauth, *continuant de lire*. — « Le colonel Sandherr est encore un peu fatigué, mais il va beaucoup mieux et se dispose à partir en congé lundi prochain.

Votre homme est retourné là-bas à M... et a rapporté des documents; le commandant Picquart en est enchanté et trouve qu'il y a dans ce type l'étoffe d'un bon agent.

Rentrez donc vite, tout va très bien et nous allons pouvoir faire ensemble de la bonne besogne.

Bien tout à vous,

Signé : J. Henry.

L'alezan a reçu un coup de pied et se trouve en ce moment à l'infirmerie pour une dizaine de jours. Heureusement ce ne sera pas grave. Néanmoins c'est fort ennuyeux, car il allait parfaitement.

P. C. C.

Signé : Coupois.

Copie certifiée conforme à l'original adressé à M. le commandant Lauth.

Rennes, le 27 août 1899.

Signé : Lauth.

Le commandant Lauth. — Il y a trois phrases qui n'ont pas d'importance ici et qui visent un cheval qu'il avait.

Le Président. — C'est tout ce que vous avez à dire?

Le commandant Lauth. — Le colonel Cordier a également parlé des tensions qui pouvaient exister au bureau, comme quoi Henry, Gribelin et moi nous aurions fait bande à part, et qu'il y aurait eu une tension, et que même un officier qu'il n'a pas nommé — c'est bien simple, c'est le capitaine Matton — aurait demandé à quitter le service pour éviter cette tension.

Le lieutenant-colonel Cordier. — Non, non, non.

Le commandant Lauth. — C'était une allusion.

Le lieutenant-colonel Cordier. — Non, pas le moins du monde.

Le commandant Lauth. — Je demande pardon au Conseil d'être obligé d'entrer dans tous ces petits détails pour expliquer ce qui pouvait avoir amené entre le colonel Cordier et nous une toute petite tension. Comme le lieutenant-colonel Cordier l'a expliqué tout à l'heure, il faisait l'intérim, c'est-à-dire qu'il ne venait pas au bureau le matin; il venait au bureau soi-disant à 11 heures 1/2 et restait jusqu'au soir en même temps que nous: tandis que les 4 autres officiers venaient le matin à 9 heures, s'en allaient à 11 heures 1/2, revenaient vers 2 heures et restaient jusqu'à 6 heures 1/2 ou 7 heures.

Un beau jour, — c'était à la fin de 1894 ou au commencement de 1895, — le colonel Sandherr est descendu vers 11 heures 1/2 faire son rapport au chef d'État-major; il a eu une lettre à écrire et a eu besoin d'un de ses sous-ordres ; en parcourant nos salles il ne trouva personne. Le soir il nous a fait une petite observation, disant: « Messieurs, je me suis rendu à 11 heures 1/2 dans les bureaux et il n'y avait plus personne, je désire qu'au moment où je descends au rapport il y ait quelqu'un, et bien entendu que l'un au moins d'entre vous reste ici jusqu'à ce que le colonel Cordier qui doit faire l'intérim soit arrivé. »

Nous avons pris bonne note de l'observation, nous nous promettions d'en tenir compte. Au bout de trois jours, le fait se reproduisit. Le colonel Cordier arrivait, au lieu de 11 heures 1/2, à midi, midi 1/4. Nous avons demandé au colonel Cordier quel était le moment régulier auquel doit se faire la transmission du service. Il nous répondit à 11 heures 1/2. Le commandant Henry a pris la parole, puisque c'était le plus âgé, et a dit: « Mon colonel, si vous pouviez arriver à l'heure ou du moins à une heure exacte, car l'un d'entre nous est obligé de changer sa vie de famille, et cela nous fait arriver chez nous à 1 heure moins le quart ou 1 heure, ce sont des heures très désagréables; comme il est entendu que la transmission doit se faire à 11 heures 1/2, veuillez avoir l'obligeance d'arriver à cette heure.

Ce qui a été fait.

Néanmoins, deux jours après, le colonel Cordier arrivait encore à midi passé. Henry lui a même dit : — ils étaient alors du même grade : — Franchement, vous pourriez venir à l'heure ; vous nous dérangez tous et il est inutile que nous nous dérangions toujours à cause de vous.

Le colonel Cordier lui a répondu: « Cela m'est égal. »

Henry lui a répondu: « Moi aussi. »

Nous avons demandé à ce que tout le monde fît le même service, et sur les quatre officiers qui étaient en sous-ordres, il a été convenu que tous les quatre jours l'un viendrait à midi et ne ferait pas de service le matin. Cela a dérangé le colonel Cordier qui a été profondément vexé, et a amené une certaine tension.

Le Président, *au colonel Cordier*. — Avez-vous une observation à faire?

Le lieutenant-colonel Cordier. — Rien du tout.

Le commandant Lauth. — Le colonel Cordier a également dit qu'à plusieurs reprises il y avait eu des piques ou des ennuis entre le commandant Henry et le colonel Sandherr. Il a eu soin d'ajouter que cela avait dû se passer en dehors des capitaines. Il est probable que ce jour-là, le colonel Sandherr fermait sa porte pour qu'on n'entende pas, mais ce qui est certain, c'est que je n'ai jamais entendu parler qu'il y ait eu la moindre chose entre le commandant Henry et le colonel Sandherr.

Le lieutenant-colonel Cordier. — Cela a existé parfaitement. Vous savez très bien que mon vieil ami le colonel Sandherr m'a dit des choses qu'il ne disait pas à ses officiers.

Le commandant Lauth. — Le colonel Cordier a également fait allusion à une gaffe qu'aurait commise le commandant Henry à propos d'une affaire Picquet.

Le lieutenant-colonel Cordier. — Je n'ai pas dit le nom.

Le commandant Lauth. — On peut parfaitement le dire. (*Rumeurs.*) Je ne vois pas pourquoi on dit cela; ce qui est certain, c'est qu'on n'a pas procédé à une arrestation et une enquête en temps voulu...

Le Président. — Vous entendez parler du colonel Sandherr?

Le commandant Lauth. — Oui. Cet homme était déjà prévenu, et quand le procureur est allé faire une perquisition chez lui, on a su que la veille ou l'avant-veille deux malles pleines de papiers avaient passé la frontière. Je ne vois donc pas où il pourrait y avoir une gaffe du commandant Henry.

Le Président, *au colonel Cordier*. — Avez-vous des observations à faire?

Le lieutenant-colonel Cordier. — Non, mon colonel.

Le commandant Lauth. — Je reviens au dossier ou au papier CCC. Le colonel Cordier a dit qu'il avait été au courant des propositions CCC; c'est possible et même probable. En effet, au commencement du mois de juin, cette personne (une dame italienne) avait fait des propositions au colonel Sandherr, mais sans parler des questions de détail; elle avait offert ses services, et il existe encore actuellement au bureau, à la section de statistique, la lettre d'offres de cette personne, au travers de laquelle le colonel Sandherr a écrit quelques mots à l'usage du capitaine qui était chargé de ce service, et ce service ne regardait absolument pas le colonel Cordier, puisque le colonel Sandherr communiquait directement avec le capitaine Matton et que jamais le colonel Cordier n'a eu à s'occuper d'une question italienne. Le colonel Sandherr donnait les papiers et traitait directement avec les capitaines, et le colonel Cordier ne s'occupait que des questions allemandes; néanmoins il a pu être mis au courant par le colonel Sandherr. Ce qu'il y a de certain c'est que la lettre d'offres existe, et qu'il y a, écrits de la main du colonel Sandherr : « Pour Matton, voir aux Affaires étrangères ce qu'on peut en tirer », ou quelque chose de ce genre, ce qui est certain, c'est que le colonel Sandherr disait à son subordonné de suivre l'affaire.

Il est possible que le colonel Cordier ait pu être au courant, mais je voudrais savoir s'il a été au courant de la pièce, s'il a vu la pièce dans laquelle il était question de Dreyfus. En effet il y a eu plusieurs lettres. Cette femme n'ayant pas reçu de réponse suffisamment vite, elle a indiqué qu'elle avait vu des lettres adressées à Dreyfus. C'est cette lettre que M. Delaroche-Vernet est venu apporter au bureau.

Le Président. — Est-ce la première ou la seconde que vous avez vue? Etait-il question de Dreyfus dans la lettre que vous avez vue?

Le lieutenant-colonel Cordier. — Je ne me rappelle plus. Je reviens à ce que j'ai dit tout à l'heure.

Le Président. — Le nom de Dreyfus n'a été prononcé que dans la deuxième lettre?

Le lieutenant-colonel Cordier. — Je ne me rappelle plus la lettre en elle-même, je me rapelle seulement les négociations. Je ne me rappelle plus si cette lettre m'a été présentée, mais dans ce cas j'ai certainement dit : « C'est absurde », car à cette époque, qui d'entre nous pensait à la culpabilité de Dreyfus? et l'on n'y a pas fait plus attention que cela. On a parlé des affaires dont je m'occupais et on a dit que Sandherr correspondait directement avec l'officier chargé des affaires italiennes. Je n'ai pas besoin de vous rappeller que je remplaçais très souvent le colonel Sandherr et que par conséquent, j'étais complètement au courant de toutes les affaires italiennes tandis que M. le capitaine Lauth se trouvait avoir dans le bureau une situation spéciale et qu'il était mon adjoint particulier. Le commandant Lauth a été mon adjoint à moi et je l'ai traité avec une très grande bienveillance.

Le commandant Lauth. — M. le lieutenant-colonel Cordier a déclaré qu'il avait donné d'excellents conseils au commandant Henry et qu'il lui avait dit entre autres choses de ne jamais employer de femmes pour le service des renseignements. Il faut croire que le colonel Henry n'a pas cru devoir suivre les indications de M. le colonel Cordier, car trois mois après il nous faisait entrer en communications avec une femme qui nous a dû rendre des services.

Le lieutenant-colonel Cordier. — Je ne lui ai pas dit de ne pas se servir de femmes, je lui ai simplement dit d'agir avec prudence. Il faut croire que je ne savais pas les manier, car cela ne me réussissait pas et j'en usais le moins possible. (*Rires.*)

LE COMMANDANT LAUTH. — A propos de cet incident, je vais donner lecture au conseil d'une lettre que j'ai reçue de Mme veuve Sandherr. C'est au sujet des conseils que M. le colonel Cordier a pu donner au colonel Henry et des conseils que le colonel Picquart a pu prendre auprès du colonel Sandherr. Cette lettre prouve que le colonel Sandherr était malade à ce moment.

En voici le texte :

Étretat, 21 août 1899.

« Cher monsieur,

« Je lis, dans les comptes rendus sténographiques du procès de Rennes, ce qui suit :

LE COLONEL PICQUART. — J'ai à répondre que le colonel Sandherr est venu une fois certainement et que j'ai été tous les jours chez lui pendant les premiers temps, tant que son état lui a permis de me recevoir. J'allais rue Léonce-Reynaud entre deux et trois heures, il me mettait au courant. »

« Cette affirmation ainsi présentée est inexacte. Je n'ai pas quitté mon mari pendant sa maladie et j'affirme que le colonel Picquart n'est pas venu plus de deux fois du milieu de juin au 6 juillet, date à laquelle nous sommes partis pour la campagne pour la santé de mon mari et qu'en outre mon mari n'est pas retourné au ministère avant le mois d'avril.

« Je vous autorise, cher monsieur, à déposer cette lettre entre les mains du président du Conseil de Guerre et je serais prête si besoin était à venir en déposer. Croyez à mes affectueux souvenirs.

Signé : « M. SANDHERR. »

Me LABORI. — Voulez-vous être assez bon pour déposer l'original de cette lettre.

LE PRÉSIDENT. — Vous pouvez donner l'original, il sera déposé au dossier.

LE COMMANDANT LAUTH. — Si je la montrais à M. le défenseur, cela suffirait-il?

Me LABORI. — Je n'émets pas le moindre doute sur l'authenticité de la lettre et la parfaite exactitude de la copie.

LE PRÉSIDENT. — Vous pouvez la remettre à M. le greffier, il l'examinera et la collationnera.

Me LABORI. — M. le greffier voudra bien certifier la copie conforme.

LE PRÉSIDENT. — C'est entendu.

Le général Roget. — Je n'ai pas l'intention de répondre à M. le colonel Cordier en ce qui m'est personnel. Il a dit que ma déposition était absolument fausse, mais il n'a pas dit sur quel point.

Le lieutenant-colonel Cordier. — Sur tout.

Le général Roget. — Eh bien, il faut préciser et nous allons voir. J'ai dit, monsieur le Président, devant la Cour de cassation, à propos de M. Lemercier-Picard, qu'il existait au ministère de la Guerre une lettre qui paraissait être du colonel Cordier. M. le colonel Cordier a déposé une plainte en faux contre X...; je ne sais pas ce qu'il est résulté de cette instruction, ce que je peux dire c'est que toutes les personnes qui connaissent l'écriture du colonel Cordier reconnaissent son écriture dans cette lettre. Je dois dire aussi que lui-même a dit : « C'est bien imité, on a bien imité mon écriture. » Je ne sais pas ce que l'instruction a donné, j'ai dit : paraît être.

J'ajoute, car il faut en finir avec Lemercier-Picard (il est mort et il n'est pas encore enterré), que je vais dire au Conseil ce que je sais.

En 1898, je crois (je ne peux pas affirmer la date ici, je ne l'ai pas présente à l'esprit, mais je pourrai l'avoir officiellement et dire quand on s'est occupé de Lemercier-Picard pour la première fois au ministère), en 1898, je crois, on a trouvé pendu dans son logement de la rue de Seine un nommé Leberti-Durand; ce nommé Leberti-Durand avait pris différents noms de Teroïl, Lemercier-Picard, etc.; on a fait une enquête sur cet individu, on a trouvé chez lui la carte d'un médecin de Paris sur laquelle était écrit ceci : « Ne dites rien devant le juge d'instruction, quant aux fonds ils sont disponibles rue Denfert-Rochereau. » On a fait venir ce médecin, il n'a pas reconnu l'individu, il a dit n'avoir jamais eu de relations avec lui, je crois qu'il est allé à la Morgue et qu'il ne l'a pas reconnu. Voilà ce qu'on assure au ministère.

Plus tard par les journaux, quand les journaux ont donné les différents noms de Lemercier-Picard, on a trouvé que son véritable nom était Lehmann-Moïse. On a cherché dans les fiches du service des renseignements si on connaissait quelqu'un s'appelant ainsi, on en a trouvé un en effet. Cet individu s'était présenté au ministère de la Guerre dans les conditions suivantes (je rappelle au Conseil ce que je disais au commencement, je ne peux pas préciser la date); en 1893, je crois, un nommé Lehmann s'est présenté et a demandé le commandant Hermite, chef d'escadron, employé au premier bureau de l'État-major de l'armée, il l'a demandé au parloir, on a fait passer un papier au commandant Hermite qui est descendu ; il a trouvé là un individu nommé Lehmann-Moïse, israélite de Thionville, dont il avait connu la famille ; ce Lehmann-Moïse a dit qu'il était en mesure de rendre beaucoup de services au bureau des renseignements et notamment qu'il connaissait un officier allemand de la garnison de Thionville qui était disposé à trahir son pays et avec lequel il pouvait se mettre en relation.

Le commandant Hermite a envoyé le nommé Lemercier-Picard au bureau des renseignements; c'est le commandant Lauth qui l'a interrogé; le commandant Lauth est présent, il pourra en témoigner.

Le commandant Lauth. — Parfaitement.

Le général Roget. — Le commandant Lauth s'est aperçu immédiatement que Lemercier-Picard était un imposteur. Il a raconté avoir rendu des services autrefois au ministère; c'était faux. On a consulté l'annuaire allemand pour voir s'il y avait un officier du nom qu'il avait indiqué à Thionville; il n'en existait pas. On a renvoyé Lemercier-Picard; on ne l'a jamais plus revu qu'une fois, dans les conditions que je vais dire.

En 1895, je crois, est arrivé au service des renseignements une lettre venant du garde des Sceaux, dans laquelle un individu, le même Lehmann-Moïse, à ce moment détenu dans une prison à Rouen, je crois, prétendait que l'année précédente un officier du ministère de la Guerre était venu le trouver à la prison de Mazas pour lui réclamer des papiers intéressants. Cet officier était décoré. A ce moment il n'y avait que deux officiers décorés au service des renseignements : c'était le lieutenant-colonel Picquart et le commandant Henry. Ce n'était ni l'un ni l'autre qui était allé à la prison de Mazas et il a été constaté officiellement qu'à l'époque dont parlait Lemercier-Picard, il n'était pas à Mazas.

Voilà tout ce qu'on sait de Lemercier-Picard. (*Rumeurs.*)

Les journaux ont ensuite prétendu que, dans le commencement de 1898, Lemercier-Picard était venu au ministère pour demander un secours à l'intendant Raison. M. l'intendant Raison n'a jamais vu cet individu. Il est certain toutefois que Lemercier-Picard est venu au ministère une fois pour demander le commandant Hermite; le commandant Hermite est descendu; il a reconnu le bonhomme et il est remonté dans son bureau sans lui parler.

Il a été reconnu dans l'instruction de 1898 que Lemercier-Picard est un escroc. Le colonel Fleur, qui a connu Lemercier-Picard, pourra dire qu'il a failli être victime d'une escroquerie de cet individu.

Voilà ce que j'avais à dire de Lemercier-Picard.

Le Président. — Vous avez fini vos observations sur ce point? *Au témoin.* — Avez-vous des observations à faire en échange?

Le lieutenant-colonel Cordier. — J'en ai beaucoup à faire.

Le général Roget a cité de mémoire le texte de sa déposition devant la Cour de cassation; mais il y avait des choses un peu plus complètes, si je ne me trompe, et c'est, je crois, facile de retrouver le texte de la déposition du général Roget devant la chambre criminelle. Il y a, je crois : « A l'époque où le lieutenant-colonel Cordier cherchait à se mettre en relations avec M. Mathieu Dreyfus »... ou une petite phrase de ce genre.

Le général Roget. — Je m'en souviens très bien.

Me Labori. — C'est à la page 444.

Le lieutenant-colonel Cordier. — Eh bien, jamais de la vie je ne me suis mis en relations ni avec ceux que vous appelez les sans-patrie ni avec M. Mathieu Dreyfus.

Je ne me suis mis en relation avec personne. Le texte doit être, si j'ai bonne mémoire, à peu près comme ceci : « Il paraît qu'il a pris comme intermédiaire un Lehmann. Je n'ai jamais connu Lemercier-Picard; tout le monde le connaît, M. le colonel Fleur le connaît aussi, moi je ne l'ai pas vu. La première fois qu'on m'a montré un Lemercier-Picard, c'était une photographie de mort et de pendu; il y a deux mois qu'on m'a montré cela et c'était chez M. le juge d'instruction Boucard. Je l'ai bien examinée et cela ne m'a rien rappelé du tout. (*S'adressant à M. le général Roget qui veut interrompre*) : Je m'adresse, mon général, au Président du Conseil de Guerre.

(*Continuant sa déposition*). — M. le général Roget dit qu'il y a au ministère de la Guerre une lettre qui paraît incontestablement... — ces deux mots paraissent jurer un peu, mais ils sont dans le texte de M. le général Roget...

Le général Roget. — Personne ne conteste le texte.

Le lieutenant-colonel Cordier. — « . .qui paraît incontestablement être de M. le lieutenant-colonel Cordier ». Or, il y a une chose que je suis obligé de dire au Conseil, c'est qu'il y a longtemps qu'il était question de cette lettre, de la fameuse lettre Lemercier-Picard. Quand on a su que j'allais déposer à la Cour de cassation — et vous avez devant vous un brave homme qui dit ce qu'il fait — immédiatement on m'a couvert de boue; il y a eu un chantage abominable qu'on a essayé d'exercer sur moi. On a commencé par insinuer : « Le colonel Cordier ! oh ! il était dans un coin au service des renseignements; c'est un esprit faible, il n'a rien dans la cervelle, c'est un Ramollot; il vient et puis il s'en va prendre un petit verre. » Le journal qui a commencé, le Moniteur officiel de ces messieurs, a commencé, a insinué cela : « Ce lieutenant-colonel dreyfusard reviendra sans doute à de bons sentiments. Sinon la chose continuera. »

Le Président. — Passez sur ces détails.

Le lieutenant-colonel Cordier. — Je vais tâcher d'abréger.

On continue les attaques de tout genre et après ma déposition que l'on connaissait très bien, puisque maintenant il est parfaitement su de tout le monde qu'un certain nombre de témoins connaissaient tous les jours les dépositions que les autres n'ont connues que par la publication du *Figaro* quelques mois plus tard, après ma déposition, dis-je, le 14 janvier, on se dit : Il ne faut plus le ménager et alors on fait mettre dans la *Libre Parole* ceci : « Le colonel Cordier osera-t-il nier avoir écrit à Mathieu Dreyfus pour lui offrir ses services? » J'ai lu cela dans la *Libre Parole* à midi moins cinq; à midi...

Le Président. — Il y a toutes sortes de choses dans ce journal et dans les autres.

Le lieutenant-colonel Cordier. — C'est que tout se tient, mon colonel, et je ne serai pas long. Le 14 janvier à midi, je demande au ministre de la Guerre, sous les ordres duquel j'étais encore, l'autorisation de poursuivre la *Libre Parole;* ici les dates sont importantes. Le 25 au soir, l'avant-veille d'un fameux procès, ou plutôt le 26 — la lettre était datée du 25 et je l'ai reçue le 26 — je reçois l'autorisation de poursuivre en diffamation le journal en question.

J'aurais préféré que le ministre de la Guerre poursuivît lui-même d'office; mais il ne le fit pas; alors je le fis à mes frais. Dans l'intervalle, quelques reporters avaient bien voulu venir me trouver. Je n'avais pas de communications avec la presse; mais en définitive c'était tellement fort, que je dis : « Je vais demander l'autorisation, je poursuivrai. » Tous les journaux, les agences même, avaient annoncé que je déclarais n'avoir jamais de ma vie écrit à Mathieu Dreyfus; je l'avais déclaré partout; c'était parfaitement connu, puisque le ministre de la Guerre m'autorisait à poursuivre ceux qui avaient dit cela. Eh bien, c'est le 4 février que le général Roget, qui était mon camarade de promotion, vient parler de cette lettre et fait sa déposition à la Cour de cassation. Or, dans sa déposition, il rappelle qu'il m'a rencontré, nous nous sommes promenés, vous n'avez pas dit, mon général, le détail...

L Président. — Cette affaire, au fond, n'a pas d'intérêt pour l'affaire que nous avons à juger.

Le lieutenant-colonel Cordier. — Mais puisque M. le général Roget en a parlé...

Enfin, je vais abréger. Je constate : Voici une lettre qui est arrivée au Ministère, le 26 octobre 1896, qui a été connue par une foule d'officiers qui, dit-on, m'ont attribué cette lettre. J'ai rencontré ces officiers tous les jours, personne au monde ne m'en a parlé. Cette lettre a existé sous cinq ministres et ces cinq ministres, si on les avait interpellés, probablement auraient raconté que le colonel Cordier avait écrit à M. Mathieu Dreyfus; or je n'avais pas vu la lettre, mais tous les officiers avaient dit que c'était mon écriture.

Je passe. J'arrive simplement à ceci. Le jour où enfin, dans le *Figaro,* je vois la déposition du général Roget, le jour même je dépose entre les mains du Procureur de la République à Paris une plainte en faux et usage de faux contre inconnu. Alors une instruction très sérieuse a lieu, qui a duré deux mois, et dans cette instruction on a interrogé toute sorte de monde. Cette lettre était absurde. Si vous la voyiez, vous verriez combien elle est absurde. Alors, à la suite d'une très longue instruction, M. le juge Boucart a rendu une ordonnance où il y a je ne sais combien de considérants. La voici, elle est très intéressante, si le Conseil veut en prendre connaissance...

M. le Président fait un geste de refus.

Le lieutenant-colonel Cordier. — Ah ! mais pardon ! c'est que c'est intéressant, c'est que là-dedans nous retrouvons tous les témoins du procès. M. le général Roget, qui a été appelé, a été obligé de dire au juge d'instruction : « Oh ! ce n'est pas moi, c'est les autres qui m'ont dit cela ! » On a appelé M. le commandant Rollin, on a appelé M. le commandant Lauth, on a appelé enfin M. Gribelin. (*Le Colonel Cordier se tourne et fait face aux témoins.*)

Le Président. — Abrégez, abrégez.

Le lieutenant-colonel Cordier. — Alors, après cela, tout le monde...

Le Président. — Je ne dois pas laisser dévier le débat.

Le lieutenant-colonel Cordier. — Évidemment, mais je réponds, mon colonel.

Le Président. — Mais répondez plus brièvement.

Le lieutenant-colonel Cordier. — Le résultat de tout cela, c'est que la lettre est incontestablement écrite par Lemercier-Picard, que le colonel Cordier y est complètement étranger. Maintenant,

M. Lemercier-Picard étant mort, on ne peut plus poursuivre en faux contre lui, et le lieutenant-colonel Cordier s'étant porté partie civile, il est condamné aux frais.

LE GÉNÉRAL ROGET. — Je demande comment on sait que cette lettre est de Lemercier-Picard. J'ajouterai autre chose, qu'il est bon que le conseil sache.

Comment la lettre est-elle arrivée au ministère de la Guerre? La lettre n'a pas été apportée par M. Lemercier-Picard ni par un agent quelconque, la lettre est venue de la poste comme lettre tombée en rebut. Il est important que le Conseil sache cela. C'est ce que j'ai dit d'ailleurs dans ma déposition devant la Chambre criminelle.

LE PRÉSIDENT, *s'adressant au colonel Cordier, qui se prépare à répondre.* — Nous ne pouvons pas insister sur cette question, qui n'a aucune espèce d'intérêt dans l'affaire qui nous occupe.

LE LIEUTENANT-COLONEL CORDIER. — Je vous demande à répondre à mon accusateur.

LE PRÉSIDENT. — D'après le Code d'instruction criminelle, je devrais supprimer cet incident. Soyez bref; vidons-le, puisqu'il est commencé; mais je n'en laisserai pas naître d'autres de cette nature.

LE LIEUTENANT-COLONEL CORDIER. — On dit que la lettre est arrivée par la poste, c'est vrai, elle est arrivée par la poste; mais voilà la question de la poste que je ne voulais pas agiter. Je constate que c'est le général Roget qui l'a soulevée.

LE PRÉSIDENT. — Soyez bref,

LE LIEUTENANT-COLONEL CORDIER. — Oui, c'est par la poste que cette lettre est arrivée, et dans quelles conditions l'a-t-on, cette lettre?

LE PRÉSIDENT. — Il a dit qu'elle était tombée en rebut.

LE LIEUTENANT-COLONEL CORDIER, — Oui, mais dans quelles conditions a-t-on cette lettre? Voici une lettre adressée à M. Mathieu Dreyfus qu'ensuite on m'a attribuée à moi.

Comment se fait-il qu'une lettre adressée à M. Mathieu Dreyfus se trouve maintenant dans les cartons de la Guerre, alors qu'on doit connaître l'adresse de M. Mathieu Dreyfus; comment se fait-il qu'elle soit là et non entre les mains de son destinataire? Comment se fait-il qu'une lettre appartenant à M. Mathieu Dreyfus ait été connue de la *Libre Parole?...* (*Mouvement.*)

LE PRÉSIDENT. — Je vais couper court à cet incident; il n'a aucun rapport avec l'affaire Dreyfus; il faut qu'il n'en soit plus question;

en vertu de l'article 278 du Code d'instruction criminelle, j'écarte absolument cette question.

LE GÉNÉRAL ROGET. — Je parlerai alors au point de vue de l'affaire Dreyfus. M. Cordier vous a parlé de l'artificier Thomas ; cela n'a aucun rapport avec l'affaire, attendu que le nommé Thomas a été condamné en 1886. Il vous a parlé de l'affaire Boutonnet ; Boutonnet a été condamné en 1890, cela n'a aucun rapport avec l'affaire. Il vous a parlé de l'affaire B... : il a été condamné en 1892, cela n'a encore aucun rapport.

Enfin, il vous a dit, arrivant alors au procès de 1894, qu'en octobre ou novembre 94 le colonel Sandherrr avait fait des recherches pour savoir si des fuites relatives au matériel d'artillerie s'étaient produites et pouvaient être appliquées à Dreyfus, et le colonel Cordier vous a dit que Sandherr n'avait rien trouvé Je suis absolument d'accord avec le colonel Cordier sur ce point, et alors je m'étonne prodigieusement que le capitaine Freystätter ait vu dans les pièces secrètes des fuites applicables à la pyrotechnie. Voilà un témoignagne qui est conforme à tous ceux que je connais, et je peux parler de ce fait au Conseil parce que j'ai été mêlé à cette affaire ; là, je suis témoin direct, je n'apporterai pas seulement des arguments.

En 1898, au printemps, on a fait pour le ministre de la Guerre, M. le général Billot, un rapport d'ensemble sur l'affaire Dreyfus, on a cherché à ce moment-là les charges qui pouvaient peser sur lui, et même les présomptions. C'est à ce moment que le lieutenant-colonel Godin, chef du bureau du matériel à la direction de l'artillerie, a porté au bureau du général Gonse, en ma présence, les débris du papier pelure calciné qui était relatif à la livraison du chargement des obus à la mélinite. C'est à ce moment que M. Bertillon a été chargé de l'expertise de ces papiers et qu'il a fait son rapport qui n'est pas concluant (*Rires*).

L'autre fuite, relative au matériel d'artillerie, est celle de l'obus Robin. Ce n'est qu'en 1896 que la direction de l'artillerie a su par un document qui lui venait de l'étranger quelle était d'une manière générale la construction du schrapnel d'une puissance étrangère et elle a constaté pour la première fois qu'il y avait de très grandes analogies entre le schrapnel et l'obus Robin. En 1896, on n'a point imputé du tout cette fuite à Dreyfus. Ce n'est que plus tard, en 1897 ou en 1898—je ne puis préciser la date — que le capitaine Rémusat qui commandait alors un batterie alpine, ayant appris qu'on avait constaté cette similitude entre le schrapnel et l'obus Robin, fit la déclaration qu'à la fin de 1890 ou au commencement de 1891 Dreyfus lui avait écrit la lettre que le Conseil connaît pour lui demander des renseignements sur les expériences de l'obus Robin. Je constate donc et je suis témoin personnel que des fuites qui pouvaient provenir de l'École de pyrotechnie ont été reconnues en 1898 et qu'il ne pouvait par conséquent pas en être question dans le dossier secret, ce qui infirme singulièrement la déposition du capitaine Freystätter. Je pourrais d'ailleurs l'infirmer sur d'autres points. (*Rumeurs.*)

Le Président, *au lieutenant-colonel Cordier.* — Avez-vous des observations à faire sur cette déclaration?

Le lieutenant-colonel Cordier. — Non, non.

Le général Roget. — Je ne parlerai pas de la pièce: « Ce canaille de D... » dont le colonel Cordier a dit devant la Chambre criminelle que c'était un passe-partout que cela servait dans tous les procès de trahison. Le Conseil sait que la pièce est datée, et enfin le commandant Lauth vous a dit qu'il l'avait recollée.

Quant à la lettre CCC, M. le colonel Picquart est venu vous dire qu'on la lui avait remise mais qu'il avait pris l'avis du colonel Cordier et du colonel Sandherr, il a même dit qu'il avait travaillé avec le colonel Cordier pendant quinze jours, je crois. La vérité, vous la savez maintenant : c'est que le colonel Picquart a commencé à signer le 26 juin, qu'il a pris le service officiellement le 1er juillet, que le colonel Cordier a reçu sa solde le 1er juillet et a été mis en feuille de route le 2.

Il a bien dit qu'il avait eu un sursis, mais enfin il faut savoir s'il était venu au bureau.

Cette pièce avait été présentée, comme je l'ai déjà dit devant le Conseil, avec une autre note provenant de la même personne et apportée par M. Delaroche-Vernet, établissant que le ministre des Affaires étrangères à ce moment-là ne considérait pas cet agent comme si méprisable; on l'a trouvé depuis peut-être, mais pas à ce moment-là.

M. Delaroche-Vernet a insisté, disant qu'il avait un dossier où se trouvaient des lettres du 5 juin, du 12 juin, du 13 août.

Celle du 13 août est incontestablement du temps de Picquart, celle qui a disparu est celle du 2 juillet, et elle a disparu parce que le nom de Dreyfus est dessus.

Enfin, M. Delaroche-Vernet vous a dit qu'il avait mis le ministère de la Guerre en mesure de correspondre directement avec cet agent, et qu'on n'avait rien fait sous prétexte que cela coûtait très cher.

Je vous ai dit à quoi on employait l'argent à cette époque.

Le colonel Sandherr n'attachait pas si peu d'importance à cet agent, puisqu'il lui donnait des instructions pour « suivre l'affaire ».

Il y a d'ailleurs une note de lui au dossier.

Le Président demande à M. le lieutenant-colonel Cordier s'il n'a aucune observation à faire.

LE LIEUTENANT-COLONEL CORDIER. — Une simple observation. M. le général Roget semble encore mettre en doute ma présence après le 1er juillet. Les explications que je vous ai données pour le jour où j'ai réellement quitté le service devraient suffire.

Mais le général Roget vient de nous dire encore que j'avais disparu du service le 1er juillet... (*S'adressant au général Roget.*) d'abord c'était le 2...

LE PRÉSIDENT. — Ne vous adressez pas à M. le général Roget.

LE LIEUTENANT-COLONEL CORDIER. — J'y allais tous les jours au service, ou à peu près tous les jours; et il me semble même que dans la lettre si intéressante qui a été lue tout à l'heure par le commandant Lauth, la lettre où il est question de « Josué », il y a une phrase qui dit qu'on m'aperçoit dans les bureaux, que je reviens. Cela indiquerait alors, et M. le général Roget ne mettra certainement pas cette lettre en doute, que réellement je n'ai quitté Paris que le 20 juillet.

LE GÉNÉRAL ROGET, *s'adressant de la barre au commandant Lauth.* — De quelle date est donc la lettre où il est question du « père Josué »?

LE COMMANDANT LAUTH, *de sa place.* — C'est le 6 que la lettre a été écrite.

LE GÉNÉRAL ROGET. — Je ferai remarquer aussi que M. Picquart allait « tous les jours » chez le colonel Sandherr, mais que celui-ci est parti le 6. La lettre lui a été remise le 2 et il est parti le 6.

Ceci ne concerne pas M. le colonel Cordier, cela regarde M. Picquart et M. Sandherr.

LE LIEUTENANT-COLONEL CORDIER. — Je regrette, monsieur le Président, d'avoir à dire que cela me regarde de la façon la plus absolue, vu que, Sandherr étant tombé malade, c'est moi qui avais la responsabilité absolue du service.

J'ai donné des conseils à Picquart; Sandherr a pu lui en donner aussi. Picquart était libre de les suivre. Je crois qu'en réalité il a suivi mes conseils, et je prends la responsabilité des conseils que je lui ai donnés. Dans tous les cas, la lettre qu'a lue le commandant Lauth signale ma présence le 6 juillet aux bureaux de l'État-major.

LE GÉNÉRAL ROGET. — Je suis encore d'accord sur un grand

nombre de points; ainsi sur le dossier secret nous sommes d'accord. Il a dit que c'était Sandherr qui l'avait constitué, et il a rendu hommage à l'honnêteté de Sandherr. Maintenant, le colonel Cordier a parlé, sans avoir bien l'air de les connaître, de documents qui en 94 révélaient qu'il y avait des fuites à l'État-major de l'armée. Ces documents, le Conseil les connaît. M. Cordier n'en a parlé que d'une façon très vague. Le Conseil les connaît, ils existent. On peut se demander si les fuites ont continué après la condamnation de Dreyfus. M. Picquart, — le Conseil pense bien que quand j'ai voulu me faire une idée personnelle sur le fond de l'Affaire, j'ai cherché à savoir si ces fuites avaient continué, eh bien! je suis arrivé à des conclusions tout à fait opposées à celles du colonel Picquart, et je demande la permission d'en parler au Conseil. — M. Picquart a dit dans sa déposition devant vous que des fuites importantes s'étaient produites après la condamnation de Dreyfus, qu'il allait en parler, mais il n'en a cité qu'une, celle qu'il a citée se rapporte au fait suivant: En 96, un étranger a offert au ministère de la Guerre, service des renseignements, un certain nombre de documents qu'il disait avoir en sa possession, en offrant même de nous faire connaître par quelle voie il se les était procurés, et il avait envoyé, comme preuve qu'il avait en effet des documents venant de chez nous, une page d'un tableau. Cette page était la première page du tableau d'effectifs de guerre de corps d'armées mobilisés, ce qu'on appelle le tableau F.

M. Picquart a dit à ce propos qu'il était question de batterie de 120, c'était une inexactitude, il a confondu avec une autre fuite, puisque c'était la première page du tableau d'effectifs de guerre, c'était l'organisation du quartier général du corps d'armée.

On a envoyé le capitaine Junck faire une enquête au premier bureau; on a constaté au premier bureau qu'effectivement c'était la première page du tableau F; il faut remarquer ce qu'a dit le capitaine Junck, que l'agent qui proposait d'envoyer ce tableau a dit: « vous ferez bien de vérifier vos totaux, ils sont inexacts. »

M. Picquart est venu dire que ce tableau était un tableau du plan 13, fait très postérieurement à la condamnation de Dreyfus. C'est absolument inexact. Le tableau qu'on envoya avait été fait sur une minute des mois de janvier et février 1894 et envoyé ensuite à l'imprimerie au mois de mars 1894. Si les totaux sont inexacts, c'est dans l'épreuve et non dans le document définitif. Il y a une seconde preuve qui date également de 1896. En 1896 est arrivée non pas ar le service des renseignements mais par une autre voie à l'Éta major de l'armée une notice établie par le grand État-major d'une puissance voisine. Celle à laquelle appartient l'agent B. Cette notice assez volumineuse a été traduite au 2e bureau de l'État-major de l'armée. Elle avait été établie par l'État-major dont je parle en 1895 et elle était destinée à être distribuée au moment de l'entrée en campagne aux états-majors. Le 2e bureau s'aperçut très rapidement que la puissance dont il s'agit était parfaitement au courant de nos progrès. En effet, il y avait sur la composition des corps d'armée mobilisés qui comprenaient à ce moment trois divisions dites de réserves — je puis en parler puisque c'est dans le document — il y avait des détails d'une précision telle qu'il était certain qu'on était admirablement renseigné. En effet, il y était question de la composition des corps d'armée de réserve, de la formation des batteries de territoriale, etc.

Il y avait entre autres une phrase sur laquelle j'appelle l'attention du Conseil, qui était la suivante : On peut considérer comme faisant partie aussi des corps d'armée mobilisés un détachement de commis et ouvriers militaires d'administration, qui est dirigé sur la base de concentration pour préparer l'alimentation des corps d'armée. Ce détachement se compose de 8 sous-officiers, 25 caporaux et 197 soldats.

Le 2e bureau saisit de la question le 3e bureau du service des renseignements : celui-ci fit compléter l'enquête par le 1er bureau. L'enquête a été très consciencieuse et il y a eu une note adressée par le 1er bureau à la section de statistique, note qui existe encore dans les archives.

Dans la correspondance qui a eu lieu à ce moment, le 1er bureau dit dans sa note que tous les renseignements qui concernent la composition des corps d'armée, etc., sont ou extraits des tableaux d'effectifs de guerre des corps d'armée ou fournis par quelqu'un très au courant de notre organisation militaire.

Tous ces renseignements qui figurent dans la notice sont parfaitement exacts. Je ferai remarquer qu'ils sont encore extraits du tableau d'effectifs de guerre connu en épreuves au mois de mars 1894.

Mais il y avait quelque chose de plus intéressant, c'est l'effectif des détachements de la section des commis d'administration qui précède le corps d'armée sur la base de concentration ; cet effectif ne figurait pas sur le tableau de 1894, non plus sur le tableau D de 1894 ; il n'y figurait pas parce qu'en 1894 on a changé le mode d'alimentation des corps d'armée sur la base de concentration et qu'on n'a pas été fixé de bonne heure sur l'effectif qu'on donnerait à ces détachements. De sorte qu'en juin 1894, l'effectif des détachements ne figure pas sur le tableau D.

Cet effectif n'a été inscrit qu'à la fin de 1895, et je constate avec étonnement que si tous les renseignements possédés par cette puissance avant la condamnation sont exacts, ceux qui ont pu être donnés après ne le sont pas. Et l'effectif des commis et ouvriers d'administration est pris dans le tableau d'effectif de guerre de 1889.

Le lieutenant-colonel Cordier. — Je n'ai qu'un mot à dire.

Tout à l'heure M. le général Roget a parlé du dossier secret. Il me semble que j'ai été très explicite, j'ai dit que je ne connaissais pas le dossier secret et que je ne suis initié à rien de tout cela. J'ai tout simplement voulu donner au Conseil quelques indications sur la façon dont on a tiré du « caput mortuum » (c'est l'expression dont je me suis servi) de la section de statistique ce qu'on pouvait en tirer et voilà tout.

Le général Roget. — Je constate simplement qu'on a voulu établir ici que les fuites au ministère avaient continué et que les exemples que je cite prouvent le contraire.

Le Président, *à l'accusé*. — Avez-vous des observations à présenter ?

Le capitaine Dreyfus. — Oui, mon colonel.

Je ferai remarquer que je n'ai jamais participé à la préparation du plan 13 faite dans l'année 1894 ; je n'y ai participé que d'une façon, c'est dans la surveillance des autographies du tableau d'approvisionnement des troupes de couverture. J'ai surveillé pendant le mois de septembre cinq ou six de ces tableaux, c'est ma seule participation au plan 13.

M. le général Roget a parlé également tout à l'heure de la lettre de M. le capitaine Rémusat que tout le monde connaît. Je serai très heureux de connaître la lettre que j'aurais adressée à M. le capitaine Rémusat, je ne la connais pas.

Le Président. — Elle est au dossier.

(*S'adressant à M. le général Roget.*) Vous n'avez rien à ajouter à votre déposition ?

Le général Roget. — Non, monsieur le Président.

Le colonel Fleur revient à la barre.

Le Président. — Il s'agit maintenant des rectifications que vous auriez à faire à la déposition de M. Cordier.

Le colonel Fleur. — Je veux parler de l'affaire Lehmann-Moïse ;

il y a là, en ce qui concerne cette affaire Lemercier-Picard, une tentative d'escroquerie se rapportant à mon frère et dans laquelle je suis mêlé.

Le Président. — Vous n'avez à parler ici que si vous avez des rectifications à faire à la déposition du témoin.

Le colonel Fleur. — J'étais en garnison ici comme colonel d'un régiment d'infanterie ; mon frère était chef de bataillon dans un régiment de Nancy. Un beau jour, il reçoit une dépêche télégraphique provenant de Paris et libellée à peu près de cette façon : « Situation très grave à Paris. Urgence m'envoyer de suite trois cents francs (ou quatre cents francs, je ne me rappelle plus le chiffre) et signée de mon prénom. Mon frère a cherché à se procurer l'argent. Il s'est adressé à des parents et à des amis et a envoyé l'argent par mandat télégraphique.

Il a commis la faute ou plutôt la maladresse de ne pas envoyer de dépêche au Préfet de police, il a écrit ; mais le lendemain, quand la police est arrivée pour prendre Lehmann, il avait disparu. Je sais que c'est Lehmann parce que Lehmann a fait la même chose à des compatriotes à nous qui habitent Nancy, et qui l'ont raconté à mon frère. Ses compatriotes ont dit : « Nous avons perdu notre argent et c'est Lehmann qui a fait la chose. »

Le Président, *au lieutenant-colonel Cordier.* — Avez-vous des observations à faire ?

Le lieutenant-colonel Cordier. — Dans la déposition de colonel Fleur, il y a une chose à laquelle on n'a pas prêté assez d'attention, c'est la date...

Le colonel Fleur. — Je n'en ai pas parlé.

Le Président. — Avez-vous des observations à faire sur ce que vient de dire le colonel Fleur au sujet de Lehmann?

Le lieutenant-colonel Cordier. — Je n'ai jamais connu Lehmann.

Le colonel Fleur. — Je dois déclarer maintenant au Conseil que je suis en mesure de le renseigner sur la valeur morale de la déposition du colonel Cordier.

Le Président. — Vous n'avez pas à apprécier la valeur morale de sa déposition.

Le colonel Fleur. — Alors je vais raconter les faits tels qu'ils se sont passés.

M. Cordier était lieutenant-colonel dans mon régiment. Il montrait une grande irritation ; son irritation se portait sur les juifs, elle se portait également sur le commandant Picquart, qu'il traitait avec un grand mépris de créature des juifs; elle se portait encore sur M. le général de Boisdeffre et sur M. le général Gonse qui lui avaient fait perdre cette position de chef du service des renseignements au ministère. Ce n'est pas seulement à moi qu'il l'a dit; de nombreux officiers pourraient venir déposer ici de ces mêmes propos.

Il y en a même plusieurs qui sont voisins et que l'on pourrait faire chercher. L'irritation du lieutenant-colonel Cordier augmentait au fur et à mesure que le temps passait et voici les propos graves qu'il m'a tenus: « S'ils ne me replacent pas à l'État-major, je leur taillerai des croupières. » Puis le dernier jour de son séjour ici, il m'a dit à moi-même : « Moi, mon colonel, je vais passer à la maison d'en face. » Je vous avoue que cette phrase m'a frappé. Le lieutenant-colonel était venu chez moi et après son départ nous nous sommes demandé ce qu'il avait voulu dire. Nous sommes arrivés à conclure qu'étant fort dans le service de renseignements il allait pour occuper ses loisirs se mettre à la disposition du ministère des Affaires étrangères. Le temps passe, je prends ma retraite, je rentre à Versailles et, le 23 août 1898, passant devant la demeure du lieutenant-colonel Cordier, je monte chez lui. Je vous dirai que mes relations avec le lieutenant-colonel Cordier étaient très cordiales, à ce point que le premier mot de Mme Cordier fut pour me dire : « Je vous remercie beaucoup de toutes vos bontés pour mon mari. » La conversation s'engage également sur la fameuse affaire alors en cours. La première observation, le premier propos de M. le lieutenant-colonel Cordier — et j'ai retenu les détails et les expressions qu'il a employés parce que la chose m'a paru grave — le premier propos qu'il m'ait tenu fut pour me dire : « Oh ! mon cher colonel, il n'y a pas de syndicat. » Je ne lui avais pas parlé de cela et il persista longuement à vouloir me persuader qu'il n'y avait pas de syndicat. (*Rumeurs.*)

La deuxième chose est relative au commandant Picquart, celui qu'il traitait de créature des juifs, et il me dit: « C'est un très honnête homme, mais Henry!.. » Nous avions parlé cent fois de cette affaire Dreyfus, et jamais nous n'avions parlé du colonel Henry. Le colonel Cordier me disait : « Picquart, c'est un très honnête homme... »

Je lui ai rappelé exactement les paroles dites, les propos qu'il m'avait tenus et successivement le colonel Cordier a dû dire : « Oui, mon colonel, c'est vrai. — Mais vous m'avez avoué, non pas une fois mais cent fois la culpabilité de Dreyfus ! » Je suis parti là-dessus. Quelque temps après, le 23 août 1898, à 3 h. 1/2 de l'après-midi,

M. Cordier est venu me dire : « Mon colonel, je ne vous dis pas encore le contraire au sujet de la culpabilité de Dreyfus, mais il n'est pas seul ; il y en a un autre, et peut-être un troisième. » Voilà ce que m'a dit M. Cordier ce jour-là, dans un salon.

Je suis parti décidé à ne plus avoir de relations avec lui.

Quelque temps après, étant présent à la conversation, le colonel Cordier était très bien avec le médecin-major de mon régiment, M. Adam, qui est maintenant en non activité pour infirmités temporaires à Paris, il y eut une conversation dans laquelle il a été dit la même chose. Le colonel Wolf m'a dit un beau jour : « J'ai rencontré le colonel Cordier et je trouve extraordinaire son changement d'opinions ; il m'a tenu ce propos, qui avait été tenu au major Adam : « D'ici à peu de temps, Adam, ou je serai dans une autre situation, ou je serai le dernier des hommes. » Je rapproche ici ces deux propos du colonel Cordier : « Je vais passer à la maison d'en face » et le propos que je viens de vous dire : « D'ici à peu de temps je serai dans une autre situation, ou je serai le dernier des hommes. » (*Hilarité.*)

LE PRÉSIDENT, *au lieutenant-colonel Cordier.* — Avez-vous une observation à faire sur cette déclaration ?

LE LIEUTENANT-COLONEL CORDIER. — Quelques mots seulement, mon colonel. Il y a d'abord un point auquel je n'avais pas fait attention : je passerai dans la maison d'en face. J'y songe maintenant, moi, à la maison d'en face. Vous savez quelle est la maison d'en face. Elle est occupée par M. Lœw, président de la Chambre criminelle. Est-ce cela qu'a voulu dire le colonel Fleur ?

LE COLONEL FLEUR. — Non, quand on dit maison d'en face...

LE LIEUTENANT-COLONEL CORDIER. — Alors je fais partie d'un syndicat avec M. Lœw ?

LE COLONEL FLEUR. — Je ne veux pas dire cela, vous savez parfaitement ce que cela veut dire : c'est abandonner le parti A pour passer au parti B avec armes et bagages ; je ne dirai jamais de a présence de M. Lœw dans la maison d'en face...

LE LIEUTENANT-COLONEL CORDIER, *interrompant.* — Ah ! il y a une chose que j'ai oubliée, en effet, il y avait une chose que je n'avais pas comprise ; dans mon procès avec la *Libre Parole* on m'a signifié que j'aurais comme témoins, contre moi, le général Roget, ce qui ne m'étonnait pas, le commandant Cuignet que je ne connaissais pas, et M. le colonel Fleur.

LE COLONEL FLEUR. — Ah !

LE LIEUTENANT-COLONEL CORDIER. — J'ai su par une signification, un acte extra-judiciaire, et cela m'a bien étonné, qu'il était témoin contre moi. Alors j'ai dit : qu'est-ce qu'il vient faire? Maintenant, si vous voulez nous allons parler d'autre chose; j'ai encore à répondre à deux ou trois points.

Le colonel Fleur, le 23 août 1898, à 3 heures 1/2 de l'après-midi, m'a entendu dire qu'il y avait un faux à l'État-major ; or, remarquez que le 23 août, c'est huit jours avant l'arrestation du colonel Henry, c'est à l'époque où le colonel Picquart était en prison, où le colonel Henry était encore au pinacle ; alors je m'en viens dire dans mon salon à M. le colonel Fleur : « Il y a un faux à l'État-major ! » Oui, je le lui ai dit, mais ce faux je l'ai fait connaître bien plus tôt à d'autres officiers; dès le lendemain du jour où la Chambre avait voté l'affichage, je l'ai dit à un officier supérieur qui sortait du ministère; je l'ai dit devant le n° 14, de la rue Saint-Dominique, cet officier entre parenthèses étant presque de la promotion de M. Cavaignac qui était le ministre de l'époque, je lui ai dit absolument ce que le colonel Picquart avait mis dans sa lettre. Il m'a répondu : « Est-ce que vous avez lu le *Temps ?* » Je lui ai dit non. Alors il m'a dit : « Lisez-le, vous trouverez dans une lettre du colonel Picquart tout ce que vous venez de me raconter. » Maintenant je constate que le colonel Fleur dit que j'ai dit que le colonel Picquart était un très honnête homme. Cela, je l'ai toujours pensé, et le dire à ce moment-là cela pouvait avoir un certain mérite, le colonel Picquart étant en prison.

Maintenant, il y a aussi une chose qui me paraît très importante dans sa déposition, c'est ceci : le colonel Fleur a été très étonné que je lui parle du colonel Henry. Eh bien, je ne lui en avais pas parlé ici, et c'est très simple : je ne lui racontais pas tous nos détails de service. A ce moment-là, quand j'étais ici en garnison, le commandant Henry était passé sous les ordres du colonel Picquart. C'était en 1896, à l'époque où Picquart dirigeait la section de statistique, et Picquart était jeune, très brillant, très au courant, parfaitement qualifié pour être mis à la tête de la section de statistique. Je me disais : il les domptera, il les fera marcher. Eh bien, ils n'ont pas marché. Par conséquent nous sommes absolument d'accord sur ce point avec le colonel Fleur.

Le colonel Fleur. — Il y a un propos que le témoin a reconnu ici : il a reconnu que le 23 août 1898 il m'a dit son opinion sur le capitaine Dreyfus. Je voudrais revenir en deux mots sur ma déposition ; pourriez-vous, monsieur le Président, me donner la parole?

Le Président. — A une autre occasion.

Monsieur l'archiviste Gribelin, vous avez demandé la parole, voulez-vous avancer ?

M L'ARCHIVISTE GRIBELIN. — Je voulais seulement protester contre l'expression employée : « J'avais voulu rendre mon tablier. »

Eh bien si moi, archiviste du colonel Sandherr, j'avais reçu une observation de ce genre, je n'aurais pas été deux heures de plus à mon bureau. Je suis trop militaire pour « rendre mon tablier », et le colonel Sandherr l'était trop pour accepter de ma part une observation pareille. J'ai demandé une fois, en 1896, au colonel Picquart à me retirer et je l'ai demandé dans une forme régulière. Le colonel Cordier nous a accusés d'avoir des relations de presse ; eh bien, je demande qu'on apporte ici un dossier fourni par M. le colonel Cordier au sujet des généraux Billot et Saussier.

LE LIEUTENANT-COLONEL CORDIER, *se tournant vers le général Billot, assis au banc des témoins.* — Si on vous a dit cela, mon général, on vous a trompé.

LE PRÉSIDENT. — M. le général Mercier, vous avez demandé la parole ?

LE GÉNÉRAL MERCIER. — Monsieur le Président, M. le colonel Cordier a dit tout à l'heure dans sa déposition qu'en raison de son intimité avec le colonel Sandherr, il avait pu examiner et choisir les diverses pièces qui devaient constituer ce qu'on a appelé le dossier secret. Je voulais vous prier de demander au colonel Cordier s'il avait vu le colonel Sandherr mettre parmi ces pièces une traduction quelconque du télégramme du 2 novembre chiffré.

LE LIEUTENANT-COLONEL CORDIER. — Je crois, mon colonel, qu'ici il y a un malentendu complet. La chose dont je parle, à savoir que j'ai dit que Sandherr avait donné ordre à Henry de réunir toutes les pièces secrètes et autres pouvant avoir trait à l'Affaire, se rapporte à des faits qui ont dû se passer fin octobre ou commencement de novembre ; à ce moment on a recherché toutes ces pièces, on les a triées ; je me rappelle très bien à cette époque la pièce « Ce canaille de D. » Je me rappelle même d'autres pièces plus ou moins déchirées ; quant à d'autres choses qui se sont passées après, je les ignore.

LE PRÉSIDENT. — Vous n'avez aucun renseignement sur la formation du dossier qui a été remis au Président du Conseil de guerre de 1894.

LE LIEUTENANT-COLONEL CORDIER. — Non, je ne sais ça que par les journaux.

LE GÉNÉRAL MERCIER. — J'ai une seconde observation. M. le colonel Cordier a été interrogé par vous sur une soi-disant tentative de subornation que M. Mathieu Dreyfus aurait tenté de commettre contre le colonel Sandherr, et M. le colonel Cordier nous a dit que, de son entretien avec Sandherr, il résultait que cette tentative n'avait pas eu lieu. Je dois à la vérité de dire que je suis d'accord avec le colonel Cordier. Je me rappelle que le jour où cet entretien a eu lieu, le colonel Sandherr est venu m'en rendre compte et je lui ai demandé quelle était l'impression générale qui était résultée pour lui de son entrevue avec Mathieu Dreyfus. Il m'a répondu : « Mon Dieu, il m'a fait l'effet d'un brave homme disposé à tous les sacrifices pour sauver son frère ». (*Sensation.*)

LE PRÉSIDENT. — Avez-vous d'autres observations ?

LE LIEUTENANT-COLONEL CORDIER. — Je voudrais seulement ajouter un mot.

On a parlé d'articles de l'*Intransigeant* où quatre généraux ont été attaqués. On m'a attribué ces articles, et cela m'a nui énormément. Je jure ici sous le serment de ma déposition, que je ne suis pas l'auteur de ces articles ; je ne les ai connus que plusieurs jours après; je n'y suis pour rien, ni directement ni indirectement. Et Dieu sait si on m'en a voulu.

LE COLONEL FLEUR, *de sa place.* — Monsieur le Président, je voudrais dire un mot en faveur...

LE LIEUTENANT-COLONEL CORDIER, *continuant.* — Ces quatre généraux étaient : le général Billot, le général Saussier, le général Caillot et le général de Boisdeffre.

Je jure que ce n'est pas moi qui ai écrit ces articles. (*Mouvement.*)

LE COLONEL FLEUR, *venant à la barre.* — Je n'ai qu'un mot à dire ; ce n'est pas le colonel Cordier qui a écrit ces articles. Je le tiens du rédacteur même de l'*Intransigeant* avec lequel je me suis trouvé sans le connaître au procès Henry-Reinach.

LE PRÉSIDENT *déclare la séance suspendue à 9 heures 45.*

La séance est reprise à 10 heures 10.

LE PRÉSIDENT. — Faites entrer le témoin, M. de Freycinet.

SOIXANTE-SEIZIÈME TÉMOIN

M. DE SAULCES DE FREYCINET

M. DE SAULCES DE FREYCINET, membre de l'Institut, sénateur.

LE PRÉSIDENT. — Connaissiez-vous l'accusé avant les faits qui lui sont reprochés?

M. DE FREYCINET. — Non, monsieur le Président.

Le Président. — Vous avez été cité par la défense pour déposer au sujet de certaines questions que Me Demange va nous faire connaître.

Me Demange. — Monsieur le Président, M. le général Mercier, au cours de sa déposition, a prononcé la phrase suivante, que je prends dans la sténographie. M. le général Mercier voudra bien rectifier, si cela n'est pas exact.

« Ce n'est qu'en 1896 qu'on s'attache à la piste d'Esterhazy, au moment où la campagne commença à grands coups de millions, comme vous le savez. A cet égard je tiens à vous faire part d'un propos que M. le général Jamont m'a autorisé à répéter devant vous. Ayant été voir M. de Freycinet le lendemain du jour où il quittait le ministère de la Guerre, M. de Freycinet lui dit : « Le Gouvernement dont je faisais partie et que je quitte sait que 35 millions sont venus soit de l'Allemagne, soit d'Angleterre, pour soutenir l'effort de la campagne dreyfusiste. »

Je vous prie, monsieur le Président, de demander à M. de Freycinet ce qu'il sait à cet égard.

Le Président. — Vous avez entendu ce qu'a dit M. le général Mercier. Voulez-vous nous dire ce que vous savez relativement à cette question.

M. de Freycinet. — Bien que cette question me paraisse étrangère à l'Affaire et qu'à ce titre j'aurais pu demander à être dispensé de répondre, j'ai cependant tenu à venir ici, par respect pour la justice et cela, pour ne pas laisser subsister un élément de polémique, alors que malheureusement il y en a tant d'autres, et que nul plus que moi n'est désireux de les voir disparaître. Ainsi qu'il est dit dans le passage qui vient d'être lu, M. le général Jamont est venu me voir à mon domicile dès le premier jour de ma démission pour me faire une visite de courtoisie à l'occasion de ma sortie du ministère. J'ai reçu à cette époque un grand nombre de visites semblables, je ne crois pas exagérer en disant que j'ai reçu peut-être plus d'une centaine de visites pour le même motif : ma démission. Je n'ai pas noté les propos échangés avec les différents interlocuteurs, mais il est facile de se rendre compte que nous avons dû effleurer les questions du jour selon le tour d'esprit et les préoccupations particulières de chacun d'entre eux.

Avec le général Jamont, nous avons naturellement parlé de l'armée. Nous avons parlé de l'ébranlement causé par cette campagne de paroles et de presse qui se poursuit depuis plus de deux années dans les divers pays du monde au sujet de l'affaire Dreyfus

J'ai été amené à dire que nos agents du dehors nous signalaient des efforts considérables faits par l'initiative privée en faveur de cette campagne, campagne très désintéressée en France, j'en suis certain (*Mouvement.*), mais qui l'est peut-être un peu moins à l'étranger, et que le spectacle de nos discordes n'est pas fait pour diminuer. Je ne suis pas entré dans les détails, je ne connais rien de précis à ce sujet.

A un autre moment de la conversation, je crois avoir rapporté les estimations que j'avais entendu faire par des personnes qui sont au courant ou qui se disent au courant des questions de publicité, estimations fort arbitraires que je n'ai jamais eu la prétention de m'approprier et qui, d'ailleurs, visaient non pas les dépenses qui avaient pu être faites dans tel ou tel pays, mais l'effort total de la campagne depuis l'origine dans le monde entier.

Tel est, monsieur le Président, le résumé aussi complet, aussi fidèle que mes souvenirs me permettent de l'établir, de cette partie de ma conversation avec le général Jamont.

Ce qui m'avait surtout frappé dans cette entrevue, c'était notre préoccupation commune à l'endroit de l'armée. Nous échangions nos inquiétudes sur les conséquences possibles de cet état de choses s'il devait se prolonger, car il ne faut pas se le dissimuler, les attaques auxquelles nous assistons ont une répercussion fâcheuse sur les institutions militaires et elles pourraient à la longue entamer la cohésion de notre armée. Tel était le sujet de nos réflexions; nous nous disions que la discipline pourrait à un moment donné avoir à en souffrir.

Je sais bien qu'on croit que la discipline est sauvegardée suffisamment par les sévérités du code de justice militaire; mais messieurs, vous le savez, il y a une discipline plus haute, plus nécessaire, comme je le disais un jour à la Chambre des députés, c'est celle qui repose sur la confiance des soldats envers ses chefs. Et comment, disions-nous avec le général Jamont, cette confiance se maintiendrait-elle si les chefs sont dépeints sous les plus noires couleurs, et si l'on met obstinément ce tableau sous les yeux du soldat, n'est-il pas à craindre qu'à un moment donné sa foi dans la capacité et l'honorabilité de ses chefs en soit atteinte? Quel en serait le résultat, je vous le demande, si nous nous trouvions engagés dans une aventure extérieure?

Messieurs, c'était là le sujet de nos craintes, c'était là le sujet de nos réflexions.

Ceux de nos compatriotes qui se livrent à ces attaques sous

l'excitation d'une passion généreuse, j'en suis sûr, dans le but de servir des idées nobles et aimées (*Mouvement.*), je les adjure de se rendre un compte plus exact du danger qu'ils peuvent faire courir à notre pays. Ah! messieurs, je le disais au général Jamont et je le répète ici, il est bien temps d'en finir! Cessons de nous jeter mutuellement à la face ces accusations auxquelles nous sommes accoutumés et qui nous discréditent aux yeux de nos rivaux; apprenons à nous estimer, et que le jugement de ce tribunal impartial vers lequel tout le monde a les yeux tournés puisse arrêter nos discordes. Ah! messieurs, préparons-nous (et je voudrais que ma faible voix pût être écoutée de tous), préparons-nous à accepter ce jugement avec respect, en silence, et qu'il ouvre l'ère de la conciliation nécessaire!

Pardonnez-moi de vous avoir exhalé ces aveux qui partent d'un cœur qui n'a plus grand'chose à souhaiter pour lui ici-bas et qui n'a qu'une passion, celle de voir sa patrie grande et noble. (*Mouvement.*)

J'ai terminé, monsieur le Président. Je vous ai donné la physionomie exacte de mon entrevue avec le général en chef de nos armées en temps de guerre, je n'ai rien de spécial à ajouter.

LE LIEUTENANT-COLONEL BRONGNIART. — Si vous avez étudié l'affaire Dreyfus, avez-vous une opinion personnelle sur l'accusation?

M. DE FREYCINET. — Messieurs les membres du Conseil de guerre, je n'ai jamais exprimé d'opinion personnelle sur l'accusation. Mes prédécesseurs au ministère de la Guerre ont dû, à raison de leurs fonctions, se livrer à une étude approfondie de cette affaire, car ils avaient à prendre parti sur les demandes en revision qui ont été présentées dans les dernières années; ils ont dû par conséquent se former une idée exacte des motifs qui les faisaient s'y opposer. C'est ainsi qu'ils ont été conduits généralement, au sein du Parlement, à exprimer une opinion contraire à la revision et, par conséquent, dans le sens de la culpabilité de l'accusé. Mon rôle a été tout autre. (*Mouvement.*) Quand le Cabinet dont j'ai fait partie s'est constitué au mois de novembre 1898, la revision était décidée, la procédure était entamée. Dès ce moment, non pas seulement le ministre de la Guerre, mais le gouvernement tout entier a envisagé que son rôle devait être de procéder impartialement à la procédure de revision et qu'il lui était interdit de formuler une opinion quelconque qui aurait pu être de nature non pas à influencer, mais à paraître vouloir influencer les juges.

Bien plus, le gouvernement a poussé, j'oserai dire la délicatesse en cette matière, jusqu'à s'interdire toute sorte d'enquête. Il a paru qu'à côté de l'enquête solennelle poursuivie par la Cour de cassation, toute enquête latérale serait forcément partielle, forcément incomplète, ne pourrait que produire un fâcheux effet dans l'opinion; car on n'y verrait peut-être que le dessein d'incliner à l'avance les dépositions des témoins. Cette considération nous a donc arrêtés; elle a arrêté en particulier le ministre de la Guerre qui s'est borné, je le répète, à son rôle de président impartial, transmettant les pièces qui lui étaient demandées, communiquant les citations aux témoins, s'interdisant même de parler avec eux de l'objet de leurs dépositions. C'est ainsi que, lorsqu'à la Chambre des députés on m'a demandé ce que je pensais du fond de cette affaire, j'ai résumé en quelques mots les raisons que je viens d'exposer ici au Conseil. La Chambre les a comprises.

Je n'ai pas à formuler d'opinion dans ces circonstances solennelles. Étant sorti du ministère avec l'attitude que je viens d'indiquer, je ne crois pas devoir ici, messieurs, comme ancien ministre de la Guerre, porter un jugement qui se trouverait en désaccord avec mon attitude et qui, en outre, ne pourrait être basé que sur une étude incomplète des faits, que sur une étude incomplète du dossier.

Maintenant, je demande au Conseil la permission de garder la réserve que j'ai observée jusqu'ici.

Me Demange. — Monsieur le Président, je voudrais simplement vous adresser une réflexion, et je désirerais que M. de Freycinet l'entendît. Au début de sa déposition, il a déclaré qu'il aurait pu ne pas venir, parce que la question qui devait lui être posée ne lui semblait pas avoir un trait direct aux débats dont vous êtes saisi. Je tiens à vous dire, de façon que M. de Freycinet l'entende bien, que je suis tout à fait de son avis. J'estime que toute la polémique qui s'est faite en dehors, autour de l'Affaire, doit rester absolument étrangère aux délibérations du Conseil (*Mouvement prolongé.*); la question unique qui nous préoccupe tous est celle de savoir si Dreyfus est innocent ou coupable.

Mais si j'ai prié M. de Freycinet de vouloir bien venir s'expliquer sur le propos qu'on lui prêtait, c'est parce que la phrase que j'ai lue tout à l'heure se trouvait dans la déposition du général Mercier, que c'est le général Mercier qui avait introduit ce propos dans sa déposition et j'attache trop de prix — pour la combattre, bien entendu — à la déposition de M. le général Mercier, pour avoir aissé quoi que ce soit passer inaperçu. Voilà la raison pour laquelle nous avons souhaité que M. de Freycinet vînt témoigner et qu'il croie bien que nous ne voulions pas l'amener ici pour s'expliquer sur autre chose que sur un incident que M. le général Mercier avait introduit dans le débat.

Me Labori. — Je vous serais reconnaissant, monsieur le Président, pour permettre à M. de Freycinet de bien préciser sa déposition, de vouloir bien lui demander s'il connaît un fait qui lui permette de croire que l'argent étranger a joué un rôle dans la revision du procès Dreyfus ?

M. de Freycinet. — Non, monsieur le Président. (*Mouvement prolongé.*)

Le Président. — Vous ne connaissez aucun fait spécial? aucun envoi d'argent ?

M. de Freycinet. — Non, monsieur le Président.

Me Labori. — Voulez-vous demander encore à M. le sénateur de Freycinet, monsieur le Président, ce qu'il pense des accusations portées dans une certaine presse contre M. Scheurer-Kestner, contre M. Trarieux, contre M. Ranc, contre M. Brisson, contre les membres de la Cour de cassation et tendant à attribuer l'opinion que ces personnes ont émise à une manœuvre de corruption.

Le Président. — Je ne poserai pas cette question.

Me Labori. — Je vais la réduire.

Le Président. — Je ne la poserai pas dans ces termes; changez-la et je verrai si, sous sa forme nouvelle, je puis la poser.

Me Labori. — Je vais tâcher d'arriver aux résultats que je souhaite par une autre voie. Il y a un homme qui joue dans ce débat un rôle important : c'est M. le sénateur Scheurer-Kestner dont la parole a été mise en contradiction avec celle d'un témoin sur lequel le Conseil est édifié à l'heure qu'il est, le sieur Savignaud. Voulez-vous demander à M. de Freycinet ce qu'il pense de la valeur des accusations portées contre M. Scheurer-Kestner.

Le Président. — Quelles accusations ?

Me Labori. — L'accusation notamment de s'être laissé influencer par des manœuvres de corruption pour intervenir dans l'affaire Dreyfus.

Le Président. — Je ne poserai pas cette question. (*Murmures.*)

Me Labori. — Voulez-vous demander à M. de Freycinet ce qu'il pense de la loyauté de M. Scheurer-Kestner?

Le Président. — La loyauté de M. Scheurer-Kestner n'est pas en cause.

Me Labori. — Vous reconnaîtrez, monsieur le Président, que je fais tous mes efforts pour accéder à vos désirs.

Le Président. — Vous voulez transformer le débat.

Me Labori. — Je ne veux pas transformer le débat, je veux que le Conseil soit éclairé.

Le Président. — J'en juge ainsi.

Me Labori. — Monsieur le Président, il y a dans ce débat une idée qui joue un rôle prépondérant et dont il faut absolument que les esprits des juges soient débarrassés avant le jugement : c'est l'invention du syndicat.

Le Président. — Je vous ferai remarquer que ce que vous venez de dire ne parle nullement du syndicat.

Me Labori. — Je vais préciser.

Le témoin Savignaud a accusé M. le colonel Picquart d'avoir correspondu antérieurement à la fin de l'année 1897, avec M. Scheurer-Kestner. Ces faits sont démentis. Je ne parle pas seulement du démenti du colonel Picquart, mais de celui de M. Scheurer-Kestner, qu'est-ce que M. de Freycinet pense à cet égard de la parole de M. Scheurer-Kestner ?

Le Président. — M. de Freycinet n'est pas ici pour s'expliquer sur la confiance à accorder aux paroles de M. Scheurer-Kestner. Je ne poserai pas la question.

M. de Freycinet. — Je dois dire que je n'aurais eu aucun scrupule à dire ici que M. Scheurer-Kestner est mon ami et que j'ai pour lui la plus profonde estime. (*Mouvement.*)

Me Labori. — Je remercie M. de Freycinet des paroles qu'il vient de prononcer et j'y vois la preuve qu'il comprend le sentiment qui me guidait dans la question que j'ai eu l'honneur de vous poser.

Je voudrais poser, monsieur le Président, une autre question à M. de Freycinet.

M. de Freycinet, dans un discours à la Chambre, le 11 mars dernier, s'est expliqué sur ce qu'il pense des secrets relatifs aux questions qui concernent la défense nationale. Voulez-vous être assez bon pour lui demander, étant donné que M. de Freycinet se souvient certainement des paroles qu'il a prononcées, s'il veut avoir l'obligeance de redire devant le Conseil ce qu'il a dit devant la Chambre à ce sujet.

Le Président. — Voulez-vous, monsieur de Freycinet, dire ce que vous pensez de l'importance des secrets en matière de défense nationale ?

M. de Freycinet. — Je ne voudrais pas infliger à l'assistance, monsieur le Président, une réédition de mon discours à la Chambre dont, d'ailleurs, je ne me rappelle pas les termes.

Ce que j'ai voulu expliquer à la Chambre et ce que je répète ici sans difficulté, c'est que l'on voit souvent régner dans l'opinion publique une préoccupation exagérée à l'endroit de ce qu'on appelle les secrets de la défense. J'avais surtout en vue, quand je parlais ainsi, de prévenir l'opinion contre cette espèce de fièvre qui s'empare d'elle dès qu'elle entend parler d'une divulgation ou d'une trahison. Quand une nation est tellement impressionnable, tellement mobile, que l'idée d'une trahison, même dont l'objet n'est pas défini, le simple mot de trahison, secret vendu, suffit pour affoler à certains moments les esprits, cela est regrettable. (*Mouvement.*) Et si nous étions à la veille d'une guerre, je serais pour mon compte très inquiet de l'impression qu'un tel mot pourrait produire sur l'opinion. C'est pour réagir à l'avance contre cet état d'esprit que je me suis appliqué à indiquer à la Chambre que le nombre des secrets qui peuvent être divulgués avec une grande importance n'était pas très grand et que le nombre de ceux qui peuvent réellement porter un préjudice considérable à l'État est restreint, qu'ils portent surtout sur les découvertes en matière d'armement et d'explosifs, pendant les premières années qui ont suivi ces découvertes.

J'ajoutais qu'au bout d'un certain temps ces découvertes tombaient plus ou moins dans le domaine public militaire et qu'alors les divulgations de renseignements qui pouvaient se produire n'avaient plus le même inconvénient. J'ai dit également qu'en ce qui concerne la mobilisation, il y avait certaines particularités, celles qui concernent par exemple les troupes de couverture qui ont un réel intérêt et qu'il y a toute espèce de motifs de ne pas faire connaître; mais qu'on abusait un peu de ce grand mot de mobilisation, qui est un de ceux qui ont le privilège de frapper le plus l'opinion... lorsque dans le public on dit: la mobilisation a été divulguée, l'imagination populaire croit immédiatement qu'on a fait passer en quelque sorte à l'ennemi une connaissance à l'aide de laquelle il pourrait facilement triompher de nous en temps de guerre. J'ai expliqué que dans la plupart des cas les grandes lignes de mobilisation se trouvaient marquées par suite de choses extérieures, visibles, telles que les lignes de chemin de fer.

En un mot, tout en reconnaissant qu'il y a des secrets qui ont un grand intérêt pour l'État (et je mets au premier rang ceux qui concernent les armes et les explosifs), j'ai voulu prémunir mes compatriotes contre l'émotion exagérée qui pourrait s'emparer d'eux si, une guerre survenant, ils apprenaient que quelques secrets sont à l'avance divulgués. Et je dis qu'au-dessus de ces secrets de détail il est des choses qui doivent planer : c'est la science, c'est la bravoure, c'est la confiance en soi, c'est le patriotisme. Je mets ces qualités bien au-dessus de tel ou tel détail qui a pu être divulgué; je dis qu'il y a des secrets que nous devons essayer de garder mais dont je ne voudrais pas qu'on puisse exagérer l'importance.

Tel a été le sens des paroles que j'ai prononcées, et tel est le sens des observations que je me permets de reproduire ici, à la demande de l'honorable défenseur.

Le Président, *au capitaine Dreyfus.* — Avez-vous une observation à faire?

Le capitaine Dreyfus. — Rien, mon colonel.

M. de Freycinet demande au Conseil de guerre la permission de se retirer.

Le commandant Carrière. — Je n'y vois pas d'inconvénient.

Le Président. — Faites entrer le témoin Gallichet.

SOIXANTE-TREIZIÈME TÉMOIN

M. GALLICHET (dit Galli)

Gallichet, Louis-Henri, 44 ans, journaliste, ne connaissait pas l'accusé avant les faits qui lui sont reprochés.

Le Président. — Veuillez nous faire connaître les faits qui se sont passés entre vous, le colonel Henry, le colonel Cordier, au sujet de l'affaire Dreyfus.

M. Gallichet. — Je vais répéter ma déposition devant la Cour de cassation.

Le Président. — Complétez-la s'il y a lieu.

M. Gallichet. — Lorsque j'appris l'arrestation du capitaine Dreyfus, je cherchai à avoir quelques renseignements sur cette affaire; étant plus spécialement journaliste militaire, je m'occupai d'obtenir des renseignements spéciaux pour les communiquer à l'*Intransigeant.*

Je me heurtai de toutes parts à un refus, même de la part du colonel Henry, quoique nous nous connaissions depuis longtemps et que nous n'ayons l'un pour l'autre que de l'estime.

Le Président prie le témoin d'élever la voix.

M. Gallichet. — Je me heurtai, dis-je, à un refus absolu de ce côté, lorsque je rencontrai un ancien agent du service des renseignements qui est aujourd'hui fonctionnaire. Cet agent a rendu de grands services et a été à un moment donné arrêté en Allemagne et condamné à trois mois de forteresse. Il a été nommé chevalier de la Légion d'honneur à son retour en France.

S'il est nécessaire, je le nommerai, il est aujourd'hui fonctionnaire. Cet agent me dit : « J'ai des renseignements à vous communiquer sur l'affaire Dreyfus, ces renseignements sont de telle nature que je peux vous affirmer la culpabilité de Dreyfus. » Je recueillis les renseignements de ce monsieur, les publiai dans l'*Intransigeant*, et n'entendis plus parler de rien pendant longtemps. Quand la campagne pour la revision recommença, j'ai lu avec une grande indignation un article de journal qui portait contre le colonel Henry une accusation, à mon avis, monstrueuse; on prétendait que Henry avait été le complice d'Esterhazy et cela semblait assez nécessaire à M. Reinach parce qu'il ne pouvait pas arriver à démontrer qu'Esterhazy avait eu communication de certaines pièces; il semblait donc tout simple de dire que c'était Henry qui les avait communiquées. Je fus surpris et indigné de cette accusation et mon premier soin fut de retrouver la personne qui m'avait donné des renseignements au sujet de l'affaire Dreyfus et de lui dire : « Est-ce que vous teniez ces renseignements de Henry? »

Cette personne est prête à venir témoigner ici, si cela est nécessaire.

Voici textuellement ce qu'elle m'a répondu : « Ces renseignements, je les tiens du commandant Cordier. J'ai rencontré quelques jours après l'arrestation du capitaine Dreyfus, les commandants Cordier et Henry qui se promenaient tous deux avec leurs femmes sous les arcades de la rue de Rivoli. Ils me connaissaient, je m'approchai donc, je leur serrai la main et je leur parlai de l'Affaire qui commençait à s'ébruiter. Cordier me dit : « Nous avons pris Dreyfus la main dans le sac, vous pouvez donc sans crainte dire aux journaux que le capitaine Dreyfus est coupable. » Alors je lui dis : « Quelle fut l'attitude de Henry? » L'attitude de Henry fut des plus réservées, il insista même pour qu'aucune communication ne fût faite à la presse. Voilà tout ce que j'ai à dire, je ne connais pas d'autres choses.

Le lieutenant-colonel Cordier. — Je demande la parole.

Le Président, *à l'accusé*. — Avez-vous quelques observations à présenter ?

Le capitaine Dreyfus. — Aucune, mon colonel.

Le Président. — Monsieur le colonel Cordier, veuillez venir.

Le lieutenant-colonel Cordier. — J'ai entendu quelques mots de la déposition du témoin. Je crois bien qu'il a dit qu'après l'arrestation de Dreyfus, quelques jours après, j'aurais déclaré que Dreyfus était coupable et que j'aurais dit : on pourrait en parler aux journaux. Ceci confirme ma déposition, car, je l'ai dit, j'ai bien cru à la culpabilité de Dreyfus à cette époque. Quant à avoir demandé d'en parler aux journaux en général, et à l'*Intransigeant* en particulier, j'en serais bien étonné. Le témoin sait cela de longue main. J'ai bien compris que la personne à laquelle il faisait allusion...

Le Président. — Mettez-vous le nom sur la personne? Vous souvenez-vous du fait?

Le lieutenant-colonel Cordier. — Parfaitement, je mets le nom. Le fait, je me le rappelle ; il n'y a qu'une chose que je ne me rappelle pas, c'est d'avoir dit de le dire aux journaux. En tout cas, ce n'aurait pas été un grand crime. Mais, un détail me semble assez drôle, c'est d'avoir dit de le dire à l'*Intransigeant*. Je n'ai jamais parlé de l'*Intransigeant* J'ai déjà été précurseur dans certaine affaire, je ne veux pas avoir été précurseur à l'*Intransigeant*. (*Sourires*.)

M. Gallichet. — Je maintiens ma déposition et répète que la personne qui me l'a communiquée est toute prête à en déposer.

Le lieutenant-colonel Cordier. — Si cette personne vient, je crois que cela n'a pas d'importance.

Le Président. — Vous reconnaissez le fait?

Le lieutenant-colonel Cordier. — D'avoir dit quinze jours après l'arrestation de Dreyfus qu'il était coupable? Oui, tant qu'on voudra; mais je demande à dire à M. Galli. .

Le Président. — Pas de colloques entre témoins.

Le lieutenant-colonel Cordier. — Puisque cela a été dit, mon colonel. Je ne disais rien pour faire prendre la mouche au témoin.

Le Président, *au lieutenant-colonel Cordier*. — C'est tout ce que vous avez à dire?

Le lieutenant-colonel Cordier. — Oui, mon colonel.

Le Président. — Je vous remercie. (*A M. Gallichet.*) C'est tout ce que vous aviez à dire?

M. Gallichet.— Oui, mon colonel.

Le Président, *à l'huissier*. — Faites entrer le témoin suivant, M. Belhomme.

On introduit M. Belhomme.

SOIXANTE-QUATORZIÈME TÉMOIN

M. BELHOMME

Le Président. — Quel est votre âge?

M. Belhomme. — 79 ans, demain.

Le Président. — Quelle est votre profession?

M. Belhomme. — Ancien inspecteur d'Académie, expert en écritures près le Tribunal civil de la Seine.

Le Président. — Connaissiez-vous l'accusé avant les faits qui lui sont reprochés?

M. Belhomme. — Je ne l'ai jamais vu.

Le Président. — Vous avez été chargé, en 1897, de faire, avec deux de vos collègues, l'expertise du bordereau lors du procès Esterhazy; je vous prierai de vouloir bien me dire les constatations que vous avez faites et les conclusions que vous en avez tirées. Voulez-vous d'abord vous asseoir, si vous voulez bien.

M. Belhomme. — J'ai été chargé des deux expertises Esterhazy, et les deux rapports ont une partie commune. Les vingt pièces de comparaison dont nous nous sommes servis pour expertiser la lettre du Uhlan ont servi aussi pour l'expertise du bordereau. De plus, ces deux opérations ont été faites séparément, mais dans le même laps de temps; je crois par conséquent que, comme je l'ai dit à la Chambre criminelle de la Cour de cassation, on ne peut pas se rendre compte d'un des rapports sans parler de l'autre. Je vous demande donc de vouloir bien me permettre d'expliquer très brièvement comment les choses se sont passées, et comment nous avons été amenés, malgré nous, à nous occuper d'une affaire qui nous a donné pas mal de désagréments. (*Rires.*)

C'est le 30 novembre 1897 que M. le général de Pellieux m'a fait appeler — je ne le connaissais pas — et m'a proposé de collaborer avec M. Charavay à l'expertise de la lettre du Uhlan, expertise déjà acceptée par M. Charavay. J'ai accepté aussi, mais à la condition que cette expertise se ferait dans les conditions prévues par le code de procédure civile, ce qui entraînait la désignation d'un troisième expert, qui a été M. Varinard, pris comme M. Charavay et comme moi sur la liste du Tribunal de la Seine.

Le 1er décembre, nous avons prêté serment. Les pièces nous ont été remises, et il a été convenu que certaines seraient photographiées. Nous les apportâmes immédiatement à M. Bertillon, dont l'atelier est outillé mieux qu'aucun autre. Il fut convenu aussi qu'on nous adjoindrait un expert chimiste, dont on n'a pas beaucoup parlé, pour répondre à deux des questions posées dans l'ordonnance, celle concernant le papier et celle concernant l'encre.

La confection des photographies et de leurs agrandissements ayant demandé quelques jours, nous avions à peine commencé la vérification de la lettre du Uhlan, lorsque le commandant Ravary nous a invités à expertiser ce qu'on appelle le bordereau. M. Charavay, très correctement, se récusa : il paraît qu'il avait déjà expertisé cette pièce en 1894. M Varinard et moi fîmes difficulté d'accepter, craignant d'être menés, malgré nous, à nous occuper de l'affaire Dreyfus, ce que nous ne voulions absolument pas faire. C'est M. Baudoin, président du Tribunal de la Seine, qui nous a décidés en nous disant ceci : « Sur les cinq experts inscrits au tableau, il y en a trois qui ont été consultés en 1894 qui sont récusables, et qui se feront un devoir de se récuser ; il ne reste donc plus que vous deux ; de plus, ajouta-t-il, deux ministres viennent de déclarer au Parlement qu'il y a une affaire Esterhazy et qu'il n'y a pas d'affaire Dreyfus. (*Hilarité.*)

Et malgré la parole de deux ministres, nous sommes ici !

J'ai donc accepté à contre-cœur et nous nous sommes occupés dès le 12 décembre, jour de notre prestation de serment entre les mains de M. le commandant Ravary, nous nous sommes occupés d'urgence du bordereau. Notre travail a été terminé le 24 décembre et nous l'avons déposé au mois de janvier entre les mains du commandant Ravary. M. Charavay a étudié parfaitement la lettre du Uhlan et l'écriture d'Esterhazy, ce qui nous a été très utile dans la circonstance. Nous avons achevé notre rapport au commencement de janvier et nous l'avons déposé le 8 janvier. C'est donc du 30 novembre au 8 janvier que nous avons fait ces deux expertises, M. Varinard et moi, avec la collaboration de M. Couard pour le bordereau et celle de M. Charavay pour la lettre du Uhlan...

Les lettres que je viens de vous donner et qui sont en tête de mon rapport permettent tout de suite de mettre à néant beaucoup de racontars de journaux sur lesquels je ne reviendrai pas et sur certaines allégations de M. Esterhazy. Ceci est plus important. Ainsi, dans sa dernière déclaration, M. Esterhazy — je ne sais à propos de quoi — a dit avec assez de véhémence : « J'ai vu, moi, M. Belhomme, dans le cabinet de M. le général de Pellieux, le 20 ou 22 novembre. »

Or, je n'ai vu pour la première fois le général de Pellieux que le 30 novembre et je n'ai vu pour la première fois M. Esterhazy que le 14 décembre, non pas dans le cabinet de M. de Pellieux, mais dans le cabinet du commandant Ravary. Voilà la valeur de ce témoin.

Je ne dirai qu'un mot des brouillons de lettres que M. le conseiller Bard a jugé à propos d'insérer dans son rapport à la Cour de cassation. Ces brouillons ont été trouvés dans une potiche, c'est-à-dire laissés là pour qu'on les y trouve, car laisser des documents dans une potiche, c'est comme si on les mettait entre les mains du commissaire de police.

Je laisse de côté ce qui m'est personnel. Peu importe ce que M. Esterhazy peut penser de moi; mais j'aurais voulu donner une date à ses lettres et je n'y suis pas parvenu. J'ai pensé qu'il les avait écrites dans un moment de mauvaise humeur (*Rires.*), après une visite qu'il m'a faite à la fin de décembre et dont il est sorti assez mécontent. Mais j'y ai trouvé des inexactitudes telles qu'on ne peut pas les reporter à cette époque. Ainsi il parle du commandant Ravary à propos de la lettre du Uhlan et il s'adresse au général de Pellieux au sujet du bordereau dont il demande le décalque. Or, le général de Pellieux ne s'est occupé que de la lettre du Uhlan et le commandant Ravary ne s'est occupé, lui, que du Bordereau.

Par conséquent toutes ses allégations sont, je ne dirai pas mensongères, mais, enfin, elles prouvent un grand défaut de mémoire et d'exactitude.

Il en est autrement des déclarations dernières. M. Esterhazy, après avoir nié très longtemps, plusieurs années, qu'il fût l'auteur du bordereau s'avise aujourd'hui de l'avouer, il dit : « Je suis l'auteur du bordereau. » Mais de quel bordereau? (*Hilarité.*) Il y a là une équivoque que je suis bien aise de vous faire toucher du doigt.

Il y a eu entre ces deux déclarations absolument contradictoires une troisième qui peut servir de transition de l'une à l'autre, il y a plus d'un an que je la connais, elle a été rééditée le 14 juillet dans le journal *La Liberté;* M. Esterhazy aurait dit ceci : « C'est moi qui suis l'auteur du bordereau, mais non pas du bordereau qui a été communiqué aux experts et qui n'est qu'une copie du mien. »

Cela s'est répandu et a eu beaucoup d'écho dans la presse, il n'y a pas eu trop d'hypothèses, toutes se sont produites. Je ne les ai pas examinées, je n'entrerai dans aucun détail, mais ces hypothèses me paraissent vaines, et je dois dire qu'en pareille matière il est toujours très difficile et assez souvent impossible d'arriver à une solution précise. Cependant il y a des indices qui permettent quelquefois de découvrir la vérité.

Ainsi, par exemple, certains indices m'ont permis de dire que les fameux clichés du *Figaro* et surtout celui du *Matin* n'ont pas été obtenus directement sur l'original ou sur la photographie de l'original, qu'entre les clichés et la photographie, il y a eu transcription intermédiaire, laquelle est un calque; de sorte que ces clichés sont la reproduction du calque d'une photographie du bordereau.

J'ai cherché dans le bordereau lui-même s'il n'y avait pas des indices de nature analogue qui me permettent de justifier l'assertion de M. Esterhazy; je n'en ai pas trouvé. Cela ne prouve pas qu'il n'y en ait pas. (*Nouveaux rires.*) Je n'ai pas la prétention d'être infaillible, et de plus habiles que moi pourront peut-être en découvrir. Mais tant que ces indices n'auront pas été découverts, je crois être parfaitement en droit de dire que le bordereau que nous avons expertisé est le seul et unique bordereau. C'est un document frauduleux, truqué, mais je suis persuadé que c'est un document original et non pas une copie.

Je prends maintenant la permission d'expliquer comment nous nous y sommes pris pour faire notre travail. Ce n'est pas la méthode de M. Bertillon, mais il y a d'abord un fait très singulier que je tiens à noter, c'est qu'en employant des moyens absolument différents, sans nous connaître, sans nous communiquer le moins du monde le résultat de nos recherches, nous sommes arrivés sur les points les plus essentiels aux mêmes conclusions. Je vais les indiquer sommairement.

Tout d'abord je suppose que mon rapport est entre les mains du Conseil...

LE PRÉSIDENT. — Oui.

M. BELHOMME. — Alors je demande instamment à messieurs les membres du Conseil de lire dans l'original et non pas dans une publication qui en a été faite dernièrement par un journal féministe, où les coquilles sont en si grand nombre qu'elles ont complètement dénaturé le sens du rapport qui est devenu inintelligible. Je les prie aussi de ne pas s'en rapporter à l'analyse incomplète et inexacte qui en a été faite à la Cour de cassation dans le réquisitoire de M. le procureur général Manau, et je signalerai tout de suite deux omissions très regrettables parce qu'elles sont très importantes.

Ce ne sont pas des observations de détail. Les observations de détail, je dois le dire, je n'y attache qu'une médiocre importance

Voici ce que nous avons observé. Dans la partie du bordereau que nous avons considérée comme contenant l'écriture véritable de l'auteur quel qu'il soit, de ce bordereau, depuis la ligne 19 jusques et y compris la ligne 29, nous avons dit que ces 11 lignes sont en écriture courante et rapide, et qu'elles nous paraissent être la véritable écriture de l'auteur, de l'écrivain. Nous avons remarqué en outre que dans presque tous les mots (vous pourrez le constater, messieurs) la première lettre est un peu trop grande. C'est une habitude que nous n'avons pas trouvée dans l'écriture de M. Esterhazy, habitude très probante, très importante, car elle est inconsciente.

Une autre remarque, c'est que nous avons trouvé dans l'écriture de M. Esterhazy beaucoup de traces d'influence germanique. Quand il écrit en français, on s'aperçoit que certaines lettres ont une forme approchant de l'écriture allemande; par exemple, M français, grand M, M majuscule, Esterhazy lui donne une forme mi-française, mi-allemande; le premier jambage est français, celui du milieu et le dernier sont allemands. Et, chose singulière, quand il écrit en allemand (car nous l'avons fait écrire en allemand comme en français), ce n'est pas l'M allemand qu'il a sous sa plume, c'est encore un mélange des écritures allemande et française. C'est une remarque assez importante qui a été faite non seulement par nous trois mais par M. Charavay, nous sommes donc quatre du même avis.

Ces remarques-là, je vous prie de les bien retenir, car, encore un coup, il s'agit d'habitudes graphiques, que celui qui les a ne croit pas avoir.

Maintenant, voici comment nous avons procédé. On nous a fait observer que nous n'avions pas contresigné le bordereau. M. Couard et moi nous avons considéré que la signature de M. Varinard suffisait parfaitement et voici pourquoi : c'est que quand nous avons eu ce bordereau sous les yeux nous avons voulu d'abord l'examiner par transparence et il nous en est resté un morceau entre les mains. Nous nous sommes dit : « Si nous faisions sur ce document les opérations habituelles, il finirait par périr. » Alors nous avons prié M. Varinard d'en faire un calque. C'est ce que j'ai dit à la Chambre criminelle.

J'ajouterai que nous avions un autre but. Je considère pour ma part que la première opération à faire quand on a à vérifier une écriture litigieuse et difficile, c'est d'imiter cette écriture, soit à main levée, soit en la calquant.

Ceci, nous l'avons fait. Pourquoi cette précaution? Parce que, des deux choses que nous avons à examiner, le détail des lettres et la physionomie d'une écriture, la plus importante est assurément la physionomie. Elle résulte de la tenue de la plume, elle résulte aussi des impressions du moment, chose qu'il est très difficile de saisir et qu'on ne peut pas arriver à déterminer automatiquement. Ne prenez pas ce que je dis là comme une critique d'un autre système; je dis que les deux systèmes ont leur valeur et qu'ils doivent s'entr'aider. Nous n'opérons jamais sur photographie, parce que les photographies les mieux faites ne sont que des portraits de l'écriture, et des portraits souvent peu fidèles qui donnent bien l'idée de la forme des lettres, mais qui ne donnent pas l'idée de la personnalité graphique de l'écrivain. Quant aux clichés, je n'en parle pas! on leur fait dire tout ce que l'on veut. (*Rumeurs.*) Nous ne nous sommes pas contentés d'agir ainsi, nous avons demandé au commandant Ravary de faire venir M. Esterhazy, et le 14 décembre il a été interrogé devant nous. Nous l'avons fait écrire en français et en allemand, nous avons pu nous assurer de la conformation de sa main, de son coup de plume, de la tenue de la plume et de sa bonne foi.

Puis, comme nous n'avions pas oublié que l'article 366 du Code d'instruction criminelle permet bien de se servir contre l'accusé d'écrits privés, mais à la condition expresse que ces écrits seront reconnus par l'accusé, nous avons présenté à M. Esterhazy les quatre pièces de comparaison produites par M. Mathieu Dreyfus. Je dois dire qu'en ce qui concerne l'écriture, notre impression a été très favorable. M. Esterhazy a écrit légèrement, sans hésitation, et, à ce qu'il m'a paru, avec toute la franchise possible, ce que nous lui avons dicté.

Quant à l'appréciation des pièces, c'est une autre affaire. Nous lui présentons une pièce : « C'est étonnant, c'est bien mon écriture, mais je suis certain de n'avoir jamais écrit cela. » Nous lui présentons une autre pièce, il répond : « Je n'y comprends rien, tous les faits qui sont relatés là sont exacts, mais ce n'est pas mon écriture. » (*Hilarité prolongée.*)

Comme nous n'avions que quatre pièces, et que deux d'entre elles étaient contestées, nous avons demandé alors qu'on nous permît de nous servir des vingt pièces de comparaison allant de 1882 à 1897 qui nous avaient servi pour expertiser la lettre du Uhlan, sans quoi nous n'aurions pas pu nous en tirer. Il faut dire que les pièces communiquées par M. Mathieu Dreyfus sont en effet très suspectes. Ce sont des lettres sans enveloppes, sans dates, on ne sait pas ce que c'est. Il y en a une sur laquelle j'aurai l'occasion de revenir tout à l'heure ; c'est celle qui contient le mot : « adresse », et que nous avons cotée X dans notre rapport.

Je ne pense pas qu'il soit utile d'entrer dans les détails, car je ne pourrais que réciter notre rapport et ce serait un peu long. Si l'un des membres du Conseil désire une explication sur tel ou tel point particulier, je suis prêt à la lui donner. Je me borne donc à ces considérations générales.

Je dois dire maintenant que notre rapport, quoique écrit très simplement et sans aucune de ces expressions assez difficiles à comprendre qu'emploient certains experts, — je parle des experts écrivains, — a été mal interprété à la Cour de cassation. Je ne puis réciter exactement le texte, mais Me Mornard a dit : « Expertise nouvelle de trois autres experts qui ont déclaré que le bordereau n'était pas de l'écriture plus ou moins déguisée du capitaine Dreyfus, mais de l'écriture calquée du commandant Esterhazy, calquée pour la majeure partie. » J'ai à ce sujet adressé au premier Président à la Cour de cassation, à la date du 9 mai dernier, une lettre qui est un peu longue ; c'est une sorte de rapport. Je suppose qu'elle est entre les mains du Conseil.

Le Président. — Je ne sais pas si elle est entre les mains du Conseil ; mais nous sommes obligés de juger sur les débats oraux. Les juges n'ont pas connaissance du dossier ; il faut donc que vous disiez oralement tout ce qui est nécessaire pour la clarté de votre déposition. Les juges, à l'exception du Président, n'ont pas connaissance préalable du dossier.

M. Belhomme. — La pièce existe, je le sais ; si elle n'existe pas j'en ai la minute ici et je suis prêt à la communiquer au Conseil.

Le Président. — Lisez-la.

M. Belhomme. — Seulement cela me gênera, parce que si je communique ma minute, il ne me restera rien entre les mains et j'aimerais beaucoup mieux communiquer une copie de ma minute que je ferai faire immédiatement.

Le Président. — On en fera faire une copie conforme qui sera vérifiée par le commis-greffier.

Le Commissaire du Gouvernement. — Et on rendra la minute au témoin.

M. Belhomme. — Si la pièce existe, il est inutile qu'on en fasse une copie ; je vais tâcher, si vous le désirez, de la résumer en quelques mots. J'ai dit ceci : dans l'assertion de Me Mornard, il n'y a pas un mot qui ne soit erroné. Nous n'avons pas parlé du capitaine Dreyfus, ni de son écriture pour une très bonne raison : c'est que nous n'avions pas à parler de son écriture, attendu que nous ne la connaissions pas et que c'est le 18 janvier dernier, pour la première fois, que j'ai eu entre les mains pendant quelques minutes dans la salle du Conseil, de la Chambre criminelle, où on ne voit pas très clair, et, je le répète, pendant quelques minutes seulement, deux ou trois lettres émanant du capitaine Dreyfus.

Il m'était parfaitement impossible, dans ces conditions, d'avoir une opinion sur cette écriture.

Nous n'avons pas dit le moins du monde que le bordereau ait été calqué, c'est ce que désirait M. Esterhazy, je crois que cela était le but secret de la visite qu'il m'a faite au mois de décembre, sous prétexte de me confirmer ses dires devant le commandant Ravary. Mais je dois lui rendre cette justice qu'il n'est pas allé jusqu'au bout, sans quoi la conversation eût été vite interrompue.

M. Esterhazy désirait donc nous voir dire que le bordereau est une pièce décalquée, calquée sur son écriture à lui ; nous ne l'avons pas dit ; nous n'avons rien dit de pareil ; nous avons établi que le bordereau pouvait être calqué, attendu qu'il était sur un papier pelure, mais nous avons immédiatement repoussé cette idée en déclarant d'abord qu'il ne pouvait pas avoir été calqué en entier, attendu que le document a un recto et un verso et qu'il y a des lignes du verso qui viennent s'appliquer sur les lignes du recto ; on n'a pu calquer celles-là, c'est bien évident.

Nous avons simplement constaté toutes les tares que renferme cet écrit, des tares telles et tellement nombreuses que je disais l'autre jour à un des experts, qui n'est pas de mon avis : Si vous trouviez dans un testament la centième partie des tares qui existent dans le bordereau, vous déclareriez que le testament est faux. Ce bordereau manque absolument d'homogénéité, par conséquent, de sincérité, et nous avons dit en propres termes, qu'en opposition avec la majeure partie qui est en écriture courante et assez rapide, nous remarquons des mots qui ont une autre apparence et nous avons établi cinq catégories de mots qui nous paraissent n'être pas d'accord avec les autres, n'être pas dans le même plan.

La deuxième catégorie comprend quatre mots dont nous avons dit qu'ils ne paraissent pas avoir été calqués. Nous n'avons pas même affirmé qu'ils fussent calqués, surtout nous n'avons pas dit qu'ils étaient calqués sur telle ou telle écriture, nous n'en savions rien ; nous avons dit tout autre chose que ce qu'on nous attri bue, puis, on nous a mis en opposition avec les experts de 1894.

La lettre dont je vous parlais tout à l'heure n'a pas été sans utilité, elle a été communiquée à M. le Procureur général et à la Cour de cassation et je dois dire que M. le Procureur dans son second réquisitoire a supprimé tout ce qui, dans le premier, n'était pas, selon nous, exact; il a même supprimé certains mots qui n'étaient pas très obligeants pour les experts, je lui en sais beaucoup de gré, mais il a conclu de la même façon, il a conservé sa conviction. Il n'en est pas moins vrai que... je vous demande pardon. (*Il boit et crache.*)

M. Ballot-Beaupré n'a tenu aucun compte de ce que nous avons écrit, il nous a bonnement jetés par-dessus bord en s'appuyant sur l'opinion de trois professeurs de l'École des chartes qui sont des hommes de grande valeur, mais dont la compétence en matière d'écriture ancienne ne s'étend pas tout à fait, je crois, jusqu'aux écritures modernes. Je reconnais très bien leur compétence dans leur spécialité mais je voudrais bien qu'ils reconnaissent un peu la mienne. (*Explosion de rires.*) Je n'ai pas à parler ici... si, je dois en parler, car enfin, M. Charavay en se dédisant comme il l'a fait, certainement, en toute conscience, a porté un grand coup. Sa lettre est arrivée au moment je pourrais dire psychologique, et elle a été la principale cause, je crois, de la détermination prise par le rapporteur M. Bard. Si M. Charavay était venu avant d'écrire cette lettre me consulter, je lui aurais dit : « Prenez connaissance de notre rapport, commencez par là; voyez, vous avez déclaré contre nous sans savoir ce que nous avons fait et ce que nous avons dit »; je lui aurais fait remarquer surtout que dans le rapport sur la lettre du Uhlan il y a une partie qui lui appartient en propre. Il m'a taxé d'indiscrétion. Je dis, parce que c'est mon droit absolu, quand une association se dissout, que chacun prenne sa part de responsabilités. Eh bien, nous sommes là, ce que j'avance je puis le prouver, j'ai la minute ici.

J'ajoute que cette détermination a été bien tardive, car en décembre 1897 M. Charavay connaissait très bien l'écriture d'Esterhazy et il aurait pu nous faire des remarques au commencement de 1899 quand il travaillait avec nous; il aurait dû nous dire : « Mais prenez garde, vous vous trompez. » Il ne l'a pas fait. Je n'insisterai pas sur ce point.

Il faut que je parle aussi de la question du papier pelure, dont on a fait tant d'affaires.

On a eu beaucoup de peine à en trouver, pour une bonne raison, c'est qu'on n'en a pas donné à la chambre syndicale, il suffisait de le faire, on aurait tout de suite obtenu tous les renseignements officiels.

On nous a communiqué dans la chambre du Conseil deux lettres d'Esterhazy, entre autres une qui est du 17 août 1894, je crois. C'est une petite lettre adressée par Esterhazy à son tailleur. Elle est sur papier pelure.

J'ai examiné ce papier bien sommairement. Et comme j'ai la conception un peu lente et la conviction assez difficile, comme je n'ai jamais eu le don d'éblouissement, d'illumination soudaine, je n'ai pas d'opinion arrêtée sur cette pièce.

Mais je remarque qu'on a expertisé le papier, le papier tout seul.

Pourquoi n'a-t-on pas fait expertiser l'écriture ainsi que l'encre?

L'expert chimiste aurait pu dire si l'encre avait bien l'âge que porte la date; il aurait pu voir si l'encre est la même dans le corps de la lettre et dans certaines annotations que j'ai aperçues.

Et quant à l'écriture, je sais bien que M. Esterhazy a reconnu ces lettres, mais il faut remarquer qu'il ne l'a pas fait avant sa sortie de France. Tout ce que M. Esterhazy pourra dire depuis qu'il n'est plus en France, depuis qu'il n'est plus dans l'armée française, je n'en ai cure.

On connaît la situation précaire de M. Esterhazy, et je ne crois pas qu'on doive accorder une grande créance à son témoignage.

Je vais plus loin, je dis, et je crois que cela a été dit avant moi par M. Cavaignac, il ne suffit pas de dire : « Je suis l'auteur d'un écrit », il faut encore le démontrer.

Eh bien, que M. Esterhazy vienne, si on veut lui permettre de revenir.

Le Président. — On le lui a permis.

M. Belhomme. — Permettez, monsieur le Président, je ne comprends pas, je sais qu'ici on lui a permis; mais depuis que M. Esterhazy, trahi par sa cousine, dénoncé par son cousin, poursuivi avec acharnement, a été poussé hors de France et jeté dans les bras de ceux qui l'attendaient là-bas et qui le sollicitaient en lui promettant la forte somme, M. Esterhazy n'est plus libre d'agir, il est le prisonnier de ces gens-là; et il ne fera que ce qu'ils voudront. Il ne viendra pas s'ils ne lui en donnent pas la permission; et tant que M. Esterhazy n'aura pas fait sous mes yeux le bordereau qu'il prétend avoir fait, je ne croirai pas qu'il en soit l'auteur.

Le Président. — C'est tout ce que vous avez à dire?

M. Belhomme. — Oui.

Le Président. — Je vous prierai de nous donner quelques explications techniques sur les causes qui vous ont fait conclure que le bordereau n'est pas d'Esterhazy.

M. Belhomme. — Mon Dieu, je vais prendre tout simplement une lettre qui a hypnotisé pas mal d'experts, c'est le double *s*. Je vous prie de vous reporter au commencement de notre rapport dans lequel nous avons dit que la source la plus abondante d'erreurs dans la vérification d'écritures est le rapprochement prématuré des pièces de questions et de comparaison, que souvent il arrive alors qu'un détail, même peu important, tire l'œil, qui ne peut plus s'en détacher, l'esprit non plus, et dès ce moment-là l'expertise est faussée. Eh bien, je crois que ce double *s* a un peu tiré l'œil à certains experts, qui se sont prononcés trop vite, à cause de lui. J'ai là un journal tout récent, c'est le *Figaro*, qui a publié le bordereau et des lettres d'Esterhazy. Voilà le bordereau et voilà des lettres d'Esterhazy. Ces lettres sont-elles authentiques? Le cliché en est-il exact? Je n'en sais rien, je ne garantis pas l'authenticité de cette pièce, je ne la connais pas, et je ne sais pas si le cliché est bien fait. Eh bien, je me demande si la physionomie générale de cette pièce est la même que celle des trois lettres. Je ne trouve en aucune façon le même coup de plume, les mêmes traits de plume, je ne vois rien, rien qui indique que la personnalité de celui qui a écrit ceci — je ne le connais pas — soit la même que celle de M. Esterhazy. Maintenant, voulez-vous prendre les détails? Voulez-vous prendre le grand *s*, c'est une habitude qui n'est ni française ni allemande, je l'ai rencontrée dans un manuscrit d'une soixantaine d'années. Je ne sais pas si cette habitude est celle d'Esterhazy. Eh bien, il y a donc interversion entre les deux lettres, mais cette interversion n'est pas constante dans l'écriture d'Esterhazy; il fait souvent de petits *s*, quelquefois il fait un *s* allemand, comme il y en a sur le bordereau au mot « intéressant ». J'ai d'autant mieux remarqué cela que, recherchant sur le bordereau des traces de l'influence germanique, je n'en ai trouvé que trois. Voilà la lettre qui n'est pas l'*s* allemand, mais qui ressemble beaucoup à l'*h* allemand. Jamais M. Esterhazy ne fait l'*h* allemand, il fait quelque chose de particulier, et c'est bien topique : il fait d'abord l'*s* allemand, mais il fait un trait remontant, qui lie cette lettre à la lettre suivante, et ce trait remontant est toujours à angle aigu : tenez, le voilà. Eh bien, regardez maintenant, vous trouverez d'abord que tous les *s* présentent la particularité que j'ai signalée; il y a là un défaut de proportion qui est pour moi le signe le plus certain; c'est le caractère distinctif, personnel, de l'écriture de M. Esterhazy. Tout ce qui était véritablement topique se retrouvait bien dans les pièces de comparaison, mais disséminé, tandis que je l'ai trouvé accumulé dans un testament. C'est la faute que font presque toujours les faussaires, et c'est bien heureux.

Il y a cinq doubles lettres, et cinq fois l'interversion a lieu. D'un autre côté, sur ces cinq doubles *s*, il y en a quatre qui se ressemblent d'une façon particulière : c'est au mot « adresse » qui est répété là, c'est au mot « fasse ». Au lieu de cet angle aigu que vous voyez ici, l'*e* final est tout petit, de sorte que la lettre complète forme un *b*. C'est véritablement un *b* qui se trouve là, et il s'y trouve quatre fois sur cinq. Je l'ai trouvé dans la pièce cotée **X**, au mot « adresse ». J'ai entre les mains plus de trente pièces de comparaison contenant de l'écriture de 1882 à 1897; j'ai cherché vainement cette lettre elle n'y est pas, je vous le garantis, elle ne se trouve qu'une fois, dans une pièce qui a été contestée par M. Esterhazy, elle ne le serait peut-être plus maintenant, car avec cet homme-là on ne sait jamais sur quoi compter. Eh bien, elle ne s'y trouve plus, et elle est quatre fois sur cinq dans le bordereau; elle me paraît très probante.

Voilà les explications que j'avais à vous donner.

Le Président. — Voulez-vous donner des explications sur les dissemblances caractéristiques que vous avez vues entre l'écriture d'Esterhazy et le bordereau?

M. Belhomme. — Nous avons affaire ici à une pièce de laquelle on dit qu'elle est d'une écriture naturelle. Ce n'est pas sérieux. Nous avons pour nous — cela a été reconnu — le second réquisitoire de M. Manau, nous avons pour nous, trois des cinq experts de 1894 et nous trois cela fait six.

Nous avons de plus tous les experts consultés par M. Bernard Lazare qui tous ont dit que c'était un document frauduleux. Si on allait aux voix sur cette question notre opinion aurait la majorité de 20 voix sur 22. Cela est le caractère essentiel de ce document à savoir qu'il est frauduleux.

Maintenant de quelle nature est la fraude? Nous avons indiqué certains mots qui me paraissent avoir été calqués. Nous avons indiqué l'*s* double. Je vous ferai remarquer qu'il y a certains mots qui sont à l'encre rouge et d'autres à l'encre noire. Cela vient de ce que, avant de faire ce travail, nous avons examiné le bordereau et nous avons signalé à M. Varinard les mots qui nous paraissaient devoir être l'objet d'une attention particulière. Il les a tracés à l'encre rouge et à l'encre noire. C'est ce que M. le procureur général devant la Cour de cassation a pris pour une photographie et c'est ce qui a décidé sa détermination et ce qui lui a fait dire que notre rapport était la clef de la revision.

Quant aux détails il y a deux omissions faites par M. Manau pour le caractère général de l'écriture. Quant aux petits détails il est facile de les imiter à main levée et l'imitation a été faite. C'est la plus dangereuse de toutes les omissions. Je n'ai pas pu me livrer à cet exercice comme je le faisais il y a une quinzaine d'années.

A cette époque je pouvais reproduire à première vue toutes les écritures et c'est la bonne condition pour un expert en écriture, car on se rend tout de suite compte en imitant l'écriture de la façon dont celui qui a écrit tenait la plume et donnait son coup de plume. Maintenant cela ne suffit pas. Il faut encore y apporter du bon sens. Si par exemple j'ai un testament à examiner, je m'entoure de tous les renseignements possibles, de toutes les circonstances, matérielles, physiques, morales et intellectuelles où se trouvait le testateur à la date du testament, car toutes ces circonstances peuvent modifier cette écriture infiniment. Nous sommes un peu comme les experts en tableaux : le coup de plume pour nous est à peu près ce qu'est pour eux le coup de pinceau. Ce ne sont pas des moyens mathématiques comme les aiment les officiers sortis de l'École polytechnique, ce ne sont pas des moyens automatiques, nous ne pouvons donner la preuve matérielle de ce que nous avançons, mais je crois que ces moyens donnent des résultats certains. La preuve, c'est que nous sommes arrivés d'abord à soutenir ceci : que le document dit bordereau était un document frauduleux. M. Bertillon a dit que c'était un document forgé. C'était bien la même chose. Nous avons dit qu'il y avait quelques parties calquées et d'autres qui étaient en écriture naturelle ; M. Bertillon n'a pas dit autre chose. Nous sommes arrivés au même résultat par des moyens absolument différents, c'est la meilleure preuve que nous puissions donner de l'exactitude de notre méthode.

Je maintiens absolument les conclusions de notre rapport.

LE PRÉSIDENT. — Vous pensez que le bordereau n'est pas de la main d'Esterhazy ?

M. BELHOMME. — Non, il n'est pas d'Esterhazy.

LE PRÉSIDENT. — Devant la Cour de cassation vous avez été appelé à comparer l'écriture du bordereau avec l'écriture d'Esterhazy et de l'accusé.

M. Belhomme. — Oui;

Le Président. — Eh bien! avez-vous fait dans cette circonstance quelque remarque particulière?

M. Belhomme. — Je n'en ai fait aucune et je n'ai pas voulu en faire, car je n'admets pas qu'on puisse faire une expertise d'écritures en 5 minutes.

A la Chambre criminelle, une pièce m'a été montrée. Quand j'étudie une écriture, surtout dans un cas difficile, je commence par étudier sérieusement et minutieusement l'écriture de l'inculpé, je tâche de me l'approprier. Ce n'est qu'après que ce travail est terminé — travail qui demande beaucoup de temps — que je prends la pièce et que je cherche à trouver ce qui m'a paru typique dans l'écriture que j'ai imitée.

J'y ai jeté un seul coup d'œil et quand on m'a présenté la pièce je n'y ai pas attaché d'importance. J'ai bien imité l'écriture du capitaine. J'ai vu des clichés mais ces clichés ne me suffisent pas pour donner une opinion. Je ne puis pas dire que je connais cette écriture, je ne la connais pas assez pour donner mon opinion.

Le Président. — C'est tout ce que vous avez à dire?

M. Belhomme. — Oui, monsieur le président.

Me Demange. — M. Belhomme a dit que le bordereau comprenait une partie naturelle et une partie calquée; il a ajouté que la partie naturelle n'était pas de l'écriture d'Esterhazy. Je vous prie de lui poser la question suivante : la partie calquée fait-elle apparaître l'écriture d'Esterhazy?

M. Belhomme. — Je n'en sais rien. Nous avons pris simplement par exemple les mots « adresse » (deux fois), « manœuvres » (deux fois), « artillerie » (deux fois), « copier, copie, guerre », nous avons signalé ces mots et nous avons dit ceci : ces mots nous paraissent avoir été calqués; mais nous n'avons pas dit sur quoi ils ont été calqués, nous n'avons pas dit à quelle écriture ils appartiennent, nous n'en savons rien.

Me Demange. — Voulez-vous alors demander à M. Belhomme en prenant son rapport d'expliquer comment il a écrit ceci : « Peut-on admettre que Esterhazy ait pris à tâche de les reproduire (les lettres identiques à son écriture) en les traçant avec une application soutenue dans un écrit qu'il voulait faire attribuer à une autre personne? » Voulez-vous demander comment M. Belhomme peut concilier cette phrase avec l'opinion qu'il exprime maintenant qu'il ne sait pas de qui était l'écriture calquée?

M. Belhomme. — Il ne s'agit pas là de mots calqués.

Me Demange. — Avez-vous la minute de votre rapport, celle que vous gardez... Vous ne l'avez pas sur vous?

M. Belhomme. — Si, je l'ai. Il est bien évident qu'il s'agit ici non pas de mots calqués, mais de lettres.

Me Demange. — Comme la minute est de votre main, si vous l'aviez...

M. Belhomme. — Êtes-vous bien sûr qu'elle soit de ma main? Vous vous avancez bien! Nous avons fait le rapport à trois et je ne pourrais pas vous dire si ce passage-là est de ma main ou de la main d'un autre, car voici notre habitude, j'ai oublié de la dire et il n'est pas mauvais que le Conseil la sache. Nous faisons notre travail chacun en particulier, nous écrivons ce que nous voyons, ce que nous pensons, ensuite nous nous réunissons pour en conférer, pour discuter, et alors nous prenons dans le travail de chacun ce qui est approuvé par les deux autres, puis tout bonnement on le coupe avec des ciseaux et on le colle sur le papier. De sorte que je ne peux pas répondre que la phrase à laquelle vous faites allusion ait été rédigée par moi ou par un autre de ces deux messieurs : je n'en sais rien. C'est moi qui viens vous dire que j'ai coordonné tout cela, mais il y a des parties qui ont été rédigées par moi, d'autres par Couard, d'autres par Varinard, mais je ne sais pas de laquelle vous parlez.

Me Demange. — Je voulais prier M. le Président de poser au témoin cette question : Comment les experts, s'ils ne savaient pas de qui était l'écriture calquée, ont-ils mis dans leur rapport : « N'est-il pas probable au contraire que l'auteur du bordereau, ayant l'intention de faire imputer à Esterhazy la fabrication de ce document, ayant remarqué la forme spéciale de l'*s* double, ne s'en soit emparé pour limiter. »

M. Belhomme. — C'est bien simple. Nous n'avons pas dit que les mots calqués nous paraissaient être de l'écriture du commandant Esterhazy parce que cela ne nous a pas paru évident. Nous avons dit que l'imitation de l'*s* est bien l'imitation de la lettre tracée habituellement par M. Esterhazy, il n'y a pas à s'y tromper; et nous avons terminé par les mots que voici : « Nous pensons qu'il y a là une imitation maladroite... » « Là »! mais seulement là; nous avons bien spécifié qu'il y a une imitation de cette forme spéciale de l'*s*, mais que nulle part ailleurs il n'y a une imitation de l'écriture du commandant Esterhazy.

Me Demange. — Peut-on admettre que le commandant Esterhazy

était capable de la reproduire dans un écrit qu'il voulait faire attribuer à une autre personne?

M. Belhomme. — Cela, c'est une autre question... Oui... Je n'admets pas que M. Esterhazy soit l'auteur du bordereau; il est retors, je vous le garantis!

Le Président. — C'est bien de l'accusé ici présent que vous avez entendu parler?

M. Belhomme. — Oui, monsieur le Président.

Le Président. — Accusé, levez-vous...; Avez-vous des observaions à présenter?

Le capitaine Dreyfus. — Aucune, mon colonel.

L'audience est levée à 11 h. 45.

TABLE DES MATIÈRES

TOME II

Sceaux. — Imprimerie E. Charaire.

PUBLICATIONS SUR L'AFFAIRE DREYFUS

H. VILLEMAR. — **Dreyfus intime.** Un petit volume in-18. . . . . 1 »

— IMPRESSIONS DU CHERCHE-MIDI. **Essai sur le colonel Picquart.** Un petit volume in-18 . . . . . . 1 »

L. GUÉTANT. — **Dites-nous vos raisons.** Lettre à M. Mirman à propos de l'affaire Dreyfus. Une brochure in-18. . . . . 0 50

A. RÉVILLE. — AFFAIRE DREYFUS. **Les étapes d'un intellectuel.** Une brochure in-18 . . . . 1 »

PASCHAL GROUSSET. — **L'affaire Dreyfus et ses ressorts secrets.** Histoire documentaire qui paraissait à raison de deux livraisons par semaine (0 fr. 10 la livraison). Deux volumes contenant chacun 10 livraisons et 50 gravures sont en vente. Chacun forme une brochure in-8 du prix de . . . . 1 »

— **Le mot de l'Enigme.** Une brochure in-18 . . . . . 1 »

JUSTIN VANEX. — DOSSIER DE L'AFFAIRE DREYFUS. (Les points éclaircis). **Coupable ou non.** Une brochure in-8 . . . . 1 »

RAOUL ALLIER. — UNE ERREUR JUDICIAIRE AU DIX-HUITIÈME SIÈCLE. **Voltaire et Calas.** Une jolie brochure in-18 . . . . 0 50

ALFRED MEYER. — LE BALLON EN 1766. **Lally-Tollendal et son procès de trahison.** Une brochure in-18. . . . . 1 »

JULES CORDIER. — **Pour la paix, par la Vérité, par la Justice.** Une plaquette in-8. . . . . 0 30

YVES GUYOT. — L'INNOCENT ET LE TRAITRE. **Dreyfus et Esterhazy.** Le Devoir du garde des sceaux, ministre de la Justice. Une plaquette in-12. . 0 25

— **Les raisons de Basile.** Un volume in-18 . . . . . 2 »

JEAN TESTIS. — LA TRAHISON. **Esterhazy et Schwarzkoppen.** Une brochure in-18. . . . . 0 50

SAINT-GEORGES DE BOUHÉLIER. — AFFAIRE DREYFUS **La Révolution en marche.** Une brochure in-18. . . . . 0 50

MICHEL COLLINE. — **Billets de la Province.** Un volume in-18. 2 »

- Conseil de guerre de 2

www.ingramcontent.com/pod-product-compliance
Lightning Source LLC
Chambersburg PA
CBHW031726210326
41599CB00018B/2531

* 9 7 8 2 0 1 2 6 8 9 2 8 2 *